UN HOMME A PART

DU MÊME AUTEUR

LES PARACHUTISTES (Le Seuil)

CASANOVA (J'ai Lu)

LE SECRET DU JOUR J (Fayard)

L'ORCHESTRE ROUGE (Fayard)

LE DOSSIER 51 (Fayard)

L'ERREUR (Fayard)

LES SANGLOTS LONGS (Fayard)

LE GRAND JOUR (Lattès)

LA LONGUE TRAQUE (Lattès)

LE PULL-OVER ROUGE (Ramsay)

LES GENS D'ICI (Ramsay)

GILLES PERRAULT

UN HOMME A PART

© Bernard Barrault, 1984
ISBN 2-7360-0011-0

Directrice littéraire
BETTY MIALET

Si vous souhaitez être tenu au courant de la publication de nos ouvrages
il vous suffit d'en faire la demande aux éditions Bernard BARRAULT
79, avenue Denfert-Rochereau PARIS 14ᵉ

Enquête réalisée en équipe
avec Sylvie Braibant.

« Il va cherchant la liberté, si chère
« Comme le sait celui qui pour elle abandonne la vie. »

Dante.

à Nicolas et Aurore

PREMIÈRE PARTIE

L'ÉGYPTE

Il rabâchait à sa femme et à ses amis : « Nous avons une chance inouïe : nous habitons le plus beau quartier de la plus belle ville du monde. » Cette seule phrase trahissait le sexagénaire né hors de France : il n'y a plus que les étrangers d'un certain âge pour trouver que Paris est une insurpassable fête. Henri Curiel n'en démordait pas. Maint militant exotique arrivé pantelant du bout du monde se retrouvait embarqué sur un bateau-mouche pour le pèlerinage au long de la Seine, avec commentaire historico-architectural détaillé des monuments riverains. Les militantes de physionomie agréable avaient droit à une visite guidée du musée du Louvre. Notre-Dame suscitait toujours un exorde enthousiaste sur les chefs-d'œuvre inspirés par une foi collective. Lorsqu'il rentrait de sa ronde de rendez-vous qui le faisait aller du matin au soir de café en café, il rejoignait de préférence la Seine, fût-ce au prix d'un détour, et retrouvait avec bonheur l'itinéraire pour lui incomparable. Arrivé au pied de la montagne Sainte-Geneviève, il s'engageait dans les petites rues du cinquième arrondissement — l'un des rares quartiers populaires rescapés de la razzia immobilière — jusqu'à la drôle de rue Rollin où il s'était installé en 1972 avec sa femme Rosette. L'immeuble du 4 avait été rénové mais une pierre gravée, encastrée sous le porche, attestait l'antiquité des lieux : *Du règne de Louis 13ᵉ, cette première pierre a été posée par Jehan Hubert, fils de Irhâ Hubert, Mᵉ Apottiquaire à Paris.* Les Curiel habitaient un duplex aux septième et huitième étages d'un immeuble moderne bâti au fond de la cour (salle de séjour et cuisine au septième, deux chambres au huitième) de sorte qu'ils jouissaient d'une vue superbe sur la ville aimée.

Cette passion était bien un peu étrange car Paris avait été pour Henri Curiel le lieu de l'exil et de la frustration avant de devenir, au fil du temps, une sorte d'espace carcéral où l'écrouait son statut d'apatride sans passeport. Mais à l'âge de soixante-quatre ans, dont vingt-sept années parisiennes, il n'aurait pas récusé le dialogue qu'avaient eu jadis sur le boulevard Saint-Michel, à deux pas de la rue Rollin, son ami et rival politique Marcel Israël, né lui aussi en Egypte, et un professeur suisse enseignant au Caire. C'était à la veille de la Deuxième Guerre mondiale et chacun prévoyait de tristes lendemains, mais c'était aussi le temps où les jeunes gens de leur espèce vivaient dans la certitude scientifique que les surlendemains chanteraient juste. Ils évoquaient le règne à venir de l'égalité quand le professeur s'arrêta soudain, le visage assombri : « Ne nous leurrons pas, dit-il. Nous n'atteindrons jamais l'égalité parfaite. Il y aura toujours ceux qui vivent à Paris et les autres. » Marcel Israël avait acquiescé.

Henri Curiel professait aussi que son domicile lui assurait une relative protection contre les attentats. Sans doute voulait-il assoupir l'anxiété de ses amis, dont beaucoup le pressaient de déménager depuis qu'il avait été spectaculairement accusé d'être lié au terrorisme international. Courte et étroite, la rue Rollin relie la rue Monge à la place de la Contrescarpe. Elle n'est accessible aux voitures qu'à partir de la Contrescarpe car elle débouche dans la rue Monge, en contrebas, par un escalier d'une trentaine de marches ; l'immeuble du 4 est à dix mètres de l'escalier. Impraticable au trafic automobile, bordée d'immeubles résidentiels, c'est assurément l'une des rues les plus calmes et même les plus désertes de Paris. Henri Curiel avait raison d'estimer qu'une pareille quiétude rendrait difficiles à d'éventuels tueurs les longues planques indispensables au repérage de ses habitudes : une présence insolite aurait vite éveillé la curiosité des concierges et des ménagères locales. Mais si cet inconvénient était surmonté (et il allait être incessamment démontré que les nouvelles techniques d'espionnage en donnaient les moyens), l'immeuble du 4, rue Rollin offrait d'exceptionnelles facilités à un commando d'assassins. La phase la plus périlleuse d'un attentat est toujours celle du repli, lorsque le fracas des détonations a déclenché l'alarme, voire une panique qui se propage de proche en proche : des témoins peuvent enregistrer le signalement des tueurs, noter le modèle et la couleur de leur véhicule, prévenir rapidement la police qui alerte aussitôt ses voitures de patrouille. Mais si le tir sur la cible devait fatalement fracasser la quiétude de la rue Rollin, les assassins avaient la certitude de n'être point aperçus par des automobilistes au sortir de l'immeuble, et les plus grandes chances de ne croiser aucun piéton ; surtout, il leur suffisait de franchir dix mètres et de descendre trente marches pour échapper au remue-ménage déclenché par leur sanglante irruption : large, animée, parcourue par un trafic automobile intense, la rue Monge n'a point d'yeux ni d'oreilles pour ce qui se passe à six mètres au-dessus d'elle, dans la provinciale rue Rollin. C'est un autre monde. Une fois l'escalier dévalé, les tueurs étaient hors d'affaire.

Il est possible qu'Henri Curiel n'ait pas aperçu ces inconvénients (il n'avait de sa vie tenu une arme à feu ni participé à une action violente) mais le plus probable est qu'il n'y trouva pas raison suffisante pour quitter un appartement agréable. Il répétait à ses intimes l'évidence qu'aucune précaution ne prévaut à la longue contre une volonté homicide. Au reste, depuis trente ans que sa militance le plaçait dans la ligne de mire des services secrets les plus expéditifs, il avait toujours refusé de sacrifier son efficacité à sa sécurité. Bien qu'il n'en parlât jamais, car il eût trouvé cela peu convenable, sa façon de vivre était celle d'un homme qui a fait une fois pour toutes le sacrifice de sa vie.

Ce 4 mai 1978, il déjeuna d'un sandwich au jambon et d'une tasse de café; il avait son cours de yoga au début de l'après-midi et ne voulait pas s'alourdir l'estomac. A deux heures précises, il quitta l'appartement, accompagné comme de coutume sur le palier par sa femme Rosette. Il était vêtu d'un complet bleu marine, d'un gilet gris et d'un sous-pull blanc à col roulé. Rosette le regarda entrer dans l'ascenseur puis, quand la cabine eut disparu, retourna dans l'appartement et s'étendit sur son lit pour un après-midi de lecture.

Pendant la descente, Henri Curiel sortit de sa poche ses clefs de voiture et un agenda à couverture noire. Tenant ces objets dans sa main gauche, il prit de la droite son stylomine et compulsa l'agenda, qu'il ouvrit à la date du 16 mai. Il était en train d'écrire, ou s'apprêtait à le faire, quand la cabine arriva au rez-de-chaussée, de sorte qu'il ne remarqua peut-être pas les deux hommes embusqués dans le hall. En tout état de cause, il ne pouvait plus rien faire pour leur échapper. Le tueur braquait un pistolet de type Colt 45. Le rôle de son acolyte consista sans doute à ouvrir la porte palière de l'ascenseur dont l'armature métallique et le grillage pouvaient gêner le tir; elle fut retrouvée entrouverte. Le tueur tira à travers la vitre du panneau gauche de la porte à double battant de la cabine. Henri Curiel s'écroula, tenant toujours ses clefs et son agenda, l'index gauche sur la page du 16 mai.

Onze témoins déclarèrent avoir entendu trois détonations. L'un d'eux était un journaliste spécialisé dans le cinéma qui déjeunait chez une amie, au troisième étage de l'immeuble sur cour. Il pensa immédiatement à Henri Curiel. Il l'avait croisé quelques jours plus tôt et avait dit à son amie : « Un de ces jours, l'appartement des Curiel sera plastiqué. » Par réflexe professionnel, il consulta sa montre (il était 14 h 02). Il allait préciser aux premiers enquêteurs qu'ayant servi pendant la guerre d'Algérie comme instructeur d'armement, il était certain de ne pas se tromper sur le nombre des détonations. Les policiers avaient d'ailleurs ramassé trois douilles devant la porte de l'ascenseur. Un seul témoin perçut quatre coups de feu. C'était un instituteur travaillant à Alger, de passage à Paris; il entendit les détonations de la chambre de son hôtel, au 54 de la rue

Monge, c'est-à-dire de beaucoup plus loin que les autres témoins. C'était pourtant lui qui avait raison. Trois balles s'étaient logées dans le corps d'Henri Curiel mais la radiographie du cadavre habillé permit d'en repérer une quatrième dans la doublure de la veste. La quatrième douille fut découverte trois semaines plus tard dans la fosse de l'ascenseur par le technicien venu remettre la cabine en état.

Henri Curiel mourut sans avoir repris conscience, quelques minutes après l'attentat, d'une hémorragie interne par blessures pulmonaires et hépatiques. Les constatations d'usage effectuées, sa dépouille fut transportée à la morgue, sur la berge de la Seine, au chevet de Notre-Dame.

« Lève-toi, me dit Chehata Haroun, avocat au Caire, planté devant la fenêtre de son bureau. Viens ! Tu n'as pas encore tout vu... »

J'étais passé le prendre à son domicile, au cœur de ce qu'on nommait naguère la ville européenne. Il habite avec sa femme un appartement de cinq pièces dont le loyer, grâce au blocage imposé depuis des décennies, est de quarante-deux francs par mois. L'immeuble, jadis patricien, s'effrite par plaques lépreuses. L'eau peu courante renâclant désormais à monter aux étages, chaque locataire s'est installé une pompe individuelle ; il y a toujours une famille pour pomper trop fort et assécher les autres. Tout se délite. L'ascenseur antique a ses bons et ses mauvais jours.

(Dans les années trente, Didar Rossano, douze ans, dont la famille habitait au deuxième étage, regardait avec placidité, dans cette même cabine, le portier-liftier se masturber devant elle — il montait au sixième avant de redescendre au second pour ne pas brusquer son affaire —, s'étonnant simplement de l'odeur forte de sperme et de sueur mêlés. Les portiers, ou *bawwabs,* de la ville européenne venaient de Nubie, en Haute-Egypte. Très noirs, très pauvres, ils restaient des années sans voir leur famille, à laquelle ils envoyaient leurs maigres salaires. Didar aimait bien son *bawwab* et il ne lui serait pas venu à l'idée de le dénoncer.)

Le cabinet de Chehata Haroun n'était qu'à quelques centaines de mètres. Nous avions suivi des trottoirs défoncés, traversé des rues hirsutes, longé des immeubles lézardés, décrépis, bordés d'ordures odoriférantes. Partout, une foule à couper le souffle, comme on n'en voit plus en Europe qu'à la dispersion des grandes manifestations politiques ou sportives. Un trafic automobile massif et sauvage, chaque conducteur ne paraissant pas se soucier davantage des piétons que nous ne le faisons des insectes promis à l'écrasement sur le pare-brise. Emergeant du flot automobile, d'énormes grappes humaines sous lesquelles gémit un tramway — les premiers jours, on ferme les yeux pour ne pas voir tomber les enfants acrobates (ils ne tombent pas). Ici, des tranchées où rouillent des conduites ; là, un chantier ouvert il y a cinq ans, ou dix, et qu'on a oublié de refermer. Etals de marchands débordant sur le trottoir, vendeurs à la sauvette, carrioles surchargées de légumes zigzaguant entre les poids lourds. Des manchots, des culs-de-jatte, des aveugles, des bossus ; des enfants comme s'il en pleuvait. Mais il ne pleut jamais, bien sûr, et la poussière grasse enduit la ville d'un fond de teint gris. Tout est moche, dégradé, déglingué. Le nez s'exaspère d'effluves innommables. L'œil s'offusque à chaque tournant d'une laideur nouvelle. L'oreille abasourdie s'effare d'une cacophonie prodigieuse où le permanent concert d'avertisseurs (la paume de chaque automobiliste scellée au klaxon) règne sur un fond sonore d'appels, d'insultes, de rires et de musiques contradictoires vomies par les centaines de transistors trimballés à bout de bras.

Les autres quartiers, on s'était fait d'avance une raison : c'est l'Asie — enfin, l'Afrique. Un gigantesque conglomérat de villages dont chacun vaut une préfecture française. Même averti, le visiteur s'étonne encore de la multitude humaine répandue dans les rues, assise sur les trottoirs, vaquant en pyjama rayé à une absence d'occupation. A croire qu'un tremblement de terre a été annoncé et que chacun, par précaution, a déserté son logis. Mais non : les maisons sont pleines à craquer de femmes, d'enfants, de vieillards. Les maisons qui tiennent debout. Innombrables sont en effet les édifices éboulés, ruinés, au point que les touristes mal informés imaginent de sévères bombardements israéliens. Mais quand l'ultime piastre sert à ne pas mourir de faim, où trouver l'argent pour conforter une maison surchargée ? On se creuse une caverne dans les éboulis, on s'entasse un peu plus dans les bicoques voisines. Trois cents mètres de venelles recèlent plus d'âmes que mon canton normand. Les cimetières ahurissent. Là, ils vont fort. Qu'on imagine trente mille personnes au Père-Lachaise parisien, cinq mille au cimetière Montparnasse, chaque pavillon funéraire squatterisé par une famille nombreuse, les gourbis fleurissant entre les tombes, le linge au vent, la tambouille en plein air, et une marmaille jacassante jouant aux osselets sur les ossements des morts...

Mais toutes ces étrangetés ne parvenaient pas à banaliser la ville dite européenne. Même l'emmêlement fabuleux des morts et des vivants surprenait moins que le contraste entre le décor bon chic de la vieille belle, ses façades renfrognées de bourgeoise tombée dans la mouise, et la foule venue d'ailleurs qui lui chiffonnait les trottoirs. La ville ex-européenne avait l'air de s'être trompée de film.

« Regarde, me dit Chehata, que j'avais rejoint à la fenêtre de son bureau. La cahute, là, à droite : elle est nouvelle. Avant-hier, elle n'existait pas. »

Nous surplombions les toits en terrasse des immeubles voisins, et je découvrais, juchée sur le dos de la cité patricienne, une deuxième ville tenant du campement bédouin et du bidonville, un amoncellement de baraques, cahutes, gourbis, tentes, bicoques, qui eût été hideux s'il n'avait servi d'écrin à des floppées d'enfants.

« C'est comme ça partout, dit Chehata. Ils s'installent au petit bonheur. Il y aura bientôt plus de monde sur les toits que dans les maisons. Le matin, quand je sors de chez moi, c'est dans l'escalier un ruissellement de gosses partant pour l'école... ».

Il avait vu s'engoutir dans la mer humaine, telle une Atlantide, la cité de sa jeunesse. A sa naissance, en 1920, nul Egyptien n'allait dans la ville européenne s'il n'était fournisseur ou domestique, et quand Chehata avait commencé son stage d'avocat, vingt-cinq ans plus tard, rien n'avait changé. Sans qu'aucune frontière matérielle en marquât les limites, le grand quartier édifié sur la rive droite du Nil, face à l'île de Zamalek, était un morceau d'Europe encastré dans le Caire. Trois colonies régnaient, dont la plus nombreuse et la plus puissante était la colonie juive, suivie d'assez loin par l'italienne et la grecque. En ce temps-là, les rues étaient bordées d'arbres et les balayeurs ramassaient rêveusement le crottin des calèches ; les hommes vaquaient à leurs affaires dans des voitures à chauffeur, les dames faisaient leurs emplettes avec une bonne pour porter les paquets ; les filles allaient à leurs cours en vérifiant la bonne ordonnance de leur uniforme tandis que les garçons se récitaient tout bas la liste des départements français ; on se retrouvait à cinq heures pour prendre le thé ou déguster une glace chez *Groppi*.

Puis les colonies étrangères s'étaient éparpillées aux vents violents des années cinquante et les quartiers européens avaient été submergés comme le reste de la ville par un raz de marée sans précédent dans l'histoire urbaine.

Le Caire, 1940 : un million d'habitants.

Le Caire, 1980 : dix millions d'habitants.

Aujourd'hui, la ville la plus peuplée d'Afrique et peut-être d'Asie (les chiffres sont incertains ; on n'en est pas à deux ou trois millions près...)

« Un ruissellement d'enfants, répéta Chehata en riant, à croire qu'ils tombent du ciel ! »

Il trouvait excellent que la ville européenne fût inondée par la vie comme les autres cimetières.

Mais je venais chercher au Caire les traces d'Henri Curiel et une diluvienne pluie humaine les avait effacées.

Cette histoire commence donc avant le déluge.

Rosette Curiel était étendue sur son lit depuis une demi-heure environ lorsque la sonnette de la porte la tira de sa somnolence. Elle alla ouvrir. C'étaient ses voisins de palier. L'homme, âgé d'environ trente-cinq ans, était professeur de droit et juge au tribunal administratif. Sa femme, grande et mince, très belle, élevait leurs deux fillettes. Ils étaient installés dans l'immeuble depuis plus longtemps que les Curiel mais n'avaient toujours pas le téléphone, aussi étonnant que cela pût paraître, et utilisaient en cas de besoin l'appareil des Curiel.

Rosette Curiel : « Ils étaient hagards. Lui surtout. Il tremblait, sa bouche tremblait. J'ai pensé : " Un malheur est arrivé à leurs enfants et ils veulent téléphoner. " Il m'a prise par les épaules et m'a dit : " Ayez beaucoup de courage. " D'abord, je n'ai pas compris pourquoi il me disait cela puisque quelque chose était arrivé à leurs enfants. Et puis j'ai pensé à Henri, à un accident de voiture. Mais ce n'était pas possible. Henri devait être arrivé depuis longtemps à son yoga. J'ai regardé sa femme, qui était bouleversée. Il m'a dit : " Il y a eu un attentat contre votre mari. " J'ai immédiatement pensé : " Il est blessé. Simplement blessé. " " Venez, m'a-t-il dit, il est en bas. "

« J'ai descendu avec eux les sept étages en demandant sans cesse : " Est-il vivant ? " Ils ne me répondaient pas. Je me suis dit : " Ce sont les Palestiniens ou les sionistes. " Je craignais cela depuis longtemps. Les Palestiniens ou les sionistes. Une voiture piégée. Combien de fois lui ai-je dit : " Tu vas te faire assassiner ! " Mais à quoi bon ? Même s'il avait su qu'on le tuerait, il aurait continué. Alors je lui demandais : " Quand vas-tu prendre ta retraite ? " Il me répondait en riant : " Pas question. Même paralysé sur une chaise roulante, je continuerais. Et j'espère bien vivre très vieux. " Il était en très bonne forme. Depuis plus de vingt-cinq ans que nous étions en France, il avait été trois fois malade — des petites grippes.

« Il y avait un attroupement dans le hall. Une vingtaine de personnes. Des policiers, des infirmiers. Un agent de police m'a bloqué le passage. Je lui ai dit : " Laissez-moi aller près de lui, ça le réconfortera. " Il a secoué la tête et m'a dit avec beaucoup de gentillesse dans la voix : " Non, madame, il ne faut pas y aller. "

« Quelqu'un m'a apporté une chaise. Je ne pouvais même pas voir Henri à cause de tout ce monde. A un moment, j'ai vu passer un infirmier avec des ampoules de sang et j'ai pensé qu'ils allaient lui faire une transfusion. »

Les secours étaient arrivés avec une remarquable célérité. Le tueur avait ouvert le feu à 14 h 02. La concierge téléphona aux pompiers et à la police à 14 h 05. Les policiers d'un car de patrouille, alertés par radio, furent sur les lieux à 14 h 06 ; les pompiers, trois minutes plus tard. Le gardien de la paix faisant fonction de brigadier-chef écarta cinq ou six locataires rassemblés devant l'ascenseur. Henri Curiel était assis au fond de la cabine, les genoux surélevés, la tête inclinée sur sa poitrine. Du sang coulait de son nez et de sa bouche. Les policiers le crurent probablement mort car ils se bornèrent à ramasser les trois douilles en matérialisant les emplacements à la craie, puis le chef retourna au car pour rendre compte par radio. Il fut accosté dans la cour par le journaliste qui avait entendu trois détonations et noté l'heure précise des coups de feu. L'homme lui indiqua que la victime était Henri Curiel, « extrémiste de gauche ». Selon lui, le crime était politique.

Les pompiers arrivèrent alors et intervinrent avec une brutale efficacité que les policiers présents devaient par la suite commenter en termes amers. Le sergent-chef commandant l'équipe de sept sapeurs s'était immédiatement rendu compte que la victime respirait encore. Il arracha les deux portes vitrées de la cabine (elles s'ouvraient en principe vers l'intérieur mais les genoux d'Henri Curiel les bloquaient), retira des mains crispées l'agenda et le trousseau de clefs, récupéra le stylomine coincé entre la hanche du blessé et la paroi, puis plaça Henri Curiel sur le flanc, en « position latérale de sécurité », et lui mit sur la bouche un masque à oxygène. Pendant ce temps, un sapeur découpait les vêtements pour localiser les blessures. On appliqua des compresses stériles sur les plaies. Le brigadier-chef se désolait car, malgré ses recommandations, le pompier lui avait remis l'agenda fermé et non pas ouvert. On devait cependant repérer la bonne page — celle du 16 mai — grâce aux taches de sang qui la maculaient.

Le médecin du SAMU alerté en cours de route par les pompiers arriva quelques minutes après ceux-ci. Il leur ordonna de sortir Henri Curiel de la cabine. Le brigadier-chef du car de police obtint que la position du corps fût matérialisée à la craie. Le médecin avait constaté dès l'abord un état de « mort apparente », sans activité cardiaque, mais entama néanmoins les manœuvres de réanimation classiques. Elles se poursuivaient en vain depuis une quinzaine de minutes lors de l'arrivée de Rosette Curiel.

Assise sur sa chaise, séparée de son mari agonisant par le rempart des policiers, Rosette Curiel demanda à un locataire du rez-de-chaussée si elle pouvait utiliser le téléphone. Elle appela Joseph Hazan, l'un des plus anciens compagnons de son mari. Il habitait rue Malus, tout près de la rue Rollin. Elle lui dit : « On vient d'assassiner Henri. » Il poussa un cri et raccrocha aussitôt. Deux minutes plus tard, il était là avec sa femme. Les policiers ne les laissèrent pas s'approcher du corps et ils restèrent près de Rosette, de nouveau assise sur sa chaise.

A trois heures moins vingt, le médecin se redressa et vint vers Rosette. C'était un homme jeune, de physionomie sympathique. Il semblait très ému. « Je suis désolé, dit-il, je ne peux plus rien faire pour votre mari. » Rosette se sentit comme assommée. Il lui semblait vivre un cauchemar. Elle se leva machinalement. Quelqu'un dit — sans doute Hazan : « Elle ne peut pas remonter tous ces étages : elle est cardiaque. » Petite, frêle, le visage chiffonné, Rosette Curiel était en effet de santé plus que précaire. En 1975, trois ans plus tôt, elle avait eu une sérieuse crise cardiaque compliquée d'une hémorragie interne bloquant les reins. Elle avait été transportée à l'hôpital Broussais et, pour la première fois de sa vie, avait vu pleurer son mari. Il répétait à son chevet : « Ne m'abandonne pas. » Et c'était lui qui l'abandonnait.

Le jeune médecin offrit son aide. Elle remonta au septième étage, soutenue également par sa voisine et par la femme de Joseph Hazan. A peine était-elle rentrée que des inspecteurs de la brigade criminelle sonnaient à la porte. Ils voulaient l'emmener quai des Orfèvres pour l'interroger. A bout de forces, elle supplia qu'on la laissât en paix mais finit par céder à leur insistance et redescendit avec eux. Joseph Hazan décida de l'accompagner.

A quinze heures, l'Agence France-Presse reçut un appel téléphonique anonyme. Le correspondant déclara : « Aujourd'hui, à quatorze heures, l'agent du KGB Henri Curiel, militant de la cause arabe, traître à la France qui l'a adopté, a cessé définitivement ses activités. Il a été exécuté en souvenir de tous nos morts. Lors de notre dernière opération, nous avions averti. Delta. »

Raoul Curiel avait été informé par un coup de téléphone de Joseph Hazan. Il voulut d'abord croire à une simple blessure ; la révélation de la mort de son frère l'accabla de douleur. Avant de partir pour la rue Rollin, il téléphona à Joyce Blau : « Etes-vous au courant ? — De quoi ? — Il y a eu un attentat. Henri est mort. » Joyce Blau poussa un cri, dit : « Au revoir » et raccrocha. Elle avait vainement attendu Henri Curiel devant l'immeuble où se donnait le cours de yoga et était rentrée chez elle, perplexe mais non inquiète. Elle partit aussitôt pour le domicile des Curiel.

Raymond Aghion se rendait chez le journaliste-écrivain Claude Bourdet. Ida Bourdet lui ouvrit la porte et lui apprit l'information qu'une radio périphérique avait passée en flash spécial : son cousin Henri venait d'être assassiné. Il resta sur le seuil, abasourdi, stupéfait (à la réflexion, la nouvelle devait lui apparaître plus douloureuse que surprenante), puis fit demi-tour et se précipita rue Rollin.

Chehata Haroun avait pris le matin même l'avion pour Paris. Au Caire, sa femme fut informée par un ami qui avait capté la nouvelle sur la radio anglaise. Elle s'effondra en larmes. A sa fille qui s'efforçait de la consoler, elle dit : « Tu ne peux pas comprendre. Il y a des personnes qu'on n'imagine pas mortes. »

Raymond Stambouli était chez lui, dans le quartier des Invalides, quand la radio passa le flash spécial annonçant l'assassinat de son ami. Il eut l'impression de recevoir un coup de poing dans l'estomac et partit aussitôt en voiture pour la rue Rollin. Roulant à toute allure dans les rues désertes de cet après-midi de l'Ascension, il se souvint d'une conversation qu'il avait eue avec Henri Curiel lorsqu'ils avaient appris la pendaison à Khartoum de Abdel Khalek Mahjoub, secrétaire général du parti communiste soudanais et leur très proche ami. Henri avait dit : « Un jour, je finirai comme cela, de mort violente. Et c'est bien ainsi que je souhaite finir. C'est la plus belle mort : celle du soldat. » Quant à ses assassins, Raymond Stambouli avait la vague intuition qu'ils devaient appartenir à la « police de droite ».

Lydia Allony reçut à son domicile un appel téléphonique d'un journaliste se recommandant de Jean Lacouture. Elle était liée d'amitié avec les Lacouture depuis leur séjour de cinq années en Egypte, dans les années cinquante. Le journaliste lui demanda si elle pouvait lui fournir quelques détails concernant Henri Curiel. Interloquée, elle suggéra à son interlocuteur de les lui demander directement. Il y eut un silence au bout du fil, puis cette phrase embarrassée : « ... Vous ne savez pas qu'il vient d'être assassiné ? » « Vous plaisantez ? » — « Mais non. Il a été abattu voici une heure. » Elle avait entrepris de recueillir les souvenirs d'Henri sur son action en Egypte. Ils se rendaient une fois par semaine au jardin du Luxembourg et elle enregistrait ses propos sur un magnétophone à cassettes. Interrompant le voyage dans le passé, il lui avait dit quinze jours ou trois semaines plus tôt : « Je me sens menacé. » C'était la première fois qu'elle l'entendait parler ainsi. Emue par la tristesse de sa voix, elle avait feint de ne pas le prendre au sérieux : « Allons ! Tu te montes la tête. Il y a des gens tellement plus importants que toi... » Il avait murmuré : « Tu sais, je sens tant de haines autour de moi... »

Aymée Setton était à la campagne, tout près de Paris. Elle crut d'abord à une mauvaise farce quand Lydia Allony lui annonça au téléphone : « Henri vient d'être assassiné. » Lorsqu'elle fut enfin convaincue, elle décida de rentrer à Paris par le premier train.

Cependant la police avait barré l'accès du 4, rue Rollin ; même Raoul Curiel argua en vain de sa parenté : la consigne était de ne laisser entrer personne. L'enquête avait commencé ; il n'était pas question de la laisser perturber par les allées et venues de la famille et du clan des Egyptiens.

Le témoin le plus intéressant était un jeune agent-huissier intérimaire de dix-sept ans habitant avec sa mère au premier étage de l'immeuble sur rue. Il attendait une amie, penché à la fenêtre, quand il vit deux hommes arriver par l'escalier reliant la rue Monge à la rue Rollin (les fenêtres de l'appartement se situent entre cet escalier et le porche d'entrée de l'immeuble). Sa curiosité fut éveillée par le geste de l'un des hommes, vêtu d'un caban bleu foncé, qui tira de sa poche une paire de gants et les enfila : la journée était si chaude que le port de gants ne s'imposait guère. Tous deux disparurent sous le porche de l'immeuble.

Une femme, en visite chez une amie, finissait de déjeuner au rez-de-chaussée de l'immeuble sur rue. Par la fenêtre de la salle à manger, qui s'ouvrait sur la cour, elle vit les deux hommes marcher en direction de l'immeuble du fond. De dos, l'un lui apparut âgé d'une cinquantaine d'années, de carrure solide, de taille moyenne, vêtu de sombre. L'autre, qui marchait un peu en retrait, était grand et mince, vêtu d'un blue-jean et d'un blouson de cuir marron. Un détail la frappa : il avait une chevelure très abondante, assez longue puisqu'elle recouvrait la nuque, bouclée, de nuance châtain clair. Il pouvait avoir entre vingt-cinq et trente ans. « Dès qu'ils ont été dans le hall d'entrée de l'immeuble sur cour, déclara-t-elle aux inspecteurs de la brigade criminelle, j'ai entendu trois coups, comme si l'on frappait sur une tôle ou un objet en métal. Les trois coups se sont succédé très rapidement. A ce moment, comme j'étais toujours devant la fenêtre, j'ai regardé et j'ai vu ressortir en courant un seul des deux hommes, celui aux cheveux châtain clair et vêtu du blue-jean et du blouson marron, dans la seconde qui a suivi le troisième coup.

26

Quoique l'ayant vu de face, je ne peux donner aucun détail sur son visage. »

Entendant les détonations, le jeune agent-huissier intérimaire du premier étage s'était précipité à une fenêtre donnant sur la cour. Il vit les deux hommes s'engouffrer en courant sous le porche d'entrée. Repassant alors dans une pièce sur rue, il les retrouva marchant d'un pas rapide en direction de l'escalier menant à la rue Monge. Lorsqu'ils passèrent sous sa fenêtre, il entendit l'homme au caban parler à l'autre, mais il ne comprit que les mots « ... cinq ou six heures ». Et comme l'homme au caban commençait à se retourner, le jeune agent-huissier recula vivement pour ne pas être aperçu.

Il ne connaissait Henri Curiel que pour avoir échangé des banalités de voisinage. C'était pour lui un homme « gentil, aimable et souriant ».

Il précisa aux inspecteurs de la brigade criminelle qu'il pourrait peut-être reconnaître l'homme au caban et aux gants mais certainement pas son acolyte. Du premier, il donna un signalement assez précis : trente ans environ, d'une taille avoisinant un mètre quatre-vingts, cheveux brun foncé et mi-longs recouvrant les oreilles, corpulence moyenne, caban trois-quarts flottant, gants marron foncé. Il donnait une impression de nervosité. Son acolyte était à peu près du même âge, mais plus grand, plus lourd, plus calme, d'allure sportive ; il était vêtu — sans certitude — d'un blouson de cuir sombre et d'un jean. L'homme au caban était encore ganté en sortant de l'immeuble.

Par un étonnant hasard, la concierge et son mari étaient égyptiens comme les Curiel. Les deux ménages n'entretenaient que des relations banales de locataires à gardiens d'immeuble. Au moment de l'attentat, le mari faisait la sieste (il était comptable et suivait des cours d'économie à la Sorbonne) et sa femme s'apprêtait à sortir. Comme tous les dimanches et jours fériés, la porte vitrée de la loge, donnant sous le porche, était obturée par un volet en bois, de sorte que la concierge n'avait pas vu passer les deux tueurs. Elle entendit soudain deux détonations et ouvrit une fenêtre donnant sur la cour. Un homme traversait cette cour en courant, venant de l'immeuble d'en face. La concierge eut la nette impression qu'un autre le précédait, mais il était déjà sous le porche et elle ne le vit pas. Affolée, étouffant un cri de peur, elle décida de ne pas sortir. Le fuyard avait entre vingt-cinq et trente ans ; il était assez grand, avait des cheveux foncés, frisés, coupés court, et portait des lunettes de vue. Il était vêtu d'une chemise bleu clair sans cravate et d'un blouson. La concierge ne se rappelait ni la texture ni la couleur de son pantalon.

Tandis que son mari s'habillait en hâte, elle héla une locataire à sa fenêtre, au deuxième étage de l'immeuble sur cour, et reçut confirmation que deux hommes venaient de s'enfuir.

Cette locataire avait entendu les trois détonations. Elle avait pensé à des chocs sur une tôle avant de comprendre qu'il s'agissait de coups de feu. Apeurée, elle hésita à s'approcher de sa fenêtre puis s'y décida. Elle eut juste le temps d'apercevoir deux hommes s'engouffrant sous le porche. L'un d'eux était masqué par une branche d'arbre ; l'autre lui apparut de taille moyenne, mince, les cheveux mi-longs, abondants, avec un blouson foncé.

Ainsi quatre témoins avaient-ils aperçu les tueurs mais aucun n'était en mesure d'en donner un signalement réellement exploitable. La seule caractéristique physique restait la chevelure abondante et bouclée de l'un des deux hommes : quelques coups de ciseaux l'anéantiraient. Grande taille et forte carrure se rencontrent communément. Certaines précisions se contredisaient. Le jeune agent-huissier avait vu des cheveux abondants et mi-longs à un homme vêtu d'un caban bleu ; pour les deux témoins de l'immeuble sur cour, c'était au contraire le tueur en jean et blouson sombre qui avait les cheveux longs ; la concierge était la seule à indiquer que l'homme au blouson portait des lunettes. L'agent-huissier, qui avait vu les tueurs à trois reprises, avertissait honnêtement qu'il pourrait peut-être reconnaître l'homme au caban, sûrement pas son acolyte.

Mais les dépositions étaient passionnantes dans la mesure où elles révélaient l'extraordinaire précision avec laquelle l'attentat avait été exécuté. Les tueurs entrent dans l'immeuble d'un pas tranquille et résolu, comme s'ils avaient la certitude de trouver leur victime exacte au rendez-vous. La femme qui les observe depuis la fenêtre de la salle à manger sur cour entend les coups de feu éclater « dès qu'ils ont été dans le hall d'entrée de l'immeuble sur cour ». Les assassins étaient donc arrivés devant la cage de l'ascenseur au moment précis où la cabine terminait sa descente. La synchronisation était absolument parfaite.

Certes Henri Curiel était un homme d'habitudes, comme allait l'indiquer sa femme Rosette aux inspecteurs du quai des Orfèvres. Il quittait son appartement le matin entre huit heures et huit heures et demie, rentrait en général pour déjeuner vers midi et demi, repartait à peu près à deux heures pour revenir en fin d'après-midi vers sept heures et demie. Mais si réguliers qu'aient été ses horaires, ils ne l'étaient évidemment pas à la minute près. Surtout, cette régularité ne valait que pour les jours ouvrables. Les dimanches et jours fériés, Henri Curiel rompait comme tout le monde avec la routine. L'après-midi, il restait le plus souvent chez lui à lire ou à regarder la télévision en compagnie de sa femme. Ce 4 mai 1978 était le jeudi de l'Ascension. Normalement, personne ne pouvait prévoir qu'il quitterait son appartement comme les autres jours ; personne ne pouvait savoir quand il sortirait, et surtout pas avec une précision permettant de surgir dans le hall d'entrée à la seconde exacte où l'ascenseur arrivait.

On pouvait donc penser que l'enquête policière s'efforcerait d'abord de découvrir comment les tueurs avaient eu la possibilité d'accomplir l'un des assassinats les mieux minutés des annales criminelles.

Les uns suivirent le sabre de Bonaparte, les autres rappliquèrent au coup de pioche de Lesseps.

Les dates sont approximatives ; les itinéraires, incertains. Raoul Curiel, frère aîné d'Henri, archéologue de haute réputation, escalade en se jouant l'arbre généalogique de dynasties persanes séculaires mais culmine dans l'arbre familial à la branche du grand-père Nessim. Au-delà s'épanouissent les impalpables frondaisons de la mémoire légendaire.

Tout commencerait en Espagne, où un village de la province de Valladolid s'appelle encore Curiel. La famille atteint une grande prospérité puisque ses armoiries comportent l'emblème de la richesse, mais l'Inquisition la divise et l'éparpille. Certains Curiel se convertissent et restent en Espagne (ils y sont toujours) ; les autres partent pour le Portugal, refuge provisoire contre le fanatisme. Un Curiel sera ambassadeur du roi du Portugal en Hollande. Lorsque les bûchers s'embrasent à Lisbonne, une partie du clan émigre précisément en Hollande. La reine Juliana, rencontrant Raoul Curiel lors d'une visite en Iran, voici quelques années, s'exclame : « Mais nous avons nous aussi nos Curiel ! » (L'un d'eux, réalisateur de films, est venu présenter ses œuvres à Paris en 1981.) La diaspora hollandaise aurait été cependant peu nombreuse, la majeure partie du clan filant en Toscane, dont la famille régnante témoignait d'une admirable tolérance envers les juifs.

Nul ne sait ce qu'y firent nos Curiel pendant trois siècles ni à quelle date précise l'un d'eux décida de s'embarquer pour l'Egypte. Raoul suppose qu'il partit dans le sillage de Bonaparte, dont l'expédition promettait un remuement d'affaires. André Weil-Curiel, avocat à Paris, cousin germain de Raoul et d'Henri, raconte que l'ancêtre fut si utile à Bonaparte qu'il obtint pour ses enfants la faveur d'une bourse d'études en France. Mais Raymond Aghion, marchand de tableaux à Paris, autre cousin germain puisque descendant par sa mère du grand-père commun Nessim Curiel, affirme que c'est un ancêtre Aghion qui fit merveille dans le ravitaillement du corps expéditionnaire et obtint en récompense l'envoi de sa fille dans une institution parisienne — voyage au cours duquel la pauvrette manqua de se faire violer par des marins français.

Va pour Bonaparte !

Il avait vingt-neuf ans. Maigre, ardent, la tête pleine de nuées, il rêvait de devenir Alexandre et ne se prenait pas encore pour Napoléon. Ses lieutenants étaient à son image : jeunes et vifs, et assez joueurs pour changer gaiement leur mise de continent. Grâce à ces fils de la Révolution, l'expédition coloniale de 1798 ne fut pas seulement tuerie sommaire, répression machinale, mise en coupe réglée d'une population asservie : elle fut aussi un acte de poésie souvent surréaliste et marqua du sceau du charme et de la séduction toutes les entreprises françaises en Egypte depuis l'aube du xixe siècle jusqu'au mitan du xxe, c'est-à-dire jusqu'à la bêtise crasse de l'attaque sur Suez de 1956.

L'Egypte était à ramasser. Volney, qui la visite avant l'arrivée de Bonaparte, n'y trouve qu' « anarchie politique, abjection sociale, inertie intellectuelle ». La terre sur laquelle est née l'Histoire, comment disent les agences de voyages, gémissait sous une pyramide de pillards qu'on nommait le pouvoir. A la tête, le pacha ottoman, ruineuse potiche. Puis l'oligarchie des mamelouks, race étrangère qui avait parcouru en six cents ans une fantastique parabole politique puisque les premiers étaient arrivés du Caucase au xiiie siècle sous le joug de l'esclavage et que leurs descendants avaient régné sur le pays du xive au xvie siècle, lui donnant des princes magnifiques, avant de se soumettre à la puissance ottomane et de se faire pour deux siècles les gardes-chiourme et les percepteurs fiscaux de Constantinople. Leur rapacité n'avait point de borne. Les pachas ottomans étaient traditionnellement à couteaux tirés avec les mamelouks circassiens ; ni les uns ni les autres ne parlaient la langue du pays. Là-dessous suait le fellah. L'incurie était générale. La décadence menaçait même le système d'irrigation. Or, l'Egypte est un désert parcouru par une artère nourricière unique — le Nil — dont la crue annuelle fait la différence entre la vie et la mort. Chaque seau d'eau vaut une existence. Si l'or liquide part à la mer sans avoir été contraint d'irriguer la moindre parcelle fertile, la famine s'installe. Le fellah désespéré s'abandonnait à cette forme de suicide collectif.

Point d'Etat ; nul sentiment national ; un affrontement féroce de haines intestines.

Mais l'islam cimentait le tout.

Bonaparte l'avait compris, qui fit placarder dès le débarquement des affiches proclamant avec effronterie : « Les Français sont de vrais musulmans. » Rouerie subalterne de conquérant soucieux de berner l'indigène ? L'expédition d'Egypte n'eût alors été qu'une expédition coloniale ordinaire. Si elle échappe bellement à la banalité, c'est par la porte du rêve. Bonaparte éprouvait de l'attirance pour l'Islam — il en parlera encore sur le rocher de Sainte-Hélène — et il était venu avec le beau dessein de « marier le croissant et le bonnet rouge ». Avec un incroyable culot, il envisagea de convertir en bloc le corps expéditionnaire et engagea des pourparlers avec les muphtis du Caire. Deux points faisaient problème : la circoncision et la renonciation au vin. Le vin fit rompre la négociation. Le Corse savait son Français.

Les quarante siècles du haut des Pyramides, la victoire sur les mamelouks — défaits mais non anéantis —, la poursuite en Syrie, les pestiférés de Jaffa, l'insuccès devant Saint-Jean-d'Acre, le repli sur le delta égyptien, le général en chef qui prend la poudre d'escampette, l'assassinat de son successeur Kléber et l'évacuation finale du corps expéditionnaire, le tout en trois ans : l'échec est flagrant. L'Egypte, fondant ses haines intestines dans le creuset islamique, avait expulsé l'infidèle. Mais des images resteront, qui s'inscrivent dans la mémoire des peuples plus durablement que les communiqués militaires. C'est le général Menou se convertissant à l'islam et devenu Abdallah Menou pour l'amour d'une Egyptienne. C'est Vivant-Denon, peintre amené par Bonaparte, quinquagénaire grassouillet, père Fenouillard héroïque qui chargeait toujours en tête pour avoir loisir de croquer les antiquités pendant la bataille ; c'est Desaix distrait du combat par la contemplation du temple de Dendérah ; c'est dix futures rues parisiennes et les plus belles intelligences de France (Monge, Berthollet, Larrey, Geoffroy Saint-Hilaire...) dressant dans les transes d'une véritable ivresse intellectuelle l'inventaire du pays prodigieux ; c'est en France le patient travail sur le butin rapporté par ces aventuriers de la science et de l'art qui aboutira vingt-cinq ans plus tard à la publication de la monumentale *Description de l'Egypte*. Ces Français avaient fait mieux que conquérir l'Egypte : ils la réinventaient. (Excès de gloriole chauvine ? Qu'on relise Nasser, peu suspect de francomanie, qui écrit de notre équipée militaro-culturelle : « Ce fut le début de la renaissance. »)

Apparemment, rien n'avait changé. L'Egypte restait cette pyramide figée dans le sommeil des siècles. Mais les aventuriers français avaient foré une fissure par laquelle allait s'infiltrer, irrésistible, l'air de la modernité.

Arrivé dans la foulée de Bonaparte, un génial condottiere albanais, Mohamed Ali, marchand de tabac de son état, donne le coup de grâce aux structures pourrissantes déjà bien ébranlées par le général corse. Il pousse dehors le pacha turc, fait assassiner au dessert cinq cents chefs mamelouks invités à banqueter avec lui, s'arroge tous les pouvoirs, s'adjuge la propriété de toute la terre égyptienne, tels les antiques pharaons, et crée une armée nationale qui se battra et vaincra sur les champs de bataille du Proche-Orient. L'Etat est né. Car même si l'Egypte reste formellement dans la mouvance de l'empire ottoman et continue de payer tribut à Istamboul, même si les descendants de Mohamed Ali se contentent du titre de vice-roi pour ne point froisser l'orgueil du sultan, le pays a largué ses amarres.

Encore des Français. L'ingénieur Jumel découvre un plant de cotonnier dont les fibres, longues et souples, surclassent de loin la production nationale. Mohamed Ali impose le « coton Jumel ». En quinze ans, la production cotonnière est multipliée par deux cent cinquante. L'archéologue Champollion perce le secret des hiéroglyphes, restituant à l'Egypte la mémoire d'un passé sept fois millénaire. Saint-Simon, qui rêva le siècle mieux que quiconque, a le premier l'idée du canal de Suez, meurt avant d'avoir mis le pied en Egypte mais fait traverser la Méditerranée à une équipe de doux dingues dirigée par Prosper Enfantin. Elle arrive en chantant des hymnes, vêtue de l'uniforme imaginé par Enfantin : pantalon blanc, couleur de l'amour ; gilet rouge, couleur du travail ; tunique violette, couleur de la foi. Ils sont cinquante-cinq, hommes et femmes mêlés — trop mêlés pour ne pas heurter la sourcilleuse moralité musulmane. Les hommes sont de formation scientifique, plusieurs sortent de Polytechnique. Les femmes sont infirmières ou institutrices. La tête dans les nuées mais les pieds sur la terre. Deux ingénieurs de la pittoresque clique, Fournel et Lambert, construisent pour Mohamed Ali le premier barrage sur le Nil, lui insinuent l'idée du percement de l'isthme, enflamment pour le projet le vice-consul de France au Caire, Ferdinand de Lesseps, saint-simonien lui aussi.

Hasard ou vocation : la France, dont le ventre colonial fécond produisit tant de bêtes militaires, d'administrateurs bornés, d'affairistes insatiables, de missionnaires hébétés, la France qui mutila des cultures, dépersonnalisa des peuples, fit implacablement suer le burnous et le pagne, — cette France prête tout un siècle à l'Egypte les meilleurs de ses fils : de Vivant-Denon à Enfantin en passant par Champollion, ils sont drôles, touchants, savants, désintéressés, ingénieux. Ils viennent et repartent sans jamais s'incruster, mais chacune de leurs entreprises réveille le passé, améliore le présent, invente l'avenir.

Inauguré sous le règne du petit-fils de Mohamed Ali, Ismaïl Pacha, le canal de Suez est une autre affaire. Une affaire. Il n'est pas creusé pour l'Egypte, même s'il lui rapportera de gras dividendes, mais pour mettre les colonies d'Asie à meilleure portée de l'Europe. Il en fait un enjeu stratégique de première grandeur, et elle le paiera de sa liberté.

Il la porte enfin, elle qui sortait tout juste d'un très long Moyen-Age, à la crête de la lame de fond économique de la fin du XIXᵉ siècle.

Tout y concourt. La population a doublé en soixante ans. La guerre de Sécession, interrompant les livraisons de coton américain à l'Europe, ouvre un marché pratiquement sans limite à la production égyptienne ; les exportations, qui étaient d'un million et demi de livres en 1861, atteignent quatorze millions trois ans plus tard. Une industrie naît, employant des dizaines de milliers d'ouvriers. Ismaïl, grisé, invente le slogan « l'Egypte est en Europe » et se lance à corps perdu dans la modernisation à tout prix. Le pays se couvre de chantiers. Cinq mille écoles publiques construites — il n'y en avait pas deux cents — et aussi des ports, des chemins de fer, des lignes télégraphiques, des canaux, des bâtiments publics, le musée du Caire, des instituts. Il faut mettre les bouchées doubles et triples. On a besoin d'architectes, d'ingénieurs, de savants, de financiers, de légistes. La main-d'œuvre spécialisée s'arrache à prix d'or et les cours du coton ne cessent de monter, on n'en voit pas le bout. Tout est possible.

L'Egypte s'éveille.

Le grand-père paternel de Raymond Stambouli s'appelait Lévy mais comme il était toujours fourré à Istamboul pour son procès, il s'attira le sobriquet de Stambouli (« celui qui va à Istamboul ») et le surnom devint patronyme. C'était à la fin du siècle dernier. L'empire ottoman, dinosaure recru, secouait mollement les puissants roquets attachés à ses flancs. Lors de l'inauguration du canal de Suez, en 1869, il recouvrait encore une bonne part des Balkans et s'étalait jusqu'à Tunis à l'ouest, Koweït à l'est, Zagreb au nord, Aden au sud. A Damas, capitale de sa province syrienne, la maison des Stambouli ressemblait à un énorme caravansérail avec quarante chambres autour d'une grande cour et les pièces de service éparpillées autour d'un dédale de patios. (Elle a été achetée en 1943 par la communauté juive de New York pour y établir une école judéo-arabe. Aux dernières nouvelles, l'école fonctionne toujours, probablement moins judéo et davantage arabe, mais la maison est aussi une sorte de musée où les visiteurs retrouvent ce qu'était l'habitation typique de la grande bourgeoisie damascène du XIXᵉ siècle.) Le grand-père Stambouli quittait donc son immeuble-paquebot en bel équipage pour gagner Istamboul et harceler ses avocats qu'on peut imaginer pétrifiés car son adversaire judiciaire n'était autre que le sultan en personne, qui se faisait tirer l'oreille pour rembourser un emprunt considérable contracté auprès du banquier Stambouli.

Celui-ci aurait peut-être bien risqué un accident de route ou une indigestion fatale s'il n'avait été sujet britannique, et en tant que tel couvé par le consul de Sa Majesté (Stambouli lui-même était consul de Norvège et du Danemark, et arborait les armoiries de ces deux pays au fronton de sa maison), lequel consul anglais remuait ciel et terre pour son protégé et fatiguait la cour du sultan de ses démarches incessantes. Le vieux Stambouli (façon de parler : il mourut à quarante-huit ans) présentait la singularité d'être un sujet anglais qui n'avait jamais mis les pieds en Angleterre et ne parlait pas un mot d'anglais ; sa langue maternelle était l'arabe et il récitait ses prières juives indifféremment en hébreu ou en arabe. L'empire ottoman exhalant un alléchant parfum de décomposition prochaine, les grandes puissances se préparaient au dépècement du futur cadavre. Un procédé classique consistait à naturaliser des sujets ottomans, riches de préférence, qui deviendraient autant d'agents d'influence dans la place ; ainsi les jésuites fabriquaient-ils du Français à tour de bras pour rivaliser avec la production anglaise. Les juifs de Bagdad étaient devenus en bloc sujets britanniques tandis que ceux de Damas se répartissaient entre les citoyennetés française, anglaise et italienne. Ces naturalisations à la va-comme-je-te-pousse présentaient l'avantage non négligeable — surtout pour qui est en procès avec le sultan — de placer leurs bénéficiaires sous le régime des capitulations. Vieux de trois siècles, le régime capitulaire assurait aux hommes d'affaires européens résidant dans l'empire ottoman le droit d'être jugés, en cas de contestation avec des autochtones, par un tribunal composé de leurs propres concitoyens. Du temps que l'empire était puissant, c'était une protection accordée à des étrangers quelque peu désorientés par la législation islamique, et par conséquent une heureuse incitation au commerce. Avec la décadence, la protection devenait privilège exorbitant.

Or donc le grand-père Stambouli finit par gagner son procès contre le sultan, mais il le gagna ruiné et mourut dans l'encens empoisonné de cette victoire à la Pyrrhus en laissant une veuve et douze orphelins, dont six filles à marier. Le futur père de Raymond fut mis chez les jésuites de Beyrouth ; il y passa dix ans et s'imprégna de culture française ; lorsqu'il revenait en vacances parmi les siens, on l'appelait « l'enfant qui a été chez les chrétiens » ou « l'Européen ». L'opiniâtre bataille judiciaire menée contre le sultan l'avait déterminé à devenir avocat.

Quand il eut vingt ans, sa mère lui dit : « Va au Caire. Là est l'avenir. »

Le grand-père de Joseph Hazan, sortait lui aussi d'une riche famille de Damas (elle cousinait avec les Stambouli) pétrie de culture arabe et liée à tout ce qui comptait dans la province ottomane syrienne. Un malheur financier obligea à la dispersion. Les frères du grand-père partirent pour le Brésil et y fondèrent une banque qui est toujours vivace. Le grand-père émigra en Egypte, remonta le Nil jusqu'au Soudan, fit fortune, puis faillite, dans le prêt hypothécaire, et se replia complètement ruiné sur le Caire. Il vécut alors dans l'unique obsession de procurer des études universitaires à ses deux jeunes fils, qu'il commença par inscrire à l'école de l'Alliance juive. Comme sa pauvreté était extrême, il ne pouvait pas toujours payer les frais de scolarité et recevait assez régulièrement un mot l'avertissant que l'école devait à regret se séparer de ses enfants ; il surgissait alors chez le directeur, un gourdin à la main, et menaçait de lui fendre le crâne s'il mettait sa menace à exécution. Pour économiser l'éclairage domestique, les deux garçons allaient étudier dans la rue dès la tombée de la nuit, assis au pied d'un réverbère. L'ambiance familiale était rude mais tonique et même roborative.

Les deux grands-pères de Chehata Haroun arrivèrent en Egypte sur le même bateau. L'un venait de Damas, l'autre d'Alep, la cité rivale. Tous deux de petite extrace, ils se préparaient à entrer dans le petit négoce quand le creusement du canal de Suez ruina leurs espérances en même temps que la prospérité de Damas et d'Alep, où les caravanes venues du fin fond de l'Orient, à travers les steppes de l'Asie centrale, déversaient leurs précieuses marchandises que les commerçants locaux réexportaient à grand bénéfice vers l'Europe : tout passerait désormais par le fichu canal.

Sans se connaître, les deux grands-pères décidèrent en même temps de tenter leur chance dans le pays fauteur de malheur. Le grand-père paternel acheta un billet et s'embarqua pour l'Egypte, un ballot de tapis d'Orient sur l'épaule. Fauché mais d'esprit vif, le grand-père maternel fit le voyage en passager clandestin. Trente ans plus tard, le premier continuait de vendre des tapis au hasard des rues du Caire ; le second avait épousé un beau parti, était devenu agent de change, menant grand train, roulant calèche au Caire et voyageant chaque été à travers l'Europe, puis s'était ruiné et avait été contraint de retrancher sur son luxe, mais continuait de considérer la vie avec bienveillance.

Le grand-père de Lydia Allony était à Istamboul le médecin personnel de ce sultan à qui le vieux Stambouli s'efforçait de faire rendre gorge. Il envoya son fils étudier le droit à Paris, puis l'expédia au Caire pour s'y établir. Là était l'avenir.

Le grand-père de Rosette Curiel subsistait à la limite du dénuement en Bulgarie, province ottomane jusqu'en 1878. L'un de ses fils témoignant d'une aptitude rare à l'étude, la communauté juive finança son départ pour la France, où il s'inscrivit à l'école de l'Alliance juive, à Auteuil. Il avait une petite chambre dans le quartier de la République. Faute de pouvoir se payer l'omnibus, il traversait Paris à pied deux fois par jour. Après son baccalauréat, il se présenta avec succès à l'examen d'entrée à l'Ecole d'agronomie de Grignon. Trois ans plus tard — c'était en 1905 — le vice-roi d'Egypte honora l'école d'une visite au cours d'un voyage officiel en France et demanda qu'on lui présentât le meilleur élève. Le directeur désigna le père de Rosette. Le vice-roi lui proposa de venir travailler en Egypte, ce qui fut accepté avec enthousiasme : comment ne pas croire que l'avenir est au Caire quand c'est le vice-roi lui-même qui en offre les clefs ? Mais le garçon songeait au mariage et les juives égyptiennes avaient mauvaise réputation auprès des juifs bulgares. Il en écrivit à son père. On lui dégotta une honnête fille du village établie institutrice à Istamboul. Ils se rencontrèrent à Beyrouth, se trouvèrent agréables, procédèrent sur place aux fiançailles et au mariage, puis s'embarquèrent pour l'Egypte.

Le grand-père paternel de Joyce Blau était né en Valachie, future Roumanie. Ses parents l'envoyèrent à Paris et, au terme de ses études en Sorbonne, il reçut du gouvernement égyptien une alléchante proposition d'emploi. Le grand-père maternel était à Tunis un enseignant de plus modeste envergure mais l'une des cinq mille écoles créées par Ismaïl Pacha avait besoin de lui : il s'embarqua pour Le Caire.

Le grand-père d'Aymée Setton était maquignon à Alep. Sa femme mourut après lui avoir donné dix enfants, dont huit étaient décédés prématurément. Il rassembla ses économies, emballa ses meubles et partit avec ses deux enfants survivants pour Le Caire puisque tout le monde assurait que le XXᵉ siècle allait élire domicile entre le Nil et le nouveau canal. Le futur père d'Aymée avait alors onze ans mais il ne devait jamais oublier sa cité natale. « Qu'est-ce que Le Caire ? répéterait-il jusqu'à sa mort. Si tu voyais Alep : ça, c'est une ville ! » Il épousa une jeune juive dont le trisaïeul était originaire de la même ville que Mohamed Ali, restaurateur de l'Etat égyptien. Ce trisaïeul était arrivé dans les fourgons du condottiere et avait fait venir à sa suite une cargaison d'oncles, frères, neveux, cousins et petits-cousins, tous ingénieurs, architectes, entrepreneurs, médecins, dont le vieux pays tiré de sa torpeur éprouvait la plus urgente nécessité.

Et cœtera.

Juifs d'Orient !

Juifs d'Orient que vos frères européens m'avaient dépeints grossiers, vulgaires, incultes, sans mémoire, avaricieux, point trop propres sur vos personnes, grassouillets rahat-loukoums, obséquieux levantins, et que je découvre époustouflants, sans rien de leur étriqué confinement de ghetto car vous étiez dans les peuples comme des poissons dans l'eau, ouverts à toutes les cultures, et toutes vous étaient ouvertes, celui-ci mécène de poètes arabes, celui-là interlocuteur des sages de l'islam, buvant à toutes les sources, savourant tous les fruits, indemnes des courbures et voussures infligées par la persécution, le crachat, la rouelle, le bûcher, le pogrom, car l'admirable tolérance musulmane vous épargna le martyre auquel faisaient si généreusement accéder les chrétiens, de sorte que vous alliez libres et magnifiques, familiers des grands, souvent secourables aux petits, jonglant avec la fortune, toujours disposés au quitte ou double, impavides dans le triomphe, superbes dans la ruine, inaccessibles à la mélancolie (leitmotiv de vos enfants et petits-enfants : « La vie était très gaie à la maison »), avec cette capacité inouïe au recommencement, à la table rase, on efface tout et on repart à zéro, un bateau pour Le Caire, première classe ou fond de cale, puisque c'est là que ça va se passer, mais sans rien de la sombre désespérance des foules misérables qui allaient au même moment se fourrer sous les jupes de bronze de la statue de la Liberté — vous aviez un joyeux appétit d'ogre quand elles avaient la triste famine au ventre — et c'est pourquoi vous incarnez si bien ce moment immense que fut le xixe siècle, ogre lui-même, et terrible, chambouleur de continents, déménageur de peuples, entasseur à grands gestes patauds de masses prolétaires dans les mines et dans les forges de sa révolution industrielle, dévoreur d'enfants mis à l'esclavage usinier, mais ogre bon bougre qui faisait le mal en croyant au bien, et optimiste — dernier siècle optimiste peut-être — puisque l'idée de progrès n'avait pas encore été enfouie, cadavre ligoté dans le barbelé des camps, au fond de nos incomparables charniers, et qu'on pouvait encore entreprendre avec l'innocence de la première aube, persévérer dans le poudroiement doré point encore aboli de la promesse des Lumières, tandis que nous allons d'une démarche machinale avec la certitude cancéreuse que nos pas, toujours, ramènent à la sauvagerie originelle, et avançons dans le crépuscule jusqu'au champignon final à surgir de cette moisissure qui, le temps d'un battement de cils de l'éternité, se sera cru l'homme.

*

L'ogre goba l'Egypte.

Non pas nos sympathiques ogrelets qui font force de rames depuis tous les ports de l'empire ottoman, mais l'ogre capitaliste découplant ses grands prédateurs : Etats, compagnies, puissants consortiums. Le vice-roi Ismaïl, César Birotteau des bords du Nil, n'avait vraiment pas besoin d'inventer son slogan volontariste « l'Egypte est en Europe » : elle venait à l'Egypte, l'Europe, par vagues serrées d'affairistes, spéculateurs, escrocs, aigrefins — les plus avides et les moins scrupuleux étant ceux qui portaient livrée de consul ou d'ambassadeur. Traités économiques léonins, prêts à des taux usuraires, spéculation éhontée : le malheureux pays eut ses poches faites comme un provincial en goguette dans une métropole ; on amusait le vice-roi en le comparant à Louis XIV, et sa cour à celle de Versailles, pendant que les filous puisaient à pleines mains dans ses caisses.

L'Egypte est déclarée en faillite en 1876, sept ans après l'inauguration du canal de Suez. L'Europe impose la création d'une caisse de la dette publique contrôlée par elle, ce qui lui assure la maîtrise absolue des finances. Un an plus tard, les Egyptiens hébétés se voient imposer un conseil des ministres ahurissant même pour un peuple qui a tâté en sept mille ans de toutes les extravagances de l'Histoire : le conseil est composé d'un Anglais, d'un Français et d'un Egyptien... L'humiliation était si forte qu'elle devait susciter la révolte. Un officier, le colonel Orabi, décrète l'insurrection contre l'ingérence étrangère et la mise à l'encan de son pays. Il n'était pas Mohamed Ali, et la puissance contre laquelle il se dressait n'était point cet empire ottoman vermoulu que le condottiere fondateur de dynastie avait déséquilibré d'une poussée. Depuis le premier coup de pioche de Lesseps, l'Angleterre attendait un prétexte pour s'asseoir au bord du canal par lequel passerait désormais la route des Indes. Ses troupes pénètrent en Egypte, défont et capturent Orabi, installent au Caire un « consul » qui, malgré la minceur de son titre, sera le vrai maître du pays.

L'Egypte est anglaise pour soixante-dix ans.

La brigade criminelle étonna Rosette. Embarquée pour le quai des Orfèvres alors que le cadavre de son mari gisait encore devant la cabine de l'ascenseur, elle fut interrogée une heure et demie durant par un policier moustachu, d'une quarantaine d'années, qui semblait bien informé sur la personnalité et les activités d'Henri. Il posait ses questions d'une voix neutre, dépourvue d'agressivité, mais l'interrogatoire se déroulait dans un climat tel que Rosette, suffoquée, ne cessait de répéter : « Mais enfin, c'est mon mari qui a été assassiné... Il est la victime ! » Elle s'éprouvait dans la situation inattendue de devoir démontrer que son mari ne méritait pas d'être assassiné. Ses réponses s'en trouvèrent biaisées. Nul ne pouvait lui reprocher d'affirmer qu'Henri « était un homme qui avait des sentiments de noblesse tels qu'il était rare d'en rencontrer » mais on pouvait trouver un peu courte la définition de ses activités : « Depuis qu'il était en France, mon mari s'occupait de la traduction d'ouvrages d'enfants de l'italien en français. » Elle conclut : « J'ignore tout du mobile, ou des mobiles, qui ont fait agir les meurtriers. »

Trois policiers la ramenèrent chez elle en voiture. Parmi les badauds et les journalistes attroupés devant l'immeuble, elle reconnut Raymond Aghion, Lydia Allony, Raymond Stambouli et quelques autres amis du clan des Egyptiens. Elle les embrassa et monta avec les policiers ; ils devaient procéder à une perquisition. Lydia Allony eut permission de les accompagner.

Raoul Curiel, entendu brièvement après Rosette, et par le même enquêteur, retira une impression pénible de son audition. Il lui parut que le policier pataugeait lamentablement. Connaissant mal les activités de son frère, il ne pouvait guère contribuer à éclairer la police.

Joseph Hazan en savait davantage. Président-directeur général d'une société d'édition de livres, brochures publicitaires et imprimés en tous genres, il était censé être l'employeur d'Henri Curiel et brossa un portrait un peu flou de ce « chargé de relations publiques » qui « passait au bureau en moyenne une fois par semaine, ça dépendait des cas », dont la perquisition effectuée le jour même au siège de la société allait démontrer qu'il n'y disposait « d'aucun bureau, meuble ou placard ». Mais Hazan esquissa une biographie politique d'Henri Curiel, depuis les années égyptiennes jusqu'à sa mort, qui ne celait rien de ses engagements successifs. Il évoqua notamment ses efforts passionnés pour parvenir à « une solution pacifique et juste au Moyen-Orient ».

Âgée de quarante-cinq ans, ne paraissant ni plus ni moins, donnant l'impression d'une personne fragile, la voix chantante et acidulée, parsemant son discours de « parole d'honneur ! » apportés du Caire qui ne tirent pas à conséquence, l'air enfin d'une petite dame facile à croquer pour les hommes de la Criminelle (mais elle avait roulé dans la farine, quinze ans plus tôt, leurs confrères durs à cuire de la DST), Joyce Blau, militante de stricte observance, avait respecté toute sa vie l'obligation de réserve envers la police. Dirigée sur le quai des Orfèvres par les policiers opérant rue Rollin, elle s'en tint à une discrétion effrontée, refusant par exemple de préciser comment elle avait appris l'attentat. Elle déclara qu'elle n'avait pas vu Henri « depuis quelques jours » alors qu'il lui avait rendu visite le matin même et qu'ils devaient se retrouver à quatorze heures trente au cours de yoga. Selon elle, la campagne de presse déclenchée deux ans plus tôt avait une lourde responsabilité dans l'attentat : « Ces articles constituaient un véritable appel au meurtre. J'étais inquiète pour sa vie. J'ignore pour quelle raison il a été attaqué ainsi. Henri était incapable de faire du mal à qui que ce soit. Regardez son visage : il était doux. »

Ces réponses déconcertantes, décevantes, voire provocantes, auraient probablement conduit un observateur impartial à prendre Joyce Blau aux épaules et à la secouer en l'exhortant à sortir de son délire : les policiers n'étaient pas ses adversaires puisqu'ils avaient pour tâche de découvrir les meurtriers de l'homme qu'elle avait aimé. Mais le désespoir de Joyce n'était pas la seule cause d'une conduite apparemment aberrante. Comme Rosette, elle était sensible à une certaine carence de sympathie chez les enquêteurs. C'était peut-être une fausse impression née de la différence de tension entre le drame qu'elle vivait et l'intérêt strictement professionnel des policiers, mais enfin c'était suffisant à ses yeux pour s'en tenir au vieux réflexe militant de prudence.

Elle fut moins réticente, le lendemain, et livra lors d'une longue audition les détails sans importance qu'elle avait cru bon d'occulter la veille. Mais une irruption inopinée l'abîma dans la perplexité. Un homme entra dans le bureau et, à la façon dont il fut accueilli par les autres policiers, elle eut la certitude qu'il ne faisait pas partie du service. Il lui posa une seule question : « Qui est le docteur ? » Joyce répondit qu'elle ne voyait pas à qui il faisait allusion. L'homme s'impatienta : « Curiel devait rencontrer un docteur : qui est-ce ? »

Elle affirma ne pas le savoir. L'autre se mit en colère et la menaça de prison si elle s'obstinait à mentir. Les policiers de la Criminelle semblaient un peu effarés par la brutalité de l'interrogatoire. Après réflexion, Joyce indiqua qu'il devait s'agir du docteur Gerold de Wangen, ami très cher d'Henri Curiel. Le policier ricana et quitta la pièce en disant à ses collègues : « Je vous dis qu'elle ment ! »

La veille, lors de la visite matinale d'Henri Curiel chez elle, rue de Courcelles, ils avaient évoqué leur emploi du temps. Joyce avait demandé : « A quelle heure vois-tu le docteur ? » Henri avait répondu : « Onze heures. » Le docteur était Issam Sartaoui, Palestinien proche de Yasser Arafat et employé par lui à des missions diplomatiques. Il appartenait à la fraction modérée de l'OLP et militait depuis deux ans avec Henri Curiel et quelques autres pour une solution pacifique au conflit israélo-palestinien.

La conversation avait eu lieu dans le studio de Joyce. Les brutales questions posées par le policier inconnu signifiaient qu'elle avait été enregistrée grâce à un dispositif intérieur. Avoir son téléphone branché sur table d'écoute est une chose — et chaque militant tenait compte de l'éventualité. Des micros récepteurs-émetteurs placés dans un lieu d'habitation étaient autre chose. On sortait de la routine de banale surveillance pour entrer dans le domaine du renseignement offensif.

Joyce ne fit cependant pas le rapport entre cette découverte surprenante et l'extraordinaire minutage qui avait permis aux assassins d'Henri Curiel de le cueillir au moment précis où la cabine de l'ascenseur arrivait au terme de sa course.

La perquisition chez Rosette Curiel fut longue et minutieuse. Toutes les pièces furent fouillées, y compris la cave. Les policiers prirent la peine d'ouvrir et de vider les boîtes de biscuits, de feuilleter chaque livre, de vérifier tous les meubles. Lydia Allony se demandait si la coutume française était de mettre sens dessus dessous l'appartement des personnes victimes d'assassinat. Lorsque Rosette questionna les trois hommes sur ce qu'ils cherchaient, l'un d'eux répondit d'une voix sèche : « C'est vous qui devriez nous le dire ! » Ils emportèrent quelques dossiers et le répertoire téléphonique. Comme Rosette aurait besoin de ce dernier pour prévenir quelques amis des obsèques, il lui en serait délivré photocopie moyennant la somme de soixante-quinze francs. Mais le temps passera sur ces moments difficiles et, plus tard, évoquant les heures où elle était comme une écorchée vive, hypersensible à la moindre rebuffade, Rosette conclura avec équité : « La police s'est comportée correctement. »

Aymée Setton arriva peu après le départ des policiers, venant de sa maison de campagne de Rambouillet. Didar Rossano la suivit de peu. Les quatre femmes parlèrent jusqu'à minuit. Elles avaient eu vingt ans ensemble au paradis perdu, avaient milité avec Henri Curiel pour la révolution égyptienne et se retrouvaient, à l'automne de leur vie, réunies dans l'exil pour pleurer sa mort. Leur douleur était plus forte ou plus légère — c'est même chose — de savoir qu'elles avaient en partage avec Henri un passé que le couperet de l'Histoire avait fait immarcescible. Rien n'avait changé puisque tout s'était interrompu ; décor et personnages n'existaient plus que dans leur mémoire, figés comme dans un musée de cire. Les autres pleuraient un ami, un camarade. Ceux du clan des Egyptiens perdaient le témoin hautement symbolique d'une époque et d'un pays devenus inimaginables au point qu'ils renonçaient à les raconter à leurs propres enfants.

A minuit, Aymée et Lydia se retirèrent. Restée seule avec Didar, Rosette s'allongea sans parvenir à trouver le sommeil. Retenues toute la journée, les larmes ruisselaient sur son visage. Sa seule consolation était la certitude que rien ni personne n'aurait pu détourner son mari de la militance. Mais elle ne parvenait pas à réaliser qu'il était mort, qu'elle ne le verrait plus jamais. Elle lui vouait depuis trente-huit ans une passion tranquille, tenace, exclusive.

Tandis que son appartement était fouillé, une perquisition tout aussi attentive avait lieu dans les locaux de Joseph Hazan et à son domicile. Curieusement, elle était effectuée par des hommes de la brigade des stupéfiants et du proxénétisme. C'était sans doute que la Criminelle manquait de monde en ce jeudi de l'Ascension. Le lendemain, le petit logement de Joyce Blau fut à son tour perquisitionné. Les recherches ne révélèrent aucun indice tendant à prouver que l'un des plus anciens amis d'Henri Curiel et une femme dont il était très proche au moment de sa mort avaient pu tremper dans son assassinat. Joyce, de son côté, ne pouvait pas suggérer aux enquêteurs de rechercher si un dispositif d'écoute avait été placé chez elle (recherche qui eût nécessité la mise en œuvre de moyens techniques adaptés) car c'est précisément au sortir de la perquisition qu'elle fut conduite quai des Orfèvres et mise en présence du policier soucieux de savoir qui était « le docteur ».

Le 6 mai, surlendemain de l'assassinat, Rosette déclara aux policiers l'interrogeant à son domicile : « Il m'est revenu en mémoire un incident qui s'est produit la veille de l'attentat dont mon mari a été l'objet. Alors que nous quittions ensemble l'immeuble, vers deux heures [de l'après-midi], nous avons rencontré au bas des escaliers, alors que nous quittions l'ascenseur, un homme qui, à notre vue, a fait mine de monter deux ou trois marches, ou plus. Alors que nous franchissions le porche, il a fait demi-tour, nous a doublés dans la cour et est sorti. Visiblement, cet homme n'avait rien à faire dans l'immeuble ; il ne nous a pas adressé la parole.

« Je saurais reconnaître cet homme s'il m'était représenté, ou sur photographie. Son signalement est le suivant : âge : trente à trente-cinq ans, taille : 1 m 75 environ, athlétique, un peu corpulent, cheveux mi-longs noirs, raie, le visage rond. Il portait un blouson de cuir noir à fermeture Eclair et un pantalon foncé. A la main, il portait un objet genre talkie-walkie dont l'antenne aurait dépassé d'une vingtaine de centimètres, qu'il portait à la main droite, bras replié, comme l'on porte ce genre d'appareil.

« La présence de cet homme m'a frappée, et je me suis demandée ce qu'il faisait dans l'immeuble avec un tel appareil. Je n'en ai pas parlé à mon mari ; je ne sais pas s'il avait remarqué la présence de cet homme. »

« Je n'en ai pas parlé à mon mari. » Silence stupéfiant, incompréhensible si Rosette avait vraiment partagé la vie de l'homme qu'un grand hebdomadaire français avait accusé d'être le « patron des réseaux d'aide au terrorisme ». Silence étonnant même pour ceux qui avaient rejeté d'un haussement d'épaules la violente accusation. Henri Curiel était en tout état de cause un homme menacé — ne fût-ce qu'en raison des articles qui l'avaient ciblé — et l'on pouvait s'attendre à plus de vigilance de la part de sa femme. Mais Rosette avait cessé de militer depuis plus de quinze ans. Elle savait ce que faisait son mari sans être informée du détail. Henri ne recevait aucun militant chez lui, ne se servait pas de son téléphone privé pour ses affaires politiques et s'abstenait d'en parler à sa femme. Elle-même s'attachait à faire de leur foyer le refuge où Henri se sentait à l'abri des contraintes et des angoisses. Dans leur répartition tacite des rôles, il ne revenait pas à Rosette d'alerter Henri sur les dangers qu'il courait ; ou bien elle l'eût fait du matin au soir.

En l'occurrence, elle crut à une surveillance policière.

Le signalement de l'homme au talkie-walkie était conforme à celui que les témoins de l'attentat avaient donné de l'un des deux tueurs : allure athlétique, cheveux assez longs, blouson de cuir sombre. Il était posté dans le hall d'entrée, devant l'ascenseur. On pouvait raisonnablement en déduire que l'assassinat d'Henri Curiel avait été programmé pour ce jour-là mais que la présence inattendue de Rosette en avait dérangé l'exécution. L'homme était seul. L'autre tueur s'était-il déjà éclipsé ? Tous deux seraient entrés dans l'immeuble sur cour mais, au dernier moment, un échange de mots entre les Curiel aurait fait comprendre aux hommes chargés de l'écoute que Rosette accompagnait son mari, et l'ordre de repli aurait été immédiatement transmis par talkie-walkie aux deux tueurs. Dans cette hypothèse, pourquoi l'homme porteur du talkie-walkie était-il resté sur place, ne s'engageant dans l'escalier qu'en dernière extrémité et attirant ainsi l'attention de Rosette ? Il est vrai que l'individu ne manquait pas de sang-froid puisqu'il avait fait aussitôt demi-tour, et, doublant les Curiel dans la cour, était sorti dans la rue Rollin juste devant eux. On comprend que Rosette ait cru avoir affaire à un policier pouvant, le cas échéant, justifier sa présence le plus officiellement du monde.

Pour la Criminelle, quatre jours plus tard et le cadavre d'Henri Curiel reposant à la morgue, le doute n'était pas permis : l'homme au talkie-walkie était mêlé à l'assassinat. Et son appareil de transmission renvoyait à la donnée la mieux établie et la plus spectaculaire de l'affaire : une extrême précision dans l'exécution.

Malgré cela, aucune vérification technique ne fut effectuée pour découvrir chez les Curiel ou dans les locaux voisins les micros qui avaient pu permettre un minutage aussi précis.

L'enquête dite de voisinage fut cependant exhaustive. Les locataires des deux immeubles du 4, rue Rollin et de plusieurs immeubles avoisinants donnèrent leur témoignage, soit au total soixante-quinze personnes. Les policiers n'hésitèrent pas à revenir sonner à des portes qui ne s'étaient pas ouvertes lors de leur première visite. L'enquête s'étendit aux immeubles et magasins de la rue Monge, à plusieurs dizaines de mètres du lieu du crime : cinquante-deux personnes furent entendues. Beau travail, même si les résultats furent proches du néant.

Mais par l'une de ces malchances foudroyantes qui portent à la compassion pour la police, la brigade criminelle oublia un témoin. C'est peu compréhensible car ce témoin habitait au même étage que les Curiel un appartement dont les fenêtres donnaient sur leur salle de séjour. C'était dommage car il avait une histoire intéressante à raconter, et qui concernait précisément des micros.

Le grand-père, Nessim Curiel, était usurier. Son fils Daniel avait accédé à la qualification plus gratifiante de banquier mais ses opérations n'avaient guère changé de nature. C'était, dans les bureaux miteux de la rue Chawarbi Pacha, l'éternel et pitoyable défilé de paysans venant hypothéquer leur lopin de terre après une mauvaise récolte pour avoir de quoi acheter des semences. Si la récolte suivante décevait une nouvelle fois leurs espérances, ils sautaient ; les locaux résonnaient alors des supplications et des menaces de débiteurs aux abois. Toute l'Egypte rurale saignait de la plaie usuraire. Mais Daniel Curiel possédait aussi un important portefeuille d'actions, jouait en bourse, se livrait à des opérations de change : toutes activités plus conformes à l'image d'un banquier moderne.

Les bureaux étaient minables, presque sordides, parce que le maître des lieux se souciait peu du décor : il était devenu aveugle à onze mois à la suite d'on ne sait quel accident ou maladie. Il ne parlait jamais du passé. Ses deux fils le savaient veuf d'un premier mariage mais ignoraient jusqu'au prénom de sa première épouse. Un homme secret. Les photos qu'on possède de lui le montrent massif, la tête ronde, retranché derrière ses lunettes opaques, l'air placide, avec quelque chose de Charles Vanel à soixante ans.

Il était profondément artiste. La musique était sa plus ancienne passion. Il avait même envisagé une carrière de virtuose en dépit de sa cécité, passait des heures devant son piano et avait bien entendu sa loge à l'Opéra du Caire. Une autre de ses passions était la numismatique ; sa collection de pièces et médailles, dont il effleurait les reliefs avec volupté, était estimée à cinquante mille livres égyptiennes, soit trois à quatre cents millions de nos centimes. Plus étrange : il marquait un vif intérêt pour la peinture — les couleurs en général. Il s'était formé une représentation théorique des couleurs et, lors de l'annuel voyage estival en Europe, écumait inlassablement les musées ; sa femme Zéphira lui racontait les tableaux en détaillant leurs plus infimes nuances ; de même lui faisait-elle chaque soir la lecture, ses préférences allant à Pierre Loti et à Anatole France.

Zéphira Behar sortait d'une famille juive d'Istamboul dont l'opulence dura jusqu'à la mort du père, les aînés ayant rapidement dilapidé une belle fortune acquise dans le négoce des tapis d'Orient. Ses parents l'avaient mise au couvent de Notre-Dame de Sion, dont les sœurs la convertirent au catholicisme. Elle avait, elle aussi, connu les épreuves physiques et subi l'ablation d'un sein. Les amis de la famille la dépeignent sans charme ni beauté. Les photos prises au soir de sa vie montrent une solide vieille dame au visage bien structuré, avec un grand air de bonté et un regard chaleureux. C'était une personne extrêmement mystique. De l'avis unanime, elle serait entrée dans les ordres et n'aurait jamais épousé Daniel Curiel s'il n'avait été aveugle. Le mariage avec un aveugle fut pour elle oblation et accomplissement. Alors que son mari ne montrait aucun intérêt pour la religion, elle resta jusqu'à la fin de sa vie d'une piété méticuleuse et tout à fait œcuménique, partageant ses visites et ses offrandes entre l'église, la synagogue et les lieux saints musulmans. Sa bienveillance était sans limite. Lorsqu'un domestique vola dans la maison une collection de tapis précieux, elle refusa de porter plainte. Il y en avait pour une petite fortune.

Le ménage était heureux. Il n'y eut pour croire le contraire qu'Henri Curiel lui-même, qui évoqua un an avant son assassinat une vie conjugale mutilée par la « tendance à l'autodestruction » dont auraient souffert ses parents. Pour Raoul et pour tous les familiers de la maison, l'entente entre Daniel et Zéphira était au contraire exemplaire. Raoul n'a pas souvenir d'une seule vraie dispute. Le seul nuage fut d'origine musicale : Zéphira, excellente pianiste comme son mari, se trouva atteinte d'une douloureuse névrite aux mains ; elle dut renoncer au piano, qui lui faisait endurer le martyre, et Daniel accepta mal d'être privé de l'entendre jouer. Quoi qu'il en soit, Henri Curiel écrivit en 1977 : « Il ne fait pas de doute que l'exaltation maternelle et l'infirmité de mon père ont dû marquer mon enfance, ainsi que le drame qu'avait constitué pour mes parents la mort d'une petite sœur adorable, des suites d'un accident. » L'unique portrait de cette enfant, photographiée avec ses deux frères aînés, révèle en effet une fillette vive et gracieuse. Elle ne mourut cependant pas « des suites d'un accident » mais d'une ostéomyélite qui l'emporta à l'âge de quatre ans et demi.

La maison familiale était appelée au Caire la « villa Curiel ». Il faut entendre le mot dans son sens romain. Selon les normes actuelles, ce serait plutôt un grand hôtel particulier ou un petit palais, assez massif mais en quelque sorte allégé par ses couleurs ocre et vert qui vont bien avec le ciel du Caire. Outre les pièces de réception et de service, dix-sept chambres. Un parc spacieux planté de palmiers et d'arbustes l'enveloppe agréablement. Il est bâti à l'extrémité nord de l'île de Zamalek, entre deux bras du Nil, tout près du fameux Guezireh Sporting Club, sanctuaire de l'occupant britannique, avec son terrain de golf, ses tennis, sa piscine, son magnifique club-house (lorsqu'un Egyptien fut admis pour la première fois à l'honneur d'adhérer, peu avant la deuxième guerre mondiale — c'était un parent du roi Farouk mais un Egyptien tout de même —, on évita de justesse une démission massive des gentlemen indignés). L'île de Zamalek était alors le quartier copurchic du Caire et le fait que Daniel Curiel lui-même y fût né atteste l'ancienneté de l'opulence familiale. Les immigrants juifs sans le sou, tels les grands-pères de Chehata Haroun, posaient d'abord leur besace dans l'antique quartier de Haret-al-Yahoud, où vivaient dans une misère noire des dizaines de milliers de juifs dont les familles étaient en Egypte depuis les temps bibliques. Ils parlaient arabe, ne se distinguaient en rien, religion mise à part, de la masse égyptienne, et la plupart ne survivaient que grâce aux généreux subsides de leurs coreligionnaires fortunés. La deuxième étape menait dans le quartier européen, sur la rive droite du Nil, en face de l'île de Zamalek. Les plus riches s'installaient enfin à Zamalek même ou à Garden-city, quartier dominé par la magnifique ambassade d'Angleterre, vrai centre du pouvoir en Egypte.

Daniel Curiel avait dessiné lui-même le plan de sa maison mais l'aménagement intérieur devait être exécuté par le célèbre décorateur Jansen. La crise de 1929 lui fit annuler l'exécution du projet, qui était somptueux. Ce fut peut-être un prétexte : sa cécité l'eût de toute façon empêché d'apprécier le décor, et la bonne Zéphira n'était pas femme à se passionner pour ces futilités. Ainsi la grande pièce de réception était-elle un hall immense aux murs tapissés d'Aubusson, avec sur le parquet des jonchées de tapis d'Orient, mais meublé en tout et pour tout de deux fauteuils et d'un divan sur lequel le maître de maison tenait ses assises. Le reste était à l'avenant : un bric-à-brac où voisinaient du mobilier Louis XVI et des laideurs modern-style ; les murs n'étaient même pas peints. Les Aghion ricanaient en douce (une sœur de Daniel avait épousé un Aghion) mais les Aghion sont un peu mauvaises langues envers les Curiel. Eux, c'est la pointure au-dessus. Il y avait eu l'ancêtre Aghion fournisseur de Bonaparte, puis un autre ancêtre Aghion, ministre des Finances occulte sous le brave vice-roi Ismaïl, qui avait crié casse-cou au point de se faire exiler mais qu'on avait rappelé tarbouche bas après que la banqueroute eut confirmé ses sinistres prédictions. Les Aghion avaient fondé des banques — de vraies banques —, s'étaient lancés dans l'industrie et continuaient de subventionner des écoles juives créées par leurs aïeux : la classe. Ils vivaient fastueusement à Alexandrie. Lorsque Jean Aghion, cousin d'Henri Curiel, allait d'Alexandrie au Caire, il louait tout un wagon pullman afin d'avoir ses aises. André Weil-

Curiel, cousin lui aussi (une autre sœur de Daniel avait épousé à Paris un Weil), connut avec les Aghion ce qui lui parut longtemps le comble du luxe : à leur club, le Sporting d'Alexandrie, des domestiques faisaient office de ramasseurs de balles de ping-pong lors des parties enfantines. Le train de vie des Curiel était plus modeste : « La bonne bourgeoisie simple, estime Raoul. Nous avions une dizaine de domestiques, ce qui n'était pas énorme. » Presque tous ces domestiques étaient des hommes. Un cuisinier et un marmiton œuvraient en sous-sol ; trois serveurs officiaient à table ; un chauffeur conduisait Daniel Curiel ; le reste se répartissait les tâches ménagères. On tenait table ouverte. Les gens arrivaient sans façon et prenaient place ; sauf exception rarissime, ils appartenaient à la colonie juive. Point de repas sans une dizaine au moins de ces convives impromptus. La chère était abondante et succulente. Une partie des légumes venait de la grande propriété familiale de Mansourieh. La moitié du domaine était en exploitation directe sous la direction d'un ingénieur agronome, le reste étant affermé. Daniel Curiel avait aussi la passion de la terre.

Plus récents et moins riches, les autres vivaient à l'aise.

Le fils du banquier Stambouli avait débuté au Caire par le négoce puis s'était inscrit au barreau, obéissant à la vocation qu'avaient éveillée en lui les tribulations judiciaires paternelles. Il avait épousé la fille d'un autre banquier damascène, fermier des impôts ruraux pour la province syrienne, qui avait racheté le caravansérail familial après la mort du vieux Stambouli. Spécialiste de droit commercial et du statut des juifs en Egypte, Me Stambouli avait un cabinet prospère, un bel appartement au Caire et des domestiques. Sa femme retournait à Damas à chacune de ses grossesses, de sorte que c'est dans le caravansérail de ses ancêtres que Raymond naquit en 1923.

Lydia Allony vit le jour un an plus tard à Meadi, le Neuilly cairote. Son grand-père avait été le médecin du pacha ottoman ; son père devint l'avocat du roi d'Egypte, Fouad, géniteur du sinistre Farouk. Me Allony, honoré du titre d'Allony Pacha, habitait une maison somptueuse entourée d'un jardin de rêve, avec des caves si vastes qu'on y donnait des bals. Il adorait le droit et les fleurs, consacrant à l'étude du premier ses journées et la plus grande partie de ses nuits — trois heures de sommeil lui suffisaient. Sa femme, originaire d'une famille juive du Midi de la France, était une pianiste confirmée qui avait donné des concerts avant son mariage. Lydia conserverait de son

50

enfance l'image nostalgique d'une parfaite harmonie : sa mère au piano dans la grande maison silencieuse et, les yeux papillotant d'avoir trop lu ses recueils de jurisprudence, son père se promenant dans le jardin parmi les fleurs innombrables auxquelles il vouait une savante tendresse.

Le terrible grand-père Hazan avait mené ses deux fils, gourdin au poing, jusqu'aux études universitaires qui étaient son obsession. L'un s'était établi en France, où il deviendrait sous-directeur du PLM, directeur du casino d'Evian et agent du Deuxième bureau. L'autre était agronome et occupait un poste de direction au Crédit foncier d'Egypte, émanation de la Banque d'Indochine. Il gagnait gros mais dépensait tout à la mode de Damas. Trois domestiques à la maison et pas un repas qui comportât moins de cinq plats. Son fils Joseph, né en 1917, n'aurait pas à étudier jusqu'à minuit à la lueur jaunâtre des réverbères publics.

Invité à venir s'établir en Egypte par le vice-roi en personne, le père de Rosette était devenu directeur du laboratoire de chimie du ministère de l'Agriculture. Il se consacrait à l'analyse des eaux du Nil et des sols égyptiens. Parallèlement, il avait des intérêts dans la fructueuse importation des nitrates de soude chiliens. Un chauffeur et deux domestiques étaient à son service. La jeune Rosette, lorsqu'elle irait passer ses étés en France comme toute la jeunesse dorée du Caire, aurait bien entendu sa gouvernante.

Le grand-père Setton, maquignon d'Alep, veuf prématuré, était arrivé au Caire avec les deux enfants survivants d'une nichée de dix. Le père d'Aymée fit des études rapides, entra dans la banque mais s'établit bientôt négociant en cotonnades. Il était imbattable sur le crépon, la batiste et le madapolam. C'était un homme heureux. Aymée garderait un souvenir tendrement ému des repas familiaux qui ne réunissaient jamais moins de onze convives (les parents, six enfants, trois domestiques), scandés par les rires contagieux du père, illuminés par le sourire maternel. On gagnait bien sa vie mais on dépensait tout à la mode d'Alep.

Le grand-père paternel de Chehata Haroun avait vendu ses tapis dans les rues du Caire sans en faire un drame car il était dépourvu d'ambition. Son fils entra à dix ans au grand magasin *Cicurel,* y travailla quarante-huit ans et finit chef de rayon. Il faut à tout peloton sa lanterne rouge.

Voilà des gens dont les racines enfoncées ici ou là n'étaient pas si robustes qu'elles résisteraient à l'attraction d'une nouvelle aventure à

51

courir, d'un recommencement à tenter, mais qui, au terme de longues tribulations, avaient trouvé au bord oriental de la Méditerranée, dans le vieil empire ottoman, le lieu propice à une rare symbiose avec le milieu ambiant. On vivait comme l'autochtone ; on participait de sa culture, et si l'on priait un dieu différent, c'était souvent dans sa langue. Les grands-pères étaient totalement intégrés à la texture humaine du Proche-Orient. Leurs fils s'installent au bord du Nil et le simple fait d'entrer en bourgeoisie, modèle européen, va accomplir ce que ni la race, ou ce qu'on nomme ainsi, ni la religion n'avaient jamais déterminé : une coupure radicale avec le peuple environnant. Ce n'est pas l'arbre égyptien qui rejette le greffon juif, mais l'inverse. Le grand-père recevait les meilleurs poètes de Damas ou d'Alep, ou fréquentait l'élite cultivée d'Istamboul ; le petit-fils dit avec condescendance « les Arabes » parce que les seuls qu'il connaît sont ses domestiques.

Chez les Cohen, la grand-mère est vêtue comme une musulmane, passe ses journées derrière le moucharabieh et ne parle qu'arabe. La mère sait l'arabe mais l'utilise le moins possible. Lorsque son fils Alfred atteint ses trois ans, elle lui en interdit définitivement l'usage. Chez les Arié, la mère enrage de voir le père, né à Istamboul, s'obstiner à fréquenter des Egyptiens : « C'est un Arabe ! Il est toujours fourré avec eux ! » Mais aucun ne franchira le seuil de la maison s'il n'est domestique ou artisan, et le jeune Albert chantera avec ses copains : « Nous sommes les louveteaux, les petits loups de France. » Chez les Curiel, les Aghion, les Setton, les Allony, les Stambouli, même chanson. Aucun des futurs compagnons d'Henri Curiel n'entrera au musée du Caire ; aucun ne remontera le Nil pour jeter un coup d'œil sur les trésors de la Vallée des Rois ou d'Assouan. Retranchés dans leur ghetto bourgeois (pas une seule enseigne en arabe dans la quartier européen), les « étrangers » ont des intérêts avec les Egyptiens mais aucun intérêt pour l'Egypte.

Suprême insulte au pays : personne ne sollicite sa nationalité — l'idée en paraîtrait cocasse. Même les Curiel, sur place depuis plus d'un siècle et dont les ascendants identifiés reposent tous au cimetière du Caire, se sont bien gardés de prendre le passeport égyptien. Ils sont de nationalité italienne comme le vieux Stambouli était sujet de Buckingham Palace, et pour la même raison : le régime capitulaire. L'exorbitant privilège de juridiction accordé aux étrangers conduit chaque famille à rechercher par tous les moyens un passeport européen. La ville italienne de Livourne était de ce point de vue commode car un incendie avait ravagé son hôtel municipal et détruit ses archives : faute de moyen de contrôle, elle délivrait sans barguigner les extraits de naissance, et c'est ainsi que les Curiel étaient devenus italiens comme une flopée de familles juives du Caire qui ne parlaient pas un mot d'italien. (Mais tout le Caire savait compter jusqu'à dix dans la langue de Dante car les demoiselles du téléphone étaient d'authentiques italiennes...) Les Hazan avaient le passeport français, s'étant dégotté un ancêtre passé par Alger. Le passeport autrichien était recherché pour son prix modique mais l'économie devait se révéler désastreuse car ses possesseurs juifs seraient considérés par l'occupant anglais, lors de la deuxième guerre mondiale, comme des sujets hitlériens. On n'en est pas là. Pour l'heure, le jeune Raymond Stambouli s'amuse à casser les réverbères avec sa bande de garnements et lance, goguenard, au policier égyptien qui accourt en brandissant son bâton : « Ne me touche pas ! Tu n'as pas le droit : je suis un protégé. » C'était le premier degré du privilège, auquel succédait l'état de sujet, puis la dignité de citoyen. A la moindre difficulté avec la police locale, il suffisait de se déclarer protégé français, grec, italien, et le planton du consulat, alerté, se présentait aussitôt pour confirmer et faire classer l'affaire. Au dire de ceux-là même qui ont passé dix ans dans ses camps de concentration, le peuple égyptien est le plus doux et le plus patient de la terre (1).

Ainsi s'étaient-ils assis à leur aise sur l'Egypte et regardaient ailleurs.

Vers la France.

Comment faire comprendre aujourd'hui le coup de cœur, la longue passion de ces gens qui sortaient des souks syriens ou d'un village pouilleux de Bulgarie, d'un hameau de Valachie ou d'un faubourg turc, et qui se choisirent pour patrie une France que la plupart

(1) Jacques Hassoun raconte délicieusement dans ses *Juifs du Nil* une naturalisation collective peu ordinaire. Le consul d'Italie au Caire ayant beaucoup gonflé pour des raisons pécuniaires les effectifs des Chemises noires fascistes parmi la colonie italienne, l'annonce d'une visite d'inspection du maréchal Badoglio, en 1938, eût dû le déterminer à la fuite ou au suicide. Mais le consul venait du pays de la Commedia dell'arte et vivait sur la terre des Mille et une Nuits. Il recruta plusieurs centaines de volontaires parmi les juifs misérables d'Haret el-Yahoud, leur distribua passeports italiens et chemises noires, et leur apprit à défiler au pas de charge en criant « Viva Italia ! » Badoglio fut ravi du nombre et de l'ardeur martiale des Chemises noires cairotes mais repartit en laissant des instructions qui assombrirent la mine réjouie du consul. Le lendemain, les juifs fascistes, qui croyaient leur contrat terminé, furent convoqués au consulat pour apprendre qu'ils étaient mobilisés et partiraient la semaine suivante combattre en Ethiopie. Il s'ensuivit une véritable émeute. Les Chemises noires de Haret el-Yahoud ne partirent pas, ce qui leur valut en 1945 d'être honorés par le gouvernement italien comme de courageux déserteurs antifascistes.

chérissaient avant d'avoir foulé son sol ? Elle était le pays de la grande Révolution, des Lumières, des Droits de l'homme ; le parangon de la culture universelle ; l'arbitre du bon ton et de l'élégance. C'était encore pour eux « la grande nation » de Goethe, et si en vérité elle ne l'était plus tout à fait, ils ne risquaient pas d'en avoir la révélation dans les beaux quartiers parisiens et les villes d'eau qu'ils fréquentaient de préférence à ses noirs faubourgs. Ils étaient amoureux d'une France écrite par Victor Hugo, racontée par Michelet, peinte au quotidien par un Fragonard auquel Delacroix arrachait son pinceau quand les choses tournaient mal. Ils trouvaient magnifique qu'elle réhabilitât Dreyfus, oubliant qu'elle l'avait d'abord condamné. Ils la voyaient en somme à l'instar du petit Charles de Gaulle, leur contemporain, « telle la princesse des contes ou la madone aux fresques des murs, comme vouée à une destinée éminente et exceptionnelle ».

Ce n'était point engouement superficiel ou simple snobisme. Alors qu'ils se rencognaient dans une égoïste altérité au sein de leur pays d'accueil, ils étaient disposés à bien des sacrifices pour leur patrie d'élection, jusques et y compris le don de soi. On les avait vus à La Bourboule ou à Vichy : on en retrouva à Verdun et au Chemin des Dames. Ainsi deux oncles de Rosette et un oncle d'Henri s'engagent-ils avec beaucoup d'autres dans l'armée française dès 1914 alors que rien ne les obligeait à laisser la douceur méditerranéenne pour la sanglante bouillasse champenoise. Ceux qui restent sont tout français. L'oncle Aghion, Egyptien de fait depuis plus d'un siècle, Italien par le passeport, est surnommé Maurice Déroulède à cause de son intraitable chauvinisme gaulois (il prénommera son fils Raymond en hommage à Poincaré). Daniel Curiel évoquera toujours la naissance d'Henri, le 13 septembre 1914, en précisant : « Il est arrivé le jour même où nous apprenions la victoire de la Marne. » Lorsque Raoul et Henri se présenteront à leur tour, le 3 septembre 1939, au consulat de France du Caire pour s'engager dans l'armée française, ils n'auront pas le sentiment de poser un acte exemplaire mais d'accomplir un devoir évident. A un an de son assassinat, Henri Curiel écrira : « La seule patrie à laquelle je me sentais rattaché était la France. »

En une génération, ce qui est d'une brièveté foudroyante pour un fait de société, la France est devenue la référence première, sinon unique. Fils du médecin d'un souverain turc, avocat lui-même du roi d'Egypte, Me Allony accorde moins d'importance à son titre honorifique de pacha égyptien qu'à son grade de grand-officier de l'ordre de la Légion d'honneur. Le père de Rosette, fonctionnaire éminent du ministère égyptien de l'Agriculture, chérit sa médaille du Mérite

54

agricole français. Le père de Joseph Hazan porte toujours le tarbouche, persiste à lire un journal arabe en souvenir de Damas mais s'abonne comme tout le monde à un quotidien en français. Chaque soir, Daniel Curiel se fait lire *le Temps* par la bonne Zéphira. La grande maison de Zamalek est grande ouverte aux artistes français en tournée, les musiciens étant naturellement les plus choyés. Pour les livres, les Curiel ont un contrat de fourniture avec un libraire parisien qui les leur expédie par caisses : la bibliothèque familiale comporte plusieurs milliers d'ouvrages. L'été, chaque famille boucle ses malles et part pour la France. Les enfants en garderont le souvenir de journées interminables passées dans les jardins publics des villes d'eau sous la férule trouvée sévère de gouvernantes à col amidonné. Raoul et Henri, les trois semaines de cure expédiées, partent avec leurs infatigables parents dans un rallye toujours recommencé de musée en musée, avec des pointes en Belgique, en Angleterre, en Hollande, où Henri s'emballe pour Rembrandt.

Bien sûr, l'éducation est française. Il n'est de choix possible qu'entre l'enseignement religieux, bonnes sœurs et jésuites, et le lycée de la Mission laïque française. Dans l'un et l'autre cas, la qualité est exceptionnelle. La Mission laïque, émanation en Egypte de l'Education nationale, aligne décennie après décennie des maîtres hors de pair, passionnés pour un travail qu'ils vivent comme un apostolat, pétris de certitudes. L'impérialisme culturel est total. On offre bien le choix entre deux baccalauréats, l'un arabe, l'autre français, mais l'immense majorité des élèves choisit le second. L'étude du latin est préférée à celle de l'arabe. Les élèves ânonnent sans complexes « nos ancêtres les Gaulois » et l'histoire de l'Egypte n'est étudiée qu'en classe de sixième, comme à Rennes ou à Romorantin, et pour la seule période pharaonique. Le vieux Stambouli savait par cœur les plus beaux poèmes de l'Arabie ; son petit-fils connaît sur le bout des doigts la liste des chefs-lieux de département français.

Là-dessous, l'Egypte bougeait.

Les Anglais sont les seuls à juger que leur colonisation de l'Egypte fut profitable au pays. Certes, il est rare que l'applaudissement universel consacre un impérialisme, et le colon doit le plus souvent se contenter d'un brevet d'autosatisfaction, mais enfin les experts impartiaux tiennent le bilan anglais en Egypte pour très inférieur à ce que firent, par exemple, les Italiens en Lybie. Leur accomplissement le plus spectaculaire fut la mise au point d'un système de canaux permettant l'irrigation permanente du delta du Nil. Ils achevaient ainsi de brillante manière l'ouvrage entamé par les ingénieurs français de Mohamed Ali. La conséquence en fut une révolution économique et humaine telle que le pays n'en avait sans doute jamais connu. Au lieu de la récolte unique autorisée par la crue annuelle du Nil, c'étaient trois récoltes que l'irrigation permanente accordait au paysan grâce à la conjugaison infiniment propice de l'humidité du sol et de la chaleur du ciel. En quinze ans, la production de coton est doublée ; l'Egypte devient le premier fournisseur des filatures anglaises. Humainement, le bilan est plus équivoque. Le fellah gagne désormais sa subsistance mais s'épuise à un travail sans relâche. Comme l'écrivent joliment Jean et Simonne Lacouture : « Le voilà passé de la condition de demi-marmotte à celle de castor (1). » Et puisque la culture du coton exige une main-d'œuvre nombreuse, que les enfants s'y prêtent à merveille, les familles paysannes croissent et se multiplient au point de reposer, à la première baisse du cours mondial du coton, l'effrayant problème de la subsistance.

Pour le reste, le maître anglais se contente de gérer et d'administrer après avoir rétabli l'ordre et assaini les finances. Ce n'est pas rien mais c'est fait sans grâce. Il affiche la pire des morgues : celle qui naît d'un sentiment, non pas de supériorité, mais de différence. Sa manie de se brosser trois fois les dents après avoir fait l'amour avec une autochtone. Sa certitude que la piscine du Guezireh Sporting Club serait polluée si un corps égyptien s'y plongeait. On est loin des grasses promiscuités franchouillardes. Mais une lucidité qui contraste avec la folle cécité du colon français, toujours convaincu d'être éperdument aimé du colonisé. Lord Cromer écrit en 1908, au terme d'un règne de vingt ans sur le pays : « Rien ne prévaut contre ce fait que nous ne sommes pas musulmans, que nous ne mangeons, ni ne buvons, ni ne nous marions comme eux. »

La première guerre mondiale conforte au début la domination anglaise et l'ébranle à la fin. L'ultime lien d'allégeance avec la Turquie est rompu, puisqu'elle s'est rangée dans le camp allemand, mais le protectorat britannique, officiellement proclamé, consacre un pouvoir qui n'a rien de symbolique. Un million de soldats campent en Egypte tandis qu'un corps expéditionnaire indigène part pour la France. Cependant, les prix du coton flambent, les fournitures aux armées font lever une moisson de millionnaires, des industries locales se créent pour pallier l'arrêt des importations de produits manufacturés. Selon les estimations les plus raisonnables, la richesse du pays

---

(1) Jean et Simonne Lacouture, *L'Egypte en mouvement*, Editions du Seuil, p. 57.

aurait doublé en quatre ans. Comme toujours en pareil cas, l'inflation galopante enrichit les riches et appauvrit les pauvres. Le malheur du plus grand nombre s'exaspère de l'insolente prospérité des profiteurs de guerre. La classe intellectuelle trouve insupportable la tatillonne censure anglaise. Et sur cette nation revigorée mais déséquilibrée, dynamique et malheureuse, tombent comme autant de volées de tocsin les « Quatorze points » du président américain Wilson, les appels de La Mecque à la révolte arabe, les déclarations franco-anglaises consacrant le démembrement de l'empire ottoman et l'accession à l'indépendance de ses anciennes provinces.

Le 13 novembre 1918, deux jours après l'armistice, trois Egyptiens demandent audience au Haut-commissaire britannique et revendiquent l'indépendance pour leur pays. Le meneur est Saad Zaghloul, ancien ministre de l'Instruction publique, nationaliste tranquille, rusé, indomptable. Il a rongé son frein tout le temps des hostilités, ne voulant pas se prêter à l'accusation de poignarder dans le dos les Alliés. L'heure est venue. Les trois se présentent comme le *Wafd*, c'est-à-dire « la Délégation ». Trouvaille merveilleuse, coup de culot admirable : trois types sonnent à la porte du maître anglais qui vient de triompher sur les champs de bataille européens, dont l'empire est le plus puissant que l'Histoire ait connu, et disent avec simplicité : « Nous sommes délégués par le peuple pour réclamer en son nom l'indépendance de l'Egypte. » Personne ne les a officiellement mandatés et ils n'ont aucune structure organisée derrière eux — rien que la nation. Mais la nation tout entière, et qui va prouver, après la rebuffade du maître anglais, qu'elle est prête à mourir sous le feu de ses mitrailleuses. Grèves et manifestations submergent le pays. La répression, brutale, échoue à endiguer le raz de marée populaire. Saad Zaghloul et ses deux compagnons, déportés à Malte, sont libérés au bout d'un mois. A la poussée de fièvre succèdent résistance passive et propagande intelligente auprès des gouvernements étrangers et de l'opinion publique mondiale. En 1922, Londres est contraint de reconnaître solennellement l'indépendance de l'Egypte. Certes, elle est assortie de réserves restreignant fâcheusement sa souveraineté. Un auteur anglais, écrivant sur l'Egypte, intitule son livre *Le Pays le plus important*. Elle est la nation la plus nombreuse du Proche-Orient arabe né de la première guerre mondiale, le verrou essentiel de la route des Indes, un irremplaçable grenier à coton pour les filatures du Royaume-Uni. Londres restera donc présent militairement et s'arroge la mission de protéger « les intérêts étrangers et les minorités », ce qui laisse la porte entrouverte à bien des initiatives. Mais le principe de l'indépendance est posé, à partir de quoi tout redevient possible, probable, inéluctable. Pour la première fois depuis la constitution des grands empires coloniaux du xixᵉ siècle, le pouvoir européen a été contraint au recul. Ce n'est qu'un début.

* * *

Intelligente bourgeoisie !

Voyez la jeune et jolie Didar Rossano en route pour le lycée. Elle porte l'uniforme obligatoire : béret, robe et corsage blancs brodés des initiales MLF (Mission laïque française), le tout d'une propreté impeccable car Mˡˡᵉ André, la directrice, inspecte les rangs chaque matin d'un œil sourcilleux. Le père de Didar est directeur à la Banque nationale d'Egypte. Seuls les privilégiés peuvent envoyer leur progéniture au lycée français, où les droits d'inscription sont élevés. A quelques exceptions près, les compagnes de Didar sont juives. On se moque beaucoup d'Amira Hamoud qui s'affirme juive pour être comme tout le monde alors que son père est égyptien et sa mère italienne (elle épousera l'acteur David Niven) et il y aura du remue-ménage le jour où l'on découvrira qu'une autre élève prétendument juive n'est qu'une catholique honteuse. C'est dire que l'antisémitisme n'est pas à l'ordre du jour. Quant à une éventuelle xénophobie, il faudrait pour en éprouver l'inconvénient avoir un vrai contact avec l'autochtone ; or les seuls Egyptiens fréquentés par Didar sont le *bawwab* de son immeuble, le cocher de la calèche louée par sa mère, le valet toutes mains et la brave Nefissa qui, avec l'aide de sa fille, s'acharne à « ravoir » les uniformes blancs imprégnés de la poussière du Caire. Quelques années plus tard, devenue une jeune fille dégourdie, Didar rencontre dans une surprise-partie un officier si beau qu'elle en tombe aussitôt amoureuse (elle l'épousera). Histoire de parler, elle lui demande dans quelle unité anglaise il exerce son commandement. Le jeune homme, soudain guindé, répond qu'il ne sert pas dans l'armée anglaise. Mais alors, dans quelle armée ? L'armée égyptienne. Stupeur de la pauvrette : elle ignorait qu'il existait une armée égyptienne. C'est dur pour l'indigène. En revanche, comment celui-ci pourrait-il éprouver de la xénophobie pour une demoiselle qui, même si elle est née dans le pays, vit à sa surface telle une touriste de passage ? Cela vaut aussi pour Aymée Setton, élève à l'école Jeanne d'Arc avant d'entrer au lycée, et dont le cœur vibre davantage pour l'Alsace-Lorraine redevenue française (la directrice, Mᵐᵉ Corfmatt, sort d'un dessin de Hansi) que pour la question du Soudan. Cela vaut toujours pour le banquier Daniel Curiel, beaucoup plus attentif à la vie politique française (l'arrivée au pouvoir du Cartel des gauches, en 1924, le frappe comme une catastrophe : il est convaincu que la France va sombrer dans le bolchevisme) qu'aux péripéties égyptiennes. Et quel prétexte l'autochtone devrait-il inventer pour se prendre de bec avec l'oncle Aghion, intraitable sur Raymond Poincaré mais que Saad Zaghloul laisse indifférent ?

On ne prétendra pas la ruse délibérée. Le rayonnement français s'exerçait si fort que certains — le père de Rosette, celui de Raymond Stambouli — l'avaient subi avant même d'aborder la terre égyptienne, et ceux qui témoignèrent pour leur patrie d'élection jusque dans les tranchées de la Grande Guerre protesteraient à juste titre de la pureté de leurs sentiments. Aussi bien n'est-il pas question de suspecter chacun dans son particulier mais de constater un phénomène collectif échappant à la manigance. Ils ont tous partie liée avec le capitalisme européen, dont les baïonnettes anglaises garantissent les privilèges, mais leur affiliation de cœur et d'esprit à la France les exonère du soupçon de complicité avec l'occupant. Mieux encore : la francophilie est en Egypte manière d'affirmer son anglophobie, et cela jusqu'au paradoxe. Bonaparte est absous puisque Napoléon souffrit de la perfide Albion. Anouar el-Sadate rapporte dans ses Mémoires que dans son enfance villageoise, au fin fond du delta, son père aimait à lui conter comment le malheureux prisonnier de Sainte-Hélène avait réussi à tromper la méchanceté du gouverneur anglais, qui avait fait surbaisser la porte de sa maison afin de l'obliger à courber la tête : Napoléon se mettait à croupetons et passait tête haute... L'homme qui avait fait froidement canonner Le Caire canonisé dans les villages égyptiens comme martyr des Anglais — quel tour de passe-passe !

Accrocher son char à l'étoile française, c'était jouer sur le velours car elle brillait sur l'Egypte d'un éclat bénéfique et elle avait l'inégalable avantage d'être une étoile filante. On l'a dit : une heureuse fortune avait réservé à l'Egypte l'élite des voyageurs français ; savants, artistes, ingénieurs, archéologues faisaient meilleure figure que les marchands et soldats anglais ; surtout, c'étaient oiseaux de passage ; ils vous déchiffraient l'hiéroglyphe, dessinaient un barrage, révolutionnaient le coton, et adieu l'Egypte ! L'Anglais restait. Un demi-siècle d'assujettissement contemplait le peuple égyptien du haut de son ambassade, et cela semblait déjà une éternité.

La France était pour chacun une authentique passion ; pour tous, un alibi, au sens premier du terme. On avait le ventre au Caire et le cœur à Paris ; la digestion s'en trouvait heureuse. Rarement le pavillon de contrebande d'une nationalité, fût-elle culturelle, aura si agréablement recouvert l'obscène réalité économique et sociale.

Aussi garderont-ils un souvenir éperdument nostalgique de leur jeunesse égyptienne, y compris ceux qui passèrent une décennie au camp et demeurent aujourd'hui encore des militants révolutionnaires. L'Egypte de leurs jeunes années était le paradis terrestre puisqu'ils y savouraient le délicieux fruit colonial sans encourir le péché originel de colonialisme. Ils étaient avec innocence dans la beauté des choses et leur vie se levait comme une aube sur Le Caire, dans la poussière dorée de l'incomparable lumière sur le grand fleuve lisse, avec les sereines certitudes d'un avenir heureux.

Le premier drame d'Henri Curiel fut d'être privé de France.

Raoul et lui avaient d'abord été mis au petit collège tenu par les bonnes sœurs, puis étaient entrés en sixième chez les jésuites de Fagallah. Certains professeurs du lycée laïque affichaient des idées trop avancées pour Daniel Curiel, réactionnaire décidé ; Zéphira ne pouvait qu'approuver le choix d'une éducation religieuse.

La mère préférait l'aîné, Raoul, plus mystique. Le père, peu expansif, s'en tenait à quelques principes d'éducation et faisait confiance pour le reste. Son amour du piano, seule occasion de discorde conjugale, dégoûta à jamais les garçons de la musique. Il s'était mis en tête de la leur enseigner mais ne supportait pas la moindre fausse note. Raoul et Henri faisaient des gammes à longueur de journée dans une pièce lointaine pour ne pas écorcher les oreilles paternelles et un domestique, assurant la liaison, tenait Daniel informé des progrès de l'exercice.

La charité était vertu d'obligation. Daniel Curiel donnait des sommes considérables aux organismes de bienfaisance grâce auxquels subsistaient les juifs démunis du quartier de Haret el-Yahoud. Lorsque Raoul et Henri eurent quatorze et treize ans, il les emmena dans un orphelinat juif et leur présenta un gamin qu'il leur avait choisi pour filleul. Dix pour cent de leur argent de poche devait lui être consacré. Le malheureux gamin venait une fois par semaine dans la grande maison de Zamalek et passait une journée inconfortable en face des deux frères Curiel, tout aussi gênés que lui. Cela dura trois ans. (Mais Raoul conservera le pli et, toute sa vie, donnera dix pour cent de ses revenus à des œuvres de bienfaisance.)

Les études furent sans problème. Henri, très brillant, apprenait avec facilité. Il perdit naturellement la foi chez les jésuites, suscitant un vrai scandale avec cette interrogation navrante de potache : « Vous nous parlez toujours de la Sainte Vierge, mais qui est allé vérifier ? »

— tout cela ne tirait pas à conséquence : il était heureux à Fagallah.
Plus tard, ses adversaires le taxeraient volontiers de jésuitisme, et
même parmi ses fidèles, beaucoup s'irriteraient d'une certaine
manière enveloppante et hypocrite très conforme à la caricature
répandue de la Compagnie de Jésus. Lors de discussions importantes,
sa technique favorite consistait à répondre en reprenant pour
commencer la dernière phrase de l'interlocuteur, comme si ce dernier
avait formulé une évidence incontestable. L'opposant venu avec la
ferme volonté de casser le morceau se retrouvait au bout de quelques
minutes verbalement échoué dans des sables mouvants. Henri Curiel
avait du reste la franchise de son jésuitisme, si l'on ose dire, et
saisissait les occasions les plus bizarres de rendre hommage à ses
maîtres. Plus d'un responsable politique n'en crut pas ses oreilles.
Peu avant sa mort, il voulut mettre à profit les loisirs forcés d'une
assignation à résidence pour rédiger une sorte d'autobiographie politique. L'entreprise tourna court. Elle commençait par cet avertissement : « Je souhaite arriver à n'exprimer que la vérité, mais je sais —
et je le dois avant tout à mes maîtres, les pères jésuites — combien
celle-ci est facile à farder, combien il est facile de mentir en ne disant
pourtant que des choses exactes. » Lorsque Raoul le verra pour la
dernière fois, quinze jours avant sa mort, les deux frères évoqueront
les jours anciens de Fagallah et concluront que s'ils avaient eu des fils
à élever, ils les auraient à coup sûr mis chez les jésuites.

Comme Daniel Curiel l'avait bien vu, le collège ne risquait pas de
semer dans les jeunes cervelles les graines de la subversion. L'éducation était classique et les disputes du siècle restaient à la porte.
Lorsque Raoul Curiel, assommé de douleur par la déroute française
de 1940, ira chercher réconfort auprès d'un de ses anciens maîtres de
Fagallah, celui-ci, docteur en théologie et en philosophie, l'écoutera
avec bienveillance et répondra d'une voix apaisante : « Mais non,
l'armistice n'est pas un tel drame ! C'est la juste punition encourue
par la France pour s'être alliée à une nation protestante. »

Des embarras financiers retardèrent le départ de Raoul pour Paris.
Ses affaires ébranlées et son esprit inquiet redoutant toujours un raz
de marée bolchevique sur le monde, Daniel Curiel fit commencer à
son aîné une licence en droit à l'Ecole de droit française du Caire.
Raoul s'y résigna pendant deux ans, puis, la situation s'étant rétablie,
obtint de faire sa troisième année à Paris.

Mais le verdict paternel tomba sur Henri, définitif, foudroyant : il
n'irait pas en France poursuivre ses études universitaires. Sa voie était
tracée : une licence en droit au Caire et le travail à la banque.

Henri Curiel fut au désespoir. Le départ pour la France n'était pas l'un de ces rêves qu'on caresse avec la crainte de ne pas les réaliser. C'était le sort commun. De ses oncle et tantes paternels, seule Linda, épouse du richissime Maurice Aghion, était restée en Egypte. Evelyne avait épousé à Paris le très savant Charles Braibant, qui finirait directeur des Archives nationales de France. La tante Léonie s'était elle aussi mariée à Paris avec un Weil et son frère Max y menait une vie de bâton de chaise après s'être brillamment battu dans l'armée française ; il courait la gueuse, buvait sec et s'adonnait à la drogue ; on disait à Raoul et Henri : « Continue comme cela et tu finiras comme l'oncle Max ! » (Il avait été l'amant de Mata-Hari mais cette liaison était restée confidentielle et ne serait donc pas retenue par les détracteurs d'Henri Curiel pour être inscrite à son passif.) Du côté maternel, la tante Angèle, très jolie sœur de Zéphira, mais très peu sage, travaillait dans une grande maison de couture parisienne. Cousins, cousines, amis ou camarades de collège : tous partaient à un moment ou à un autre pour la patrie d'élection. Même Raoul, son aîné d'un an, moins brillant aux études parce que plus paresseux (il allait vivement se rattraper), s'était tiré des flûtes après avoir piaffé pendant deux ans. Il n'y aurait donc que lui, Henri, pour rester à quai...

Le pire était de devoir entrer dans la banque paternelle. Il n'avait jamais envisagé pareil cauchemar : quitter la passerelle, où l'œil ne rencontrait qu'élégance et beauté, pour descendre dans l'entrepont au milieu des rameurs en galabieh crasseuse qui faisaient avancer la galère ; sortir de Proust, sa passion, pour entrer dans la routine hideuse des prêts plus ou moins usuraires, avec les menaces et les supplications des débiteurs aux abois...

Le père était aveugle. Henri resta.

La revendication de l'assassinat par un groupe Delta rencontra l'incrédulité générale. La campagne de presse lancée deux ans plus tôt avait accusé Henri Curiel d'être « le patron des réseaux d'aide au terrorisme ». C'était le placer au cœur d'une actualité lancinante. Avec Delta, on replongeait dans les péripéties révolues de la guerre d'Algérie. Les groupes Delta, émanation de l'OAS, avaient été créés et commandés par le lieutenant Degueldre. Leur nom venait de la lettre grecque en forme de triangle, figure reine de toute clandestinité : comme la troïka bolchevique, chaque groupe Delta était composé de trois hommes dont un seul avait le contact avec l'échelon supérieur. Durant de longs mois, les tueurs de Degueldre avaient semé la mort dans les villes d'Algérie, abattant indifféremment partisans de la politique gaulliste et femmes de ménages musulmanes, puis le chef avait été pris, condamné à mort et passé par les armes tandis que des équipes de policiers républicains venus de métropole réduisaient peu à peu ses séides. Les rescapés avaient fui en Espagne ou en France à la veille de l'indépendance algérienne. Tout cela remontait à plus de quinze ans.

Le communiqué téléphoné à l'AFP par une voix anonyme rassemblait plusieurs imputations. Henri Curiel y était traité d' « agent du KGB » : ses détracteurs journalistes avaient insinué qu'il travaillait pour les services soviétiques. « Militant de la cause arabe » pouvait se référer à son action passée en faveur des patriotes algériens ou à ses efforts pour faire aboutir un règlement du conflit israélo-palestinien. En revanche, la phrase : « Il a été exécuté en souvenir de tous nos morts » sonnait OAS et devait émaner d'une organisation ou d'un groupe profondément impliqué dans la guerre d'Algérie : aucun conflit civil n'avait entraîné mort d'homme en France depuis 1962 dans des conditions justifiant pareil vocabulaire.

La rapidité de la revendication lui conférait du sérieux. L'appel téléphonique à l'AFP se situait exactement une heure après les quatre coups de feu des tueurs. Certes les radios avaient diffusé dans l'intervalle, en flash spécial, l'annonce de l'attentat contre Henri Curiel, mais on imaginait mal qu'un plaisantin fanatique eût improvisé un communiqué dont les termes étaient à l'évidence pesés. Enfin, le groupe Delta restait le seul à s'être manifesté.

La sinistre signature n'en était d'ailleurs pas à sa première apparition. Compulsant leur documentation, les journalistes datèrent au 2 décembre 1977 son retour dans l'actualité. Ce jour-là, à Paris, six balles avaient tué Laïd Sebaï, gardien de nuit de l'Amicale des Algériens en Europe, 23, rue Louis-le-Grand. Trois heures et demie plus tard, un homme téléphonait au bureau parisien de l'AFP pour revendiquer l'attentat au nom de l'organisation Delta. Le lendemain, un correspondant anonyme téléphonait à l'antenne lyonnaise de l'AFP, toujours au nom de l'organisation Delta, mais en précisant « section Progrès et Révolution ». Des actions ultérieures étaient annoncées, notamment à Lyon. C'était la première fois qu'on reparlait de Delta depuis la fin de la guerre d'Algérie.

Neuf jours plus tard, le 11 décembre 1977, trois cocktails Molotov avaient été lancés contre un foyer de travailleurs immigrés à Strasbourg, occasionnant des dégâts matériels. Un appel téléphonique à Police-Secours avait revendiqué l'action au nom de Delta.

Le 14 décembre, attentat analogue contre un foyer d'immigrés à La Garde, dans le Var. Le journal *Var-République* est bénéficiaire de la revendication téléphonique de Delta.

Le 26 décembre, un engin de fabrication artisanale explose devant la Maison des syndicats de Cambrai. Les dégâts sont minimes. Le journal communiste *Liberté* reçoit le communiqué de Delta.

Le 15 mars 1978, deux bouteilles de camping-gaz explosent au siège toulonnais de l'Amicale des Algériens en France. Delta en prend la responsabilité auprès de *Var-matin*.

Le 24 mars 1978, Delta revendique un nouvel attentat à La Garde. Cette fois, l'explosif a été placé devant une permanence du parti communiste.

Processus classique de mimétisme débile : à partir d'un attentat meurtrier ressuscitant Delta, quelques fanatiques racistes d'extrême-droite allument des pétards en se réclamant du mythe réprouvé. Un suspect est interpellé à Strasbourg puis relâché. Un jeune homme et un lycéen, appréhendés à La Garde, sont également remis en liberté sans suite judiciaire.

Laïd Sebaï était mort, comme Curiel. Mais quel rapport entre cet obscur gardien de nuit et une personnalité de l'envergure d'Henri Curiel ? Les amis de ce dernier, comme l'immense majorité des observateurs, estimèrent que les assassins avaient exhumé la vieille défroque sanglante de l'OAS pour en recouvrir leurs véritables mobiles.

Le 12 mai 1978, huit jours après la mort d'Henri Curiel, le professeur Ceccaldi, chef de service à l'Identité judiciaire de Paris, directeur du laboratoire de police scientifique, signait son rapport d'expertise sur les projectiles tirés par les assassins de la rue Rollin. Il concluait : « Les douilles et balles ont été percutées et tirées dans un pistolet de calibre .45 ACP déjà utilisé le 2 décembre 1977 lors du meurtre de Laïd Sebaï. »

⋆
⋆⋆

Sa veille de nuit terminée, Laïd Sebaï, père de sept enfants, était sorti prendre un café avec deux autres membres de l'Amicale. De retour entre 9 h 35 et 9 h 38 au siège de l'organisation, rue Louis-le-Grand, il prenait l'ascenseur au fond de la cour lorsque des tueurs surgis dans son dos avaient ouvert le feu. Laïd Sebaï s'écroula, atteint de six balles. Cinq projectiles avaient été tirés par une arme de calibre 7,65 ; le sixième par le pistolet .45 ACP qui devait servir cinq mois plus tard contre Curiel.

Les policiers récupérèrent sur les lieux sept douilles et cinq balles de 11,43. Tirant sept fois, le tueur au .45 n'avait logé qu'une seule balle dans sa cible humaine ; rue Rollin, à bout portant, l'homme au .45 serait plus précis. Son complice avait fait mouche cinq fois sur cinq.

Deux témoins croyaient avoir vu les tueurs.

Le premier, capitaine de l'armée de l'Air, était ce matin-là à une fenêtre de l'école Berlitz. Entre 9 h 27 et 9 h 28, selon son estimation, il vit sortir du 23, rue Louis-le-Grand un homme jeune dont la main droite était enfouie dans son blouson. Il marchait vite. L'officier lui donnait vingt-cinq ans. Sa taille était d'un mètre soixante-quinze. Il avait les cheveux châtain clair. Son blouson bleu comportait un col de fourrure d'un bleu plus foncé et son pantalon était gris. Il avait une allure sportive.

Le second témoin était le marchand de journaux du kiosque situé à l'angle de la rue Louis-le-Grand et du boulevard des Capucines. Il avait remarqué un homme arrivant d'un pas très rapide de la rue Louis-le-Grand. Il était grand — un mètre quatre-vingts — et pouvait avoir trente ans. Il avait les cheveux longs. Le seul détail vestimentaire remarqué par le témoin était un pull beige. Lors d'une seconde audition, il précisait qu'il n'avait vu l'homme que de dos, situait sa taille entre un mètre soixante-quinze et un mètre quatre-vingts, et indiquait que son vêtement était « une chemise couleur beige, genre tenue d'été de l'armée ».

A 13 h 07, l'AFP recevait une communication téléphonique : « Nous revendiquons l'exécution des responsables des Amicales des Algériens en Europe. C'est une première sommation en réponse à l'assassinat de certains otages par les mercenaires d'Alger. Vengance pour les époux Fichet. Nous exigeons la libération de tous nos compatriotes avant dimanche treize heures. Passé ce délai, la situation des Algériens en France deviendra intenable. »

Sept mois plus tôt, le 1er mai 1977, les forces du Front Polisario avaient lancé un raid sur la ville mauritanienne de Zouérate, où étaient installés avec leurs familles des cadres ou ingénieurs français de la société exploitant le minerai de fer. Les époux Fichet avaient été tués au cours de l'attaque. Six Français avaient été capturés par les Sahariens du Polisario. Le coup de main terminé, leurs ravisseurs les avaient emmenés vers une destination inconnue mais qu'on pouvait situer sans grand risque d'erreur en Algérie puisque ce pays, protecteur du Front Polisario, lui servait de base arrière — de là l'expression « mercenaires d'Alger » pour désigner les combattants sahariens. Le 25 octobre, deux cheminots français avaient été à leur tour enlevés en Mauritanie. L'affaire suscitait en France une légitime émotion et une partie de la presse avait attaqué le gouvernement algérien avec violence, lui imputant la responsabilité première de l'opération.

Laïd Sebaï ne pouvait être considéré comme un responsable de l'Amicale des Algériens en Europe mais l'audition de son président, Abdelkrim Gheraieb, révéla que le malheureux gardien de nuit avait été victime d'une méprise. L'Amicale avait été plastiquée en 1975. Depuis cette date, M. Gheraieb ne cessait de recevoir lettres et coups de téléphone de menace. L'ambassade d'Algérie était intervenue auprès des autorités françaises pour qu'il bénéficiât d'une protection. Elle lui avait été refusée en raison de l'insuffisance des effectifs de police. M. Gheraieb avait donc pris quelques mesures de sécurité. Son chauffeur-garde du corps descendait avec lui de voiture à leur arrivée devant l'immeuble, le matin à 9 h 30, et un membre de l'Amicale l'attendait devant la porte, de sorte que le président allait prendre son ascenseur encadré par deux personnes. Vu de dos, il avait la même silhouette que Laïd Sebaï.

Les tueurs, voyant entrer dans l'immeuble un trio d'Algériens à l'heure exacte où M. Gheraieb et ses gardes y pénétraient d'habitude, avait ouvert le feu sur un homme qui était pour eux le président de l'Amicale.

La description des présumés tueurs correspond à celle des assassins de la rue Rollin sans qu'on puisse conclure à une identité certaine. Ils sont grands, plutôt jeunes, d'allure sportive. Rares sont les sexagénaires ventripotents tirant dans la rue au Colt 45.

Le communiqué revendiquant le meurtre d'Henri Curiel se concluait par la phrase : « Lors de notre dernière opération, nous avions averti. » Cette conclusion sibylline faisait-elle référence au message Delta concernant Sebaï ? Il exigeait la libération des « otages » du Polisario : ceux-ci, libérés sains et saufs six mois plus tôt, avaient unanimement déclaré que leurs ravisseurs les avaient bien traités.

Mais la même haine des Arabes, spécialement des Algériens ; le même cadre — un ascenseur —, et surtout la même arme.

Pas de micros.

Il a vingt ans et il est déjà au bout du rouleau. Un dandy las qui ne sait plus quoi faire de sa vie bousillée.

Là-bas, à Paris, son frère Raoul assouvit une boulimie de culture. Il termine sa licence en droit, fait Sciences po, obtient une licence de philosophie, se passionne pour la linguistique et s'inscrit à l'Institut de civilisation indienne, à la Sorbonne, afin d'étudier le sanskrit, ce qui le mène de fil en aiguille aux langues iraniennes, slaves, germaniques. Tout l'intéresse. Nul souci trivial de l'avenir pour endiguer ou canaliser ces coups de foudre culturels : « Il ne me serait pas venu à l'idée que je dusse un jour gagner ma vie. » (Cinquante ans plus tard, je retrouverai Raoul Curiel dans un petit logement du quartier Beaubourg, au fond d'une rue bordée de bouis-bouis arabes où rissolent les merguez, mais l'implacable restauration asiatique était à l'offensive, de sorte que se mélangeaient aux fenêtres de Raoul les âcres odeurs de sa jeunesse cairote et les senteurs plus sucrées de ses années afghanes et pakistanaises. Le mobilier était modeste mais d'un goût parfait. Un perroquet jaune et vert piétait deçà delà. Bel homme au cœur fragile mais nimbé de sérénité — « J'ai eu une vie profondément heureuse et j'attends la mort sans angoisse » —, Raoul Curiel, à la retraite depuis trois ans, continuait de se rendre bénévolement, pour le plaisir, à son bureau de la Bibliothèque nationale, où il s'occupait des collections de médailles orientales. Il consacrait aussi cinq heures par jour à l'étude de la biochimie.)

Henri s'étiole dans sa serre chaude de Zamalek.

Il avait été un beau garçonnet coiffé « aux enfants d'Edouard », le visage ovale, une très jolie bouche, le regard sérieux et pensif, vêtu comme un jeune grand bourgeois de Neuilly ou de Passy. L'adolescent s'allonge démesurément, n'épaissit guère, attrape une voussure qu'il gardera toute sa vie, chausse des lunettes, promène un air maussade qu'abolit tout à coup un sourire rayonnant. Le sourire d'Henri Curiel. Il le conservera, lui aussi, toute sa vie. Les uns diront : « Il souriait et l'on se sentait fondre. Un sourire où passait sa générosité, son infinie gentillesse. C'était irrésistible. » Les autres diront, qui l'aimaient aussi : « Il avait ce sourire exaspérant, racoleur, qu'il vous balançait en pleine figure quand vous n'étiez pas d'accord avec lui. C'était son côté curé, cœur sur la main mais la tête froide, on sentait trop qu'il vous faisait le coup du charme. » Les exaspérés sont presque tous des hommes ; les femmes fondent. Il a partie liée avec elles. Cela commence dès ses seize ans. Raoul, moins sensible aux attraits du sexe opposé, s'irrite de voir son cadet monopoliser le téléphone pour papoter pendant des heures avec une foule de demoiselles qu'il balade sur les itinéraires bis de la carte du Tendre. Zéphira, la mère, se rongeait les sangs, hantée par le funeste précédent de Max le débauché. Le père, bonhomme, levait le doigt et grommelait : « Aimez-les toutes mais n'en aimez aucune. » Il craignait le fil à la patte. C'était un écheveau que trimballait Henri. Avec cela, aussi peu rodomont que possible, le contraire d'un hussard. Il aimait séduire et être conquis. On devait presque toujours le violer un petit peu. Comme il résista quelquefois, la rumeur s'enfla vite et le poursuit jusque dans la tombe : « Henri Curiel ? Mais il était impuissant, voyons ! » Les hommes posent l'évidence tranquillement, sans en faire une histoire, et leurs femmes vous regardent avec des yeux bavards. Il les aimait toutes. Il y avait entre elles et lui un pacte de non-belligérance alors qu'il était sur le qui-vive avec les hommes — les jeunes gens exceptés. Certes, il eut des amitiés masculines, et d'une qualité rare. Elles se forgeaient au feu de l'action, devenaient comme inéluctables, mais la première rencontre laissait souvent l'autre sur une déception. Avec les femmes, l'entente était immédiate, totale, définitive, et la connivence des cœurs survivait toujours à la gymnastique des corps.

Le travail à la banque avait confirmé ses pires craintes : sordide et ennuyeux. Il faisait le strict nécessaire. Le meilleur de son temps était consacré à la lecture et aux filles. Comme il aimait passionnément *la Recherche du temps perdu,* quelques demoiselles qui n'en demandaient pas tant se virent astreintes à des travaux pratiques proustiens sur l'absence, la jalousie, les intermittences de la passion, selon des scénarios mis en scène par Henri. On le trouvait merveilleusement compliqué, exquisement morbide ; son martyre bancaire touchait les cœurs et l'on s'émouvait de sa fragilité : gavé de remontants et de somnifères, il semblait toujours au bord de la brisure. Sa plus belle amoureuse le surnomme « le lilas foudroyé ». Il a vingt ans.

Trois ans plus tard, un accident de santé — une pleurésie — lui valut sa levée d'écrou. La tuberculose menaçait. Ses parents l'envoyèrent respirer l'air de la Savoie ; il séjourna aussi dans la belle propriété que sa tante Weil-Curiel possédait dans l'Oise. Les médecins avaient prescrit un an de repos. Le plus important était que Daniel, sans doute conscient de faire le malheur de son fils cadet en le rivant prématurément à la banque, lui avait donné permission de s'installer à Paris au terme de sa convalescence pour y reprendre des études universitaires.

Un an passa et ce fut Munich — septembre 1938. Raoul et Henri reçurent de leur père l'ordre de rentrer au Caire pour s'y mettre à l'abri. Mais la tempête qui levait en Europe allait souffler jusque sur l'île de Zamalek.

Raoul n'avait pas remis les pieds en Egypte depuis 1933; les retrouvailles familiales se faisaient à Paris lors du pèlerinage annuel des Curiel. Il avait vingt-cinq ans et n'envisageait pas d'autre avenir que la poursuite de ses chères études. La décision paternelle de le faire entrer à la banque avec Henri devait d'autant plus l'accabler qu'il avait beaucoup évolué depuis son arrivée en France. En classe de troisième, à quinze ans, il s'était inscrit à l'Association des amis de l'URSS. C'était poser un acte non conformiste. Il avait beaucoup lu sur le marxisme, mais il lisait sur tout. A Paris, il s'engage pour de bon. Son arrivée coïncide avec la prise de pouvoir par Hitler. L'année suivante, les ligues d'extrême-droite françaises échouent de justesse le 6 février. Puis c'est le Front populaire, la guerre d'Espagne, l'Anschluss. Raoul Curiel choisit son camp et devient membre des Etudiants socialistes. Il se rapproche des communistes après la décision de Léon Blum de ne pas intervenir aux côtés des républicains espagnols. Son cousin Raymon Aghion, de sept ans plus jeune que lui, est venu faire ses études de médecine à Paris : il s'engage sur le même chemin politique, admire Trotsky et milite dans le groupe socialiste gauchisant de Marceau Pivert, où il côtoie André Weil-Curiel, autre cousin.

De retour au bercail, ils le trouvèrent changé. La bourgeoisie juive s'inquiétait pour la France, bordée sur trois frontières par des pays totalitaires. Surtout, la montée en puissance de Hitler et les premières persécutions raciales concernaient chaque juif, fût-il banquier cairote et propriétaire à Zamalek. Le fascisme frappait enfin à la porte de l'Egypte puisque Mussolini était en Lybie et s'emparait de l'Ethiopie.

Raoul Curiel et Raymond Aghion avaient suivi à Paris l'intense mobilisation des intellectuels antifascistes. Ils décidèrent de lancer au Caire un hebdomadaire de la même veine que *Vendredi* ou *Marianne*. Le poète surréaliste Georges Henein, ami d'André Breton, se joint à eux, ainsi que les peintres Ramses Younane, Kamel el-Telmisany et quelques autres égyptiens européanisés. Ils choisissent pour titre *Don Quichotte,* en hommage à Gabriel Alomar, ancien ambassadeur de l'Espagne républicaine au Caire, personnage extraordinaire alliant une culture rare à une générosité sans borne (on l'enterrera en grande pompe, son cercueil recouvert du drapeau républicain dont il s'était ceint en quittant l'ambassade). Henri Curiel entre au comité de rédaction. Un grand bal de lancement est donné dans les caves de l'avocat du roi Farouk, Mᵉ Allony, dont la fille Lydia, l'une des confidentes d'Henri, est également du comité de rédaction. Beau succès mais assombri par une déception financière : Raoul Curiel avait été chargé de tenir le bar, dont les recettes devaient servir au financement du journal. A l'aube, la caisse était vide. Raoul, qui aurait un rapport à l'argent toujours difficile, n'avait pu se résoudre à faire payer les consommations.

Don Quichotte, dont l'existence sera courte — six mois —, se présente au lecteur comme un « hebdomadaire dirigé par des jeunes ». De fait, l'importante rubrique de politique internationale est tenue par Raymond Aghion, dix-neuf ans. (Relus à près d'un demi-siècle de distance, les éditoriaux du gamin tiennent admirablement le coup. Ses analyses allaient à l'essentiel et ses prévisions ont été vérifiées par l'événement...) Georges Henein, auréolé de ses amitiés surréalistes, règne sur les pages littéraires, dont la qualité est évidente. En novembre 1939, les quatre livres conseillés au lecteur sont : *Au château d'Argol* de Julien Gracq, *les Javanais* de Jean Malaquais, *le Mur* de Jean-Paul Sartre, *S'il est minuit dans le siècle* de Victor Serge. Ce n'était pas mal jugé. Bien sûr, on peut estimer après coup que les jeunes don Quichotte cairotes se trompaient parfois de moulins à vent. Lorsque Georges Henein donne un article d'une violence inouïe intitulé « A propos de quelques salauds », avec pour conclusion une citation de René Char : « Je ne plaisante pas avec les porcs » (il s'ensuivra une vaste polémique dans les colonnes du journal), on est surpris de découvrir que les salauds-porcs sont La Fontaine, La Bruyère « et leurs semblables ». Mais « l'hebdomadaire dirigé par des jeunes » ne se cantonne pas dans le règlement de compte littéraire. Si la politique intérieure égyptienne est évoquée avec une prudence respectueuse, l'approche humanitaire permet de traiter quelques problèmes de société. Ainsi l'équipe s'associe-t-elle à la campagne lancée par le père Ayrout, jésuite de choc, géant barbu qui sillonne les campagnes en installant partout où il le peut maîtres d'école et infirmières (il a recruté Lydia Allony dès ses quinze ans, au grand dam de ses parents, et l'entraîne aux vacances dans ses expéditions en Haute-Egypte ; ils voyagent à dos d'âne, couchent sur une paillasse dans les masures paysannes ; Lydia est chargée de photographier la misère du peuple pour que l'exposition annuelle de

ses clichés, au Caire, remue les cœurs et draine les fonds nécessaires).
Thème de la campagne : « Cinq piastres par jour, minimum vital du
paysan égyptien pour le distinguer des animaux domestiques au
milieu desquels il vit. » Un homme se louait alors trois piastres et
demie ; un âne, quatre piastres.

Un seul article d'Henri Curiel dans les numéros qui nous sont
parvenus. Il est bref, plat, prémonitoire. Du « lilas foudroyé », on
attendait quelque exercice alambiqué de critique littéraire ou l'un de
ces poèmes qu'il récitait au téléphone à ses belles amies. L'article
commence par une citation insolite de deux journaux du Caire, *La
Caravane* et *La Bourse égyptienne,* dont les lecteurs de *Don Quichotte* ne
font pas leurs choux gras. *La Caravane* déclare passible de « mise
sous conseil judiciaire » une société qui paie trop généreusement ses
employés. *La Bourse égyptienne* revendique pour les industriels le
droit de s'organiser mais le dénie aux ouvriers, dont les revendications mettraient en danger l'économie égyptienne. Henri Curiel
écrit : « Ce qui manque à l'Egypte pour que son industrie progresse
plus rapidement, ce n'est ni capitaux, ni matières premières, ni
initiatives privées, c'est une main-d'œuvre qualifiée. Or, tant que le
métier d'ouvrier restera un enfer, ceux qui sont obligés de le faire
resteront ce qu'ils sont. Mais donnez-leur un salaire décent qui
améliorera leur condition, des loisirs qui leur permettront de se
délasser et de s'instruire, un logement où ils seront à l'abri de la
vermine et de la contagion : alors, l'industrie aura à sa disposition des
mains habiles et robustes qui accroîtront à la fois son rendement et ses
débouchés. » La conclusion est évidemment faite pour les lecteurs de
Don Quichotte, qu'aurait pu choquer ce traitement pragmatique d'une
réalité déplaisante : « Que la façon calme dont j'écris ne fasse pas
supposer mon indignation est moins grande que celle de tous les
honnêtes gens. » Il n'empêche : le futur Henri Curiel est déjà dans cet
articulet, avec sa faculté d'aller à l'essentiel — en l'espèce, aux
rapports de production — et sa capacité dialectique à se placer sur le
terrain de l'adversaire — ici, la prospérité de l'économie égyptienne
— pour démontrer que les moyens préconisés vont à la traverse de la
fin officiellement poursuivie.

Un seul article, et qui n'est même pas dans le ton du journal. Au
vrai, Henri Curiel se lasse vite de *Don Quichotte.* Le naturisme
l'intéresse autant que la politique. Il prône la maîtrise du corps,
devient végétarien forcené, pratique la natation et le tennis, s'épuise
en longues marches à travers le désert. Il s'affuble d'un short et d'une
chemisette, va pieds nus dans des spartiates ; tenue ridicule à
l'époque, surtout dans son milieu, et qui frôle le grotesque sur cet

échalas squelettique (cinquante kilos pour un mètre quatre-vingt-deux) : on dirait d'un épouvantail. Naturisme n'est pas ascétisme. Zéphira voit avec affliction son cadet s'engager sur le chemin infernal où l'a précédé l'oncle Max. Henri est flanqué d'un compagnon de débauche d'origine grecque, Georges Joannidès, qui a fait des études de chirurgie dentaire à Paris mais a préféré, de retour au Caire, reprendre le cabaret *le Tabarin,* tenu par sa mère, où prospèrent entraîneuses et prostituées. Henri tombe amoureux d'une Roumaine, Lydia, ancienne reine de beauté de son pays, danseuse au *Kit-Kat Club,* qu'il entretient pendant deux ans. Il court les bordels du Caire et va jusqu'à louer une maison close pour y installer la rédaction de *Don Quichotte* (la mère de Lydia Allony, épouvantée, vient l'en arracher à grand fracas et lui interdit d'y remettre les pieds). Les amis d'Henri sont invités à l'accompagner dans ses virées bordelières au prétexte que les putains sont pour les bourgeois le meilleur raccourci vers la prise de conscience politique. Parallèlement, il prêche les filles pendant des heures et les exhorte à sortir de leur condition d'outils sexuels. Dostoïevsky a supplanté Proust. Mais Lydia, la Roumaine, convaincue, renoncera en effet à la prostitution, quittera l'Egypte pour la France, travaillera plus tard au quartier général du SHAPE à Fontainebleau (les détracteurs d'Henri Curiel ignoreront ce détail et ne le retiendront pas comme un indice de son appartenance au KGB soviétique) puis finira téléphoniste dans un grand hôtel parisien. Henri Curiel continuera de la voir jusqu'à son assassinat.

C'est alors qu'il rencontre Rosette Aladjem.

Petite, brune, l'œil noir et vif, une allure très comme il faut avec un je-ne-sais-quoi d'opiniâtre dans l'expression, elle avait roulé sa bosse plus que lui. Jusqu'à l'adolescence, études au lycée français et séjours estivaux à La Bourboule et à La Baule, où elle s'ennuyait à mourir. Baccalauréat à Paris, puis un an à Londres, dans une pension de famille pour jeunes gens fortunés, afin de perfectionner son anglais. Retour au Caire et licence de lettres à l'Université américaine. Elle tombe malade. Les médecins décèlent une « anorexie par excès de sport ». Huit mois d'hôpital et diagnostic de tuberculose. Ses parents l'envoient en Suisse. A son retour, elle s'inscrit dans une petite école d'infirmières.

Elle avait mauvaise conscience. Les seuls Egyptiens qu'elle connût étaient les domestiques de ses parents, et elle jugeait qu'on les traitait rudement. Sa mère était pourtant une bonne personne mais elle en usait avec la domesticité selon les normes en vigueur dans son milieu. Rosette protestait en vain et s'enfermait dans sa chambre pour pleurer. Le métier d'infirmière lui permettrait de se pencher sur la

73

misère égyptienne. Après un an d'études, elle prit un emploi bénévole à l'hôpital Papayohanou. Elle aperçut pour la première fois Henri à un thé que donnait une amie : « J'ai vu un grand jeune homme si maigre que je me suis dit : " Le pauvre, comme il a l'air malade. " Il ne m'a pas adressé la parole. Il ne parlait d'ailleurs à personne et on sentait qu'il s'ennuyait beaucoup. J'ai trouvé cela peu sympathique. Je n'envisageais pas de le revoir mais mon amie s'intéressait beaucoup à lui et elle m'a téléphoné pour me demander d'organiser un rendez-vous. Nous nous sommes donc revus tous les trois à mon club de bridge et de ping-pong ; c'était bien sûr un club européen dont les rares membres égyptiens appartenaient à la grande bourgeoisie. Mon amie a été déçue car Henri n'a manifesté aucun intérêt pour elle. Nous nous sommes revus, lui et moi, toujours au club. A cette époque, il lisait énormément sur le marxisme. C'était son frère Raoul qui l'avait amené à se passionner pour l'étude du marxisme. Raoul était alors beaucoup plus politisé que lui. Et puis, très vite, il est tombé malade. Un état pré-tuberculeux. Il vivait en dépit du bon sens, s'épuisant en exercices physiques et sortant toutes les nuits avec son ami grec. Les médecins ont prescrit des injections de calcium. Il avait horreur des piqûres. J'ai réussi à le convaincre de venir me voir chaque jour à l'hôpital pour que je lui fasse sa piqûre. Cet hôpital, c'était terrible. On voyait ce qu'était la misère des gens. J'en avais été bouleversée. Nous avons décidé d'aller soigner les paysans travaillant sur la terre des Curiel, une grande propriété d'une centaine d'hectares à cinquante kilomètres du Caire. Cent hectares dans le delta du Nil, c'est énorme. Beaucoup de familles vivaient sur deux ou trois ares. Nous partions donc en voiture avec des litres de collyre et des caisses de remèdes. Le diagnostic était aisé : trachome ou bilharziose. Presque tout le monde souffrait des yeux et nous distribuions le collyre. La bilharziose aussi faisait des ravages. C'est une maladie transmise par un parasite proliférant dans les canaux d'irrigation : autant dire qu'un paysan ne pouvait pas y échapper. Nous avons ainsi passé des journées et des journées à soigner les gens. Ils nous témoignaient beaucoup de gratitude mais je les sentais gênés envers Henri. Il restait quand même le fils du patron. Et son père, Daniel Curiel, était furieux contre lui. Il était capable d'une grande bonté, donnait généreusement aux œuvres de bienfaisance juives, mais les fellahs égyptiens, c'était autre chose. Dans son milieu, il n'était pas bien vu de s'occuper d'eux. Cela ne venait même pas à l'esprit. Le père d'Henri trouvait de très mauvais goût nos visites à la propriété.

« Elles ont duré quelques mois, et puis Henri a décidé d'arrêter. Nous étions écrasés par le contraste entre la misère rencontrée et les pauvres remèdes que nous apportions. Ce n'était pas la bonne méthode. Il fallait changer les choses de fond en comble et non pas se contenter d'apporter du collyre. Il a décidé de s'engager dans l'action politique, seule façon d'être vraiment efficace. Mais il n'a jamais oublié ce que nous avions découvert dans les masures des fellahs. Le choc qu'il a éprouvé en découvrant la misère égyptienne, je peux dire qu'il ne s'en est jamais remis. »

**

Le choc.
Ce qui suit devrait être imprimé en rouge.
Rouge sang.
Rouge feu.
Ayrout était le fils d'un riche entrepreneur de travaux publics du Caire. Un jour — il a quinze ans —, il voit, sur un chantier de son père, un contremaître tuer à coups de gourdin un enfant qui ne travaillait pas assez vite. Il s'enfuit d'Egypte le jour même, va chez les jésuites de Beyrouth, entre dans les ordres, revient quinze ans plus tard pour se consacrer au fellah.

Marcel Israël, futur camarade de lutte d'Henri Curiel : « Mon père possédait une usine d'égrenage de coton. Des revers financiers l'ont obligé à la vendre mais il y est resté comme cadre supérieur. Les ouvriers étaient pour la plupart des fils de paysans âgés de sept à treize ans. Ils travaillaient au minimum seize heures par jour. Cela se passait dans les années trente. Lorsque je suis allé à l'usine, j'ai vu les contremaîtres, armés de fouets, circuler entre les machines et frapper les enfants pour les faire travailler plus vite. Ces contremaîtres, d'origine européenne, portaient des masques pour se protéger de la poussière suffocante. Les enfants n'en avaient pas. Quand j'ai demandé pourquoi, on m'a répondu : " Ce sont des Arabes. " Les enfants, venus de la campagne, étaient logés dans des chambres où ils s'entassaient à cinquante ou soixante. Un tiers devenait phtisique et mourait dans l'année. C'est à partir de cette usine, à cause d'elle, que je suis allé au communisme. »

Raymond Aghion : « Une fois qu'on avait ouvert l'œil sur l'invraisemblable, l'innommable misère des gens, il n'y avait que deux attitudes possibles : ou bien accepter le système, les affaires, l'argent ; ou bien devenir révolutionnaire. » Bachelier à dix-sept ans, il part faire ses études de médecine à Paris avec l'intention de s'établir, au retour, dans quelque village pour soigner les fellahs. Son frère Jean reste à Alexandrie et crée une usine de verre où André Weil-Curiel découvrira, en 1945, des enfants de huit ans soufflant dans la pâte à verre.

Pour Didar Rossano, l'horreur se dévoile dans une rue familière. Elle est passée maintes fois devant la loque humaine affalée dans le couloir d'entrée d'un immeuble et ne saura jamais pourquoi, certain jour, elle s'en est approchée. La chaleur humide affole les mouches. Elles grouillent sur l'homme avachi, dans ses orbites, et surtout sur ses jambes : « Il avait ses jambes étendues devant lui, comme posées. Je les voyais enflées, tuméfiées, violâtres, pourries par endroits. » Les mouches pullulent dans les plaies. Didar se sent proche de la syncope. « Devant un tel spectacle, il n'y a pas place pour la pitié. Ou bien l'angoisse vous porte à fuir l'enfer et à insulter l'homme, ou bien la révolte vous conduit à décider que rien n'est plus important que de renverser le système qui aboutit à une telle dégradation humaine. » Didar prend le second parti. Elle ne variera pas.

Joseph Hazan : « J'ai fait l'Ecole d'agronomie de Grignon. A mon retour, je suis entré au Crédit foncier. Je gagnais cent livres par mois ; mes collègues égyptiens, dix livres. Bon, ils n'avaient fait que l'Ecole égyptienne, ce n'était pas Grignon. Mais ma cousine, vendeuse dans un magasin, touchait seize livres ; ses collègues égyptiennes, pour le même travail, quatre livres. Puis j'ai été nommé directeur technique général d'une propriété de la famille Agnelli — les usines Fiat. Deux mille hectares au Fayoum, c'est-à-dire dans la partie la plus fertile de l'Egypte. J'avais vingt et un ans.

« Le premier jour, j'ai vu une petite foule de deux cents personnes encadrées par des gardes armés de fusils Lebel du dernier modèle. J'ai demandé au surveillant-chef : " Mais qui sont ces gens ? Qu'attendent-ils ? " Il m'a répondu : " Ici, on embauche à la journée. Combien en voulez-vous ? " Mon plan de travail prévoyait trente ouvriers agricoles. Il est allé le long de la queue en tapant avec son bâton sur l'épaule de ceux qu'il choisissait : " Toi, tu restes. " Les autres sont repartis, désespérés. J'avais l'impression de les avoir condamnés. Un ouvrier travaillait en moyenne deux ou trois jours par semaine et, au Fayoum, il était payé deux piastres et demie. Il faut cent piastres pour faire une livre. Un âne se louait plus cher qu'un homme. J'étais atterré. J'essayais bien de gonfler mes plans de travail mais il y avait toujours des candidats qui restaient sur le carreau. J'ai même fait cultiver le désert en dehors des limites de la propriété Agnelli pour donner un peu plus d'ouvrage ! On a planté comme ça des oliviers qui ne devaient rien à personne... Une fois, je me souviens, on m'a annoncé qu'un taureau attelé à une charrue s'était brisé les vertèbres : le socle s'était bloqué sur une pierre. J'ai ordonné de l'égorger et de distribuer sa viande aux ouvriers. Je croyais bien faire. Mais non. On a amputé leur salaire du prix de la viande. Les femmes hurlaient de désespoir. C'était comme ça pour tout. On les payait avec du blé avarié, charançonné. Le scribe les volait sans qu'ils osent protester. Comme la nourriture se limitait au pain et au sel, ils se faisaient parfois tuer à coups de fusil par les gardiens en essayant de voler des oignons. Ils avaient un besoin physiologique des vitamines contenues dans l'oignon. Une famille de fellah mangeait de la viande en moyenne quatre fois par an. Ils ne mouraient pas de faim parce que la solidarité entre eux était extraordinaire mais les épidémies faisaient des ravages. J'ai vu la malaria emporter des villages entiers. 95 % des paysans étaient atteints de bilharziose. Quant aux maladies des yeux, c'était épouvantable. L'Egypte détenait le record mondial du nombre d'aveugles — son seul record. La longévité moyenne était de vingt-sept ans, et on ne tenait pas compte des enfants morts dans leur première année. Le taux de mortalité infantile était de près d'un tiers. Un bébé sur trois.

« Ces chiffres, je ne les ai pas seulement dans la tête. L'Egypte me les a mis dans le cœur, dans le ventre. »

Est-ce clair ?

Des jeunes gens pareils à ceux qui, à Paris, lisent Malraux, Nizan, le Gide des aller-retours, tournent autour du marxisme, ont un œil perplexe sur Moscou, et que la mobilisation antifasciste fait entrer en politique. Une génération. Ceux du Caire se pensent européens et ont la naïveté de se croire égyptiens : les remises en ordre, en ce domaine, sont pour plus tard. Ce qui distingue la cohorte des « Egyptiens étrangers » de la grande armée militante qu'elle rejoint à la veille de la deuxième guerre mondiale, c'est d'être née au sein de ce qu'on ne nomme pas encore le tiers-monde, dans un système de production réalisant avec un cynisme indépassable les conditions optimales de l'exploitation de l'homme par l'homme ; c'est d'avoir reçu comme une gifle la révélation de l'inhumaine condition des offensés et des humiliés. Révélation non point abstraite, tirée de quelque ouvrage doctrinal, déduite d'un calcul de plus-value, mais physique, viscérale, respirée dans la puanteur des jambes pourries d'un infirme, vue dans les regards aveugles, touchée en même temps que les scrofules des fellahs, entendue dans la longue plainte enfantine couverte par le cliquetis des égreneuses. Ils ne vont pas à la politique selon une démarche intellectuelle : ils y sont précipités par une révulsionpulsion de tout l'être. « Ces chiffres, je ne les ai pas seulement dans la tête. L'Egypte me les a mis dans le cœur, dans le ventre ».

Ils y sont toujours.

Si l'on veut comprendre la vie d'Henri Curiel, il faudra en éclairer chaque épisode par la phrase de son ami Joseph Hazan : « Il n'a jamais oublié que c'est la misère du peuple égyptien qui l'a conduit à la politique. » Elle avait allumé en lui une flamme qui ne s'éteindrait plus.

Mme L., chirurgien-dentiste, fut entendue pour la première fois par la brigade criminelle le 13 novembre 1979, dix-huit mois après l'assassinat d'Henri Curiel.

Elle le fut de sa propre initiative. Les enquêteurs avaient interrogé cent vingt-sept personnes habitant les rues Rollin et Monge mais ils avaient omis de sonner à la porte de Mme L., voisine des Curiel au huitième étage de l'immeuble. Il y a de ces malchances.

Sa déposition fut passionnante mais bien un peu étrange.

Elle n'avait jamais lié conversation avec Henri Curiel. Il lui semblait être « un homme tranquille, très discret, très doux, souriant ». Elle gardait le vague souvenir d'avoir lu avant sa mort un article le décrivant comme « un homme politique de gauche aux multiples activités dont certaines étaient considérées comme pouvant être dangereuses pour la France ». Ou bien était-ce à la télévision qu'elle avait entendu cela ? Elle ne savait plus. Elle avoua : « Ma mémoire se montre parfois défaillante, surtout quand il s'agit de faits qui n'ont aucun intérêt pour moi. » Cet aveu rangeait Mme L. dans la catégorie des témoins exemplaires qui insistent davantage sur leurs doutes que sur leurs certitudes. Toujours est-il que ses fenêtres donnaient sur la salle de séjour des Curiel, qu'elle les voyait mener une existence paisible et qu'elle avait été très étonnée d'apprendre par la presse qu'Henri Curiel était un homme « très occupé et actif ».

L'après-midi du crime, elle avait emmené ses deux enfants au jardin du Luxembourg, puis les avait conduits chez sa mère. Ils étaient rentrés tous les trois rue Rollin pour le dîner, mais assez tard. L'annonce du meurtre la choqua car elle considérait Henri Curiel comme « un brave homme ».

Sa déposition concernait une visite vieille de plusieurs années. Elle ne pouvait pas préciser la date. Un homme lui avait demandé un rendez-vous par téléphone. Elle l'avait invité à se rendre à son cabinet dentaire, rue Croulebarbe. Deux visiteurs se présentèrent. Ils lui déclarèrent appartenir à la DST et exhibèrent des cartes de police. L'un d'eux demanda « compte tenu de la situation de mon appartement du 4, rue Rollin, si je pouvais les autoriser à placer un appareil chez moi ». La nature de l'appareil ne fut pas spécifiée, ni sa destination. Mme L. avait l'impression que son interlocuteur voulait en dire le moins possible tout en s'efforçant de la rassurer : l'affaire resterait enveloppée de discrétion et aucun inconvénient ne pourrait en résulter. Elle se dit qu'il s'agissait sans doute de détecter un émetteur pirate. L'immeuble du 4 surplombait tout le quartier. Indécise, elle demanda un délai de réflexion. Ses visiteurs lui laissèrent leurs noms, qu'elle avait oubliés, et deux numéros de téléphone et de poste où elle pouvait les joindre. Elle appela quelques jours plus tard pour donner une réponse négative. « Mon interlocuteur n'était pas content ; il s'est montré très déçu ; il m'a demandé de n'en parler à personne. »

L'épisode est ancien et Mme L. insiste sur la faiblesse de sa mémoire : « Je ne me souviens pas des dates ni des événements qui ne m'intéressent pas, je les gomme de ma mémoire. » Or, d'évidence, cette singulière visite ne l'a pas passionnée à l'époque et elle n'est pas sûre de la trouver plus intéressante aujourd'hui. Mme L. n'est même pas en mesure d'affirmer que la démarche a eu lieu après l'arrivée des Curiel dans l'immeuble, de sorte que son lien éventuel avec l'assassinat d'Henri Curiel reste très hypothétique.

C'est flou.

Mais Mme L. ouvre un espoir ténu : à l'époque, elle avait noté sur un agenda les coordonnées laissées par ses visiteurs. Peut-être ne l'a-t-elle pas jeté... Elle va s'efforcer de le retrouver.

Par l'une de ces chances sidérantes qui compensent les malheurs policiers, Mme L. retrouve l'agenda. La visite est de novembre 1972, six mois après l'installation des Curiel dans l'appartement voisin. L'un des visiteurs est l'inspecteur Rey, qu'on peut joindre au 265.28.30, poste 3454 ou 3455. Le second, Dulac, a le poste 3450. Mme L. a noté : « Il s'agit d'installer un ampli ? un relais rue Rollin. Je rappelle pour dire non. Aucune précision demandée après mon refus. Seulement : détentrice d'un secret — je vous fais confiance — que cela ne s'ébruite pas. » Mme L. a conclu ses notes par un triple point d'interrogation. Il y avait de quoi.

La bonne surprise de l'agenda retrouvé a la vertu de faire sortir le directeur de la DST du bois, c'est-à-dire du « secret-défense » dans lequel il se retranche chaque fois qu'un juge témoigne d'une frivole curiosité à propos de son service. Interrogé par écrit six mois plus tard sur les révélations de Mme L., il répond par écrit que la DST n'avait pas à l'époque un Dulac dans ses rangs mais qu'au mois de novembre 1972, un inspecteur Rey servait chez elle et pouvait être joint au 265.28.30, poste 3454. C'est tout. C'est beaucoup. Miraculeux agenda qui réussit le prodige de faire parler le sphinx des Saussaies !

Mais M. Rey, malade, a quitté le service le 1er juillet 1973 et a pris depuis une retraite anticipée.

Il sera néanmoins entendu, sur commission rogatoire du juge chargé du dossier Curiel, dans la ville du sud-ouest où il séjourne provisoirement. Sa déposition intervient plus d'un an après les révélations de Mme L. : on ne peut pas dire que M. Rey a été pris à brûle-pourpoint. Ainsi va la Justice, lente et majestueuse.

M. Rey est un témoin savoureux mais décevant. Il ignore Mme L. et ne se rappelle pas lui avoir jamais rendu visite. Né à Paris, ayant passé dans cette ville toute sa vie active, il répond rue Ledru-Rollin quand on lui parle rue Rollin. Il a une phrase troublante : « La description qui est donnée des deux inspecteurs ne me paraît pas correspondre à notre aspect général et en tout cas pas au mien. » Or Mme L. avait dit de ses visiteurs : « Le premier était un homme d'une cinquantaine d'années, assez grand, svelte, les cheveux grisonnants, vêtu d'un imperméable mastic et coiffé d'un chapeau. Quant au second, j'ai le souvenir confus qu'il pouvait avoir le même âge, vêtu de la même façon, sans que je puisse préciser davantage si ce n'est qu'un des deux hommes avait les yeux clairs. » Une cinquantaine d'années : M. Rey en avait à l'époque quarante-neuf. S'il ne se reconnaît dans aucun des portraits, c'est, signale-t-il, qu' « il y avait bien longtemps à l'époque que le chapeau avait été supprimé ». Il précise drôlement : « N'étant pas intervenu, je ne puis vous indiquer le nom et le prénom du collègue qui m'accompagnait. » Mais il conclut avec bon sens que les noms de Dulac et de Rey sont fort répandus et que « n'importe qui peut se présenter dans ces conditions et se faire passer pour un agent de la DST, quel que soit le service ou l'organisation française ou étrangère à laquelle il peut appartenir ».

C'est l'évidence même. Aussi bien l'incident sera-t-il ainsi clos, encore qu'on eût pu imaginer la démarche simple consistant à présenter à Mme L., sinon M. Rey en personne, du moins une photo de lui datant de 1972. Il s'agit après tout d'un crime de sang.

Exit M. Rey.

Reste le téléphone.

Car, incontournable, le fait demeure que Mme L. a bel et bien téléphoné aux numéro et poste indiqués, qui relèvent de la DST. Il faut admettre qu'elle n'a pas eu au bout du fil M. Rey puisque celui-ci ne se souvient de rien, mais il est évident qu'elle a conversé avec un fonctionnaire de la DST. Si ce personnage n'avait pas été au courant de l'affaire, il aurait manifesté surprise et intérêt car on sait à la DST mieux qu'ailleurs que la pose d'un appareillage d'écoute dans un local privé est absolument illégale. M. Rey fait très justement observer que des agents d'un service étranger peuvent se faire passer pour des membres de la DST dans l'accomplissement de leur sinistre besogne :

raison de plus pour qu'un fonctionnaire de ce service s'alarme en apprenant que des imposteurs ont procédé de la sorte. Une enquête eût été ouverte. Elle ne l'a pas été. Elle n'avait pas à l'être puisque nous savons que l'interlocuteur de Mme L. était parfaitement au courant de l'affaire, qu'il a marqué du dépit en apprenant son refus et lui a demandé de garder le secret.

Douze ans après les faits, cinq ans après la première audition de Mme L., trois ans après l'élection de François Mitterrand à la présidence de la République, la DST admet qu'elle a bien tenté, en 1972, d'installer chez Mme L. un dispositif d'écoute permettant d'enregistrer les conversations tenues chez Henri et Rosette Curiel. Elle affirme que l'échec de cette tentative la découragea de recommencer et que le micro — si micro il y eut — placé dans le studio de Joyce Blau ne l'avait pas été par les soins de ses spécialistes.

Chez tous, le choc fulgurant de la rencontre avec la misère égyptienne. Pour la plupart, l'étincelle jaillie d'une lecture. L'une ne se comprend pas sans l'autre. Si un livre a sur eux pareil pouvoir, c'est que chaque paragraphe est illustré par la réalité ambiante. La théorie marxiste du prélèvement capitaliste de la plus-value est aisément assimilée dans un pays où les grands propriétaires féodaux louent souvent la terre moyennant la moitié de la récolte. D'une manière générale, il suffit de poser son livre et d'ouvrir la fenêtre pour voir comment fonctionne l'exploitation à un niveau d'efficacité rarement égalé. Marx est un contemporain qu'ils lisent au présent puisqu'ils vivent dans une société du XIXe siècle (au même moment, l'étudiant français issu de la bourgeoisie — pléonasme ! — ouvre *le Manifeste* ou *le Capital* tandis que passent sous sa fenêtre les gais tandems des premiers congés payés).

Le livre initiateur n'est pas forcément marxiste, ni même politique. Marcel Israël commence par Tolstoï : « Je suis devenu tolstoïste à un degré fanatique. *Guerre et Paix,* je l'ai relu au moins dix fois. Je pouvais en réciter par cœur des pages entières. Par lui, je me suis intéressé aux Russes, et j'ai trouvé quelque part un livre de Boukharine, *Matérialisme dialectique et matérialisme historique.* Alors là, la révélation, l'enthousiasme, je me sentais des ailes. Je n'ai plus arrêté de lire des livres marxistes. »

Raymond Stambouli : « Comme tous les étés, nous étions partis pour Damas, et de là au Liban. L'été 38-39. J'avais treize ans. J'ai rencontré un vieil Arménien — enfin, il avait une quarantaine d'années — membre du parti communiste libanais. Il m'a demandé : " Tu as lu *L'Espoir ?* — Non. Qu'est-ce que c'est ? — Le bouquin d'un type qui a eu le Goncourt à Paris. " Il me l'a passé et nous l'avons lu ensemble. J'ai été très choqué par certaines grossièretés mais cette lecture a été la première étincelle. »

Hillel Schwartz découvre le marxisme au lycée dans le manuel de Cuvilliers, bible philosophique de tous les potaches. Cuvilliers évoque très brièvement Marx, et toujours pour le réfuter. Mais le jeune Hillel subodore que la grille de déchiffrement marxiste décode avec une exactitude bouleversante la société égyptienne. Il écume les librairies à la recherche de livres marxistes. On en trouve quelquefois sous les revues pornographiques.

Chehata Haroun joue aux cartes avec sa bande de joyeux fêtards (« Je menais une vie idiote. Les boîtes de nuit, le jeu, les filles. ») Son ami David Nahum entre dans la pièce, sourcils froncés, un gros livre sous le bras. « Excuse-moi, dit Chehata, tu vois bien qu'on fait un poker. » L'autre, avec un mépris écrasant, lui tend le livre : « Tiens, lis ça. » C'est un recueil de textes de Lénine.

Albert Arié : « J'avais douze ans quand ma sœur aînée (elle fréquentait déjà Henri Curiel) m'a traîné dans un centre culturel où j'ai découvert le livre qui a changé ma vie : *La Mère* de Gorki. Un choc mémorable. Je me souviens de la préface de Victor Margueritte : " C'est l'évangile de la Russie nouvelle. " Je l'ai apprise par cœur, cette préface. Gorki m'a donné un grand coup de cœur pour l'Union soviétique. Je me suis procuré tous les livres disponibles — la plus grande partie grâce à Curiel. »

La belle Didar Rossano, adolescente difficile, ne s'est pas présentée au baccalauréat et s'ennuie à compter des billets du matin au soir à la Banque nationale où l'a fait entrer son père. Elle a un flirt avec René Farfara, antifasciste italien, de passage au Caire. Avant de retourner à Alexandrie, où il réside, Farfara lui tend une liasse de feuillets : « Tu devrais lire ça. » Il s'agit de cours ronéotypés sur le matérialisme historique. « J'ai eu l'impression que tout ce qui m'entourait était expliqué. Tout me semblait devenir simple. Je me souviens qu'en lisant ces cours, je m'exclamais sans cesse : " Comme c'est vrai ! Comme c'est clair ! " C'était comme un éblouissement. » Cette lecture clôt pour elle le temps du doute, de la recherche, des interrogations. Elle ne révoquera jamais en doute la révélation reçue à l'âge de dix-neuf ans.

Aucun ne deviendra au demeurant docteur ès marxisme — Henri Curiel pas plus que les autres. Vieil ami d'Henri, le célèbre Maxime Rodinson constate : « C'était un esprit un peu simplet. Il s'était forgé des idées simples dans sa jeunesse ; elles sont devenues sa raison de vivre ; il n'a jamais voulu les remettre en cause. Henri ne s'est jamais intéressé à la théorie marxiste. Il n'y aurait du reste rien compris. C'était le militant type. Il était d'un niveau tout juste supérieur à la moyenne et son raisonnement était d'une simplicité biblique. D'un côté, le bien ; de l'autre, le mal. A mon avis, il a dû lire seulement Lénine. Même Marx devait être trop abstrait pour lui. »

Maxime Rodinson, qui sait sa théorie marxiste sur le bout des doigts et que personne, Dieu merci, n'assassinera jamais, ne donne qu'une moitié de l'explication. S'il est vrai que Marx était trop abstrait (sinon pour Curiel, du moins pour quelques autres), il est non moins vrai que l'Egypte était trop concrète. Elle n'interpelle pas, comme on dit aujourd'hui : elle hurle au secours. Aussi l'entendent-ils à un âge où, d'ordinaire, l'oreille adolescente est à l'écoute d'appels moins dramatiques. Ils ont presque tous moins de vingt ans lorsqu'ils entrent en politique. Henri Curiel, vingt-cinq ans en 1939, fait figure d'ancien (ils le surnommeront Abouna — « Notre père » — pour son côté jésuite mais aussi à cause de son grand âge). Une précocité si rare liée à un tel sentiment d'urgence devait forcément déboucher sur le besoin d'action. Le marxisme, ils le lisaient à livre ouvert dans le paysage social étalé devant eux. Paysage plus complexe qu'ils ne croyaient, et qui révélerait à l'occasion quelques béances dans le corps de doctrine marxiste-léniniste, mais d'une simplicité biblique, comme dirait Rodinson, pour qui l'aborde le cœur en révolution. « D'un côté, le mal ; de l'autre, le bien ? » La définition ne rend pas compte de l'Egypte, où le mal règne si souverainement sur le présent que le bien se décline au futur.

Seule question admissible : « Que faire ? »

Une réponse raisonnable eût été l'adhésion au parti communiste égyptien, mais il n'y avait plus de parti communiste égyptien.

* * *

Trois hommes l'avaient créé en 1920. Leurs origines étaient contrastées et leurs destins ne le furent pas moins. Le bijoutier Joseph Rosenthal serait exclu pour déviationnisme de droite. Hosni el-Orabi, délégué du parti auprès du Komintern, déchirerait sa carte et finirait agent nazi. L'avocat Anton Marun, premier secrétaire général, mourrait dans une prison égyptienne en 1924. Le parti disparaîtrait la même année sans avoir jamais atteint, semble-t-il, le millier d'adhérents. L'histoire du communisme en sa jeunesse offre peu d'exemples d'échec aussi navrant dans un pays offrant autant de potentialités que l'Egypte.

Une constante pour les communistes de 1920 et leurs éventuels successeurs : la présence anglaise. L'Egypte (« le pays le plus important ») est l'un des pivots de la stratégie britannique et il n'est point question pour Londres de laisser se développer au bord du canal de Suez, artère impériale vitale, un foyer révolutionnaire — surtout s'il est attisé par Moscou. Les services britanniques aideront à la répression de toute leur force et de toute leur expérience. Ils le feront habilement, en sous-main, de manière à ne pas compromettre leurs partenaires égyptiens, mais en sachant donner quand il faut le coup de pouce décisif. C'est sur leur initiative que les policiers égyptiens les plus prometteurs vont se former dans les capitales étrangères à la lutte contre le bolchevisme. C'est grâce à eux que ces mêmes policiers, parvenus aux postes de commande, bénéficient discrètement de toutes les informations utiles à la lutte anticommuniste. Ainsi la police politique égyptienne est-elle à deux niveaux. A la base, un personnel participant du sous-développement général, masse de braves types mal payés et frustes qui égayent les beaux esprits du Caire en arrêtant dans les trains les voyageurs lisant Darwin sous prétexte que le nom sonne comme Lénine ou Staline ; au sommet, un état-major rompu aux techniques de renseignement, d'infiltration et de manipulation.

Mais le parti communiste fondé par les pionniers de 1920 souffrait d'une maladie infantile qui eût suffi à le condamner : son recrutement se limitait à quatre-vingts pour cent aux communautés étrangères — juive, grecque, arménienne. Une percée décisive permettant de déboucher sur la population autochtone était dans ces conditions improbable : seule une poignée de communistes parlait ou écrivait l'arabe... Théoriquement illimité, l'espace politique restait en fait étriqué. La masse rurale égyptienne était encadrée par le Wafd, le puissant parti nationaliste né de la « délégation » de 1918. Si certains éléments se satisfaisaient mal du Wald, c'était pour aller vers les nationalistes véhéments ou les extrémistes religieux, non pas vers des éléments étrangers issus de communautés privilégiées par la puissance occupante.

Le peuple citadin, ravagé par l'inflation, subit après 1918 le choc en retour de la concurrence internationale qui ruine des pans entiers de l'économie. La plupart des ouvriers travaillent douze heures par jour pour un salaire de misère. Les grèves sont multiples, violentes, quelquefois victorieuses, souvent brisées par le feu meurtrier de la répression, toujours sporadiques, plus proches des « émotions populaires » de notre Ancien Régime que des offensives syndicales contemporaines. La majorité de la main-d'œuvre usinière traînait encore à ses semelles la terre rouge du delta et n'avait pas accédé à la conscience de classe. Là où existaient traditions ouvrières et combativité (usines de tabac, transports publics, textile), la prolifération syndicale émoussait l'efficacité. Un congrès prévu pour octobre 1925 (il fut interdit par le gouvernement) devait rassembler près de sept cents délégués représentant plus de cent syndicats dont le total des membres était de soixante-dix mille. Les communistes, minorité agissante, ne sont à aucun moment en posture de peser sur le mouvement revendicatif, encore moins de le contrôler. La répression gouvernementale saura les isoler pour les neutraliser.

Dernier handicap — le plus grave peut-être : le parti s'était isolé lui-même par l'application stricte de la stratégie du front de classe. Son programme réclamait l'évacuation de l'armée anglaise et l'accession du pays à une souveraineté complète. Il rejoignait en cela l'objectif affirmé du Wafd. Mais cette identité d'objectif ne devait pas assoupir la lutte du « parti de la classe ouvrière » contre la « bourgeoisie nationale ». C'était sous-estimer la force du sentiment patriotique. Pour le peuple, la revendication de l'indépendance était absolument première. En donnant la priorité à la lutte de classe, le parti se coupait des masses, et d'autant plus que l'origine étrangère de la quasi-totalité de ses membres prêtait le flanc à la suspicion.

En juillet 1924, une grève générale fut sauvagement réprimée, notamment à Alexandrie. Un gouvernement wafdiste dirigé par le héros national, Saad Zaghloul, accéda au pouvoir et frappa à gauche. Tous les dirigeants communistes furent arrêtés et condamnés. Un an plus tard, un gouvernement de droite parachevait la liquidation. Les cadres furent arrêtés ; les publications, interdites. A l'automne 1925, le parti égyptien avait cessé d'exister.

Moscou, imperturbable, ignora superbement la triste réalité. Chaque congrès du Komintern adressa au parti défunt des directives d'autant plus ambitieuses qu'elles n'avaient aucune chance de recevoir un début d'application. Ainsi lui ordonnait-on de passer à l'offensive contre le Wafd, « mouvement félon pseudo-nationaliste ». Le Wafd était l'Egypte ; les communistes n'étaient qu'une centaine, peut-être deux cents, répartis entre Le Caire et Alexandrie, isolés les uns des autres, dépourvus de toute possibilité d'action.

Le Komintern s'efforça de combler le vide. En 1925, une société commerciale russo-turque, dirigée par un Américain, ouvrit des bureaux au Caire. Deux ans plus tard, un citoyen soviétique et un communiste allemand installaient à Alexandrie la firme Textilimport. Les autorités égyptiennes, bien conseillées, procédèrent aux expulsions après de longues et fructueuses filatures.

En 1928, le Kremlin désigna d'autorité un secrétaire général égyptien chargé de ranimer le parti momifié. Ses rapports rassérénèrent Moscou : il recrutait massivement, implantait des cellules à travers le pays, préparait la publication d'un journal clandestin. Tout cela exigeait des fonds. Il les eut. Le secrétaire général disparut avec eux et la police égyptienne, dont il était l'agent provocateur, rafla quelques adhérents ahuris. En 1934, un communiste syrien, entré clandestinement en Egypte, reprit le flambeau. Ses activités aboutirent à l'arrestation de quarante militants rescapés des précédents coups de filet. Moscou n'insista pas.

Au Komintern, le dossier noir égyptien s'alourdissait d'un élément gardé confidentiel : plusieurs émissaires secrets envoyés au Caire avaient disparu sans laisser de traces. Cela s'oublie difficilement. Pour l'Internationale, une sale odeur de trahison flottait sur l'Egypte.

★ ★ ★

Un jour, Raoul Curiel, Rosette, Raymond Aghion et Marcel Israël (Henri vivait sa période *Kit-Kat*) décidèrent qu'ils étaient le parti communiste égyptien. C'était émouvant. Il n'y eut pas de suite.

Des cercles d'études marxistes se forment, éclatent, se recomposent au gré des affinités. Analyse des textes disponibles, exposés, débats interminables. Impression de tourner en rond. Volonté passionnée de trouver une issue permettant de déboucher sur l'action concrète. Exaspération de se retrouver entre soi, toujours la même petite bande, dans l'un ou l'autre salon bourgeois du Caire. Cela ne fait pas sérieux. Chacun vit avec gravité son entrée en politique et s'irrite de trouver aux autres une inacceptable frivolité. Mais ils sortent tous du même moule. Ce qu'ils récusent chez autrui, c'est leur propre reflet.

Marcel Israël a créé son groupe d'études. Il invite Henri Curiel. Curiel, épouvanté par le « sectarisme », l' « étroitesse des conceptions », tire bientôt sa révérence. Lorsque Henri anime son propre cercle avec Raoul, Raymond Aghion et Rosette, il invite le jeune Hillel Schwartz. Schwartz est atterré par le dilettantisme : « Rosette avait les yeux fardés. J'ai été très choqué. Pour moi, c'était incompatible d'être fardée et communiste. Gaby, la femme de Raymond Aghion, c'était encore pire. Elle était outrageusement fardée, avec des robes très courtes. Elle s'asseyait en croisant les jambes, la jupe bien relevée, et elle commençait à se faire les ongles. De temps en temps, elle venait en retard ou ne venait pas du tout, et elle s'excusait en disant que c'était à cause de son coiffeur ou de sa couturière. Et on était là pour étudier le marxisme ! Quand j'engueulais Gaby, elle me répondait : " Le marxisme c'est pas l'inconfort. " La formule a eu beaucoup de succès parmi nous. Cela dit, Gaby était une fille très sympathique. Le seul avantage, c'est que j'ai eu accès à une masse de bouquins. J'ai lu énormément. Mais je n'étais pas d'accord avec leur fixation sur la théorie abstraite, et leur dilettantisme m'exaspérait. Je suis parti au bout de trois mois en me disant : " Il faut faire quelque chose. " »

Mais quoi ?

Pèlerinage respectueux auprès des aînés dont on murmure qu'ils ont été de l'aventure déjà légendaire du parti défunt. Le fameux marchand d'éponges grec Yannakakis hausse des sourcils effarés : « Moi communiste ? C'est une provocation ? » (Plus tard, il révélera son adhésion au parti grec et l'impossibilité d'une double appartenance.) Un ancien reçoit avec bienveillance la délégation et accepte de reprendre du service à condition d'être assuré du poste de secrétaire général. Les autres sont disponibles pour une nouvelle militance mais n'ont à offrir que leur bonne volonté : ils ne disposent d'aucune structure, n'ont aucun contact avec l'extérieur et sont sans moyens d'action sur l'intérieur.

Un asthme tenace ouvre à Marcel Israël une porte inattendue (il lui avait fermé celle des Brigades internationales pour lesquelles il s'était porté volontaire). Il part en convalescence pour le Liban et s'y lie d'amitié avec Nicolas Chaoui, futur secrétaire général du parti communiste libanais et homme en tous points remarquable. Chaoui organise par la suite une rencontre clandestine avec le responsable du Komintern pour le Moyen-Orient, l'Arménien Midoyan. Israël lui brosse un tableau de l'effervescence cairote, avec la floraison de cercles d'études marxistes et le désir général de passer à l'action concrète. Midoyan l'écoute et demande : « Mais les Egyptiens... Où sont les Egyptiens ? » (Phrase terrible, question injuste, même si elle est justifiée, et qui n'a pas fini de sonner à leurs oreilles ! Qu'est-il donc, Marcel Israël ? Et Henri Curiel, dont les aïeux reposent depuis un siècle et demi en terre égyptienne ?) « Ton premier devoir, conclut Midoyan, est d'aller au contact des masses égyptiennes et de former des cadres. » Le conseil était judicieux ; il ne manquait qu'un mode d'emploi.

En attendant une problématique fusion dans les masses égyptiennes, la seule ouverture passait par des étrangers — quelques Français, deux Suisses. Les premiers, professeurs au lycée du Caire, étaient membres plus ou moins officieux du parti communiste français. Grâce à une qualité humaine exceptionnelle (on l'a dit : la Mission laïque française rassemblait de tradition une élite), au prestige que leur procurait leur nationalité, une réelle expérience et une vision politique ne se bornant pas aux faubourgs du Caire, leur influence fut profonde. Ils furent des éveilleurs de conscience, des fournisseurs de textes, puis des dispensateurs d'oxygène lorsque l'enfermement dans le ghetto européen menaçait d'anémier la flamme politique de leurs anciens élèves.

Jacquot-Descombes, communiste, avait fondé la Ligue pacifiste en liaison avec le mouvement Amsterdam-Pleyel. Tout le monde passa à un moment ou à un autre par la Ligue pacifiste ; peu y restèrent. Le niveau intellectuel était élevé ; le débat politique s'ouvrait largement aux événements mondiaux ; mais la Ligue avait l'inconvénient de ne compter qu'un seul Arabe égyptien. L'accès aux masses ne passerait pas par elle. A son retour de Beyrouth, Marcel Israël, membre du comité de la Ligue, fit part à Jacquot-Descombes des conseils de l'homme du Komintern. « La réponse fut nette et cassante, rapporte Israël : " Ici, on s'occupe exclusivement de la lutte pour la paix. " J'ai été déçu. Paul Jacquot-Descombes était pourtant un vrai communiste mais il était très prudent — trop prudent. Il ne pouvait pas oublier la trahison du secrétaire général du parti qui avait fait arrêter des dizaines de militants. C'était son obsession. Elle entraînait un sectarisme total, une suspiscion incroyable. J'étais en contact avec un groupe d'Italiens antifascistes et j'ai proposé leur adhésion à la Ligue. Jacquot-Descombes a refusé. Il voyait des provocateurs partout. Pointet était pour lui un flic dangereux — Pointet ! »

Georges Pointet, l'homme essentiel.

Communiste suisse, membre du parti du Travail helvétique, il était professeur à l'Ecole de police égyptienne. Ses trente-cinq ans en faisaient un aîné recru d'expérience. Plutôt grand, le cheveu châtain, il était vif, chaleureux, entraînant, séduisant, avec une passion pour les femmes compliquée d'un grand amour pour une enseignante française au Caire, Marguerite Fouilloux, logée avec lui dans une modeste pension de famille tenue par un Russe blanc. « Il faisait bouger les gens et les choses », dit Raoul Curiel, qui fut avant Henri son ami intime. Etranger, il avait compris l'impérieuse nécessité de l' « égyptianisation » et avait créé, avec ses collègues et élèves arabes, un cercle marxiste où il s'ingéniait à prôner une approche pragmatique des problèmes.

Son influence sur Henri Curiel fut décisive. Il n'eut pas besoin de lui infuser le goût de l'action mais il légitima en quelque sorte une tendance innée d'Henri que certains de ses amis qualifiaient déjà de déviation opportuniste : le rassemblement du plus grand nombre sur des objectifs simples et mobilisateurs. Raoul Curiel : « Nous étions enfermés dans la théorie. On parlait de passer à la pratique mais on ne le faisait jamais. C'est grâce à Pointet qu'Henri a compris, l'un des premiers sinon le premier, la nécessité et la possibilité de se lancer dans l'action. Pointet était un homme pratique, très proche de la réalité. Il sentait parfaitement tout ce qu'il était possible de faire en Egypte. Alors, pourquoi attendre ? Cela lui a valu de solides inimitiés parmi les communistes dogmatiques, ceux qui croyaient qu'il fallait connaître le Capital par cœur avant de rédiger un tract. Pour moi — pour nous tous — il n'est pas douteux que c'est Pointet qui a fait d'Henri un communiste. Henri ne l'a jamais oublié. Nous en parlions souvent et toujours avec beaucoup d'émotion. » Quand Henri Curiel s'établira clandestinement en France, en 1952, son premier pseudonyme sera Pointet en hommage à son ami disparu.

Des communistes, mais point de parti. Des clubs, des cercles, des séminaires : aucune organisation structurée pour l'action politique. Les Egyptiens, rarissimes, appartiennent à l'intelligentsia ; beaucoup sont dans la mouvance surréaliste et évolueront vers le trotskisme. Les autres sont quelquefois grecs, italiens, et le conflit mondial aura tôt fait de les recentrer sur leur patrie d'origine. Le reste — l'immense majorité — sort de la communauté juive égyptienne, plus précisément de la bourgeoisie retranchée dans le quartier dit européen. Combien sont-ils ? Difficile à dire. Sans doute quelques dizaines. Une infime minorité même parmi les leurs, déjà infiniment minoritaires en Egypte. Raymond Aghion l'a dit : « Deux attitudes possibles : ou bien accepter le système — les affaires, l'argent — ou bien devenir révolutionnaire. » Aucune échappatoire à l'alternative. L'engagement dans la vie politique égyptienne « normale » ? A la veille de la guerre, c'est devenu impossible. Le Wafd avait été jadis accueillant aux juifs, leur conférant même des postes ministériels. La radicalisation du mouvement national et la concurrence des partis extrémistes ont changé cela. Le sionisme ? Il tente de s'implanter. La Fédération sioniste mondiale a même pignon sur rue. Son officine de la rue Soliman Pacha déborde de matériel de propagande. Joseph Hazan, un peu tenté, y découvre une carte du futur Israël : il devrait s'étendre de l'Euphrate au Nil, c'est-à-dire amputer l'Egypte de tout le Sinaï. Hazan est aussi choqué qu'un jeune Français devant une carte allemande récupérant l'Alsace et la Lorraine. C'est un antisioniste en colère qui sort du bureau. Au reste, le mouvement sioniste ne fait guère recette car les juifs d'Egypte n'éprouvent aucunement la nécessité d'un sanctuaire national. Et puis, comme le dit drôlement Raymond Stambouli : « Nous ne comprenions pas pourquoi les juifs d'Europe orientale, les Ashkenazes, faisaient une telle histoire de la Palestine. Pour nous, Jérusalem, c'était le train de 9 h 45 à la gare du Caire... » La guerre changera cela.

La guerre est là, imminente, avec pour prologue le pacte germano-soviétique. Il ne suscita pas chez les novices du Caire le même trouble que chez tant de militants français rompus à la dialectique stalinienne mais qui ne pouvaient rester indifférents au fait que les signatures échangées à Moscou signifiaient que la Wehrmacht, assurée de ses arrières, aurait les mains libres à l'ouest. Pour Pointet et ses jeunes amis, tout s'était joué à Munich, où les démocraties occidentales avaient clairement signifié leur refus d'une large alliance européenne contre le nazisme. Staline se bornait à leur rendre la monnaie de leur pièce en détournant in extremis la foudre hitlérienne que Londres et Paris souhaitaient voir s'abattre sur lui. Le temps gagné serait utile pour préparer l'Armée rouge au choc inévitable car il ne faisait de doute pour personne que le pacte ne ménageait qu'un répit très provisoire.

Curieusement, Henri Curiel fut le seul à ne pas admettre la poignée de main entre Ribbentrop et Staline. La villa de Zamalek retentit de ses disputes avec Raoul, à qui il hurlait : « Mais vas-y : colle donc la photo de ton Staline au-dessus de ton lit ! » Même Pointet échoua à le raisonner. On fut au bord de la rupture. Mais son ami ayant décidé de quitter l'Egypte pour s'engager dans l'armée française (il n'y voyait à juste titre aucune contradiction avec son acceptation du pacte), Henri Curiel décida de l'accompagner au train pour Alexandrie. Et là, sur le quai de la gare du Caire, au milieu de la cohue et dans les jets de vapeur de la locomotive sous pression (les témoins de la scène en gardent un souvenir romanesque), Georges Pointet, au terme d'un plaidoyer d'autant plus vibrant qu'il le savait ultime, convainquit Henri du bien-fondé du pacte. Les deux amis s'étreignirent. Puis Pointet embrassa Marguerite Fouilloux en fixant la date de leur mariage au lendemain de la victoire. Mais il murmura en aparté à Henri : « Je sais que je vais mourir. Tu diras à mes camarades du parti du Travail que je suis resté fidèle jusqu'au bout. » (Quelques mois avant son assassinat, Henri se reprocherait de n'avoir jamais transmis le message.) Georges Pointet monta dans son wagon et, tandis que le train s'ébranlait, cria aux jeunes gens qui le saluaient : « Nous vaincrons ! »

Il sera tué sous l'uniforme français lors du débarquement d'août 1944 dans le Midi.

Le crime politique est rarement mystérieux par carence d'explication plausible ; il le devient presque toujours par la surabondance des mobiles prêtés aux tueurs. Sur le mort s'abattent en essaim serré aventuriers, faux spécialistes, vrais mythomanes, et leur délire a tôt fait d'ensevelir la possible vérité sous l'accumulation d'hypothèses fantastiques. Ainsi, à des degrés divers et dans des genres différents, de John Kennedy, Mehdi Ben Barka, Pierre Goldman, Jean de Broglie.

Henri Curiel n'échappa pas aux extravagances nécrophages. A peine était-il inhumé que la rumeur fleurissait sur sa tombe. On compte, ouvertes par des explorateurs intrépides mais voyageant court, une dizaine de pistes dont la moitié se perdent dans les sables.

Un journaliste chassé de deux hebdomadaires parisiens raconta qu'un informateur lui avait annoncé, peu de jours avant l'assassinat, qu'un militant de gauche allait être abattu — « un type de gauche, mêlé à beaucoup d'embrouilles et, entre autres, aux comités de soldats ». Henri ne s'était jamais intéressé aux comités de soldats. Interrogé par la police, le journaliste refusa de citer sa source. L'informateur fut néanmoins identifié. Il était parti pour les Etats-Unis, où il travaillait pour le compte d'une société vendant du matériel de sécurité. On le retrouva à Téhéran en pleine révolution khomeiniste, dans l'entourage du ministre des Affaires étrangères, Sadegh Ghotbzadeh, fusillé depuis. Interrogé après une arrestation en France pour complicité d'escroquerie avec un ancien dirigeant du SAC, il nia avoir tenu les propos qu'on lui prêtait. Il affirma qu' « il ne savait pas qui avait tué Curiel, mais qu'avant sa mort, les trafiquants d'armes, les agents secrets parlaient de la prochaine mort de Curiel ». L'homme, lié à l'extrême-droite espagnole, appartient à la catégorie des maniaques du renseignement, vraie plaie des professionnels qu'ils submergent de leurs constructions fantasmagoriques.

Gaétan Zampa fut évoqué. Successeur des Guérini à la tête du gangstérisme marseillais, lié aux mafias sicilienne et américaine, il aurait été l'exécutant-exécuteur d'un marché conclu entre le SDECE français et la Sécurité militaire espagnole. Moyennant l'élimination de Curiel, les services français acceptaient de fermer les yeux sur l'assassinat de membres de l'ETA réfugiés en France. Une funèbre chronologie donnait un peu de corps à l'hypothèse. Un premier réfugié basque espagnol était assassiné le 2 juillet 1978, deux mois après le meurtre de Curiel. Six autres le seraient dans les mois suivants. Quatre gangsters bordelais, arrêtés et jugés pour l'un de ses meurtres, déclarèrent « travailler » pour la Sécurité espagnole avec la bénédiction de services français « bien connus ». Un autre gangster, inculpé pour le meurtre d'une réfugiée, avait été cité au procès Ben Barka en raison de ses liens avec Figon.

Le *Quotidien de Paris* annonça le 30 juin 1981 que l'assassinat d'Henri Curiel avait été décidé et préparé en mars 1978 au cours d'une réunion tenue à Lerida, en Espagne, à laquelle participaient un officier français, un membre des services secrets espagnols, plusieurs anciens de l'OAS, le tout sous la présidence de Gomez Benet, dit « le parrain », inculpé mais acquitté dans l'affaire de l'attentat contre le journal satirique espagnol *El Papus* (un mort, vingt blessés). Pour le journaliste du *Quotidien,* l'homme clé de l'assassinat de Curiel, présent à la réunion, était un certain Martin Ribenier, alias Ignacio Sorosastegui. Interpol-Madrid, interrogé par le juge d'instruction, déclara ignorer son existence.

On parla aussi de l' « escadron de la mort » qu'auraient constitué à Tarbes, en septembre 1977, des officiers de réserve redoutant la victoire de la gauche aux élections législatives de 1978. *L'Humanité-Dimanche,* révélant l'affaire, précisait : « Au sommet de cette association se trouverait un groupe plus restreint (quelques dizaines d'hommes, uniquement des officiers de réserve) constituant un " escadron de la mort " à la brésilienne. Ce seraient les fameux " commandos Delta " qui n'auraient fait que reprendre purement et simplement cette appellation de l'OAS. » Les fusiliers-marins étant, selon le journaliste, nombreux au sein des groupes Delta, on évoqua le témoignage d'un membre de l'Amicale des Algériens en Europe qui, le matin de l'assassinat de Laïd Sebaï, avait entendu un enquêteur dire : « Ce n'est pas la peine de chercher : c'est encore un coup des marins. » Henri Curiel aurait été le numéro deux sur la liste noire. Selon les informations de l'hebdomadaire communiste, reprises et développées par *Libération,* les nouveaux commandos Delta auraient récupéré un certain nombre de jeunes extrémistes de droite à leur retour de Beyrouth où ils avaient combattu avec les Phalanges de Gemayel. Le capitaine de gendarmerie Paul Barril croyait savoir que Curiel avait été tué par deux extrémistes français de retour du Liban.

L'irrésistible marée ne m'épargna pas. Un fonctionnaire de la DST que je ne puis qualifier d'informateur — nos rencontres, très espacées, consistaient en de longs monologues au cours desquels il m'exposait ses déboires professionnels avec références nourries aux échelles et indices de la Fonction publique — me dit un jour tout à trac : « Curiel ? Ce sont deux jeunes de chez nous. Un coup de sang. Ils ne s'étaient pas remis de la rue Toullier. Ils ont pris leurs flingues sans demander l'avis de personne. » Le 27 juin 1975, un commissaire de la DST accompagné de deux inspecteurs et d'un indicateur libanais avait interpellé dans un appartement de la rue Toullier, près du Panthéon, un homme dont les trois premiers ignoraient qu'il était Carlos. Les deux inspecteurs moururent, le commissaire tomba grièvement blessé, l'indicateur fut exécuté d'une balle entre les deux yeux. A la douleur de perdre deux hommes s'ajoutait pour la DST la rage suscitée par les commentaires compatissants sur sa maladresse : les services ne sont pas tendres entre eux. Elle avait un compte à régler. Mais pourquoi l'apurer trois ans plus tard sur le dos de Curiel ? Sans doute la violente campagne de presse déclenchée contre celui-ci l'associait-elle à Carlos, publiant leurs photos côte à côte, mais cette campagne datait de 1976 et la mort d'Henri de 1978 : pourquoi avoir patienté deux ans avant d'assouvir une vengeance qui, selon mon interlocuteur, résultait d'un « coup de sang » ?

Il ne savait pas que je travaillais sur l'affaire. Le sachant, il devint évasif. Il resta silencieux lorsque je lui fis observer que sa phrase sur les deux vengeurs qui avaient « pris leurs flingues » méritait analyse. Ils n'avaient pas pris n'importe quels flingues. L'une des deux armes avait servi à tuer Laïd Sebaï. La DST avait-elle un compte à régler avec l'Amicale des Algériens en Europe ? Ce fut notre dernier rendez-vous. J'y ai cru. Je n'y crois plus. La DST est un service de police homogène et hermétique. Elle ne l'est pas assez pour que la bourrasque du 10 Mai n'ait pas ouvert quelques fenêtres. Si mon homme, dont les fonctions étaient paperassières, avait été informé du « coup de sang » de ses jeunes collègues, d'autres l'avaient su aussi. Quelqu'un, me semble-t-il, aurait parlé.

Gaétan Zampa, des journalistes douteux, le milieu bordelais, un escadron de la mort, des aventuriers paranoïaques, un flic anguille, un « parrain » espagnol, des services de renseignement et d'action français ou étrangers, un invraisemblable méli-mélo de rumeurs, d'informations invérifiables, d'élucubrations bizarres : grande est la tentation de rejeter ce fatras. Ce serait se condamner à ne jamais savoir la vérité. Le crime politique serait d'une élucidation plus aisée s'il mettait en scène des notaires et des conseillers d'Etat. L'abominable troupe est plus disparate, même si la distribution se répète d'un épisode à l'autre. On trouve dans l'affaire de Broglie un policier déchu, des truands, des aventuriers internationaux, des services de police au rôle ambigu. Il est vrai que Jean de Broglie fréquentait ces milieux interlopes. Mais Mehdi Ben Barka, plus comparable à Henri, a été victime d'une machination où trempaient des truands de haut vol, anciens de la Gestapo française et collaborateurs officieux de services français, un voyou mythomane ayant des antennes partout, des journalistes à la déontologie indécise, deux policiers dévoyés, un « honorable correspondant » du SDECE, et il est avéré qu'au moins trois services de renseignement participaient au complot : c'est grosso modo le même échantillon humain qu'évoquent les diverses pistes de l'affaire Curiel.

Force est donc, quoi qu'on en ait, d'explorer cette jungle.

Le premier juge d'instruction, Guy Joly, s'y engagea sans excès de vitesse mais avec détermination et ténacité. Clémenceau disait du juge d'instruction qu'il est l'homme le plus puissant de France. C'est en tout cas un homme débordé. M. Joly l'était d'autant plus qu'il avait la spécialité des affaires d'attentats et que le mitan du septennat de Valéry Giscard d'Estaing, outre un taux de mortalité violente très aggravé pour les ministres ou anciens ministres, voyait un accroissement spectaculaire des crimes racistes, plasticages de librairies ou de locaux d'organisations progressistes, menaces de mort ou tentatives de meurtre sur des personnalités de gauche.

M. Joly pouvait bien entendu faire travailler la brigade criminelle sur commission rogatoire mais il était clair que le meurtre d'Henri Curiel n'avait pas déclenché un coup de sang chez les policiers de la Criminelle. On le vit bien lorsque Rosette Curiel les informa des menaces de mort dont elle était harcelée par téléphone : ils lui conseillèrent de garder son sang-froid, soulignant la difficulté de pincer des individus téléphonant de cabines publiques. Rosette leur annonça une bonne nouvelle : les coups de fils étaient passés d'un lieu privé car elle entendait en fond sonore des disques de musique militaire ou de chants nazis. On lui répondit que le manque d'effectifs empêchait de prendre des mesures appropriées. La Criminelle, qui n'avait point cherché de micros rue Rollin et s'était abstenue d'interroger Mᵐᵉ L., persistait dans son superbe mépris pour les possibilités de l'électronique. Le 14 août 1980, un engin incendiaire placé devant la porte de Rosette Curiel ravagea son appartement où, prise au piège, elle manqua d'être grillée vive. La malheureuse changea de domicile. Etranges mœurs que celles d'un pays démocratique où la veuve d'un homme assassiné doit déménager en catimini et

96

vivre sous un faux nom afin d'échapper à la persécution, peut-être à la mort...

Le 10-Mai fit une révolution. Le Premier ministre, Pierre Mauroy, annonça au juge d'instruction Joly, par lettre du 19 mars 1982, que les dossiers concernant Curiel détenus par le SDECE et la DST seraient mis à sa disposition. Au cas où la communication de certaines pièces risquerait de compromettre la sécurité nationale, le ministre de l'Intérieur et celui de la Défense rendraient leur arbitrage. En fait, le juge pourrait tout lire mais le ministre de tutelle de chaque service pourrait s'opposer à ce que certaines pièces fussent versées au dossier destiné à devenir public. Une procédure similaire était prévue pour le dossier Ben Barka.

La décision était historique. Plus d'une fois, « l'homme le plus puissant de France », effectuant ce qu'on nomme un transport de justice, avait été refoulé sans ménagements par le concierge du SDECE. Un dossier du SDECE était hors d'atteinte ; la DST ne communiquait des siens que ce qu'elle voulait bien. Les services, se plaçant au-dessus de la justice, considéraient qu'ils n'avaient pas de comptes à lui rendre et se retranchaient efficacement derrière le « secret défense ». Convoqué par M. Joly, M. de Marenches, directeur du SDECE, lui répondit avec insolence que ses obligations l'en empêchaient et qu'il n'avait au demeurant rien à lui dire. M. Chalet, directeur de la DST, consentit à se rendre pour la première fois dans le cabinet du juge d'instruction le 6 mai 1981, entre les deux tours de l'élection présidentielle. La lettre de M. Mauroy équivalait à faire rentrer dans l'ordre légal des services qui affectionnaient d'opérer sur ses marges. Bien sûr, une bonne exécution de la décision gouvernementale impliquait la bonne volonté des intéressés. Si ceux-ci écrémaient leurs dossiers avant de les soumettre à examen, l'effet était manqué.

Le SDECE était devenu DGSE mais restait stupide : il communiqua un dossier étique. La DST joua apparemment le jeu. Comme ses copieuses fournitures comportaient un certain nombre de rapports à elle transmis par le SDECE et qui ne figuraient pas dans le dossier de la DGSE, la mauvaise foi de celle-ci fut établie. Son nouveau directeur, l'amiral Lacoste, effaça la fâcheuse impression par une communication sérieuse.

Le juge Verleene, successeur de Guy Joly, est un homme débordé. Au jour où nous écrivons ces lignes (15 janvier 1984) il n'a pas encore ouvert les volumineux dossiers mis à sa disposition voici dix mois.

L'Histoire a plus d'un méchant tour dans son sac à malices. Elle va se faire zigzagante jusqu'à l'écœurement pour ces jeunes gens qui s'enchantaient déjà de lui avoir trouvé un sens rectiligne dans la vulgate marxiste, et leur fera découvrir qu'une voie royale peut finir en impasse. A ces braves cœurs soudain enflammés pour le peuple souffrant qu'ils avaient si longtemps côtoyé sans le voir, elle suggère le divorce avant les épousailles.

Et pourtant le choix politique n'apparaît-il pas, pour le coup, d'une simplicité biblique ? Quand on est juif et communiste, est-il concevable de ne pas souhaiter la défaite du racisme fasciste ? Quand on a si fort rêvé la France, peut-on assister sans frémir à la plus grotesque de ses débâcles ? Lorsque Winston Churchill annonce d'une voix rauque que son peuple se battra jusqu'au dernier sang plutôt que de se rendre, est-il au monde un seul homme épris de liberté qui ne soit avec les *Spitfire* contre les *Messerschmidt*?

Raoul et Henri Curiel ont le même réflexe que leur ami Pointet : dès la déclaration de guerre à l'Allemagne, ils se présentent au consulat de France pour s'engager. On note leur nom d'une plume condescendante en les avertissant que l'armée française se passera probablement de leur concours. Ce fut le cas.

Juin 40 stupéfie et accable.

Albert Arié a dix ans. Son grand-père paternel était de Constantinople ; la branche maternelle avait ses radicules en Russie et en Roumanie. « A partir de l'offensive allemande de mai 40, se souvient-il, l'angoisse s'est installée dans la maison. C'était presque insupportable. Le jour de la prise de Paris fut un jour de deuil. On se parlait à voix basse, comme s'il y avait eu un mort dans la famille. Et puis le 18 juin, en tripotant mon poste de TSF General Electric, je suis tombé par hasard sur l'appel de De Gaulle. On l'a écouté avec l'impression d'assister à un miracle. C'était comme une résurrection. Personne ne peut comprendre aujourd'hui ce que cela représentait pour nous. On s'est remis à vivre. Pendant toute la guerre, j'ai écouté les Français libres à la radio de Londres. Maurice Schumann parlait le soir à dix heures et demie et les parents m'engueulaient à cause de la classe le lendemain. Je ne l'aurais manqué pour rien au monde. Un soldat français avait donné à mon père une croix de Lorraine : je l'ai portée à la boutonnière jusqu'à la victoire. »

L'Union démocratique devint l'un des hauts lieux de l'espérance.

Elle avait été créée en 1939 avec l'objectif d'opérer un vaste rassemblement antifasciste. A son origine, Raoul Curiel, Georges Pointet et Marcel Israël (l'association est fondée le lendemain de l'entrevue négative entre Israël et Jacquot-Descombes). Avec eux, les antifascistes italiens Sandro Rocca et Pajelli, le communiste grec Kypreou, le professeur égyptien Ahmed el-Ehwani. Henri Curiel adhère mais refuse d'entrer au comité directeur. L'Union loue des locaux spacieux (les fonds sont fournis par Daniel Curiel) avec salle de conférences pour quatre cents personnes, salons de réunion, bibliothèque, etc. Le succès est immédiat, total.

Henri participe également à la création des Amitiés françaises. Le but est de ranimer la flamme vacillante de la patrie de cœur, de défendre sa culture alors que les liens physiques sont tranchés pour un temps indéfini, d'épauler les indomptables qui luttent pour sa libération. L'entreprise gaulliste n'apparaît à personne chimérique ou vaine. Solitaire, dénué de moyens, réfugié en terre étrangère, le Général parle d'une France qui étonne quarante millions de Français à quelques milliers d'exceptions près, mais où se retrouvent tout naturellement ces étranges étrangers qui, la voyant de plus loin, la voient probablement mieux. Une antenne gaulliste — la Délégation française — s'installe au Caire, dirigée par Georges Gorse. Rosette Curiel y travaillera à mi-temps, la seconde partie de sa journée étant consacrée à la librairie du Rond-Point.

« Le Rond-Point », comme on dit bien vite au Caire, est la troisième initiative d'Henri Curiel en quelques mois. C'est une papeterie-librairie située au centre de la ville européenne, rond-point Mustapha Kamel, tout à côté du magasin du père d'Albert Arié (après maintes tribulations commerciales, il a eu l'idée d'ouvrir une boutique d'articles de sport et fait des affaires d'or grâce à l'afflux de soldats britanniques).

Le rayon papeterie était surtout destiné à rassurer Daniel Curiel. Il avait avancé les fonds et entendait bien rentabiliser son investissement. Pour son fils Henri, l'assommant négoce des stylos et des rames de papier ne se justifiait que par la possibilité d'offrir en librairie des ouvrages politiques introuvables au Caire. Le mot « offrir » doit être ici pris à la lettre car les employés avaient instruction de détourner pudiquement la tête lorsqu'un jeune homme d'apparence modeste s'apprêtait à barboter un ouvrage recommandable. C'est dire que l'ambiance était plutôt celle d'un salon engagé ou d'un club de gauche que d'un établissement commercial. Daniel Curiel aimait à venir s'y asseoir après sa matinée de travail à la banque, sa cécité lui épargnant de découvrir des titres et des auteurs qui l'eussent scandalisé, comme de repérer les gestes furtifs des faucheurs de livres dont se fût offusquée son honnêteté foncière. Au reste, il était heureux car beaucoup d'officiers et de soldats britanniques fréquentaient la librairie et il s'enchantait d'avoir permis l'ouverture d'un nouveau lieu propice à la cause des Alliés. La villa de Zamalek tenait table ouverte pour les officiers anglais et, chaque dimanche, Daniel et Zéphira donnaient dans les jardins un thé dansant pour deux cents à trois cents soldats gavés de gâteries qui oubliaient les rigueurs de la guerre dans les bras des jolies cavalières fournies par la meilleure bourgeoisie cairote. Tout cela coûtait les yeux de la tête mais Daniel Curiel n'était pas homme à regarder à la dépense alors que Rommel poussait ses blindés vers le Nil.

La communauté juive savait que son sort particulier, sinon le destin du monde, était suspendu à la bataille décisive qui opposerait sous les murs du Caire l'Afrika Korps de Rommel aux Rats du désert de Montgomery.

* *
*

L'Egypte parie sur Rommel et beaucoup d'Egyptiens souhaitent sa victoire.

Le Wafd, l'historique « délégation » conduite le 13 novembre 1918 par Saad Zaghloul pour réclamer l'indépendance, était devenu rapidement le parti le plus puissant du pays. Enorme mais composite, il décourage l'analyse politique par des contradictions si nombreuses qu'on pourrait presque le définir par leur somme. Il est aux mains des propriétaires féodaux et les masses se reconnaissent en lui. Il se pose comme l'intraitable adversaire de l'Angleterre mais bénéficie, au-delà des antagonismes d'estrade, de la secrète complaisance du Foreign Office, qui préfère cet interlocuteur pétri d'ambiguïtés rassurantes à un mouvement nationaliste pur et dur ou à un parti socialiste remettant en cause des structures sociales favorables aux intérêts anglais. Des scissions continuelles le mutilent sans entamer sa confuse identité. Il barbote en permanence dans un brouet peu ragoûtant de vénalité et de concussion mais aucun scandale n'altère la confiance que lui voue le peuple. On l'a souvent comparé au parti radical français, dont l'histoire se confond avec celle de la Troisième république. Jean et Simonne Lacouture notent très justement que le parti radical ne rend compte ni de Maurras ni de Jaurès alors que le Wafd intègre et incarne la totalité égyptienne. En vérité, son nom rend mieux compte du phénomène politique que la plus fine des analyses : le Wafd demeure envers et contre tout la « délégation » d'un peuple aspirant à l'indépendance.

Malgré cela, tenu en lisière par le roi Fouad, à l'autorité ombrageuse, il n'exerce le pouvoir que deux ans durant la période 1923-1936. Il survit pourtant à toutes les machinations de Fouad et joue avec habileté sa partie dans le combat triangulaire qui l'oppose au palais royal et à la résidence anglaise. En 1936, Fouad meurt ; son fils Farouk monte sur le trône. Le Wafd remporte un succès triomphal aux élections suivantes et accède au gouvernement. La même année, il négocie avec l'Angleterre un traité censé abolir les ultimes vestiges du protectorat britannique. La signature déchaîne dans le pays un enthousiasme disproportionné qui confirme la confiance absolue que lui voue le peuple et révèle paradoxalement combien Londres avait raison de le choisir pour son adversaire préféré : seul le Wafd pouvait faire recevoir comme une victoire éclatante un accord ne prévoyant pas le retrait immédiat et total des forces armées britanniques mais leur simple repli sur la zone du Canal, avec permission de se redéployer en cas de crise internationale. C'est, au mieux, l'indépendance dans l'interdépendance. Le Wafd feint d'ignorer ces contingences et célèbre à grand fracas « le traité de l'honneur et de l'indépendance ». Conquête bien réelle, celle-là : l'antique et humiliant régime des Capitulations est aboli. La honte en était d'autant plus vivement ressentie qu'elle accablait la seule Egypte, toutes les autres nations du vieil empire ottoman ayant l'une après l'autre secoué le joug hérité des temps anciens. Avec la mise en place du nouveau système (elle prendra plusieurs années) la justice égyptienne s'appliquera à tous sans discrimination ni privilège. Il y va de beaucoup plus que d'une dignité élémentaire reconquise : ce n'est qu'avec l'abolition des Capitulations que l'Egypte dispose de la maîtrise de sa législation financière.

L'euphorie passée, force est de voir les Anglais toujours présents, encore plus présents avec la déclaration de guerre qui les ramène dans les villes, plus que jamais présents lorsque l'attaque germano-italienne fait converger sur le pays près d'un million de soldats, employés, fonctionnaires venus de tout le Commonwealth. L'Egypte a le sentiment désagréable de n'avoir jamais été tant occupée que depuis qu'elle est indépendante.

Cette guerre n'est pas sa guerre. Le palais royal et la classe politique résistent à toutes les pressions exercées par Londres pour les obliger à choisir leur camp (l'Egypte ne déclarera la guerre à l'Allemagne qu'en février 1945, à deux mois de la victoire alliée...) Les wafdistes, une fois de plus congédiés par le roi, ont cédé le

101

pouvoir à un gouvernement de droite dirigé par Ali Maher. Il favorise autant qu'il peut les forces de l'Axe. Lorsque les troupes de Mussolini passent à l'attaque, l'ancien Premier ministre Ismaïl Sedky exprime le sentiment général en déclarant : « L'offensive italienne n'est pas une agression dirigée contre l'Egypte, mais contre un autre belligérant sur le territoire d'une tierce puissance occupée. » On ne saurait être plus clair.

Les Anglais, lassés, finissent par perdre patience. Le 4 février 1942, leurs chars encerclent le palais royal, canons pointés, et l'ambassadeur d'Angleterre offre au roi une sèche alternative : ou il désigne un gouvernement favorable aux Alliés ou il perd son trône. Pour une fois, l'ultimatum ne procède pas de la morgue mais d'une manière de panique. Rommel vient de débarquer en Afrique à la tête de son Afrika Korps. Affronté à un ennemi autrement pugnace que l'adversaire italien, le commandement britannique refuse le risque de livrer bataille avec, sur ses arrières, la menace mortelle d'un soulèvement progermanique du Caire. On en est là. Beaucoup plus tard, dans ses Mémoires, le maréchal anglais Wilson révélera la surprise éprouvée en retrouvant, au lendemain d'El Alamein, dans les dossiers du commandement italien en déroute, les plans de défense britanniques qu'il avait lui-même communiqués au chef d'état-major égyptien... Ce chef d'état-major, le général Aziz el-Masri, avait du reste montré où allaient ses préférences en tentant de rejoindre en avion, avec l'approbation tacite des officiers égyptiens, les Irakiens pronazis de Rachid Ali el-Kilani.

Farouk cède et installe un gouvernement wafdiste probritannique. Ni le roi ni le Wafd ne s'en relèveront. On a dit l'immense prestige du Wafd : il est altéré à jamais. La popularité du roi n'était pas moindre. Jeune, magnifique, pieux, il avait accédé au trône dans la ferveur populaire. Les fêtes du couronnement avaient transporté l'Egypte. (Lydia Allony, invitée au palais avec son avocat de père, se rappelle la réception somptueuse : « Farouk était tout jeune, seize ou dix-sept ans, et beau comme un dieu. Le banquet a été servi dans de la vaisselle d'or et nous avions comme attraction la Comédie française venue de Paris. ») La soumission au diktat anglais met sur le visage du souverain une tâche indélébile. « C'est là une date, écrira Sadate trente-cinq ans plus tard, que notre génération ne pourra jamais oublier. » Plusieurs officiers égyptiens ulcérés présentent leur démission au roi ; parmi eux, un certain commandant Neguib. Le jeune capitaine Nasser écrit à un ami : « Que faire après cet événement déplorable que nous avons accepté avec une résignation faite de soumission et d'abaissement ? En vérité, l'impérialisme n'a qu'une seule carte pour nous intimider ; mais le jour où il sentira que les Egyptiens sont résolus à s'offrir en holocauste, il se retirera, tel un bravache poltron. » Plus tard, devenu le maître de l'Egypte, Nasser commentera : « le coup du 4 février tira quelques apathiques de leur torpeur et leur apprit qu'il y a une dignité qui mérite d'être défendue à tout prix. » Ces convulsions bien un peu étranges pour le lecteur européen d'aujourd'hui (Quoi ! ces gens ne se rendaient donc pas compte que la civilisation et la liberté étaient en jeu ?), les Mémoires d'Anouar el-Sadate les restituent avec une candeur révélatrice de sa bonne conscience. C'est même le seul passage du livre où l'on ne sent point l'auteur acharné à peaufiner son autoportrait — livre écrit après le célèbre voyage en Israël qui a fait de lui une star mondiale et une sorte d'apôtre de la paix révéré par des centaines de millions d'hommes, et où il se présente avec aplomb comme un bon garçon soucieux de se rendre utile et qu'accablent honneurs et pouvoir puisque son plus cher désir serait de retourner cultiver la terre dans son village natal. Sadate, sachant pourtant que l'entreprise hitlérienne a laissé un souvenir controversé, abandonne ici tout souci de son image de marque : il révèle carrément ses efforts pour poignarder les Alliés dans le dos et ouvrir à l'Afrika Korps les portes du Caire. Avec un groupe d'officiers égyptiens — les futurs « Officiers libres » que le monde découvrira dix ans plus tard lorsqu'ils renverseront Farouk — il décide de passer à l'action. Un projet de traité est rédigé à l'intention de Rommel par lequel les conjurés s'engagent à entrer en guerre à ses côtés et à ne pas laisser un seul soldat anglais quitter le Caire en échange de la garantie allemande de l'indépendance de l'Egypte. Cadeau de bienvenue joint au traité : les photographies des positions anglaises à El Alamein. Le tout est confié à un pilote égyptien dont l'avion est malencontreusement abattu par la Flak allemande en dépit de ses signaux amicaux, tant et si bien que la tentative capote dans les sables. Sadate n'en fait pas moins acheter dix mille bouteilles vides pour confectionner des coktails Molotov et prend langue avec deux espions nazis plutôt pittoresques dont le repaire est un bateau amarré au bord du Nil, en plein Caire, où ils mènent joyeuse vie grâce à une réserve inépuisable de fausses livres sterling. Sadate propose de réparer leur poste émetteur en panne, ravi de pouvoir ainsi entrer en contact direct avec Rommel, mais le contre-espionnage anglais le prendra de vitesse et le coffrera avec les deux Allemands.

Coïncidence spectaculaire mais peu surprenante si l'on considère que les mêmes causes produisent les mêmes effets : en Palestine occupée par les Anglais, le sioniste Abraham Stern, fondateur du groupe terroriste le plus expéditif, établit une distinction entre l'adversaire anglais et l'ennemi nazi : « L'adversaire, c'est une puissance étrangère qui domine notre territoire et dénie au peuple hébreu son indépendance au sein de sa patrie. L'ennemi, lui, est celui qui hait les juifs, c'est celui qui les traque et les tue partout où il les trouve, qui désire les anéantir. » Mais Stern constate : « La haine que nous porte l'ennemi s'exerce grâce à la sujétion dans laquelle nous maintient l'adversaire. Si celui-ci ne nous empêchait pas de disposer souverainement de notre patrie, nous pourrions y accueillir tous les juifs menacés par l'ennemi et les soustraire ainsi à sa fureur meurtrière. Ainsi, notre devoir primordial est de combattre l'adversaire et de libérer notre patrie. Pour y parvenir, nous devons utiliser tous les moyens, y compris une alliance avec notre ennemi si ce dernier est en même temps l'ennemi de notre adversaire. » Au terme de ce raisonnement d'une rationalité hardie, Stern dépêche un émissaire aux futurs usiniers nazis d'Auschwitz et de Treblinka pour leur proposer « un projet de traité entre les puissances de l'Axe et le mouvement de libération nationale hébreu en Palestine. Au terme de ce projet, l'Irgoun [armée secrète juive] intensifierait son effort de guerre contre la Grande-Bretagne en échange de la reconnaissance formelle par les autres parties du droit du peuple hébreu à établir un Etat souverain en Palestine (1)... » La proposition n'eut pas de suite.

(Le Caire, l'une des grandes métropoles où se joue en permanence une partie du drame politique mondial avec, comme en cet été 42, des temps forts polarisant sur le théâtre égyptien l'attention internationale. Mais aussi un village, ou, si l'on préfère, l'une de ces villes de province dont chaque habitant connaît tout le monde, de sorte que l'événement le plus spectaculaire pour l'extérieur est vécu par ses acteurs sur le mode intimiste, s'intègre à la chronique locale, conserve sous ses apparences brutales une manière de familiarité qui lui ôte beaucoup de tranchant. L'épisode des deux agents nazis de Rommel figure à juste titre dans toutes les histoires de l'espionnage — les bougres avaient accompli un réel exploit en franchissant des milliers de kilomètres de désert, déguisés en officiers britanniques, avant de faire surface au Caire. La sœur de Didar Rossano, la plus fidèle compagne de lutte d'Henri Curiel, était de toutes les folles nuits sur le bateau du Nil. L'un des deux espions avait pour maîtresse une entraîneuse du *Kit-Kat Club* où travaillait la belle Lydia, ancien amour d'Henri. Fouad Habachi, curiéliste indéfectible, est sergent mécanicien dans l'escadrille de ce pilote chargé par Sadate et ses amis

---

(1) Nathan Yalin-Mor, *Israël, Israël...*, Presses de la Renaissance, p. 92.

d'atterrir derrière les lignes allemandes. Ces emmêlements typiquement égyptiens n'abolissent certes pas les antagonismes mais y mettent du moelleux. Le pire ennemi, qui suscite la panique et engendre la haine, c'est toujours l'ennemi sans visage.)

Qui ne parierait sur la défaite des Alliés ? Seuls les experts pressentaient que le ressort allemand était tendu à se briser. Cet été 1942, l'empire hitlérien atteint son apogée et jamais l'Allemagne n'a paru si près de tenir le monde dans sa poigne. En Union soviétique, l'offensive de la Wehrmacht a enfoncé le flanc sud de l'Armée rouge ; les troupes d'assaut du maréchal von Kleist ont une tête de pont à l'est du fleuve caucasien Tcherek, dernier obstacle avant le pétrole de Bakou. En Egypte, Rommel a les Pyramides en ligne de mire et prépare l'ultime assaut qui lui ouvrira Le Caire et Suez — « la suprême conquête », comme il l'écrit dans ses *Carnets*. Encore un coup de reins, et le monde effaré verra réussir le plus fabuleux coup de poker stratégique de l'histoire militaire moderne : l'avant-garde de von Kleist donnant la main aux éclaireurs de Rommel quelque part du côté de Bagdad.

Le Caire est au bord de la crise de nerfs. La Luftwaffe bombarde la nuit les casernes anglaises du centre de la ville, là où s'élève aujourd'hui l'hôtel *Hilton*. Le jour, un flot ininterrompu de soldats et de matériel militaire montant vers le front coule d'est en ouest le long des avenues. Dans les faubourgs, le petit peuple sort dans la rue et manifeste au cri de « En avant Rommel ! » L'ambassade britannique brûle ses archives, recouvrant la ville de la pluie de cendres prémonitoire de défaite. La communauté juive s'angoisse. Tous ceux qui ont milité pour la cause alliée — et au premier rang les membres de l'Union démocratique — savent ce que signifierait pour eux l'arrivée victorieuse des soldats hitlériens. Les autorités anglaises, conscientes du péril, décident d'organiser l'évacuation des plus menacés et mettent à leur disposition plusieurs trains spéciaux à destination de la Palestine. Terrible dilemme : faut-il fuir de possibles représailles ou rester en misant sur la victoire de Montgomery ? Souvent, le choix se fait en fonction de touchantes futilités. Le père d'Albert Arié refuse de quitter un quartier où il a ses habitudes. Chez les Blau, les bagages sont déjà bouclés quand les trois enfants refusent d'abandonner leur chien qui n'a pas droit au train spécial : on ne partira pas. Chez les Stambouli, où l'on a vu avec effarement les soldats anglais d'une caserne voisine brûler une montagne de papiers et partir drapeau en tête et au pas cadencé en direction... de la Palestine, le père réunit son monde et déclare : « Je suis avocat, j'ai des procès en cours et je ne peux pas abandonner mes clients. Mais voici vos passeports. Partez pour Damas. » Personne ne part. « La grande frousse de notre vie », se rappelle néanmoins Raymond Stambouli.

Mais ils sont des milliers à s'entasser dans les wagons salvateurs.

Raoul Curiel et Raymond Aghion partent très officiellement. Rosette, de nationalité égyptienne, doit se déguiser en auxiliaire féminine de l'armée grecque pour monter dans le train. Elle a endossé l'uniforme à contrecœur mais garde aux pieds des chaussures en peau de serpent et se fait accompagner à la gare par un domestique portant une grosse valise remplie de toilettes. Voyage de cauchemar au milieu d'un grouillement de punaises, et une grosse émotion à la frontière palestinienne lorsqu'un sergent anglais demande ses papiers à la soldate aux pieds étonnants. Mais c'est Sam Bardell, hôte assidu des thés dansants de Zamalek ! Il fait les yeux doux à la compagne de Rosette, Henriette, cousine d'Albert Arié, employée à la librairie du Rond-Point, qu'il finira d'ailleurs par épouser : c'est l'Egypte.

Marcel Israël eut un voyage mouvementé. Il avait été arrêté quelques mois plus tôt pour « activités communistes ». A sa grande surprise, Hosni el-Orabi, ancien secrétaire du parti communiste de 1920 devenu agent nazi, avait été arrêté avec lui : ils habitaient le même immeuble. Tandis que ses camarades étaient rapidement relâchés, Israël avait été transféré dans un camp d'internement à cause du passeport italien qui en faisait un ressortissant ennemi — effet boomerang du privilège capitulaire... La Délégation française était intervenue pour l'en faire sortir. Encore l'adjoint de Georges Gorse avait-il dû se porter personnellement garant auprès des autorités britanniques que son protégé ne descendrait pas du train avant le terminus de Jérusalem. Voyage difficile car un espion nazi s'est glissé dans le convoi et alerte la Luftwaffe par signaux lumineux. Harcelé par les *Junkers,* le train mettra deux jours pour gagner Jérusalem au lieu d'une nuit. A l'aube du deuxième jour, en plein désert, vision surréaliste d'une compagnie de Pygmées encadrée par deux caporaux anglais blonds et gigantesques. Israël restera un an et demi en Palestine dans le dénuement le plus complet. Quelques mois après son arrivée, il a la bonne surprise de recevoir, expédiées par Henri Curiel, avec qui les relations sont déjà aigrelettes, deux grandes valises bourrées de vêtements d'enfant. C'est l'Egypte. Mais les vêtements sont à la taille d'un enfant de dix ans alors que le fils d'Israël n'a pas encore un an. C'est Henri. « J'ai vendu le lot pendant une semaine à la porte de Jaffa. Nous étions dans une misère noire, vraiment affamés. A table, j'avais un accord avec ma femme : celui qui coupe, c'est l'autre qui choisit. Henri nous a permis de manger. »

Hillel Schwartz fait aussi retraite à Jérusalem.

Et qui pourrait leur reprocher leur repli stratégique ? Ils se battraient si on leur confiait des fusils mais l'armée britannique n'enrôle pas en Egypte. A quoi bon se laisser piéger bêtement par les troupes allemandes ? Rommel n'est pas pour eux l'officier chevaleresque si populaire chez les Rats du désert que l'état-major anglais a cru devoir pondre une piteuse note de service recommandant de ne plus prononcer son nom : il est le bras armé du racisme assassin, le détachement précurseur des Eichmann et des Barbie. Juste avant l'offensive, l'amiral Canaris, chef de l'Abwehr, nationaliste allemand de la vieille école, a fait spécialement le voyage d'Afrique pour donner à Rommel ce qu'il appelait « une leçon de choses » ; en l'espèce, il s'agissait de lui mettre sous les yeux des documents révélant l'horreur des camps d'extermination. Le célèbre général, promis à une légende posthume bien mal fondée de héros antinazi, a repoussé les documents en se bornant à répondre : « Je suis un soldat et je fais mon devoir de soldat. » Vainqueur au Caire, il n'eût pas considéré de son devoir de soldat de s'opposer au départ des bateaux pour Auschwitz.

Mais l'exode à Jérusalem consacre tragiquement un irréductible statut d'étranger — et ce n'est plus affaire de passeport tiré à la loterie. Révolutionnaires par réflexion et par passion, ils avaient voué leur vie à l'Egypte : les voici qui la quittent dans les wagons de l'occupant détesté, sous sa protection. Le train de Jérusalem, quoi qu'ils en aient, c'est pour les Egyptiens le train des collabos.

Henri Curiel a décidé de rester au Caire.

*
* *

Son choix venait de loin.

En 1936, avec l'ouverture des négociations internationales sur le régime des Capitulations, certains avaient senti tourner le vent. Raymond Stambouli, ex-briseur de réverbères narguant les sergents de ville du haut de son privilège de « protégé », prend des leçons d'arabe conformément au conseil paternel et s'inscrit à la faculté de droit égyptienne. Le mouvement s'accélère après l'abolition des Capitulations. Maint jeune homme de bonne famille découvre, non sans perplexité, qu'il serait judicieux d'apprendre la langue de ses domestiques. Les temps sont à l'égyptianisation, maître mot de l'avenir.

Henri Curiel a fait son choix dès 1935, le jour de ses vingt et un ans, alors que nul ne prévoyait une disparition si prochaine des privilèges capitulaires. Sa naissance en Egypte lui permettait d'opter entre les nationalités italienne et égyptienne. A la grande fureur de son père, il se fait égyptien et se met dans le même temps à l'étude de l'arabe. Il ne maîtrisera jamais parfaitement la langue, conservant un accent qui fera sourire plus d'un interlocuteur autochtone, mais l'intention sera appréciée.

Puis il mène bataille au sein de l'Union démocratique pour un objet que beaucoup trouvèrent futile, sinon incompréhensible. Peu après la création de l'association, un émissaire de l'ambassade britannique avait pris contact avec les dirigeants en témoignant un vif intérêt pour leur initiative et en proposant toutes les aides matérielles et financières propices à son épanouissement. Le premier mouvement, presque unanime, avait été d'accepter. L'Union ayant pour but de promouvoir dans l'opinion égyptienne la cause démocratique, il paraissait raisonnable de marcher main dans la main avec l'Angleterre. Henri Curiel, violemment hostile, entra au comité directeur pour mieux défendre une position qu'il partageait avec Georges Pointet. Ils affirmaient bien évidemment l'appartenance au camp antifasciste, mais enfin le champ d'action de l'Union était l'Egypte et non point le Canada ou l'Australie. Inlassablement, Henri répéta ce qui devait rester jusqu'à son dernier jour son credo politique : « Pour que les gens changent d'opinion, il ne faut pas leur imposer vos propres idées mais partir des leurs. » Or les masses égyptiennes, peu sensibilisées à la réalité fasciste, n'admettraient pas qu'on leur propose de composer avec le mal anglais au prétexte que le mal nazi était encore pire. « On ne nous croira pas si nous affirmons que l'Allemagne de Hitler est pire que l'Angleterre, répétait Henri Curiel à ses amis étonnés. On ne nous suivra pas si nous prêchons une alliance, même provisoire, avec les Anglais pour se débarrasser des nazis. Nous pouvons dire que les nazis sont aussi mauvais que les Anglais, mais rien de plus. Et cela implique le refus de toute collaboration avec les gens de l'ambassade. » Au terme de plusieurs semaines de débat et malgré un rapport de force initial de deux contre sept au sein du comité, la thèse de Curiel et de Pointet finit par l'emporter. Victoire devenue sans objet car l'émissaire anglais, probablement informé de la controverse, avait jugé superflu de reprendre contact. L'ambassade allait monter de toutes pièces une organisation portant le beau nom de Frères de la Liberté. L'analyse d'Henri Curiel se vérifierait implacablement : les Frères de la Liberté sombreraient dans le discrédit, et avec eux la juste cause qu'ils défendaient, pour la simple raison qu'ils étaient l'émanation de la puissance honnie.

La création des Amitiés françaises procédait d'une analyse identique : elle représentait une possibilité d'agir pour le camp allié sans compromission avec l'occupant. La marge de manœuvre fut d'autant plus large que les Anglais, jamais en reste de mesquinerie, mirent à profit la rupture des communications avec la France pour tenter d'améliorer leur propre position culturelle, n'hésitant pas, pour faire bonne mesure, à empêcher toute importation de livres français, fût-ce en provenance du Canada ou des Etats-Unis. Les relations entre la délégation gaulliste et l'ambassade britannique, déjà compliquées par la neutralisation en rade d'Alexandrie d'une escadre française vichyste, subissaient le contrecoup de toutes les tensions surgissant entre de Gaulle et ses puissants alliés. Ainsi, lors de la tentative anglo-américaine de remplacer le chef de la France libre par le navrant général Giraud, les autorités du Caire suspendirent la publication de *La Marseillaise*, journal gaulliste créé par Gorse. C'est dire qu'on pouvait travailler aux Amitiés françaises sans être suspect d'anglophilie exagérée.

L'arrivée de Rommel aux portes du Caire ne modifie pas l'analyse politique d'Henri Curiel, même si elle affecte son application d'un coefficient de risque singulièrement élevé. Il prend sa décision sans hésiter et l'annonce à ses amis en la drapant d'un romanesque dont il sourira plus tard : s'il reste au Caire, c'est pour organiser la résistance à une éventuelle occupation nazie — beau résistant qui baragouine la langue du pays, est connu comme le loup blanc de tous les services de police et ne peut se risquer dans un faubourg sans que le premier gamin venu s'interroge sur sa nationalité ! Tel est déjà Henri Curiel : merveilleux et exaspérant. Il ne changera pas. Jusqu'à son dernier souffle, il gardera ce romantisme dont ricaneront ses pairs et rivaux (on imagine les jaunes sourires de ses bons camarades filant se mettre à l'abri à Jérusalem dans le train anglais : pour qui se prend-il ?) tandis que la jeunesse, toujours, et même lorsqu'il sera devenu un vieil homme, aimera en lui une aptitude intacte à passionner la politique. Le secret du pouvoir mobilisateur d'Henri Curiel et de son efficacité militante : un romantisme inné allié à un pragmatisme acquis au feu de l'action.

Les jours suivants furent de fièvre et d'agitation. Il s'agissait de préparer le passage à la clandestinité. Une jeune Egyptienne, Asma el-Bakly se dévoua avec efficacité, ouvrant même au futur résistant la maison familiale de Meadi, le Neuilly cairote, où son père réserva à Henri Curiel un accueil chaleureux. (Asma épouserait bientôt l'un des lieutenants de Marcel Israël, et son père, directeur d'une des grandes prisons du Caire, aurait dans l'une de ses cellules, quatre ans plus tard, un Henri Curiel auquel il témoignerait la même gentillesse qu'à Meadi — toujours l'Egypte.)

Le passage à la clandestinité n'eut pas lieu. Non pas en raison de la victoire de Montgomery sur Rommel mais parce qu'avant même le premier coup de canon de la bataille d'El Alamein, la police égyptienne arrêta Curiel. Un matin, alors qu'il passait au Rond-Point, une troupe de policiers investit la librairie, fouilla les rayons, confisqua quelques livres et emmena le prisonnier, menottes aux mains, à la villa de Zamalek où une seconde perquisition eut lieu sous l'œil scandalisé de Zéphira. Pour une surprise, c'était une surprise. A quoi rimait l'indigne traitement infligé à une famille dont les sympathies pro-alliées étaient publiques? Henri Curiel, s'il l'avait voulu, n'aurait-il pas eu sa place dans le train spécial organisé et protégé par les autorités anglaises? Un fonctionnaire des services de sécurité britannique avait dû se tromper de fiche. L'explication était simple : l'arrestation d'Henri Curiel avait été opérée à l'insu des Anglais et si la police égyptienne lui mettait la main au collet, c'était pour offrir aux futurs vainqueurs allemands l'un de ces juifs communistes dont on les savait friands. Didar Rossano, bibliothé-caire de l'Union démocratique, avait reçu la visite de policiers venus lui demander la liste des adhérents. Elle avait refusé mais elle devait apprendre par la suite que les sbires s'étaient procuré le fichier par une autre filière.

Le soir de son arrestation, Henri Curiel était incarcéré dans une grande villa de la banlieue de Zeitoun, localité proche du Caire, où une cinquantaine de détenus étaient déjà rassemblés.

Ce fut la première des nombreuses circonstances où sa vie fut en danger. Ses codétenus étaient des agents ou sympathisants pronazis capturés par le contre-espionnage anglais. Apprenant qui était le nouvel arrivant, ils décidèrent de lui faire la peau à la première occasion et refusèrent pour commencer de l'accueillir dans une chambre. Un baron balte, anticommuniste viscéral mais homme du monde, reconnut cependant dans l'impétrant un gentleman de bonnes manières : il lui offrit de partager sa chambre (quelques mois plus tard, le baron recevrait avec la même bienveillance Anouar el-Sadate, sauvé du peloton d'exécution grâce à ce réseau égyptien de sympathies souterraines dont le lecteur doit commencer à percevoir l'humanisante efficacité). Dormir était bien ; survivre serait encore mieux. Cette fois, le salut vint bizarrement de cet Orabi, fondateur du parti de 1920 et agent nazi. Ravi d'avoir sous la main quelqu'un avec qui parler du bon vieux temps, peu enclin au sectarisme au terme d'un parcours philosophique contrasté, Orabi sauva Curiel du lacet fatal.

Et les discussions commencèrent.

Maint acteur n'est vraiment lui-même que sur les planches. Pour beaucoup de ses amis, Henri Curiel était à son meilleur en prison. Bien sûr, l'arrestation survient en général en période de crise, au point culminant d'une activité et d'une tension nerveuse épuisantes, et le militant incarcéré goûte la sombre volupté de pouvoir enfin dormir quarante-huit heures d'affilée. Mais pour Henri Curiel la récupération de ses forces n'était que le prélude à une existence carcérale active, harmonieuse, parfaitement satisfaisante. Aucune des lettres qu'il a écrites de ses diverses prisons (et nous en possédons beaucoup) ne trahit le malaise ni même une simple contrariété. Il est bien. La prison n'est pas pour lui une parenthèse obligatoire, un entracte forcé : c'est la continuation de l'action sur un autre théâtre, avec une intrigue et des partenaires différents ; mais la pièce lui convient. On a même le sentiment qu'il s'épanouit dans l'enfermement, asphyxiant pour tant d'autres. Paradoxe : ce militant internationaliste, l'un des rares de sa génération (né dix ans plus tôt, il eût été l'un des « commis voyageurs en révolution » du Komintern) n'est nulle part plus à son aise que dans le monde clos de la prison, où chacun, gardien et détenu, connaît parfaitement ses marques et le rapport de force. Lieu codé, hiérarchisé, apparemment inébranlable, mais qu'une stratégie minutieuse et patiente peut déstabiliser au-delà de toute vraisemblance.

Ici plus qu'ailleurs, la parole est action.

L'application de la technique curiélienne de dialogue aurait peut-être fait problème (« Certes les juifs sont des sous-hommes et les communistes des chiens. J'observe cependant, etc. ») mais il comprit très vite qu'à part quelques agents authentiques, ses codétenus n'étaient que des patriotes dévoyés prêts à s'allier avec le diable pour bouter l'Anglais hors d'Egypte. Henri Curiel avait eu l'intuition de la force du sentiment national ; son séjour à Zeitoun en fit une certitude. « Cette détention, dit-il par la suite, fut mon premier bain dans la réalité politique égyptienne, que je connaissais si mal. Elle m'a permis de comprendre qu'aucune "souplesse" vis-à-vis de l'Angleterre ne pouvait être admise sous aucun prétexte par un véritable patriote égyptien. » Leçon mémorable parce que reçue dans le cas de figure le plus extrême, alors que l'obligation vitale et universelle d'abattre le nazisme échouait à assoupir, même momentanément, la revendication nationaliste. Pour qu'un peuple généreux et pacifique en vînt à jouer Hitler contre Winston Churchill, il fallait vraiment que l'aspiration à l'indépendance fût première, irrépressible, incontournable. La leçon serait entendue et gardée jusqu'à la fin.

Il eut la tentation de se faire musulman. Orabi l'y encourageait vivement pour des raisons d'opportunité : si Rommel entrait au Caire, la mosquée serait mieux cotée que la synagogue. Curiel y voyait la possibilité d'une immersion plus complète dans la population égyptienne. Plusieurs de ses amis juifs avaient déjà pris ce chemin et, dûment convertis, essayaient avec vaillance de se mettre à aimer la cuisine autochtone et la danse du ventre ; l'échec n'était pas rare. Il renonça finalement à Mahomet parce qu'une conversion à portée de canon de l'Afrika Korps n'eût pas été très digne et que « l'important n'est pas ce qu'on est : c'est ce qu'on fait »...

Mais il observa rigoureusement le ramadan par solidarité avec ses codétenus et participa à une grève de la faim pour protester contre l'éloignement arbitraire du délégué élu par les prisonniers nazophiles pour traiter avec l'administration. Sa première grève de la faim. Il deviendrait plus tard expert en la matière, écrirait un mode d'emploi à l'intention des usagers, et enseignerait oralement à des centaines de militants de tous pays comment préparer, accomplir et terminer une grève de la faim.

Il fit même du zèle. Ses codétenus s'étaient sagement ménagé une journée de transition, avec alimentation normale, entre la fin du ramadan et le début de la grève. Il passa directement du jeûne à la grève selon le principe qu'un militant communiste doit toujours être le meilleur et donner l'exemple. Toute sa vie, il appliquerait ce principe sans bien se rendre compte, semble-t-il, que son zèle suscitait au moins autant d'agacement que d'admiration. En l'occurrence, les hôtes forcés de Zeitoun se fussent sans doute satisfaits qu'un juif observât le ramadan et qu'un communiste fît abstinence pour un détenu nazophile sans bénéficier en prime d'une discrète leçon de perfectionnisme.

Daniel et Zéphira Curiel, légitimement furieux du mauvais tour joué à leur cadet, prirent feu et flamme lorsqu'ils le surent engagé dans une grève de la faim pour eux incompréhensible. Comme ils ne manquaient pas de relations, le sort d'Henri devint une petite affaire d'Etat et le Premier ministre en personne, Nahas Pacha, fit savoir au prisonnier que sa libération interviendrait dès qu'il aurait accepté de s'alimenter. Le gouvernement, conscient de la bévue policière, s'efforçait de ne pas perdre la face. Solidaire à tout crin, Henri Curiel refusa d'interrompre son action avant ses codétenus. Au dixième jour, le pouvoir céda et le jeta hors de l'hôpital où il avait été transféré.

Il trouva à Zamalek une convocation du Bureau spécial, service policier chargé de la lutte anticommuniste. Ses deux patrons, Selim Zaki Pacha — futur chef de la police égyptienne — et Omar Hassan avaient été formés à Moscou (ils parlaient couramment le russe) par la célèbre police tsariste, l'Okhrana. Omar Hassan le reçut avec bienveillance : « Vous savez mes sentiments d'amitié pour vos parents, dit-il, et je vous avoue que j'ai la plus grande sympathie pour vos activités philanthropiques. Cela dit, pourquoi perdre votre temps avec ces communistes ? Vous n'arriverez à rien. Comprenez que vos activités me sont connues dans le moindre détail. Ce n'est pas un informateur ou deux que j'ai dans votre groupe : vous êtes entouré de gens à moi. Croyez-moi : laissez tomber l'action politique qui ne vous mènera nulle part et contentez-vous du travail social. Je sais tout le bien que vous avez fait pour les fellahs de monsieur votre père. Voilà votre avenir : le travail social. »

Henri Curiel s'abstint de répondre que lorsque les bolcheviks s'étaient emparés du pouvoir, en 1917, ils avaient trouvé dans les dossiers de l'Okhrana les preuves surabondantes que la police secrète du tsar savait tout de leur organisation, de leurs conflits internes et de leurs plans d'action ; cela n'avait pas empêché la révolution.

Il fut mis au régime de la surveillance administrative. Appliqué à l'origine aux seuls délinquants de droit commun, dont les méfaits se perpétraient surtout la nuit, ce régime obligeait l'assujetti à rester chez lui de dix-huit heures à six heures du matin ; un policier passait deux fois par nuit au domicile dudit assujetti pour constater sa présence. Les militants égyptiens soumis à la même obligation en conservent un souvenir cauchemardesque car le policier nocturne devait obligatoirement vérifier leur identité et le fait d'être réveillé en sursaut deux fois par nuit entraînait des troubles nerveux à la longue épuisants.

Un Curiel échappait naturellement à ces tracasseries. Le policier, pauvre diable sous-payé, se présentait à la porte de service de la villa de Zamalek ; un domestique l'installait à l'office, lui servait une collation prise sur les reliefs du repas des maîtres, lui glissait vingt piastres dans la main, et l'excellent homme repassait la porte de service en se confondant en remerciements après avoir signé le registre de contrôle attestant son passage. Henri Curiel avait depuis longtemps réintégré son appartement personnel que le manège durait toujours, dans la connivence générale, et le policier vérificateur faisait partie de la famille lorsqu'on s'avisa enfin, en haut lieu, de lever la surveillance administrative — elle avait duré trois ans.

Tout cela à une étape d'El Alamein et tandis que se déroule l'une des trois batailles essentielles de la seconde guerre mondiale... « L'Egypte, dit Chehata Haroun, est à mi-chemin de Kafka et de

Courteline. » Et Raymond Stambouli de commenter sombrement : « L'ennui, c'est qu'on ne sait jamais de quel côté on est. »

Zeitoun, programmé pour un épilogue kafkaïen, finissait chez Courteline grâce à la victoire de Montgomery.

Au départ de l'escale de Louxor, sur le Nil, un *Monde* traînant sur une table du salon m'apprit la mort de Léopold Trepper, ancien chef de l'Orchestre rouge.

Je l'aimais. Il m'aimait bien, je crois.

Les siens l'appelaient le Grand Chef. Il avait été toute sa vie mêlé à de grandes affaires. Il avait existé dans la pensée de Hitler et de Staline, et leur avait survécu. Révolutionnaire professionnel, génial chef de réseau, pensionnaire pendant dix ans de la Loubianka, victime en 1970 de l'hystérie antisémite polonaise, il mourait donc à Jérusalem et le général Sharon, ministre israélien de la Défense, viendrait épingler sur son cercueil la médaille des héros de la lutte antinazie. « La vie est pleine d'imprévu » aimait-il à dire. La mort aussi.

Il partageait avec Henri Curiel le dédain des antiquités. Henri n'avait jamais remonté le fleuve prodigieux bordé par l'Histoire. En 1966, Trepper, posant un regard étonné sur les touristes de Pompéi, me demandait : « Mais quel intérêt trouvent-ils à ces maisons démolies ? » (Il allait passer avec vingt ans de retard une lune de miel à Capri en compagnie de son amour du temps de guerre. A l'hôtel de Naples, avant de partir pour des ruines dont je pensais qu'elles le passionneraient, je l'avais vu déchiqueter le coin de journal sur lequel il avait griffonné des dessins machinaux et brûler les lambeaux dans un grand cendrier. « Mais pourquoi ? » — « Ne jamais laisser de traces » répondit-il. C'est un homme qui m'a beaucoup appris.)

Ils avaient le même avocat, Léo Matarasso. Trepper, pour défendre, et triomphalement, son honneur contesté par le directeur de la DST ; Curiel, pour laver sa mémoire de quelques salissures de plume.

Ils avaient en commun d'être aimés des leurs.

Et au bout du compte, ils m'avaient en commun.

Trepper était considéré par les services occidentaux comme mort depuis vingt ans quand j'avais commencé mon enquête sur l'Orchestre rouge. Le ressuscitant, moi qui avais l'âge d'être son fils, je lui donnais une seconde naissance. Ainsi avions-nous des rapports de père à père. Ce ne sont pas les plus simples, ni les moins délicieux.

Etrangement, j'entendis pour la première fois le nom de Curiel le jour de son assassinat. Lorsque la presse l'avait violemment tiré de l'ombre, en juin 1976, j'étais sur un cargo bananier au milieu de l'Atlantique. Les péripéties ultérieures m'avaient échappé. L'assassinat lui-même ne me bouleversa pas : je terminais un livre. (Une guerre nucléaire ? D'accord. Mais après la publication.)

Quatre mois plus tard, en septembre 1978, *Le Pull-over rouge* étant publié, je vis entrer chez mon éditeur un colosse qui semblait chercher quelqu'un sur qui cogner et une femme ruisselante de larmes. Ils me demandèrent s'il m'intéresserait d'écrire un livre sur Henri Curiel. Les braves gens. Chaque année, dix à quinze lettres pour m'annoncer : « Vous êtes un heureux lascar : j'ai mené une vie passionnante et j'ai décidé de vous confier le soin de la révéler au monde. » Ils étaient pressés. A leur idée, une publication dans les douze mois à venir serait la bienvenue. Mais trois ans au minimum, sauf exception rarissime, s'écoulent entre la rencontre d'un sujet et l'écriture de la première ligne. Le temps de rôder autour du sujet, de s'en éprendre, de le rejeter, de le reprendre... A la fin, et dans l'écœurement, commencer à écrire parce qu'il n'est pas d'autre moyen de s'en débarrasser. Les gens ne savent pas. Ceux-ci ajoutèrent, saccageant à plaisir leur dossier : « Naturellement, nous ne pourrons pas tout vous dire. » Si la femme n'avait été secouée de sanglots (l'homme lui jetait des regards d'affection furibonde) la conversation se fût terminée là. Il ne pouvait pas tout me dire « parce que le travail continuait » Il continuerait en effet jusqu'à l'arrestation, le 5 juin 1980, de Maria Amaral et de Jean-Philippe Elantkowski, qui avaient courageusement repris le flambeau après la mort d'Henri, et leur condamnation pour fabrication de faux papiers. Mais j'aurai obtenu bien avant les ultimes confidences et les dossiers d'archives. Ils étaient trop bons militants pour ignorer que seule la vérité est révolutionnaire. J'étais assez écrivain pour savoir qu'en ces matières seule la vérité est passionnante.

Leur douleur poignante m'ôta le courage de rompre sur-le-champ. Celle de l'homme, moins spectaculaire, était d'autant plus bouleversante. Ils avaient fait entrer la tragédie dans la pièce. Mais sortant de la tragédie d'un meurtre judiciaire, je ne me sentais pas la force de reprendre du service dans l'assassinat politique.

Lâchement, j'acquiesçai à une solution reportant à plus tard l'inévitable refus. Henri Curiel avait une jeune cousine, Sylvie Braibant, fraîche émoulue du Centre de formation des journalistes : elle commencerait l'enquête, débroussaillerait le terrain. Je rencontrai la demoiselle. L'œil vif, le verbe alerte, mais vingt-deux ans aux prunes. Je lui souhaitai bonne chance avec hypocrisie.

L'ancien curé de mon village cotentinais me racontait : « A peine avais-je pris possession de ma première cure qu'on vient me chercher pour les derniers sacrements à un agonisant. La famille me prévient : " C'est un mécréant, un anticlérical, il ne veut pas du prêtre, mais nous vous supplions de venir. " Je me dis : " Ça commence bien. " Quand le moribond me voit entrer dans sa chambre, il se retourne d'un bloc et se rencogne face au mur. Je m'assieds devant ce dos tourné et, pour me donner une contenance, je commence à réciter à voix haute le " Notre Père ". Voilà-t-il pas qu'au milieu de la prière, je vois mon type remuer, se retourner lentement vers moi. J'ai enchaîné avec le " Je vous salue Marie ", qu'on a fini en chœur, mais intérieusement, je me criais, exultant et stupéfait : " Ça marche ! Ça marche ! " »

L'enquête de Sylvie Braibant me décolla du mur. Incisive dans l'interview, acharnée à obtenir la bonne réponse aux bonnes questions, déployant ses investigations sans épargner rien ni personne, on eût dit qu'elle savait d'instinct, si jeune et n'ayant encore rien publié, qu'un livre sur Curiel est évidemment plus important que Curiel. Un pur talent.

Dix-huit mois plus tard, j'étais ferré. Il ne me restait plus qu'à enquêter moi-même pendant trois ans.

Toute sa vie, Rosette se souviendrait de l'année 1943 comme celle de leur plus grand bonheur.

Ils avaient emménagé au treizième étage de l'un des plus hauts immeubles du Caire de l'époque, 33, rue Abdel Khalek Sarroite, en plein cœur du quartier européen, tout près de la banque Curiel et du Rond-Point. Aux quatre pièces de l'appartement s'ajoutait une vaste et agréable terrasse. La vue sur Le Caire et les contreforts rocheux cernant les faubourgs à l'est était à couper le souffle. Une bonne et un petit boy assuraient les besognes domestiques. Le mobilier, sommaire, avait été fourni par les parents Curiel.

Henri travaillait chaque matin à la banque paternelle ; son salaire était de quarante livres par mois. Levé comme lui à sept heures, Rosette passait la matinée à la Délégation française, où elle avait pour voisine de bureau Marguerite Fouilloux, la fiancée de Pointet, et travaillait l'après-midi à la librairie ou aux Amitiés françaises. Elle gagnait quinze livres par mois, ce qui leur faisait un revenu mensuel global de cinquante-cinq livres. Ce n'était pas le Pérou (agronome débutant et célibataire, Joseph Hazan gagnait cent livres) mais leur train de vie était modeste. Toujours végétarien, adepte d'un régime sans concession prôné par un certain docteur Carton, Henri faisait du jus de carotte l'essentiel de son alimentation. En cas de difficulté financière, les parents se laissaient mettre à contribution.

Mais les deux familles étaient malheureuses. Daniel Curiel, « capitaliste lucide » comme dit Rosette, ne parvenait tout simplement pas à entrer dans les raisons de son fils cadet. Pour lui, l'engagement politique d'Henri ressortissait à la trahison — trahison de classe qu'il ressentait avec autant de rage et de douleur que d'autres, la trahison nationale. Zéphira, plus sensible aux motivations humanitaires d'Henri, était écartelée entre son mari et son fils.

Raoul n'avait pas contribué à détendre le climat familial en annonçant un beau matin sa décision de quitter la banque. Il n'en pouvait plus. Son rapport névrotique à l'argent faisait de chaque journée un interminable cauchemar et il avait le sentiment probablement justifié d'être le plus lamentable employé de banque depuis l'invention de la monnaie par les Phéniciens. Daniel Curiel accusa le coup. Après la trahison du cadet, la défection de l'aîné signifiait que l'affaire familiale disparaîtrait avec lui. Il réagit comme eût fait n'importe quel père : « Très bien. Tu peux continuer d'habiter à la maison mais tu n'auras pas un sou. » Raoul, un instant décontenancé (« Il ne me serait pas venu à l'idée que je dusse un jour gagner ma vie »), trouva un poste de professeur d'histoire et de géographie au lycée français d'Héliopolis, dans la banlieue du Caire. A la fin du premier mois, il ne put se résoudre à aller toucher son traitement et le proviseur dut le menacer des foudres administratives pour qu'il se résignât à demander son chèque. Il n'était vraiment pas équipé pour le commerce de l'argent. L'année suivante, il entrait comme professeur de littérature au lycée français du Caire, se liait étroitement à la Délégation de la France libre et, sur le conseil de Georges Gorse, se lançait dans une série d'émissions radiophoniques à destination des marins français neutralisés en rade d'Alexandrie. (Beaucoup rallièrent de Gaulle ; Henri Curiel organisa leur accueil, ce qui conduirait certain de ses détracteurs à écrire, quarante ans plus tard, qu'il avait en Egypte monté son « premier réseau de déserteurs ».) Le succès radiophonique de Raoul — sa voix grave et chaleureuse faisait merveille — conduisit Gorse à refuser son engagement dans les Forces françaises libres. Il espéra tourner l'interdiction lorsque l'avance de Rommel le mit dans le train pour la Palestine mais le consul français de Jérusalem prit la précaution de demander par télégramme l'accord du quartier général gaulliste, à Londres, et reçut une sèche réponse négative rappelant la nationalité italienne du candidat... Rentré au Caire déçu et furieux, il ne put convaincre son ami Gorse d'intervenir pour faire lever l'interdit et se retrouva dans un avion pour Brazzaville, capitale de la France libre, où l'on avait besoin d'un bon speaker pour la radio gaulliste. La Sûreté française, étonnée de voir débarquer un ressortissant ennemi, ne renonça à l'interner que sur les instances du gouverneur Eboué. Raoul se lia d'amitié avec Félix Eboué, donna des leçons de philosophie à sa fille, qui deviendrait la première épouse du futur président Senghor, mais Brazzaville allait être surtout le lieu de sa rencontre avec l'éminent archéologue Daniel Schlumberger, directeur adjoint de la radio, à qui il devrait l'orientation décisive de sa vie. A part une brève escale en 1944, on ne reverrait plus jamais Raoul à Zamalek.

Si les parents de Rosette n'appréciaient guère l'engagement politique de leur fille, c'était surtout son dévergondage qui leur navrait le cœur. La communauté juive imposait à ses filles un rigoureux code de conduite dans l'objectif de les faire aboutir au mariage avec une réputation de virginité ; les écarts inévitables s'enveloppaient d'hypocrisie. Lorsqu'ils devinrent amants, deux ans après s'être rencontrés, Henri et Rosette ne se soucièrent pas de respecter les convenances et les parents de Rosette, effarés de la voir rentrer à des heures indues, l'accablèrent de récriminations et d'exhortations au mariage. Lassée, elle frappa un grand coup en quittant le domicile familial pour s'installer dans une chambre meublée. C'était en 1940 : elle avait vingt-six ans. Le scandale fut énorme. Jamais une jeune fille juive du Caire n'avait agi de la sorte. Et les malheureux parents burent le calice jusqu'à la lie lorsque les concubins emménagèrent carrément en plein ciel, comme s'ils voulaient narguer du haut de leur treizième étage les bonnes mœurs et l'honnête décence. Rosette et Henri tenaient le mariage pour une institution bourgeoise d'un ridicule achevé.

Ils se marièrent le 28 février 1943, bénis par le grand rabbin du Caire qui honora de sa présence la fastueuse réception donnée dans les jardins de Zamalek. Henri, au terme d'un cheminement resté obscur, avait décidé que le mariage, quoique désuet, présentait un intérêt politique. Il est probable que le réel chagrin des parents de Rosette joua son rôle, et aussi le souhait souvent exprimé par Daniel Curiel d'avoir un petit-fils (hélas, sa bru ne pouvait pas avoir d'enfants).

Ce fut une triste journée pour maintes jeunes personnes. A écouter aujourd'hui les commentaires des belles amies d'Henri, à constater leur étonnante alacrité, intacte après quarante ans, il est facile d'imaginer les apartés perfides tenus derrière les massifs de fleurs de Zamalek. Détail significatif : chacune se rappelle, pour en faire des gorges chaudes, qu'Henri arriva en retard à la cérémonie ; c'était bien la preuve qu'il se résignait mal à s'être laissé prendre dans les rets de Rosette. Les commentaires des bonnes amies se résumaient en deux phrases : « Mais qu'est-ce qu'il lui trouve ? » et « Ça ne durera pas. » Le temps allait démontrer qu'Henri avait trouvé un être dont l'amour était sans faille ; et cela dura.

Il avait fait attendre le grand rabbin parce qu'il avait un rendez-vous important. L'essentiel de ses journées était consacré à rencontrer des gens, à convaincre, à recruter. Il avait le projet de créer un mouvement politique — non plus un club de discussions ou un cercle d'études : une organisation structurée pour l'action.

Beaucoup plus tard, au soir de sa vie, il dira que sa décision de se vouer à la militance datait du 22 juin 1941. Il revenait en train de la campagne et lisait un ouvrage sur l'éducation en Union soviétique. Lutte contre l'analphabétisme, formation ex nihilo d'une masse d'ingénieurs et de techniciens, ouverture à la culture d'un peuple arriéré : le bilan soviétique était impressionnant, incontestable, et chaque page du livre était à la dramatique réalité égyptienne comme le jour à la nuit. En descendant du train, Henri Curiel trouva la gare du Caire enfiévrée d'une nouvelle sensationnelle : l'Allemagne nazie avait envahi l'Union soviétique et sa radio diffusait déjà des communiqués spéciaux annonçant une victoire sans précédent.

Il dira encore à Jean et Simonne Lacouture : « Le communisme est né en Egypte du canon de Stalingrad. » Pour qui a vécu, même enfant, cette période en France occupée, et dont les yeux se sont mouillés quand Bir Hakeim tint seize jours devant Rommel, et dont le cœur s'emballa lorsque Montgomery rompit l'Afrika Korps à El Alamein parce que c'était, après tant et tant de raclées mémorables, replis stratégiques, évacuations provisoires, la première vraie victoire sur Hitler (il n'avait pas réussi à mettre Londres à genoux ni à s'emparer de Moscou, mais nulle part encore ses soldats n'avaient eu aux reins l'aigre sueur de la déroute et de la peur), pour celui-là et sans doute pour beaucoup d'autres, l'impression demeure — peut-être exagérée — que la victoire britannique fut accueillie avec sobriété par les étrangers d'Egypte. S'étaient-ils déjà identifiés au peuple égyptien au point qu'elle restait un succès anglais, donc ambigu, alors que la vie de la plupart et les biens de tous en dépendaient ? On ne peut le croire. Mais le fait est là : même pour ceux dont l'inclination vers le communisme n'était qu'amorcée, sinon nulle, le lointain canon de Stalingrad étouffa le fracas tout proche de celui d'El Alamein. C'est qu'il n'annonçait pas seulement une victoire : il révélait un pays.

En 1932, Joseph Hazan a quinze ans et prépare la première partie du baccalauréat. Il fait figure d'oiseau rare car ses parents l'ont mis au lycée arabe. Un jour, son oncle exhibe sa montre en or. Joseph s'étonne : le métal est blanc. L'oncle précise : « C'est de l'or blanc moscovite. » Joseph demande naïvement ce que signifie « moscovite ». L'oncle, à son tour stupéfait, découvre que le futur bachelier ignore l'existence de Moscou. Sur les cartes de son manuel de géographie, l'Union soviétique est représentée par une grande tache blanche, sans indication d'aucune sorte, ni de ville ni de fleuve, telles les *terrae incognitae* d'antan. « L'URSS était un non-pays, dit-il. Elle ne devait même pas être nommée. C'était magique. »

Ce qu'on en disait, lorsqu'on en parlait, était d'un niveau d'absurdité inégalable, même de nos jours. Articles de presse et conférences décrivaient un pays au bord de l'effondrement, ruiné par une politique économique aberrante, en régression accélérée, mais aussi — et cela constituait une note originale, typiquement égyp-

121

tienne, dans le concert antisoviétique — une société livrée à la débauche, avec une caste dirigeante consacrant son énergie à l'invention de perversions toujours plus bizarres et des masses oubliant leurs malheurs quotidiens dans des orgies sexuelles absolument bestiales. La prude Egypte s'effarait de ces descriptions fantastiques ; rares étaient ceux que venait effleurer le doute. Pour la quasi-totalité du peuple et l'immense majorité de la bourgeoisie, grande ou petite, les deux villes à inscrire en priorité sur les cartes blanches de l'Union soviétique étaient Sodome et Gomorrhe ; lorsque Hitler déchaîna la guerre éclair à l'est, nul ne douta que le feu purificateur allait consumer la bauge communiste.

Les premiers mois semblèrent le confirmer. L'échec devant Moscou ne modifia pas le pronostic : c'était le général Hiver qui sauvait la ville rouge. Stalingrad changea tout. Un pays ravagé par l'invasion, ses principaux centres industriels occupés, avait mobilisé des ressources économiques suffisantes pour tenir le choc face à une Allemagne pour laquelle travaillaient les usines de l'Europe occupée. Un peuple rassemblé, galvanisé, avait au terme d'un bras de fer d'une violence inouïe, fait plier le colosse nazi. Ce pays et ce peuple ne pouvaient pas ressembler à leurs grotesques caricatures.

La révélation fut d'autant plus bouleversante qu'inattendue. Elle rendrait compte de l'attitude égyptienne vis-à-vis de l'URSS bien au-delà des années de guerre. « L'impérialisme, dit Joseph Hazan, a payé très cher le fait de nous avoir caché l'Union soviétique. »

En 1940, Chehata Haroun, étudiant à la faculté de droit, est renvoyé de l'Université pour un mois. Assistant à une manifestation de jeunes pour l'indépendance, il avait vu les policiers matraquer l'un de ses camarades et s'était élancé à son secours. Lors de l'enquête subséquente, il assiste à l'interrogatoire de l'étudiant brutalisé. « Es-tu wafdiste ? » lui demande-t-on. Le garçon répond : « Non, je suis communiste. » Chehata, vingt ans, fréquentant des milieux présumés éclairés, disposant de sources d'information nombreuses, entend pour la première fois prononcer le mot « communiste ».

1er mai 1946. Pour Joseph Hazan, le défilé traditionnel se termine au commissariat. Il y retrouve l'ordinaire contingent de petits mendiants et de ramasseurs de mégots raflés par la police. Un petit voyou haut comme trois pommes proteste contre son arrestation. Un policier lui balance une lourde claque sur la nuque — geste aussi humiliant en Egypte qu'un coup de pied au cul chez nous. Le gamin se retourne et lance au flic : « Demain, quand le moustachu sera là, tu verras qui claquera l'autre ! » Il est analphabète, n'a jamais vu un film soviétique, mais connaît la moustache de Staline.

122

Avant Stalingrad, les rares communistes d'Egypte sont perçus comme les tenants d'une secte étrange qui serait très inquiétante si elle n'était absolument dépourvue d'avenir. Après Stalingrad, ils sont adossés au formidable prestige de l'Armée rouge et constituent l'avant-garde égyptienne d'un mouvement communiste dont la poussée s'annonce irrésistible. Churchill, dans ses Mémoires — et pour le déplorer, bien sûr : « Le communisme dressait la tête derrière le front soviétique, tout grondant du tonnerre des canons : la Russie devenait la rédemptrice et le communisme, l'évangile qu'elle apportait. »

L'heure est à l'action.

Il tenait en général ses assises chez *Groppi,* salon de thé célèbre dans tout le bassin méditerranéen, ou au bar *Big Ben,* rue Soliman Pacha. C'est peu de dire qu'il n'enthousiasmait pas du premier coup ses interlocuteurs. Physiquement, il surprenait par son incroyable maigreur de fakir, sa chemisette à manches courtes, son short ridicule et ses spartiates. A la simplicité ostentatoire de la mise s'opposait un comportement complexe, avec des allusions énigmatiques et des sous-entendus mystérieux. La plupart des jeunes gens venus chercher la bonne parole repartaient avec le sentiment désagréable d'avoir rencontré un homme peu franc du collier qui se racontait des histoires en espérant faire croire à son personnage.

Hillel Schwartz le rencontre à l'âge de dix-sept ans, tout plein d'un enthousiasme marxiste pêché dans le manuel de Cuvilliers : « Une de mes cousines, sachant que je cherchais des communistes, m'a dit qu'elle pouvait me faire rencontrer le représentant du Komintern en Egypte. J'étais jeune et inexpérimenté mais j'ai quand même été surpris d'apprendre que le nom du représentant de la Troisième internationale courait dans la bonne société du Caire. Bref, j'ai sollicité une rencontre et je me suis retrouvé en face d'Henri Curiel. Il n'était évidemment pas le représentant du Komintern et je suis sûr qu'il n'avait pas lancé la rumeur — ce n'était pas son genre. Mais il ne l'avait pas démentie — et cela, c'était son genre. »

Joseph Hazan : « Il m'avait donné rendez-vous au *Big Ben,* un bar très chic. J'ai vu un type très grand, très maigre, recroquevillé sur lui-même comme un faucheux. Il avait un premier abord glacial. Moi, c'est le contraire. Après, j'ai compris qu'il était surtout très timide. On a parlé. J'ai été choqué par certaines de ses idées, surtout à propos de la réforme agraire. J'étais un agronome diplômé de Grignon et je trouvais un peu étonnant qu'il m'assène ses certitudes comme s'il connaissait quoi que ce soit au problème. Il voulait morceler la terre au maximum, avec des propriétés descendant jusqu'au quart d'hectare, pour que le paysan se sente partie prenante. Hérésie ! Je voyais large, avec tous les spécialistes. Il avait raison, bien sûr : la terre égyptienne est cultivée à la main, comme un jardin. Pas question d'y créer des kolkhozes. Mais je suis reparti très déçu. Il faut dire que pendant tout notre entretien, j'ai eu l'impression qu'il voulait jouer au grand chef clandestin, au personnage mystérieux qui tire les ficelles. J'avais dû me retenir pour ne pas rigoler. Un premier contact exécrable. »

Il aurait toujours cette faiblesse de se présenter aux jeunes recrues enveloppé de mystère et en laissant entendre que de lourds secrets l'habitaient (c'était aussi le péché mignon de Pointet) : compensation probable à une existence monotone, réglée comme papier à musique. Et s'il est vrai qu'à la fin ses mains actionnaient plus d'une ficelle, ce n'était certes pas le cas au Caire en 1943. Agent du Komintern, il l'eût été sans aucun doute s'il était né dix ans plus tôt, mais c'est précisément en 1943 que Staline dissout l'Internationale... Faute de Komintern, restait la représentation soviétique officielle en Egypte, assurément moins prestigieuse pour un jeune bourgeois sensible au romanesque mais dont le soutien pouvait faciliter grandement la création d'un mouvement communiste.

Là encore, le premier contact fut raté. Jusqu'en 1942, l'Egypte n'avait aucune relation diplomatique avec l'URSS — ce non-pays — mais le gouvernement wafdiste installé par les tanks britanniques ne pouvait éviter de reconnaître l'alliée de l'Angleterre. Au grand émoi d'Henri, l'ambassade soviétique s'installa juste en face de la villa de ses parents. Impatient d'entrer en relations mais trop intimidé pour le faire lui-même, il dépêcha Rosette avec mission de souhaiter la bienvenue aux camarades soviétiques et de les assurer que s'ils avaient besoin de quoi que ce soit, des sympathisants dévoués étaient à leur disposition de l'autre côté de la rue. Rosette délivra son message mais se fit sèchement rabrouer. On imagine la tête des camarades soviétiques en voyant sortir de la villa Curiel, qui devait représenter pour eux le prototype de l'antre capitaliste, une pimpante jeune personne venue leur proposer ses services. Pour qui a fréquenté tant soit peu cette rude génération stalinienne, nul doute que le nom de Curiel fut aussitôt inscrit sur la liste des agents provocateurs de l'Intelligence Service.

Rosette retourna cependant à l'ambassade, et le portier lui en ouvrit cette fois la porte, non pas en sa qualité de trésorière du

« Fonds d'aide à la Russie de Madame Winston Churchill » (association distinguée à laquelle elle avait adhéré en grinçant des dents : « Russie » fleurait bon son tsarisme) mais en tant qu'émissaire officiel de la Délégation française. Georges Gorse avait décidé de célébrer l'amitié franco-soviétique en organisant une soirée de gala pour la première projection d'un film soviétique en Egypte. Une seconde occasion de prendre langue fut le passage au Caire de pilotes français en route pour l'Union soviétique où ils serviraient dans l'escadrille Normandie-Niemen. Comme Joséphine Baker était aussi au Caire, la Délégation donna, dans le plus grand cabaret de la ville, une brillante soirée en l'honneur de Normandie-Niemen. Rosette s'était occupée de la partie Niemen. Et Maurice Couve de Murville, qui connaissait son engagement politique, de commenter plus tard en souriant : « Mme Curiel entre à l'ambassade soviétique comme chez elle. »

Henri s'y rendit trois fois grâce au Rond-Point. Une librairie créée en pleine guerre au Caire pour la diffusion de la pensée marxiste devait trouver à Moscou une source d'approvisionnement privilégiée tant du point de vue idéologique que géographique. Ouvertes par le Rond-Point dans l'enthousiasme, les tractations débouchèrent sur une sévère déconvenue : l'Armée rouge était à l'évidence plus efficace que les services commerciaux soviétiques. Commandes perdues en route, livraisons indéfiniment différées, erreurs constantes sur la marchandise — rien ne fut épargné aux Curiel (Henri se désolait du manque à gagner idéologique ; Daniel, son père, s'effarait d'un déficit considérable qu'il devait éponger de sa poche). Un épisode particulièrement pénible concerna une grosse commande de dictionnaires russe-arabe. Au lieu des ouvrages permettant au peuple égyptien d'accéder à la langue de la patrie du socialisme, Henri et Rosette ouvrirent avec consternation des colis contenant des centaines de dictionnaires russe-allemand. Dans le contexte politico-stratégique, l'erreur était malvenue. Henri, reçu à l'ambassade pour de légitimes représentations, rencontra, non pas l'ambassadeur, Daniel Solod, mais le secrétaire d'ambassade Abdel Rahman Sultanov, originaire d'une république socialiste musulmane. Sultanov devant être identifié par la suite comme un responsable important des services soviétiques, les futurs détracteurs d'Henri Curiel dateraient de cette rencontre son enrôlement dans le NKVD, ancêtre du KGB.

Au témoignage d'Henri Curiel lui-même, l'entrevue fut décevante. L'affaire des dictionnaires n'était qu'un prétexte : il comptait procéder à un large tour d'horizon avec Sultanov et lui confier ses projets politiques. La démarche, pour un communiste de l'époque, était des plus normales. Mais le conseiller commença par lui déclarer que l'Union soviétique n'entendait mener aucune activité en Egypte, pays dont elle ignorait tout. Henri Curiel s'efforça d'exposer brièvement ce que ses amis et lui-même pensaient de la situation et des perspectives d'avenir. Il sut qu'il n'avait pas été convaincant en lisant, peu de temps après, un article de Sultanov publié par une revue moscovite dans lequel le conseiller notait l'inexistence de communistes en Egypte. La deuxième rencontre ne fut pas plus fraternelle. A la troisième, Sultanov déclara tout de go son souhait de voir le Rond-Point renoncer à la diffusion de livres soviétiques car la réputation progressiste de la librairie risquait de compromettre l'ambassade. Abasourdi, Henri Curiel rentra chez lui et rédigea une note indignée rappelant les mécomptes du Rond-Point, les sacrifices consentis, les résultats obtenus, et avertissant Sultanov qu'il ne trouverait pas au Caire une librairie « bourgeoise » se dévouant pour la bonne cause dans des conditions aussi ingrates. L'incident n'eut pas de suite mais il mit un terme aux relations avec l'ambassade. Henri Curiel devait le déplorer bien souvent. Il était prêt à fournir aux Soviétiques toutes les informations dont il disposait, sur tous les plans, sans réticence d'aucune sorte. La prudence de l'ambassade relevait à son sentiment d'une pusillanimité excessive. Bien sûr, l'Union soviétique, trop heureuse de voir s'entrouvrir à la faveur de la guerre la porte de l'Egypte, souhaitait se faire aussi discrète que possible pour ne pas effaroucher l'opinion publique (au même moment, à Alexandrie, des jeunes communistes tiraient avec enthousiasme la sonnette du consulat soviétique et se voyaient pareillement éconduire). Et Sultanov, s'il ignorait l'Egypte, connaissait au moins le dossier du défunt parti communiste égyptien, sa pénétration par la police, et l'énigme non résolue de l'escamotage définitif de plusieurs agents du Komintern. Dans un environnement aussi problématique, la règle des services soviétiques — de tout service — est de tenir pour suspectes les offres d'assistance se manifestant comme par génération spontanée, et de ne jamais recruter sur candidature. Si les conditions avaient été différentes, et si Sultanov, ayant sondé Henri Curiel, avait détecté en lui son évidente aptitude à devenir un agent de haut vol, nul doute que son offre eût été acceptée sans hésitation.

Le fait est que, dans l'instant, Henri Curiel n'envisagea même pas pareille hypothèse. Il avait cru que ses informations sur la situation politique égyptienne seraient de nature à éclairer les nouveaux venus soviétiques. Il espérait surtout recevoir avis, conseils et soutien dans l'objectif ambitieux qu'il s'était fixé : la création d'une organisation communiste.

Abdel Rahman Sultanov le laissait à sa solitude.

Mouvement égyptien de libération nationale (MELN).

« Mouvement » par modestie et réalisme. Avant la dissolution toute récente de la Troisième internationale, il suffisait à cinquante communistes d'un pays quelconque de témoigner d'un minimum de sérieux et d'accepter les fameuses thèses léninistes pour être reconnus comme « le Parti ». Celui-ci devenait une section de l'Internationale, appliquait la tactique et la stratégie définies par le Komintern, recevait conseils ou réprimandes, accueillait des conseillers plus ou moins occultes venus mettre à son service leur expérience révolutionnaire. Cette procédure était terminée. Il faudrait inventer, tâtonner, expérimenter. On était donc en mouvement vers un parti communiste mais ce parti ne naîtrait qu'au terme de ce qu'Henri Curiel appelait une « période utérine », après un long et âpre travail sur moi-même accompli par étapes. Dans le vide laissé par la disparition du Komintern, il ne suffisait plus de créer un parti : il fallait l'édifier.

« Egyptien » allait de soi. Le premier parti était mort en 1924 de n'avoir pas pu sortir du ghetto des « étrangers ». Le choix du mot avait sans doute valeur incantatoire puisque les fondateurs, Curiel en tête, appartenaient eux aussi aux communautés étrangères. Il indiquait au moins la volonté d'égyptianiser à outrance.

« Communiste » eut été concevable. Ce fut l'objet d'un long débat. On y renonça pour trois raisons. La sécurité conseillait l'abstention puisque le communisme était en Egypte hors-la-loi. L'efficacité souffrirait d'une étiquette qui, selon une propagande effrénée, recouvrait vices et dépravations sexuels. Le réalisme commandait de ne point user d'un terme qui, même sans l'adjonction de « parti » risquait de faire croire aux masses qu'une avant-garde était prête à conduire la lutte de classe.

« Libération nationale » constituait l'apport original d'Henri Curiel, son idée-force, la seule certitude de ce néophyte nageant dans un océan de doute car la seule qui fût née d'une expérience. Il avait mesuré le sentiment d'humiliation nationale éprouvé par tous les Egyptiens lors du diktat imposé au roi Farouk sous la menace des canons anglais. Il était au Caire, contrairement à beaucoup d'autres, quand des milliers de manifestants avaient scandé dans la rue le nom de Rommel. Il n'avait pas oublié ses compagnons de détention de Zeitoun prêts à marcher avec Adolf Hitler contre Winston Churchill. L'aspiration à l'indépendance constituait le plus grand dénominateur commun. Refuser d'en prendre acte serait politiquement suicidaire. Epouser la vague permettrait au contraire de naturaliser une doctrine et des militants perçus comme étrangers. Aux accusations d'opportunisme qui ne tarderaient pas à s'élever, à ceux qui lui reprocheraient de dissoudre le front de classe dans un amalgame nationaliste où les communistes allaient se retrouver compromis aux côtés de la grande bourgeoisie wafdiste, Curiel répondrait par la formule de Lénine : « Impérialisme, stade suprême du capitalisme. » La lutte anticapitaliste passait en Egypte, pays sous dépendance, par le combat contre l'impérialisme.

Le programme social du MELN suffisait d'ailleurs à le démarquer sans équivoque des formations nationalistes bourgeoises. Avec un sens inné de la formule simplificatrice sans être réductrice, Henri Curiel avait défini en trois mots le mal égyptien : « Pauvreté, maladie, ignorance. » Ces trois fléaux n'étaient pas inéluctables. Le capitalisme ne pouvait les supprimer parce que fondé sur l'injustice et incapable de libérer les forces productives nécessaires à leur liquidation. Le socialisme ouvrait la seule voie efficace, comme l'avait prouvé l'Union soviétique où, en vingt ans, des progrès inouïs avaient été accomplis dans la lutte contre la pauvreté, la maladie et l'ignorance.

Paradoxalement, la définition du programme politique donna beaucoup moins de peine que la mise au point des structures internes du mouvement et de ses règles de fonctionnement. Il suffisait de regarder l'Egypte pour répondre à la question : « Que faire ? » La rédaction des statuts fut plus ardue. Une chose était de se réunir à la terrasse de *Groppi* ou dans le salon paternel pour discuter marxisme ; une autre de construire une organisation clandestine efficace. Les vieux communistes « historiques » fichés par la police, maintes fois incarcérés, devaient-ils être tenus à l'écart dans un souci de prudence ? Suffirait-il de faire acte de candidature pour être intégré ou une mise à l'épreuve serait-elle imposée aux futurs adhérents ? Comment concilier démocratie interne et sécurité ? Quel processus adopter pour la sélection des cadres du mouvement ? Où trouver l'argent, les imprimeries, le papier nécessaire à la propagande ? Quelle démarche suivre pour réaliser l'indispensable égyptianisation ?

Chacun eut loisir de prendre la mesure de son inexpérience.

Mais le MELN finit par exister, avec statuts, règles de sécurité, comité central, bureau politique — et quelques centaines de militants presque tous issus des milieux étrangers.

Trois mois plus tard, en octobre 1943, Henri Curiel organisait dans la propriété familiale de Mansourieh la première école de cadres. Elle réunissait une vingtaine de stagiaires, tous égyptiens.

128

Fouad Habachi, gros, grand, taillé à coups de serpe, mal fringué, placide et serein mais sous-tendu par une volonté attestée par sa biographie militante (dix ans de bagne politique). Il parle lentement, comme s'il pesait chaque mot :

« Je suis né le 11 mars 1920 à Zifta, en Basse-Egypte. Mon père était tailleur. Ma mère possédait cinq feddans [deux hectares]. C'était beaucoup plus que la majorité des gens mais nous étions onze enfants. Nous n'avions ni l'eau ni l'électricité. Le cinquième enfant faisait le porteur d'eau. Chez nous, à Zifta, c'était mouvementé. Il y avait toujours des manifestations contre les Anglais. Mon père était né au moment de la révolte d'Orabi Pacha, à la fin du siècle dernier. Il nous parlait souvent d'Orabi.

« On cultivait le coton. Dans chaque village, il y avait deux ou trois commerçants qui achetaient toute la récolte. C'était le vol organisé. On volait le paysan en déqualifiant son coton, en le plaçant en catégorie inférieure. Un seul propriétaire foncier possédait pratique-ment toute la région. Il avait sa police privée. Comme tous ses collègues, il interdisait la construction d'écoles dans les villages. Même le gouverneur de la province était à sa botte. Quand le propriétaire faisait sa tournée à cheval, entouré de ses gardes du corps, si tu étais à âne, tu descendais, si tu étais assis, tu te levais. Quand il serrait la main du maire d'un village, on lui apportait aussitôt de l'eau pour qu'il se nettoie la main. En 1930, à Zifta, il y avait de vrais esclaves.

« Tout le monde ou presque allait pieds nus. Mon seul vêtement était une gallabieh bleue de madrapolam et une calotte. Les maisons étaient en terre, avec les bêtes dormant à l'intérieur. Pas de soleil, pas de lumière. Une vermine incroyable : poux, moustiques, cafards... On s'éclairait avec une lampe à pétrole sans verre ; seuls les riches pouvaient mettre un verre. Mais pour le logement, on n'était pas les plus malheureux, loin de là. Certains allaient sur la colline, creusaient un trou, mettaient une planche par-dessus, et c'était leur maison. On mangeait du pain de maïs, ou maïs et orge, et un fromage très fait, le mish. Pas de légumes. La viande était réservée aux grandes fêtes. C'était la sous-alimentation. On buvait dans la grande jarre, le zir, l'eau que le frère allait prendre au canal. Pour décanter l'eau, on passait des noyaux d'abricot sur les parois à l'intérieur de la jarre. La bilharziose faisait des ravages incroyables. Beaucoup mouraient très jeunes de sous-alimentation et de bilharziose. Attention : ce n'était pas la famine, mais une sous-alimentation qui t'affaiblissait. J'ai vu

129

une seule épidémie de malaria tuer plus de dix mille personnes. Les soins sanitaires n'existaient pas. On était laissé à soi-même. J'ai vu mon instituteur mourir d'appendicite.

« Mon père m'a poussé aux études. Je suis devenu ouvrier qualifié. En 1937 — j'avais dix-sept ans — le journal a annoncé que l'armée de l'Air ouvrait une école de mécaniciens. Je me suis présenté au concours. Il y avait entre huit et neuf mille candidats pour quatre-vingt-quinze places. J'ai été reçu. Tout de suite, la déception : on nous a obligés à mettre des uniformes dégueulasses, des vraies guenilles.

« Les Anglais tenaient l'école. Le directeur officiel était un général égyptien mais le vrai patron était un simple sous-officier anglais. Il touchait quarante-cinq livres, autant que le général égyptien. Nous, on touchait une livre. Après le diplôme : trois livres. Maximum en fin de carrière : six livres. La nourriture était si dégueulasse qu'on s'est mis en grève. Cinq élèves ont été renvoyés.

« Les études n'ont duré qu'un an : la guerre approchait. On a été envoyés en escadrille, toujours avec des instructeurs anglais. C'était censé être l'aviation égyptienne mais les Anglais contrôlaient tout puisqu'il fallait passer par eux pour avoir des pièces détachées. Les pilotes sortaient tous de grandes familles riches. Pour nous, les humiliations sans arrêt. Une fois, le chien de notre sergent anglais est mort. Il l'a mis dans un cercueil ouvragé, tapissé de feutre, et on a dû suivre en cortège son enterrement. Les gars étaient furieux.

« Beaucoup de ces pilotes sont devenus pronazis au moment de la guerre. On ne peut pas dire qu'ils avaient vraiment réfléchi à la chose. Plus tard, quand ils ont su que j'étais communiste, toute une bande est venue me voir pour me demander de leur parler du programme du MELN. Ils ont eu l'air très intéressé et, à la fin, ils m'ont dit : " Tout ça nous paraît très bien. Voilà ce qu'on vous propose : on prend des choses dans votre programme, des choses dans *Mein Kampf*, et on travaille ensemble. " Ce n'était pas des gens qui passaient beaucoup de temps à réfléchir. Mais ça, c'est seulement à la fin de la guerre.

« Il y a eu des problèmes sérieux avec eux. Saudi s'est envolé pour porter des renseignements à Rommel et on a su qu'il avait été abattu. Radouane, un autre officier pilote, a essayé lui aussi de passer chez les Allemands, mais il a été obligé de faire demi-tour et il a été condamné à quinze ans de prison. Un troisième avion s'est écrasé dans le désert avec le chef d'état-major égyptien à bord : eux aussi, ils voulaient passer du côté allemand. C'est pour dire l'ambiance.

« Chez nous, les mécanos, les problèmes étaient différents. Les Anglais s'y entendaient pour nous dresser les uns contre les autres en jouant sur les différences de solde, les primes, etc. Saïd Soliman Rifaï, mécano comme moi à cette base d'Helouan, avait déjà rencontré Henri Curiel. Lui et un autre dont je ne dirai pas le nom ont lancé le slogan : " Solde égale entre Egyptiens ". On a commencé à s'organiser, à faire des réunions secrètes à l'intérieur de chaque escadrille. Après, on a désigné un comité de direction de cinquante-deux membres — deux par escadrille — et le comité a élu un secrétariat permanent de onze membres. J'ai été élu premier secrétaire. A ce moment-là, Saïd Soliman Rifaï m'a dit qu'il était communiste.

« Comme aucune de nos revendications n'aboutissait, on a décidé de faire une grève illimitée qui serait le refus de toucher les soldes. C'était une décision très grave. On m'a dit qu'il fallait que je rencontre Henri Curiel.

« On s'est parlé dans sa voiture. Ce qui m'a tout de suite frappé, c'est son mauvais arabe. Ecoutez-moi bien : si cet homme-là avait été un Egyptien parlant arabe, la carte du Moyen-Orient aurait été changée. Il m'a écouté avec attention, il a réfléchi et il m'a dit : " En tant que militaires, vous êtes dans la gueule du loup, sans réserve d'argent pour tenir et avec la menace du conseil de guerre. Une grève illimitée, à mon avis, finira mal. Vous devriez refuser d'encaisser la somme pendant les trois jours qui suivront la date de paiement. Pas plus de trois jours. Les autorités sauront que vous êtes organisés et ça devrait suffire à les faire reculer ".

« Je suis rentré et j'ai fait le tour des escadrilles pour expliquer le coup. Partout, j'ai été contré par des extrémistes qui m'accusaient de reculer. Ils ont été les plus forts. On est donc partis en grève illimitée avec occupation des ateliers jusqu'à six heures de l'après-midi.

« Le premier jour du paiement de la solde, refus de tout le monde. Pas de problème. Le deuxième jour, on a essayé de nous raisonner. Aucun résultat. Le troisième jour, le commandant de la base a fait défiler les gars en proposant à chacun sa solde : " Tu prends ou tu prends pas ? " Celui qui refusait partait directement en prison. Un copain a répondu : " Discutons. " — " D'accord. " Le copain a exposé nos revendications. " C'est tout ? a demandé le commandant. Tu peux encaisser : je suis d'accord. " J'ai immédiatement fait passer le mot pour qu'on cesse la grève. On avait gagné. Après, on a découvert que tous les extrémistes étaient des provocateurs, des flics du palais royal. J'ai été très frappé de voir à quel point Curiel avait eu raison. Moi, au fond, je n'étais pas très fixé. Mais sa ligne était juste : trois jours avaient suffi pour faire reculer les autorités et obtenir satisfaction.

« Après, Henri m'a fait venir à l'école de cadres, qui reste pour moi quelque chose d'inoubliable. C'était comme une seconde naissance. »

Saïd Soliman Rifaï, dit Badr (en arabe, « croissant de lune »), lui aussi grand et fort, lunettes à monture d'écaille, cheveux et moustache poivre et sel, pull à col roulé beige et grosse veste de cuir, l'allure d'un bolchevik d'image d'Epinal.

« Je suis né en 1919 dans un village près de Zifta. Mon père avait hérité de ses parents un quart de feddan. Il était paysan mais il est parti au service militaire. A l'époque, c'était la catastrophe. Des jeunes gens se mutilaient pour échapper à la conscription. Il est resté cinq ans au Soudan. Il est devenu tireur d'élite, sous-officier, et finalement il est passé dans la police comme instructeur de tir des gardes champêtres surveillant les champs la nuit. Il gagnait six livres par mois ; un garde champêtre en gagnait une. Malgré cela, il est toujours resté du côté du peuple, avec une haine farouche pour les féodaux. Il était patriote mais se méfiait de tous les partis, même du Wafd. J'en ai été influencé.

« J'étais l'aîné de sept enfants et j'ai eu la chance de faire des études. Dans notre village de quatre mille habitants, il n'y avait chaque année que deux ou trois enfants qui entraient à l'école. La sélection était impitoyable. Ensuite, j'ai étudié cinq ans pour devenir mécanicien auto. La discipline était très dure. On nous brimait. J'ai été temporairement renvoyé pour avoir participé à une manifestation pour l'indépendance. La police avait tiré. Il y avait eu des morts. A dix-neuf ans, j'étais nationaliste convaincu. Et je lisais énormément — Victor Hugo, Alexandre Dumas —, je lisais le jour et la nuit. Mon père me grondait : " Laisse tes livres et viens manger ! " Mais aucun livre politique. Et surtout pas communiste. On m'avait toujours dit que les communistes étaient contre la religion. Le premier livre politique que j'ai lu était de la propagande anticommuniste. J'y ai découvert que les communistes avaient exproprié les grands propriétaires. J'ai pensé : " Il faudrait garder ça, qui est bon, qui est juste, et rejeter le côté antireligieux. "

« J'ai eu mon diplôme en 1939 et j'ai demandé à mon père d'entrer dans une école formant des officiers de marine marchande. Une école privée, payante. Mes parents se sont saignés aux quatre veines. Et c'était une escroquerie, cette école-là. Le diplôme n'avait aucune valeur. Le jour où j'ai dû l'avouer à mon pauvre père reste l'un des pires souvenirs de ma vie. J'ai fait des démarches pour embarquer comme radio sur un bateau mais la guerre a éclaté et je me suis retrouvé bloqué.

« L'armée de l'Air recrutait. Je me suis présenté. On nous a promis que nous recevrions une formation de pilote ou de photographe aérien. J'ai signé pour cinq ans. Et on s'est tous retrouvés mécanos. Floués ! Trompés ! Voilà ce qui m'a mené au communisme. L'injustice insupportable.

« La première semaine, les instructeurs ont voulu nous faire faire l'exercice avec des fusils. On a lâché les fusils et on est retournés sous les tentes. Il y a eu une grève de la faim. Elle a été réprimée à coups de fouet.

« J'ai été en escadrille au Caire, sur *Gladiator*. Toujours enragé par l'injustice. Je rêvais de bombes, d'attentats. Les brimades étaient continuelles. Quand un copain m'a dit que des organisations s'occupaient de renverser le régime, j'ai sauté en l'air en criant : " Trouvemoi le moyen de les connaître ! " Mon premier contact s'est fait par hasard avec le groupe Pain et Liberté du poète Anouar Kamel. Plus tard, j'ai su que Georges Henein en faisait partie. C'était un groupe d'intellectuels. On m'a fixé un rendez-vous dans la campagne, près des Pyramides. Nous nous sommes retrouvés à une douzaine de personnes. Kamel est arrivé. Je le revois encore avec sa grande mèche noire qui lui tombait sur l'œil et son cigare au bec. Il nous a salués et a dit : " On va chanter l'hymne. " Comme ça, en plein désert, ils ont chanté un hymne commençant par " En avant, camarades, la vie, c'est la lutte ! " J'étais étonné. Et puis Kamel a fait un discours en agitant son cigare. Je l'ai trouvé creux.

« La fois suivante, le rendez-vous était dans une maison. J'ai retrouvé trois gars de l'armée de l'Air, et toujours Kamel. Il nous a fait un cours sur le matérialisme historique. Je n'y ai rien compris. Mais rien ! Les autres non plus, d'ailleurs. Je suis reparti totalement déprimé, découragé. J'étais convaincu d'être un bon à rien. Il n'y a pas eu de troisième rendez-vous parce que Kamel a été arrêté. Le groupe a dû se dissoudre. En tout cas, j'ai perdu le contact. C'était en 1942. J'essayais sans cesse de trouver des livres progressistes, des livres de philosophie. Je voulais arriver à comprendre. Mais il était presque impossible de trouver ces livres-là en arabe. Et je cherchais le contact. Un copain m'a dit : " Il y a un groupe qui se réunit à Zamalek. " J'y suis allé. Un palais magnifique. J'ai à peine osé entrer. Il y avait une dizaine de personnes qui discutaient. Ils ont parlé du monde entier pendant des heures sans mentionner une seule fois l'Egypte. Je n'y suis pas retourné.

« Ensuite, mon escadrille a été envoyée à Suez. J'étais dans un état épouvantable. Tout se mélangeait, le nationalisme et l'injustice, les vexations comme Egyptien et les brimades comme mécano. On nous faisait la vie si dure qu'un copain mécano est devenu complètement neurasthénique. Les officiers ont refusé de le laisser partir. Il s'est caché dans un hangar et il s'est jeté dans le four à métaux. L'odeur de la chair brûlée nous a alertés. Il ne restait que ses pieds : tout le reste était en cendres. Moi aussi, je me suis souvent dit que j'allais me suicider. A d'autres moments, j'avais envie de prendre un fusil et de tirer. Nous avions même formé un groupe pour liquider d'un coup l'état-major de l'armée de l'Air. Je suis sûr que ça aurait mal tourné si un copain ne m'avait pas dit un jour : " On a un contact. Un type très bien. " C'était Moussa Kazem, un employé de librairie. Il connaissait Henri Curiel. Il nous a parlé des trois plaies de l'Egypte : pauvreté, ignorance, maladie. Pour la première fois, j'ai eu l'impression d'être dans la réalité. On nous parlait de politique avec notre vie de tous les jours. Par la suite, Moussa Kazem m'a envoyé à une réunion où j'ai rencontré Henri Curiel. Rosette aussi était là. Et des Egyptiens. J'ai été surpris de trouver un type parlant si mal l'arabe. Il employait tout le temps le féminin au lieu du masculin, ou le contraire, ça prêtait à sourire. Et malgré cela, c'était la seule personne compréhensible de la réunion. Il exposait les choses simplement, clairement. J'avais l'impression qu'il disait ce que je ressentais sans savoir l'exprimer. Et tu le sentais près de toi, tête et cœur. Tu sentais le dévouement, le sérieux, l'humanité.

« J'ai été choisi pour l'école de cadres, où tout s'est éclairci. »

L'école de cadres d'octobre 1943 resta pour Henri Curiel l'épisode le plus exaltant et le plus émouvant de sa longue vie de militant. Jamais il ne devait retrouver pareil sentiment d'accomplissement. Il participerait par la suite à des actions d'une ampleur sans comparaison avec ce modeste rassemblement d'une vingtaine de stagiaires auxquels quelques moniteurs improvisés s'efforçaient de communiquer des rudiments de marxisme, mais aucune de ses initiatives politiques ne devait lui donner à ce point la certitude d'avoir fait œuvre utile.

L'école se tint dans la propriété de Mansourieh, à l'insu de Daniel Curiel. Henri, chargé par son père de la gestion du domaine, pouvait aller et venir sans éveiller la suspicion. Des mesures très strictes devaient préserver le secret des lieux. Les stagiaires furent amenés en voiture, de nuit, les yeux bandés. Les moniteurs n'arrivaient à leurs cours qu'après de longues randonnées à travers la campagne pour casser d'éventuelles filatures. Mais Badr, au cours d'un vol ultérieur sur *Gladiator*, crut reconnaître un pigeonnier familier. Il obtint du pilote un passage en rase-mottes et identifia, parmi les silhouettes au nez levé, l'un des gardiens de la propriété...

Les stagiaires étaient logés dans la grande maison, la ezba. Ils dormaient sur des nattes. La nourriture était frugale. Les cours commençaient au lever du soleil et finissaient à son coucher, avec la seule interruption du déjeuner et quelques pauses consacrées à des chants révolutionnaires. Les stagiaires, dont aucun ne parlait une langue étrangère, apprirent *la Marseillaise* en français mais l'événement choral fut la première interprétation en arabe, sur la terre égyptienne, de *l'Internationale* : l'un des moniteurs, Taher el-Masri en avait fait la traduction. Après le coucher du soleil, la soirée était consacrée à des discussions libres entre stagiaires et à la rédaction de résumés des cours entendus depuis le matin.

Les moniteurs étaient une demi-douzaine. Joe Matalon et David Nahum sortaient comme Henri Curiel de la communauté juive cairote. Taher el-Masri, Zaki Hachem et Ahmed el-Touni venaient de la bourgeoisie égyptienne. Chargés de transmettre un enseignement, ils avaient surtout conscience de leur insuffisance. Dès le premier jour, ils surent la partie gagnée.

Le cours initial était consacré aux trois fléaux de la société égyptienne. Quelques semaines auparavant, Henri Curiel avait fait une conférence sur la mortalité en Egypte à la Société royale d'économie politique, de statistique et de législation. Devant un brillant parterre, il avait pu brosser un tableau dramatique en s'appuyant sur les seules statistiques officielles (à la suite de sa conférence, le gouvernement cessa de publier lesdites statistiques). A la ezba, son auditoire n'avait pas la révélation d'une tragédie plus ou moins volontairement ignorée : il s'entendait décrire son enfance dans les villages ravagés par la sous-alimentation chronique, dévorés par la maladie, aveuglés et bâillonnés par l'ignorance. Mais le cours, enrichi de données géographiques, économiques, sociologiques, nourri de chiffres, rassemblait la diversité des destins particuliers pour un diagnostic global. Il faisait passer de la mosaïque du vécu individuel à la fresque d'un peuple tout entier. Le village natal où les parents continuaient de s'échiner et où les frères et sœurs restaient incarcérés parce qu'ils n'avaient pas eu, eux, la possibilité d'un minimum d'études — ce village, c'était l'Egypte.

Les cours suivants portaient sur l'évolution des sociétés et les classes sociales. Là encore, l'expérience individuelle trouvait dans l'analyse scientifique la plus élémentaire un foudroyant détonateur. La pauvreté, c'était le propriétaire féodal accapareur de terres qui exigeait souvent la moitié de la révolte pour fermage. L'ignorance, c'était encore le propriétaire féodal interdisant la construction de nouvelles écoles. La maladie, c'était le résultat des deux premiers fléaux mais encore le fait du féodal peu soucieux de voir s'installer sur ses domaines de jeunes médecins porteurs d'idées nouvelles. Et les stagiaires qui avaient quitté la terre pour l'usine savaient qu'ils n'avaient fait que changer d'exploitation — la seconde tout aussi féroce que la première, avec cette circonstance aggravante que l'usinier invisible n'enveloppait même pas la sienne dans les voiles d'une tradition si ancienne que pour le fellah, vivre et souffrir étaient devenus synonymes.

Le cours sur le matérialisme dialectique avait été soigneusement épuré de toute implication antireligieuse mais les stagiaires, après l'avoir entendu, conclurent que Dieu n'existait pas et organisèrent le soir une fête pour célébrer l'événement.

Les derniers jours du stage furent consacrés à l'avenir, c'est-à-dire au socialisme. Il permettrait l'éradication des trois fléaux égyptiens comme il avait permis, en Union soviétique, le fantastique bond en avant d'une population qui partait pourtant de moins loin. Réforme agraire, expropriation des moyens de production industriels, diffusion de la culture grâce à la construction de milliers d'écoles, amélioration radicale de la condition sanitaire par la multiplication des médecins et des hôpitaux : tout n'était-il pas simple, évident, nécessaire ? Et possible.

Les stagiaires se séparèrent dans l'exaltation. Quinze jours plus tôt, ils étaient venus avec leur révolte contre l'injustice. Ils repartaient pourvus des armes de la connaissance. L'expérience avait été « comme une seconde naissance ». Aucun d'eux n'oublia jamais la ferveur, l'amitié, l'ivresse intellectuelle des journées de Mansourieh.

Henri Curiel et ses amis étaient profondément heureux. Ils avaient transmis le flambeau. Fils de la bourgeoisie, participants comme tels de l'exploitation capitaliste mais bénéficiant aussi du privilège d'accès à la connaissance, ne serait-ce que par la lecture de livres étrangers, ils s'étaient faits les relais de la révolution. Il était symbolique que la première école de cadres révolutionnaires égyptiens se fût tenue au cœur du vaste domaine d'un banquier cairote. Henri Curiel, Joe Matalon et David Nahum avaient la certitude d'avoir enfin lancé le message par-dessus le mur invisible ceignant le ghetto européen.

Car les stagiaires étaient l'Egypte. Ils étaient le peuple, même si la

136

possession d'un simple certificat d'études et l'exercice d'un travail qualifié les privilégiaient par rapport à la multitude. Mécaniciens de l'Air, comme Fouad Habachi et Badr, mais si peu militaires que leur dénomination était « ouvriers de l'armée » ; ouvriers du textile ; petits employés d'administration. Et les azharistes qui, peut-être, permettraient au message révolutionnaire d'aller jusqu'au fond des campagnes... El-Azhar, la plus ancienne université coranique — mille ans — et la plus prestigieuse de l'Islam, abritait au Caire vingt-cinq mille étudiants venus des plus petits villages, expédiés dès l'enfance par leurs parents ou le scheik local, vivant dans un dénuement total, pauvres parmi les pauvres (une distribution de soupe et de pain par jour), recevant gratuitement un enseignement islamique qui n'avait guère évolué depuis des siècles puisqu'il était fondé sur la religion intangible. Pour des révolutionnaires, il y avait là, à portée de la main, une pâte humaine d'une richesse exceptionnelle si l'on savait démontrer l'évidence que l'islam n'était en rien incompatible avec le socialisme (sans parler des nombreux jeunes gens arrivés bon gré mal gré à l'Azhar et peu préoccupés de religion). Car chaque azhariste était destiné à retourner dans son village, dans les cent mille villages dont le total fait l'Egypte, là où la parole révolutionnaire aurait le plus de mal à pénétrer si elle n'était annoncée de l'intérieur. Les azharistes détenaient peut-être la clé de la campagne égyptienne, donc du pays.

Tel Moubarak Abou Fadl, rencontré un peu clandestinement dans une banlieue du Caire au mois de janvier 1982. Je sortais d'un de ces hôtels gratte-ciel qui sont au Caire le nouveau et vertical ghetto européen ; il sortait d'un camp de concentration de Sadate. Rues de terre rouge, enfants innombrables, bâtisses déglinguées avant d'avoir été finies. Et la découverte, après une semaine de fréquentation des momies pharaoniennes, de ce petit homme en pyjama rayé, la peau très noire, lunettes fumées car un œil mort et l'autre malade, l'épuisement du visage sans cesse effacé par un sourire rayonnant. Il était l'Egypte militante. Cinquante-sept ans, dont quatorze en prison ou en camp. Badr et Fouad Habachi, militants légendaires, ont fini par raccrocher, laissant à de plus jeunes la charge du combat. Moubarak Abou Fadl continue, inébranlable, impressionnant de foi, de solidité, irradiant une force gaie. Seule la mort l'arrêtera sur le chemin choisi voici quarante ans au terme d'une longue conversation avec Henri Curiel dans l'auto garée à Bab-el-Foutour, tout près de l'Azhar. Mort, Henri Curiel ? Oui, puisque Moubarak murmure : « Je ne pleure pas. Je ne pleure que pour la mort d'un camarade. Alors j'ai pleuré pour la mort d'Henri. » Mais c'est d'un Curiel vivant que parle ce jeune militant venu nous rejoindre, né bien après qu'Henri eut quitté l'Egypte pour toujours, et qui sait pourtant que la parole vivace envers et contre tout a été donnée pour la première fois dans une ezba de Mansourieh.

Dans son *Histoire de la Guerre froide* désormais classique, André Fontaine propose de situer le déclenchement de la guerre froide au 4 avril 1944, plus d'un an avant le terme de la seconde guerre mondiale. « Ce jour-là, écrit-il, les équipages de cinq unités de la flotte royale hellénique au mouillage dans le port d'Alexandrie se mutinèrent pour réclamer la proclamation de la République et la constitution d'un nouveau gouvernement (1). »

Cet événement singulier ponctuait un processus entamé de longue date. Il allait poser à Henri Curiel et à ses amis du MELN un problème dramatique.

Huit ans plus tôt, le 4 août 1936, le roi Georges II de Grèce avait donné la dictature au général Metaxas. Celui-ci, qui devait bientôt se proclamer « chef à vie du gouvernement », mit en place un régime très comparable à ceux de Hitler et de Mussolini : syndicats domestiqués, jeunesse encadrée sur le modèle des Jeunesses hitlériennes, traque impitoyable des communistes, internement et déportation des politiciens centristes libéraux, censure, terreur policière avec torture institutionnalisée et exécutions sommaires. En quatre ans, le pays est mis au pas. Mais Metaxas, fasciste autonome, repousse l'ultimatum envoyé par Mussolini le 28 octobre 1940. Les soldats grecs, mal armés, mal commandés, trahis par une Cinquième colonne omniprésente, battent à plate couture l'armée italienne, puis résistent courageusement à l'avalanche de la Wehrmacht accourue à la rescousse de l'allié italien déconfit. Metaxas meurt dans son lit en janvier 1941. La guerre était perdue. Un banquier lui succède et, dans un désordre indescriptible, la clique royale se replie au Caire, accompagnée de centaines de métaxistes fuyant sans armes mais avec bagages, bientôt rejointe par la quasi-totalité de la flotte et quelques milliers de soldats qui ont échappé à la capture en jouant à saute-mouton sur l'archipel des îles Ioniennes.

Le gouvernement en exil reste aux mains de métaxistes. Si les circonstances obligent à se draper de démocratie, il n'est question à la cour et dans les cercles ministériels que de restaurer, après la fin de la guerre, « l'ordre du 4 août » : celui de Metaxas.

La Grèce saigna plus qu'aucun autre pays occupé à l'exception

(1) André Fontaine, *Histoire de la Guerre froide*, Librairie Fayard, p. 232.

évidente de la Pologne et de l'Union soviétique. Un peloton d'exécution dans chaque bourgade ; trois cent mille morts de faim durant le seul hiver 1941 ; Athènes peuplée de faméliques silhouettes concentrationnaires. Aucun pays occupé ne lutta comme la Grèce. Le 24 février 1943, en réplique à l'instauration du service du travail obligatoire, la foule athénienne, chantant l'hymne national, charge à mains nues sur les mitrailleuses allemandes. Le 4 mars, deux cent mille patriotes — le quart de la population d'Athènes — descendent dans la rue et, au prix de centaines de morts et de blessés, s'emparent du ministère du Travail, assommant ou étranglant des dizaines d'Allemands. Peuple digne de l'antique, soulevé par une fureur sacrée, littéralement fou d'héroïsme ! Le 7 mars, le travail obligatoire est supprimé sous la menace d'un soulèvement général. Dans les montagnes, la Résistance s'organise et taille des croupières aux forces d'occupation. Elle est à direction communiste. Patiemment, en dépit de pertes effroyables, elle entame le processus libérateur qui aboutira, en mars 1944, à la proclamation du « gouvernement de la montagne ».

Deux brigades grecques avaient été formées en Egypte avec les rescapés de la campagne de 40-41 et des volontaires venus des communautés grecques du Proche-Orient. La Première s'était admirablement comportée à El Alamein. Mais les soldats enrageaient de devoir se battre contre les armées fascistes sous les ordres d'officiers grecs fascistes : l'état-major était métaxiste. Ils savaient — Le Caire, capitale de l'intrigue, bruissante de rumeurs, rendez-vous d'agents de toute obédience, d'envoyés spéciaux, d'émissaires officiels ou officieux, était une fabuleuse caisse de résonance — ils savaient, ces soldats, les manœuvres en cours pour voler au peuple grec sa liberté gagnée au prix du sang. L'amiral Sakellariou, ancien ministre de la dictature, est commandant en chef de la flotte grecque repliée à Alexandrie. Il envoie ses sous-marins cueillir sur le continent politiciens et officiers supérieurs à la dévotion du pouvoir, et la troupe lit leurs déclarations redondantes tandis que là-bas, dans la montagne grecque, les vrais résistants meurent en silence. Le divorce est radical. Une organisation communiste est assurément à l'œuvre au sein des deux brigades mais, bien loin de souffler sur le feu, elle s'efforce de canaliser la colère des soldats, sachant que la clique royale et le gouvernement anglais n'attendent qu'un prétexte pour frapper. Les provocations des officiers métaxistes déclenchent la rébellion redoutée — simple mutinerie sans violence de soldats exaspérés dont l'immense majorité est tout bonnement démocrate. Les Anglais, impitoyables, imposent aux deux brigades une « marche de la mort »

140

de trois cents kilomètres à travers le désert syrien. Par une température oscillant entre 30° et 40°, les vainqueurs d'El Alamein vont payer durement leur attachement à la démocratie. Délicatesse britannique : on leur apprit avant le départ qu'un bataillon anglais avait été condamné à la même punition pour avoir un peu pendu son commandant ; sur sept cents hommes, quarante seulement étaient arrivés à la dernière étape...

Le Rond-Point, peu fréquenté par les Egyptiens de souche, était en revanche l'un des rendez-vous favoris des officiers et soldats progressistes appartenant aux contingents de toutes nationalités passant par l'Egypte : britannique, néo-zélandais, australien, français, sud-africain, indien, etc. La librairie était ainsi devenue l'épicentre d'un travail internationaliste de grande envergure, en direction notamment des camps de prisonniers allemands et italiens. Leur surveillance était assurée par des unités juives de Palestine tenues à l'écart des combats par un commandement anglais peu soucieux de leur donner l'occasion de s'aguerrir. Ces juifs, généralement progressistes, distribuaient à leurs prisonniers les livres antifascistes en langues allemande et italienne acheminés par le Rond-Point, puis un bulletin d'informations politiques rédigé par le MELN et traduit en italien et en allemand. Henri Curiel et ses amis organisèrent même l'évasion de prisonniers italiens dont l'antifascisme était avéré mais la police anglaise en reprit plusieurs. De son côté, Raymond Aghion se consacrait à l'aide aux réfugiés yougoslaves, dont vingt-huit mille campaient sur les bords du canal de Suez. Il s'agissait pour l'essentiel des familles de résistants combattant avec Tito. Aghion réunit pour eux des sommes considérables et publia à leur intention un bulletin d'informations politiques et sociales.

Les relations avec les Grecs étaient beaucoup plus intimes grâce à l'importante communauté hellène du Caire, renforcée après le 4 août 1936 par l'arrivée de démocrates chassés par Metaxas, qui vivait en symbiose naturelle avec les hommes des brigades.

Toute l'aide matérielle possible fut fournie à l'organisation clandestine grecque : mise à disposition de locaux, impression de tracts et de journaux, organisation de meetings de soutien. Mais les soldats grecs n'avaient guère besoin d'être convaincus de la justesse de leur cause. Leurs responsables, placés dans la situation de devoir se battre contre un commandement fasciste au sein des armées alliées, cherchaient avec anxiété la tactique permettant de survivre à une situation stratégique épineuse. Dans des conditions si complexes, la ligne juste s'apparentait à une corde raide.

Une nouvelle sensationnelle leva toutes les interrogations, abolit les angoisses : Marty était au Caire.

★★

Il est presque impossible de faire comprendre aujourd'hui ce que pouvait représenter pour un néophyte communiste, en 1943, le personnage d'André Marty. En lui s'incarnaient légende et puissance. Mutin de la mer Noire, commandant en chef des Brigades internationales en Espagne, dirigeant éminent du parti communiste français, secrétaire de l'Internationale, il était un destin individuel fulgurant transcendé par l'aventure collective du communisme. Il avait déjà sa statue en marbre dans une ville d'Union soviétique.

En ce mois d'octobre 1943 à jamais mémorable puisqu'il resterait celui de la première école de cadres, Rosette Curiel travaillait un matin à la Délégation française lorsqu'une compagne, sachant ses opinions, lui dit avec un grand sourire : « Connais-tu la nouvelle ? André Marty est dans nos murs, arrivé ce matin de Moscou. » Revenue de sa surprise, Rosette alerta Henri qui n'en crut pas ses oreilles. André Marty au Caire... arrivant de Moscou... sortant pratiquement du bureau de Joseph Staline... C'était trop. (Le très fin et très intelligent Togliatti montrant sa paume ouverte à sa compagne et lui disant, confit en dévotion : « Regarde cette main : elle a serré celle de Staline. ») Henri, exultant, supplia Rosette de lui ménager une rencontre avec Marty. Elle prit son courage à deux mains, se présenta au grand homme et lui dit : « Nous sommes communistes, mon mari et moi. Si vous avez un problème, nous sommes à votre disposition. »

André Marty faisait au Caire l'escale obligatoire pour tout voyage aérien entre Moscou et l'Europe occidentale : que la destination finale fût Alger ou Londres, la guerre contraignait au détour méditerranéen. Il se rendait avec sa femme à Alger, où s'était installé le Comité français de libération nationale. Voyage en tout point problématique. D'abord, c'était lui, Marty, qui partait prendre en Algérie la direction de la représentation communiste. Thorez avait maintes fois demandé au délégué de De Gaulle à Moscou une autorisation toujours refusée : il traînait comme un boulet sa condamnation pour désertion en 1939. Staline, pour d'obscures raisons, préférait d'ailleurs le garder sous la main. Mais il restait le secrétaire général du parti communiste français, détestait Marty et saurait utiliser contre lui le moindre pas de clerc. Or, Alger est un guépier (« Ce fleuve de boue » écrira de Gaulle). En octobre 1943, la partie n'est pas jouée entre de Gaulle et Giraud. Le Parti hésite à placer sa mise. Les communistes d'Algérie sont eux-mêmes divisés — séquelle des longues souffrances endurées dans le camp d'internement de Vichy. Complots et manœuvres se succèdent sans interruption. Jusqu'au comte de Paris qui intrigue pour remonter sur le trône de France !... L'homme le plus carré du monde se fût fait souci de devoir plonger dans cet imbroglio. André Marty était d'une méfiance maladive. En Espagne, il avait fait fusiller avec une sombre désinvolture des hommes dont l'innocence avait été prouvée alors que leurs cadavres étaient encore tièdes. Partout, toujours, la police et les services capitalistes étaient à l'œuvre, prenant dans leurs rets les militants trop peu vigilants ; partout, toujours, le virus de la trahison pouvait contaminer le camarade le moins soupçonnable. Marty, par ailleurs sincère et courageux, vivait dans un univers paranoïaque.

L'escale du Caire devait cacher pour cet esprit malade des pièges infinis. Plutôt que l'hôtel choisi par la Délégation gaulliste, qu'il imaginait à juste titre truffé d'agents de l'Intelligence Service, il accepta l'offre de cette jeune camarade d'honnête apparence et s'installa avec sa femme dans le trois-pièces du treizième étage, Henri et Rosette se repliant provisoirement sur la villa de Zamalek.

Marty ne tarderait pas à regretter l'hospitalité offerte. Henri Curiel, dix ans plus tard, la paierait cher.

Dans l'instant, le jeune fondateur du MELN n'en croyait pas sa chance. Il avait la possibilité de s'entretenir chaque jour, quelques heures durant, avec l'un des dirigeants de la révolution mondiale. Accessoirement (mais ce n'était peut-être pas si accessoire...) le fait qu'André Marty eût choisi d'habiter chez lui valait investiture. Le MELN avait des rivaux. Hillel Schwartz, Marcel Israël, d'autres encore, créèrent leur propre organisation communiste. Dans la course à la suprématie, Henri Curiel prenait plusieurs longueurs d'avance grâce à l'onction conférée par l'ancien secrétaire de l'Internationale.

Quant aux camarades grecs, le hasard leur apportait sur un plateau l'homme le plus apte à les comprendre et à les conseiller : un ancien mutin de la mer Noire savait comment en user avec un commandement réactionnaire.

Marty se fit quelque peu tirer l'oreille avant d'accepter d'entendre le principal responsable de l'organisation communiste clandestine au sein des brigades. La rencontre eut finalement lieu dans la voiture d'Henri Curiel qui, pour d'évidentes raisons de sécurité, ne cessa de rouler dans les faubourgs du Caire pendant les deux heures que dura l'entretien. Marty et le Grec étaient installés sur la banquette arrière. Marty ponctuait de grognements le long discours du Grec. Il devait se sentir piégé. Accablé de conseils de prudence avant son départ de

143

Moscou, porté par nature à la circonspection, il se retrouvait embringué dans l'histoire abracadabrante de deux petites brigades grecques prêtes à en découdre en plein conflit mondial avec l'armée britannique... Pénible situation ! On imagine la commotion dans le camp allié si la nouvelle s'était répandue qu'André Marty, à mi-chemin entre Moscou et Alger, avait prêté la main à une entreprise relevant objectivement de la démoralisation des troupes devant l'ennemi... Lorsque le Grec sollicita à la fin son conseil, Marty répondit : « Vous pourriez diffuser largement l'article que je viens d'écrire sur la flotte de Toulon... » Et il sortit de sa poche un texte condamnant les amiraux français qui, lors de l'invasion de la zone dite libre par la Wehrmacht au moment du débarquement américain en Afrique du Nord, avaient préféré se saborder plutôt que de résister ou de rallier un port allié. Le rapport avec le problème posé n'était pas évident mais le responsable grec ne put rien tirer de plus de son éminent camarade, sinon la promesse qu'il rendrait compte à qui de droit. Marty quitta la voiture avec un soulagement ostensible ; le lendemain, il s'envolait avec sa femme pour Alger. L'escale avait duré quatre jours.

Il ne tint pas rigueur à son hôte de l'avoir fourvoyé dans une péripétie explosive, acceptant volontiers les colis de ravitaillement que les Curiel lui firent parvenir à Alger. Le Rond-Point servit même de relais entre Moscou et Alger pour l'acheminement de littérature marxiste vers les communistes installés en Afrique du Nord. Tout cela ne tirait pas à conséquence.

Mais le problème grec demeurait, et s'aggravait. Marins et soldats souhaitaient aller se battre en Grèce, main dans la main avec les maquisards, pour porter un coup final aux forces d'occupation désorganisées par la défection italienne. Le commandement allié préparait au contraire leur départ pour le front italien. Puis, en mars 1944, la Résistance, maîtresse de vastes secteurs libérés de vive force, forma le « gouvernement de la montagne » dont le programme en trois points obtenait l'adhésion massive du peuple : organisation de la lutte nationale jusqu'à la victoire ; administration des régions déjà libérées ; garantie de la souveraineté populaire après la cessation des hostilités. La censure rigoureuse imposée par les Anglais n'empêcha pas la nouvelle de parvenir aux soldats des brigades et aux marins de la flotte. Un comité de coordination réunissant des délégués de toutes les unités proposa une motion, votée à une large majorité, réclamant la démission du gouvernement en exil au Caire et la formation d'un gouvernement d'union nationale intégrant des résistants de la monta-gne. La demande n'avait rien d'exorbitant — on en viendrait

144

d'ailleurs, en fin de compte, à la formule d'union nationale. Mais pour Winston Churchill, la question n'était pas de savoir si les soldats et marins avaient raison ou tort. Il considérait la Grèce comme faisant partie de la sphère d'influence britannique. Sept mois plus tard, à Moscou, il jouerait avec Staline un ahurissant impromptu de marchand de tapis shakespearien (mais les tapis étaient des nations), l'un se gardant la Grèce, l'autre empochant la Bulgarie et la Roumanie, l'un et l'autre s'accordant, des arrière-pensées plein la tête, une influence égale en Yougoslavie. Au Caire, déjà, l'ambassade soviétique avait refusé de recevoir une délégation de soldats grecs venue remettre un exemplaire de la motion.

Churchill n'était pas disposé à se laisser dicter la loi dans sa chasse gardée grecque, fût-ce par des combattants grecs, maquisards ou soldats réguliers. Le régime qu'il réservait au pays ne ressemblait en rien au « gouvernement de la montagne ». Et il savait être implacable.

Les tanks britanniques encerclent le 4e régiment grec stationné à Kassassin et le désarment. A Heliopolis, un régiment d'artillerie est également désarmé ; deux cent quatre-vingts soldats grecs sont placés en camp d'internement. La communauté grecque s'agite. A l'initiative des dirigeants progressistes, dont ceux du MELN, meetings et manifestations se succèdent au Caire et à Alexandrie. Les Anglais répliquent en arrêtant une cinquantaine de responsables syndicaux. Puis c'est le tour d'une unité stationnée au Caire d'être désarmée. Les officiers métaxistes, sentant le vent tourner en leur faveur, lancent une opération destinée à éliminer de tout poste de commande leurs rivaux démocrates. L'organisation clandestine réagit en force. Les officiers et soldats républicains de la Première brigade — héros d'El Alamein — arrêtent les factieux. Le mouvement gagne la flotte en rade d'Alexandrie. Les marins du contre-torpilleur *Pindos* jettent à l'eau leurs officiers métaxistes ou les enferment à fond de cale. Même scénario sur quatre autres navires de guerre, dont le croiseur *Averof*, où des officiers démocrates prennent le commandement.

L'état-major anglais négocie (il avait de l'estime pour les combattants grecs mais Churchill lui tenait les rênes courtes) et promet d'expédier les brigades sur le front italien si les officiers prisonniers sont libérés sans délai. Accord conclu. Les métaxistes sont relâchés. Mauvaise foi ou consigne de Londres : l'état-major du Caire exige de nouveau le désarmement total des brigades. L'organisation rebelle répond : « Nous garderons nos armes : elles sont destinées à libérer la patrie. Nous les avons glorifiées en Albanie, en Macédoine, en Crète, à El Alamein, et nous ne les rendrons pas. Que l'ordre soit annulé et que l'on nous envoie sans délai sur le front d'Italie (1). »

Le 11 avril, les quatre mille cinq cents hommes de la Première brigade sont encerclés par des unités britanniques appuyées par des chars. L'état-major a choisi pour cette besogne des Gurkhas indiens, troupe professionnelle parfaitement imperméable à toute compréhension du drame grec. S'il faut tirer, elles tireront. Un cordon sanitaire naval isole en rade d'Alexandrie les navires mutinés. Churchill câble le 14 : « Avant de recourir à l'emploi des armes, il faut assurément laisser l'absence de ravitaillement produire son effet dans le camp et dans le port. » Un blocus rigoureux est instauré. Sans eau et sans vivres, la rébellion est condamnée à brève échéance.

On se bat en Italie, sur le front soviétique, en Extrême-Orient. Des millions d'hommes s'affrontent dans un conflit d'une violence sans précédent dont l'enjeu est la victoire ou la défaite du fascisme. A-t-on le droit de rompre l'union sacrée pour soutenir le combat des démocrates grecs, même s'il est juste ? Faut-il, à cause de la péripétie grecque, courir le risque effrayant de voir des soldats alliés tirer sur d'autres soldats alliés ?

Les organisations communistes rivales du MELN répondirent par la négative. Parmi les proches d'Henri Curiel, nombreux furent ceux qui refusèrent de franchir le Rubicon. Raymond Aghion, son cousin : « J'avais participé à l'aide aux Grecs, notamment en organisant des collectes d'argent. Mais je me suis séparé d'Henri au moment de la mutinerie. Pour moi, marcher avec les mutins était une déviation gauchiste. Nous étions en guerre contre Hitler et il fallait gagner cette guerre. » Marcel Messiqua eut la même réaction. Homme d'affaires très influent au Caire (il représentait en Egypte la firme Boussac qui achetait chaque année une partie de la récolte de coton pour ses usines textiles), il était devenu marxiste et avait fait avec Henri Curiel une tournée de conférences très suivies, rédigeant entre deux voyages des articles pour un dictionnaire sur « l'idée marxiste de la guerre » dont Henri était l'initiateur. « J'ai commencé à me séparer politiquement de lui à propos de cette histoire de Grecs. Un jour, il m'a emmené en plein désert pour me faire rencontrer des soldats grecs qui se cachaient là. Il voulait que je les aide. Nous avons parlé avec leur président, ou plutôt leur responsable. Je ne comprenais rien à cette histoire. Je leur ai dit : " Vous travaillez contre les Alliés, donc contre la victoire. Ce n'est pas possible. " On a discuté pendant des heures mais je n'ai pas réussi à les faire bouger, Henri et lui. Henri pouvait

(1) Cité par Dominique Eudes, *Les Kapetanios, la guerre civile grecque de 1943 à 1949*, Librairie Fayard, p. 174.

être d'un entêtement incroyable. Je l'aimais beaucoup mais la vérité, c'est qu'il était stalinien. Je veux dire : un esprit stalinien. La certitude d'avoir raison. Le refus de bouger. Bref, la rencontre a été un échec et je suis reparti en me demandant ce que j'étais venu faire là. Aujourd'hui encore, je ne comprends pas comment il a pu me fourrer dans une pareille histoire. »

Réaction compréhensible et estimable. Pour beaucoup, l'affaire était un épisode choquant, une fausse note dans le concert allié, mais surtout une péripétie secondaire dont il eût été ridicule de faire un enjeu politique réel. Qui eût pu prévoir qu'un observateur aussi avisé qu'André Fontaine écrirait du bain forcé de quelques officiers réactionnaires dans les eaux sales d'Alexandrie qu'il marquait le commencement de la guerre froide, suivant en cela le publiciste américain James Burnham, théoricien de ladite guerre froide ?

Henri Curiel avait pris la juste mesure de l'événement. Il admettait que si la mutinerie de quelques milliers de soldats grecs présentait le risque le plus infime de retarder la victoire alliée, les démocrates condamnés à la faim et à la soif devraient être abandonnés à leur sort. Mais la guerre était d'ores et déjà gagnée (dans moins de deux mois, le débarquement en Normandie confirmerait le pronostic). Ce qui eût été inconcevable en 1942 ou 1943 ne l'était plus au printemps 1944. Il était désormais possible d'aider les démocrates dans leur juste combat. Et puisque c'était possible, la solidarité internationaliste devait jouer sans réticence en faveur des camarades grecs.

Curiel, comme l'a bien vu Maxime Rodinson, n'était ni un idéologue ni un théoricien. (Ah ! l'ingratitude et l'injustice de cette phrase perfide, un peu plus haut, par laquelle je reproche en somme à Rodinson de n'avoir pas été assassiné... Si la mort d'un compagnon de combat devait obligatoirement conduire les siens au discours saint-sulpicien, le biographe en serait réduit à l'hagiographie. Et qui ne sait que Maxime Rodinson eût volontiers risqué sa vie pour sauver celle d'Henri ?) Ni idéologue ni même théoricien, mais analyste d'une lucidité supérieure. Il avait été le premier parmi ses amis à prendre conscience de la force du sentiment national égyptien. Il est pratiquement le seul à saisir le véritable enjeu du drame grec en Egypte. Toute sa vie, il démontrera une capacité hors du commun à discerner, sous le foisonnement événementiel, la ligne de force politique.

Et il était homme d'action.

*

Sans eau, les mutins étaient condamnés. Mais la flotte possédait des réserves et les hommes de la Première brigade, encerclés en plein désert, réussirent à placer une dérivation sur une grosse conduite passant à proximité et essentielle à l'armée britannique. Problème résolu. Restait celui des vivres. L'approvisionnement des équipages rebelles fut réalisé par quelques bateaux de pêche se faufilant nuitamment entre les mailles du blocus. La Première brigade était mieux bouclée. Henri Curiel utilisa une nouvelle fois les ressources familiales. La propriété de Mansourieh, qui avait déjà abrité une écoles de cadres, était au bord du désert : elle devint dépôt de vivres. La nuit, au volant de voitures particulières ou de camions bourrés de ravitaillement et de bidons d'essence, Henri et une poignée de fidèles partaient pour des rendez-vous hasardeux en plein désert avec les camarades grecs. Chaque voyage pouvait finir sous le feu des mitrailleuses britanniques : les Gurkhas tiraient au moindre mouvement suspect. La fatigue de ces randonnées nocturnes pesait d'autant plus que les journées étaient consacrées à un intense travail de propagande — impression de journaux clandestins, de tracts, d'appels à l'opinion publique, etc. Henri ne résista au manque de sommeil que par des prises massives de benzédrine ; ses nerfs en resteraient longtemps ébranlés. Rosette, infatigable, témoignait d'une audace proche de la témérité.

Les militaires progressistes familiers du Rond-Point furent mis à contribution. Le sergent anglais Sam Bardell, devenu l'ami d'Henriette, employée à la librairie, après leur rencontre à la frontière palestinienne, se souvient d'un voyage en catastrophe à Alexandrie pour trouver des fonds. On avait un besoin urgent de cinq mille livres. Ce samedi après-midi, les banques étaient fermées. Les militantes locales réunirent l'argent en mettant leurs bijoux en gage. Un sergent américain, Al Kuchler, recruté par Bardell, fit plusieurs voyages clandestins au volant de son camion pour livrer du ravitaillement : les Gurkhas, impressionnés par son assurance yankee, lui ouvraient le passage. Mais à quoi bon citer des noms destinés à nourrir les entrailles du grand ordinateur de Langley (Virginie) et à grossir l'éventuel dossier des petits-enfants de ces braves gens ? Il était natif de Coventry, l'officier anglais qui réussit le coup magnifique d'escamoter une cargaison de tracts à larguer par la RAF sur les mutins pour les inciter à se rendre. Grâce à ses bons offices et à l'imprimerie clandestine d'Henri Curiel, l'avion lâcha des milliers de tracts exhortant les encerclés à tenir bon...

Au Caire et à Alexandrie, la police militaire multiplie en vain perquisitions et arrestations pour démanteler l'organisation de soutien. L'appartement des Curiel est fouillé à plusieurs reprises.

Churchill perd patience. Les officiers démocrates du croiseur *Averof* avaient fait passer à l'état-major du Caire le message suivant : « Nous tiendrons tant que nos revendications ne seront pas prises en considération, mais nous nous engageons à ne faire en aucun cas usage de nos armes. » Churchill câble à l'amiral anglais : « Ne laissez aucune illusion à l'officier de l'*Averof :* nous ne répondrons pas par la réciprocité à l'assurance qu'il a donnée de ne pas utiliser ses armes contre nous. Nous tirerons sur les mutins chaque fois que ce sera nécessaire. » Quant au général Paget, responsable du blocus de la Première brigade, il voit sa mission définie sans ambiguïté : « Nous sommes prêts à un usage illimité de la force mais éviterons le massacre si cela se peut (1). » Dans la nuit du 23 avril, l'assaut est donné aux navires mutinés. En quelques minutes, douze morts et trente blessés chez les insurgés. Si ceux-ci répondent au feu par le feu de leurs canons lourds, la flotte alliée ancrée dans la rade risque l'embrasement général. L'*Iphestos,* bâtiment léger, a trente-neuf torpilles dans ses cales. Ils préfèrent se rendre. Le lendemain, la Première brigade dépose à son tour les armes pour éviter l'effusion de sang.

Mais ils ne tombèrent pas tous dans la nasse anglaise. Les plus décidés ou les plus compromis — quelques centaines — filèrent par les pistes du désert et se cachèrent comme ils purent. Henri Curiel organisa leur récupération, puis leur essaimage dans des cachettes sûres au Caire et à Alexandrie. La police anglaise déclencha contre les clandestins une traque impitoyable, n'hésitant pas à torturer sauvagement ceux qu'elle capturait pour leur faire révéler les filières. L'un de ses supplices favoris consistait à entourer la tête du captif d'une corde et à serrer au maximum : la souffrance était insupportable.

Nul doute que le couple Curiel, évidemment connu de la police politique égyptienne, fut dans cette circonstance fiché par les services britanniques comme un adversaire d'envergure. Le dossier qui suivrait Henri Curiel jusqu'à sa mort, de capitale en capitale, fut ouvert au Caire en ce printemps 1944.

Il connut quelques chaudes alertes. Un jour, au lieu des deux fugitifs prévus au rendez-vous, il trouva dix-sept hommes à transporter et à coucher. La chance aidant, il les déroba aux patrouilles et dénicha les planques nécessaires. Une autre fois, alors qu'il cachait un responsable grec dans son propre appartement — infraction aux règles de sécurité imposées par la nécessité : les cachettes sûres

(1) Cité par Dominique Eudes, *op. cit.*, p. 178.

étaient surpeuplées —, la police militaire anglaise encercla l'immeuble et commença à le fouiller minutieusement, étage par étage. La situation semblait désespérée. Mais les Curiel avaient mis une chambre à la disposition d'une jeune camarade, Ruth Gresh, engagée à fond dans le soutien aux Grecs (elle bourrait de tracts le landau de son bébé et les passait à la barbe des policiers). Ruth recevait ce jour-là son ami et futur mari, Robert Browning, universitaire anglais dont on disait qu'il connaissait tant de langues qu'il en avait perdu le compte. Le colonel Browning, progressiste, était à l'Intelligence Service du Caire l'un des responsables des liaisons avec la résistance yougoslave. Il endossa son uniforme, prit le responsable grec par le bras et sortit avec lui de l'immeuble, salué par les policiers au garde-à-vous.

La traque dura six longs mois. Elle prouvait la volonté de Churchill de neutraliser jusqu'au dernier les activistes susceptibles de contrarier ses plans. Mais il avait gagné la partie, même si plusieurs dizaines de fugitifs échappèrent à sa police. Dix mille soldats et marins grecs, vaincus, désarmés, humiliés, attendent la fin de la guerre dans des camps de concentration britanniques en Lybie et en Abyssinie. On ne les laissera rejoindre la Grèce qu'à la fin de 1945, et par petits paquets. L'armée démocratique a vécu. Elle ne gênera pas la récupération du pouvoir par la clique royale. C'était le seul but de l'opération.

On le vit bien quand Churchill organisa au Liban, le mois suivant l'écrasement de la révolte, une conférence réunissant représentants du gouvernement en exil et émissaires de la résistance intérieure. La formation d'un gouvernement d'union nationale, revendication essentielle des soldats démocrates, ne souleva curieusement aucune difficulté de principe. Les résistants, adroitement manipulés, se laissèrent même arracher une condamnation sévère de la mutinerie, de sorte que le désespoir d'être abandonnés par les leurs vint s'ajouter pour les soldats prisonniers à l'amertume de la défaite.

Lorsque le principal responsable du mouvement quitta clandestinement l'Egypte, il dit à Henri Curiel, qui l'avait caché pendant six mois : « Nous n'oublierons jamais ce que tu as fait pour nous. En Grèce, nous ne sommes pas sans moyens. Dans l'avenir, nous serons beaucoup plus puissants. Ta situation est déjà critique. Si elle s'aggrave, fais-nous signe : nous enverrons un sous-marin pour t'évacuer et te mettre à l'abri. »

La promesse était émouvante mais l'avenir avorta.

Vaincue en Egypte, roulée au Liban, la résistance progressiste à direction communiste avait pourtant gagné en Grèce. A l'instar de sa voisine yougoslave, elle avait libéré seule le territoire national, tuant aux Allemands plus de vingt mille soldats. Elle jouissait du soutien massif de la population. Le pouvoir n'était plus au bout de ses fusils : elle l'avait.

C'était compter sans Churchill.

Les premiers contingents anglais débarqués au Pirée en novembre 1944 sont accueillis à Athènes dans la liesse populaire. La division indienne arrive à son tour, sombre présage. Lorsqu'une force de frappe suffisante est en place sous les ordres du général Scobie, la provocation prévisible se produit : des mitrailleuses mystérieuses ouvrent le feu sur une foule manifestant contre le retour des politiciens de l'ancien régime. Vingt-huit morts, plus de cent blessés. Churchill a son prétexte. Il câble à Scobie : « Il nous faut tenir et dominer Athènes. Ce serait pour vous une grande chose d'y parvenir sans effusion de sang, si c'est possible, mais aussi avec effusion de sang si c'est inévitable... N'hésitez pas à agir comme si vous vous trouviez dans une ville conquise où se serait déclenchée une révolte locale. » Il commentera dans ses Mémoires : « Ces choses-là ne doivent pas se faire à moitié (1). »

Les combats durèrent trente-trois jours et le sang grec ruissela de nouveau sur les pavés d'Athènes. Aux murs, des graffitis criaient : « Les Allemands sont revenus. »

Bien sûr, Scobie l'emporta.

« Succès moralement discutable » écrit André Fontaine — c'est, sous sa plume, une rude condamnation. Massacre cynique que rien ne pouvait justifier, pas même l'épuration entamée sous direction communiste et qui se révélait aussi dure — parfois sauvage — qu'on pouvait le prévoir dans un pays soumis à cinq ans de dictature fasciste, puis à quatre ans d'occupation nazie. Tragique hécatombe que l'Histoire telle qu'on l'écrit passerait quiètement par profits et pertes, tout comme elle ne tiendrait pas rigueur excessive au colonialisme français des trente ou quarante mille Algériens massacrés dans le Constantinois le 8 mai 1945, jour de la Victoire. Tout est question de date, peut-être aussi de plume. Budapest 1956 reste dans chaque mémoire : qui sait encore qu'Athènes 1944 fut le lieu d'un forfait perpétré de sang-froid par l'Angleterre, « mère des démocraties » ?

« L'affaire grecque marqua pour nous l'accession à la maturité, à la majorité politique » devait dire par la suite Henri Curiel. Ils avaient vu l'impérialisme à visage nu.

_____
(1) Cité par André Fontaine, *op. cit.*, p. 250.

Le Mouvement égyptien de libération nationale.

Mais aussi l'Avant-Garde, l'Aube nouvelle, la Ligue marxiste, Citadelle, Iskra, Vers un parti communiste égyptien, Libération du peuple, Noyau du parti communiste, l'Etoile rouge, l'Unité des communistes, etc. ; chacune de ces organisations essaimant de nouvelles fractions au gré des incessantes crises et scissions secouant le microcosme communiste cairote. Si un Buffon de la politique en réussissait la classification, il faudrait encore un Sherlock Holmes pour découvrir, sous la gloriole des apparences, le dur noyau de la réalité. Citadelle revendiquait cent mille adhérents et en possédait cinquante (non pas cinquante mille : cinquante. Mais le chef réussit le tour de force de faire croire à ses cinquante braves que les autres attendaient l'heure H dans une clandestinité rigoureuse). Phénomène rare en politique : une organisation ne dépassa pas le chiffre d'un adhérent — son fondateur. Le parti communiste des peuples de la vallée du Nil regroupait sous un nom impressionnant quelques dizaines d'employés du fisc et était plus familièrement appelé parti communiste de l'administration des impôts. Réserve faite de ces bizarreries marginales, on peut estimer qu'une dizaine d'organisations aspirèrent un peu sérieusement à devenir *le* parti communiste égyptien — c'était beaucoup —, et que trois pouvaient y prétendre — c'était encore trop : le MELN d'Henri Curiel, Iskra d'Hillel Schwartz et Libération du peuple de Marcel Israël.

De taille menue, la stature frêle, un très beau visage irradiant l'intelligence, Hillel Schwartz avait vingt ans en 1943. Ses parents, d'origine roumaine mais de culture française, s'étaient trouvés bloqués en Egypte lors d'un voyage touristique par le déclenchement inopiné de la guerre de 1914. Le père, médecin, détestait la Roumanie. Il s'était engagé dans l'armée anglaise, avait accédé au grade de major et s'était fixé en Egypte à la fin des hostilités. C'était l'un de ces hommes hauts en couleur fatigants pour leur famille : coureur, joueur, bretteur. Bon médecin au demeurant, avec une brillante clientèle allant jusqu'à la famille royale égyptienne. Le jeune Hillel avait eu l'enfance ordinaire dans son milieu : maison magnifique peuplée de domestiques, voyages annuels en France (le séjour se prolongeait lorsque le père avait envie d'être tranquille au Caire avec une maîtresse), mépris de l'indigène (la mère : « Tu es sale comme un Arabe » ; le père, tout en se proclamant de gauche, voire communiste, considérait les Egyptiens comme des sous-hommes). La singularité d'Hillel Schwartz parmi ses futurs rivaux et camarades est probablement d'avoir cherché dans la politique une issue à des difficultés intimes liées à une classique révolte contre la famille : « Après avoir adoré mes parents, je les ai haïs. Je me suis rendu compte que mon père était un homme brutal et autoritaire ; ma mère, une pauvre chose. » Ses lectures et le manuel de philosophie de Cuvilliers l'amenèrent au marxisme. Itinéraire typique d'un jeune intellectuel européen. Il lui manque le sceau égyptien dont resteront à jamais marqués Curiel et Israël : la découverte physique, bouleversante, d'une misère abyssale. Et tandis que les deux autres n'envisagent pas un seul instant d'agir ailleurs qu'en Egypte, Schwartz ne s'y résoud que bloqué par la guerre : « Mon action politique, je la voyais à l'étranger. L'Egypte ne m'intéressait pas du tout. Je trouvais le pays laid, désagréable. La France était le phare unique. Je gardais un souvenir extraordinaire de mes séjours en France et je n'aspirais qu'à y retourner. »

Sa rencontre avec le mystérieux « délégué du Komintern au Caire » n'ayant abouti qu'à des palabres frivoles où il s'éprouvait distrait par les cuisses de Gaby Aghion, le jeune Hillel rompt avec la ferme volonté de faire quelque chose. Il est malheureux. Le consulat espagnol l'a trouvé trop jeune pour s'engager dans les Brigades internationales. Ses parents vont mal. Le père se marginalise à force de liaisons tapageuses et de duels ridicules. Ses clients, lassés d'être traités comme des chiens, désertent son cabinet. Un seul domestique à la maison. Des disputes à propos d'argent. « Ce n'était pas la gêne mais ce n'était plus la grande prospérité. » Hillel doit travailler. On lui trouve une place de gratte-papier dans la société pharmaceutique Delmar. La médiocrité des débuts importe peu puisque son parrain est propriétaire des grands magasins *Cicurel :* « Tu commences au bas de l'échelle mais tu finiras au sommet. » Peu lui chaut. Il s'ennuie à crever. L'une de ses tâches consiste à passer commande de modes d'emploi de remèdes à un artisan-imprimeur égyptien. L'homme est sympathique. Ils conversent dans un sabir franco-anglo-arabe. C'est suffisant pour que Schwartz comprenne le désir de son interlocuteur de se lancer dans l'action syndicale. Il faudrait un journal. Où trouver l'argent ? « Très simple, décide Schwartz. Je gonflerai les commandes de prospectus et tu paieras le papier avec la différence. » Hillel y mettra aussi la quasi-totalité de son salaire personnel. (Un troisième larron, évadé lui aussi des palabres marxistes, participe à l'entreprise mais disparaîtra rapidement car, juif de nationalité anglaise, il sera mobilisé en 1941.)

Le journal *Aliana* paraît. C'est un hebdomadaire rédigé en arabe. « A ma connaissance, le premier journal ouvrier publié en Egypte. » L'artisan, Zaki, et une poignée de syndicalistes rédigent les articles. Aveu modeste et infiniment symbolique : « Je ne peux pas dire, reconnaît aujourd'hui Schwartz, ce que valait *Aliana* puisque j'étais bien incapable de le lire. De temps en temps, Zaki me traduisait un article. Nous avons eu un certain succès et nous avons été plusieurs fois saisis par la police. Nous reparaissions alors sous un autre titre. Un petit noyau de militants ouvriers s'est ainsi formé, augmenté de quelques artistes égyptiens que Marcel Israël m'a fait connaître. On avait l'impression que quelque chose démarrait. »

Rommel interrompt l'expérience en contraignant Hillel Schwartz au repli sur la Palestine. De retour au Caire trois mois plus tard, il décide avec ses amis de structurer leur groupe en se constituant en parti politique. Le nom choisi est « Chaara », qui veut dire en arabe « étincelle » et renvoie évidemment à la fameuse *Iskra* (« étincelle » en russe) de Lénine, mais tout le monde usera du mot russe au grand dam de l'égyptianisation.

Le but était d'aboutir à un authentique parti communiste égyptien. Pour Schwartz et ses amis, la condition première était la formation de cadres politiques. Iskra serait donc une pépinière de cadres formés à la double école de la théorie et de la pratique, et destinés à fournir l'avant-garde de la révolution égyptienne. Un obectif aussi ambitieux impliquait une sélection sévère des candidats à l'adhésion ; Iskra ne serait pas l'un de ces clubs de discussion à la mode où les jeunes bourgeois en rupture de classe venaient jeter leur gourme politique. Tout candidat devait être parrainé par deux militants et suivre un certain nombre de cours préalables. Jaugé, pourvu d'un bagage marxiste, il était admis à l'honneur d'adhérer et affecté à une cellule. Le parti fonctionnait sur le mode pyramidal, avec cloisonnement horizontal entre les cellules, chacune d'entre elles — la cellule-fille — n'ayant en principe de contact qu'avec la cellule-mère de l'échelon supérieur. Un comité central coiffait l'ensemble et répartissait les tâches par secteur. Si la formation théorique interne formait l'essentiel du travail, Iskra se préparait à intervenir dans le champ politique avec son hebdomadaire *el-Gamahir* (*Les Masses*), et à la Maison de la recherche scientifique se donnaient des conférences très suivies par les étudiants égyptiens sur les sujets les plus divers. Les débats étaient d'un niveau nettement supérieur à celui des divers séminaires ou cercles ressassant sempiternellement la vulgate marxiste. Iskra avait enfin pris le contrôle de l'Amicale des anciens élèves du lycée français du Caire, où la plupart de ses militants avaient fait leurs humanités, mais cette conquête, de peu de conséquence sur le plan politique, lui valait les railleries de ses rivaux. « Hillel a indiscutablement l'étoffe d'un grand dirigeant, répétait Henri Curiel avec son sourire chaleureux, mais pour l'Amicale du lycée français. »

Marcel Israël était curieusement lavé du péché originel de bourgeoisie. Aujourd'hui encore, ses anciens camarades rendent hommage à la dureté de son existence et parlent de lui comme s'il avait émergé des profondeurs du prolétariat égyptien. « Il a été ouvrier. » Si son père avait été contraint de vendre son usine de textile de Mit-Ghamr, à une heure et demie du Caire, et de s'installer dans une maison située, ô disgrâce, en quartier arabe, il avait cependant été embauché comme cadre par ses successeurs et conservait au Caire un appartement où résidait Marcel, qu'il entretenait sans barguigner. Une arrière-grand-mère facilitait au surplus les fins de mois de Marcel en lui glissant des pièces d'une livre sterling en or; mais les arrière-grands-mères sont éphémères. Lorsque le travail devint nécessaire à sa subsistance, il se fit embaucher comme chef-magasinier dans une usine fabriquant des tuyaux en ciment, puis fut employé à la Bourse des valeurs du Caire; besognes sans joie, certes, mais qui ne sont pas le lot des damnés de la terre. Toujours est-il qu'il ne sortait pas d'un palais de Zamalek, que son père n'était ni l'avocat du roi ni son médecin, et que son sort devait paraître digne de compassion à la plupart de ses camarades. Il avait sur eux l'avantage non négligeable de parler couramment la langue du pays. A cela s'ajoutait une personnalité hors du commun. Aujourd'hui septuagénaire, l'homme conserve une vitalité inouïe, un dynamisme ravageur, un insatiable appétit de vivre et d'agir : à vingt ou trente ans, il devait davantage tenir de la plante carnivore que du lilas foudroyé.

Secrétaire de l'Union démocratique, il s'en était éloigné à la suite d'un différend avec Henri Curiel : « Henri avait fait entrer tous ses amis grands bourgeois et l'Union démocratique s'est transformée en union aristocratique. Nos locaux étaient l'un des endroits les plus chics du Caire. Je ne voyais pas l'intérêt. Pour moi, au-delà de son action pour le camp démocratique, l'Union devait être un vivier. Je voulais y amener des jeunes fonctionnaires égyptiens, des intellectuels, des érudits. Et je me retrouvais entouré de dames en fourrure. Alors je suis parti. C'était en 1939. Je connaissais bien Baron, professeur au lycée français, membre du PCF, dont j'ai tout lieu de croire qu'il était en contact avec Midoyan, le délégué du Komintern au Moyen-Orient. Baron m'a fait connaître Taher el-Masri, qui avait adhéré au parti français durant ses études à Paris. Je lui ai présenté la dizaine de camarades que j'avais initiés au marxisme et nous avons créé en 1940 Tahrir el-Chaab, Libération du peuple, première organisation communiste clandestine en Egypte. »

Deux associations légales permettent d'agir sous couverture. Pain et Liberté travaille en milieu ouvrier (c'est le groupe grâce auquel Badr, futur stagiaire de l'école de cadres d'Henri Curiel, entendra le poète Anouar Kamel prêcher le marxisme à l'ombre des Pyramides). Culture et Loisirs, animé par Jeannette Israël, s'adresse aux intellectuels égyptiens.

« Pendant un an, je n'ai pratiquement pas cessé de donner des cours de marxisme. Les résultats étaient convaincants. Nous formions de plus en plus de cadres. En 1941, j'ai écrit avec deux camarades égyptiens une brochure exposant les revendications de la classe ouvrière. La réaction du pouvoir a été immédiate et brutale : tout le groupe s'est retrouvé en prison. Les autres y sont restés deux mois. En 1941, il était difficile de garder des communistes en prison. Moi, j'ai été transféré dans un camp de concentration pour fascistes à cause de mon passeport italien. J'en garde un très mauvais souvenir. Chaque fois que Rommel approchait, nos gardiens britanniques nous menaçaient de mort. La Délégation française de Georges Gorse a obtenu ma libération et je suis parti pour la Palestine, où je suis resté un an et demi à crever de faim avec ma femme. Je militais au sein du parti communiste palestinien en donnant des cours de marxisme.

« A mon retour au Caire, à la fin 43, j'ai été convoqué par le chef de la police politique égyptienne. Il m'a paternellement conseillé de devenir raisonnable. Puis j'ai retrouvé Henri, toujours charmeur, toujours séduisant, avec son énorme capacité d'écoute et cette technique de commencer ses raisonnements avec la dernière phrase de l'interlocuteur — c'était un bonheur de discuter avec lui, on se sentait intelligent. Il m'a appelé " vieux camarade " et m'a dit : " Viens avec nous. Ta place est à la direction du MELN. " J'en ai parlé à mes amis égyptiens. Ils m'ont conseillé d'entrer au comité directeur du MELN. J'ai assisté à deux réunions dans la garçonnière de Joe Matalon. Le frigo était toujours bourré. L'unique ouvrier, un Arménien, bouffait tellement qu'il s'endormait. Tout le monde était d'origine étrangère. Il paraît qu'il y avait un autre comité directeur avec quelques Egyptiens. Tout cela ne m'a pas paru très sérieux. J'ai rendu compte à mes amis. Ils m'ont conseillé de laisser tomber et nous avons reconstitué le groupe Libération du peuple. J'étais le seul non-Egyptien. Je travaillais à la base en donnant des cours de marxisme. Il n'était pas question pour moi de prétendre jouer un rôle dirigeant quelconque. Je n'oubliais pas la leçon que m'avait donnée Midoyan avant la guerre : " Où sont les Egyptiens ? " C'était à eux de prendre les commandes. Mais il est vrai que j'avais une place un peu à part grâce à mes liaisons internationales. C'est moi qui assurais le contact avec Nicolas Chaoui, le dirigeant communiste libanais, et avec la direction du parti communiste palestinien.

« Je suis resté en termes très amicaux avec Henri, que je voyais fréquemment, mais nous ne travaillions pas sur la même ligne. »

Trois crocodiles dans le marigot égyptien. A quoi bon nier le jeu de l'humaine ambition ? Ils étaient convaincus que l'Egypte attendait son Lénine et chacun proposait sa candidature — au moins jusqu'à la prise du Palais d'hiver. Ils savaient que leur origine les obligerait à l'effacement mais cela ne les gênait pas. Leur ambition n'était pas médiocre. La révolution les passionnait : le pouvoir irait à d'autres. Au mitan du siècle, aucun communiste n'aurait eu l'idée saugrenue que l'origine étrangère d'un camarade pût le disqualifier pour un travail révolutionnaire dans un pays donné. L'Internationale dépêchait ses experts sur les points chauds de la lutte de classe mondiale : Borodine en Chine, Fried en France, Walter en Espagne. Pourquoi pas Curiel ou Schwartz ou Israël en Egypte ? Mais ils étaient deux de trop.

Trois orphelins de l'Internationale. L'injustice serait grande de les imaginer en petits chefs sûrs d'eux-mêmes et dominateurs aspirant à régner sans partage sur le fief égyptien. Si Staline n'avait pas dissous le Komintern en 1943 pour des raisons d'opportunité internationale, le destin de l'Egypte eût peut-être été changé car le mortel éparpillement des forces communistes n'aurait pas eu lieu. A tout moment, l'investiture donnée par Moscou à l'une des organisations rivales aurait opéré le ralliement sans hésitation ni murmure de toutes les autres. Cette investiture, faute d'être octroyée d'en haut, fut inlassablement quémandée d'en bas, mais de manière si criarde et si incohérente qu'elle ne vint jamais. Chacun des groupes rivaux usait de ses contacts internationaux pour obtenir au moins la disqualification des autres. Déjà en 1942, lors du repli stratégique imposé par Rommel sur la Palestine, le parti communiste palestinien, très écouté à Moscou, avait été assiégé par les factions égyptiennes ; s'il était difficile à chacune de présenter un bilan positif ou des perspectives tangibles, le dénigrement des rivaux était plus aisé. Les dirigeants étrangers acquirent rapidement le sentiment que les communistes égyptiens n'étaient qu'une poignée de petits ou grands bourgeois

157

engagés dans d'inexpiables combats de coqs relevant davantage de la politicaillerie que de la lutte révolutionnaire.

L'investiture si ardemment recherchée dépendait désormais du parti communiste français. La règle voulait que les communistes d'un pays colonisé dépendissent du parti communiste de la puissance colonisatrice. Ainsi le parti français guidait-il, à travers l'un de ses organes appelé — cela ne s'invente pas — le Bureau colonial, les organisations communistes de l'empire colonial français, auxquelles il ne se lassait pas de répéter, selon une conception politique jacobine, que leur victoire serait la conséquence inéluctable de la victoire du socialisme en France. Le « grand frère » naturel des communistes égyptiens aurait dû être le parti anglais, mais ce parti restait une si petite chose, et le rayonnement de la France en Egypte était si grand (sans parler de la proximité géographique du Liban et de la Syrie) que le PCF avait été désigné pour guider les pas des camarades égyptiens sur le chemin de la révolution. On assista donc, dès la fin de la guerre, à une démarche pittoresque sans précédent dans l'histoire du mouvement communiste international : les diverses organisations égyptiennes se mirent d'accord pour embarquer sur le premier bateau en partance pour la France — le *Ville de Lumière* — une délégation composée de représentants de chaque faction afin que le « grand frère » entende plaidoiries et réquisitoires, et tranche en connaissance de cause. Le voyage fut maussade, les délégués s'observant en chiens de faïence ; le résultat, décevant. A la tête du Bureau colonial régnaient André Marty, Léon Feix, Elie Mignot — hommes tout d'une pièce formés à la sévère école stalinienne, peu sensibles aux froissements d'âme égyptiens, portés par principe à la méfiance envers les transfuges de la grande bourgeoisie, avertis au surplus des tristes antécédents du mouvement communiste en Egypte. Le Bureau colonial exhorta à l'union. Il eût fallu l'imposer. Mais c'était s'obliger à choisir. Le choix n'était pas facile entre le fils du banquier de Zamalek et celui du médecin de la famille royale égyptienne. Même un Marcel Israël faisait pour Marty ou Mignot un prolétaire un peu coquet. Et les rivalités opposant les hommes étaient si fortes qu'elles occultaient les différences entre programmes et lignes politiques qui eussent dû fournir le critère de sélection le plus sérieux.

Quarante ans après, alors que le rouleau compresseur de l'Histoire a passé sur la grande espérance qui souleva leur jeunesse, les vétérans ne font pas la tâche aisée à l'enquêteur. L'exil conserve dans son formol le fœtus du combat avorté ; la patine du temps n'a point assoupi l'éclat des querelles, et c'est avec une passion toujours adolescente que les sexagénaires évoquent les dérives droitières ou gauchistes de leurs lamentables rivaux. La voix assassinée d'Henri Curiel ne manque pas au concert grâce à quelques cassettes enregistrées juste avant sa mort : emporté par une fureur intacte, il y fulmine des anathèmes vieux d'un demi-siècle et l'oreille s'étonne de l'entendre exalter sur le ton de l'épopée « la juste ligne de Younès » (Younès était son pseudonyme). On serait porté à sourire ou à s'irriter si une telle pugnacité ne témoignait pas de l'authenticité d'un engagement absolu, irréversible, qui ne se dégrada chez aucun dans l'obscène scepticisme rétrospectif habituel à leurs contemporains européens.

Le plus difficile est de reconstituer le problématique schéma des lignes politiques, stratégies, tactiques : l'ordre de bataille des forces politiques en présence. Les documents d'archives n'existant pas, sauf exceptions rarissimes, Hillel Schwartz a probablement raison de mettre en doute la possibilité d'une histoire du mouvement communiste égyptien fondée sur des témoignages partiels et partiaux. La mémoire recompose agréablement la réalité sans que la bonne foi s'en trouve offusquée. Ainsi Henri Curiel, évoquant le pacte germano-soviétique, affirmera-t-il que Georges Pointet mettait dans le même sac nations démocratiques et pays fascistes pour conclure au caractère strictement impérialiste de la guerre, ce que lui-même contestait. Au vrai, tous les témoignages assurent le contraire : rallié au pacte par Pointet, Henri affiche pendant quelques mois le zèle des nouveaux convertis et exaspérait son entourage — spécialement Raoul — en se réjouissant bruyamment chaque fois qu'un cargo anglais était coulé par un sous-marin nazi ; Pointet avait dès le début montré meilleur discernement. Or le respect et la profonde amitié d'Henri Curiel pour son mentor en communisme excluent toute manipulation consciente des faits ; simplement, trois décennies avaient passé. De même Curiel écrira-t-il peu avant sa mort qu'il eût volontiers rejoint le groupe de Marcel Israël dont allait naître Libération du peuple, mais qu'il fut « horrifié » d'apprendre sa volonté de mener une lutte vigoureuse en faveur de l'athéisme. Sautant sur l'occasion de rendre une fois de plus hommage à « ce merveilleux collège des jésuites de Fagallah dont je garde un si bon souvenir et à qui je suis reconnaissant d'avoir développé en moi des valeurs morales élevées et de m'avoir dispensé l'enseignement d'une philosophie — le néo-thomisme — qui m'a donné l'exigence d'une conception du monde véritablement globale que j'ai retrouvée dans le marxisme » (son verbe était ailé mais sa plume pesait lourd), Henri Curiel de conclure avec bon sens : « En Egypte, pays où la foi était si profondément enracinée, lutter contre la religion était une entreprise véritablement suicidaire. » Mais Marcel Israël, taxé de crétinisme résolu, s'étrangle d'indignation : « C'est fou ! Je n'étais quand même pas si idiot ! Sachez que j'interrompais toujours mes cours de marxisme — et j'en ai donné des centaines — pour que mes étudiants fassent leur prière. J'aimais bien Henri mais vous avez là un exemple typique, etc. »

Ils ont quitté l'Egypte avec un Waterloo dans la musette mais s'entendent à vous faire entrevoir au bout de leur juste ligne politique le triomphal Austerlitz dont les a frustrés tel « vieux camarade » obtus.

Marcel Israël et Libération du peuple prônaient l'égyptianisation à tous crins et la prolétarisation du mouvement. Tout le monde s'accorde à leur reconnaître un pourcentage d'Egyptiens prolétaires sans équivalent ailleurs, mais si la qualité de l'échantillon militant était excellente, sa quantité limitée réduisait son influence politique. Libération du peuple avait la pureté d'une expérience de laboratoire.

Hillel Schwartz sait son Iskra attaquée sur sa composition majoritairement européenne, moquée pour une certaine tonalité bourgeoise, contestée à cause de la préférence donnée à la théorie sur la pratique : il est aujourd'hui intarissable sur sa volonté d'égyptianiser, sa pénétration dans les milieux populaires et l'efficacité de sa pratique militante.

Henri Curiel savait que son MELN était taxé d'opportunisme, de faiblesse organisationnelle congénitale et d'activisme politique, aussi n'avait-il pas son pareil pour structurer a posteriori (« 1943-1945 : période utérine où le parti est en travail sur lui-même, etc. ») un mouvement qui inventait sa façon de marcher en mettant un pied devant l'autre.

Il serait vaniteux de prétendre juger quand le Bureau colonial lui-même s'est abstenu. Mais l'Egypte n'allait pas hésiter à trancher, et vite.

L'Histoire, dit-on, ne se répète pas : elle bégaie. L'Egypte s'inscrit en faux, qui voit la seconde guerre mondiale répéter en l'amplifiant la déjà formidable commotion de 14-18. « Le premier conflit, écrivent Jean et Simonne Lacouture, avait fait de l'Egypte une nation. La guerre de 1939-45 fit d'elle une sorte de puissance (1). » La présence sur son sol d'armées et de services alliés frôlant le million d'hommes donnait un coup de fouet à son économie tandis que la rupture des communications avec l'Europe débarrassait son industrie

(1) *Op. cit.*, p. 92.

de toute concurrence sérieuse. Les Lacouture citent des chiffres révélateurs : « De 1940 à 1943, les dépôts dans les banques passaient de 45 millions de livres à 120 millions. Les sociétés comme " Egyptian hotels " triplaient de 1940 à 1944 les dividendes payés à leurs actionnaires. Le nombre des millionnaires (en livres) passait dans le même temps de 50 à 400... La " Société Misr pour la filature et le tissage ", qui payait 11 % de dividendes en 1938, en payait 22 % en 1942... Au mois de mars 1942 monsieur Ali Chamsy signalait dans son rapport à la National Bank dont il était le président " la prospérité due à l'afflux des capitaux étrangers à la suite des achats de coton effectués par la Grande-Bretagne et aux dépenses des armées alliées ", et il relevait que " les bénéfices des sociétés industrielles ont doublé depuis la guerre ". Enfin, l'Egypte se trouvait à la fin de la guerre détenir sur la Grande-Bretagne une créance de 300 millions de livres : fournitures, indemnités, dommages de guerre. »

Tandis que le nombre des millionnaires en livres était multiplié par huit, l'indice des prix passait de 131 à 353 ; les petits paysans ne parvenaient plus à payer leurs impôts ; les besoins alimentaires, avec l'arrêt des importations de céréales et un million de bouches supplémentaires à nourrir — dont chacune mangeait comme cinq Egyptiens — n'étaient plus couverts par la production nationale, malgré une réduction des surfaces consacrées au coton. « A la tribune de la Chambre, Ismaïl Sedky accusait les troupes alliées d' " affamer le peuple ". » En janvier 1942, un député wafdiste déclarait au journal *el-Misri* : « A la veille de la Révolution française, le peuple de Paris criait : " Nous voulons du pain ! " Ainsi vient de faire le peuple du Caire en attaquant les convois de blé... La situation de ce pays peut être qualifiée de révolutionnaire. »

L'industrialisation galopante avait augmenté de près de moitié le nombre des ouvriers et drainé vers les grandes villes une masse de déracinés campant dans les faubourgs. Le déluge humain commençait de s'abattre sur Le Caire, qu'il finirait par submerger.

La guerre et l'occupation de l'Europe par les nazis avaient enfin fait de l'Egypte une plaque tournante de la politique internationale. Le Caire, escale obligée entre Londres et Alger d'une part, Moscou d'autre part, avait été l'un des hauts lieux de la diplomatie alliée. La Ligue arabe, créée en octobre 1944 sur initiative anglaise, y avait installé son siège permanent, promouvant la capitale égyptienne à la dignité symbolique de capitale du monde arabe. La Grande-Bretagne sortait de la guerre auréolée de sa plus haute gloire, mais rompue, ruinée, croulant désormais sous ce que son poète impérial appelait drôlement « le fardeau de l'homme blanc » — l'empire.

Renversement du rapport de force international et, dans le pays, fossé vertigineux entre les profiteurs de la guerre et ceux qu'elle affamait : l'Histoire frappait à la porte de l'Egypte.

L'incomparable mérite d'Henri Curiel est de l'avoir entendue. Son oreille, c'est vrai, était et resterait infiniment sensible à l'appel à l'action. Il a toujours cru qu'il y avait quelque chose à faire. Les attentistes l'agacèrent d'abord parce que son tempérament était à l'inverse ; puis l'expérience lui apprit que pour certains dirigeants ou militants politiques, la situation n'est jamais assez mûre que lorsqu'elle est blette. Il n'était pas homme à prier l'événement de repasser à une date ultérieure sous prétexte qu'il manquait un bouton de guêtre. Mais s'il lui arriva d'être imprudent et de confondre action et activisme, ce n'est certes pas en Egypte.

Son intuition majeure, qui suffirait à elle seule à le hisser au rang des grands politiques (ils ne sont pas forcément des théoriciens de haut vol) est d'avoir pressenti la puissance de la volonté de libération nationale. C'était prévoir le fait politique majeur de la deuxième moitié du xxe siècle. Aux années quarante, cette clairvoyance fut très peu partagée. Il n'était point besoin d'être grand clerc pour supputer que la planète, chamboulée par un conflit sans précédent, roulait vers des avenirs sidérants. Mais qui, même et surtout parmi les communistes, imaginait que la nation, tarte à la crème du xixe siècle un peu escamotée par Marx et Lénine, opérerait un tel retour en force ? Combien avaient prêté l'oreille au surprenant vocabulaire de Staline qui, la Wehrmacht sous les murs de Moscou, s'adressait aux siens en les appelant « frères russes » et exaltait le souvenir des généraux tsaristes vainqueurs de Napoléon ? Lequel des experts du Bureau colonial aurait pris au sérieux l'hypothèse que le prolétariat des peuples serfs ne recevrait pas l'émancipation politique et sociale des mains expérimentées du prolétariat « grand frère » mais que ces peuples, bourgeoisie et prolétariat mêlés, avec dans le sac à dos le vieux bric-à-brac folklorique, légendaire, historique, religieux, culturel — affirmant leur existence à partir de leurs différences — partiraient en guerre pour accéder à la dignité de nation ? Qui prévoyait que les grandes batailles de la seconde partie du siècle seraient livrées, non pas par les austères régiments en bleu de chauffe du prolétariat conscient et organisé, mais par des bataillons aussi hétéroclites qu'hétérodoxes prenant pour uniforme le chatoyant costume national ?

Schwartz, Israël — tous les autres — entendaient eux aussi l'Egypte gronder dans ses chaînes et revendiquer sa dignité nationale. Le mur invisible ceignant le ghetto européen n'étouffait pas les rafales de mitrailleuse qui, à intervalles réguliers, couchaient les patriotes dans la poussière des rues. Simplement, ils appliquaient au phénomène la grille de déchiffrement marxiste et posaient la question infiniment pertinente : « L'indépendance pour quoi faire ? » (et les peuples, ces simples, de répondre : « Pour être indépendant. ») Ils tenaient pour duperie une indépendance consistant à échanger le maître anglais contre l'exploiteur égyptien, refusaient de servir d'infanterie à la grande bourgeoisie autochtone dont les intérêts se mélangeaient depuis cinquante ans avec ceux de l'occupant, proclamaient que le front de classe ne pouvait se dissoudre, à peine de trahison, dans un front national impur. La position était théoriquement impeccable et d'un bon sens écrasant, mais la pratique allait démontrer que le front de classe serait enfoncé partout où l'on tenterait de le mettre en place et que les luttes d'émancipation nationale menées sur trois continents iraient à la victoire sous l'égide d'un front national imposé par la volonté populaire. Sauf à dissoudre le peuple et à en élire un autre, comme disait Brecht, il faut bien faire avec. Pour l'avoir compris au terme d'une analyse intellectuelle, pour l'avoir ressenti viscéralement par un étonnant processus de symbiose qui ferait d'un juif apatride l'un des grands citoyens du tiers-monde, pour avoir prévu que la lame de fond de la revendication nationale allait déferler, mêlant le pur et l'impur, mais gigantesque, irrésistible, et qu'il fallait la chevaucher ou se condamner à rester sur le sable, Henri Curiel serait traité par ses camarades et rivaux communistes de « criminel de bas étage vendu à la police », d' « agent fasciste » et de « chien de garde du capitalisme » (toutes expressions qui, dans le contexte de l'époque, tendaient à exprimer un sérieux désaccord politique).

A la fin de la deuxième guerre mondiale, et malgré le boom économique, le prolétariat industriel égyptien représentait trois pour cent de la population.

En octobre 1944, Farouk avait sèchement congédié Nahas Pacha, chef d'un cabinet wafdiste imposé deux ans plus tôt par les chars d'assaut britanniques. On vit bien, au calme complet de la rue, la désaffection où était tombé le Wafd. Le choix du roi se porta sur Sedky Pacha, homme habile et brutal dont les méthodes de gouvernement étaient franchement dictatoriales.

Tout commença en 1945 par un échange de notes apparemment anodin entre Le Caire et Londres. La guerre était finie mais l'armée anglaise continuait d'occuper le pays, villes comprises, et la partie égyptienne souhaitait éclaircir certaines obscurités du fameux « traité de l'honneur et de l'indépendance » de 1936. Sous le ton paterne du vocabulaire diplomatique, la question posée était celle de l'avenir du pays : l'Angleterre était-elle enfin disposée à l'évacuer, fût-ce pour regrouper ses forces militaires dans la zone stratégique du canal de Suez ? Les négociations traînant en longueur, la colère monta dans les faubourgs ouvriers et chez les étudiants, prompts à s'embraser. Tous regardaient vers le Wafd, assurés que le vieux parti de l'indépendance saisirait l'occasion de se réhabiliter. Il était influent chez les étudiants, qui formaient son aile gauche et lui servaient de fer de lance. La rentrée des cours était fixée au 6 octobre. D'un mot, le Wafd pouvait faire descendre l'Université dans la rue.

Le MELN imprima et distribua dix mille tracts, les uns s'adressant aux « masses » ; les autres « à l'armée et à la police ». Les militants conservent un souvenir exalté de cette distribution massive : pour la première fois, le mouvement sortait de la clandestinité et signait un appel à l'action.

Le Wafd resta muet. La rentrée universitaire fut fiévreuse mais sans incident. Le MELN connut sa première scission. Un cadre, convaincu que l'analyse curiélienne du « flux révolutionnaire inéluctable » se révélait fausse, partit avec ses troupes et fonda le parti communiste des peuples de la vallée du Nil, seul parti au monde à être formé exclusivement d'employés du fisc.

Le 9 février 1946, les étudiants sortent en foule de l'Université du Caire en criant des slogans antibritanniques. Ils s'engagent sur le pont Abbas, face à l'Université, pour se rendre au Parlement. A l'époque, le pont est tournant. Le chef de la police, Selim Zaki, a massé ses hommes sur l'île de Rodah, à l'autre extrémité du pont. Un général anglais supervise les opérations. Lorsque les étudiants arrivent au contact, Zaki donne l'ordre de tirer et, dans le même temps, fait ouvrir le pont tournant sous les pieds des manifestants. Des dizaines d'étudiants sont précipités dans le Nil. Officiellement, une vingtaine de noyés. Raymond Stambouli, qui était de la manifestation, estime leur nombre au double. Plus de cent étudiants sont blessés. Le soir même, le général anglais est fourré par l'ambassade dans un avion pour Londres.

Le Caire s'embrase. Le lendemain de la tuerie, les étudiants élisent en présence de leurs professeurs un comité exécutif de cent quinze membres chargé d'organiser la lutte. Des comités de base se créent spontanément dans les écoles secondaires et techniques. Le faubourg de Choubrah el-Kheima, avec ses centaines de petites usines textiles

164

représentant la plus forte et la plus combative concentration ouvrière du pays, se mobilise, entraînant dans son sillage le centre industriel de Mehalla el-Kobra. Chez les étudiants comme chez les ouvriers, les communistes sont à l'initiative, toutes organisations confondues tant la passion est vive, et ils sont l'âme du Comité national des étudiants et ouvriers créé pour regrouper et représenter les centaines de comités de base, même si l'on y trouve aussi des syndicalistes progressistes, des wafdistes de gauche et des Frères musulmans (ces derniers ne resteront pas). Le secrétaire du Comité national est Hussein el-Kazeim, militant de Libération du peuple ; les réunions se tiennent au sous-sol de la Bourse des valeurs du Caire où Marcel Israël a créé une cellule communiste, à la librairie du Rond-Point et aux Amitiés françaises. « On peut dire, déclare Israël, que les communistes étaient à cent pour cent à la tête du mouvement. » Le constat est pour une fois unanime.

Le Comité appelle la population à manifester massivement le 21 février : « Ce jour-là, le peuple égyptien montrera à l'Angleterre et au monde qu'il est prêt à un combat qui ne se terminera qu'avec l'indépendance. » Les syndicats décrètent la grève générale. En face, Sedky bourre de soldats Le Caire et les grandes villes. Ce sera l'épreuve de force.

Au matin du 21, l'Egypte est totalement paralysée par la grève. Un pays mort. Puis, l'après-midi, les villes, tel un cœur se reprenant à vivre, battent de la sourde et lourde pulsation scandée par le pas de centaines de milliers de manifestants. Au Caire, les cortèges convergent vers la place d'Ismaïlia, où se dressent, sinistres, les casernes de l'occupant. Les mitrailleuses anglaises en batterie derrière les grilles ouvrent le feu. On relève trois morts et cent vingt blessés.

Le Comité national décrète le deuil pour le 4 mars, date des obsèques des trois patriotes abattus. Il est suivi. Alexandrie prend le relais du Caire et organise une manifestation rassemblant la quasi-totalité de la population.

Le 8 mars, le Premier ministre Atlee annonce aux Communes l'évacuation par l'armée anglaise de la vallée du Nil égyptienne. Les troupes resteront désormais concentrées dans la zone du canal de Suez.

Le mouvement patriotique avait remporté une victoire. Pour le gouvernement Sedky, le problème était de faire en sorte que cette victoire ne débouchât pas sur une révolution. C'était si peu acquis que, trente-cinq ans après, des historiens engagés écrivent des thèses pour déplorer l'occasion manquée. La situation économique et sociale était explosive. La fin de la guerre et de ses juteux profits ; la réouverture du pays à la concurrence internationale ; le licenciement massif de cinquante mille ouvriers travaillant dans des entreprises devenues non compétitives et de deux cent cinquante mille autres, surnommés « ouvriers de la guerre » parce qu'ils travaillaient pour les armées alliées ; la flambée des prix ; les difficultés lancinantes de la petite paysannerie ; dans les villes, l'alliance des ouvriers et des étudiants scellée dans le sang ; un réseau serré de comités de base courant à travers le tissu urbain : tout concourait à faire lever sur l'Egypte une tempête révolutionnaire.

Sedky Pacha, impavide, donna audience au Comité national des étudiants et ouvriers. Et la délégation ne trouva très exactement rien à lui dire, sauf à exprimer, ce qui allait de soi, la volonté populaire de voir l'Egypte accéder à une complète indépendance. Né au pont Abbas dans la douleur et l'indignation, le Comité n'avait ni programme à long terme ni perspectives à court terme.

« A l'époque, devait écrire beaucoup plus tard Henri Curiel, on peut dire que les masses étaient prêtes à continuer à nous suivre. Mais nous ne savions plus où les mener : notre inexpérience était totale. Nous n'avons pas été les seuls à en prendre conscience. Sedky Pacha s'en rendit parfaitement compte... On peut nous le reprocher mais il faut se rappeler que nous avions tout juste six mois d'expérience dans la direction politique et que nous avions affaire à une situation interne qu'on pourrait qualifier de complètement anarchique. Notre structure d'organisation n'existait plus, tous les compartimentages avaient sauté... » Ailleurs, il précise : « Le nombre de nos cadres n'atteignait pas la vingtaine et les plus vieux avaient moins de trois années d'activité au sein d'une organisation encore dans l'enfance. »

Sévère autocritique qui semble donner raison à Hillel Schwartz et aux tenants de la construction progressive d'un parti pourvu de cadres bien formés. D'un autre côté, Henri Curiel et ses camarades du MELN avaient été les seuls à prévoir dès le mois d'octobre la vague populaire qui déferlerait en février. Et l'expérience avait démontré que dans la passion brutale de l'événement, les militants d'Iskra n'étaient pas les derniers à passer à l'action...

En quelques semaines, Sedky Pacha disloqua le Comité national en enfonçant un coin entre ouvriers et étudiants non-communistes, le coupa de sa base par une répression sélective, effaça l'un après l'autre les comités locaux.

Mais, pour la première fois depuis 1919, le peuple égyptien s'était battu sous une direction qui n'était pas celle du Wafd. Une poignée de dirigeants et quelques centaines de militants communistes l'avaient conduit à une victoire spectaculaire contre l'occupant britannique. Un pareil succès obtenu dans le désordre donnait à imaginer ce que permettrait le regroupement de toutes les forces se réclamant du communisme. Le problème de l'unité était posé.

De toutes les accusations de trahison portées au cours de sa vie contre Henri Curiel, la seule fondée est sans doute celle que lui répétait son malheureux père : « Tu es traître à ta classe. » Il était passé avec armes et bagages dans l'autre camp. Nombreux sont les transfuges de la bourgeoisie mais rarement en vit-on franchir la ligne avec autant de simplicité et sans même un regard jeté par-dessus l'épaule.

Ce naturel écrasant compliquait les relations avec ses interlocuteurs de même origine. Ils trouvaient que Curiel en remettait dans l'authenticité prolétarienne. Après tout, l'itinéraire menant d'un petit palais de Zamalek aux prises de parole dans les usines de Choubrah méritait un regard distancié, sinon amusé. Sans tomber dans le dégoûtant « quel roman que ma vie ! », mot de midinette prononcé par Napoléon, le fondateur du MELN aurait pu indiquer que le pittoresque de la situation ne lui échappait pas. Mais Henri Curiel, s'il était d'une grande gaieté dans le quotidien, n'avait guère le sens de l'humour, surtout s'agissant de lui-même. Ses origines, la banque paternelle, la douzaine de domestiques, les grands domaines agricoles : il ne lui venait même pas à l'esprit qu'il dût les assumer, fût-ce dans la dérision ; il se réjouissait simplement que tout cela existât parce que c'était commode pour l'action. Mansourieh avait servi d'école de cadres et de dépôt de vivres pour les démocrates grecs ; il fit embaucher Ruth Gresh à la banque, où elle s'occupa fort peu de questions bancaires ; le Rond-Point, repaire marxiste, ne tenait que grâce au financement capitaliste ; et la Citroën traction-avant plus rapide que les voitures des flics égyptiens permettait de casser les filatures. On eût dit que son itinéraire subjectif était à l'inverse de la réalité. Il ne se comportait pas comme un transfuge de la bourgeoisie retournant contre sa classe d'origine, avec un sourire cynique, les facilités offertes, mais comme un agent introduit subrepticement dans le dispositif ennemi et utilisant sans vergogne les moyens trouvés sur place. Il ne comprit jamais quel malaise engendrait chez beaucoup une attitude qui lui semblait aller de soi. Il n'envisagea même pas, tant sa métamorphose était naturelle, que certains, se souvenant d'où il sortait, en viendraient à douter de ce qu'il était, ou s'efforçait selon eux de paraître, et que la double personnalité qu'on lui imputerait avec ou sans malice conduirait quelques-uns à supposer du double jeu.

Il fut toujours effroyablement mal à l'aise avec les grands bourgeois progressistes, les intellectuels de haut vol, les hommes de pouvoir. Ahmed Ben Bella, qui le recevait avec amitié au palais de la présidence algérienne, avait en face de lui un Curiel crispé, rétracté, et la tension était telle que la fin de l'entretien intervenait comme une délivrance. Ben Bella était pourtant bonhomme, qui demandait au détour d'une phrase : « De combien avez-vous besoin ? », piochait dans le profond tiroir de droite de son bureau et en extirpait des liasses serrées de billets de banque qu'il emballait tant bien que mal dans un numéro du *Moudjahid*. Rien ne parvenait à dénouer Henri. Didar Rossano, présente à la plupart des entretiens, en sortait malade d'énervement. Paralysé par le trac, il se faisait en effet accompagner par l'un ou l'autre de ses fidèles à ses rendez-vous avec des personnalités importantes et concluait à la sortie d'une voix résignée : « Je lui ai fait très mauvaise impression. »

Dès l'Egypte, ses rapports avec les militants de base furent au contraire de totale connivence. Ils étaient les siens ; il était des leurs. Symbiose étonnante qui, autant que la gêne avec les autres, est probablement au cœur du mystère de l'homme Henri Curiel. Par quel mécanisme d'occultation psychologique, abolissant sa vie antérieure comme on efface un enregistrement sur une bande magnétique, pouvait-il se comporter comme s'il sortait d'un taudis de banlieue ou d'une masure de village ? Où trouvait-il l'assurance que leurs regards posés sur lui ne verraient pas *aussi* le rejeton de la caste honnie ?

Mohamed Hassan Gad, dit Boorok, rencontré en 1982 au siège du Parti du rassemblement — seule organisation de gauche tolérée par Sadate — dont il garde les locaux ; petit, maigre, enveloppé de plusieurs chandails superposés, lunettes d'écaille, drôle de casquette à oreillettes, fumant cigarette sur cigarette malgré un cancer à la gorge (il rentrait de se faire opérer à Moscou, où son petit-fils étudie l'économie et les sciences politiques), né en 1910 au Caire, ouvrier menuisier, wafdiste, une balle anglaise dans la jambe lors d'une manifestation dans les années trente, rallié au MELN en 1943 après trois séjours en prison (il en fera encore trois autres, soit un total de quinze ans d'incarcération) : un titi cairote prompt à la répartie et peu porté à la révérence : « Quand j'ai appris la mort d'Henri, j'ai pleuré et il m'arrive encore de pleurer en pensant à lui. En tant qu'ouvrier, il m'a comblé le cœur plus que n'importe qui. C'était quelqu'un qui t'aimait et te respectait. Ça veut dire que tu pouvais compter sur lui, même pour t'engueuler s'il n'était pas d'accord, mais il le faisait

169

comme un frère. Il faut comprendre parce que c'est important. Une fois, le chef des Frères musulmans de mon quartier a annoncé une réunion publique. J'ai décidé qu'elle n'aurait pas lieu. Je me suis barricadé dans le local avec plein de cocktails Molotov. Une heure avant la réunion, Younès arrive — Younès, c'était Henri. " Qu'est-ce que c'est que cette histoire ? " Je lui ai expliqué que l'autre salaud avait essayé une fois de me tuer et que je voulais me venger. Il m'a dit : " Toi, tu ne peux pas être communiste. Tu peux toujours faire un terroriste comme n'importe quel criminel sans idéologie. " — " Pourquoi ? " — " On défend la liberté d'opinion. Comment peux-tu vouloir empêcher les Frères de s'exprimer ? Quelle différence entre toi et la réaction ? " — " Alors, je les laisse parler ? " — " Oui, et tu organises ensuite une réunion pour leur répondre. On ne combat pas une opinion par le terrorisme. " Une autre fois, j'oublie un rendez-vous avec lui parce que j'étais en train de plumer un richard aux cartes — mais en aidant un peu la chance, si vous voyez ce que je veux dire. J'ai expliqué le coup à Henri. Il m'a dit : " Décidément, tu n'es pas capable de faire un communiste. Tu as commis trois fautes. Un : tu as oublié le rendez-vous. Deux : tu joues aux cartes. Trois : tu voles ton partenaire. Tu n'as pas d'honneur. Tu es dans la pourriture du système. " Ça m'a secoué et je lui ai promis de ne plus jamais toucher aux cartes. Il m'a dit : " Ça ne suffit pas. Va chez ton partenaire et rends-lui l'argent avec tes excuses. " Je l'ai fait, bien que le type était vraiment riche. » Etrange dialogue entre le fils de banquier et le menuisier, entre un néophyte de la lutte politique et le vétéran portant dans sa chair la cicatrice laissée par une balle ennemie...

Guindé face à tant d'autres, il s'abandonnait avec les militants à une confiance totale, se liant à eux dans une intimité affectueuse, vivant au plein sens du terme la fraternité formellement invoquée dans les partis, et il s'étonnait sincèrement qu'on s'en étonnât tant le bonheur d'être ensemble lui semblait naturel. C'est bien sûr d'une plume grinçante qu'on rapporte ce souvenir du mécanicien Badr : « En 1946, quand j'arrivais chez lui les pieds meurtris d'avoir marché toute la journée d'un rendez-vous à l'autre, il m'apportait une bassine d'eau chaude pour me laver les pieds. » Le symbole christique nous accable de gêne. Mais Badr, peu sensible aux symboles, surtout christiques, se souvient seulement d'un homme qui était un grand dirigeant politique et se souciait néanmoins de l'état de ses orteils. Et s'il est vrai que ce dirigeant était un théoricien d'une simplicité biblique, écrivons sans fausse honte qu'il fut un homme d'une générosité évangélique (si tant de chrétiens aimèrent ce marxiste convaincu, c'est qu'ils le voyaient vivre au jour le jour selon leur évangile). Lorsque des militants égyptiens rescapés de vingt ans de luttes et de dix ans de bagne vous parlent en pleurant d'un homme perdu de vue depuis trois décennies — non pas du chef politique : de l'homme — il faut croire qu'il a su s'en faire aimer.

Henri Curiel fut en Egypte le seul détenu dont il fallait changer chaque semaine le geôlier : « Il ne traitait jamais son gardien comme un adversaire, bien au contraire. Il l'accueillait avec le sourire, s'informait de sa situation, de ses problèmes. Le deuxième ou le troisième jour, le gardien se retrouvait en train de parler de ses enfants et de leur avenir. Henri le conseillait. Il poussait toujours à faire des études. Alors on parlait école primaire ou secondaire, cycle technique, etc. en fonction du caractère et des aptitudes de chaque enfant. Le geôlier finissait par se dire : " Ce n'est pas possible, ce type est un ami, il est le seul à s'intéresser vraiment à moi. " Au bout d'une semaine, il était totalement conquis et aurait fait n'importe quoi pour Henri. »

Mohamed Chatta était un homme selon son cœur.

Roger Vailland datait de sa rencontre avec Chatta sa décision de devenir communiste. L'auteur célébré de *Drôle de Jeu* connaissait Gaby Aghion, établie depuis la fin de la guerre à Paris, et lui avait demandé des recommandations pour un séjour au Caire. « Roger était quelqu'un d'un peu farfelu et je pensais qu'Henri lui plairait », dit Gaby Aghion, faisant gentiment d'une pierre deux coups. Le troisième fut un coup de foudre réciproque. Les deux hommes avaient tout en commun et ne se ressemblaient en rien : c'est le terrain le plus fertile pour l'amitié. La leur ne serait rompue que par la mort. Vailland retrouvait en Curiel son romantisme, sa faculté d'enthousiasme, le besoin contraignant d'un environnement de sensuelle féminité ; il l'admirait, aspirant lui-même à devenir « un vrai bolchevik » mais notant dans son Journal : « Acheté aujourd'hui un manteau de cuir qui sera épatant pour faire la révolution », d'avoir franchi la ligne et dépouillé le vieil homme.

Curiel et ses amis connaissaient Vailland de réputation et avaient lu ses livres ; aussi s'étaient-ils résignés d'avance à le voir détourné « par les belles filles d'Iskra ». Mais la visite du faubourg cairote de Choubrah el-Kheima fut l'épisode décisif du voyage. Allant d'un taudis à l'autre, découvrant une misère inimaginable, Roger Vailland éprouva le même choc qu'Henri Curiel avait reçu en soignant les fellahs de son père. Puis ce fut la rencontre avec le militant Chatta.

Mohamed Chatta, ouvrier du textile, vivait et travaillait à Choubrah el-Kheima, où s'entassaient à l'époque plus de cent mille habitants. La main-d'œuvre ouvrière était exploitée dans plusieurs centaines de petites usines ou ateliers de tissage. La multiplicité des entreprises gênait l'organisation de vastes mouvements revendicatifs mais interdisait en revanche une répression efficace de l'activité syndicale. A Mehalla el-Kobra, autre centre textile où la main-d'œuvre était regroupée dans quelques puissantes entreprises, tout ouvrier indocile était renvoyé et porté sur une liste noire. Choubrah comptait trop d'employés pour qu'un barrage efficace fût mis en place par le patronat.

De janvier 1945 à décembre 1946, deux cent vingt-six grèves furent enregistrées à Choubrah. Mouvements d'importance inégale, mobilisant parfois dix mille ouvriers et paralysant la production, limités souvent à quelques usines dont les patrons de combat refusaient d'accorder à leur personnel ce qui avait été concédé ailleurs. Choubrah était le foyer révolutionnaire d'où jaillirent, en février 1946, les colonnes parties prêter main-forte aux étudiants du Caire. La classe ouvrière égyptienne avait les yeux fixés sur lui. C'est à son exemple que les ouvriers des grandes usines de Mehalla el-Kobra votèrent, au mois de septembre 1947, la grève avec occupation des locaux. La police tua quatre hommes et en blessa quarante.

Peu avant son assassinat, Henri Curiel disait de Chatta : « Je vois traiter comme des héros des gens qui n'ont pas fait le centième de ce qu'il a fait. » Si le mot « héros » signifie quelque chose dans l'action politico-syndicale, Mohamed Chatta était en effet le héros de Choubrah el-Kheima. Inventif, courageux, infatigable, il créa les conseils d'usine, sorte de soviets regroupant dans chaque entreprise les éléments les plus dynamiques. Sans cesse sur la brèche, il parcourait les ateliers, grands ou petits, suscitait la riposte, organisait l'offensive. Son rôle fut prépondérant au sein du Comité des étudiants et ouvriers. C'est atteint de typhoïde, rompu par la fièvre, qu'il dirigea les grandes grèves de 1947 ; deux ouvriers le tenaient debout par les épaules tandis qu'il haranguait les foules.

Il entra au comité central du MELN. « Il a été l'un de mes maîtres, écrivit Henri Curiel. Il me disait parfois : " Je ne peux pas répondre à tes arguments, mais tu as tout de même tort... " Et il avait raison. » Avec lui « montèrent » au comité central plusieurs de ses camarades ouvriers. La direction répétait le slogan : « Il faut choubrahiser le parti. » Henri Curiel fit aux ouvriers des exposés sur le livre *Salaire*,

Prix et Profit, qui démonte le mécanisme de l'exploitation ouvrière : « Ceux qui m'écoutaient le comprenaient mieux que moi puisqu'ils le vivaient. Ils pouvaient calculer exactement leur taux d'exploitation. Pour eux, c'était véritablement lumineux. Leur adhésion était immédiate et définitive. »

Porté par le « flux révolutionnaire », le MELN recrutait massivement.

* *

Le Premier ministre Sedky frappa mais manqua sa cible.

Le 11 juillet 1946 à l'aube, munie de listes établies de longue date par les services de l'Intérieur, la police rafla plus d'une centaine de « communistes ». Le même jour, des journaux étaient suspendus, des clubs politiques contraints à la fermeture, et Sedky Pacha, déclarant la sécurité de l'Etat en danger, promulguait par décret-loi des amendements au code pénal égyptien, déjà fort répressif.

Henri Curiel fut cueilli au saut du lit et conduit à la prison de la cour d'appel après perquisition de son appartement. La villa de Zamalek subit elle aussi une fouille minutieuse mais la domesticité était rodée à l'événement : tandis que les policiers montaient les escaliers menant aux chambres, le monte-charge déposait dans les profondeurs de la cuisine, déjà fouillée, les documents compromettants. La librairie du Rond-Point fut fermée avec apposition des scellés.

De la grande rafle, le Parquet ne devait finalement retenir qu'une vingtaine de suspects aussitôt inculpés. Henri Curiel, vedette incontestée du lot, sut en découvrant ses codétenus que la police avait manqué son coup. C'étaient des « communistes historiques » dont le Tout-Caire savait les opinions ; beaucoup étaient journalistes ou écrivains, tel Kamal Abdel Halim. La plupart n'avaient aucune activité militante. Lui-même avait été arrêté à cause de la notoriété et de l'ancienneté de son engagement politique. Aucun des militants ouvriers n'était pris. Ainsi se trouvait justifiée la tactique préconisée par Henri Curiel à ses camarades : pour échapper à la répression policière, il faut « descendre dans les masses ». Les services de Sedky Pacha avaient d'évidence échoué à suivre le MELN dans son immersion.

Comme il arrive souvent lorsqu'un gouvernement monte une provocation policière et décide, par exemple, que des volatiles promis à la casserole sont des pigeons voyageurs dressés à rallier Moscou d'un coup d'aile, la manœuvre de Sedky Pacha sombra dans la mascarade.

La presse aux ordres fit grand cas d'un télégramme saisi au domicile d'Henri Curiel. Il émanait de Paris. Une certaine Soad el-Ramly annonçait qu'elle était bien arrivée et demandait des nouvelles de la santé de Lénine. Un texte si bizarre devait relever du message codé et indiquer l'existence d'une conspiration internationale. On arrêta Fathy el-Ramly, époux de Soad, destinataire du télégramme. Il admit l'avoir oublié chez son ami Curiel. Quant au Lénine en question, c'était son fils. Juliette Hartmann, fidèle de la première heure, se rappelle avoir reçu à Paris, où elle s'était établie en 1945, la malheureuse Soad el-Ramly, déléguée par le MELN au Congrès mondial des femmes : « Politiquement, elle n'était pas du tout formée. Son séjour fut un cauchemar parce qu'elle ne pensait qu'à ses enfants. Elle pleurait tout le temps et je devais sans cesse l'accompagner à la poste pour qu'elle téléphone ou envoie des télégrammes. » Le mari, Fathy el-Ramly, fut sommé d'expliquer pourquoi il avait appelé son fils Lénine. Non sans astuce, il rappela que Lénine avait été le premier dirigeant politique à offrir son concours au héros de l'indépendance égyptienne, Saad Zaghloul, en 1919 ; qu'il avait rendu aux musulmans soviétiques leurs droits religieux et nationaux ; et révélé enfin au monde la diplomatie secrète dans laquelle s'était engagé le tsar, en accord avec les Occidentaux, pour démembrer la Turquie. « C'est pourquoi, en tant qu'Oriental, Egyptien et musulman, j'ai décidé d'appeler mon fils Lénine en humble hommage à la gloire de ce grand homme. » La défense était impeccable. Personne ne lui demanda de justifier le prénom de son cadet, Staline.

Promu chef d'orchestre du « grand complot communiste », Henri Curiel avait droit aux manchettes des journaux. Il était « le millionnaire juif communiste ». Ses photos en short, voûté, décharné, offraient un plaisant contraste avec les titres. On le conduisait aux interrogatoires dans un appareil imposant : huit soldats d'escorte précédés par un officier. D'abord figé dans le mutisme prévu par le code de conduite du révolutionnaire aux mains de l'ennemi de classe, Curiel s'était rendu compte que le juge d'instruction souhaitait surtout noircir du papier pour être en mesure de présenter un dossier. Les séances d'instruction consistaient en longs monologues de l'inculpé développant intarissablement des points obscurs de la philosophie marxiste.

Le régime de la prison de la cour d'appel était bienveillant : le directeur était le père d'Asma el-Bakly, camarade d'Henri depuis cinq ans. La famille avait hébergé Curiel en 1942 lorsqu'il nourrissait l'ambition d'organiser la résistance antinazie au Caire. Grâce à ces

174

liens anciens et affectueux, sa cellule fut la première dans l'histoire carcérale égyptienne à être purgée de sa vermine au DDT.

L'émotion retombée et les dossiers de l'accusation restant vides, les magistrats accordèrent bientôt des libérations sous caution. Le chef du « grand complot communiste » fut l'avant-dernier à être élargi, le dernier étant un trotskyste qui s'était chargé tant qu'il avait pu. Comme il était à l'époque le seul trotskyste connu en Egypte, on pensa qu'il avait voulu compenser l'infériorité numérique par l'inflation activiste. Le principal chef d'accusation retenu contre Henri Curiel était d'avoir « commis le crime consistant à prôner et à propager la doctrine communiste... Il a fondé dans ce but une librairie, et a importé, exposé et vendu au public les livres et documents inscrits dans le procès-verbal de perquisition... Il s'est livré à des activités préparant et rendant possible le changement par la force et la violence des principes fondamentaux de la Constitution et de la Société. »

La police politique ne renonça pas. Cinq mois plus tard, le 5 décembre 1946, un groupe d'inspecteurs en civil appréhendait à une table du *Big Ben* Henri Curiel, Chehata Haroun, Badr et deux autres camarades. Badr excepté, ils passèrent la nuit au commissariat de Cozzika. Chehata pensa mourir de froid (les nuits d'hiver peuvent être glaciales au Caire) et ne dut son salut qu'à la compassion d'un détenu qui lui donna sa couverture. Le lendemain, après perquisition à leur domicile, les détenus étaient écroués à la prison des Etrangers.

Le directeur, sensible à la maigreur d'Henri, lui conseilla vivement de prendre un peu de haschisch pour s'ouvrir l'appétit : le plus grand trafiquant d'Egypte était son hôte forcé et recevait chaque jour une grosse boule de stupéfiant qu'il partageait équitablement entre les gardiens et ses codétenus (lui-même n'en prenait jamais). Henri déclina l'offre mais Chehata Haroun, curieux, goûta pour la première fois à la drogue. Le soir, la prison retentissait des inextinguibles éclats de rire symptomatiques d'une consommation excessive de haschisch.

Badr était en danger. Mécanicien de l'armée de l'Air, il avait été déjà arrêté un an plus tôt pour activités communistes. Mis en liberté provisoire mais en instance de jugement, ses supérieurs avaient jugé expédient de le muter dans un bureau du ministère de l'Intérieur où on le tiendrait à l'œil. La police politique avait donc manqué de vigilance et la presse en faisait des gorges chaudes. Conduit à la prison militaire, Badr fut reçu par le directeur qui lui déclara d'une voix glaciale : « Tu as ridiculisé l'armée. Nous avons des instructions : tu ne dois pas sortir vivant de cette prison. » A l'entretien assistait le gardien-chef Yassim, célèbre pour sa cruauté. C'était un colosse capable de tuer un détenu à coups de poing. Badr sut que les heures suivantes seraient difficiles. Le cœur point d'angoisse, il s'efforça de retarder l'échéance en exposant les raisons de son engagement politique et développa le programme du MELN. Le directeur, lassé, ordonna de l'emmener. Yassim le conduisit au poste de garde. Les tape-dur, rompus à la routine, se mirent en cercle pour la tradition-nelle séance de punching-ball. Mais à la stupeur générale, le gardien-chef leva le bras et hurla : « Non ! Personne ne le touche ! » Et prenant affectueusement le prisonnier aux épaules, il lui dit : « Je t'ai écouté. Je ne savais pas tout ça. C'est vous, les communistes, qui avez raison. Je suis d'accord avec ce que vous voulez. » Badr sortit donc vivant de la prison mais le bagne militaire où il passa les trois mois suivants fut une rude épreuve. Il était systématiquement rossé une fois par semaine, jusqu'à l'évanouissement. Après sa journée de travail, il devait laver sa tenue de forçat et la revêtir toute mouillée : chaque nuit était un supplice, une lutte permanente pour ne pas mourir de froid. Un appel avait lieu à quatre heures du matin, juste au moment où le malheureux, sa tenue enfin sèche, se sentait gagné par un sommeil miséricordieux. Il sortit de ses trois mois de bagne totalement épuisé mais avec dans sa poche une longue liste de prisonniers et de gardiens souhaitant adhérer au MELN.

Henri Curiel connut à la prison des Etrangers une péripétie assez comparable à celle de Badr avec le gardien-chef Yassim. Le détenu le plus célèbre et le plus impressionnant était Ibn Bamba, « brigand » accusé d'une dizaine d'assassinats. Les « brigands » de la campagne égyptienne tenaient alors du bandit d'honneur corse et de Robin des Bois. Dévalisant et massacrant les propriétaires féodaux, redistri-buant souvent aux pauvres une partie de leur butin, ils inspiraient aux fellahs une terreur respectueuse non exempte d'affection. La justice, en l'occurrence, ne parvenait pas à trouver un seul témoi-gnage à charge pour un seul des assassinats perpétrés par Ibn Bamba. C'était lui aussi un colosse pesant au moins le double d'Henri Curiel. Non sans arrière-pensée, on le mit en présence du « millionnaire juif communiste ». Ibn Bamba contempla avec stupeur le squelettique Curiel, s'exclama : « Quoi ! C'est ça le grand chef des communis-tes ? » et éclata d'un rire tonitruant. Puis on parla. Henri, d'une voix un peu contrainte, exposa le projet de réforme agraire du MELN et la nécessité d'une redistribution des terres. Beaucoup plus tard, il devait dire qu'il n'avait jamais autant éprouvé au cours de sa vie, sinon peut-être avec les ouvriers de Choubrah, la force de conviction d'une parole politique. Le brigand était comme une terre desséchée depuis des siècles sur laquelle s'abat une ondée. Lorsque Henri se tut, Ibn

Bamba se leva et appela les gardiens en hurlant d'une voix tonitruante : « Le Mahdi est arrivé ! » (le Madhi est l'envoyé de Dieu). On fit en sorte que les hommes ne se revoient plus. Relâché faute de preuves, Ibn Bamba prit contact avec Fouad Habachi et milita parmi les paysans.

Impossible de rien comprendre à cette période, à l'enthousiasme des jeunes communistes, à l'immensité de leurs espérances, à leur activisme forcené, si l'on ne garde pas présente à l'esprit la souffrance d'un peuple accablé de misère, excédé d'injustice, sur lequel le verbe révolutionnaire opérait comme une secousse sismique et qui le recevait comme une révélation. Au même moment, Joseph Hazan sillonne les campagnes, vendant le jour des tracteurs Fordson aux grands propriétaires et haranguant le soir des assemblées de fellahs : « Recruter ? Le mot convient mal. Il suffisait de craquer une allumette et tout s'enflammait. L'allumette, c'était le mot " justice ". Tout le monde voulait adhérer ! » Et cette extraordinaire réceptivité n'était point réservée aux plus frustes. Un jeune Soudanais, étudiant au Caire, reçoit de son professeur communiste, à la veille des vacances, un exemplaire du *Manifeste*. Il fait deux jours de train pour retourner à Khartoum et se met au lit le soir en ouvrant le livre par curiosité. Le lendemain matin, n'ayant pas fermé l'œil de la nuit, il reprend le train, arrive quarante-huit heures plus tard au Caire et se précipite chez son professeur en lui demandant : « Et maintenant ? »

L'affaire du *Big Ben* fut jointe au « grand complot communiste » et Henri Curiel et ses amis bénéficièrent d'une libération sous caution. La justice égyptienne, dans sa sage lenteur, ouvrit le procès vingt ans plus tard — Curiel étant donc jugé par contumace. Il se termina par un acquittement général.

Mais Sedky Pacha avait été mieux servi par ses journalistes que par ses magistrats. A coups de manchettes agressives, la presse aux ordres avait imposé dans l'opinion publique l'image du « juif millionnaire communiste ». L'investissement se révélerait rentable.

Tout s'enflammait mais une bonne politique se mitonne à la braise. Joseph Hazan traçait dans les campagnes un sillage fulgurant puis, faute d'être entretenue, la flamme retombait et les fellahs retournaient à leur immémoriale résignation. Choubrah et Mehallah entraient régulièrement en éruption mais une structure politico-syndicale trop fragile empêchait de mettre une stratégie au service de la combativité ouvrière. L'Université et l'Azhar ouvraient de vastes perspectives mais l'effervescence estudiantine restait sporadique, divisée.

Les cadres manquaient. Henri Curiel l'admit par la suite : « Une de nos grandes erreurs a été de ne pas nous rendre compte qu'insensiblement le processus de formation des cadres s'est arrêté alors que l'accroissement rapide de l'organisation exigeait, au contraire, la formation d'un nombre de plus en plus grand de nouveaux cadres ; les urgences étaient telles que chaque nouvel adhérent se trouvait précipité dans l'action avant d'y avoir été sérieusement préparé. »

Curiel ne fut pourtant pas le « spontanéiste-activiste » dépeint par ses adversaires. Sa vision portait bien au-delà du court et du moyen terme, et il négligeait si peu les armes doctrinales qu'on lui doit l'initiative qui, littéralement, ouvrit au marxisme les portes de l'Egypte : la traduction en arabe des textes fondamentaux. Le Rond-Point diffusait des ouvrages en français et en anglais accessibles aux seuls étudiants, et la police égyptienne veillait à ce qu'aucun livre pernicieux ne franchisse les frontières. Une seule exception, mais superbe : le pacha Kamel el-Bindari, seigneur de grande tente, ambassadeur d'Egypte à Moscou pendant la guerre, avait reçu la révélation marxiste et promu la traduction en arabe de *L'impérialisme* de Lénine. Publié au Caire en 1945, le livre avait pour bouclier le nom du pacha. Les communistes, ravis de l'aubaine, lui avaient fait une énorme publicité — « Lisez le livre du pacha rouge ! » — mais el-Bindari n'avait pas poursuivi et l'on n'était plus en 1945.

Avec Raymond Stambouli, jeune docteur en économie politique de la faculté de droit égyptienne, Henri s'attaqua à l'adaptation du *Manifeste*, dont le texte en arabe syrien rebutait les militants égyptiens. Puis Stambouli traduisit *Que faire ?* en bourrant son texte de notes explicatives pour mettre le lecteur en situation. Suivirent à cadence rapide *Les principes du léninisme* de Staline, *Socialisme utopique et scientifique* d'Engels, *Salaire, prix et profit, La Nouvelle démocratie* de Mao Ze Dong. Au total, treize ouvrages sous couverture verte publiés par la Librairie du Makchouch — éditeur imaginaire —, portant la marque d'un imprimeur de Beyrouth alors qu'ils étaient fabriqués dans une petite ville égyptienne, stockés dans des caches sûres, distribués dans tout le pays et même au-delà des frontières. Guère de communistes égyptiens qui ne se soient initiés au marxisme grâce aux fameux « livres verts » du MELN.

Le difficile problème soudanais fut abordé avec le même esprit de sérieux et dans un identique souci du long terme.

Il serait absurde de définir le Soudan comme l'Alsace-Lorraine de l'Egypte mais l'Histoire avait épicé de passion l'incontournable réalité géographique. Le Nil traverse le Soudan avant d'irriguer l'Egypte : un garrot sur l'artère nourricière unique signifierait la mort ; un captage excessif, la famine. Les pharaons n'encouraient certes pas le risque de voir les peuplades rustiques du « pays de Kouch » se lancer dans de pareilles entreprises : cela ne les empêcha pas de pousser leurs armées jusqu'aux quatrième et cinquième cataractes. Le condottiere albanais Mohamed Ali, fondateur de dynastie, lança son fils cadet Ismaïl, sur leurs traces. Il y laissa la vie, brûlé vif dans sa case, mais le Soudan repassa sous la domination égyptienne. Elle fut rude et pillarde. En 1881, un homme se désigna comme le Mahdi — le guide désigné par Dieu — et souleva le pays contre l'occupant. En quatre ans, l'armée des Derviches liquida toutes les garnisons égyptiennes, dont beaucoup étaient commandées par des officiers anglais. Les soldats du Mahdi étaient convaincus que la mort au combat valait entrée immédiate au paradis d'Allah. Lord Kitchener patienta treize ans avant d'estimer ses forces suffisantes pour affronter des guerriers aussi enthousiastes. Son armée était aux trois quarts égyptienne ; dans le contingent anglais servait un jeune officier nommé Winston Churchill qui eut le privilège de participer à la dernière grande charge de cavalerie de l'histoire militaire. Ainsi l'Egypte rebelle à la sujétion britannique avait-elle accepté de placer ses troupes sous le commandement honni pour récupérer sa possession soudanaise... Elle fut bien entendu flouée et complètement évincée par le maître anglais.

Pour simplifier sans doute à l'excès un paysage exceptionnellement complexe (les luttes tribales étaient incessantes et les communautés religieuses jouaient un rôle prépondérant), deux courants politiques se partageaient le Soudan. Le premier, composé d'éléments relativement progressistes, se voulait égyptophile par haine de l'occupant anglais et revendiquait « l'unité de la Vallée du Nil sous la couronne égyptienne ». Le second, de tonalité plutôt réactionnaire, prônait l'indépendance du Soudan ; Londres, enclin à diviser pour mieux régner, l'appuyait de toutes ses forces.

Une fois de plus, l'Histoire imposait aux communistes égyptiens un casse-tête politique. Prendre parti pour « l'unité de la Vallée du Nil sous la couronne égyptienne », c'était faire fi de la réelle aspiration à l'indépendance du peuple soudanais. Comment concilier la lutte pour la libération de l'Egypte avec l'objectif proclamé de maintenir le Soudan dans des liens de sujétion ? Inversement, soutenir le parti de l'indépendance revenait à faire le jeu de Londres et de la réaction soudanaise tout en se coupant de l'ensemble des forces politiques égyptiennes, unanimes à exiger « l'unité de la vallée du Nil ».

Henri Curiel disait avec son habituelle absence de complexe que son intérêt pour les Soudanais lui venait de « l'immense affection » qu'il avait portée dans sa jeunesse à un domestique de ses parents, originaire de la Nubie soudanaise, dont le fils avait été l'un de ses compagnons de jeu. Il admirait la solidarité régnant entre les Soudanais venus étudier ou travailler au Caire, l'efficacité de leurs sociétés d'entraide. L'un de ces émigrés, Abdou Dahab, pauvre comme Job mais débrouillard comme trois titis parisiens, était devenu à la fois un ami et l'un des meilleurs militants du MELN. Grâce à lui, l'organisation commença à recruter parmi les étudiants soudanais, et des cellules homogènes se constituèrent. Un étudiant raconta un jour à Henri Curiel qu'au cours d'une réunion de son association soudanaise, un officier égyptien de mère soudanaise lui avait demandé quelle était la position des communistes sur le problème. L'officier s'appelait Mohammed Neguib. Curiel entreprit la rédaction d'un long rapport qui fixa la ligne politique des communistes égyptiens sur le Soudan.

Inattaquable sur le plan des principes, l'analyse témoignait d'une remarquable habileté politique. Curiel préconisait une approche du problème en deux temps. Dans une première phase, « lutte commune des deux peuples contre l'impérialisme ». Les deux courants souda-nais ne pouvaient que souscrire à un tel mot d'ordre. Seconde phase : « droit du peuple soudanais à l'autodétermination après sa libération du joug de l'impérialisme ». C'était respecter la règle intangible du droit des peuples à disposer d'eux-mêmes sans rallier pour autant le courant indépendantiste s'appuyant sur Londres : l'autodétermina-tion ne s'exercerait qu'après la victoire sur l'impérialisme et non pas sous son égide.

Ces propositions semblent aujourd'hui relever d'un bon sens élémentaire : elles suscitèrent à l'époque des discussions passionnées tant chez les communistes égyptiens que chez les soudanais, et valurent à leur auteur d'être taxé de trotskisme par des membres éminents du parti communiste anglais et d'agent britannique par quelques organisations politiques égyptiennes. Elles furent cependant adoptées par le MELN au terme d'un long débat. La ligne ainsi fixée ne varierait plus jusqu'à l'indépendance du Soudan, acquise en 1956. Mohammed Neguib écrirait dans ses Mémoires qu'elle était la sienne, mais sans en citer l'origine. Nasser, pour avoir voulu un instant s'en écarter, ferait couler le sang et les larmes, et n'empêcherait pas l'inévitable indépendance du Soudan.

Mettant en pratique sa théorie, Henri Curiel créa le Mouvement soudanais de libération nationale et le dota d'un hebdomadaire, *Omdurman*. Un ingénieux système permit d'établir une alliance étroite entre MELN et MSLN, devenu assez vite parti communiste soudanais. Les militants soudanais travaillant ou étudiant au Caire avaient accès aux instances du MELN, comité central compris, et y faisaient ainsi leurs classes politiques. De retour chez eux, ils conservaient les responsabilités hiérarchiques acquises au Caire. Inversement, tout militant ou dirigeant venant du Soudan s'insérait dans le MELN au niveau atteint dans son pays. Grâce à la formation ainsi acquise auprès de camarades plus expérimentés ; bénéficiant par ailleurs de l'indigence technique de la police politique de Khartoum, infiniment moins habile que celle du Caire ; épargné enfin par les luttes intestines qui déchiraient le mouvement communiste égyptien, le parti communiste soudanais connut un essor rapide et remporta de grands succès, notamment dans l'organisation du mouvement syndical. Après plusieurs participations au gouvernement, son histoire trouverait une conclusion provisoire mais tragique sous les potences du dictateur Neymeri, qui ferait pendre en 1971 trois de ses dirigeants, dont son secrétaire général, Abdel Khalek Mahjoub, disciple et ami d'Henri Curiel.

On écrit souvent à tort que Curiel a été le fondateur du parti communiste égyptien : il ne fut qu'un militant historique du mouvement communiste égyptien. Mais il y eut un parti communiste soudanais et nul autre que lui ne peut en revendiquer la création.

*
* *

Les officiers de l'armée égyptienne étaient l'objet d'un travail patient et discret. L'avenir ne tarderait pas à confirmer de manière éclatante qu'ils détenaient une part de l'avenir de l'Egypte. Le premier contact dans ce secteur crucial avait été réalisé grâce à Didar Rossano.

Didar, destinée à vivre hors de la norme, avait commencé par une adolescence mouvementée, sombrant à l'occasion dans la petite délinquance. Sa première rencontre avec Henri Curiel eut lieu en 1935. Didar, âgée de quatorze ans, avait décidé de s'enfuir aux Etats-Unis avec une camarade du lycée français. Elles prirent le train pour Benha, à une trentaine de kilomètres du Caire, première étape de l'aventure, tandis que les familles, accablées par une disparition sans précédent dans la communauté juive, les croyaient victimes de la traite des blanches et étaient convaincues que leurs lettres d'adieu avaient été écrites sous la contrainte de proxénètes. Reprises par la police après quarante-huit heures de fugue, ramenées au commissariat central du Caire, elles attendirent leurs parents avec une certaine anxiété. La mère de Didar, qu'elle adorait, avait été si bouleversée qu'une attaque la clouait au lit, momentanément paralysée. Ce fut sa sœur aînée qui vint récupérer Didar. Elle était accompagnée d'Henri Curiel, qui lui faisait alors la cour. Dans la calèche à cheval roulant vers l'appartement familial, Didar, plus morte que vive, leva les yeux sur le long et maigre jeune homme de vingt ans. Elle reçut en plein cœur le rayonnant sourire d'Henri. Il exprimait de l'amusement (Didar avait volé un short à son frère et s'était coupé les cheveux à la garçonne pour ne pas être repérée) et une rassurante complicité. Ainsi naquit entre eux un sentiment qui fut tour à tour d'amitié, de camaraderie, d'amour, d'affection, et qui s'achèverait avec les hurlements de bête que Didar s'entendrait proférer au téléphone, à Alger, après que Joseph Hazan, à l'autre bout du fil, lui ait annoncé, le 4 mai 1978, à quatorze heures trente, l'assassinat d'Henri Curiel — quarante-trois ans après le sourire à l'enfant prodigue dans la calèche cairote.

Renvoyée du lycée français, Didar interrompit ses études avant le baccalauréat et entra à la Banque nationale, dont son père avait été l'un des directeurs. Elle s'ennuyait au bureau mais compensait par une vie sentimentale pleine d'imprévu. Rencontrant à dix-neuf ans le bel officier Osmane, elle eut une rupture mouvementée avec son amoureux de l'époque, qui la convainquit d'avaler du poison avec lui. L'affaire se termina à l'hôpital avec une sérieuse poussée d'urticaire, et elle ne sut jamais si le verre de l'amoureux contenait aussi de la substance maléfique.

Il n'est pas sûr qu'elle ait indigné Osmane en lui révélant qu'elle ignorait jusqu'à l'existence d'une armée égyptienne car le jeune homme sortait lui-même d'une famille — ô complexité infinie de ce vieux pays ! — où l'on considérait l'Egypte comme une colonie : son grand-père, seigneur circassien, avait épousé une adorable tcherkesse de treize ans et appartenait à la caste ottomane régnant sur la province. Il vivait à cheval et mourut à cheval, âgé de quatre-vingt-dix ans. Sa morgue à l'égard des autochtones pouvait en remontrer à celle de n'importe quel lord anglais. Un jour, obligé d'aller en justice pour l'un de ses nombreux domaines, il eut la surprise d'entendre le juge s'adresser à lui en arabe — ce qui était somme toute assez naturel. Mais le noble seigneur usait du turc, langue de la caste conquérante. Scandalisé de s'entendre apostropher dans le dialecte indigène, il déversa sur le juge un flot d'injures et tourna les talons.

Osmane tenait ses cheveux blonds de sa mère anglaise. Il avait hérité de son grand-père une carrure magnifique, des manières nobles, le goût et la science de l'équitation (il devint champion militaire de concours hippique) mais point d'argent. Les grands domaines s'étaient volatilisés à la génération intermédiaire. Il entra donc dans l'armée, qui était l'une des institutions les moins prestigieuses d'Egypte. Beaucoup se résignaient à la carrière d'officier parce qu'ils n'avaient pas obtenu au baccalauréat un total de points ouvrant la porte de l'Université. A l'exception possible de l'aviation et de la cavalerie, le corps des officiers était majoritairement issu de la petite paysannerie et de la classe des petits fonctionnaires : bourgeoisie si l'on veut, mais minuscule bourgeoisie plus proche du peuple que des féodaux. L'armée égyptienne était une armée populaire au sens socio-politique du terme. Pour l'avoir méconnu, pour s'être forgé de l'officier égyptien une image caricaturale l'assimilant au putschiste néo-fasciste d'Amérique du Sud, l'Occident se condamnerait à ne rien comprendre à la révolution de 1952.

L'ensemble des officiers ressentait comme une intolérable humiliation la présence de l'armée anglaise — et l'on a vu à quelles extrémités la haine de l'occupant portait des hommes de la trempe d'Anouar el-Sadate. Quelques-uns estimaient que le pays n'accéderait à une complète indépendance qu'en sortant de son arriération économique et sociale. Osmane était de ceux-là. Il avait créé dans son unité, de sa propre initiative, des cours d'alphabétisation pour les jeunes recrues. Sa rencontre avec Didar, épousée le 1er septembre 1942, ne pouvait qu'encourager sa vocation progressiste. Il avait vingt-six ans ; elle, tout juste vingt et un.

Didar, convertie au marxisme par la lecture des cours confiés par l'un de ses amis italiens, René Farfara, s'était d'abord, sur ses conseils, intégrée à un groupe d'études servant de couverture à Iskra. Chaque adhérent potentiel se voyait ainsi soumis à un stage probatoire de six mois à un an avant d'être reçu. Conformément aux règles de sécurité, Didar ignorait que le cercle était le sas d'entrée à Iskra et qu'elle était « en observation » ; elle y retrouvait pourtant son amie et collègue de travail à la Banque nationale, Berthe Matalon, devenue la compagne d'Hillel Schwartz. Le cercle et les sempiternelles discussions théoriques commençaient à l'excéder lorsqu'elle rencontra, peu après son mariage, David Nahum, ami de son frère. Nahum était l'un des dirigeants les plus actifs du MELN. Il avait été instructeur à la première école de cadres et avait pris des risques considérables lors du soutien aux démocrates grecs. Une sympathisante communiste mariée à un officier égyptien progressiste devait passionner un homme tel que lui. Il la fit entrer au MELN.

Entracte forcé : Osmane, dont les campagnes d'alphabétisation inquiétaient ses supérieurs, fut envoyé en pénitence « au désert ». Didar l'accompagna dans la triste garnison de Marsa-Matrouh. De retour au Caire à la fin de 1945, elle participa aux événements de janvier 1946 et à la courte mais enivrante aventure du Comité des étudiants et ouvriers. Puis Henri Curiel la retira de l'action politique ouverte — elle parlait mal l'arabe — pour l'affecter au crucial « travail des officiers ». Elle assurait le contact entre la direction du MELN et un groupe informel auquel appartenait Osmane et dont sortiraient les plus dynamiques des Officiers libres de la révolution de 1952. Parmi eux, un jeune cavalier nommé Khaled Mohieddine, cousin de ce Zakaria Mohieddine qui, avec Gamal Abdel Nasser et Anouar el-Sadate, avait fait le serment, en 1938, à leur sortie de l'Ecole militaire, de libérer l'Egypte. Les deux Mohieddine étaient destinés à devenir des protagonistes de la scène politique égyptienne.

Travail conspiratif, comme on disait au Komintern. Didar menait l'existence d'une jeune femme d'officier sportive et mondaine. Les contacts s'effectuaient au Guezireh Sporting Club, où elle pratiquait le tennis, le squash et l'équitation avec son mari, ou au Club des officiers. Henri Curiel l'y rencontrait souvent mais David Nahum assurait l'essentiel des transmissions. « Il serait faux de dire que j'étais *le* contact avec les Officiers libres, affirme cependant Didar. Henri avait toujours plusieurs cordes à son arc. »

Curiel savait d'instinct les prudences et les patiences nécessaires au travail clandestin. Une grève à Choubrah et le « travail des officiers » ne se situaient pas sur le même plan et nécessitaient la mise en œuvre de moyens différents. Il s'ingénia toujours à protéger les secteurs sensibles. L'armée était en Egypte le secteur le plus sensible, surveillée par les polices militaire et politique, infiltrée par des agents du palais royal, observée sans répit par les services anglais. De même son goût de l'offensive ne lui faisait-il pas oublier qu'une bonne connaissance de l'adversaire, de ses forces et de ses plans, était un préalable indispensable à l'action. Il avait le sens du renseignement. Lorsque Fouad Habachi lui apprit, avec quelque embarras, que son frère, fonctionnaire de police, avait été chargé d'organiser une rencontre avec Kamal Ryad, l'un des directeurs de la police politique, Curiel lui demanda d'accepter, précisant simplement : « Achète mais ne vend pas » — expression coutumière arabe. « Cela m'a appris à me lier sans peur avec tout le monde » constate Habachi. Par la suite, il recruta un substitut du Parquet qui l'informait de l'établissement des mandats d'arrêt. Henri Curiel avait lui-même un informateur non identifié à l'état-major de la police. L'un des pilotes personnels de Farouk appartenait secrètement au MELN, de sorte que l'avion royal servait à assurer des liaisons aux niveaux national et international, sans parler des ballots de tracts ou de « livres verts » dissimulés sous les caisses de champagne et de caviar faisant l'ordinaire de la cargaison. Un assistant d'Ahmed Hassanein, directeur du cabinet royal, communiquait copie des rapports envoyés au palais sur les activités communistes.

Didar Rossano n'allait pas tarder à rencontrer l'homme qui donnerait au « travail des officiers » une impulsion décisive. Lieutenant de DCA, professeur à l'Ecole d'artillerie du Caire, Ahmed Hamrouche, découvert par Citadelle, était passé à Iskra.

Iskra n'était pas seulement cette tour d'ivoire où de pédants jeunes gens jouaient les docteurs ès marxisme : on le vit bien lorsque l'unité s'accomplit enfin, au mois de mai 1947. La plus néfaste conséquence des interminables querelles entre vétérans du mouvement communiste égyptien est que chacun enfermant l'autre dans une caricature, c'est le mouvement tout entier qui finit par être défiguré.

A ce jeu de massacre, Hillel Schwartz est probablement le grand perdant. Il a abandonné le combat politique en 1953 tandis qu'Henri Curiel restait sur la brèche jusqu'au sacrifice suprême. On ne peut pas avoir raison contre un martyr. Mais la recension des curiélistes indéfectibles dont la vie a été consacrée à la militance amène à constater que la majorité venaient d'Iskra.

Iskra prêtait le flanc à la critique. Son noyau militant originel, issu de la grande bourgeoisie étrangère, faisait alterner surprises-parties et exégèse marxiste ; on murmurait à juste titre que beaucoup de garçons allaient à Iskra à cause des jolies jeunes juives venues s'y délivrer des tabous sexuels (Schwartz jouait délibérément cette carte). Iskra ne s'était pas « choubrahisée » et si elle s'égyptianisait, c'était en intégrant des intellectuels autochtones. Quant à ses préoccupations de sécurité, avec structure pyramidale et strict cloisonnement, on y voyait surtout un prétexte pour refuser les risques de l'action.

Mais Iskra allait publier l'hebdomadaire *el-Gamahir,* dont la diffusion serait sans équivalent dans l'extrême-gauche (son statut était typiquement égyptien : il n'avait pas le droit de paraître mais son rédacteur en chef était un fils de grand pacha converti au marxisme ; le chef de la police politique le convoquait assez souvent et le reconduisait respectueusement à la porte de son bureau). La Maison de la recherche scientifique réunissait des centaines d'auditeurs pour des conférences de haut niveau. Une université populaire attirait chaque jour de nombreux ouvriers. Ses militants recevaient enfin une formation théorique plus poussée qu'ailleurs. Hillel Schwartz n'était pas un romantique. Sectaire selon certains, violent de son propre aveu dans le débat politique, farouche sur l'orthodoxie, il avait une vive conscience du caractère transitoire de ses activités en Egypte et estimait que la tâche historique des intellectuels étrangers consistait à propager la doctrine et à former des cadres. Il ne lui serait pas venu à l'esprit de se reconnaître le disciple d'un Mohamed Chatta ou d'un

Badr, en qui il voyait d'excellents éléments à former. Henri Curiel l'horripilait avec ses coups de cœur ouvriéristes dont il dénonçait la démagogie.

Le fait demeure qu'Iskra, au moment de la fusion, comptait plus d'adhérents que le MELN et qu'elle déposait dans la corbeille de noces un appareil de propagande et des moyens financiers hors de proportion avec ceux du MELN. Le budget mensuel de la nouvelle organisation représenterait quinze fois celui du MELN.

Mariage de raison plus que de passion. Les pourparlers avaient duré six mois. Tout le monde ressentait la nécessité d'unifier les mouvements, groupes et groupuscules d'une mouvance communiste trop minoritaire dans le pays pour pouvoir s'offrir le luxe de la division. Mais le sectarisme avait fait dans les cœurs ses ravages habituels, et chacun de grincer des dents à l'idée de rejoindre les rivaux abhorrés. Albert Arié, dix-sept ans, membre d'Iskra, avait consigne de refuser le dialogue avec Henri Curiel lorsqu'il allait voir sa cousine Henriette au Rond-Point... Badr était furieux de devoir travailler avec des mondains si méprisants pour les ouvriers qu'ils leur imposaient, croyait-il, une période probatoire deux fois plus longue qu'aux intellectuels...

Le processus commença par la fusion d'Iskra et du groupe de Marcel Israël, Libération du peuple. Une minorité de Libération du peuple préféra cependant la scission à l'union et, s'unissant à Aube nouvelle et à la Ligue marxiste, constitua un front d'irréductibles dénonçant la nouvelle organisation comme « fasciste, impérialiste et sioniste ». Puis Citadelle opéra son ralliement, avec ses cent mille membres imaginaires et ses cinquante membres réels (parmi eux, le précieux lieutenant Ahmed Hamrouche, dont le recrutement justifiait à lui seul l'existence de Citadelle). Un autre groupuscule cairote et une organisation d'Alexandrie rejoignirent à leur tour le nouvel ensemble qui fusionna enfin avec le MELN d'Henri Curiel.

Le résultat de ces additions successives s'appela MDLN : Mouvement démocratique de libération nationale. Le nom symbolisait la victoire de Curiel : à un mot près, c'était celui de son organisation originelle. « Démocratique » remplaçait « égyptien » parce que l'égyptianisation paraissait acquise. La réaffirmation de l'objectif de la libération nationale était évidemment essentielle aux yeux des anciens du MELN. Hillel Schwartz avait encore cédé sur le mode de désignation du nouveau comité central, où MELN et Iskra devaient siéger à égalité. Il aurait souhaité que les membres fussent démocratiquement élus. Curiel s'y opposa au nom de la clandestinité nécessaire et arracha la cooptation. Iskra souhaitait conserver une tribune libre dans *el-Gamahir* pour y exposer ses thèses. Curiel fronça des sourcils étonnés : un mouvement communiste était-il un club de discussion ? La tribune passa à la trappe. Volonté de conciliation d'Hillel Schwartz ou dynamisme supérieur et force d'entraînement de la composante MELN : le fait est que l'union se fit aux conditions d'Henri Curiel. Ce fut sans doute une victoire à la Pyrrhus.

Mais les militants étaient heureux. Ceux d'Iskra, de l'aveu même de Schwartz, s'impatientaient du caractère trop scolaire de leur formation théorique ; ils brûlaient de passer à l'action. Ceux du MELN, sans cesse débordés par l'ampleur des tâches, se voyaient dotés de moyens décuplant leur capacité d'intervention. Les cotisations versées par les étrangers d'Iskra, issus de la bourgeoisie prospère, permirent par exemple de multiplier le nombre des permanents.

« J'étouffais à Iskra, dit Aymée Setton, et je serais certainement partie s'il n'y avait pas eu l'unité. Le cloisonnement nous coupait les ailes. Nous tournions en rond en gagnant un adhérent par-ci par-là mais ce n'était pas possible de continuer à chuchoter indéfiniment la bonne parole. Je crois que pour la plupart d'entre nous, l'unité a été accueillie avec enthousiasme parce qu'elle nous apportait comme une délivrance. Nous sortions enfin de la tour d'ivoire.

« J'appartenais au groupe des femmes. Le MELN était dans ce domaine très en retrait par rapport à Iskra. Nous avions sérieusement travaillé sur la condition de la femme en partant du Coran, qui n'est pas antiféministe, contrairement à ce qu'on croit : c'est l'interprétation donnée par les hommes qui est antiféministe. Avec des camarades comme Inji Efflatoun, artiste-peintre très connue aujourd'hui, nous avions établi un programme par étapes. La première concernait les droits familiaux. Le consentement de la femme serait nécessaire au mariage et la répudiation sur simple décision du mari deviendrait impossible. Deuxième étape : droit de la femme d'étudier et d'exercer une profession. La troisième concernait la capacité civique, avec le droit de vote et l'éligibilité. Il y avait aussi le problème des enfants qui commençaient à travailler à cinq ans.

« A l'époque de l'unité, je militais à la Maison de la recherche scientifique où j'ai connu mon futur mari. Il travaillait chez son oncle, agent de change spécialisé dans le coton, et faisait partie du comité central d'Iskra.

« Quand Curiel m'a convoquée dans les bureaux de son père, j'y suis allée avec réticence, bien décidée à ne pas me laisser prendre à ses manigances. On m'en avait tant raconté sur lui ! Je l'ai d'abord trouvé très intelligent et très malin mais il m'a finalement convaincue, enthousiasmée, avec cette perspective d'un travail démocratique de masse. Sa grande pensée, c'était le parcours par étapes. Il répétait : " Comment parler de révolution quand l'armée anglaise est en Egypte ? "

« Il a complètement chamboulé l'ancien système. A Iskra l'information était censée remonter au comité central, mais ce qu'il y a de sûr, c'est que les ordres en descendaient. Henri a remplacé la structure verticale, pyramidale, par une structure horizontale. Tous les secteurs de travail devaient être représentés au comité central : c'était la condition d'un vrai travail de masse. Je me suis donc retrouvée au comité central pour représenter les femmes. D'autres camarades représentaient les paysans du Sud, ou ceux du delta, les ouvriers de Choubrah el-Kheima ou ceux d'Helouan, etc. De cette manière, le comité central était vraiment au centre de toutes les actions. Et les réunions étaient passionnantes parce que chacun rapportait ce qui se passait dans son secteur, les problèmes posés, et nous en discutions ensemble. Henri était là, presque toujours silencieux. De temps en temps, il lançait une phrase, une proposition. Sa théorie était que chacun devait apprendre par sa propre expérience et trouver sa propre voie. Il était le contraire d'un dirigeant autoritaire. Je trouvais sensationelle cette faculté qu'il avait de vous mettre sur la voie et de vous laisser ensuite l'initiative. Je ne me sentais pas une simple exécutante, comme à Iskra. Toutes les discussions se déroulaient naturellement en arabe. Henri, Hillel Schwartz et moi étions les seuls juifs égyptiens du comité central.

« Le revers de la médaille, c'était l'absence de sécurité. Tout le monde était au courant de tout. Les copains d'Iskra, habitués à des règles de sécurité très strictes, étaient effarés par ce déballage public des activités du mouvement. On pouvait quand même supposer que la police n'était pas inactive et que le comité central était infiltré. Il y a eu des discussions passionnées. Les anciens d'Iskra annonçaient la catastrophe. Ils ont eu raison, c'est vrai, mais je continue à croire que Curiel n'avait pas tort. Ce travail de masse ne pouvait pas se faire autrement. Après coup, évidemment, on peut toujours se dire qu'il aurait mieux valu prendre davantage de précautions.

« Nous avons donc foncé. Le secteur " femmes " s'est beaucoup développé, en dépit de toutes les difficultés. Il faut savoir qu'à cette époque, si une Egyptienne portait une simple banderole dans une manifestation, elle était mise au ban de la société. Après l'unité, Le Caire a été ravagé par une épidémie de choléra. Tout le monde s'est mobilisé. Nous avons fait une énorme collecte et formé des équipes de femmes volontaires qui allaient dans les quartiers populaires, accompagnées d'étudiants en médecine, pour distribuer du savon et enseigner l'hygiène. Partout, nous étions merveilleusement reçus et l'on nous offrait une tasse de thé. Il ne faut pas magnifier ce genre d'action, mais je pense que nous avons contribué à faire avancer les gens. Si les femmes égyptiennes ont obtenu le droit de vote dès 1952, je crois que nous y sommes pour quelque chose. »

L'un des organisateurs de la campagne anticholérique était le docteur Sherif Hetata, vingt-quatre ans, venu lui aussi d'Iskra. Il sortait d'une famille de grands notables féodaux — son grand-père avait possédé trois cent cinquante feddans ; sa grand-mère était une nièce du héros de l'indépendance, Saad Zaghloul — mais l'essentiel de la fortune avait été dilapidé en dépenses somptuaires et le reste s'était éparpillé entre de très nombreux héritiers. Le père de Sherif, éduqué en Angleterre, était rentré en Egypte nanti d'un diplôme de Cambridge et d'une jeune épouse anglaise sortie de la petite bourgeoisie. Il avait fait une belle carrière de haut fonctionnaire, couronnée par un portefeuille de sous-secrétaire d'Etat. La famille habitait Zamalek mais n'avait qu'un domestique.

Sherif Hetata avait vécu sans se poser de questions jusqu'à l'Université. Idéaliste, il avait d'abord envisagé de devenir un « homme de religion » sans trop savoir s'il choisirait l'islam paternel ou la chrétienté maternelle. Il avait finalement opté pour la médecine conçue à la manière du docteur Schweitzer. Etudiant brillant, il était sorti premier de sa promotion en 1946. « Mais je n'étais pas satisfait. J'avais découvert que je n'étais pas un Egyptien comme les autres. Je me sentais isolé, aliéné. J'ai plongé dans la politique pour trouver une appartenance. Je voulais rejoindre les autres. » Les journées intenses de février 1946 le révèlent à lui-même : « J'ai découvert l'Egypte, le pays auquel j'appartenais théoriquement mais que je n'avais jamais rencontré dans l'école religieuse anglaise où m'avaient mis mes parents. Les réunions et les manifestations m'ont donné un sentiment d'accomplissement personnel. Nous vivions dans l'enthousiasme. La vie était chaleureuse. Il y avait une camaraderie extraordinaire. Je suis entré à Iskra après avoir fréquenté la Maison de la recherche. L'unité m'a paru une excellente chose parce que le MELN recrutait dans des couches beaucoup plus populaires qu'Iskra et était davantage en prise sur la réalité. J'ai rencontré Henri Curiel à propos de la campagne anticholérique. C'était dans un appartement de la rue Soliman Pacha. L'homme m'a paru étrange par son physique et son accoutrement — personne ne s'affublait d'un short, sinon pour faire du sport. Et je n'ai pas aimé l'atmosphère de cour qui régnait autour de lui. Il y avait des femmes qui s'agitaient en le suppliant : " Il faut que tu manges, que tu te reposes " et il répondait : " Non, je dois travailler. " Mais un sourire auquel on ne résistait pas. Et puis il questionnait, il écoutait, il s'informait. J'ai eu une impression de force, de dynamisme. C'était un homme exceptionnel, et je crois être objectif car nous n'avons jamais eu d'atomes crochus. S'il a été détesté, haï, c'est que les autres dirigeants en compétition avec lui ne supportaient pas sa supériorité.

« Après la campagne anticholérique, il m'a demandé de devenir permanent. J'étais interne à l'hôpital et il était évident qu'une belle carrière m'attendait. C'était une décision grave, un choix difficile. Mais je n'ai pas hésité longtemps. Il y avait un tel enthousiasme, une si grande impatience de changer la vie... On m'a envoyé à Alexandrie avec mission de structurer là-bas la nouvelle organisation. »

Il n'est pas le seul à partir. Des permanents sont expédiés dans toutes les villes de province avec la même mission : unifier, structurer, organiser. Tout bouge. L'hebdomadaire *el-Gamahir* vend quarante à cinquante mille exemplaires, ce qui est considérable pour le pays. La fusion entre les composantes Iskra et MELN s'y est accomplie sans problème. Raymond Stambouli, vingt-deux ans, est responsable de la rubrique de politique étrangère.

A l'Azhar, Moubarak Abdou Fadl multiplie les cellules dans les trois facultés d'Oussoul el-dine, de Sharia et de Logha ; il implante le MDLN à l'Institut secondaire préparatoire à ces facultés. Dans l'armée, officiers et sous-officiers tiennent des réunions communes où l'on voit l'officier de cavalerie Khaled Mohieddine attendre pour s'asseoir que le mécanicien Badr, secrétaire de section, ait pris place à la table. Les militants d'origine étrangère ont été regroupés dans un secteur confié à Marcel Israël ; il fonctionne sur une base communautaire : sections grecque, avec le fils du célèbre marchand d'éponges Yannakakis ; arménienne, italienne et surtout juive. Les étudiants sont si nombreux à adhérer (ils dépassent bientôt le millier) que la direction envisage de créer pour eux une structure autonome. En moins d'un an, le MDLN quadruple ses effectifs. Seul inconvénient, mais majeur : la disproportion croissante entre le nombre de cadres expérimentés et celui d'adhérents à former.

On a dit sans fard les petits ridicules de ces jeunes grands bourgeois se vouant avec une passion candide à la révolution, le monde inlassablement refait à la terrasse de *Groppi,* les domestiques analphabètes chargés d'évacuer la prose marxiste sous le nez de flicards prolétaires, les admonestations respectueuses des chefs de la police politique, les papas pachas étendant une main protectrice sur leur progéniture, la Citroën dernier modèle laissant sur place les bagnoles policières... Il faut dire à présent que ce qu'ils accomplirent fut immense. Dépourvus d'expérience, privés de directives internationales, ils devinrent des militants exemplaires qui auraient fait l'orgueil de n'importe quel parti communiste ayant pignon à Moscou. Dans l'ingrate besogne militante toujours recommencée, ils démontrèrent dévouement et ténacité, consacrant quatorze à seize heures par jour à leur organisation s'ils étaient permanents, et pour un salaire de misère, les autres lui vouant leurs nuits et leurs congés. Détail qui paraîtra trivial mais dont les experts en militance savent la valeur de test : le montant des cotisations. Personne ne donnait moins de dix pour cent de son salaire ; la plupart versaient quinze pour cent ; beaucoup allaient à vingt-cinq pour cent ; certains montaient à cinquante pour cent et plus. Lorsque deux militants se mariaient, la dot était souvent versée dans sa totalité au MDLN ; cela représentait jusqu'à quatre ou cinq mille livres sterling, soit vingt à trente millions de nos centimes. Un certain Michel créa une entreprise de commerce de papier ; la première année, il réalisa trois mille livres de bénéfice ; il en donna deux mille au mouvement. « Et il était considéré comme avare » précise impitoyablement Joseph Hazan.

Nulle part sans doute le mouvement ouvrier ne trouva tant de concours, et de si bonne qualité, dans la bourgeoisie adverse. Aucun pays du tiers-monde ne suscita pareil dévouement chez les enfants de la caste étrangère complice de l'impérialisme. Tant par l'exemplarité de l'action que par la diversité prodigieuse de ses composantes humaines, le mouvement communiste égyptien est probablement unique.

Il fit beaucoup parce qu'il partait de rien, mais au sommet de sa puissance le MDLN restait encore marginal. Inquiétant pour le pouvoir à cause de son incontestable percée dans le monde ouvrier, il n'était pratiquement pas implanté dans les campagnes, malgré l'ardent prosélytisme des anciens de l'Azhar, alors que les Frères musulmans recrutaient massivement pour cette simple raison que chaque village avait sa mosquée. Dans l'armée, ses militants officiers ou sous-officiers restaient minoritaires dans le mouvement souterrain qui préparait le renversement du régime. A l'Université, les étudiants nationalistes donnaient le ton. Le MDLN était fort de quatre à cinq mille militants. Les Frères musulmans avaient deux cent cinquante mille adhérents. Le Wafd, même affaibli, restait hégémonique. En 1947, la grande question politique n'était pas de savoir si la montée en puissance du MDLN annonçait, fût-ce à long terme, un bouleverse-

ment social — une révolution —, mais encore et toujours si le Wafd
allait ou non revenir au pouvoir.

L'unité dura moins d'un an. Le cœur se serre devant la chronologie. S'ils avaient tenu encore quelques mois — cinq ou six, pas plus
— la défaite eut été infligée par l'adversaire au lieu de naître de leurs
lamentables zizanies. Mais non. Le coup porté par le pouvoir ne serait
qu'un coup de grâce. Ils s'étaient autodétruits. Cela est pire que le
pire désastre politique engendré par une conjoncture défavorable, un
rapport de forces insoutenable. Beaucoup ne s'en relèveraient pas,
jeunes vieillards ressassant désormais leurs rancunes, confits dans
l'amertume. Tous garderaient au cœur la cicatrice d'un combat perdu
avant que d'être livré. Le contentieux ouvert ne cesserait plus
d'empoisonner le mouvement communiste égyptien.

Personne n'est en mesure d'expliquer la genèse de la catastrophe.
Henri Curiel lui-même, principal acteur du drame, conclut ses notes
hâtives et embrouillées par cette phrase ahurissante : « Du déroulement de la crise, j'ai peu de souvenirs. » Elle allait pourtant anéantir
cinq ans de travail militant et ruiner son rêve égyptien. Le refoule-
ment existe aussi en politique.

Hillel Schwartz creusa la première fissure. En novembre 1947, un
nouveau comité central coopté donnait neuf sièges aux anciens du
MELN, cinq à ceux d'Iskra, un seul à Libération du peuple. La
victoire de Curiel était absolue. La composante Iskra grinça des
dents, accepta au nom de l'unité, mais lança sans désemparer une
campagne contre les « méthodes terroristes du nouveau comité
central ». Schwartz présenta un rapport dénonçant « une déviation
droitière, le suivisme par rapport à la bourgeoisie, un relâchement
inacceptable des règles organisationnelles, un spontanéisme sans
principes ». Le débat de fond portait une fois de plus sur la stratégie.
Henri Curiel refusait de renoncer à sa ligne visant au regroupement
des forces démocratiques et nationales ; Schwartz répétait que
l'objectif était d'aboutir à la création d'un parti communiste authentique, avant-garde du prolétariat égyptien, et que le MDLN se perdrait
dans des compromissions avec la bourgeoisie nationaliste. Mis en
minorité, le fondateur d'Iskra démissionna du secrétariat et du comité
central. Deux Egyptiens venus d'Iskra, membres du comité central,
allèrent plus loin en opérant une véritable scission et en attaquant
violemment Curiel (l'un mourrait sous la torture dans un camp de
concentration de Nasser ; l'autre finirait ministre de Sadate). Hillel

Schwartz affirme que l'événement le surprit « comme le tonnerre dans le ciel bleu ». Il s'efforça d'éviter l'irrémédiable en proposant l'organisation d'un vaste débat démocratique au sein du mouvement. La majorité le lui refusa. Henri Curiel penchait pour l'exclusion sans ambages de tous les éléments contestataires. Marcel Israël se retira à son tour, entraînant avec lui la plupart des anciens de Libération du peuple. La composante Iskra se fractionna en trois groupes rivaux, dont le seul point commun était leur désaccord avec la majorité du MDLN, tandis qu'un certain nombre de brillantes individualités choisissaient de faire cavalier seul. En six mois, la confusion avait atteint un degré tel que plus personne n'était en mesure de déchiffrer un kaléidoscope politique se modifiant de semaine en semaine, sinon de jour en jour. Une seule certitude : l'unité avait vécu et le mouvement communiste égyptien, rongé par les haines intestines, se retrouvait encore plus divisé qu'auparavant.

Joseph Hazan, préposé par Curiel à la rude tâche de colmater les brèches, attribue le désastre à la montée de la répression. « Les scissions ne s'opéraient pas sur une base politique ni même personnelle, affirme-t-il, et c'est ce qui les rendait difficiles à combattre. En réalité, la menace de la répression en incitait beaucoup à se recroqueviller, à rentrer dans l'ombre. C'était exactement le contraire de ce que préconisait Henri avec son travail démocratique de masse. Les opposants ont réclamé un congrès. Mais comment un mouvement clandestin aurait-il pu prendre le risque de réunir un congrès, d'autant plus que les gens d'Iskra voulaient que les simples sympathisants aient le droit d'y assister ? C'était contradictoire. Il reste vrai que l'absence de discussion favorisait le doute et la suspicion. Dans un climat aussi difficile, rien d'étonnant à ce que des militants sincères en viennent à traiter Henri d' " agent de l'impérialisme "... »

Henri Curiel expliquerait à son tour le désastre par la rigueur accrue du combat politique. Après l'euphorie économique suscitée par la guerre, les débauchages massifs affaiblissaient la combativité ouvrière. Les grèves, de plus en plus difficiles, étaient de moins en moins victorieuses. Il noterait lui aussi le renforcement de l'activité policière. Mais comment imputer à la seule répression l'éclatement du MDLN alors que Curiel lui-même avouerait : « Nous n'avons pas décelé, même pas envisagé, l'offensive de la réaction » ?

Didar Rossano constate : « Nous étions le produit d'une société bourgeoise, et la caractéristique d'une telle société est d'engendrer l'individualisme. » C'était aussi le jugement acerbe de l'ensemble des partis communistes étrangers, fatigués des interminables querelles égyptiennes. André Marty répétait à qui voulait l'entendre : « Des intellectuels petits-bourgeois qui se prétendent communistes et passent leur temps à s'engueuler. Ce n'est pas sérieux. »

Avec la prudence qu'impliquent la complexité du problème et la certitude que tout jugement sur les personnes heurtera des sensibilités encore à vif, on ne célera pas que la responsabilité d'Henri Curiel dans la catastrophe apparaît, à quarante ans de distance, indiscutable et considérable. Elle était la rançon de sa réussite. Il avait voulu et réalisé l'égyptianisation : quoi d'étonnant à ce que les Egyptiens aient à la fin souhaité le contrôle total du mouvement ? Or, si Henri Curiel, Hillel Schwartz et Aymée Setton étaient les seuls étrangers au sein du comité cental de quinze membres, la direction effective restait au tandem Curiel-Schwartz, puis à Curiel seul. Aymée Setton : « Il rassemblait tout et était le seul à avoir toutes les données en main. » Sans doute exerçait-il son pouvoir avec une discrétion conforme à son tempérament, pratiquant une maïeutique propre à faire inventer par autrui les décisions qu'il était résolu à prendre, mais enfin le moins ombrageux de ses camarades ne pouvait pas ne pas se rendre compte qu'à travers comité central et secrétariat, c'était toujours Curiel qui tirait les ficelles. Eût-il assumé franchement la situation qu'elle aurait été paradoxalement mieux acceptée. Sa modestie ostentatoire, son affectation de simplicité militante en enrageaient plus d'un. Ses amis invoquaient en soupirant l'imprégnation jésuitique ; les autres divaguaient en soupçonnant de sulfureuses manipulations.

Rifaat el-Saïd, actuel secrétaire général du parti du Rassemblement, s'est fait l'historien d'un mouvement communiste égyptien qu'il connaît parfaitement pour y avoir milité dès l'enfance (cette année 1948, âgé de quinze ans, il sera le seul militant communiste à entrer au camp de concentration en culottes courtes... Au total, il passera quatorze ans en détention). Selon lui, l'erreur d'Henri Curiel reste de ne pas avoir passé la main après l'étape décisive des émeutes de février 1946. Il avait accompli sa tâche historique. Sa ligne politique partait d'une estimation exacte de la volonté d'indépendance nationale mais il aurait dû en tirer la conséquence que le mouvement communiste d'un pays occupé ne pouvait pas être dirigé par un étranger. Pour Marcel Israël, c'est en tout cas au moment de l'unité que Curiel aurait dû se démettre de ses responsabilités : « Moi, j'ai refusé d'entrer au comité cental. Nous étions des étrangers. Il n'a pas voulu en tenir compte. » Même parmi les fidèles d'Henri, beaucoup admettent qu'un retrait eût été théoriquement souhaitable tout en ajoutant qu'il était humainement difficile à concevoir et politiquement discutable : le MDLN était la création d'Henri Curiel et, étranger ou non, il restait de loin le dirigeant le plus expérimenté, le plus clairvoyant, le plus apte enfin à tenir la barre d'une organisation encore bien fragile.

Lui-même mit beaucoup de temps à accepter l'évidence — encore le fit-il de mauvaise grâce et avec une touche de paranoïa : « Le second élément de la situation, écrivait-il au soir de sa vie, a été la lutte contre Younès [c'était son pseudonyme]. L'unité avait amené au mouvement de très brillants intellectuels. Ils aspiraient à prendre le parti en main. En tant qu'intellectuels, ils étaient un peu chauvins et ne voyaient pas pourquoi l'égyptianisation ne devait pas être complète par la liquidation de Younès... Donc ils lancèrent, au début de façon un peu confuse, puis de façon de plus en plus décidée et incisive, la lutte contre Younès. »

Situation sans issue : Curiel, Israël et Schwartz avaient trop marqué le mouvement communiste, et depuis trop longtemps, pour que leur effacement fût concevable. Ce n'était pas affaire de situation hiérarchique dans le mouvement. Militant de base, Marcel Israël continuait d'influencer les adhérents qu'il avait formés au marxisme. La démission d'Hillel Schwartz du secrétariat et du comité central n'avait pas diminué son ascendant sur la composante Iskra. Henri Curiel, même assigné à résidence par le mouvement dans sa librairie du Rond-Point, aurait continué d'inspirer les anciens du MELN.

La meilleure preuve que les facteurs personnels jouaient un rôle déterminant dans la crise est que celle-ci se limita au chaudron de sorcières cairote. Seconde ville du pays, Alexandrie fut épargnée. L'unité s'y était faite sans heurts ; elle se défit sans douleur par contrecoup des convulsions cairotes. « Nous ne comprenions pas grand-chose à ce qui se passait au Caire, avoue Alfred Cohen. Nous étions au départ un petit groupe de communistes limités à des activités culturelles. Puis Hillel Schwartz a débarqué et nous a proposé de fusionner avec Iskra. Pas de problème. Nous étions quinze ; ils étaient deux : un étudiant et un cordonnier, responsable syndical de sa corporation. Nous avons créé un secteur égyptien qui a bientôt dépassé le secteur étranger, ouvert une université populaire, dirigé des grèves très longues et très dures. Il paraît qu'Iskra était considérée au Caire comme une tour d'ivoire coupée de la réalité : ce n'était pas vrai à Alexandrie. Puis Henri Curiel est venu me voir. Je ne le connaissais que par les journaux — " le millionnaire juif communiste " — et par les photos où il arborait ce short ridicule. Il m'a donné l'impression d'être un garçon lucide, calme, convaincant. Il m'a parlé de la nécessité de faire l'unité entre Iskra et MELN. Pas de problème. D'autant moins de problème que le MELN était inexistant à Alexandrie. Après, il y a eu un peu de tirage parce qu'on

196

nous a envoyé deux permanents pour tout reprendre en main. Sherif Hetata, un jeune médecin, était très bien, mais l'autre, le poète Kamal Abdel Halim, était d'un sectarisme épouvantable et il nous agaçait prodigieusement en cherchant toujours un miroir pour se contempler pendant qu'il nous parlait. Je dirigeais le secteur égyptien parce que je parlais un peu arabe. On m'a évincé au profit d'un Egyptien. Pas de problème. Nous n'étions mêlés en rien aux querelles du Caire. Le fameux débat entre la stratégie du front national et du front de classe, nous ne le soupçonnions même pas. Je n'en ai en tout cas aucun souvenir. Chez nous, toutes les scissions se sont faites en conséquence de celle du Caire. On scissionnait avec discipline mais sans trop savoir pourquoi... »

Le 15 mai 1948 éclate la première guerre judéo-arabe. Le gouvernement égyptien décrète l'état de siège et rafle des centaines de militants communistes. Cette fois, les listes sont à jour. La plupart des cadres sont capturés. Paralysé par les crises internes, décapité par la police, le mouvement communiste égyptien est hors de combat.

La création d'Israël ne faisait problème ni pour les communistes ni pour l'ensemble du peuple égyptien. Marcel Israël avait mis sur pied après l'unité une Ligue antisioniste chargée de répliquer aux campagnes de propagande des organisations sionistes agréées au Caire, mais la Ligue s'éteignit au bout de quelques semaines sans avoir pu décoller. Le MDLN refusa de s'associer aux manifestations des Frères musulmans : son antisionisme ne pouvait s'accommoder de leur antisémitisme. Le mouvement avait pris parti pour la création d'un Etat binational rassemblant juifs et Arabes sous la même souveraineté. Il se rallia en fin de compte au plan de partage établi par l'ONU et approuvé par les grandes puissances. Dans le monde arabe, le MDLN et le parti communiste d'Irak furent les seuls à accepter l'existence d'Israël. Ce choix, qui allait permettre à Henri Curiel de jouer jusqu'à sa mort un rôle non négligeable dans les problèmes du Proche-Orient, ne résultait pas d'une prescience politique particulière mais de la position prise par l'URSS. Andréi Gromyko avait présenté lui-même le plan de partage. Il ne fait pas de doute que si le Kremlin avait opté pour l'attitude inverse, le MDLN se serait aligné.

Hormis les Frères musulmans et quelques groupes extrémistes, le peuple égyptien se désintéressait de l'affaire. Les historiens avancent, sur les causes réelles de la guerre, des hypothèses diverses, parfois contradictoires. Pour certains — et pour les anciens du MDLN — le

197

roi Farouk avait été lancé dans l'aventure militaire par une classe dirigeante soucieuse de trouver un prétexte pour écraser la montée menaçante du mouvement populaire. Farouk lui-même aurait voulu rétablir un prestige entamé par les huées qui avaient salué ses dernières sorties publiques. Tous les observateurs dénoncent les menées anglaises. Selon les uns, Londres croyait à une victoire aisée des armées arabes qui eût éliminé un Israël promis à devenir l'instrument des rivaux américains au Proche-Orient. Pour d'autres, l'Angleterre prévoyait le succès israélien et couronnait ainsi une politique prosioniste inaugurée avec la déclaration Balfour de 1917. De toute façon, le conflit détournait l'Egypte de sa revendication sur Suez et créait dans la région un foyer propice aux manœuvres. Les masses égyptiennes avaient peu de raisons de s'enflammer pour une guerre aux mobiles si éloignés de leurs intérêts.

Les antennes du MDLN lui permirent de capter les signaux annonciateurs du conflit. Raymond Stambouli, employé d'une compagnie de pétrole, était le secrétaire du président-directeur général, Sedky Pacha, intime du roi, Premier ministre lors des émeutes de février 1946, auteur des lois anticommunistes (le directeur de la société était un juif italien travaillant pour les services secrets sionistes...) Sedky Pacha dicta à son jeune secrétaire une lettre déconseillant à Farouk l'aventure militaire. On sut ainsi qu'elle était envisagée. Les informations venues du palais confirmaient sa probabilité. Un sympathisant rapporta que Farouk se plaignait d'être contraint aux hostilités par une irrésistible pression anglaise. Le MDLN sortit un numéro spécial de *el-Gamahir* pour expliquer la décision de l'ONU. Le fils de pacha responsable de la publication fut arrêté, relâché le lendemain, mais au lieu des admonestations habituelles, on le prévint sèchement : « Maintenant, ça suffit. Nous préparons la guerre. On ne plaisante plus. »

Tous les numéros suivants du journal furent consacrés à la lutte contre la guerre. « Nous n'avons jamais vendu autant d'exemplaires, affirme Raymond Stambouli. Les Frères musulmans ont fait exploser une bombe devant le siège du journal et au domicile d'Henri mais les masses nous suivaient. Pas un seul de nos distributeurs n'a été attaqué, ni même contesté. » Joseph Hazan confirme : « J'ai vendu des centaines d'exemplaires dans les quartiers ouvriers sans qu'on me fasse la moindre remarque. Le peuple ne souhaitait pas la guerre et il n'en voyait pas la nécessité puisqu'une solution internationale existait, approuvée par l'URSS et les grandes puissances. » L'Egypte était à coup sûr le seul pays arabe où, en 1948, un juif pouvait distribuer dans la rue un journal prônant l'existence d'Israël. Hazan ne s'ébahissait pas de cette tolérance tant elle était traditionnelle. Lui-même n'avait rencontré l'antisémitisme qu'en France, à l'Ecole d'agronomie de Grignon, lors des élections par les étudiants du bureau de leur association. Le Z et le grand Z avaient été désignés dans un joyeux tumulte et, quand la fonction de trésorier fut mise aux voix, un cri quasi unanime s'éleva : « Le juif ! Le juif ! » Cible de tous les regards, Joseph Hazan, stupéfait, comprit qu'il s'agissait de lui. Il écrasa son poing sur le nez de son plus proche voisin, ce qui jeta un froid.

Mais la guerre allait changer l'Egypte, vaincue par les troupes improvisées d'une nation nouvelle-née quinze fois moins nombreuse. Elle réserva son mépris au palais royal, dont on sut après le désastre l'impéritie et les scandaleux profits réalisés sur des fournitures militaires inutilisables. Son ressentiment alla aux juifs. « Pour la première fois dans les rues du Caire, notent Jean et Simonne Lacouture, correspondants de presse permanents, on entendit le mot de " juifs " lancé comme une menace ou comme une insulte. Cet état d'esprit permit à la police d'instaurer, sous prétexte de lutte contre le sionisme, une terreur dont ni le régime de Mohamed Mahmoud, ni celui d'Ismaïl Sedky n'avaient donné l'exemple. C'est de la guerre de Palestine que datent les camps de concentration égyptiens, la pratique de la torture comme moyen de répression et d'information, et un esprit de délation qui est un vice égyptien mais qui prit alors un caractère obsessionnel. A la brutalité policière, se mêlaient alors le racisme, le sadisme, comme si la communauté de gibier assimilait pour un temps policiers égyptiens et nazis (1). »

« La guerre de Palestine nous est tombée sur le crâne comme un coup de massue, dit Raymond Stambouli. Elle signifiait la fin de ce que nous avions rêvé et commencé à réaliser. Nous nous considérions comme des Egyptiens, même si nous admettions que les Egyptiens nous considèrent comme des étrangers. C'était fini. Nous n'étions plus seulement des étrangers, mais des juifs, donc des ennemis, une possible Cinquième colonne. Lequel d'entre nous aurait pu prévoir cela ? »

De cet ultime croche-pied de l'Histoire, ils ne se relèveraient pas.

(1) *Op. cit.*, p. 98.

Le coup de filet policier prit les communistes par surprise. « Je ne me souviens pas, écrira Henri Curiel, que nous ayons discuté une seule fois de ce qui pourrait se passer le 15 mai — la guerre, la proclamation de l'état de siège... La seule " mesure " décidée était de " conseiller " aux dirigeants de changer de domicile. Avec ce genre de " préparation ", il n'est pas étonnant que l'offensive de la réaction ait réussi. » Il en rejette la responsabilité sur les luttes intestines qui accaparaient le comité central mais la plupart des anciens de la composante Iskra reprochent à Curiel l'inexistence d'un quelconque cloisonnement et une pratique quotidienne incompatible avec les règles de sécurité les plus élémentaires. « Avec sa manie de s'emballer à tout bout de champ, il flanquait la pagaille partout. Par exemple, si un événement inattendu lui paraissait justifier la diffusion d'un tract, il expédiait quelqu'un à l'imprimerie clandestine en court-circuitant la filière normale. L'imprimerie aurait dû être protégée à tout prix. Elle est tombée dès le premier jour de la rafle. » Les fidèles eux-mêmes admettent que le niveau de sécurité était proche du néant mais ils font observer à juste titre qu'un travail démocratique de masse n'est guère compatible avec une sécurité rigoureuse. Vaine polémique, même si elle est inévitable en pareille circonstance. La police avait son homme au comité central, sans compter les agents qu'elle avait dû infiltrer à la base : c'était suffisant pour démanteler une organisation qui eût été moins vulnérable que le MDLN.

Mais aucun des informateurs de Curiel dans les cercles proches du pouvoir ne fut inquiété et le secteur crucial de l'armée resta indemne alors qu'il était la cible prioritaire de la police, ce qui tendrait à démontrer que la sécurité existait là où disparaissaient les exigences de l'action militante publique.

Le lieutenant d'artillerie Ahmed Hamrouche, responsable des militaires du MDLN, restait affecté au Caire. Il se lança bravement dans une action de propagande contre la guerre. Faute d'imprimerie, il organisa la rédaction manuscrite des tracts à distribuer dans les unités. Osmane, mari de Didar Rossano, avait eu la hardiesse de réunir des soldats dans la cour de sa maison pour leur expliquer l'inutilité de la guerre. Muté à la tête d'un régiment de Soudanais peu concernés par les événements (le commandement les renvoya chez eux avant la fin des combats), il entra en Palestine sous les injures des

Arabes palestiniens qui hurlaient : « Foutez le camp ! Vous voulez nous ruiner ? » Comble d'infortune : il se battit courageusement mais fut blessé à la fesse, ce qui expose un officier de carrière à de fastidieuses plaisanteries de mess.

Badr fut héroïque. Son colonel avait exhorté l'unité réunie en carré autour du drapeau à être à la hauteur de l'événement et à se dépenser sans compter pour le service de la patrie. Il termina son envolée lyrique par une question sans danger : « Qui est contre ? » Badr fit un pas en avant, se figea au garde-à-vous et eut le sublime courage de dire : « Moi. » Deux autres mécaniciens membres du MDLN l'imitèrent. Quelques secondes plus tard — elles semblèrent interminables aux trois camarades — l'unité tout entière faisait un pas en avant.

Henri Curiel avait échappé à la rafle et se cachait à Meadi, dans la banlieue du Caire, comme il l'avait fait en 1942 sous la menace de Rommel. Rosette le voyait tous les jours et assurait les liaisons. Les camarades d'Henri Curiel croient aujourd'hui encore qu'il fut arrêté parce qu'un officier de police l'avait identifié dans la voiture pilotée par Rosette alors qu'il se rendait à un rendez-vous. Sa femme raconte une autre histoire : « J'étais allée le chercher à Meadi et nous traversions la place d'Ismaïlia. Une voiture de police était derrière nous. Henri était fatigué. Tous ses amis avaient été arrêtés. Il m'a dit : " J'en ai assez d'être traqué. Je vais me rendre. " Il m'a demandé de stopper. Je ne comprenais pas mais il m'a dit qu'il voulait retrouver ses camarades en prison, que sa place était avec eux. J'ai freiné. Il m'a quittée et il s'est dirigé vers la voiture de police. Elle a redémarré dès qu'il s'y est assis. J'étais désespérée. Je suis allée à la villa de Zamalek pour prévenir ses parents. Ils ont été catastrophés. Cette fois, pas question d'un coup de fil du père pour arranger les choses. L'état de siège et la loi martiale avaient été proclamés. On ne savait pas comment tout cela pouvait finir. »

Courteline ou Kafka ?

La vieille caserne cairote d'Abbassiyah n'était redoutable que par sa crasse. La police y avait entassé quelques centaines de militants juifs sionistes et communistes qui fraternisaient sans complexe puisqu'à leurs sérieuses empoignades avait succédé l'accord sur le plan de partage de la Palestine. « Je n'avais pas peur, se souvient Raymond Stambouli, parce que je connaissais la tendresse de l'Egypte. Le fait est que les autorités ont eu très vite des problèmes. Il y avait en permanence devant la caserne une foule de gens qui manifestaient à l'orientale, c'est-à-dire que les familles étaient là, en bas, pleurant à gros sanglots en direction de l'époux, du fils ou du frère qui s'agitait à une fenêtre. Une pagaille fantastique. Henri est arrivé au moment où les responsables se creusaient la tête pour trouver une solution. Ce fut Huckstep, une base aérienne américaine installée dans le désert, à quinze kilomètres du Caire, et désaffectée depuis la fin de la guerre. Il y avait là quatre ou cinq bâtiments en briques, avec des toitures en tôle, entourés de barbelés. »

C'était un camp. En 1948, le mot et la chose renvoyaient à de violentes images. Les gardiens égyptiens n'arrangeaient rien en évoquant avec des rires gras Auschwitz et Dachau ; ils annonçaient sans façon : « Aucun de vous ne sortira vivant ! On va vous exterminer ! » L'ambiance virait nettement côté Kafka. Plus prosaïquement, l'espace était mesuré. Dans un premier temps, on entassa de dix à douze détenus dans des chambres prévues pour un pilote. Mais le plus dur fut la découverte des chiottes. Conformément à l'usage américain, elles s'alignaient sans aucune séparation, de sorte qu'il fallait déféquer à la vue des autres usagers. La pudeur judéo-égyptienne ne pouvait s'accommoder d'une telle promiscuité, aussi Henri Curiel se gagna-t-il tous les cœurs en faisant tendre des couvertures entre les sièges.

Les soldats-gardiens étaient en fin de compte de bons bougres qui avaient évoqué Auschwitz sans penser à mal mais le régiment assurant la surveillance extérieure du camp suscita vite une curiosité inquiète. Il était composé de soldats frustes à la mine farouche parlant un arabe insolite. Certains détenus affirmaient qu'il s'agissait de Yéménites ; pour les autres, l'unité venait d'Arabie Saoudite. Quelques jours après l'arrivée des prisonniers, le régiment entra en ébullition et l'on saisit au vol le mot « vengeance ». Personne n'y comprenait rien. L'agitation ne cessait de grandir à l'extérieur, et l'inquiétude à l'intérieur. Puis les guerriers s'armèrent en hurlant et s'approchèrent des barbelés. Au comble de l'angoisse, les détenus ébahis virent le commandant du camp et ses soldats égyptiens s'enfuir dans le désert sans demander leur reste, les abandonnant ainsi à la fureur de ces étrangers qui voulaient se venger d'on ne savait quoi. « Là, on a vraiment cru notre dernière heure venue, se rappelle Raymond Stambouli. Henri a crié : " Il faut se défendre. Barricadons-nous ! " On a empilé les tables devant les portes et les fenêtres, cassé les lits pour se faire des matraques avec les barres de fer. Les autres hurlaient toujours et commençaient à passer les barbelés pour venir cogner sur les fenêtres. Et tout à coup, le téléphone sonne dans le bureau du commandant. Henri dit : " Je vais répondre. " Je l'ai accompagné. C'était le chef de la police du Caire. Il demande : " Qui est à l'appareil ? " — " Henri Curiel. " L'autre s'étrangle : " Henri Curiel ?

Henri Curiel ? Comment ça ? Où est le commandant ? " — " Le commandant a foutu le camp, a crié Henri. Nous sommes attaqués par un régiment d'Arabes [!] et nous nous préparons à nous défendre. C'est sans espoir mais je vous préviens : vous aurez notre mort sur la conscience et vous en rendrez compte ! " — " Défendez-vous ! Tenez bon ! J'arrive avec des renforts ! " Et les renforts sont arrivés et nous ont délivrés... On avait eu chaud ! Le régiment a été transféré. Après, on a su qu'ils avaient appris les défaites arabes en Palestine et qu'ils voulaient se venger sur nous... »

Courteline prit heureusement le relais. Le commandant du camp, lieutenant-colonel, brave bête militaire, élevait une famille nombreuse avec sa maigre solde de trente-cinq livres par mois. Des détenus sionistes, hommes fortunés mais accablés au poker par une tenace malchance, perdirent contre lui des sommes importantes, de sorte que leur hangar bénéficia de grandes douceurs. Les prisonniers avaient été en effet répartis en trois catégories : juifs communistes, juifs sionistes, communistes égyptiens. Dans le premier hangar se trouvaient donc rassemblées les diverses composantes du MDLN. La détention n'effaça pas les clivages. Une toile tendue à travers le hangar ne tarda pas à matérialiser l'irréductible antagonisme. Il ne se situait plus sur le plan politique mais sur l'usage à faire de la captivité. Tandis que les uns la concevaient comme un entracte propice au repos et à la récupération, pratiquaient la grasse matinée et amélioraient leur ordinaire grâce aux colis familiaux, les curiélistes suivaient le programme spartiate qu'Henri avait établi sans désemparer avec l'entrain endiablé que lui procurait toujours la détention, et qui faisait alterner exercices physiques et cours théoriques. Le menu, frugal, était celui du camp, à base de pain, de fromage et de halawa, plat composé avec du sésame. Mais l'ordinaire ne tarda pas à être amélioré grâce à Joseph Hazan.

Après un départ en fanfare marqué par son succès à Grignon et des débuts prometteurs d'ingénieur agronome, Hazan avait traversé une terrible épreuve. A vingt-deux ans, une appendicite mal soignée avait dégénéré en péritonite. Opéré in extremis, il resta entre la vie et la mort pendant des mois, les efforts des médecins échouant à liquider l'infection. « J'ai passé des nuits et des nuits d'agonie avec une température de 41°. Je savais qu'on me considérait comme perdu. Je m'asseyais dans mon lit, les mains cramponnées aux barreaux, et je me disais : " Tu ne vas pas mourir cette nuit. Tiens au moins jusqu'à demain matin. " J'étais entré à l'hôpital en 1939 ; je n'en suis sorti qu'au début de 1943. » Sa robustesse naturelle l'avait sauvé. Grand, costaud, il avait été l'un des meilleurs basketteurs du Caire. Mais il quittait l'hôpital si affaibli qu'il ne retrouva pas de travail. Aucune société ne voulait prendre le risque de l'engager. « J'ai vécu aux crochets de mon père pendant des années et j'en ai gardé la haine du chômage. J'étais devenu la brebis galeuse de la famille. Je jouais aux courses, je faisais le maquignon. Mes trois sœurs étaient communistes. J'ai demandé à adhérer mais on m'a expliqué que je n'étais pas le genre d'individu souhaité à Iskra. Finalement, on est venu me chercher juste avant l'unité : Iskra ramassait ce qui lui tombait sous la main pour grossir ses effectifs. Mais on ne m'a pas trouvé assez intellectuel et on m'a refilé au MELN. »

Sa première rencontre avec Henri Curiel avait été décevante. Il avait appris à l'apprécier au fil de l'action militante. C'est à Huckstep que se noua vraiment leur amitié, désormais indéfectible. Ils formaient une paire efficace parce qu'ils étaient complémentaires. Joseph Hazan possédait du sens pratique et une aisance instinctive dans le commerce des êtres et des choses. Plus tard, il serait l'homme capable d'organiser une conférence réunissant Palestiniens et Israéliens, ce qui n'est pas une affaire simple. A Huckstep, il prit en main le ravitaillement du camp. Allant trouver l'intendant égyptien, il lui demanda carrément : « Combien gagnes-tu sur notre nourriture ? » L'autre répondit avec naturel : « Je dépense 8 et je garde 2. » — « Parfait, dit Hazan. Désormais, tu prends toujours les 2, et tu me donnes les 8. Je me charge de tout. Tu n'auras plus besoin de travailler. » Non seulement l'ordinaire fut amélioré mais les bénéfices réalisés par Hazan subvinrent aux besoins de camarades rescapés de la rafle et se terrant dans la clandestinité. Le chef-cuisinier du camp était un sympathique restaurateur grec de Suez, radio amateur, échoué à Huckstep parce qu'il s'était mis en tête d'apprendre l'hébreu pour lire la Bible dans le texte. La police, perquisitionnant chez lui sur dénonciation, avait tiré de ses trouvailles — poste de radio et textes en hébreu — la conclusion qu'il était un espion israélien.

Le courrier confidentiel des détenus sortait du camp grâce au chauffeur du commandant, bénéficiaire d'une allocation mensuelle. Hazan, Stambouli et un ancien élève de Polytechnique perfectionnèrent encore les communications en bricolant une dérivation sur la ligne téléphonique. On put ainsi entendre toutes les conversations avec les autorités du Caire et même téléphoner en cas de besoin. Le préposé aux évasions avait pris les dispositions nécessaires avec quelques gardiens. La sortie du camp se ferait sans difficulté mais le vrai problème serait de trouver des planques au Caire et à Alexandrie.

Puis Henri apprit que Rosette avait été agressée et arrêtée — toujours cette lancinante alternance de drame et de comédie.

204

Elle voulait faire passer du linge à son mari. Un officier du camp lui avait fixé rendez-vous dans le désert pour qu'elle lui remette le paquet. Le jour prévu, Rosette apprit que l'endroit venait d'être déclaré zone interdite. Elle décida de passer outre. Une sentinelle l'arrêta. Mise dans une petite cabane sous la garde d'un soldat pendant qu'on allait chercher un officier, Rosette fut agressée par son gardien qui tenta de la violer. Ses appels au secours alertèrent quelques officiers. Ils enfoncèrent la porte. Le soldat fut arrêté et le tribunal militaire le condamna par la suite à six mois de prison. Mais Rosette fut elle aussi gardée en détention : on lui expliqua qu'une juive ne pouvait pas impunément faire condamner un soldat musulman. Pour une militante qui avait couru des risques réels, notamment lors de l'aide à la brigade grecque insurgée, c'était tomber pour une bien pauvre raison.

Elle fut d'abord incarcérée à la prison des Etrangers, villa très propre dont le seul inconvénient était le surpeuplement. Rosette rejoignit huit prisonnières dans une chambre de douze mètres carrés. Trois de ses compagnes étaient des militantes communistes (dont la future femme de Raymond Stambouli) ; les autres étaient d'authentiques agents des services sionistes.

Quelques jours après son incarcération, elle eut l'heureuse surprise de voir débarquer Henri.

Un premier armistice sanctionnait la défaite arabe en Palestine. Les Israéliens avaient mis comme condition à un arrêt des hostilités la libération de tous les juifs incarcérés. Les prisonniers d'Huckstep exigèrent le respect de cette clause par une lettre ouverte au Premier ministre ; subsidiairement, ils réclamaient une répression sérieuse des attentats antisémites à la bombe frappant la communauté juive du Caire et que la rumeur publique attribuait aux Frères musulmans. Henri Curiel et seize de ses camarades entamèrent une grève de la faim à l'appui de ces deux revendications.

Ils découvriraient après leur sortie du camp l'injustice de la seconde. Dans leur immense majorité, les juifs d'Egypte ne se sentaient pas davantage concernés par la guerre de Palestine que le peuple égyptien. (Les Lacouture, tout en constatant que le conflit inoculait au pays le « venin raciste », ajoutent à juste titre : « Il ne faudrait pourtant pas exagérer l'intensité de la vague qui déferla alors sur l'Egypte, et lui imaginer la violence de l'antisémitisme européen. On peut même dire que le peuple égyptien démontra à nouveau une certaine tolérance en ne faisant pas ressentir plus cruellement à la minorité israélite le contre-coup du conflit de Palestine (1). » Le traitement bienveillant accordé aux internés illustre leur propos.) Pour les juifs, qu'ils appartinssent à la grande bourgeoisie européanisée ou à la masse misérable entassée à Haret-al-Yahoud, la guerre était ressentie comme une catastrophe. La minorité sioniste exceptée, personne ne ressentait la nécessité d'un Etat juif et l'on n'éprouvait pas le besoin de psalmodier « L'an prochain à Jérusalem » quand il suffisait de prendre le train de 9 h 45 pour s'y rendre. Bouleversés mais épargnés par l'holocauste, les plus lucides des juifs d'Orient comprirent immédiatement que la volonté de leurs coreligionnaires européens rescapés du massacre de se constituer un sanctuaire sonnait le glas des communautés sépharades vivant en paix depuis des siècles au sein du monde arabe. Les premières victimes de la création d'Israël seraient les Palestiniens chassés de leur patrie ; les secondes, les juifs orientaux condamnés à plus ou moins long terme à un nouvel exode. Les services secrets sionistes, conscients du peu d'enthousiasme des juifs du Caire ou de Bagdad à rallier Israël, entreprirent, non sans cynisme, d'accélérer le mouvement par une campagne d'attentats à l'explosif destinée à convaincre les plus réticents de l'impossibilité de rester en pays arabe. Leurs coreligionnaires, ne soupçonnant pas pareil machiavélisme, attribuèrent les explosions au fanatisme musulman jusqu'au jour où le pot aux roses fut découvert, déclenchant en Israël un sérieux scandale politique.

La grève de la faim infligea les souffrances habituelles mais procura aux internés une joie inattendue : la *Pravda* publia leur lettre au chef du gouvernement. C'était la première fois que l'URSS mentionnait leur existence. Il faut un début à tout. Quant aux autorités égyptiennes, la grève les émut d'autant plus que Curiel l'avait organisée en vrai spécialiste. Plutôt que de céder à la tentation du spectaculaire en engageant d'un seul coup tous les volontaires, au risque de voir l'action s'effilocher au fur et à mesure que les plus faibles renonceraient, la tactique consistait à entamer la grève avec une poignée de camarades — les plus résolus et les plus résistants —, les autres rejoignant le groupe selon des délais fixés à l'avance. Ainsi les autorités se trouvaient-elles affrontées à un mouvement faisant tache d'huile et se renforçant sans cesse. Le gouvernement, craignant le pire, décida d'isoler les meneurs. Henri Curiel, Joe Matalon, David Nahum et Armand Setton furent embarqués sur un camion (Curiel torse nu mais toujours pourvu de son célèbre short) et conduits au

(1) *Op. cit.*, p. 98.

Caire. On leur avait promis une entrevue avec le ministre de l'Intérieur, au lieu de quoi on les répartit entre différents commissariats, où ils couchèrent dans des cellules infectes, avant d'être envoyés à la prison des Etrangers.

Le directeur de la prison était un excellent homme. « Il se conduisait davantage, estime Rosette, pour qui il avait un faible, comme un majordome que comme un geôlier. Chaque jour, il venait s'enquérir de nos besoins et de nos désirs. Les surveillantes tremblaient de peur car il nous donnait systématiquement raison si nous émettions une plainte. » Ce bon directeur fit fête à Henri, qui avait déjà été son pensionnaire l'année précédente, et se mit en quatre pour satisfaire le couple, auquel il abandonnait volontiers son bureau pour un moment d'intimité. Lorsqu'il surprit Henri en corvée de vaisselle, son émotion scandalisée fut celle d'un directeur de grand hôtel trouvant un client princier en train de faire la plonge dans les cuisines... La touche pittoresque inséparable de tout passage d'Henri Curiel dans une prison fut fournie par trois déserteurs allemands de la Légion étrangère qui avaient plongé à Suez du bateau les conduisant en Indochine. Henri convertit au communisme ces anciens nazis et, chaque matin, ils faisaient le tour de la cour de la prison au pas cadencé, derrière un drapeau rouge, en chantant l'*Internationale* en allemand. L'un d'eux, ancien parachutiste SS, donna à ses nouveaux camarades d'utiles leçons de close-combat. Armand Setton n'avait pas son pareil pour plonger par-dessus deux tables mises côte à côte et se recevoir en roulé-boulé.

Puis les quatre meneurs furent ramenés à Huckstep. C'était une victoire. Les détenus la célébrèrent par une fête qui tourna mal : le commandant, agacé, ordonna aux soldats de passer les détenus à tabac. Bizarrement, l'ordre s'appliquait aux seuls détenus égyptiens. Leurs camarades étrangers assistèrent à la correction avec le sentiment décourageant d'être parqués dans un ghetto européen à l'intérieur même du camp de concentration.

Rosette, atteinte de tuberculose, partit pour le sanatorium d'Helouan, à vingt kilomètres du Caire. Un policier en uniforme fut détaché à sa surveillance. Ils allaient tous deux y passer deux ans. « C'était un endroit très luxueux. Nous avions un grand jardin très bien entretenu, des chambres confortables et un magnifique salon. Je passais mes journées à tricoter, à écouter de la musique, à lire des romans français — Balzac, Stendhal, Zola, Mauriac, Gide. J'avais le droit de recevoir des visites — mes parents, mes beaux-parents, mes amis. Simplement, je ne pouvais pas sortir. »

Son beau-père mourut au mois de novembre 1948. Il était

désespéré. Cet homme, dont les futurs détracteurs d'Henri insinueraient qu'il avait peut-être été un « sous-marin » communiste faisant de discrètes mais fructueuses affaires avec l'URSS, ne supportait pas la désertion de son aîné, Raoul, ni la trahison du cadet. L'internement d'Henri à Huckstep lui donna le coup de grâce. Selon les intimes, il aurait refusé de faire quoi que ce soit pour le prisonnier, et même d'aller le voir ; Ruth Gresh se souvient néanmoins d'avoir accompagné le vieil homme à Huckstep et à la prison des Etrangers. Mais les amis de la famille sont unanimes : « Il est mort de chagrin. » L'engagement politique d'Henri a sans aucun doute joué son rôle, mais au-delà de cette déception privée, Daniel Curiel était trop intelligent pour ne pas comprendre que la guerre de Palestine tournait la dernière page d'une existence juive multiséculaire en Egypte. La France était sa patrie par élection sentimentale et intellectuelle : il avait ses racines en Egypte, l'arabe était sa langue maternelle et il n'avait jamais envisagé de quitter les rives du Nil, berceau de sa naissance. Il mourut sans souffrances physiques. Zéphira loua la grande villa de Zamalek à une ambassade étrangère et s'installa dans une pension de famille dans l'attente du retour d'Henri.

Il refusa sa liberté et celle de ses camarades. L'Egypte, en exécution des clauses d'armistice, leva les mesures d'internement. Les prisonniers sionistes furent élargis et partirent pour Israël. Henri Curiel déclara aux autorités que ses amis et lui-même ne voulaient pas devoir leur liberté à la défaite égyptienne. Ils ne quitteraient le camp que sur décision du Caire et non pas en vertu d'un diktat de Tel-Aviv. Politiquement, la position était défendable. Elle s'inscrivait dans la ligne d'identification nationale défendue par Curiel depuis son entrée en politique. Si les juifs communistes voulaient conserver une possibilité d'action dans le pays, ils devaient se démarquer à tout prix d'Israël. Mais les jeux étaient faits, comme l'avenir n'allait pas tarder à le démontrer, et Henri regretterait toute sa vie une erreur de calcul qui se traduisit par huit mois d'internement supplémentaire : « J'en suis responsable par don quichottisme. Ce fut une stupidité dont je porte encore le remords. » Les autorités, trouvant sa position très pertinente, gardèrent sous les verrous tous les juifs communistes dont elles savaient que, contrairement aux sionistes, ils ne quitteraient pas le pays dès leur libération mais reprendraient leurs dérangeantes activités.

C'était le tour des Frères musulmans de faire problème. Exaspérés par la défaite arabe, ils déclenchèrent des troubles dont le point culminant fut l'assassinat du Premier ministre égyptien. La répression s'abattit sur eux. Plusieurs centaines furent arrêtés, dont une

partie rejoignit les communistes à Huckstep. Raymond Stambouli :
« Henri nous a dit que c'était une merveilleuse occasion d'entrer en
contact avec eux, d'établir des relations d'homme à homme. Nous
n'étions pas très chauds. Nous avons même craint pour la vie d'Henri
quand il est allé leur parler pour la première fois. Les premiers
contacts se sont faits sur une base matérielle. Nous leur avons fait part
de notre expérience : nettoyage des chiottes (Henri avait nommé un
" dictateur militaire " pour veiller à leur propreté), la fourniture
d'eau chaude, le branchement sur le téléphone du commandant et les
écoutes, la fabrication en cours d'un récepteur radio. Ils nous ont
écoutés. Bien sûr, il y avait entre nous une grande différence de
mentalité mais ils ont été touchés. Pour nous remercier, ils nous ont
invités à une grande haschisch-party — le haschisch était fourni par
le commandant. Notre refus les a renversés. Ils ne comprenaient
pas. Henri leur a expliqué que c'était une question de principe : un
militant ne pouvait pas courir le risque de se trouver en état de
manque. Le chef des Frères lui a répondu : " Ecoute, j'ai fait toutes
les prisons d'Egypte. Il m'est arrivé de manquer de pain mais j'ai
toujours trouvé du haschisch. "

« La soirée a eu lieu sans nous mais le dialogue était engagé. L'un
de nos camarades était un scheik de l'Azhar converti au communisme. Henri lui avait demandé de se spécialiser dans la recherche des
bases collectives de l'islam. Au départ, l'islam était une religion de
tribus bédouines pour qui la survie passait par la vie collective. Il
venait de commencer un livre *La tradition révolutionnaire de l'islam*.
Grâce à lui, nous avons pu avoir des discussions au plus haut niveau
islamique avec les Frères. Nous leur avons fait des cours sur l'origine
de la propriété foncière en Egypte (elle avait été réglementée sur le
modèle français en 1875), sur le système d'irrigation dans le delta,
etc. Ils étaient réellement bouleversés par tout ce que nous leur
apprenions, au point que leurs responsables commençaient à vouloir
prendre leurs distances pour protéger leurs ouailles de la contagion.
Cela, c'était Henri. Son influence morale était énorme, dans tous les
milieux, et il avait un sens du dialogue que je n'ai connu à personne
d'autre. Grâce à lui, nous avons vécu au camp dans une fraternité
extraordinaire. Je n'oublierai jamais ces soirées de fête organisées par
la commission des loisirs. On faisait de grandes veillées sous les
étoiles. Les Grecs jouaient de la guitare. Et nous parlions. Il y avait
parmi nous des communistes italiens qui nous racontaient la résistance antifasciste. Les sionistes expliquaient les kibboutz — beaucoup de musulmans se sont rendu compte que les Israéliens étaient un
peuple comme les autres, avec une lutte de classes et des couches

progressistes. Il y avait entre nous une communion extraordinaire. »
Deux ans de camp — de camps : ils connaîtraient quatorze lieux de
détention successifs, et cela serait le plus éprouvant car la crainte de
l'inconnu hante le prisonnier. Chaque fois, il fallait renoncer aux
habitudes acquises, aux accommodements acquis de haute lutte,
sonder la nouvelle direction, reconstruire le réseau de communications avec l'extérieur. (A Oyoun Moussa, dans le désert du Sinaï, les
premières informations leur parvinrent grâce aux lettres de la femme
de Chehata Haroun. Elles étaient écrites en français et l'avocat devait
les lire en arabe devant le commandant du camp au titre de la
« censure verbale ». Chehata, moderne Schéhérazade, inventait des
paragraphes pornographiques dont s'enchantait l'officier, de sorte
que la correspondance allait bon train.)

Deux années qui ne seraient certes pas infernales grâce à ce que
Raymond Stambouli nomme si bien « la tendresse égyptienne ».
Entorses au règlement et facilités consenties aux détenus ne doivent
pas être imputées pour l'essentiel à la vénalité de la hiérarchie, même
si elle existait, mais à l'absence d'hostilité des gardiens envers leurs
prisonniers. Deux années de privation de liberté, de frustration
sexuelle, d'inconfort et de rigueur climatique — le dernier camp était
au bord torride de la mer Rouge —; deux années de luttes
incessantes, scandées par des grèves de la faim d'autant plus dures
que les autorités du Caire, rôdées par l'habitude, attendaient
désormais la quatrième semaine pour examiner avec sérénité les
revendications.

Ils garderaient tous de cette longue parenthèse carcérale un
souvenir nostalgique. Ce fut le temps d'une réflexion politique
intense, d'un enrichissement personnel tel que la plupart en sortirent
modifiés ; ce fut surtout le temps de la fraternité. Ils le devaient à
Henri Curiel : il était l'âme de leur communauté. On a dit les
possibles erreurs du dirigeant politique, ses faiblesses, l'agacement
intense qu'il pouvait susciter. Mais à s'astreindre scrupuleusement à
cet inventaire, comment ne pas courir le risque d'occulter le
rayonnement de l'homme ? Impossible de comprendre quoi que ce
soit à sa vie si l'on oublie que ses adversaires politiques eux-mêmes
(ne parlons pas des ennemis : ils le haïrent sans le connaître)
séparaient l'homme du dirigeant. Hillel Schwartz, contre qui il avait
durement ferraillé, fut de ceux qui accompagnèrent son cercueil au
Père-Lachaise : « J'étais bouleversé. Bien sûr, nous avions une
histoire commune et elle se terminait là. Mais il faut savoir que nous
sommes toujours restés amis, même si nous nous sommes toujours
opposés. Jusqu'à sa mort, j'ai su que je pouvais demander un service à

210

Henri, compter sur lui pour résoudre un problème personnel ou familial. Nous le savions tous. Il était ainsi. » Pas un seul réquisitoire contre lui, pas une seule philippique qui ne s'interrompe pour l'aveu ému que l'abominable Curiel, à cause de qui la révolution égyptienne avorta quand elle était, on vous le jure, à portée de la main, sut trouver, dans une péripétie privée difficile, le geste fraternel, les mots consolateurs. Homme de réseau ? Ses futurs détracteurs tenteront d'en accréditer l'image. Le fait est qu'il échoua en Egypte et en France à s'imposer dans le champ politique institutionnel : les conditions historiques lui étaient contraires. Eussent-elles été favorables que sa personnalité l'aurait peut-être empêché de devenir un homme politique au sens classique du terme. Il était fait pour les communautés étroites, infiniment soudées, dont chaque militant ne cesse point d'être une personne. Au jugement de ses amis communistes, il n'était pas l'homme du souterrain mais le chrétien des catacombes. Le camp représentait pour lui le lieu d'élection où le succès commun n'est possible qu'au prix de la victoire de chacun sur soi-même. Le militant n'y pouvait perdurer que si l'homme s'efforçait d'être à son meilleur.

Puis la communauté se disloqua ; le gouvernement proposait aux juifs communistes leur libération sous la seule condition d'un départ définitif d'Egypte. A quoi bon s'entêter alors que le problème israélo-arabe, promis à une belle longévité, leur interdisait une action militante d'envergure ? Henri Curiel lui-même reconnaissait que les juifs communistes d'Egypte avaient accompli leur rôle historique. L'un après l'autre, les camarades passèrent le portail, baluchon sur l'épaule, tandis que les sursitaires chantaient *l'Internationale* et *Ce n'est qu'un au revoir*. La consigne était de partir dans un kibboutz et de militer au sein du parti communiste israélien. Quelques-uns le firent ; la plupart se retrouvèrent en France — « la douce France », ironisait Henri.

Ils restèrent à trois : lui-même, Joe Matalon, Chehata Haroun. On les mit avec les communistes égyptiens pour lesquels aucune perspective de libération ne se dessinait. Mais les élections de janvier 1950 pouvaient ramener le Wafd au pouvoir. Les détenus envoyèrent du camp des milliers de lettres invitant à voter pour le vieux parti nationaliste. Le Wafd l'emporta. Rien ne changea pour les prisonniers. Il fallut des manifestations populaires, d'ampleur modeste mais obstinées, pour que le nouveau gouvernement osât contrarier la volonté du roi Farouk de garder les communistes sous les verrous.

Les trois irréductibles et leurs camarades égyptiens franchirent à leur tour le portail du camp.

Rosette, guérie depuis longtemps de son atteinte de tuberculose, avait été libérée du sanatorium-prison le 16 mai 1950, et avec elle le policier préposé à sa surveillance depuis deux ans. Rentrée au Caire, esseulée, ses amis dispersés, elle prit le parti de retourner de son plein gré au sanatorium où elle avait ses habitudes. On voulut bien l'accepter. Douce Egypte...

Ses retrouvailles avec Henri furent déconcertantes. Au lieu du bagnard hagard qu'elle s'apprêtait à materner, Rosette découvrit un gaillard au tonus épatant, forci par les exercices physiques, bronzé au soleil de la mer Rouge ; elle n'avait jamais vu son mari en pareille forme. Ils récupérèrent leur appartement, qui avait été placé sous séquestre, et Henri replongea sans désemparer dans la militance.

Le MDLN était en trente-six morceaux ; ses amis juifs avaient mis à la voile pour la France ; le choc de la répression anesthésiait maint militant libéré. Henri l'avait prévu, qui répétait au camp : « Ici, il est facile de rester révolutionnaire parce que nous sommes ensemble. C'est à la sortie que les difficultés commenceront. Quand chacun se retrouvera seul. »

Il avait élaboré une stratégie. Pour libérer les militants de la peur qui les paralysait, son plan consistait à réorganiser l'activité à partir d'un vaste projet progressiste. L'Appel de Stockholm contre la bombe atomique remuait le monde et avait donné naissance au Mouvement de la paix. Le gouvernement wafdiste ne pouvait pas réprimer une organisation pacifiste dont les centaines de milliers d'adhérents se recrutaient dans tous les pays. Une section égyptienne du Mouvement de la paix remobiliserait les communistes égyptiens et leur rallierait les couches progressistes ; subsidiairement l'entreprise les ferait sortir de leur isolement international et leur apporterait la reconnaissance si souvent quémandée et jamais obtenue du camp socialiste.

Le calcul était bon, à ceci près que si le pouvoir se révéla en effet impuissant à juguler le succès immédiat de la campagne pour l'Appel de Stockholm, il démontra son aptitude à se débarrasser de l'instigateur.

Le prix fut considérable, et que le pouvoir ait accepté de le payer indique qu'il plaçait très haut la capacité de nuisance d'Henri Curiel. L'Egypte avait la réputation méritée d'être un Etat de droit dont les juridictions ne cédaient au pouvoir ni plus ni moins que leurs homologues de France ou d'Italie. La volonté de Farouk d'en finir avec Curiel obligea ses juges à des contorsions peu compatibles avec leur réputation et leur dignité.

On lui avait confisqué son passeport égyptien en 1942, lors de sa première arrestation. Il avait intenté un procès pour obtenir sa restitution, ce qui impliquait la reconnaissance de sa nationalité égyptienne. Le tribunal s'était déclaré incompétent mais la cour d'appel lui avait donné raison, et même accordé des dommages-intérêts. La cour de cassation, saisie par le pouvoir en 1950, cassa l'arrêt de la cour d'appel et déclara nulle l'acquisition de la nationalité égyptienne en 1934 au motif que Curiel n'avait pas renoncé explicitement à la nationalité italienne. C'était un renversement complet de jurisprudence. Il remettait en question les naturalisations de milliers d'Italiens ayant opté pour l'Egypte après l'abolition des Capitulations. Au reste, la loi italienne déclarait automatiquement déchu de sa nationalité tout Italien devenant citoyen étranger. Henri était défendu par trois des meilleurs avocats du Caire, dont un ancien ministre, membre du comité directeur du Wafd. Un conseiller à la cour de cassation s'excusa auprès d'eux : la pression du palais royal avait été irrésistible.

L'arrêt inique rendu, Henri Curiel fut arrêté le 25 juillet 1950 « aux fins d'expulsion en tant qu'étranger dangereux pour la sécurité publique ». Chehata Haroun, averti, se précipita à la préfecture de police. « J'y ai retrouvé Henri. Il avait son sourire un peu bête des jours difficiles. Le chef de la police politique Ibrahim Imam, m'a dit qu'on allait le transférer à la prison des Etrangers. Je l'ai accompagné, on s'est embrassé, et je ne l'ai revu qu'en France, des années plus tard. »

Le chef de la police avait averti Curiel : « Ou on t'expulse ou on te tue. » Et comme le prisonnier rétorquait que le gouvernement wafdiste de Nahas Pacha n'était pas comme les précédents, Ibrahim Imam avait répondu avec un sourire : « La police est la même. »

Le 15 août 1950, le conseil d'Etat, saisi par les avocats d'Henri, se réunit pour juger de la validité de l'arrêté d'expulsion. Les honorables magistrats découvrirent alors qu'il n'y avait pas d'arrêté d'expulsion, de sorte que le problème de son annulation ne se posait pas. Le 24 août, le prisonnier fut transféré à la prison de Port-Saïd par wagon spécial et sous forte escorte ; il avait naturellement entamé une grève de la faim. Rosette, prévenue par un policier, partit pour Port-Saïd avec deux valises. Elle n'eut pas permission de voir Henri mais lui fit passer les valises. Au matin du 26, elle assista à son embarquement forcé sur le *Sorriento,* navire italien de la compagnie Lauro. Le quai grouillait d'agents et une flottille de vedettes policières patrouillait dans le port.

C'était un coup de force. Aucun arrêté légal ne justifiait l'expulsion. Le consulat italien de Port-Saïd s'était laissé extorquer un visa de transit à destination... d'Israël... Or l'Egypte niait l'existence d'Israël et le simple fait d'avoir écrit le mot sur la demande de visa constituait de la part du chef de la police une forfaiture gravissime. Le capitaine du *Sorriento*, ébranlé par la véhémence de son passager forcé, convaincu après examen de la paperasse que la procédure n'était pas sans failles, avait commencé par refuser d'embarquer Henri. On le menaça d'interdire les ports égyptiens aux navires de la compagnie Lauro. Sa direction, alertée, lui ordonna de se soumettre. L'expulsé fut bouclé dans une cabine et le *Sorriento* appareilla, escorté jusqu'à la sortie du port par les vedettes policières.

A l'escale de Marseille, Henri échappa à la surveillance et se précipita au siège de la fédération communiste des Bouches-du-Rhône, où il raconta son histoire. Les permanents la trouvèrent louche et lui ordonnèrent de décamper. Il réintégra le *Sorriento*. A Gênes, la police monta à bord et lui donna l'ordre de débarquer. Il refusa. Deux vigoureux carabiniers l'extirpèrent de sa cabine. Il reconnut, au milieu des très nombreux journalistes rassemblés sur le quai, Raymond Stambouli et sa femme, alertés par Rosette. Encadré par les carabiniers, il descendit l'échelle de coupée sous les flashes des photographes.

Il avait trente-sept ans et il ne reverrait jamais l'Egypte.

Alors commencèrent les années tristes.

Il refusait par principe l'établissement en Israël puisque le pouvoir avait voulu l'y contraindre ; et il n'en avait en vérité aucune envie.

L'Italie lui ouvrait les bras, même si l'accueil sympathique des autorités locales se fondait sur deux malentendus. Elles crurent d'abord qu'il était un juif persécuté, Rosette ayant fait intervenir en sa faveur des cousins influents de la communauté israélite de Rome : on lui délivra sur-le-champ un permis de séjour provisoire. Puis un chef légendaire de la résistance antifasciste, responsable des Jeunesses communistes italiennes, mort au combat, s'appelait Eugenio Curiel ; on pensa qu'Henri était de sa parentèle. C'était sans doute vrai, mais en remontant au moins au XVIIIe siècle... Toujours est-il que la loi italienne prévoyait la réintégration dans la citoyenneté pour toute personne de retour de l'étranger pouvant justifier d'une origine italienne. Un séjour de six mois suffisait pour l'obtenir.

Mais il refusait farouchement d'être amputé de l'Egypte. Les exhortations les plus instantes échouèrent à l'ébranler. Ce n'était pas entêtement, refus de céder à l'arbitraire : il ne se concevait point d'avenir hors du pays auquel il appartenait deux fois — pour y être né et pour l'avoir choisi dans sa vingtième année. Perçu au Caire comme étranger, et l'acceptant, Henri Curiel découvrait dans l'arrachement physique l'impossibilité d'être autre chose qu'Egyptien. L'exil l'égyptianisait.

Il chargea ses avocats cairotes d'engager devant le conseil d'Etat une procédure d'annulation de son expulsion. Le procès fut long et lui coûta une fortune. Il le perdit. L'un de ses défenseurs lui confia avoir appris qu'en cas de succès, un décret royal aurait été pris pour l'empêcher de revenir en Egypte.

Il s'était installé à Rome, refusant l'hospitalité des Stambouli et des Nahum établis à Milan. Il voulait agir. Raymond Stambouli l'accompagna au siège du parti communiste italien, rue des Boutiques Obscures. Le nom parut fâcheux à Henri. Il s'étonna encore de l'immeuble massif — un vieux grand palais à l'italienne — et de l'énorme porte cloutée devant laquelle des hommes montaient une garde vétilleuse : « Mais c'est une forteresse !... » murmura Henri. Après avoir franchi plusieurs contrôles, les visiteurs furent aiguillés sur la section étrangère, où les accueillit le responsable de l'Egypte.

C'était le camarade Renato Mieli. Ils en furent accablés. Mieli, réfugié antifasciste, avait vécu au Caire où, comme la plupart de ses camarades exilés, il cantonnait strictement son activité politique à la communauté italienne, non sans un certain dédain, selon Stambouli, pour les autochtones, et avec une dérision certaine pour les juifs égyptiens s'efforçant d'introduire le marxisme dans le pays. Il avait quitté l'Egypte à la fin de la guerre, de sorte qu'il n'avait pas vécu la sortie des communistes de leurs salons bourgeois, leur fusion avec le peuple égyptien dans les rues ensanglantées de février 1946, la création du MDLN et l'égyptianisation progressive du mouvement. « On a tout de suite senti une énorme antipathie, constate Raymond Stambouli. Le courant ne passait pas. Nous ne l'intéressions nullement. Il aurait pourtant eu besoin de remettre sa montre à l'heure parce que l'Egypte avait beaucoup changé depuis son départ. Ce fut un fiasco complet. » Henri, à la sortie, se borna à observer que le camarade Mieli n'était manifestement pas à sa place dans les fonctions qu'il occupait.

Exemple banal de la lie journalistique déversée sur Henri Curiel jusqu'à opacifier les épisodes les plus simples de son existence : un mois jour pour jour après son assassinat, le 4 juin 1978, l'hebdomadaire italien *L'Espresso* écrira que Renato Mieli avait été chargé par Togliatti, chef du PCI, de rencontrer Curiel, qui venait d'être « expulsé par Nasser », afin de savoir ce qu'il voulait : « La rencontre n'eut pas lieu en un endroit secret, mais dans un café de la place Cavour. Curiel en vint rapidement à demander au PCI de l'argent et des armes pour organiser une opération armée contre Nasser. Togliatti, après cela, ordonna à Mieli de rompre tout contact : " Selon moi, dit-il, ce Curiel est un provocateur. " » *O Tempora ! O mores !* Henri Curiel avait été expulsé par le roi Farouk, et lorsqu'il fut reçu rue des Boutiques Obscures par Mieli, Gamal Abdel Nasser n'était qu'un petit colonel anonyme dont même le spécialiste de l'Egypte du PCI ne pouvait prévoir le destin. Il ne prendrait le pouvoir que deux ans plus tard, en 1952, et Henri aurait alors quitté l'Italie depuis un an ; la révolution des colonels serait enfin accueillie avec enthousiasme par l'exilé, qui ne pouvait donc en aucun cas souhaiter son renversement par une « opération armée ». Trois coups de téléphone de vérification auraient permis au rédacteur de *L'Espresso* — hebdomadaire de gauche — de faire l'économie d'un récit comportant une erreur grotesque à chaque ligne, mais il eût alors fallu renoncer au portrait plus payant d'un Curiel conspirateur et fomentateur de coups armés à travers le monde : celui-là même que tentaient d'accréditer ses pires détracteurs.

L'exilé retourna trois fois dans le bureau de Renato Mieli pour lui soumettre des notes sur la situation en Egypte. A sa quatrième visite, il trouva porte close. Le parti communiste italien n'avait que faire des analyses du dirigeant du MDLN.

Il avait pris pension chez une brave femme élevant seule son enfant. Elle répétait aux visiteurs que son pensionnaire était un saint laïc et contribuait à cette sanctification par un train de vie austère. Chaque soir, Henri dressait son lit de camp dans la salle à manger. Il n'avait accès à la salle de bains qu'à heure fixe et ne disposait même pas d'une table pour travailler. La nourriture était si pauvre qu'il en tomba malade. Il eût pu vivre à son aise car Rosette lui envoyait chaque mois une somme suffisante. Mais il prélevait vingt mille lires pour sa subsistance et réexpédiait le reste aux camarades égyptiens. Quand Rosette découvrit où passaient ses mandats, elle lui en voulut beaucoup.

Il occupait son temps à lire et à rédiger des analyses et des articles dont la plupart restaient dans ses tiroirs. Avec Raymond Stambouli et David Nahum, il entreprit la publication d'un bulletin. C'était difficile. Le voyage de Milan à Rome durait plusieurs heures et ses deux amis devaient gagner leur vie. Il se mit à l'étude du russe. La solitude s'épaississait autour de lui. « J'ai vécu dans un isolement presque total, devait-il dire par la suite, abandonné du monde entier. Mais je ne regrette pas cette période. C'est la seule pendant laquelle j'ai eu le temps de réfléchir. » Au vrai, il souffrait durement de l'ostracisme du PCI. Au-delà de l'injustice faite à sa personne, il y voyait la négation du mouvement communiste égyptien, du travail et des sacrifices de ses camarades. Même si Huckstep n'avait été ni Auschwitz ni Dachau, ils sortaient tous de deux ans de camp. L'adversaire les avait pris suffisamment au sérieux pour leur infliger cette épreuve mais elle semblait compter pour rien aux yeux des camarades italiens. L'Egypte n'intéressait personne. Pour le PCI, elle n'était que le champ clos de la rivalité impérialiste entre l'Angleterre et les Etats-Unis. Mieli avait souri quand Curiel lui avait affirmé que les masses égyptiennes, en plein travail politique, définiraient elles-mêmes l'avenir du pays. L'ignorance était insondable. Le responsable communiste milanais de la politique étrangère avait demandé à Raymond Stambouli si les habitants du Caire n'avaient pas peur des crocodiles.

Dans ce désert politique et affectif, toute visite égyptienne lui était oasis. Didar Rossano et Ruth Gresh vinrent le voir au cœur de l'été. Didar : « C'est à cette occasion que je l'ai vraiment découvert. Pour moi qui avais l'habitude des officiers costauds, il était l'intellectuel souffreteux, maigrichon. Pas du tout ! Il nous a fait visiter Rome du matin au soir — il connaissait déjà tous les monuments, leur histoire, etc. Nous étions complètement sur le flanc, Ruth et moi ; on s'arrêtait à chaque fontaine pour rafraîchir nos pieds couverts d'ampoules... Et lui nous harcelait pour repartir : il y avait toujours autre chose à voir. Une énergie extraordinaire. Il nous a fait découvrir les beautés de la religion — nous étions un peu ébahies... Il fallait l'entendre s'écrier devant les églises : " Vous rendez-vous compte de ce qu'elles signifiaient pour leurs bâtisseurs ? " »

Une autre visiteuse assidue fut Elisabeth Vailland — son mari Roger, en villégiature chez Curzio Malaparte, à Capri, ne rejoignit Rome qu'à la fin de l'été. « Je lui dois, dit-elle, quelques-unes des plus belles heures de ma vie. Il me recevait dans une toute petite pièce très sombre qu'éclairait son lumineux sourire. Il m'a fait lire Mao, Ho-Chi-Minh, des tas d'auteurs révolutionnaires. Après, nous en parlions. Je n'ai jamais rencontré quelqu'un qui sache si bien expliquer les choses, vous faire progresser sans prendre des airs de professeur. Et toujours, il finissait par parler de l'Egypte. C'était son obsession, l'Egypte... »

Puis Rosette le rejoignit. Elle allait mal. Une tuberculose abdominale avait nécessité une intervention chirurgicale. Elle avait un visa de trois mois. Ils discutèrent de leur avenir à longueur de soirées. La situation administrative d'Henri s'était détériorée. On avait découvert que sa judéité n'était pas la cause première de son expulsion et que sa parenté avec Eugenio Curiel était pour le moins problématique. Les Stambouli et les Nahum l'avaient supplié de saisir la possibilité offerte d'une réintégration dans la nationalité italienne. « A l'époque, explique Raymond Stambouli, l'Italie exportait trois cent mille hommes par an : il n'y avait pas de travail. Les autorités encourageaient les départs. Alors, dans un pareil contexte, la possibilité de récupérer la nationalité italienne représentait une chance extraordinaire. Moi-même, apatride, je me battais comme un fou pour avoir ma naturalisation. Il fallait démontrer qu'on apportait au pays des qualités culturelles ou commerciales — quelque chose de positif. Les autorités italiennes ne comprenaient pas qu'Henri fasse la fine bouche. Nous-mêmes, il nous exaspérait. Je lui répétais : " Il y a des compromis partout. Si tu veux avoir une activité normale, efficace, prends la nationalité italienne ! " Rien à faire. Il restait braqué sur l'Egypte et mettait ses espoirs dans ce procès perdu d'avance devant le conseil d'Etat. Nous qui avions en plus notre vie à gagner, nous trouvions qu'il sombrait dans le masochisme. » David Nahum attendrait vingt-cinq ans sa naturalisation et, durant ce quart de siècle, passerait une heure dans les locaux de la police italienne chaque fois qu'il rentrerait d'un voyage à l'étranger.

Puis les autorités avaient subitement cessé de harceler Curiel pour qu'il prenne une décision et l'avaient mis sous surveillance. Le dossier du Caire était arrivé à Rome comme dans toutes les capitales occidentales. « Ne te fatigue pas : nous avons l'Intelligence Service derrière nous », avait dit en souriant le chef de la police égyptienne à Henri Curiel, qui protestait contre son expulsion. Les services anglais connaissaient Curiel depuis son entrée en politique et ne l'avaient plus lâché depuis son action en faveur des démocrates grecs. Une police européenne pouvait se désintéresser d'un obscur agitateur expulsé d'Egypte par le gros Farouk, considéré universellement comme un potentat repoussant ; elle devait se préoccuper d'un homme tenu pour dangereux par les Anglais. Le 25 juin 1950 a éclaté la guerre de Corée, point culminant de l'affrontement Est-Ouest dont l'épisode grec avait marqué le début. La guerre froide, d'un seul coup, passe au point d'ébullition. Pour la première fois depuis 1945, les anciens alliés de la grande croisade antifasciste vont s'affronter sur le terrain, armes à la main. Le monde entier vit dans l'angoisse d'une apocalypse nucléaire. La chasse aux sorcières bat son plein des deux côtés du rideau de fer. A Rome, le climat n'est pas à la bienveillance pour des hommes présentant le profil d'Henri Curiel.

A Paris non plus. Roger Wybot, directeur de la DST, fera assigner à résidence en Corse Raymond Aghion, fondateur et mécène de la revue communiste *Moyen-Orient*. Aghion passera ensuite en Italie (« J'y ai trouvé des communistes selon mon cœur. ») et ne reviendra en France que deux ans plus tard, sous le gouvernement de Mendès France, le gaulliste Louis Vallon étant intervenu en sa faveur auprès du garde des sceaux François Mitterrand.

Pour Henri, convaincu par Rosette de la nécessité de trouver une base de repli au moins provisoire, la France était préférable à tout. Le couple proscrit fit appel aux anciens proscrits gaullistes qu'il avait aidés du temps des Amitiés françaises. Il fut entendu mais aucune démarche ne put fléchir la rigueur du pouvoir. Les amis, désolés, rapportèrent la sentence tombée des lèvres de Wybot : « S'ils entrent en France, je les fais interner au Sahara. » Même Rosette, dont l'état de santé exigeait des soins exceptionnels, se vit refuser un visa français. Les services compétents arguèrent que si elle avait un accident cardiaque à Paris, il serait difficile d'interdire à son mari de venir la rejoindre.

L'étau se resserrait.

Les trois mois écoulés, Rosette reprit l'avion pour Le Caire. Henri l'accompagna à l'aéroport de Fumicino, rentra chez lui, retourna dare-dare à Fumicino : sa femme n'avait pas été autorisée à débarquer au Caire ; réembarquée de force dans l'avion, elle volait vers Rome. Les autorités italiennes refusèrent de la laisser descendre. Henri était tenté de pousser la situation jusqu'à l'absurde mais Rosette ne pouvait tout simplement pas continuer le va-et-vient dans des avions non pressurisés : son cœur n'y résisterait pas. Le parti communiste italien refusa d'intervenir. Pietro Nenni, dirigeant socialiste, arracha un permis de séjour très provisoire. Mais les autorités italiennes étaient cette fois décidées à en finir. Puisque l'exilé s'obstinait depuis un an à refuser la nationalité offerte, on lui laissait le choix entre l'expulsion vers Israël et l'internement administratif. Henri évoquant l'état de santé de Rosette, le fonctionnaire de la Questura répondit : « Nous n'avons rien contre elle. Quittez l'Italie, fichez le camp, et nous lui accorderons le droit d'asile. — Mais où voulez-vous que j'aille sans passeport ? Aucun pays ne me laissera entrer... — C'est votre problème. Débrouillez-vous ! »

Rosette se procura le passeport de la mère récemment décédée d'amis italiens ; c'était un passeport autrichien. Elle le falsifia si grossièrement que la fraude était perceptible au premier coup d'œil. Henri franchit à pied la frontière suisse. Didar Rossano l'attendait à Lausanne. Elle ne put s'empêcher de rire en le voyant débarquer canne à la main, vêtu d'un manteau et d'un chapeau noirs : c'était l'image qu'il se formait d'un bourgeois autrichien. Il se rendit aussitôt au consulat italien, conformément à l'accord passé avec la Questura, pour faire constater son départ d'Italie. Puis, rassuré sur l'avenir de Rosette, il prit le bateau pour se rendre en France, de l'autre côté du lac. Didar l'accompagnait. Elle se présenta la première au contrôle de police, sachant que les passeports égyptiens faisaient l'objet d'une attention particulière. Du coup, le policier n'ouvrit même pas le passeport autrichien d'Henri. Ils prirent le train de Paris et sonnèrent à la porte de Joseph Hazan.

Rosette, de son côté, était convoquée à la Questura. « Votre mari franchit les frontières avec une facilité déconcertante, lui dit-on. C'est bien la preuve qu'il est un homme dangereux. Nous sommes désolés mais nous ne pouvons pas vous autoriser à rester en Italie. » Trois semaines plus tard, elle entrait à son tour clandestinement en France.

* * *

Joseph Hazan, sur décision collective, avait été le premier à sortir du camp pour venir en France grâce au passeport français qu'il devait à un aïeul passé par Alger. Sa mission était d'alerter l'opinion publique progressiste sur le sort des détenus égyptiens, et aussi de servir de détachement précurseur au gros de la troupe.

Il était arrivé avec deux cents livres égyptiennes prêtées par son père. Hébergé par un cousin, il avait adhéré aussitôt au PCF et s'était mis en quête d'un gagne-pain. Prospecteur pour une coopérative d'artisans et de commerçants du Parti, il démissionna après quelques mois pour s'associer avec Armand Setton et un autre camarade arrivé d'Egypte. Ils fondèrent la Patex, société d'import-export spécialisée dans le papier et les textiles. Le succès fut immédiat.

Le prestige du Parti français était trop grand — presque mythique — pour que la réalité ne fût pas décevante. Hazan, levé le dimanche à cinq heures pour vendre l'*Huma-Dimanche* dans la rue, fut néanmoins scandalisé par le taux des cotisations militantes, dérisoire par rapport aux normes égyptiennes. Sur son salaire mensuel de 75 000 anciens francs à la Patex, il ne gardait que 15 000 francs pour ses besoins personnels, le reste allant aux camarades d'Egypte. Sur les 990 000 francs anciens de bénéfices rapportés par la première affaire de la société, il préleva 8 000 francs pour offrir une bicyclette à son neveu et versa le reste à la caisse du mouvement. Les habitudes françaises étaient différentes. Robert Eddy, sorti d'une prison d'Alexandrie : « J'ai été sidéré par le niveau des militants en France. Nous avions étudié le marxisme pendant cinq ans et notre pratique étant sans commune mesure. Je me suis dit que j'allais être pour le moins député ! Très vite, j'ai été nommé secrétaire de cellule, puis de section. » Quant à Hillel Schwartz, il ne suivit pas sa femme au PCF : « Les mœurs étaient pour moi incompréhensibles. Par exemple, à la fin d'une projection d'un mauvais film soviétique, quelqu'un passait dans la salle en demandant : " Qui n'a pas sa carte du Parti ? " comme il aurait proposé un esquimau glacé. Je trouvais cela révoltant. En Egypte, on n'entrait pas dans l'organisation comme dans un moulin. Il y avait aussi la question des cotisations. Chez nous, les militants donnaient tout ce qu'ils avaient. Je versais l'intégralité de mon salaire puisque j'habitais chez mes parents. En France, on était loin du compte. »

Le surlendemain de l'arrivée d'Henri Curiel, Joseph Hazan l'accompagna au siège du Bureau colonial, 19, rue Saint-Georges. Comme à Rome, les deux visiteurs franchirent un certain nombre de contrôles avant d'être introduits auprès des responsables, Mignot et Thévenin. Ils siégeaient derrière deux bureaux en vis-à-vis éloignés de quinze mètres, avec un grand poêle pour chauffer la pièce. André Marty, prévenu par Thévenin, demanda à voir son hôte du Caire. Il le reçut chaleureusement et lui suggéra de chercher refuge en Union soviétique ou en Tchécoslovaquie. Henri remercia mais refusa la proposition. La guerre froide coupait le monde en deux : une installation derrière le rideau de fer lui ôterait toute possibilité d'action en Egypte. Marty n'insista pas et régla sur-le-champ le problème de l'hébergement du clandestin qu'était désormais Curiel. Un couple de militants sûrs l'accueillit dans son pavillon de banlieue.

Il y resta trois jours. Le ménage militant concevait la clandestinité comme au temps de l'occupation nazie. Henri, qui ne s'éprouvait pas traqué par une Gestapo, se précipita chez Hazan et le supplia de trouver une solution. Hazan habitait un minuscule studio. On fit de la place pour un lit supplémentaire. Mais lorsque Rosette arriva à son tour d'Italie, elle fut obligée d'aller d'hôtel en hôtel, déménageant chaque semaine pour échapper aux contrôles de police. Séparation et errances se terminèrent par le lointain détour de Raoul Curiel, en mission archéologique en Afghanistan. Il avait rencontré à Kaboul une infirmière française de la Croix-Rouge à qui il avait donné des lettres pour son frère et sa belle-sœur. La jeune femme se prit de sympathie pour les exilés et, sachant l'illégalité de leur situation, proposa de leur sous-louer une chambre de son appartement. C'était, avenue de Versailles, un grand immeuble morose au fond de la deuxième cour. Ils déballèrent leurs valises. Rosette détestait le quartier ; Henri ne le voyait même pas.

Ils vécurent comme s'ils n'avaient jamais quitté l'Egypte. Leurs relations ne sortaient pas du clan des Egyptiens. Henri n'accordait aucun intérêt à la politique française et restait silencieux quand ses amis, inscrits au PCF, débattaient fiévreusement des problèmes de l'heure. Il ne remit pas les pieds au siège du Parti, se bornant à faire transmettre à Joseph Hazan les nombreux rapports que lui inspirait la situation en Egypte. Un courrier continu le tenait informé de l'évolution de cette situation et lui-même inondait ses camarades égyptiens de notes et d'analyses. Rosette assurait le fonctionnement pratique des liaisons, ce qui n'était pas simple. Comme Henri n'écrivait pas l'arabe, elle dactylographiait en français ses manuscrits pour les classer en archives, puis les réécrivait à la main à l'encre sympathique et les transmettait à un camarade du Caire qui les traduisait en arabe. Conformément à la règle militante apportée du Caire (Henri la respecterait jusqu'à sa mort), ils ne s'accordaient loisir que le dimanche après-midi, et c'était pour retrouver leurs compagnons d'exil et reparler encore et toujours de l'Egypte.

Elle entrait en révolution.

Deux communistes sortent les premiers d'un immeuble du Caire où s'achève une réunion clandestine. Des camions de la police sont stationnés dans la rue ; les forces de l'ordre s'apprêtent à intervenir. Les deux camarades se consultent du regard et, sans un mot, rentrent dans l'immeuble alors qu'il serait encore temps de filer. Ils préfèrent se faire prendre avec les autres plutôt que d'être soupçonnés de trahison. L'épisode illustre le degré de délabrement atteint par un mouvement communiste rongé par les divisions, hanté par la suspicion.

Le Mouvement de la paix avait cependant connu un incontestable succès. Douze mille signatures en deux mois pour l'Appel de Stockholm, dont celles de la plupart des conseillers d'Etat. Présidée par le prestigieux et pittoresque « pacha rouge », Kamel el-Bindari, l'organisation comptait sur l'échiquier politique et, comme l'avait prévu Henri Curiel, elle avait réussi à remobiliser des militants ou sympathisants intimidés par la répression.

Les plus résolus s'efforçaient de reconstruire l'appareil clandestin. Albert Arié, dix-huit ans, avait échappé à la grande rafle de mai 1948. Il était en charge des archives et de la documentation du MDLN. Un cloisonnement rigoureux avait protégé ce secteur dont la découverte par la police eût été de lourde conséquence. Il avait ensuite rallié un groupe d'étudiants et d'intellectuels proches de Marcel Israël et violemment opposés à Henri Curiel. « On m'a affecté à l'impression et à la distribution des tracts. Toute cette période a été dangereuse car il y avait une véritable chasse au faciès juif. Et les imprimeurs étaient spécialement recherchés par la police. J'ai dû être repéré. Une équipe de flics a débarqué à la maison pour m'arrêter. Je n'étais pas là. Et le chef des flics tombe dans les bras de mon père : ils étaient amis d'enfance ! Le flic a dit : " Nettoie la maison, ni vu ni connu, je fais arrêter les poursuites. " Effectivement, je n'ai plus été inquiété. En 1950, j'ai terminé ma licence en droit et le problème du départ s'est posé. Tout le monde partait en Europe. J'ai décidé de rester et de continuer à militer. »

Il était l'exception : le mouvement communiste s'était vidé de ses étrangers et les Egyptiens tenaient partout la barre. Le mouvement brownien de scissions toujours recommencées ne s'était pas pour autant ralenti — preuve incontestable que le « combat des chefs » entre Curiel, Schwartz et Israël n'était pas la seule cause de division. Les trois pères fondateurs avaient traversé la Méditerranée mais les communistes égyptiens s'éparpillaient toujours entre MDLN, Noyau du parti communiste, Vers un parti communiste égyptien, Avant-Garde des ouvriers, Aube Nouvelle, Etoile rouge, Unité des communistes...

En 1950 était apparue une nouvelle formation baptisée avec une écrasante simplicité « Parti communiste égyptien ». Son parrain était le Bureau colonial du PCF. Elle était dirigée par deux jeunes gens promis à un bel avenir : Fouad Moursi et Ismaïl Sabri Abdallah.

★ ★ ★

Le clan des Egyptiens m'avait prévenu : « Ismaïl ? Le pire adversaire d'Henri ! » Rosette s'était étonnée : « Vous voulez vraiment voir Ismaïl ? Il détestait Henri. Vous n'entendrez de lui que des mots de haine. » Ils lui pardonnent mal d'avoir fondé son existence politique sur le constat énoncé par Raymond Aghion : « Il semblait raisonnable de reconnaître comme parti égyptien une organisation dirigée par quelqu'un ayant pour nom Ismaïl Sabri Abdallah plutôt qu'Henri Curiel. »

Né en 1924 mais paraissant tout juste aborder la cinquantaine, le fondateur du PCE avait bien surmonté sa seconde épreuve concentrationnaire lorsqu'il me reçut dans son appartement surplombant le Nil, six mois après la mort violente d'Anouar el-Sadate. Il est vrai que le camp de Sadate lui avait été moins cruel que le bagne de Nasser où il avait subi d'effroyables tortures. Grand bel homme brun au rire tonitruant, fume-cigarette dans une main, verre de whisky dans l'autre, Ismaïl Sabri Abdallah dispense davantage l'humour que le fiel et son évidente intelligence le protège des vulgarités partisanes. Avec Henri Curiel, il a au moins en commun la séduction, même si la sienne est un peu méphistophélique quand l'autre l'avait évangélique. « Henri était un homme remarquable, dit-il, avec des idéaux respectables, mais il était condamné par ses origines et par le contexte à rester à la surface de la réalité égyptienne, sans aucune chance de la modifier ni même de l'influencer. Imagine-t-on un Curiel se présentant ici aux élections ? »

Paradoxe de l'Egypte : cet intégriste du terroir a épousé une Egyptienne de grande bourgeoisie dont les parents usaient du français pour se distinguer des « Arabes » et qui, pourvue d'une nurse suisse francophone et d'une gouvernante anglaise, ne parle aujourd'hui encore qu'un arabe sommaire et sait à peine lire deux versets du Coran...

Originaire de la région de Haute-Egypte d'où sortirent, entre autres, le pharaon hérétique Akenaton et les assassins de Sadate, Ismaïl Sabri Abdallah naquit d'un père épargné par le cosmopolitisme des classes supérieures : jamais sorti d'Egypte, nourri de culture arabo-islamique, il faisait exploiter cent vingt feddans (1) mais fut à peu près ruiné par la crise de 1929 et la chute subséquente du coton. Ismaïl partit néanmoins faire ses études au Caire et milita dans les rangs du Wafd dès 1937 — il avait treize ans. Inscrit à l'Université en 1942, il fréquenta la Maison de la recherche scientifique d'Iskra et un cercle d'études, la Nouvelle culture, animé par Jacquot-Descombes et Raymond Aghion. Membre du Comité exécutif des étudiants lors des manifestations de février 1946, il fut convoqué un peu plus tard par Henri Curiel.

« C'était donc en mai ou juin 1946, je venais d'avoir ma licence en droit. J'avais dépassé le stade du simple nationalisme. Depuis mon enfance, j'étais sensible à la misère paysanne. Chez moi aussi, un âne se louait plus cher qu'un homme. J'avais vu sur le terrain l'implacable exploitation de classe et j'en avais été très choqué. Ensuite, j'ai appris mes rudiments de marxisme, non pas dans les livres verts du MELN, mais dans la *Little Lenin library,* des petites brochures anglaises qu'achetaient les soldats de Montgomery. Je ne m'étais affilié à aucun groupe mais ma sympathie allait plutôt aux gens rassemblés autour de Jacquot-Descombes et Aghion.

« Curiel m'a convoqué aux Amitiés françaises. Le short et les spartiates, je n'ai pas beaucoup aimé. Un peu trop théâtral quand on connaissait sa famille !... Il m'a parlé en arabe. Il le parlait bien. Je ne me souviens pas d'un accent. Et j'ai été touché par l'effort que cela avait représenté pour lui. Il m'a évidemment beaucoup flatté — c'était sa technique : " Tu as un grand rôle à jouer dans ce pays ; un homme de ta culture et de ton intelligence, etc. " Il m'a donné les *Fondements du léninisme* de Staline en me disant : " Etudie-le. Nous en reparlerons à ton retour de vacances. " Le ton professoral m'a beaucoup irrité.

« Je l'ai donc revu à la rentrée, toujours aux Amitiés, et je lui ai annoncé que j'avais une bourse pour continuer mes études en France. Il m'a conseillé de prendre contact avec Juliette Alouan. A Paris, je me suis installé chez une vieille comtesse qui m'a initié aux arcanes du faubourg Saint-Germain — mes cinq années en France ont été très

(1) Rappelons que cinq feddans font deux hectares.

intenses, très remplies, mais j'ai quand même fini docteur en économie avec mention très bien et félicitations du jury — et j'ai pris contact avec Juliette Alouan, un ancien amour d'Henri. Elle avait rassemblé autour d'elle des cosmopolites venus d'Egypte qui approchaient les jeunes boursiers pour les recruter. Cela s'appelait le Groupe des Egyptiens de Paris — GEP. Il était très proche du PCF sans avoir pour autant de liens organiques. Puis la guerre de Palestine éclate et nous voyons arriver à Paris et au GEP un flot de juifs dont la plupart avaient abandonné leur nationalité égyptienne. C'est alors que j'ai accompli la petite révolution qu'Henri Curiel ne m'a jamais pardonnée : j'ai posé au PCF le problème de ces gens qui n'étaient pas égyptiens et n'avaient aucune intention de rentrer en Egypte. Le PCF m'a donné raison et a décidé qu'ils devaient devenir des militants français.

« Je suis moi-même revenu en Egypte en 1951, juste avant l'arrivée de Curiel à Paris. Sur place, j'ai été ahuri par les divisions du mouvement communiste. La plupart des dirigeants de groupuscules vivaient dans un monde abstrait ; le marxisme leur était une sorte de catéchisme. Quant aux fidèles de Curiel, ils ne se préoccupaient que de politique quotidienne sans analyse fondamentale. Le contraste entre le courage des simples militants et les querelles scolastiques des chefs était proprement scandaleux. Quel gaspillage ! Quel détournement honteux de militantisme ! Cela n'a fait que confirmer le projet dont je m'étais entretenu à Paris avec mes amis égyptiens et les camarades français. Il fallait donner un nouveau départ au mouvement communiste. Non pas opérer une nouvelle scission mais repartir à zéro. Créer tout simplement le parti communiste égyptien. Et le créer à partir d'une étude fondamentale de la lutte de classes en Egypte. Cette étude, nous l'avions grâce à Fouad Moursi. Avant lui, personne ne l'avait entreprise. »

Fouad Moursi, né en 1925 à Alexandrie, avait milité au groupe Avant-Garde tout en poursuivant des études de droit. Brillant sujet, lauréat de l'Université, il avait obtenu lui aussi une bourse pour préparer à Paris un doctorat d'économie politique. Contrairement à Ismaïl Sabri Abdallah, il n'avait pas fréquenté les puissants personnages du Bureau colonial, se bornant à militer à la base dans une cellule communiste du quartier Latin. « Je suis rentré en Egypte en 1949 et ce que j'ai vu m'a convaincu de la nécessité d'en finir avec cette multiplicité d'organisations dont chacune se réclamait d'un slogan plus ou moins pittoresque. D'accord avec Ismaïl, et à travers lui avec le PCF, j'ai fondé le parti communiste égyptien. Sur quelle base ?

Curiel voulait réaliser l'union des forces démocratiques. Il avait raison si l'on se fixait pour seul objectif la libération nationale, et sa vision était en effet purement nationaliste. Mais ne fallait-il pas discerner dans la population les couches prêtes à collaborer avec l'impérialisme ? Ma modeste contribution a consisté à découvrir les restes de féodalité dans la société égyptienne, dont le représentant typique était le roi. Là était aussi l'adversaire — l'adversaire de classe. A quoi bon se battre pour une indépendance de principe si l'on reste soumis à l'impérialisme économique ? »

Iskra l'avait déjà dit.

Le peuple égyptien, trop peu préoccupé d'analyses fondamentales, se mobilisait de plus belle pour chasser de son territoire les derniers occupants anglais. Le 8 octobre 1951, le vieux Nahas Pacha, Premier ministre, avait redoré le blason du Wafd en abrogeant spectaculairement le « traité de l'honneur et de l'indépendance » signé par lui-même en 1936. En vérité, l'Angleterre ne l'avait jamais respecté. Il lui accordait dix mille hommes pour veiller sur le Canal : elle en avait plus de quatre-vingt-cinq mille en 1951. Ses aviateurs avaient licence de sillonner la totalité du ciel d'Egypte ; il va de soi que les pilotes de chasse égyptiens n'usaient guère du droit réciproque de survoler le Royaume-Uni qui leur avait été consenti en 1936 avec un humour glacial.

La « bataille du Canal » commença dans la semaine suivant l'abrogation. Exaltée aux dimensions de l'épopée par la presse cairote, magnifiée par l'opinion publique, elle se résumait à une guérilla nourrie de raids ponctuels, d'attentats, d'enlèvements de militaires isolés. Côté britannique, l'élite de l'armée anglaise. Côté égyptien, des commandos improvisés à l'armement hétéroclite que le gouvernement de Nahas Pacha pourchassait sans excès de zèle. Le journaliste communiste Pierre Courtade, envoyé spécial de *L'Humanité-Dimanche*. auprès des « partisans égyptiens », était arrivé avec des idées simples. Il eut le plus grand mal à saisir une situation typiquement égyptienne où s'entremêlaient dans un épouvantable désordre mais pour un but commun — chasser l'occupant — les efficaces commandos des Frères musulmans, les groupes d'assaut organisés par le parti fasciste des Chemises vertes, les groupes de combat communistes, sans parler de tous ceux qui faisaient le coup de feu sans être affiliés à un parti — les armes étant pour l'essentiel fournies par l'organisation clandestine des Officiers libres. Roby Grunspan, vingt ans, étudiant, membre du

MDLN : « C'était une période folle. Un jour, j'étais en visite avec un ami sur un navire de guerre égyptien. Quand le commandant a su que j'étais communiste, il m'a dit : " Tenez, prenez ça. " C'était un fusil-mitrailleur Vickers. Je l'ai passé en bandoulière et je l'ai rapporté triomphalement à la maison. Mon père était ravi. Nous nous baladions tous avec des pistolets, des grenades... Le mouvement populaire nous portait. Il y avait un tel flot d'adhésions que nous étions complètement débordés. Nous avons réussi à organiser des manifestations d'un million de personnes au Caire, de cinq cent mille à Alexandrie... »

Paradoxe encore : miné et déchiré par les factions, le mouvement communiste n'a jamais été aussi influent, depuis les grandes journées de février 1946, qu'en cette année 1951... De même que le militant arrêté ignorait s'il tomberait de Courteline en Kafka, le chroniqueur balance entre Pagnol et Michelet pour évoquer l'histoire d'un mouvement inconsistant et omniprésent. Comparé au gigantesque PCF, avec son organisation bien huilée, ses milliers de permanents, ses courroies de transmission syndicales, sa presse nationale et régionale, ses sociétés satellites, sa puissance financière, ses suffrages représentant alors le quart de l'électorat français, qu'est-ce que le mouvement communiste égyptien sinon une misérable constellation de groupuscules ravagés par la discorde ? Mais en ces années d'après-guerre où le monde se reprend à bouger après la grande commotion, lequel des deux fait avancer l'Histoire ?

Comme en 1946, les masses égyptiennes, s'obstinant à donner raison à Curiel contre les docteurs en économie, ont pour moteur la revendication de l'indépendance nationale. Le roi est honni, méprisé pour ses frasques, déconsidéré depuis qu'une presse courageuse a révélé les responsabilités du palais dans la débâcle militaire en Palestine. La situation sociale est aussi tendue qu'en 1947. Pour la première fois depuis des décennies, la campagne égyptienne tressaille et quatre jacqueries ont ravagé les domaines de grands féodaux, dont Farouk lui-même ; la répression a fait dix morts. Mais c'est encore et toujours la présence anglaise dans la zone du canal qui jette la foule dans les rues du Caire et d'Alexandrie. « La " question nationale ", écrivent les Lacouture, témoins précieux, se posait à tous comme une souffrance collective. Si localisée qu'elle fut, l'occupation du terri-toire par les forces étrangères était une humiliation et une source permanente d'indignation (1). »

La pratique illustra les théories curiéliennes selon lesquelles la

(1) *Op. cit.*, p. 100.

dynamique créée par la revendication nationale pouvait porter le mouvement populaire bien au-delà de son objectif premier. Les Lacouture, évoquant l'influence du mouvement communiste aux derniers mois de 1951 : « Il avait réussi à prendre la tête de la vague nationaliste qui déferlait sur l'Egypte et à lui donner, avec une surprenante habileté, une coloration révolutionnaire. Alors même que le Wafd et les Frères les dominaient de très loin par l'ampleur des effectifs, les militants communistes avaient réussi à infléchir ces forces dans la ligne du parti. De foules en marche pour hurler leur haine aux Anglais et aux coteries du palais, ils faisaient des masses cohérentes réclamant la paix, l'amitié avec l'Union soviétique, le refus des " pactes de guerre ". Une agitation plébéienne était canalisée en action révolutionnaire (1). » Ainsi le Mouvement de la paix, fort de dizaines de milliers d'adhérents organisés par des comités régionaux couvrant tout le pays, prenait-il la tête de puissantes manifestations contre la bombe atomique et le bellicisme tout en appelant à la lutte armée pour chasser du pays les derniers occupants, ce qui, constatait Henri Curiel, ne manquait pas d'une certaine ironie de la part d'un mouvement de la paix. Bien au-delà de la fiévreuse année 1951, les Lacouture noteraient « la formidable influence de la propagande communiste dans la vallée du Nil — influence sans commune mesure avec les maigres effectifs des mouvements marxistes locaux (2) ».

Mais lorsque le jeune historien marxiste Mahmoud Hussein constate avec sa sévérité habituelle pour ses aînés : « En 1951, alors que la vague anti-impérialiste s'élançait à nouveau contre l'occupation britannique, les communistes ne surent pas créer des bases populaires de lutte armée dans les régions paysannes et relier la lutte anti-impérialiste à la lutte révolutionnaire pour la prise de pouvoir (3) », force est de constater qu'il a raison. A ceci près qu'à l'époque et sur le terrain, le plus rigoureux critique de l' « aventurisme politique » d'Henri Curiel et de ses amis ne leur aurait quand même pas prêté l'intention farfelue de créer des « bases populaires de lutte armée » dans une campagne égyptienne émergeant à peine de sa léthargie millénaire, et encore moins d'envisager la prise du pouvoir avec des forces ultra-minoritaires...

La « bataille du Canal » absorbait à elle seule le potentiel combatif disponible. Elle éclaboussait de sang les journaux égyptiens ; la radio

(1) *Op. cit.*, p. 247.
(2) *Op. cit.*, p. 200.
(3) Mahmoud Hussein, *L'Egypte, lutte de classes et libération nationale*, Maspero éditeur, p. 56. (« Mahmoud Hussein » est en réalité le pseudonyme collectif choisi par les deux auteurs, communistes égyptiens.)

du Caire évoquait sans hésitation Verdun et Stalingrad. Pierre Courtade, gagné par l'héroïsme ambiant, cita dans son reportage le chiffre de trois cents morts anglais : les pauvres diables étaient dix fois moins nombreux. La tartarinade fleurissait. Le 19 janvier 1952, des commandos égyptiens attaquèrent cependant en plein jour, avec une audace rare, la garnison anglaise de Tell el-Kebir. Le général Erskine, commandant en chef britannique, joua quitte ou double. Il protestait depuis longtemps contre la passivité de la police auxiliaire, les Boulouks Nizam, dont le devoir était en principe de neutraliser les guérilleros mais qui se mêlaient volontiers à eux pour des coups de main nocturnes. Ils étaient cantonnés dans deux casernes en plein centre de la ville d'Ismaïlia, occupée par les Britanniques. Le 25 janvier à sept heures du matin, Erskine fit cerner les casernes par ses blindés et adressa au colonel des Boulouks Nizam un ultimatum lui donnant deux heures pour rendre ses armes.

Aucun gouvernement égyptien n'aurait survécu à une soumission. Le ministre de l'Intérieur donna l'ordre de rejeter l'ultimatum.

Si la « bataille du Canal » avait été souvent d'opérette, on vit ce 25 janvier ce qu'était le courage égyptien. Les huit cents Boulouks Nizam d'Ismaïlia avaient pour seules armes de vieux fusils avec cinquante cartouches par homme. Lorsqu'ils se rendirent, leurs munitions épuisées, plus de cinquante des leurs étaient morts et les blessés dépassaient la centaine.

Le lendemain, Le Caire était à feu et à sang.

La matinée avait rassemblé des foules énormes où se mêlaient bourgeois, ouvriers, militaires, fonctionnaires, étudiants, policiers, militants de tous partis. L'après-midi, des groupes bien organisés font tourner la manifestation patriotique à l'émeute xénophobe et raciste. L'incendie ravage restaurants, boîtes de nuit, magasins juifs et synagogues, cinémas, clubs britanniques, le célèbre café *Groppi,* le vénérable hôtel *Shepheard's,* les sièges sociaux de compagnies euro-péennes : plus de quatre cents immeubles sont détruits. Les équipes d'incendiaires coupent les tuyaux des pompiers. Dans plusieurs cas, des malheureux s'efforçant de fuir les immeubles en feu sont rejetés dans le brasier.

Trente ans après, nul ne peut identifier avec certitude les auteurs du cauchemar. Agents du palais royal ? Extrémistes musulmans ? Chemises vertes fascistes ? Aucune preuve décisive. L'historien Mahmoud Hussein ne veut voir dans l'incendie que « l'expression › d'un « besoin authentique des masses déshéritées essentiellement

230

orienté, sous diverses formes, contre les ennemis du peuple (1) ». Il y eut à coup sûr explosion xénophobe et volonté d'abolir dans les flammes les lieux symboliques d'un luxe occidental qui était une insulte permanente à la misère du sous-prolétariat urbain. Mais comment ne pas tenir compte des témoignages de nombreux observateurs décrivant des équipes homogènes intervenant à point nommé et utilisant, par exemple, des pastilles incendiaires ?...

Une seule certitude : Farouk laissa faire. Ce jour-là, il offrait à six cents officiers un banquet en l'honneur du prince héritier. Malgré les instances du ministre de l'Intérieur, il refusa le concours de l'armée tout l'après-midi et ne donna le feu vert à son intervention qu'après le déferlement de l'émeute. Au soir du 26 janvier, le gros monarque, familier de tous les casinos d'Europe, pouvait se considérer vainqueur de la partie de poker commencée la veille à l'aube. L'Anglais Erskine l'avait ouverte avec son ultimatum dans le dessein probable de créer des troubles graves pour justifier une nouvelle occupation du pays. Le gouvernement wafdiste avait relancé en acceptant le massacre des Boulouks Nizam, dont l'opinion internationale ferait les martyrs de l'indépendance égyptienne. Farouk raflait la mise en se débarrassant du Wafd, dont le gouvernement, incapable de maintenir l'ordre, était révoqué en bloc avant que se fussent éteints les derniers foyers.

Aly Maher, nouveau Premier ministre, neutralise avec adresse le grand parti nationaliste, emprisonne les communistes, met un point final à la « bataille du Canal ». Tout rentre dans l'ordre anglo-faroukien.

Six mois plus tard, le 23 juillet 1952, les Officiers libres s'emparent du pouvoir et placent à leur tête le brave général Mohammed Neguib, trois fois blessé en Palestine.

Le 2 août, Radio-Bucarest exalte « le mouvement issu du peuple qui vient d'abattre la féodalité et les forces de guerre égyptiennes ». La Roumanie, déjà, mettait sa note originale dans le concert socialiste. L'émission restera cependant sans lendemain.

Le *Daily Worker*, quotidien du parti communiste anglais, approuve le coup des Officiers libres. Idris Cox, responsable du parti aux questions internationales, publie dans le mensuel communiste *News and Views* une analyse favorable au nouveau régime égyptien.

Le mois suivant, Palm Dutt publie dans le même *News and Views*

(1) *Op. cit.*, p. 53.

un article désavouant Idris Cox. Le régime de Neguib, dictature militaire classique, doit être combattu par tous les démocrates.

Ce retournement peu glorieux replace le petit parti communiste anglais dans l'orthodoxie dont il s'était imprudemment écarté : le camp socialiste a pris position contre le coup d'Etat. Le parti français mène la charge : « dictature militaire », « clique militaire qui se prépare à instaurer un régime fasciste pur et simple comme préparation à l'adhésion de l'Egypte au pacte militaire du Moyen-Orient », « leurs déclarations sentent à plein nez les relents du fascisme ». Dans une remarquable thèse de maîtrise sur : « Le PCF et l'Egypte, 1950-1956 », Marie-Dominique Gresh relève les articles et déclarations traduisant la volonté délibérée du PCF d'assimiler le nouveau pouvoir égyptien au nazisme. A six ans de la fin de la seconde guerre mondiale, rien ne pouvait être pire pour une opinion publique encore traumatisée par les atrocités hitlériennes. C'est l'annonce spectaculaire que Schacht, ancien ministre des Finances du Troisième Reich (mais acquitté au procès de Nuremberg) est « l'invité d'honneur » du général Neguib ; ou encore que « le STO va être imposé pour une période d'un an à tous les jeunes Egyptiens ». Dans L'Humanité, les violentes caricatures de Mittelberg coiffent de casquettes typiquement hitlériennes les visages grimaçants des Officiers libres.

A une exception près, tous les partis, groupes et groupuscules du mouvement communiste égyptien prennent position contre le nouveau pouvoir. Le PCE d'Ismaïl Sabri Abdallah et de Fouad Moursi se distingue par sa virulence mais la condamnation est unanime, sans nuances.

L'unique exception est le MDLN.

Alors que l'armée investit Le Caire, Badr, secrétaire général du mouvement, fait prévenir Henri Curiel, à Paris, qu'il suit attentivement l'évolution de la situation. Curiel tempête : « Il ne s'agit pas de suivre la situation : il faut descendre dans la rue avec l'armée ! » Certains militants le font sans attendre la consigne et se mêlent aux soldats sur les véhicules blindés qui patrouillent dans les rues du Caire. Le coup s'effectue dans la nuit du 22 au 23 juillet. Dès l'aube du 23 juillet, le MDLN diffuse par tracts un communiqué de soutien à l'armée. Les jours suivants ne démentent pas cette adhésion spontanée. A la mi-août, un long article où l'on retrouve la patte d'Henri Curiel est publié dans le Bulletin d'études et d'informations sur l'Egypte et le Soudan, modeste organe du MDLN imprimé à Paris. Il analyse le « bloc armée-peuple » et dresse l'inventaire impressionnant du soutien massif apporté aux Officiers libres par toutes les couches du peuple égyptien — des étudiants de l'Azhar au corps enseignant, de la petite bourgeoisie aux masses ouvrières de Choubrah el-Kheima. Il constate que la rue manifeste tous les jours son enthousiasme pour le nouveau régime. « Jamais, conclut le MDLN, " complot impérialiste " n'a obtenu un si large appui populaire. Les masses populaires ne peuvent se tromper à ce point. »

Mais le MDLN se trompe forcément puisque le PCF, « grand parti frère », l'ensemble du camp socialiste et la totalité des autres organisations communistes égyptiennes ont collé l'étiquette fasciste sur la révolution des colonels. Le MDLN, ou « Curiel et Cie » comme l'écrit volontiers le PCE d'Ismaïl Sabri Abdallah, se sont mis au ban du mouvement communiste international.

Une tragédie et un incident paraissent justifier l'anathème.

La tragédie se déroule le 12 août dans une usine textile de Kafr el-Dawar, à vingt kilomètres d'Alexandrie. Elle est sans doute le résultat d'une provocation bien montée : dès le 10 août, les syndicats égyptiens, alertés, mettaient en garde leurs adhérents contre les machinations des agents du palais royal. Une classique demande d'augmentation de salaires est reçue à coups de feu par les « gorilles » de la direction. Les ouvriers incendient plusieurs bâtiments. La police tire ; un ouvrier est tué. L'armée intervient à l'aube du 13 août, fait huit morts, vingt blessés, et procède à des arrestations massives. Les deux meneurs ouvriers sont déférés dès le lendemain devant une cour martiale. Condamnés à mort, ils hurlent : « Nous avons suivi Mohammed Neguib, vive la révolution ! » La sentence est lue dans la cour de l'usine devant les ouvriers rassemblés. Parmi les officiers au pouvoir, Nasser, Amer et Khaled Mohieddine plaident avec ardeur pour la grâce ; ils sont mis en minorité. Les deux condamnés sont exécutés. La « révolution blanche », c'est-à-dire non violente, exaltée par ses auteurs se teinte de sang, et de sang ouvrier. N'est-ce pas la confirmation du caractère férocement réactionnaire du nouveau pouvoir installé au Caire ?

L'incident est créé par Roger Vailland. La publication française *Défense de la paix,* d'obédience communiste, l'avait envoyé aux premiers jours d'août en reportage en Egypte. Vailland avait bien entendu rencontré Henri Curiel avant son départ pour obtenir des contacts utiles sur place. Reçu au Caire par le poète Kamal Abdel Halim, devenu l'un des dirigeants du Mouvement de la paix, il s'était fait arrêter avec lui dans un village perdu du delta. Transférés au Caire, les deux hommes devaient être rapidement élargis mais la nouvelle avait fait sensation (la *Pravda* en avait rendu compte) et suscité de véhémentes protestations. Un pouvoir jetant dans ses geôles un grand écrivain français progressiste ne révélait-il pas sa vraie nature ?

Vailland, fêté à Paris en rescapé du fascisme, conta son aventure avec le lyrisme dont il était habité à l'époque mais chacun comprit vite qu'il avait été victime d'une péripétie : l'arrivée dans un village égyptien de deux personnages aussi flamboyants que Kamal et lui-même devait forcément jeter l'alarme chez les petits fonctionnaires préposés au maintien de l'ordre dans les campagnes. L'affaire se situait au niveau du garde champêtre, non des colonels-valets-de-l'impérialisme. Surtout, l'écrivain brossa un tableau inattendu de la situation égyptienne. La population soutenait massivement l'équipe au pouvoir. Le coup d'Etat était ressenti comme une révolution. Les interrogations sur l'avenir — elles ne manquaient pas — devaient, à peine d'irréalisme, tenir compte du fait qu'une page historique était tournée, et qu'elle l'était par le peuple égyptien toutes classes confondues, non point par une poignée de putschistes galonnés.

La presse communiste donna un écho mesuré au reportage de Roger Vailland. Quant au livre qu'il écrivit à chaud, *Choses vues en Egypte,* un malencontreux incendie détruisit la majeure partie du tirage chez son éditeur communiste, de sorte que l'ouvrage resta confidentiel. Selon Elizabeth Vailland, la malchance était signalée car le feu, épargnant les autres livres, s'en prit aux seuls exemplaires de son mari.

Mais le PCF ne tint pas rigueur à l'écrivain de son erreur de jugement. On savait son amitié pour Henri Curiel. D'évidence, il avait subi la néfaste influence du dirigeant du MDLN.

Le temps viendra, et vite, où les dessinateurs de *L'Humanité* retireront à Gamal Abdel Nasser sa casquette naziforme pour ceindre son front des lauriers progressistes tandis que maint éditorial vantera le courage et la lucidité politique du gouvernement égyptien. Quant à Fouad Moursi et Ismaïl Sabri Abdallah, ils deviendront tous deux ministres de Nasser ; Ismaïl le restera sous Sadate.

Fouad Moursi, tassé dans son fauteuil, et dont la lourdeur trapue contraste avec les grâces de son très beau salon — un sanglier dans un écrin : « Eh bien oui ! Curiel avait raison, et nous avions tort. Mais pourquoi a-t-il raison ? Pourquoi marche-t-il avec les Officiers libres ? Parce qu'il a parmi eux des gens à lui. Il a Ahmed Fouad, et Ahmed Hamrouche, et Youssef Saddik, et Khaled Mohieddine, et même Nasser, dans une certaine mesure. Alors il se dit : " Puisqu'ils sont dans le coup, c'est bon pour nous. " J'appelle cela de l'opportunisme. Je le disais déjà à l'époque. » Et lorsqu'on s'aventure à suggérer à Moursi que l'explication est peut-être un peu courte, il a ce mot superbe, souligné par un geste impérial : « Il y a ceux qui font l'Histoire, il y a ceux qui l'écrivent. Cela ne m'intéresse guère de l'écrire. » L'interlocuteur se tient coi, qui n'a jamais rêvé de faire l'Histoire et n'est pas trop sûr de savoir l'écrire...

Ismaïl Sabri Abdallah est comme toujours intelligent : « Nous avons commis des erreurs. Nous sommes tombés dans la déviation gauchiste et le sectarisme. En réaction contre la situation que nous avions trouvée, nous avons refusé de recruter les éléments non-égyptiens. Il y avait même chez nous une réticence certaine à recruter des femmes. Nous la pensions justifiée par le degré d'évolution du pays. L'adversaire assimilait le communisme à l'athéisme et à la liberté sexuelle. Le stalinisme régnait : nous n'en étions pas indemnes. Plus profondément, notre analyse des classes sous-estimait le rôle potentiel de la petite bourgeoisie. Or dans les pays du tiers-monde, elle remue beaucoup plus que le prolétariat. Il demeure que nous avons réussi à créer une organisation solide, protégée par des conditions de sécurité draconiennes — ce qui changeait des folies antérieures. Fouad Moursi était secrétaire général. Il avait pour pseudonyme Khaled. Pendant huit ans, la police politique a ignoré qui était Khaled. Quatre dirigeants, dont moi-même, ont été arrêtés et accusés d'être Khaled. Sur le plan politique, nous avons à notre actif un programme en onze points qui a eu un très grand retentissement, y compris chez les Officiers libres. Il prévoyait la proclamation de la république, une réforme agraire et la nationalisation des monopoles, dont le canal de Suez.

« Mais le grand drame du mouvement communiste égyptien est que nous avons été incapables de procéder à une analyse en profondeur de la composition de classe de l'armée égyptienne et de ses rapports avec la société. Nous avons été incapables de comprendre que des militaires pouvaient jouer un rôle positif, progressiste. En cela, nous étions victimes de l'aberration des communistes occidentaux pour lesquels tout ce qui est militaire est suspect. Il nous restait à apprendre que les voies de la révolution ne sont pas les mêmes en Europe et dans le tiers-monde. Nous avons donc traité les Officiers libres avec suspicion. Je dois dire que l'affaire de Kafr el-Dawar a beaucoup compté. Je ne crois pas aux révolutions qui pendent leurs ouvriers. Mais Nasser avait voté contre l'exécution, et aussi Khaled Mohieddine. Nous l'ignorions. Aujourd'hui, nous voyons clairement qu'il ne fallait pas faire de la pendaison des ouvriers un point de rupture avec le régime. Il fallait être une force de proposition, d'influence. Nous aurions dû réaliser que l'idéal socialiste n'était plus le monopole des marxistes et tirer les conclusions de ce que nous répétions : il n'y a pas de voie de développement capitaliste dans le tiers-monde. En reliant ces deux termes, on pouvait prévoir qu'il y aurait des socialistes non-marxistes. La petite bourgeoisie du tiers-monde peut avoir un idéal socialiste. Il fallait comprendre que les Officiers libres étaient des petits-bourgeois avec beaucoup de confusion dans la tête. Ils cherchaient leur voie. Nous aurions dû les aider au lieu de les combattre.

« C'est vrai que Curiel a eu raison, mais était-ce pour de bonnes raisons ? Il comptait sur les Officiers libres membres du MDLN ou proches de lui. Ils étaient minoritaires, comme la suite des événements l'a prouvé. Le génie de Nasser avait été de rassembler autour de lui des officiers de toutes tendances, depuis les Frères musulmans jusqu'aux communistes, et de les réunir sur le plus petit dénominateur commun : renvoi du roi, départ des Anglais. Au-delà commençaient les ambiguïtés. Des conflits internes devaient fatalement éclater, et ils allaient démontrer que la majorité du Conseil de la révolution n'était pas à gauche. En cela, Curiel s'est trompé. »

L'explication est décidément un peu courte. Henri Curiel et ses amis n'ont pas choisi d'approuver le coup d'Etat en découvrant avec surprise dans leur quotidien favori les noms de plusieurs Officiers libres membres ou sympathisants du MDLN. S'ils ont compris sur-le-champ la nature révolutionnaire des événements du Caire, c'est qu'ils avaient procédé à cette « analyse en profondeur de la composition de classe de l'armée égyptienne » dont Ismaïl Sabri Abdallah déplore l'absence chez les siens. C'est que « l'étranger » Curiel, le « cosmopolite » Curiel, sorti en short et spartiates de son palais de Zamalek, savait mieux son armée égyptienne qu'aucun de ses rivaux communistes pour la simple raison qu'il rencontrait depuis près de dix ans sous-officiers et officiers progressistes. Les autres ne pouvaient pas ignorer le minable statut social de l'armée (la femme d'Ismaïl Sabri Abdallah se souvient du scandale provoqué par trois de ses amies, filles de grande bourgeoisie, éprises de trois officiers : « Tomber amoureuse d'un piss-fellah ! ») mais ils tenaient pour réactionnaire par nature et par destination tout ce qui portait l'uniforme. Et voici l'analyse de classe manquée par les docteurs en économie marxistes : « Le corps des officiers égyptiens ne constitue pas une caste comme dans certains pays d'Amérique du Sud ou en Turquie. La majorité des officiers sont issus de la plus petite bourgeoisie. Ils sont mal payés. Par leur père, leurs frères, leurs parents, ils connaissent à chaque instant les misères et les revendications des boutiquiers, des fonctionnaires, des petits magistrats, de tout le menu peuple d'Egypte. Il n'y a pas de cloison étanche entre le corps des officiers et les sous-officiers, armature de l'armée ; ils ont été victimes des mêmes humiliations de la part des instructeurs anglais dans une époque toute proche. Les soldats appartiennent aux couches les plus pauvres puisqu'il suffit d'un versement de quarante livres pour être exempté du service militaire. Enfin, ce sont les ateliers de l'armée, où furent occupés pendant la guerre des dizaines de milliers d'hommes, qui, depuis lors, fournissent à la classe ouvrière égyptienne ses meilleurs militants syndicaux et politiques. L'armée égyptienne n'est donc pas séparée de la nation, ni incapable de refléter et de défendre les aspirations populaires. » Ces lignes ont été écrites à son retour d'Egypte par Roger Vailland, docteur en libertinage et non en économie, plus familier des rues germanopratines que des ruelles cairotes, mais dont Henri Curiel avait éclairé la vision politique et guidé la plume (1).

La phrase lancinante du sous-officier mécanicien Badr : « Si Henri était né égyptien, la carte du Moyen-Orient aurait été changée... »

Le MDLN avait fait plus et mieux que placer ses pions parmi les Officiers libres. Leur mouvement était bien entendu autonome et c'est l'Histoire qui a scandé les étapes de sa progression : serment romantique de libérer la patrie prêté en 1938 par trois cadets de vingt ans, Gamal Abdel Nasser, Zakaria Mohieddine, Mohamed Anouar el Sadate ; humiliation du 4 février 1942, quand Farouk s'incline devant les blindés anglais ; guerre de Palestine, où les conjurés se conduisent bravement (Nasser reçoit une balle près du cœur) mais qui s'achève en débâcle ; « guerre du Canal » et incendie du Caire ; épuration de l'armée entamée par la police secrète de Farouk qui décide les conjurés à passer à l'action dès 1952 alors qu'ils avaient prévu de franchir le Rubicon en 1954. Mais si le MDLN n'avait point de prise sur la vitesse du mouvement, son action politique avait largement contribué à le faire évoluer dans un sens progressiste. Ismaïl Sabri Abdallah a raison : les officiers étaient des petits-bourgeois avec « beaucoup de confusion dans la tête ». Tous, Nasser le premier, avaient louvoyé des Frères musulmans aux Chemises vertes en passant par l'aile radicale du Wafd. Tous avaient tâté du terrorisme. Le rôle historique du MDLN consista à politiser, au meilleur sens du terme, un mouvement jailli de la passion nationaliste. Ce rôle fut

(1) Roger Vailland, *Boroboudour, Choses vues en Egypte*, Editions Gallimard, p. 165.

accompli par Khaled Mohieddine, Youssef Saddik, Ahmed Hamrouche — officiers supérieurs membres du MDLN ou très proches de lui — et par un magistrat marxiste, Ahmed Fouad, intégré au groupe des conjurés et membre lui aussi du MDLN (c'est ce Fouad qui avertissait Henri Curiel des mandats d'amener délivrés contre les militants). De vastes lectures et une expérience militante leur donnaient sur leurs pairs un ascendant indéniable. Ainsi tous les tracts des Officiers libres étaient-ils rédigés par Khaled Mohieddine et tirés sur les presses clandestines du MDLN. Un exemplaire était acheminé par les soins d'Henri Curiel au siège du PCF. Les permanents du Bureau colonial, s'ils leur avaient prêté l'attention convenable, auraient peut-être été sensibles à certaines revendications (réforme agraire, justice sociale, démocratisation de l'enseignement) rarement émises par des putschistes fascistes.

Enfin, les hommes du MDLN ne s'étaient pas bornés au rôle de doctrinaires du mouvement des officiers : leur action sur le terrain avait été décisive. Dans la nuit du 22 au 23 juillet, c'étaient Khaled Mohieddine et Youssef Saddik qui, les premiers, avaient franchi le pas en faisant sortir leur régiment de la caserne.

A l'aube du 23 juillet, alors que chancelleries et services secrets du monde entier, pris par surprise, s'interrogeaient fiévreusement sur la personnalité des vainqueurs de Farouk, Henri Curiel et ses camarades du MDLN pouvaient à juste titre nourrir de vastes espérances. L'équipe au pouvoir n'avait pas pour eux le visage du sphinx et le secrétaire général de leur organisation avait été probablement le seul responsable politique égyptien à être averti de l'imminence du coup d'Etat. Sans doute la partie n'était-elle pas gagnée d'avance car le mouvement des Officiers libres était loin d'être homogène. Mais l'avenir restait ouvert et les communistes disposaient d'atouts maîtres avec Saddik, Mohieddine, Hamrouche, Fouad. Gamal Abdel Nasser était lui-même noté sur les fiches de Curiel comme « élément sympathisant, à recruter » et son ami Salah Salem deviendrait par la suite communiste.

Mais on ne joue pas avec des fascistes. Le parti communiste anglais avait applaudi au coup d'Etat en fonction des informations fournies par Henri Curiel, resté en relations étroites avec quelques officiers britanniques progressistes ou communistes rencontrés au Caire pendant la guerre. Mais ce parti anglais avait opéré une volte-face brutale quand la nature dictatoriale du nouveau régime avait été décrétée par les augures du camp socialiste. Le MDLN, pliant sous l'orage, en vint à douter de son analyse. « Le PCF, explique Joseph Hazan, était le grand parti frère qui ne pouvait pas se tromper. »

Deux mois après l'arrivée des Officiers libres au pouvoir, le bulletin d'Henri Curiel amorçait son autocritique : « Concernant certaines formulations jugées fâcheuses, nous sommes tout prêts à nous en excuser et aussi à réclamer l'indulgence de nos lecteurs. Ce bulletin est édité par des militants dont la formation, surtout en ce domaine, présente de sérieuses lacunes... C'est pourquoi nous sommes sûrs que les démocrates qui nous font l'honneur de nous lire et qui connaissent nos difficultés apprécieront plus nos efforts qu'ils ne s'attarderont sur nos déficiences. Qu'ils soient persuadés en tout cas que nous ferons de notre mieux pour les surmonter. »

Vaine humilité : le MDLN, « suppôt de la dictature fasciste », resterait au ban du mouvement communiste égyptien. Quant à Henri Curiel, « le grand parti frère qui ne peut pas se tromper » allait se charger de sa liquidation politique.

Il n'y eut pas d'affaire Curiel. Il y avait une affaire Marty. Curiel fut l'une des pierres ramassées pour lapider Marty. En frappant Marty, Curiel se désintégrait. C'est l'une des façons de faire d'une pierre deux coups. Le PCF des années cinquante avait en la matière des experts formés à bonne école.

Le 21 novembre 1952 parut dans *L'Humanité* un article intitulé « Le parti et l'activité fractionnelle des camarades Marty-Tillon ». Un paragraphe spécifiait : « Tous ces faits, André Marty a dû les reconnaître devant la commission d'enquête, comme il a dû reconnaître avoir entretenu une liaison avec un couple d'Egyptiens douteux dont il fit la connaissance lors de son passage au Caire en 1943. Or, ces Egyptiens sont liés avec un de leurs parents qui n'est autre qu'un trotskiste accusé d'avoir été un " donneur " pendant la clandestinité. »

C'était condenser en peu de lignes la lâcheté, l'erreur et la diffamation. Lâchement, on s'abstenait de nommer les Curiel alors que date et lieu les désignaient à tous les initiés. Mais l'anonymat, même transparent, permettrait à Elie Mignot, responsable du Bureau colonial, de jouer l'étonnement lorsque le clan des Egyptiens, Hazan en tête, viendrait lui demander des explications : « Je ne comprends pas, camarades : comment pouvez-vous affirmer qu'il s'agit des Curiel ? »

L'erreur et la diffamation frappaient le « parent » également anonyme auquel était « lié » le couple douteux. Il s'agissait d'André Weil-Curiel, avocat à Paris, dont la mère Léonie était la sœur de Daniel Curiel. André Weil-Curiel devenait ainsi le premier cousin à être utilisé contre Henri ; il ne serait pas le dernier.

Militant socialiste, rallié avant la guerre à la tendance de Marceau Pivert, Weil-Curiel n'avait jamais été trotskiste ; mais un acte d'accusation stalinien ne se concevait guère sans l'imputation de trotskisme, sorte de touche artistique finale. Dans les années cinquante, la formule consacrée était « racaille trotskiste ». Le rédacteur anonyme de *L'Humanité* a cru pouvoir faire l'économie du substantif péjoratif parce que le trotskiste était en l'occurrence accusé d'avoir été un « donneur » pendant la Résistance, ce qui renvoyait avantageusement à la formule consacrée des années trente : « hitléro-trotskiste ».

Certaines familles ont leur génie propre. Le moins qu'on puisse dire des Curiel est qu'ils n'ont pas celui de la simplicité. Il serait sans doute exagéré de dire que le trajet le plus court d'un point à un autre passe toujours pour eux par un souterrain, car rien n'est délibéré. Ils sont dans l'imbroglio comme un poisson dans la nasse ; et la nasse ne les rate jamais. C'est une fatalité.

André Weil-Curiel avait été l'un des premiers résistants de la France libre. Evacué de Dunkerque sur l'Angleterre avec l'unité britannique à laquelle il était affecté comme agent de liaison, il avait rallié de Gaulle à la première heure, ce qui lui avait valu la singularité d'être immédiatement condamné à un mois de prison par un tribunal militaire vichyste fonctionnant dans le camp d'Arrow Park sous l'œil placide des autorités anglaises... A la suite de quoi le condamné avait sans vergogne retourné sa veste et pris place sur le bateau ramenant en France ceux qui préféraient Pétain à de Gaulle. C'était un subterfuge. Weil-Curiel avait reçu mission d'organiser la résistance gaulliste. Mais pour embrouiller encore une aventure qui n'avait pas débuté dans la simplicité, il avait été recruté par le chef de cabinet de De Gaulle, le lieutenant Hettier de Boislambert, dont ce n'était pas le rôle, de sorte que le colonel Passy, responsable des services gaullistes, écrivit par la suite dans ses Mémoires : « Un correspondant m'ayant télégraphié de France qu'un certain Weil-Curiel se prétendait agent de la France libre, je répondis en toute bonne foi que cela était faux, ce qui eût pu avoir pour le malheureux de sérieuses conséquences (1). » La fatalité curiélienne était en marche.

Agent secret improvisé, André Weil-Curiel prit maints contacts et commit des imprudences à l'instar de ses camarades en mission : résister était en soi une imprudence ; détecter et recruter de futurs résistants obligeait à pêcher en eau opaque. Il fut pris à cause d'un requin nommé Gaveau qui fit dans la trahison une carrière exceptionnelle, fournissant aux poteaux nazis des dizaines de victimes. La Gestapo, perquisitionnant à son cabinet d'avocat, tomba sur une liasse de lettres placée en évidence sur son bureau. Elles étaient de la main d'Otto Abetz, ambassadeur d'Allemagne à Paris, qui usait du tutoiement avec son vieil ami André. Détenu rue des Saussaies, Weil-Curiel n'en connaîtrait donc pas les baignoires.

Il avait rencontré Abetz onze ans plus tôt, en 1930, dans une auberge de jeunesse de Forêt-Noire où se tenait une rencontre franco-allemande. Abetz était alors un pacifiste à tous crins. Une authentique amitié était née entre les deux hommes au fil de leurs randonnées sylvestres et elle avait survécu à l'adhésion d'Abetz au nazisme

(1) Colonel Passy, *Souvenirs,* Editions Raoul Solar.

puisque Weil-Curiel assista sur son invitation aux Jeux Olympiques de Berlin, en 1936. Leurs relations s'étaient ensuite interrompues mais en novembre 1940, le hasard avait fait se rencontrer dans un salon de thé parisien l'ambassadeur d'Allemagne et l'agent secret de la France libre. Weil-Curiel était accompagné de son confrère Léon-Maurice Nordmann, qui tombera lui aussi victime de Gaveau lors du démantèlement du réseau du musée de l'Homme, et sera fusillé au Mont-Valérien. Weil-Curiel fut enchanté de ces retrouvailles inopinées. Il avait cherché à renouer avec Abetz depuis son retour d'Angleterre mais l'ambassadeur d'Allemagne avait laissé sans réponse une lettre, un appel téléphonique et l'intervention d'une tierce personne. Les deux hommes évoquèrent la situation pendant trois quarts d'heure et se revirent huit jours plus tard au même endroit pour un nouveau tour d'horizon.

Henri Noguères, auteur d'une magistrale *Histoire de la Résistance* en cinq volumes, évoque ces rencontres avec la plume du colonel Noguères, chef maquisard qui ne dialogua jamais avec l'ennemi qu'à coups de fusil : « Il fallait non seulement vouloir, mais physiquement pouvoir le faire. Or, il n'apparaît pas que Weil-Curiel, en rencontrant ainsi Abetz à deux reprises, ait eu le sentiment de surmonter, dans l'intérêt supérieur d'une mission qui n'impliquait en aucune façon la recherche de contacts de ce genre, une quelconque répugnance (1)... » Etonnante réaction ! Tout agent secret — et Weil-Curiel était-il autre chose ? — eût traversé Paris à cloche-pied pour une conversation avec l'ambassadeur d'Allemagne, et celui qui aurait hésité à prendre le thé avec Adolf Hitler au motif que le personnage lui inspirait de la répugnance, eût mérité la cour martiale, à tout le moins une mutation dans l'intendance ou l'aviation de chasse. Bien loin d'éprouver de la répulsion, l'agent digne de ce nom ressent une grande tendresse pour l'ennemi mortel qu'il est en train de berner et qu'il détruit en le caressant. Mais ceci est une autre histoire...

Pas question de torturer l'ami d'Abetz et encore moins de le coller au poteau où finiront ses codétenus, victimes avec lui du traître Gaveau. Le capitaine SS Doering propose à Weil-Curiel de le libérer s'il accepte de le renseigner sur les milieux vichystes : « Je voudrais avoir des vues objectives sur l'atmosphère qui y règne, et aussi je voudrais que vous lisiez les journaux de Vichy et que vous y releviez tout ce qui intéresse les rapports franco-allemands. Croyez-vous pouvoir faire cela ? » C'est ridicule. La presse de Vichy arrive à Paris

(1) Henri Noguères, *Histoire de la Résistance*, Editions Robert Laffont, tome 1, p. 345.

et les services allemands n'ont pas besoin d'un Weil-Curiel pour la dépouiller. Aussi Henri Noguères observe-t-il avec sagacité : « Force est bien, en l'absence de tout autre témoignage, de s'en tenir, en ce qui concerne la définition de la " mission " proposée à Weil-Curiel, à la version que celui-ci en donne. Même si son énoncé paraît peu vraisemblable (1). » Il a raison. Mais il n'aperçoit pas à quel point Weil-Curiel intéresse peu Doering : c'est Abetz qui le passionne. L'ambassadeur d'Allemagne mène une politique différente de celle des SS et il est avec eux à couteaux tirés. En 1941, les SS sont encore loin de l'hégémonie qu'ils atteindront en 1944 ; à Paris surtout, un diplomate ou un général peut leur tenir la dragée haute. Or, Abetz s'est mis dans la situation détestable de voir révélé son copinage ancien avec un juif travaillant pour les services gaullistes auquel il confiait ses analyses politiques autour d'une tasse de thé. Un procès Weil-Curiel (à cette époque, les Allemands utilisent encore l'appareil judiciaire, avec débats devant le tribunal militaire, recours aux avocats, etc.) serait des plus pénibles pour l'ambassadeur d'Allemagne. Il n'y aura pas de procès. Mais Doering a donné à son prisonnier tout le temps nécessaire pour rédiger un « protocole » de ses relations depuis dix ans avec Otto Abetz. Le dossier ira nourrir, à toutes fins utiles, les archives SS. Weil-Curiel peut filer. S'il a « donné » quelqu'un, c'est Abetz.

Il passe en zone occupée, reprend avec des résistants des contacts follement imprudents, mais dont aucun n'aura de conséquence fâcheuse, et cherche désespérément une filière pour retourner en Angleterre. Il finira par la trouver en décembre 1941, passe les Pyrénées (Ah ! grâce à un réseau trotskiste espagnol...) et gagne Londres sans encombres. Quand on lui cherche noise après la Libération sur son attitude aux mains des Allemands, il réclame la constitution d'un jury d'honneur devant lequel il se présente avec une lettre du général de Gaulle l'assurant de son estime et de sa confiance. Il est lavé de tout soupçon.

Huit ans plus tard, le PCF exhume l'affaire. Un « donneur ». Weil-Curiel eût-il été un traître qu'on ne voit pas pourquoi son cousin d'Egypte devrait s'en trouver éclaboussé. La question ne sera pas posée. Il faut salir Weil-Curiel pour atteindre Curiel et frapper Marty par ricochet. Dure époque.

Le 5 décembre 1952, quinze jours après l'article de l'Humanité,

(1) *Op. cit.*, p. 347.

Léon Mauvais, membre du bureau politique, enfonce le clou devant le comité central. Dans un paragraphe intitulé « les liaisons suspectes », son rapport accuse : « Nous savons qu'André Marty était en liaison avec des éléments suspects rencontrés en Egypte, à Alger et en d'autres lieux... André Marty a conservé des contacts, des liaisons, des " amitiés " avec des suspects ou ennemis déclarés. »

Marty proteste — non point contre la suspicion jetée sur Curiel mais contre les conséquences qui en découlent pour lui : « On écrit dans *L'Humanité* : " André Marty a eu à Alger et à Paris des relations avec deux Egyptiens parents d'un traître. " Le secrétariat sait bien cependant qu'en 1943-1944 Curiel et sa femme tenaient au Caire la seule librairie recevant d'URSS tous les livres en langues étrangères et, sur notre demande, nous en approvisionnaient [à Alger]. Le secrétariat sait bien qu'à son arrivée à Paris, voici un an environ, j'ai reçu Curiel à mon bureau du 44, en présence de Feix, responsable du groupe à l'Assemblée de l'Union française. Il sait bien qu'après avoir écouté son information, j'ai refusé de donner la moindre indication, un communiste français n'ayant aucun droit de donner des conseils sur son pays à un communiste égyptien.

« Le secrétariat sait bien que je n'ai plus revu Curiel. Le secrétariat sait bien que j'ai fait rencontrer trois fois la femme de Curiel en ville, à sa demande, pour en recevoir des informations sur l'Egypte, transmises aussitôt au groupe communiste de l'Assemblée de l'Union française.

« Dès que Feix m'a informé de la parenté de Curiel avec la personne en question, j'ai rompu tout contact avec lui. Mais le groupe de l'Union française a vu régulièrement les Curiel des dizaines de fois. Voilà un exemple, entre vingt, de la déformation des faits pour discréditer André Marty. »

Ce plaidoyer misérable d'un homme aux abois mêle vérité et mensonge. Il est exact que Marty n'a vu Henri Curiel qu'une seule fois depuis son arrivée en France et que Rosette n'a même pas été admise dans les locaux du Parti. Il est faux que les Curiel aient été reçus « des dizaines de fois » par le groupe communiste de l'Assemblée de l'Union française. Tous les contacts avec les instances communistes s'effectuaient par l'intermédiaire de Joseph Hazan. Si Marty avance cette contre-vérité, c'est que le président du groupe communiste de l'Union française est Léon Feix, son ancien adjoint aux relations internationales, passé dans le camp de ses adversaires ; il en sera récompensé par un siège de suppléant au bureau politique. Marty s'efforce donc de compromettre Léon Feix en lui imputant des contacts suivis avec les Curiel. Notons au passage que Marty, obnubilé par son cas personnel, n'hésite pas à « donner » les Curiel. Ils étaient clandestins. Voici que la police, évidemment attentive aux rebondissements de l'affaire Marty, apprend leur présence en France...

Puis, selon le schéma stalinien classique, l'ignominie décrétée au sommet est assumée avec docilité par les échelons inférieurs et descend à la base. Joseph Hazan, rencontrant dans une rue de Paris l'un de ses cousins replié comme lui du Caire, le voit avec surprise changer de trottoir pour n'avoir pas à le saluer ; puis l'autre fait demi-tour et, pitoyable, murmure : « Ecoute, je préfère ne plus avoir de relations avec toi. » « C'était pourtant un honnête homme », estime Hazan. Cet honnête homme, happé par l'implacable mécanique stalinienne, remet au PCF un rapport accusant Henri Curiel d'avoir hébergé chez lui, au Caire, un haut responsable de l'Intelligence Service. Dans les années cinquante, une « liaison » avec un service secret impérialiste est le crime majeur : Slansky, Rajk et les autres seront pendus à l'Est sur cette imputation. Le rapport du cousin est d'une malignité monstrueuse (et il le sait) car l'homme de l'Intelligence Service était le colonel Robert Browning, universitaire distingué que ses opinions progressistes avaient fait affecter aux liaisons avec la résistance yougoslave titiste ; il a adhéré au parti communiste anglais à la fin de la guerre (il en est toujours membre à l'heure où ces lignes sont écrites), de sorte que le rapport reproche à Henri Curiel une amitié avec l'un des plus beaux fleurons du communisme britannique... Mais le rapport passe sous silence cette adhésion. De même s'abstient-il de signaler que Robert Browning a risqué au Caire la cour martiale en faisant sortir de l'immeuble encerclé d'Henri Curiel un déserteur grec traqué par la police anglaise.

N'est-ce pas Joseph de Maistre qui disait : « Je ne sais pas ce qu'il y a dans le cœur d'un criminel mais je sais ce qu'il y a dans le cœur d'un honnête homme : c'est épouvantable »...

En France, la mise en question d'un « couple d'Egyptiens suspects » ne désespéra certes pas Billancourt et laissa probablement de marbre les membres du comité central. Elle comptait pour presque rien dans le réquisitoire dressé contre Marty, accusé à la fin de renseigner la police sur le Parti. Elle dut paraître bizarre, sinon incompréhensible, aux spécialistes eux-mêmes. Qui savait qu'André Marty avait fait une brève escale au Caire en 1943 ? Qui se souvenait de la fugace effervescence suscitée des années plus tôt par l'affaire Weil-Curiel ?

En Egypte, l'article de *l'Humanité* fit l'effet d'une bombe. Il n'était énigmatique pour personne car nul n'avait oublié, dans la mouvance communiste, l'escale inopinée de Marty, descendu du ciel socialiste comme un messie rouge, et le prestige acquis par Henri Curiel du seul fait de l'avoir hébergé. Ainsi le dirigeant du MDLN, seul à soutenir le coup d'Etat du 23 juillet, attaqué pour cela par le mouvement communiste unanime, était-il dénoncé par « le grand parti frère » comme un élément « suspect », ce qui, dans la langue de l'époque, désignait un élément policier. C'était une condamnation à mort politique. Le prestige du PCF était tel que personne, hors le cercle des intimes de Curiel, ne pouvait révoquer en doute la sentence tombée de la bouche de l'oracle. Le machiavélique carambolage mis au point par les experts du PCF aboutissait à l'élimination d'un gêneur aux positions hétérodoxes.

Les organisations rivales du MDLN se lancèrent à la curée. Le PCF d'Ismaël Sabri Abdallah eut le coup de dent particulièrement efficace mais les insultes tombèrent de tous côtés. Curiel fut traité d' « espion mondial du type Trotski », de « vipère » et de « criminel de bas étage ». Le MDLN lui-même fut ébranlé jusque dans ses fondements. Des militants sincères, travaillant avec Henri Curiel depuis des années, le renièrent du jour au lendemain. La direction éclata, certains responsables refusant de demeurer dans une organisation fondée et conduite par un traître. Les autres ne purent faire moins que d'exclure Curiel de toutes les instances « en attendant que le PCF fournisse les éclaircissements qui lui ont été demandés ». Les plus fidèles continuèrent de rencontrer l'excommunié lors de leurs voyages à Paris, mais clandestinement et en s'abstenant d'évoquer ces visites devant leurs camarades.

L'infamie jetée sur Henri Curiel éclaboussa jusqu'aux juifs d'Egypte de nationalité française, ou l'ayant acquise, qui avaient adhéré au PCF. Robert Eddy, secrétaire de section : « La décision a été prise de retirer leur carte à tous les " Egyptiens ". On nous a dit qu'il fallait vérifier la biographie de chacun et que nous devions faire preuve de compréhension. Nous avons refusé. Le procédé était indigne, inacceptable. Je suis allé protester au siège du Parti. Un membre du comité central m'a expliqué que c'était une décision temporaire. Il en a appelé à la discipline. Notre cellule a été formidable (elle a été dissoute par la suite pour d'autres raisons) : les camarades ont refusé de rendre nos cartes en protestant que nous n'étions pas des espions. Car on en était là : il suffisait d'être passé par l'Egypte pour qu'on vous soupçonne d'être flic. »

L'excommunication fulminée à Paris fut enregistrée, et pour longtemps, dans les capitales du monde communiste. Des années plus tard, un communiste égyptien en visite à Berlin-Est demandera à téléphoner à Joseph Hazan ; ses camarades allemands lui donneront la communication après un temps d'hésitation : « Vous savez qu'il a des problèmes avec le PCF ? » Mohamed el-Guindi, jeune vétéran communiste, s'évade en 1950 du camp d'internement, gagne la France et se réfugie à Budapest avec l'aide du PCF. Il travaille à la Fédération mondiale de la jeunesse démocratique, où il représente les Jeunesses du MDLN. Après le coup d'Etat et l'affaire Marty, sa position devient intenable et il doit démissionner. Il était en correspondance suivie avec Henri Curiel. (« C'est la période où il a eu le plus d'influence sur moi. Chacune de ses lettres était une leçon de politique. ») Le communiste français Jacques Denis, responsable de la Fédération mondiale, refuse de passer les lettres après la mise en cause de Curiel.

Une mort politique.

Les fidèles du clan des Egyptiens multiplièrent en vain les démarches auprès du Bureau colonial. Maxime Rodinson, membre du PCF, expert du Proche-Orient, avait mesuré l'impact de l'accusation sur les communistes égyptiens : « Ils avaient un respect immense pour le PCF — il ne le leur rendait pas. C'était un grand parti " qui ne se trompait pas ". Je suis allé voir le Bureau colonial pour leur dire : " Ecoutez, votre article a eu un grand retentissement. Si vous avez des documents prouvant que c'est un traître, donnez-les... Sinon, faites un petit mot pour dire quelque chose et éviter les querelles qu'il y a là-bas. " Je crois qu'on m'a dit : " On va réfléchir ", ou quelque chose comme cela, et que sur ma demande insistante pour avoir une réponse, un membre du Bureau colonial m'a dit un jour : " Le Parti avait ses raisons. "(1) »

Les partis communistes libanais et israélien ne reçurent point de réponse à leur demande d'éclaircissements. Le secrétaire général du parti communiste soudanais, Abdel Khalek Mahjoub, disciple d'Henri Curiel, se rendit personnellement au siège du PCF pour obtenir une explication ; il repartit sans l'avoir reçue.

En 1971, la mémoire de Marty fut déchargée par ses anciens camarades des imputations calomnieuses de trahison policière. Il fut impossible aux amis d'Henri Curiel d'obtenir la levée officielle de la

_____

(1) Interview de Marie-Dominique Gresh pour sa thèse de maîtrise.

suspicion jetée sur lui. Pendant dix ans, la vie toujours agitée du mouvement communiste égyptien connaîtrait au moins une constante : le maintien à l'écart de Curiel « dont le cas n'est pas réglé ».

Il ne franchit plus jamais la porte d'un local du PCF. Ses activités ultérieures l'amenèrent à rencontrer à deux reprises des responsables communistes français : rencontres furtives, propices au désaveu, et qui n'aboutirent à rien. Vingt ans plus tard, alors que la polémique ouverte par le coup d'Etat égyptien n'était plus qu'un sujet de thèse universitaire et que les plus staliniens des communistes émettaient un soupir navré à l'évocation de l'affaire Marty, le nom de Curiel restait tabou.

Le 11 mai 1978, jour de ses obsèques, les amis du proscrit identifièrent dans le cortège deux représentants du parti communiste français, dont un député. Ils surent alors qu'Henri n'était plus suspect.

La haine n'est pas mon fort mais j'aurais aimé pouvoir haïr Elie Mignot.

Après plusieurs rendez-vous annulés de son fait à la dernière minute, il me reçut au siège de l'Institut de recherches marxistes, boulevard Blanqui. Nous nous assîmes aux deux bouts d'une très longue table placée au fond de la salle de conférences. Ce face à face solitaire dans un lieu conçu pour des assemblées nombreuses était un peu étrange. Nos voix résonnaient comme dans une caverne. Mais il était le Parti innombrable, toujours recommencé, et j'avais avec moi, invisibles mais présents, tous ceux qui l'exécraient d'avoir désespéré l'homme qu'ils avaient aimé. Il est rare de pouvoir nommer le malheur. Pour Henri Curiel, le malheur s'est appelé Elie Mignot.

Un vieil homme de soixante-quatorze ans dont la maladie triture méchamment la grande carcasse déjà secouée par Dachau. Il entre le soir même en clinique. Fébrile, le regard fuyant, il tripote les liasses de documents dont il s'est fait un rempart : revues jaunies disparues depuis des décennies, rapports aux reliures déglinguées, vieux journaux évanescents. Non point un homme en posture d'accusé (un dirigeant communiste ne s'éprouve justiciable que du tribunal de ses pairs) mais peut-être un vieux potache au seuil d'un oral délicat. C'est déjà beaucoup d'honneur. Et surtout un homme très embêté. Il me regarde et soupire : « Vous êtes jeune... » Ce n'est plus vrai mais il veut dire : « Vous êtes trop jeune pour avoir vécu cette époque. Comment pourriez-vous comprendre ? »

Une vie aux couleurs d'image d'Epinal. Il naît en Touraine en 1909 dans une famille de six enfants. Le père est cordonnier. Misère noire. Il voudrait devenir instituteur mais ses parents sont trop pauvres pour le pousser aux études. Ils l'engagent comme domestique chez un médecin. Révolte. A quatorze ans, il commence un apprentissage de menuisier. Un ouvrier s'attache à lui, le prend sous son aile. Il deviendra un très bon artisan. A seize ans et demi, il part sur les routes avec un charron, de dix ans son aîné, compagnon du tour de France. Il s'arrête à Tours, où il travaille un an en suivant des cours du soir de dessin. Puis il entame son tour de France. Trente mois de pérégrinations. Il fait étape chez les « mères » tenant pension de famille à la devise des compagnons : « Savoir et Fraternité ». Il arrive à Paris en 1929, venant à pied de Lyon, et produit son « chef-d'œuvre » : un escalier au dixième. Le service militaire en 1930, puis le retour à Paris. A quinze ans, il est en révolte ; à dix-sept, anarcho-syndicaliste. Il cogne sur les gendarmes à cheval lors des manifestations contre l'exécution de Sacco et de Vanzetti. En 1934, à Paris, il est au premier rang des affrontements meurtriers entre ligues fascistes et militants de gauche. Le 10 février 1934, au soir d'une terrible journée de bagarres (plusieurs morts à Clichy), il adhère au parti communiste. Les articles de *L'Humanité,* sonnant l'alarme contre la montée du nazisme, l'avaient tiré de l'anarchisme. Il quitte son travail sur un coup de gueule avec le patron, mécontent de le voir déserter l'atelier à chaque manifestation, et s'embarque pour l'Algérie avec trois copains. Ils sont en quête de soleil et de joie de vivre méditerranéenne ; ils trouvent sur le quai d'Alger une nuée de petits arabes dépenaillés mendiant une pièce de monnaie. « Je me suis dit : " Nom de Dieu, c'est pas ça la France ! " C'est resté le plus grand choc, peut-être, de ma vie. Une image qui est restée gravée en moi. C'est à partir de là que je me suis occupé du tiers-monde. »

La guerre le ramène en France. Mobilisé dans la Marine, à Lorient, où il construit des cerfs-volants servant de cibles aux tirs d'exercice, il a la chance de ne pas être repéré comme militant politique : l'armée a égaré son dossier... Capturé en 1940, il est rapatrié un an plus tard, conformément aux accords Hitler-Pétain prévoyant la libération de tous les marins. Il part pour un maquis de Corrèze. En août 43, lorsqu'il est arrêté, il commande les Francs-Tireurs et Partisans de dix-sept départements.

Un parcours exemplaire.

A l'instant de signer son bulletin d'adhésion au PCF, le compagnon anarchiste du tour de France s'était redressé et, la gorge sèche, avait demandé au secrétaire de cellule : « Est-ce que je vais rester libre ? »

Avec le sang-froid des vieilles troupes, il attaque au culot : « Curiel a commis une erreur qui a pesé lourd : à son arrivée en France, il n'a pas cherché à prendre contact avec le Parti. Quand le dirigeant d'une organisation se réclamant du communisme s'installe à Paris et se tient comme ça à l'écart, délibérément, comment voulez-vous qu'on ne se pose pas de questions ? » Il écoute, impavide, le récit de la visite d'Henri Curiel au 19, rue Saint-Georges le surlendemain de son arrivée à Paris, sa réception par le Bureau colonial (Mignot en était...), son entrevue avec Marty, son installation chez deux militants communistes de confiance. « Quelle adresse ? » — « Des militants ? Je ne sais pas... » — « Tiens donc ! J'aimerais bien avoir leur adresse, histoire de vérifier, parce que je ne vous cache pas que tout ça m'étonne énormément. »

Il est étonnant.

« L'article de *l'Huma* ? Oui, j'ai entendu parler de cette histoire. Etes-vous bien certain que ce n'est pas une invention ? Avant de venir ici, j'ai regardé la collection de *l'Huma* de l'époque : rien trouvé de tel. C'est un point à éclaircir. » Interloqué, je suggère que l'existence de l'article peut être considérée comme établie. « Vous l'avez ? » — « Ma foi non ! Je ne croyais pas nécessaire de l'apporter ! » Et comme je le récite par cœur : « Tiens donc ! De toute façon, ça devait apparaître dans un contexte. Il faudrait voir ? »

Les demandes d'éclaircissements des partis communistes libanais et israélien ? Il balaie la question d'un geste. La démarche personnelle d'Abdel Khalek Mahjoub, secrétaire général du parti communiste soudanais ? Il ricane franchement : « Jamais de la vie ! Tout ça, c'est des histoires ! » Le pauvre Mahjoub ne dira pas le contraire : il a été pendu à Khartoum.

On a beau s'être informé, avoir lu les récits des voyageurs en stalinisme, s'attendre au pire : il reste une jolie marge pour la surprise. Et l'homme n'est pas au mieux de sa forme... Aux belles années cinquante, le juge Mignot devait faire merveille au tribunal inquisiteur.

Cela dit, une certaine rugosité voisine de la grossièreté était habituelle au Bureau colonial, de sorte que l'interlocuteur n'a pas à s'offusquer d'être accusé d'inventer des militants inexistants ou un article de *L'Humanité* jamais publié. C'était le style brutal d'André Marty. Un vétéran communiste en retraite dans mon canton normand évoquait l'autre jour une anecdote datant justement de l'an 1952. Marty mettait la dernière main à l'organisation d'une manifestation de rue, domaine où il témoignait de plus de dons que pour les relations internationales. Un jeune communiste, ayant écouté les consignes, répondit machinalement : « OK ». Marty leva le nez de son plan de Paris et, le pourpre de la colère au front, scruta le petit groupe qui l'entourait : « Qui a dit ça ? » Le coupable leva la main. « Exclu ! », fulmina Marty. Et le pauvre diable fut en effet exclu pour trahison linguistique de classe. Un ancien d'Egypte, pourtant très proche du Bureau colonial, évoque avec un certain malaise le traitement infligé par Barbet, adjoint de Mignot, à des Noirs dont certains deviendraient chefs d'Etat : « C'était un vrai négrier. Il les engueulait comme s'ils avaient été complètement imbéciles. » Un militant entré par la suite dans la mouvance d'Henri Curiel raconte qu'un dirigeant communiste antillais de première grandeur, convoqué à Paris et tombé malade, fut si mal traité par le Bureau colonial qu'il en déchira sa carte. Les Egyptiens, chez qui les querelles idéologiques n'abolissaient jamais une gentillesse innée, furent suffoqués par tant de rudesse. Le docteur Sherif Hetata, infiniment mesuré dans ses jugements, garde un souvenir amer de ses contacts avec les dirigeants du Bureau colonial : « Ils étaient méfiants, et cela était compréhensible. Mais leur mépris ne l'était pas. Nous étions devant eux comme des petits fonctionnaires devant leur directeur. Pourtant, avec toutes nos faiblesses et nos insuffisances, nous restions des militants qui essayaient de faire quelque chose. Notre bonne volonté au moins aurait mérité un peu de considération. Nous avons été traités avec grossièreté. Ils étaient vraiment impolis. » Lorsque Hillel Schwartz se présente à son tour au siège du comité central pour rencontrer les maîtres du Bureau colonial, le cerbère de service, après l'avoir annoncé, revient avec pour seule réponse : « On ne veut pas vous recevoir : partez ! » Schwartz sortait de trois ans de prison et de camp.

Voici donc Elie Mignot soumis à son tour à un mauvais procès, lui qui en mena d'exécrables. Rien ni personne ne l'obligeait à se prêter à un entretien. Il n'a pas une réputation de loquacité et n'a jamais battu l'estrade : hormis quelques spécialistes, qui le connaît ? La retraite venue, il s'est barricadé dans sa longue mémoire. Nul n'est assuré d'en trouver l'accès, surtout sans le sésame de la carte du Parti. Pourtant il est là, détestable de mauvaise foi, déconcertant par une bonne volonté sous-jacente à la hargne obtuse des dénégations. Il voudrait bien se faire comprendre, sinon se justifier. C'est impossible. Le problème est mal posé. On lui demande raison de l'injustice infligée à Henri Curiel et l'homme Curiel n'a jamais compté. Les hommes ne comptaient pas.

Il évoque en responsable politique les problèmes posés par l'imbroglio égyptien : « C'était très difficile. Une dizaine d'organisations se proclamant communistes dont chacune revendique l'exclusivité. Dans une situation de ce genre, nous avons pour règle, depuis toujours, de ne pas nous ingérer. Il ne s'agissait en aucun cas de favoriser un groupe. Quand l'un ou l'autre de ces camarades passait par Paris, nous le recevions, nous l'écoutions, et nous nous bornions à prêcher l'union. »

Il pourrait ajouter que les rares communistes français se rendant en Egypte recevaient les mêmes consignes de prudence. Jacques-François Rolland arrive au Caire en 1947, alors que se déroulent les négociations préparant l'unification MELN-Iskra : il a instruction de pousser à l'unité sans intervenir dans les querelles de factions. Sept ans plus tard, Maxime Rodinson est incité à la même circonspection : « Je suis allé deux mois en Egypte, payé par le CNRS pour une enquête sur la sorcellerie. Avant de partir, j'ai demandé des instructions au Parti, c'est-à-dire Mignot. Après avoir réfléchi, les membres du Bureau colonial m'ont dit : " Surtout, ne dis rien, ne t'engage pas. " Ils auraient aimé que je ne prenne aucun contact avec les communistes égyptiens : " Ce que tu diras sera interprété comme venant du PCF et nous ne voulons pas avoir l'air de favoriser un groupe. Le mieux est de te taire. " Sur les rapports avec les organisations égyptiennes, ils étaient d'une prudence extrême. » La règle ne fut enfreinte que pour Fouad Moursi et Ismaïl Sabri Abdallah : Egyptiens pur jus formés à Paris selon les normes du sérail, ils deviendraient incontestablement les poulains du Bureau colonial et d'Elie Mignot, sans parvenir pour autant à faire de leur PCE le pôle unique du mouvement communiste.

Quant à l'historique erreur d'appréciation commise à propos du coup d'Etat du 23 juillet, Mignot ne la nie pas mais la juge normale : « C'était une situation très compliquée. L'Egypte ! L'Egypte ! Est-ce que vous croyez par hasard que nous vivions les yeux fixés sur l'Egypte ? Elle n'était certainement pas au premier plan de nos préoccupations ! Nous avions surtout des responsabilités envers nos peuples colonisés. Quand on est loin, il faut être prudent. Ce sont les irresponsables qui foncent. Ce n'est qu'après un bon bout de temps que nous avons découvert qui étaient vraiment ces militaires qui avaient pris le pouvoir au Caire... »

Marty, Feix, Mignot : troïka « coloniale » incarnant « le grand parti frère qui ne peut pas se tromper ». Marty, borné comme une mule, dont l'acte de réhabilitation notera avec un sens certain de l'euphémisme qu' « il n'était sans doute pas fait pour tenir les postes de responsabilité politique qu'il occupait » ; Feix, familier du Maghreb mais ne connaissant que par ouï-dire le reste du monde arabe ; Mignot, qui ne mettra les pieds en Egypte qu'après la mort de Nasser... Il est beaucoup d'amis d'Henri Curiel pour condamner sans appel le responsable du Bureau colonial ; les autres disent : « Mignot ? Peut-être pas un mauvais type, certainement un militant sincère, mais il ne connaissait rien à rien. Il a été catastrophique par ignorance. »

La méconnaissance du mouvement des Officiers libres suffit-elle à expliquer l'erreur d'interprétation de leur coup d'Etat ? Il faut, pour le mettre sur la voie, souffler au potache Mignot : « Le pacte du Moyen-Orient n'aurait-il pas joué son rôle ? » Son œil s'allume et il lève les bras au ciel : « Bien sûr ! Il y avait le pacte ! Et tout laissait penser qu'en installant des militaires au pouvoir, il s'agissait pour les Anglo-Américains de faire entrer l'Egypte dans un pacte du Moyen-Orient qui serait le prolongement de l'Alliance atlantique ! Voilà pourquoi nous devions réagir comme nous l'avons fait... »

Pour renvoyer les conduites staliniennes à un envoûtement quasi satanique, comme le font les rescapés eux-mêmes, il suffit d'escamoter le décor historique et de supprimer l'intrigue : le théâtre n'est plus peuplé que de pantins indignes vociférant des excommunications aberrantes quand ils n'ont pas le pouvoir d'enfermer ou de tuer.

Tout au long de ces années glaciales, le décor européen était un champ de ruines matérielles et morales peuplé d'une humanité sortie écorchée vive d'une horreur sans précédent. Le suspens quotidien tenait dans cette question effrayante de simplicité : la troisième guerre mondiale est-elle pour demain ? La lutte pour la paix mobilisa les communistes occidentaux. Elle ne justifie pas les dévoiements iniques : elle les explique. Si tant de militants d'une qualité humaine rare acceptèrent l'inacceptable, c'est qu'ils le croyaient légitimé par la transcendante obligation de préserver le monde de l'apocalypse nucléaire. Que la lutte pour la paix se soit identifiée pour eux à la défense de l'URSS est une évidence. L'Histoire dira qu'ils ne se trompèrent pas toujours : longues furent les années où l'écrasante supériorité américaine en armes atomiques induisait Washington en tentation.

1952 est l'une de ces années d'angoisse. Les USA, en proie au virus maccarthyste, paraissent disposés à la guerre préventive. Le grand magazine *Collier's* suscite une émotion mondiale en publiant, sous le titre « La troisième guerre mondiale telle que je l'ai vécue », le reportage-fiction d'une attaque nucléaire sur Moscou. Publié en octobre 1951, il annonce froidement que la guerre atomique éclatera le 10 mai 1952 à 1 h 58... Les dirigeants américains enserrent l'URSS dans un réseau serré de bases militaires et accélèrent la signature de pactes dits défensifs : l'OTAN en Europe, l'ANZUS en Océanie, bientôt l'OTASE pour l'Asie du Sud-Est. La CED est en gestation accélérée ; elle doit permettre la naissance d'une armée européenne intégrée comprenant les divisions ouest-allemandes. En France, le mois de mai 1952 est marqué par de violentes manifestations communistes. Le 28, l'arrivée du général américain Ridgway jette sur le pavé parisien des dizaines de milliers de manifestants. Les affrontements sont les plus violents qu'on ait vus depuis février 34. La police tire. Plusieurs dirigeants communistes sont arrêtés, dont Jacques Duclos, victime du grotesque « complot des pigeons ». L'hystérie anticommuniste est partout à son comble. Le chroniqueur Pierre Durand évoquera ce temps en titrant ainsi ses chapitres : « La paix ne tient qu'à un fil », « Guerre préventive ? », « Sous les plus noirs auspices », « Le temps de la fin du monde », « Vers le grand match ? » (1).

C'est dans ce crépuscule apocalyptique qu'éclate le coup d'Etat des Officiers libres. Or, neuf mois plus tôt, en octobre 1951, les puissances occidentales avaient proposé à l'Egypte de Farouk de devenir membre fondateur d'un « commandement du Moyen-Orient » destiné à s'intégrer dans le système des pactes antisoviétiques. La « guerre du Canal » et les péripéties intérieures ont mis le projet en sommeil mais comment ne pas croire que les officiers au pouvoir vont le réveiller en fanfare ? On ne les connaît pas — là est la faute impardonnable — et chacun de les assimiler à des officiers putschistes sud-américains. Ils sont, croit-on, manipulés par les services secrets occidentaux. Maxime Rodinson, expliquant à Elie Mignot que la situation spécifique égyptienne doit être prise en compte, s'entend répondre : « Est-ce que tu as déjà vu quelque chose au Proche-Orient ou au Moyen-Orient qui ne soit pas manigancé par les Américains ou les Anglais ? » S'ils ne sont pas les marionnettes de la CIA, ils restent des militaires. Qui a jamais vu des militaires résister à l'attrait d'un commandement prestigieux et source de mirifiques fournitures ? Roger Vailland lui-même évoquera « les beaux avions à réaction » américains si tentants pour les Officiers libres...

Dans une situation tendue à l'extrême, alors que la guerre nucléaire pouvait éclater d'un jour à l'autre, l'attitude du camp socialiste et des

_____

(1) Pierre Durand, *Vingt ans, Chronique 1945-1965*, Editions Sociales.

communistes occidentaux fut déterminée par la seule certitude de voir le nouveau régime s'intégrer à la croisade antisoviétique. Leitmotiv de tous les articles de *L'Humanité* : « Une clique militaire se prépare à instaurer un régime fasciste pur et simple comme préparation à l'adhésion de l'Egypte au pacte militaire du Moyen-Orient » (23 août 1952) ; « Il se confirme de plus en plus clairement que l'instauration de la dictature militaire a pour but de favoriser la participation de l'Egypte à un pacte agressif du Moyen-Orient » (9 septembre 1952), etc.

« Nous ne vivions pas les yeux fixés sur l'Egypte. » Elie Mignot a raison : l'Egypte n'était qu'une pièce du puzzle mondial. Mesurée à l'aune des visions géostratégiques dont étaient hantés les dirigeants communistes, l'analyse subtile du mouvement des Officiers libres proposée par le MDLN était dérisoire. D'ailleurs, Moscou avait tranché : « Dans la nuit du 23 juillet, un groupe d'officiers réactionnaires conduit par le général Neguib, et en étroit contact avec les Etats-Unis, s'est emparé du pouvoir. » Toute autre interprétation ne pouvait qu'émaner du camp impérialiste et belliciste. La voix discordante d'Henri Curiel devait être étouffée : elle le fut.

L'Egypte refusa son adhésion au pacte du Moyen-Orient.

Tendre est la vie.

A l'automne 1976, Alain Gresh, vingt-huit ans, sonne chez des amis parisiens. « Tiens, ton père vient de passer », lui disent-ils. Il sourit. Ce n'est pas possible. « Mais si ! Henri était là il y a dix minutes à peine. » Henri Curiel.

Il est son portrait vivant. S'il collait sur son passeport une photo d'Henri dans ses trente ans, le policier le plus attentif n'y verrait que du feu.

La première rencontre dont il garde souvenir eut lieu à Genève en 1958. Pour Alain, dix ans, Henri était l'homme qui l'avait abonné à *Vaillant,* ancêtre de *Pif.* C'était très important.

La révélation de sa vraie filiation lui fut bouleversante. Son père légal l'avait trop aimé pour qu'il pût fantasmer, comme tant d'enfants légitimes, sur des paternités imaginaires. Henri ne prit pas une place vide : il fut, en un temps où Alain avait déjà un fils, un autre père tombé du ciel.

Les assassins ne leur laissèrent pas deux ans pour vivre leur relation nouvelle. Henri dit à Alain : « J'ai eu des moments difficiles. Tu m'as aidé à résister. J'avais un fils. Je devais en être digne, lui montrer l'exemple. »

Le bagage d'Alain est typiquement curiélien : maîtrise de mathématiques, diplôme d'arabe de l'Ecole des langues orientales, doctorat en sciences politiques, avec une thèse consacrée aux Palestiniens.

Humainement, il est à ce point Henri que le crime du 4 mai 1978 n'est plus aussi parfait.

Lorsque Elie Mignot envisagea enfin de prendre sa retraite, c'est Alain Gresh qui fut désigné pour lui succéder. Henri eut la joie de l'apprendre avant de mourir. Elie Mignot découvrira en lisant ces lignes qu'il a passé ses pouvoirs au fils d'Henri Curiel.

La vie est savoureuse.

Le manque à gagner fut peut-être historique : « Si l'analyse Curiel avait été adoptée, estime Joseph Hazan, si l'ensemble du mouvement communiste égyptien avait pris la même position que le MDLN, on avait en Egypte un castrisme nassérien. Le destin du Proche-Orient aurait été autre. »

Les dégâts furent à coup sûr considérables. Les Officiers libres, condamnés avant même d'avoir pu s'exprimer, passèrent vite de la stupeur à une amertume compréhensible. Ils ne formaient pas un groupe homogène. La diversité des opinions et la divergence des projets politiques, attisées par l'ordinaire concurrence des ambitions personnelles, fissureraient vite le bloc militaire. Mais ils étaient avant tout des patriotes animés par la volonté d'en finir avec une monarchie corrompue et complice de l'occupant étranger. Lorsque Gamal Abdel Nasser aura obtenu l'évacuation de l'ultime soldat anglais, il sera le premier Egyptien à gouverner une Egypte libre depuis le pharaon Psammétique III, vaincu par le roi des Perses en 525 avant Jésus-Christ. Les hommes qui mettaient fin à vingt-cinq siècles d'occupation et de soumission à des dynasties étrangères ne pouvaient accepter d'être assimilés à de vulgaires officiers putschistes de « républiques bananières ». Il leur suffisait de traverser les quartiers populaires sans escorte au milieu de la liesse générale pour mesurer à leur juste valeur les accusations de « dictature fasciste ».

Nasser, le plus politique, fut le plus atteint. La violence des attaques communistes le stupéfia avant de l'enrager. « Il était outré », dit Khaled Mohieddine, fer de lance du coup d'Etat, aujourd'hui président du Rassemblement, seul parti de gauche autorisé en Egypte. « Gamal ne comprenait pas que les communistes nous traitent de fascistes alors que nous travaillions depuis si longtemps avec le MDLN. J'assurais moi-même la liaison entre les Officiers libres et le MDLN. Le résultat a été de placer en porte-à-faux les officiers progressistes et de donner d'énormes atouts à ceux de droite. On savait mes opinions. Comment les défendre et leur gagner l'adhésion alors que nous étions chaque matin insultés par la presse communiste du monde entier ? Nous avons rapidement perdu du terrain au Conseil de la révolution. Et nous avons été ainsi conduits à des réactions excessives qui ont facilité notre élimination. »

Le colonel Saddik quitte le Conseil avec éclat six mois après le coup d'Etat. Il était membre du MDLN. Ahmed Hamrouche, militant depuis 1947, est arrêté en janvier 1953. Il sort de cinquante jours de prison pour être conduit dans le bureau de Nasser : « Il s'agissait d'intimider les militaires communistes, dit-il aujourd'hui. Mon arrestation a entraîné la dissolution de la section regroupant au sein du MDLN officiers, sous-officiers et ouvriers des arsenaux. Nasser ne supportait plus d'être attaqué comme il l'était. Il avait commencé par ne rien y comprendre. Moi-même, j'avais rendez-vous avec Henri Curiel à Marseille le 25 juillet. Mon billet était déjà acheté et mes bagages, bouclés. Le 22, j'ai rencontré Nasser qui m'a prévenu que le coup était avancé à la nuit suivante. Nous avions marché la main dans la main et, soudain, ce torrent d'insultes... »

Quant à Khaled Mohieddine, ce qu'il appelle aujourd'hui une « réaction excessive » consista à jouer Neguib contre Nasser et à séquestrer quelque peu ce dernier dans sa caserne de cavalerie lors d'une nuit mémorable qui vit le futur vainqueur craquer nerveusement comme il ne devait plus le faire qu'en 1967, au terme de la désastreuse guerre des Six Jours. Neguib éliminé, Nasser pardonna à son vieux compagnon un affront qui, ailleurs, se fût lavé dans le sang : Khaled Mohieddine s'en tira avec un exil temporaire en Suisse.

Le sort des militants fut cruel. « Mignot a coûté dix mille ans de prison aux communistes égyptiens » : la formule est de Joseph Hazan. Il s'agit cette fois d'un constat et non d'une évaluation hypothétique des chances d'un castrisme nassérien. Bien sûr, la responsabilité imputée au seul Elie Mignot incombe à de plus hautes instances. Mais le fait est là : pourchassés par la police de Nasser, soumis à l'occasion à des tortures sauvages (plusieurs en moururent), mille communistes passèrent dix années dans des camps de concentration dont le régime n'avait rien à voir avec celui d'Huckstep.

Désespéré mais discipliné, Henri Curiel appliqua la ligne. Les imprimeries clandestines du MDLN sortirent comme les autres des appels au peuple dénonçant la dictature fasciste des colonels. Ses militants allèrent jusqu'à Bandoung, en 1955, distribuer aux congressistes venus du tiers-monde des tracts violemment antinassériens : ils ne pouvaient pas deviner que la conférence de Bandoung marquerait le revirement du monde communiste dans son appréciation du régime égyptien. Ce virage cap sur cap aboutirait au spectacle abracadabrant de détenus communistes rédigeant, fers aux pieds et le dos zébré par les cicatrices des coups de schlague, des motions de soutien enthousiastes au pouvoir qui les martyrisait...

Henri Curiel poussa l'abnégation jusqu'à créer à Paris un Front national d'opposition. Il ne put réunir que cinq adhérents, dont un royaliste. « C'est une vraie rigolade ! » s'indignait Didar Rossano. « Et comment crois-tu que les choses commencent ?... » soupirait Henri.

Deux femmes éclairèrent ces années noires.

Didar, trente ans et deux enfants, restait fidèle à l'adolescente aventureuse en fugue vers une mythique Amérique. Son mariage avec le bel Osmane s'était délité. Elle jurait par trop avec l'image de l'épouse musulmane traditionnelle et la famille de l'officier s'exaspérait de son militantisme. Osmane trouvait excellent d'être progressiste mais estimait qu'il l'était suffisamment pour deux. En 1951, elle était partie pour l'Europe avec ses deux enfants et, après une semaine à Rome avec Henri Curiel, elle avait retrouvé à Paris Sherif Hetata.

Sherif s'était évadé quelques mois plus tôt. Il était parti avec Mohamed el-Guindi, autre évadé que Osmane et Didar avait caché chez eux, le temps de trouver un embarquement clandestin sur un cargo français, et qui irait travailler à Budapest à la Fédération mondiale de la jeunesse. Didar eut le coup de foudre pour le jeune médecin en exil (Qui ne l'aurait eu ? Trente ans plus tard, Sherif reste l'un des hommes les plus séduisants qui se puisse rencontrer : un charme tendre et une intelligence rare). Elle le quitta brièvement pour faire franchir la frontière franco-suisse à Henri et, contre le conseil de ce dernier (« Ne brusque pas les choses ! Ne les pousse pas à l'extrême ! »), écrivit à Osmane un message à l'encre sympathique pour l'avertir de son infortune : « C'était l'honnêteté. » De retour au Caire, elle divorça à l'amiable et replongea de plus belle dans le militantisme. Avec un sang-froid admirable, elle planifia et réalisa l'évasion de deux responsables du MDLN, dont Mohamed Chatta, fameux dirigeant du faubourg ouvrier de Choubrah el Kheima. Ce fut l'occasion de la scène la plus violente avec son ex-mari resté un camarade : Osmane considérait qu'une action physiquement dangereuse était un privilège viril ; il la traita de « zarrata », qui signifie « péteuse ».

Sherif s'ennuyait à Paris. Mal grimé, pourvu d'un passeport dont la fausseté crevait les yeux, il débarqua clandestinement en Egypte et milita dans le delta. Didar l'y rejoignait aussi souvent que possible. Mais responsabilité maternelle et morale révolutionnaire se mirent à la traverse. Osmane, qui avait plus d'une fois risqué sa vie pour le succès des Officiers libres, n'entendait rien à la lutte pour le pouvoir se déroulant au sein du Conseil révolutionnaire. Vite lassé, bientôt écœuré, il fut nommé attaché militaire à l'ambassade d'Egypte à Moscou. Il proposa à Didar d'y partir avec lui avec lui pour assurer à leurs deux petites filles une vie familiale harmonieuse. Les camarades du MDLN opinèrent qu'une militante responsable ne pouvait se dérober et que Sherif, membre du Bureau politique, entachait l'image du révolutionnaire en « enlevant » la femme d'un camarade. Après avoir derechef épousé Osmane, Didar s'envola avec lui pour Moscou. Trois jours après son départ, la police politique investissait l'appartement de sa mère, chez qui elle avait habité. Le MDLN venait de diffuser, pour le premier anniversaire du coup d'Etat, une violente attaque contre les officiers au pouvoir ; intitulé « Une année noire », le document regrettait le soutien imprudemment apporté à un putsch « à la solde de l'impérialisme américain ». Les policiers éprouvèrent une réelle surprise en apprenant où l'oiseau s'était envolé mais la femme d'Osmane, Officier libre, était intouchable.

Ils se vengèrent sur Sherif Hetata, capturé quelques jours après le départ de Didar et placé en isolement total. Les policiers lui affirmèrent qu'il avait été livré par Didar. Les apparences étaient pour eux : « Crois-tu que nous l'aurions laissée partir pour Moscou si elle ne nous avait pas donné un gage ? Tu as été le prix payé pour son passeport diplomatique... » Torturé pendant deux mois, ramené entre deux séances dans une cellule où on lui ferrait les chevilles et les poignets, faisant sous lui, Sherif lutta contre la folie en s'efforçant de se remémorer les chansons d'Yves Montand entendues avec Didar au théâtre de l'Etoile, dont ils avaient acheté le disque. Il refusait de croire à la trahison. Il s'obstina alors même qu'un camarade sincère s'employa à l'en convaincre. Mais le doute le plus fugace était pire que la torture.

L'URSS enthousiasma Didar mais Moscou l'assommait, qui se résumait pour elle aux rites mondains du ghetto diplomatique. Les retrouvailles avec Osmane n'étaient pas un franc succès, d'autant que son appréciation du socialisme restait réticente et qu'il prétendait même rencontrer des communistes soviétiques critiquant la mémoire de Staline, décédé un an plus tôt. « Tu ne vois que des gens tordus ! » s'exclamait Didar. Elle avait pleuré à la mort de Staline. Les crises d'asthme de sa cadette furent davantage qu'un prétexte à la séparation : l'enfant devait réellement changer de climat. Didar n'en boucla pas moins ses valises avec soulagement.

Elle mit ses filles en pension à Vence et s'installa à Paris en mai 1954 pour y travailler avec Henri Curiel.

Longues journées fastidieuses occupées à rédiger des analyses, des rapports, à faire imprimer tracts et brochures. Réunions du clan des Egyptiens. Amertume d'avoir eu raison en juillet 52 contre l'ensemble du mouvement communiste mondial. Inquiétude de voir ce même mouvement virer bord sur bord et parer le régime nassérien de toutes les vertus socialistes qu'il n'avait pas, de sorte que Curiel et ses amis étaient désormais critiqués pour leur manque d'enthousiasme. Angoisse tacite de constater que le fossé s'élargissait entre ceux du dedans et ceux du dehors, et que les exilés — vieille histoire — parvenaient de moins en moins à trouver un langage commun avec les militants restés au pays. Tourment constant des mille camarades enfermés dans les camps.

Journées inoubliables pour Didar. Elle découvrait un inconnu. Henri lui récitait pendant des heures Victor Hugo et Aragon, ses deux poètes préférés. Il chantait de sa voix toujours enrouée les trois chansons qu'il connaissait. Il la faisait lire et commentait avec elle ses lectures. « Je crois, dit-elle, qu'il n'aurait pas pu s'intéresser à une femme plus âgée que lui parce qu'il n'y aurait pas eu apport de sa part. Il lui fallait une pâte à travailler. »

Joyce Blau arriva en décembre 1953. Vingt et un ans, blonde et belle, pas maligne à l'époque, elle venait passer un mois de vacances avec son fiancé, employé de bureau à Paris. Quoique de petite extrace, Joyce avait suivi le parcours classique d'une jeune juive cairote à ceci près qu'elle était passée de l'école française des Sœurs à un couvent anglais où elle avait étudié quatre ans. Elle avait adhéré à Iskra en 1947 au terme de cours politiques donnés le samedi par des professeurs marxistes du lycée français. Ils lui apportèrent notamment la révélation de la non-existence de Dieu, qu'elle reçut avec un ébranlement claudélien. Séquestrée par ses parents au moment de la guerre de Palestine, elle réduisit ensuite ses activités politiques, d'accord avec son fiancé, à l'écoute de Radio-Moscou : « Nous suivions leurs émissions en français, dit-elle, comme si ç'avait été la messe. » Sténodactylo dans une maison d'import-export, son maigre salaire assurait tant bien que mal sa subsistance et celle de ses parents. Elle ressentait une grande frustration de n'être pas allée à l'Université et rêvait de devenir riche. A Paris, le fiancé lui dit : « Tu vas rencontrer quelqu'un de très important dont tu ne devras parler à personne. C'est Henri Curiel. » Joyce s'écria : « Quoi ? Le sioniste ? » Son fiancé la gifla. Elle se rua sur lui. Ils roulèrent à terre. Curiel entra dans la pièce sur ces entrefaites. Informé de la situation, il prit avec bonne humeur l'épithète « sioniste » et fit observer qu'elle ne justifiait en aucun cas qu'on frappât une jeune fille. Il retrouva Joyce le lendemain dans un café proche de l'Odéon. Elle le trouvait émouvant avec sa silhouette longue comme un jour sans pain, son blouson élimé, une toux pitoyable, mais enfin c'était un vieux monsieur de quarante ans. Il lui demanda pourquoi elle était communiste. « Parce que je n'aime pas la guerre », répondit-elle, ainsi qu'auraient fait à l'époque beaucoup de communistes. « Excellente réponse », approuva Curiel. Il lui proposa une promenade et l'entraîna vers la Seine bien-aimée. Joyce eut droit à un historique des rues de Buci et Mazarine, à une explication détaillée du pont des Arts et à une visite guidée du musée du Louvre : elle avait plu. Sous les tours de Notre-Dame, Henri lui demanda si elle accepterait, à son retour en Egypte, d'assurer la liaison entre les communistes exilés et ceux de l'intérieur.

Elle s'embarqua à Marseille en janvier 1954 sur un bateau grec dont la troisième classe était d'un prix modique. La boîte de chocolats qu'elle devait remettre à un camarade cairote contenait, glissés sous les friandises, des rapports, des analyses et des stencils de tracts. A mi-parcours, le radio du bord lui remit un câble impératif : « Mange les chocolats. » Elle trouva l'intention gracieuse mais n'aimait pas les chocolats, de sorte qu'elle donna la boîte à son destinataire comme si de rien n'était. On lui apprit plus tard qu'une alerte sérieuse avait fait craindre le pire : « Mange les chocolats » signifiait évidemment « jette la boîte à la mer ». « Parole d'honneur, s'écria-t-elle, je n'avais pas compris ! » Henri Curiel l'engueula vertement mais ne fut pas découragé par une candeur si rare. Il avait raison : Joyce était perfectible.

Elle le prouva en quelques semaines, organisant à merveille un nouveau système de liaisons et inondant le groupe de Paris de rapports-fleuves écrits à l'encre sympathique. On lui dépêcha son fiancé en renfort. Il débarqua en déclarant avec componction : « A partir de maintenant, je pense et tu agis. » Ils se disputèrent. La police trancha le différend en les arrêtant. Le fiancé fut envoyé au camp (il y penserait huit ans durant) et Joyce fut écrouée à la prison de la Citadelle.

« C'est en prison, dit-elle, que j'ai rencontré pour la première fois l'Egypte. Je ne parlais pas arabe et je ne fréquentais pas de musulmans. J'ai découvert ce que pouvait être la misère en parlant avec des détenues de droit commun. C'était incroyable. » Elle découvrit aussi ce que ses aînés appelaient « la tendresse égyptienne » : « Le directeur ne savait pas quoi faire pour m'être agréable. Quand j'ai eu la jaunisse, il est venu me tenir compagnie à l'infirmerie. Le médecin était merveilleux. Je me sentais entourée d'estime et d'affection. »

Mais les temps avaient changé. Même si la prisonnière ne le sentait pas, la mort rôdait autour de sa cellule. Un authentique réseau d'espionnage israélien venait d'être découvert au Caire. Son chef s'était suicidé ; deux de ses membres seraient pendus. Frappant tous azimuts, Nasser avait fait conduire à la potence, coiffés d'un bonnet rouge, vêtus d'une camisole noire, pieds nus, fers aux mains, six Frères musulmans condamnés au terme d'un procès lamentable. A Paris, le clan des Egyptiens tremblait pour Joyce. Ils ne pouvaient pas savoir que la jeune femme, se rendant chez un camarade, avait été avertie par le concierge de la présence de la police : elle était rentrée dare-dare chez elle et avait détruit tous les documents compromettants, tant et si bien que son dossier était vide. On lui dépêcha l'avocat Jacques Mercier. Elle le reçut avec une surprise émerveillée : « Vous ne pouvez pas imaginer ce qu'était le prestige de la France. Un Français était un dieu. Et voilà qu'on m'envoyait un grand avocat parisien, à moi, petite sténodactylo ! Et il était beau, beau !... J'étais éblouie. Il a passé ses doigts à travers le grillage du box et je lui ai touché la main : c'était extra. » (Pauvre Jacques, mort l'an dernier : il aurait été content d'apprendre que sa belle gueule burinée avait ému la petite prisonnière. Un type extra, comme dirait Joyce. Ancien parachutiste de la France libre, avocat de choc, toujours prêt à partir plaider devant l'un de ces tribunaux-abattoirs où le défenseur n'a d'autre honoraire à attendre qu'une raclée à la sortie de l'audience, voire une balle anonyme dans le dos. Gaulliste de gauche, c'est-à-dire quelqu'un avec qui l'on est assuré de se retrouver un jour derrière la même barricade. Il détestait le calme plat. Quand il me demandait de passer à son cabinet, je le trouvais en train de graisser son gros Colt 45, manière d'indiquer qu'il restait d'attaque. Son côté gamin. Au Caire, il était hébergé par les Lacouture, correspondants de presse, et il s'associera pour finir avec maître Henri Noguères, juge sourcilleux du cousin Weil-Curiel : le monde est petit.)

Joyce fut acquittée faute de preuves, ce qui est à l'honneur de la justice égyptienne. On la conduisit dans un commissariat pour qu'elle y attendît son expulsion. La cellule grouillait de cafards. Horrifiée, elle obtint permission de retourner à la prison de la Citadelle. Le directeur la reçut avec le sourire entendu d'un directeur de grand hôtel conscient de la supériorité de son établissement sur la concurrence. Peu après, la police l'embarqua sur un bateau à destination de la France. Joseph Hazan vint l'accueillir à la gare de Lyon. Henri Curiel leva les bras au ciel au lieu de les lui ouvrir, la dévisagea avec incrédulité et murmura, le visage décomposé : « Mais que s'est-il passé ? Ce n'est pas possible ! » Joyce, gavée de bonnes choses, spécialement de sandwiches à la banane dont elle raffolait, avait engraissé de quinze kilos. Or, le clan des Egyptiens avait prévu de la présenter à la presse française comme le vivant témoignage du martyre subi par les prisonniers politiques égyptiens. C'était raté.

« Que veux-tu faire ? » lui demanda Henri. Militer allait de soi. Joyce souhaitait étudier la chimie. Elle se voyait assez bien en Marie Curie. « Trop long, décida son mentor. Tu devrais trouver un travail à mi-temps, apprendre l'arabe, et militer le reste du temps. » Une journée normale comportait pour lui seize à dix-huit heures d'activités professionnelles et militantes. Ainsi Joyce entrait-elle dans une vie frénétique, passionnante mais exténuante, que les balles des tueurs interrompraient vingt-trois ans plus tard. Elle sortira diplômée de l'Ecole des langues orientales de Paris, obtiendra à Bruxelles un diplôme de linguistique en persan et en kurde, reviendra à Paris pour un troisième cycle d'études. La première fois qu'Henri Curiel avait prononcé devant elle le mot « kurde », elle ignorait ce qu'il désignait. La petite sténodactylo cairote enseigne aujourd'hui le kurde à l'Ecole des langues orientales et compte parmi les rares spécialistes mondiaux d'une nation occultée. Sa sœur Sarah fut expulsée d'Egypte en 1960. Diabétique au dernier degré, on l'avait mise dans l'avion pour qu'elle allât mourir en France. Elle avait vingt-cinq ans. « Mets-toi aux études », lui conseilla Henri. Elle obtint une licence de chimie, puis une maîtrise, enfin un doctorat d'Etat. Le plus extraordinaire est qu'Henri Curiel l'accompagna littéralement dans ses études, l'aidant même à rédiger sa thèse de doctorat : ahurissante agilité intellectuelle dont témoigne aussi Raoul Curiel qui, septuagénaire, consacre sa semi-retraite d'archéologue à étudier la biochimie... Didar Rossano, titulaire d'un simple BEPC égyptien, obtiendra un doctorat d'Etat en histoire après être entrée aux Langues orientales.

Il est vrai qu'une sorte de dévotion entourait Curiel. Elle n'exaspérait pas seulement ses adversaires. Mais si ses proches lui donnaient à ce point leur foi, c'est qu'ils avait infiniment reçu de lui. Ils luttaient ensemble pour changer la vie ; chemin faisant, il changeait leur vie. Combien de militants ont quitté leur parti, sans regret peut-être du temps sacrifié, mais avec le sentiment d'avoir appauvri leur personnalité, gaspillé des chances familiales ou professionnelles, asséché en eux tout ce qui n'était pas utile à la militance ? Henri Curiel ne concevait pas la lutte politique comme une mutilation. Il tenait qu'on ne peut apporter aux autres que ce qu'on possède. L'épanouissement de la personnalité d'un militant était utile à la révolution ; sa plus grande culture le faisait plus efficace. « Il nous a tous mis aux études », dit drôlement Joyce. La liste est longue de celles et de ceux qui, grâce à lui, se sont découverts des potentialités insoupçonnées. La seule règle était que la militance pour autrui ne devait pas souffrir de l'investissement personnel. Didar, qui n'était même pas bachelière, obtint un « congé militant » de deux petits mois pour préparer et réussir l'examen d'entrée aux Langues orientales. Elle s'y consacra à Vence, auprès de ses filles ; chaque jour une missive d'Henri venait fouailler son énergie. Joyce parcourut le cycle universitaire dans un tourbillon d'activités politiques qui en eût épuisé plus d'une. « Il voulait qu'on avance toujours, qu'on se perfectionne, dit Didar. C'était exténuant. » Beaucoup le quitteront en habillant la rupture de prétextes idéologiques ou politiques : ils étaient simplement épuisés, usés par la formidable énergie émanant de cet homme si frêle, incapables de répondre davantage à ses coups d'accélérateur. Joyce, qui lui vouait une passion totale, sans nuances : « J'ai vécu dans l'angoisse de ne pas être assez bien, de ne pas en faire assez. Quand ils l'ont tué, ce fut pour moi la fin d'une tension de tous les instants. »

**

A trois décennies de distance, la fureur soulevée en 1956 par la nationalisation du Canal est incompréhensible. Les juristes opinent que la décision du gouvernement égyptien était bien un peu cavalière, mais ils observent que l'exploitation de la voie d'eau devait revenir à l'Egypte en 1968 selon les accords de 1854 et 1856, et que Nasser proposait une indemnisation équitable des actionnaires de la Compagnie. La liberté de passage était garantie à tous navires, les israéliens exceptés (la Grande-Bretagne ne s'était pas privée, lors des deux guerres mondiales, d'interdire le canal aux bateaux allemands). Un accord acceptable eut été aisément trouvé si la passion n'avait tout emporté.

Nasser nationalisait pour se venger d'un camouflet occidental. Les Américains, après lui avoir promis les crédits nécessaires à la construction du barrage d'Assouan, les refusaient dans des conditions humiliantes. C'était jouer dangereusement avec les nerfs d'une nation assoiffée de dignité parce que trop longtemps offensée. Les foules égyptiennes en délire trouvèrent la riposte superbe. Le Canal, symbole de l'impérialisme étranger, servirait à financer la mise en barrage du Nil, qui est l'Egypte.

Les gentlemen conservateurs au pouvoir à Londres réglaient de bien vieux comptes. On n'amène pas l'Union Jack sur vingt territoires en dix ans sans éprouver la démangeaison d'une ruade vengeresse. Le Canal, ex-voie sacrée de l'Empire, était le lieu où la décocher. Plus prosaïquement, Londres venait d'éprouver revers sur revers au Moyen-Orient (dont l'échec du fameux pacte de Bagdad) et en attribuait la responsabilité aux dirigeants égyptiens. Pour Eden, Premier ministre, le rétablissement passait par l'élimination de Nasser. Mais les conservateurs étaient les seuls à vouloir en découdre. L'opposition travailliste, la presse et la plus grande partie de l'opinion publique jugèrent l'opération « immorale et folle ».

La France espérait gagner au Caire une guerre qu'elle perdait à Alger. La « rébellion » durait depuis deux ans et personne n'en voyait la fin. L'envoi du contingent en Algérie n'avait rien changé : le marteau-pilon militaire se ridiculisait à rater la mouche rebelle. La guerre se salissait au fil des attentats terroristes, représailles aveugles, tortures. En janvier 1956, l'arrivée au pouvoir des socialistes, élus sur la promesse de faire la paix, avait débouché sur un redoublement de l'effort militaire. Certes, des émissaires officieux, tel Georges Gorse, ancien représentant de la France libre en Egypte, tentaient d'engager le dialogue avec les chefs algériens, mais les partisans de l'épreuve de force l'emportaient largement sur les tenants de la solution négociée. Une France névrosée, exaspérée par son impuissance, cherchait un dérivatif à ses frustrations. Nasser fut son bouc émissaire. Il soutenait sans ambages la lutte pour l'indépendance. Le gouvernement provisoire algérien avait établi ses quartiers au Caire. La Marine française venait d'arraisonner l'*Athos II,* bateau pirate transportant à destination des « rebelles » soixante-dix tonnes d'armes embarquées à Alexandrie. Le 22 octobre, la capture imbécile de Ben Bella et de quatre autres dirigeants algériens, pris dans un avion marocain arraisonné en plein ciel par la chasse française, enflamma la classe politique et l'opinion publique. On tenait le bon bout. Il suffisait de cogner pour gagner. La nationalisation du Canal porta à son paroxysme une indignation mêlée chez beaucoup de jubilation. L'Egypte, base arrière de la « rébellion », et son meilleur soutien au plan diplomatique, allait éprouver le poids des armes françaises. Des discours hystériques ruisselaient sur les travées de la Chambre, Nasser fut traité de « nouvel Hitler », d' « ennemi public numéro un » et d' « homme à abattre »... Tandis que des conférences secrètes mettaient au point une opération combinée franco-britannique en liaison avec une offensive israélienne, l'opinion publique, chauffée à blanc, se préparait à la mise à mort.

La montée en puissance de l'hallucination collective atterra les exilés égyptiens. Pays natal et patrie d'élection étaient si intimement liés que la perspective d'avoir à choisir entre l'Egypte et la France relevait du cauchemar. La guerre d'Algérie n'était pas leur affaire.

Même s'ils la jugeaient tous injuste et folle, aucun d'eux ne s'en était mêlé le moins du monde. Mais ils ne comprenaient pas par quelle aberration le peuple français pouvait espérer triompher à Alger en écrasant Le Caire. Ils savaient que Nasser avait le peuple égyptien derrière lui. Ils ne parvenaient pas à croire que le gouvernement français prendrait le risque, pour une dérisoire satisfaction d'amour-propre, de trancher les mille liens unissant l'Egypte à la France. Matériellement, l'enjeu était considérable. Quatre cents milliards d'investissements et quinze grandes sociétés opérant en Egypte donnaient à la France une prééminence économique incontestée. Sur le plan spirituel et moral, le désastre serait à la mesure des positions acquises depuis des siècles. Cent cinquante mille jeunes Egyptiens étudiaient dans des écoles françaises et l'intelligentsia des bords du Nil se nourrissait de la culture née aux berges de la Seine. Tout cela serait-il anéanti par l'aveuglement de quelques matamores ?

Les exilés se mobilisèrent avec une énergie égale à la passion qu'ils vouaient à leurs deux patries. Le danger fit oublier les vieilles discordes et l'on vit les frères ennemis lutter au coude à coude pour empêcher l'irréparable. Henri Curiel dépêcha Didar Rossano en Angleterre. Elle y rencontra Fenner Brockway, président du Movement for colonial freedom, et parvint jusqu'à Nehru, en visite à Londres, pour le supplier d'intervenir ; la même requête était présentée par lettre à Tito. A Paris, le clan des Egyptiens multipliait les contacts avec les responsables socialistes français pour tenter de leur ouvrir les yeux. La déception fut à la mesure de l'espérance. L'hystérie antinassérienne avait gagné jusqu'aux journalistes les plus résolument de gauche. Didar garde souvenir d'empoignades épiques avec un Gilles Martinet prêt à se croiser. Les « justes » eux-mêmes flanchaient. Ainsi de Jules Roy, qui prendrait quelques années plus tard des positions courageuses contre la guerre d'Algérie, et d'Albert Camus, dont il est aujourd'hui à la mode d'exalter la rigueur et la lucidité. Les deux misérables se retrouvent dans un bar au matin de l'attaque franco-britannique et fêtent au whisky la bonne nouvelle : « Le coup de Suez les délivrait. Il n'y avait plus à choisir, les événements décidaient, le culot payait, la victoire réglait tout. Au Caire où les blindés allaient entrer, on cueillerait la fine fleur de la rébellion algérienne dans les palaces. Les folles revendications de ces messieurs et le cas de conscience à propos de la justice prenaient leurs proportions véritables. La démonstration en Méditerranée tenait lieu de droits : Rome n'avait pas imposé autrement la civilisation (1). »

(1) Jules Roy, *La saison des za*, Grasset, p. 175.

Roy ! Camus ! (Petit misérable, je servais dans un régiment parachutiste où m'avait conduit, entre autres, le souvenir inoubliable des Jacques Mercier, archanges de la Libération... L'annonce que le régiment n'était pas choisi pour sauter sur Suez fut reçue avec accablement. Mais une nouvelle magnifique ranima l'enthousiasme : en réponse à l'impudente pression des Américains et des Soviétiques pour imposer le cessez-le-feu le long du canal, la France leur déclarait la guerre. Le démenti nous fut cruel. J'ai eu vingt ans et je ne laisserai dire à personne que c'est l'âge le plus intelligent de la vie.)

Le clan des Egyptiens fit feu de tout bois jusqu'au dernier instant. Les Stambouli avaient pour voisin, à Vanves, le ministre des Affaires étrangères Christian Pineau. La directrice des petites classes du lycée français du Caire, Mme Rousseau, fit spécialement le voyage et Raymond Stambouli parvint à lui obtenir une entrevue avec Pineau. C'était au Caire une personnalité introduite dans tous les milieux, respectée pour son dévouement ; elle avait initié trois générations d'Egyptiens à la culture française. La malheureuse se jeta aux pieds du ministre en le suppliant d'empêcher le crime intellectuel d'un conflit franco-égyptien. L'impérial-socialiste Pineau lança avec un geste souverain : « Trop tard : les dés sont jetés ! » Il se prenait pour César : c'était celui de Pagnol.

Puisqu'il fallait à la fin choisir, Henri Curiel choisit l'Egypte.

Il était en liaison constante avec Khaled Mohieddine, exilé en Suisse après son petit putsch manqué contre Nasser. Une fois par mois, escorté par Didar, il franchissait la frontière suisse pour le rencontrer à Genève ; ses faux papiers étaient l'œuvre de Rosette, en progrès constants depuis sa première tentative sur le passeport autrichien. Il leur arriva aussi de se retrouver chez Roger Vailland, à Meillonas. Mohieddine était conscient de sa maladresse mais ressassait un vif ressentiment contre Nasser. Curiel s'employa à le convaincre de la nécessité de tourner la page : la politique extérieure nassérienne méritait l'appui des progressistes même si sa politique intérieure justifiait leurs critiques. Khaled Mohieddine finit par écrire à Nasser une lettre lui proposant une réconciliation. Il reçut l'aman et rentra au Caire. Une liaison sûre assurait le contact avec Henri Curiel.

Il est sans doute superflu d'entrer dans le détail des voies et moyens par lesquels Curiel obtint le plan général de l'expédition franco-britannique. C'est très peu romanesque. Ils ne reposaient pas au fond d'un coffre-fort blindé mais circulaient gaiement dans le Tout-Paris politique tant régnait la certitude de ne faire qu'une bouchée de l'armée égyptienne. (Les jeunes gens, même imbéciles, destinés à se

268

jeter sur la terre égyptienne avec un paquet de soie dans le dos ne méritaient pas d'être traités avec une légèreté si coupable...) On restera également discret sur la filière, au demeurant banale, qui permit d'acheminer les plans jusqu'à Mohieddine.

« L'idée générale y était, se souvient celui-ci. Disons que quatre-vingt-dix pour cent de l'opération était dévoilé, ce qui rendait facile la reconstitution des dix pour cent restants. L'ensemble était ingénieux : attaque israélienne pour attirer l'armée égyptienne dans le Sinaï, puis bombardement massif de nos bases aériennes, débarquement des forces franco-britanniques à l'est de Port-Saïd pour isoler les troupes égyptiennes et les prendre en tenaille avec les Israéliens. La grande idée était d'éviter autant que possible le contact avec la population.

« J'ai reçu les plans environ vingt jours avant le déclenchement de l'attaque et je les ai montrés à Nasser. Nous les avons examinés avec le plus grand soin. Il n'y a pas cru. L'état-major n'y a pas cru. L'opération paraissait complètement stupide car elle se fondait sur la volonté d'assurer la liberté du trafic international sur le Canal et son résultat le plus clair serait d'interrompre toute navigation. Nous avons en effet coulé une quarantaine de bateaux en travers de la voie dès les premières heures de l'attaque. Nasser a reconnu par la suite, dans un discours public, qu'il avait été parfaitement prévenu de l'attaque mais qu'il avait refusé d'y croire. Bien entendu, je lui avais dit par qui nous avions obtenu les plans et je lui avais parlé d'Henri, de son patriotisme, de l'injustice de son expulsion. Gamal était d'accord pour qu'il rentre au pays. »

Henri Curiel s'était mis en tête de rentrer avec le corps expéditionnaire franco-britannique. Projet fou, à la limite du farfelu, mais qui donne la mesure de sa passion pour l'Egypte. Il ne supportait pas d'en être séparé. Chaque heure de sa vie, chaque pensée lui étaient consacrées. Didar Rossano, revenue au Caire depuis quelques semaines, lui écrivait que des prisonniers communistes, avec lesquels elle avait pu établir un contact, demandaient son retour pour en finir avec les discordes et apurer l'affaire Marty. Il décida de partir sous une fausse identité, avec une carte de presse maquillée, en se mêlant aux correspondants de guerre accrédités auprès de l'état-major ; un ami journaliste prétendait la partie jouable. Un dentiste posa à Henri un dentier modifiant sa physionomie de manière adéquate, sinon avantageuse, et il fut grimé par un professionnel. Ses proches le jugèrent méconnaissable mais, descendant à pied l'avenue Georges-V, il eut la surprise de s'entendre héler depuis l'autre trottoir par un piéton enthousiaste. C'était l'un de ses condisciples du collège de

Fagallah. Ils ne s'étaient pas vus depuis vingt ans. Cela jeta un froid. Les proches convinrent que si le visage d'Henri pouvait être transformé, sa longue silhouette voûtée et sa démarche très particulière le trahiraient toujours. Il s'obstina néanmoins dans sa décision de partir et se présenta, valise à la main, au rendez-vous fixé. Au lieu du journaliste complice, il trouva le clan des Egyptiens au complet. Ses amis ne lui mâchèrent pas les mots : « C'est de l'aventurisme. Tu vas être tué. Si tu pars, sache bien que c'est en désaccord avec nous. » Henri renonça par discipline militante mais tomba malade de déception.

Il crut encore longtemps à la possibilité d'un retour légal. Patriote égyptien, il avait donné la préférence au pays natal sur la patrie d'élection mais, pas plus que ses amis, il n'avait eu le sentiment de trahir la seconde. Il en apporta avec eux la preuve au lendemain du rembarquement humiliant des forces franco-britanniques. L'expédition de Suez avait été une folie incompréhensible, un coup de sabre dans la trame d'une amitié séculaire : il fallait à présent en recoudre les lambeaux.

Ancien Officier libre, titulaire d'un doctorat d'Etat de l'Université de Paris, responsable à une certaine époque des services de renseignements égyptiens, ex-ministre de la Culture et ambassadeur d'Egypte dans diverses capitales, Saroite Okacha habite aujourd'hui une splendide villa à l'écart des tumultes cairotes. Dès la porte ouverte par le valet stylé, une tonitruante symphonie de Beethoven renvoie le visiteur informé aux heures cruciales du coup d'Etat de 1952. C'est chez le mélomane Okacha que fut prise la décision historique : « Le 10 juillet, écrivit-il par la suite, Gamal et Khaled Mohieddine vinrent chez moi et me demandèrent, comme il leur arrivait souvent, de jouer le " Schéhérazade " de Rimski-Korsakov. Bientôt la symphonie déploya ses charmes. Gamal écoutait, les yeux rêveurs, l'oreille attentive. A la dernière note, il se leva, décrocha le bras du pick-up, et déclara brusquement : " Nous agirons au début du mois prochain. " »

Distingué, affable, une ressemblance étonnante avec Ionesco, rompu de toute évidence aux affaires, Saroite Okacha éteignit sa chaîne haute-fidélité et me parla d'Henri Curiel — « this gentleman » : « Il a voué sa vie à une cause qui n'était pas la mienne mais j'avais pour lui respect et admiration. C'était un être qui se donnait totalement. Il a été victime d'attaques diaboliques. Je désapprouve de la manière la plus formelle l'image négative qu'on a tenté de propager. J'ai eu souvent affaire à lui, et toujours pour des problèmes complexes. Chaque fois, il réagissait avec un sens très rare de l'humain. La générosité, l'humanité étaient ses qualités premières. Politiquement, c'était un homme de très grande envergure. Je considère comme une véritable tragédie le fait qu'il ait dû vivre et agir dans la clandestinité. S'il avait pu se consacrer aux affaires, il aurait rendu les plus éminents services. Mais il était communiste et cela ne lui ouvrait pas un avenir très favorable. A mes yeux, il a été un communiste raisonnable et un homme toujours loyal envers l'Egypte. Chaque fois que je passais par Paris, je le consultais sur notre politique internationale. Il m'a donné une masse d'idées utiles qui étaient loin d'être systématiquement prosoviétiques. S'il avait été un agent de Moscou, comme on l'en a accusé chez vous, je n'aurais eu ni le désir ni le besoin de le rencontrer. Il faut savoir ce qu'est un agent, et je crois le savoir un petit peu. Ce gentleman était un homme politique de grande stature. C'est très différent.

« Je l'ai rencontré pour la première fois après l'affaire de Suez, quand je faisais partie du bureau exécutif de l'Unesco à Paris. La rupture avec la France était totale. Nous ne disposions d'aucuns contacts. C'est grâce à Henri Curiel que j'ai pu approcher de hautes personnalités et renouer le dialogue. Je citerai Pierre Cot, Maurice Couve de Murville, Louis Gillet, Louis Joxe. Nous avons engagé ensemble le processus d'une réconciliation utile à nos deux pays. Les services rendus par Henri Curiel dans cette circonstance étaient si éminents que j'ai insisté auprès de Nasser pour qu'on lui rende sa nationalité égyptienne. Je puis vous assurer que Nasser était d'accord. Malheureusement, il y a eu des blocages au niveau de son entourage et cela ne s'est pas fait. Je le regrette. »

Faute de pouvoir rentrer en Egypte, Curiel continua d'agir en faveur de ceux qui auraient bien voulu en sortir.

Un millier de prisonniers communistes soumis à un régime carcéral oscillant entre l'enfer et le purgatoire. Les années infernales furent plus nombreuses que celles où la tendresse égyptienne et le laisser-aller adoucissaient le sort des détenus. Ainsi d'Albert Arié, arrêté à vingt-trois ans et condamné en cour martiale à huit ans de camp (il en fera dix). Tant que son père vécut, des dons généreux aux gardiens lui permirent de recevoir visites, colis et livres ; il obtint même d'être transféré du bagne de Tourah dans une prison du Caire pour le plombage d'une dent : l'opération dura quatre ans. Puis le père mourut et Arié fut soumis au sort commun.

Les prisonniers de Tourah portaient nuit et jour les fers aux pieds.

La chaleur était accablante. Chaque péripétie politique avait son effet, bon ou mauvais, sur le régime carcéral. Une révolution prosoviétique en Irak ou l'hostilité des communistes syriens à son endroit conduisaient Nasser à raidir son attitude envers l'URSS ; il démontrait sa mauvaise humeur en durcissant les conditions de détention. A Tourah, un camp spécial avait été organisé sur le modèle nazi à l'intérieur du bagne. Le PCF, dont le soutien aux détenus fut constant alors même que la politique étrangère nassérienne recevait son approbation, protesta avec véhémence et *L'Humanité* écrivit à juste titre : « Des hommes sont en danger de mort à Tourah, le Mauthausen égyptien. Ils sont astreints au supplice de la carrière, imaginé par les nazis à Mauthausen. Chaque matin, les prisonniers politiques effectuent une marche de deux kilomètres, les fers aux pieds, sous le soleil brûlant. A la carrière, pendant huit heures, brûlés par le soleil, sans nourriture, sans même un verre d'eau, ils doivent, sous les coups de cravache, transporter de lourds blocs de pierre. » Aucun des détenus de Tourah n'oubliera jamais la sinistre carrière de basalte.

Il y eut pire. Ismaïl Sabri Abdallah montra à son procès les marques des tortures qu'il avait endurées avec un courage admirable. Roby Grunspan, entré à vingt ans au camp, sortira dix ans plus tard le dos zébré par les cicatrices des coups de fouet. Une communiste de vingt-six ans, rentrée clandestinement en Egypte pour y assumer des liaisons, fut prise comme l'avait été Joyce Blau mais ne tira pas le même numéro à la loterie pénitentiaire : elle subit onze années d'une détention cruelle qui la marquerait à jamais physiquement et psychiquement. Au bagne d'Abou Zaabal, les arrivants étaient accueillis par une double rangée de gardiens armés de triques. Shohdi Attiya, éminent intellectuel diplômé de Cambridge, avait été le premier Egyptien à adhérer à Iskra, puis l'auteur de la première scission après l'unité ; il était redevenu secrétaire du comité central au moment de son arrestation. Il termina pantelant son passage entre la « haie d'honneur ». Impitoyables, les gardiens le remirent sur pied et lui imposèrent un deuxième parcours. Il mourut sous les coups avant d'arriver au bout. Le médecin du camp le déclara mort d'insolation mais le médecin légiste local refusa bravement d'entériner et signa un rapport concluant à la mort par torture. Nasser était en visite officielle en Yougoslavie. Tito le convia à assister au congrès communiste. Un délégué yougoslave se leva au milieu de la séance solennelle et salua « la mémoire du camarade Shohdi, mort sous la torture en Egypte ». Nasser ordonna l'arrêt des sévices.

La nature suffisait à pourvoir à la souffrance des hommes. Le camp de Kharga, où passèrent presque tous les communistes, était en plein désert du sud, proche de la frontière soudanaise. « Le feu et les flammes, se souvient Sherif Hetata. Il faisait 47° à l'ombre. » Albert Arié complète le tableau : « Nous avions des tempêtes de sable terrifiantes, les scorpions, les tarentules... C'était si dur que les officiers étaient relevés tous les trois mois; les soldats, chaque semestre. Nous avons vu des soldats craquer, devenir fous. » Il me montre des portraits de lui faits par un camarade de camp : les peintures datent de vingt ans mais il a l'air plus âgé qu'aujourd'hui. Visage de pierre calcinée, regard insoutenable de dureté, la même expression de combativité désespérée qu'aux déportés de jadis.

« Nous avons tenu grâce à la solidarité internationale mais avant tout grâce à Henri Curiel. Je ne le connaissais pas personnellement. J'avais toujours appartenu à des groupes en opposition féroce avec lui. Le lendemain de ma condamnation en cour martiale comme modeste agent de liaison, j'avais été surpris de constater que je faisais la manchette des journaux égyptiens : c'est qu'on me liait à Henri Curiel, " juif sioniste et dirigeant communiste expulsé d'Egypte ". Au camp, j'ai rencontré des hommes comme Badr, Sherif Hetata. Ils m'ont parlé de lui et je suis revenu sur ma première appréciation. Sa solidarité extraordinaire a fait le reste. Lui et ses amis nous ont soutenus pendant dix ans sans défaillance et de toutes les manières. Nous avons reçu des vêtements, des vivres. Même à Hargua, en plein désert, ils se sont débrouillés pour nous faire parvenir du chocolat et du sucre. Henri s'ingéniait à envoyer au Caire des avocats français — Michèle Beauvillard, Gaston Amblard. Ils étaient en général refoulés mais nous l'apprenions et nous savions que nous n'étions pas seuls. Il a obtenu que Pierre Cot demande à nous voir à l'occasion d'un voyage officiel en Egypte ; Nasser n'a pas pu refuser. Visite mémorable car Cot nous a remis en douce le transistor que Curiel lui avait confié. Les transistors n'étaient pas encore vendus en Egypte et nous n'avions qu'une grosse radio très difficile à dissimuler. Le petit appareil de Cot nous a changé la vie. Le plus important était le soutien financier. Un prisonnier ne peut pas tenir le coup s'il sait que sa famille crève de faim à l'extérieur. Nous avons reçu des subsides énormes et nous en organisions nous-mêmes la répartition, de l'intérieur du camp. Il y avait enfin les lettres fraternelles d'Henri. La correspondance entre nous a été ininterrompue malgré la surveillance des gardiens et de la police politique. Nous nous écrivions à l'encre sympathique sur du papier pelure et les lettres passaient dans des objets confiés à des visiteurs ou à des soldats achetés. A Kharga, ce camp du bout du monde, l'officier de la police politique se rendait chaque samedi à la ville la plus proche. Il n'a jamais su que notre courrier partait avec lui, dissimulé sous le siège avant de sa voiture. »

Le clan des Egyptiens témoigna pendant ces dix années d'un militantisme probablement sans équivalent dans la constance, la puissance et l'originalité. Soit que l'engagement politique concerne des êtres de toute façon doués, soit que la militance constitue une bonne école pour la vie ordinaire, le fait est que la réinsertion sociale des exilés fut aussi réussie que le serait, vingt ans plus tard, celle de tant de vétérans imberbes et chevelus de mai 68. Raymond Aghion était devenu un très prospère marchand de tableaux tandis que sa femme s'imposait dans la haute couture ; Alfred Cohen et Raymond Stambouli (installé lui aussi à Paris) avaient créé ensemble une florissante société spécialisée dans le textile ; Armand Setton faisait une grande carrière dans l'édition ; David Nahum, à Milan, réussissait dans la métallurgie ; Joseph Hazan, associé à l'éditeur Fernand Nathan, se taillait un fief enviable dans le domaine des arts graphiques. « Il n'y a jamais eu de problème avec Henri, constate Alfred Cohen. Lui, à l'époque, c'était le travail militant de sept heures du matin à minuit. Mais il comprenait très bien nos préoccupations professionnelles et il nous poussait même à la réussite. " Travaillez toujours davantage, nous répétait-il, et gagnez le plus d'argent possible pour en faire profiter les activités militantes. " »

« Nous étions une cinquantaine à cotiser régulièrement, explique Joseph Hazan, grand argentier du clan. Chacun donnait de trente à cinquante pour cent de ses revenus. Nous trouvions cela normal. Est-ce qu'un sacrifice financier pouvait se comparer aux souffrances qu'enduraient nos camarades ? Est-ce qu'on pouvait laisser leurs familles dans le besoin alors que les nôtres vivaient sans souci en France ? Dix ans de camp, vous vous rendez compte ? Nous aurions été des moins que rien si nous avions agi autrement. Mais la rumeur n'a pas cessé de courir : " D'où vient l'argent ? " Elle est partie du PCF dès 1954 et c'est Pierre Courtade qui l'a lancée. " On ne peut pas faire confiance au groupe Curiel, répétait-il. D'où tire-t-il ses ressources ? D'où vient l'argent ? " Il y avait pourtant au moins un précédent dans la révolution bolchevique : Litvinov. C'était un grand brasseur d'affaires à Londres, le roi du commerce international. A lui seul, il a envoyé un bateau chargé d'armes à la révolution de 1905. Pourquoi ce qui était clair pour lui ne le serait-il pas pour nous ? Lui, un bateau d'armes, et nous, à cinquante, nous n'aurions pas été capables de financer les secours aux prisonniers et à leurs familles ? Nous nous considérions comme des privilégiés puisque nous ne faisions que donner de l'argent alors que nos malheureux camarades donnaient à la cause dix ans de leur vie ! »

Les comptes de Joseph Hazan fixent à un milliard et demi de centimes (valeur 1984) le montant des sommes expédiées en Egypte par le clan des Egyptiens. Il convient d'y ajouter les frais engagés pour envoyer des délégués à de multiples congrès internationaux, les dépenses d'impression de tracts et de brochures destinés à faire connaître le sort des détenus, la maintenance de divers comités de soutien. La subsistance matérielle d'Henri et de Rosette était également assumée par le clan mais leur modeste salaire ne risquait pas de déséquilibrer les bilans.

Un milliard et demi.

L'ingratitude fut proportionnelle à la générosité.

Que Curiel fût systématiquement tenu à l'écart était dû à l'affaire Marty. Que l'éloignement et le temps fissent chaque année plus difficile le dialogue entre les exilés et les communistes de l'intérieur relevait d'un phénomène attristant mais banal. Plus inattendu et moins admissible fut l'incidieux racisme dont les communistes juifs expulsés d'Egypte se sentirent l'objet de la part de leurs camarades égyptiens restés au pays — en liberté ou dans des camps. Les signes précurseurs étaient apparus après la guerre de Palestine, en 1948. Beaucoup de militants considéraient que « les juifs devraient se tenir à part », ce qui pouvait se justifier tactiquement. Mais quand Aymée Setton s'entendit dire par un membre du comité central : « En tant que juive, c'est terminé pour toi. Tout ce que tu peux faire, c'est nous apporter un soutien financier », elle songea : « Ils sont fichus. C'est le premier pas. Il y en aura d'autres. » Revenue au Caire et reprenant contact avec les militantes, Didar sentit que sa judéité suscitait une certaine gêne. Elle posa elle-même le problème. On lui répondit : « Il y a réunion ce soir pour y réfléchir. » Et le lendemain : « Effectivement, il vaudrait mieux t'abstenir... » Sherif Hetata avait bénéficié du soutien le plus actif ; Henri Curiel devait obtenir de Ben Bella qu'il intervînt auprès de Nasser pour sa libération. Lorsque Hazan le rencontra à Alger, Sherif lui dit : « Le mieux que vous ayez à faire, c'est de vous retirer. Vous ne pouvez pas comprendre la situation en Egypte. Vous êtes des étrangers. » Hazan se souvint d'un incident antérieur à l'arrestation de son camarade. Il avait donné au mouvement une somme très importante et Sherif Hetata avait cru devoir le remercier en lui décernant la nationalité égyptienne « totale ». Hazan, qui s'éprouvait autant Egyptien que Sherif, fils d'Albion par sa mère, avait éclaté de rire, voulant croire à une plaisanterie. Le rire finissait en grimace amère.

Le coup de grâce prit la forme d'une lettre émanant du mouvement communiste égyptien réunifié pour la sixième ou septième fois en attendant l'inévitable prochaine scission. Le nouveau comité central signifiait aux exilés leur exclusion collective. Etant des étrangers, ils n'avaient pas à se mêler des affaires égyptiennes, l'adhésion au mouvement communiste devait leur être refusée. Le paragraphe final de la lettre soulignait un peu lourdement que les contributions financières des exilés continueraient cependant d'être acceptées et qu'elles étaient même souhaitées. Le message était clair : « Pas de politique : des chèques. »

Les piliers du clan se réunirent au restaurant des Iles, sur le lac du bois de Boulogne. Le dîner fut orageux. Aucun des exilés n'avait considéré que ses sacrifices financiers lui conféraient une influence politique particulière ; aucun n'acceptait de se voir dénier sa qualité de militant et d'être transformé en vache à lait. Certains, tel Alfred Cohen, demandèrent qu'une rupture totale sanctionnât la grossièreté du procédé. Henri Curiel objecta que les prisonniers ne devaient pas supporter les conséquences d'une décision injuste. Il poursuivit : « Nous devons continuer à aider autant et même davantage. Il faut aider jusqu'à donner mauvaise conscience aux camarades du comité central. » La décision fut prise de persévérer. L'aide serait en effet maintenue jusqu'à la libération du dernier prisonnier.

Mais l'Egypte, c'était fini.

Ils la quittèrent l'un après l'autre, la jeune génération de Tourah et de Khargua rejoignant en Europe les anciens de Huckstep et autres lieux, mais aucun d'eux ne parvint à se l'ôter du cœur. Trente ans après la séparation, Joseph Hazan continue de rêver en arabe ; ses amis n'en finissent pas d'évoquer la patrie perdue. (Et Ismaïl Sabri Abdallah, qui fut l'actif avocat de leur exclusion, de constater avec suffisance mais vérité : « Normal. Tous ceux qui viennent en Egypte en repartent amoureux. ») L'amertume est réservée à leurs vieilles querelles rancies, aux règlements de compte internes jamais prescrits ; à l'Egypte va une passion inentamée par les vicissitudes.

Si la politique se juge au résultat, leur succès n'est pas évident. Ils n'ont été qu'une poignée de vibrions dans la multitude égyptienne ; elle a eu tôt fait de les expulser. Mais si la politique est aussi un destin collectif, leur aventure est grande. Ils étaient les lointains rejetons d'une diaspora très ancienne qui avait trouvé dans le monde arabe le lieu de son épanouissement. Les pères avaient rompu le pacte en se ralliant à la bourgeoisie européenne colonialiste. Les fils — les meilleurs d'entre eux — dépouillèrent leurs privilèges et se mirent en quête du peuple dont on les avait séparés. Cela ne se vit nulle part ailleurs, si ce n'est à titre individuel. Ils se voulurent communistes au son du canon de Stalingrad et parce que les livres marxistes apportaient explication et remède à l'insoutenable misère qui les avait mobilisés. Communistes, ils se rêvèrent de la même armée militante que le fellah du delta ou l'ouvrier de Choubrah. Ils se réveillèrent étrangers et juifs : fils de la bourgeoisie impérialiste qui s'était soumis l'Egypte, frères malgré eux des soldats hébreux qui lui taillaient d'humiliantes croupières. C'est sur les bords du Nil, aux années cinquante, lorsque des communistes exclurent des communistes pour défaut de passeport, que l'*Internationale* cessa d'être un cri pour devenir chuchotement machinal. Ils en furent aussi surpris que blessés, la blessure s'aggravant de l'incompréhension. Nul ne pouvait alors imaginer que les soldats des deux armées rouges, la russe et la chinoise, guerroieraient sur le fleuve Amour ; que le Viêt-nam descendrait de sa croix pour chausser des bottes conquérantes ; que les nations les plus rassis se déchireraient en tribalismes religieux, raciaux, linguistiques... L'internationalisme immense et rouge est mort. Ils furent des premiers à recevoir l'avis de décès.

A d'autres, trois mois dans les Brigades internationales, six au maquis ou douze dans une cellule de prison permettent de s'éprouver légitimes jusqu'au soir de leur vie. La loterie de la militance a ses bons numéros. Ils ont tiré le pire. Leurs luttes, menées dans des conditions d'inextricable complexité, sont ignorées ; leurs sacrifices, insoupçonnés. Le 21 février 1946 — l'une des cinq journées historiques du siècle égyptien — ils étaient pourtant l'Egypte. Tourah, Kharga, les fers aux pieds, la carrière de basalte, la « haie d'honneur », les mailles sanglantes tricotées au fouet sur leurs dos calcinés : qui, hormis les martyrs, se souvient du martyrologue ?

Ils ont aussi été frivoles, impatients, imprudents ; certains avaient des ambitions ; et ils n'auraient pas été égyptiens s'il n'avaient milité parfois du côté de Courteline. Mais la preuve de leur qualité, c'est dans la pire épreuve qu'ils l'apportèrent : celle de la négation passée, présente et à venir de leur existence politique. Car ce qui s'écrit ici, aucun d'eux ne le dit. Leur grandeur est de tout accepter sans rien regretter. Ils ont servi. Cela suffit.

Comparaison n'est pas raison, et celle-ci leur paraîtra bien peu marxiste. Cent cinquante ans avant leur sortie du ghetto européen, la petite armée de Bonaparte avait abordé au rivage d'Egypte, conquis le pays, envisagé avec bonne humeur de se faire musulmane, entamé des réformes de propriétaire soucieux de l'avenir ; puis s'était évanouie sans tambours ni trompettes. De toutes les invasions subies par l'Egypte, l'une des plus fugaces. Un battement de cil de l'Histoire. Une équipée à l'image des oueds-minute, fleuves nés d'un orage aussitôt engloutis par les sables. Qui aurait cru, à l'époque ou cinquante ans après, que le plus grand des Egyptiens depuis les pharaons, Gamal Abdel Nasser, écrirait de l'expédition vite réexpédiée : « Ce fut le début de la renaissance » ? Les plus lucides des camarades d'Henri Curiel savaient que leur rôle, essentiellement transitoire, consisterait à servir de relais. Avec leurs universités populaires, leurs traductions en arabe d'ouvrages politiques, leurs conférences, leurs journaux, ils ont été les porteurs du message révolutionnaire. L'Histoire dira ce que l'incontestable originalité de l'Egypte au sein du monde arabe doit à leur action idéologique.

En été 1981, dans le camp d'internement de Sadate, des communistes égyptiens de vingt ans demandèrent à Mohamed el-Guindi, vétéran quinquagénaire du mouvement, de leur parler d'Henri Curiel et de ses camarades.

***

Tous partis, sauf deux.

Ses amis exilés appellent Chehata Haroun « le dernier des Mohicans ». C'est inexact car Albert Arié est également resté en Egypte. Au bagne, il était chargé de l'entretien des plates-bandes de fleurs ornant le pourtour de la baraque du commandant, ce qui lui permettait d'entendre beaucoup de choses. Il se prit d'amour pour les fleurs et en fit commerce après sa libération, les expédiant par tonnes vers la froide Europe. Mais Arié se prit aussi d'amour pour une musulmane qui le convertit à l'islam, faute de quoi il n'eût pu l'épouser selon la loi du pays, de sorte que le musulman Arié n'est plus tout à fait un Mohican comme les autres. Les Cairotes disent de Chehata : « Notre juif. »

Le juif le moins errant du monde. Une société a disparu sous ses yeux tandis que Le Caire passait de un million d'habitants à treize ou quatorze ; il a assisté à la dispersion d'une communauté juive forte de cent mille âmes, présente depuis les temps bibliques et dont il ne reste que trois douzaines de vieillards trop malades pour partir, trop séniles pour savoir encore ce qu'ils sont ; il a accompagné à l'avion ou au bateau tous les compagnons de son enfance égaillés aux quatre points cardinaux : il ne bouge pas. Depuis sa naissance, ses appartements successifs tiennent dans une circonférence de deux cents mètres de diamètre. Traverser avec lui son quartier, c'est faire le tour du propriétaire. Tout le monde le connaît puisqu'il date d'avant le déluge : on l'a trouvé sur place, avec les immeubles et les statues. Le grassouillet marchand de légumes ayant aujourd'hui pignon sur rue, Chehata l'a vu, famélique, débarquer de son village et s'asseoir sur le trottoir derrière ses trois salades. Le petit mendiant haut comme trois pommes sait qu'il a fait l'aumône au grand-père. Entre son logis et son cabinet d'avocat, il salue deux cents amis, c'est-à-dire qu'il les découvre avec l'explosion de joie d'un homme dont la journée est sauvée, les palpe, les tripote, échange avec eux de bouche à oreille d'importants secrets, s'arrache au bâtonnier du Caire pour tomber dans les bras d'un camelot, intervient avec autorité dans un embarras de circulation s'il juge le policier inférieur à sa tâche. Le matin, costume gris, cravate et serviette au bras, il navigue entre son bureau, où sa femme est à l'ancre toute la journée, et le siège du parti du Rassemblement. L'après-midi, vêtu à la diable, il me montrait la ville ignorée des touristes comme il avait fait jadis pour Roger Vailland.

Un visage à la Louis de Funès si expressif que, lorsqu'il servait d'interprète pour mes entretiens avec des militants ne parlant qu'arabe, je lisais le témoignage sur sa face avant même qu'il l'eût traduit. Tout bouge : les yeux, la bouche, la peau parcourue d'ondes.

Visage-écran sur lequel était projeté un film étranger si évident que les sous-titres devenaient superflus.

Il s'est voulu égyptien jusqu'à la mort. Quand éclata la guerre de 1956, il se rendit dans un centre d'engagement volontaire. Il croyait trouver une officine discrète et se sentit une faiblesse dans les genoux en découvrant une foule surexcitée. « On va me reconnaître, se dit-il, et je serai lynché comme l'espion juif venu épier les patriotes. » L'armée égyptienne refusa sa candidature.

En 1967, lors de la guerre des Six Jours, on ne lui laissa pas loisir de se porter volontaire : il fut arrêté dès la première nuit. Dans la voiture de police qui le conduisait au commissariat, il dit à son gardien : « Pourvu qu'Israël ne bombarde pas le barrage d'Assouan... » C'était l'obsession générale. Une seule brèche dans l'ouvrage et un gigantesque mascaret balaierait toute la vallée du Nil jusqu'à la Méditerranée, rayant l'Egypte de la carte. Au poste de police, le gardien parla à l'oreille du commissaire. Celui-ci pâlit et posa sur Chehata un œil torve : « C'est toi le juif qui souhaite qu'Israël bombarde Assouan ? » Il lui écrasa ses lunettes, fracassa sa montre, puis, posément, déchira sur lui ses vêtements et le passa méthodiquement à tabac. Jeté dans la salle de détention, Chehata reçut sa raclée chaque fois que les policiers introduisaient un nouveau prisonnier. Il trouva la nuit longue. Transféré dans un camp d'internement, il fut présenté au commandant, vieux de la vieille de la Pénitentiaire qui l'avait accueilli plus d'une fois dans ses barbelés. « Mon cher maître ! s'écria l'excellent homme. Comment ont-ils osé ! Voulez-vous protester ? — Plus tard », répondit Chehata avec un sens certain de l'opportunité. Trois mois après sa libération, il demanda audience au ministre de l'Intérieur et obtint le déplacement du commissaire de police. Une pugnacité intraitable. Sans elle, il eût fait cent fois ses valises. Chaque jour de sa vie est un acte de volonté.

Tandis qu'il se faisait tabasser au poste, une alerte aérienne plongeait Le Caire dans les ténèbres. Sa femme, née d'un juif de Haïfa et d'une juive de Smyrne, descendit avec ses deux filles rejoindre les autres locataires dans le hall de l'immeuble. Soudain, un fracas de chenilles ébranla les murs et la femme de Chehata, épouvantée, serra ses enfants contre elle en songeant : « Ce sont les Israéliens ! Ils vont tous nous massacrer ! » O destins...

Ses trente-cinq ans de militantisme l'ont promené dans toutes les prisons et tous les camps d'Egypte ; il pourrait écrire un guide, attribuer des étoiles. Il a en permanence deux ou trois procès sur les bras avec des inculpations du style « atteinte à la sûreté de l'Etat », « complot contre la Constitution », etc., mais accepte avec bonhomie ces turbulences judiciaires. Même, elles le rassurent. « Quand les choses deviennent trop calmes, remarque-t-il, disons : quand il ne s'est rien passé depuis trois mois, je me dis : " Chehata, attention, tu vas être arrêté. " »

Têtu comme un auvergnat, solide comme un menhir breton, aussi gai qu'un joueur de pétanque marseillais, d'une impavidité de chtimi dans les pires coups de grisou politiques, plus égyptien que tous les Egyptiens : notre juif.

Sur l'essentiel, Henri Curiel ne s'était pas trompé. Au contraire des tenants bornés du front de classe et du parti pur et dur, il avait compris que la donnée politique fondamentale était la revendication de l'indépendance nationale : l'histoire de l'Egypte en ce siècle s'est articulée autour de cette exigence. Il a vu clair sur la question soudanaise. Il a admis avant la plupart qu'Israël était une réalité incontournable. Il a eu raison contre tous dans son analyse du mouvement des Officiers libres.

Une lucidité à la longue énervante et une capacité rare à agacer expliquent en partie la persistance de la critique. Ses anciens rivaux rendent volontiers hommage à l'homme animé d'excellentes intentions, au militant dévoué à la révolution jusqu'au sacrifice de sa vie, mais ils jugent son bilan égyptien négatif. Dirigeant que l'ambition faisait inamovible, dût-il exercer son pouvoir en coulisse, il aurait gaspillé les chances du mouvement communiste. Si c'était vrai, son expulsion du pays et son exclusion du parti auraient dû permettre l'épanouissement dudit mouvement, enfin débarrassé du gêneur. Ce ne fut pas le cas. Le temps passant, Nasser entama par l'intermédiaire d'Ahmed Hamrouche des négociations avec les dirigeants communistes des deux organisations subsistantes. Il feignit d'accepter la création future d'une organisation plus ou moins officieuse regroupant les communistes en dehors de l'Union socialiste, parti unique du régime. On s'occupa à rédiger des statuts mais on commença, selon la volonté de Nasser, par dissoudre les structures existantes. Le sabordage accompli, les communistes égyptiens les plus doués se virent offrir le choix entre le ralliement pur et simple et le néant politique. Ismaïl Sabri Abdallah et Fouad Moursi quittèrent le sable des camps pour la moquette ministérielle. Ils avaient férocement raillé une phrase malheureuse d'Henri Curiel selon laquelle la multiplicité des organisations communistes égyptiennes exprimait la richesse du mouvement. Avec eux, le vide absolu succéda au trop-plein : où est le progrès ?

C'est pourtant Fouad Moursi qui porte le jugement le plus clairvoyant et, en fin de compte, le plus équitable sur le destin égyptien d'Henri Curiel : « Il a eu le malheur d'être étranger et juif à un moment où le pays se donnait pour tâche de chasser l'étranger et se voyait confier par le monde arabe la direction de la lutte antisioniste. Qu'un fils de banquier juif d'origine étrangère ait pu accomplir ce qu'il a accompli est en soi extraordinaire, mais le handicap était insurmontable. »

Il entre dans son âge mûr après un naufrage où s'est englouti bien plus que son personnage politique. Cet homme à la mer est entouré d'épaves. Un autre, moins vaillant, se fût laissé couler.

Son engagement politique l'avait séparé des siens. Il avait fait le désespoir de son père, mort pendant l'internement à Huckstep. Sa mère, qui ne l'avait pas renié, s'éteignit au Caire en 1965. Elle fut portée en terre par Chehata Haroun, Albert Arié, Fouad Habachi et le poète Kamal Abdel Halim. Il ne l'avait revue qu'une fois en quinze ans, grâce à Ben Bella qui avait obtenu pour elle, de Nasser, une autorisation de voyage à Paris.

Egyptien, il avait été expulsé par le roi Farouk en qualité de juif et de communiste.

Communiste, il avait été diffamé et politiquement détruit par ses camarades français. Certains de ceux-ci me feraient observer qu'il eût été probablement pendu s'il s'était installé à Prague comme Marty le lui avait conseillé. C'est en effet une consolation.

Militant historique du mouvement communiste égyptien, fonda-teur du parti communiste soudanais, il avait été exclu en tant qu'étranger par ses camarades égyptiens.

Il était suprêmement l'indésirable.

De cet homme grièvement blessé, il faut comprendre que la vie, d'une certaine manière, se termine ici. Ce qu'il accomplira désormais, il le fera faute d'Egypte. Ses meurtriers l'ignoreront et s'en seraient peu souciés, ses détracteurs étaient à cent lieues de l'imaginer, ses camarades de combat des vingt dernières années ne le savaient pas ; mais pour paraphraser le mot royal : s'ils avaient ouvert le cœur assassiné d'Henri Curiel, ils y auraient trouvé gravé le mot « Egypte ».

DEUXIÈME PARTIE

L'ALGÉRIE

Si les bonnes joues de Joyce Blau l'avaient disqualifiée pour le rôle symbolique de martyre des prisons égyptiennes, elle compensait par une activité phénoménale en faveur de ses camarades détenus. Henri Curiel l'avait préposée à la collecte des signatures de soutien. Le choix était judicieux. L'intellectuel parisien le moins sensible aux souffrances des prisonniers ne pouvait qu'être tenté de livrer sa signature comme on rend une place forte assiégée avec l'espoir d'obtenir quartier pour la garnison. Roger Vailland guidait les démarches de Joyce. Elle téléphonait quinze fois par jour à Henri, tapi dans son logement, pour lui communiquer le score, et comme elle était absolument fauchée, l'intellectuel parisien, outre sa signature, se voyait tapé du prix d'un jeton de téléphone.

Les temps étaient difficiles. Rosette et Henri avaient sous-loué une chambre à deux lits dans un grand appartement du 28, rue des Renaudes. La propriétaire ignorait leur situation irrégulière. L'argent était rare. Ils fréquentaient les restaurants universitaires. Joyce trouvait que la vêture d'Henri le faisait ressembler de plus en plus à un clochard. Il avait été opéré d'une appendicite par le célèbre docteur Leibovici, médecin attitré des dirigeants communistes français, et avait failli périr pendant sa convalescence d'une intoxication due à un poêle à charbon mal réglé. Un état dépressif chronique inquiétait son entourage encore plus que les accidents de santé : ce n'était pas son genre.

Roger Vailland conseilla à Joyce de rencontrer Robert Barrat, journaliste à L'Express. Elle lui téléphona au journal. « Quelle coïncidence ! s'exclama Barrat. Je rentre d'Égypte. J'ai vu là-bas une de vos amies qui est en prison. Elle m'a demandé de vous rencontrer... » Il la reçut aussitôt. Au sortir de l'entrevue, elle téléphona à Henri : « Il faut absolument que tu rencontres cet homme. » Henri obtint à son tour un entretien.

« Il est revenu transformé, épanoui, se rappelle Rosette. J'avais l'impression qu'il refleurissait. J'ai compris lorsque j'ai moi-même connu Robert Barrat. Pour Henri, ce fut l'une des deux ou trois rencontres décisives de sa vie. Il a profondément aimé Robert. Ils n'étaient pas toujours d'accord mais je crois qu'ils ont beaucoup appris l'un de l'autre. Ils s'estimaient. Ils s'aimaient, je ne peux pas mieux dire. Robert a été le premier des nombreux chrétiens avec lesquels Henri a noué des liens d'amitié. Aussi bizarre que cela puisse paraître, il s'est beaucoup mieux entendu avec les chrétiens qu'avec les communistes français. Il pouvait avoir avec eux des divergences sur un problème particulier mais elles n'entamaient pas leur identité de vue sur les questions essentielles. Cela allait plus loin que la politique au sens restreint du terme. C'était toute une conception de la vie qu'ils semblaient partager.

« Robert Barrat a sensibilisé Henri à la guerre d'Algérie. Elle avait éclaté deux ans plus tôt mais je ne me souviens pas d'avoir entendu Henri en parler vraiment. Sa seule préoccupation était l'Egypte. Il refusait par principe de s'intéresser aux affaires françaises. Dans les journaux, par exemple, il ne lisait pas les articles consacrés à la politique intérieure. Sans la rencontre avec Robert, je me demande s'il aurait décidé de lui-même de se lancer dans une action de soutien au FLN. Je ne le crois pas. Il condamnait bien entendu cette guerre mais cela restait au niveau du jugement de principe. C'est Robert qui l'a mobilisé. »

Robert Barrat, ancien secrétaire général du Centre catholique des intellectuels français, aujourd'hui décédé, a traversé les ténèbres de la guerre d'Algérie en laissant un sillage lumineux d'intelligence, d'humanité et de vrai courage. Premier journaliste français à rencontrer, dès août 1955, des dirigeants algériens et à effectuer un reportage sur le maquis, convaincu d'emblée de la nécessité inéluctable d'une solution politique, il ne cessera d'œuvrer contre une guerre insane où tant d'Algériens perdaient leur vie, tant de Français, leur âme. Juste avant les élections de janvier 1956 qui virent la victoire de ce qu'on nommait le Front républicain — en gros, la gauche moins les communistes —, ils avait organisé une rencontre entre Pierre Mendès France et deux représentants du FLN. Un deuxième rendez-vous avec des dirigeants algériens importants était mis sur pied mais René Coty, président de la République, appela aux affaires Guy Mollet et non Mendès France ; on sait ce qu'il en advint. Barrat se consacrera désormais au combat contre la répression et la torture, allant son droit chemin sur un tapis d'insultes et d'inculpations. Pas une campagne dont il n'ait été la cheville ouvrière. Modeste, presque effacé, mais toujours sur la brèche. Un juste. Il était naturellement en liaison étroite avec Francis Jeanson, chef du principal réseau de soutien au FLN.

A l'automne 1957, Barrat présente Curiel à Jeanson. « J'ai perçu Curiel, dira par la suite Jeanson, comme un orthodoxe en rupture de ban, internationaliste coupé de tout parti. Il était très séduisant et a manifesté d'emblée une efficacité remarquable. »

C'était peu de dire qu'Henri Curiel était « en rupture de ban » : le

PCF l'avait mis au ban ; et s'il se retrouvait « coupé de tout parti », c'est que les partis l'avaient retranché. Cela n'entamait pas un internationalisme qui allait de soi mais aurait pu mitiger l'orthodoxie bien aperçue par Francis Jeanson, même s'il n'en soupçonnait pas la rigueur. Curiel se voulait orthodoxe *perinde ac cadaver.* envers ceux-là même qui l'avaient anathémisé.

Il commença par réunir le clan des Egyptiens. Ses amis souhaitaient l'indépendance de l'Algérie ; la plupart considérèrent que leur champ d'action restait l'Egypte. Un engagement aux côtés du FLN était d'autant plus délicat qu'aucun d'entre eux, Joseph Hazan excepté, ne jouissait de la nationalité française. Une expulsion imparable sanctionnerait la moindre incartade. Le clan décida d'apporter une aide ponctuelle (il le fit chaque fois que l'urgence ou ses compétences particulières conduisirent à faire appel à lui) mais sans entrer en corps constitué dans le réseau de soutien. En revanche, quatre de ses membres militeraient avec Francis Jeanson : Henri et Rosette, Joyce, Didar. Protégé par son passeport français, Joseph Hazan mettrait au service du réseau ses précieuses capacités d'imprimeur.

Militants révolutionnaires, ils ne voulurent pas que leur engagement résultât d'une simple décision individuelle, toujours suspecte d'aventurisme. Hazan posa la question au docteur Leibovici, qui informa Jacques Duclos. Duclos donna le feu vert.

Rosette dactylographia dans la chambre de la rue des Renaudes son premier tract FLN ; Joseph Hazan l'imprima ; Henri organisa sa livraison.

« Nous étions fous de joie, dit Rosette, parce que nous étions de nouveau utiles. »

On ne racontera pas le réseau Jeanson. L'écrivain enquêtant sur un sujet d'histoire contemporaine déjà traité par quelques confrères est d'ordinaire reçu comme un sauveur : il va obvier aux bévues de ses prédécesseurs, combler leurs lamentables lacunes, redresser leurs parti-pris outrageants. Ici, leitmotiv des anciens du réseau : « Reportez-vous au *Porteurs de valises* de Hamon et Rotman (1). » L'hommage implicite est vif. Notre lecteur aura lui aussi intérêt et plaisir à suivre le conseil. Nous entrons donc dans cette nouvelle aventure le nez dans le livre d'Hervé Hamon et de Patrick Rotman, passionnés au

_____
(1) Hervé Hamon et Patrick Rotman, *Les Porteurs de valises*, Albin Michel.

point de ne pas entendre, crissant sous nos semelles, la scrupuleuse provision de guillemets tombée de nos poches percées...

Francis Jeanson et ses amis voulaient apporter une contribution française à la lutte du peuple algérien pour sa liberté. Simplement symbolique, cette contribution eût été déjà légitime. Elle fut capitale. Son efficacité tenait sans doute à la qualité des militants et aux dons exceptionnels révélés par Jeanson pour l'action clandestine ; elle résulta surtout de la parfaite adéquation du réseau : quelques dizaines de militants firent beaucoup parce qu'ils agirent dans le secteur précis où ils pouvaient accomplir le plus.

L'argent, nerf de la guerre, était le point faible du FLN. L'impôt révolutionnaire trouvait en Algérie ses limites dans la pauvreté de la population et dans une perception contrariée par le quadrillage militaro-policier. Les quatre cent mille Algériens immigrés en France représentaient, avec leurs salaires proportionnellement élevés, une puissance financière dont l'intervention pouvait être décisive. Mais la perception, là encore, posait un problème ardu. Il n'était pas au pouvoir de la police française d'empêcher chaque immigré de verser sa contribution — deux mille anciens francs par mois pour les salariés ; un pourcentage du chiffre d'affaires pour les commerçants. En revanche, cette police pouvait paralyser l'organisation fiscale indispensable à la centralisation des fonds et à leur transfert à l'étranger. Inapte à contrôler les masses algériennes entassées dans les faubourgs, il lui suffisait de surveiller les routes, les trains et les frontières pour tailler des coupes claires dans le budget du Front. Un Algérien empruntant l'express Marseille-Paris s'exposait au contrôle de ses papiers et à la fouille de ses bagages. Un Français blond aux yeux bleus était un voyageur comme les autres.

Lorsque Curiel et ses camarades rejoignent Jeanson, en novembre 1957, le réseau existe depuis plus d'un an mais il ne s'est véritablement structuré que le 2 octobre 1957. C'est dire que le train pris en marche vient tout juste de démarrer. Mais Jeanson, aux commandes, a d'ores et déjà organisé son affaire. Le vital secteur financier fonctionne impeccablement ; il traversera sans accroc notable toutes les péripéties du réseau. Les cadres du FLN centralisent les cotisations algériennes jusqu'à l'échelon de la région. Cette collecte faite, pas un seul billet ne passera par les mains trop brunes d'un militant algérien. Les fonds sont remis aux « porteurs de valises » français et convoyés jusqu'à Paris. Dix appartements sont réservés à leur réception ; trois autres au décompte minutieux des billets ; un appartement-terminus reçoit enfin la totalité du trésor de guerre. Un courtier le prend alors en charge et, moyennant une confortable commission, le transfère sur un compte bancaire helvétique.

Chaque mois, quatre à cinq cents millions de francs de l'époque (plusieurs milliards de centimes d'aujourd'hui) passent ainsi en Suisse. Ils représentent la moitié du budget du FLN. « Porteur de valise » est physiquement exact mais réducteur. Ces valises bourrées de billets crasseux donnaient aux patriotes algériens les moyens de leur liberté. « L'immigration algérienne en France a financé la plus grande partie de la guerre, nous dira Abdel Krim Chergui, ancien trésorier du Front. Et cela a été possible grâce à Jeanson, à Curiel et à leurs camarades. »

Le réseau ne se borne pas aux finances. Multiservices, il assure l'hébergement clandestin des dirigeants du Front et leurs déplacements à travers le pays. Lorsque la répression policière contraint les instances de la Fédération de France à se replier en Allemagne fédérale, Jeanson et ses amis organisent pour les émissaires le passage des frontières. Des filières sûres conduisent en Belgique, en Suisse, en Allemagne et en Espagne. Quelques voitures ingénieusement aménagées permettent le transport d'armes légères. Le troisième secteur est celui de la propagande. Grâce à des imprimeries secrètes ou discrètes, le réseau imprime les tracts du FLN ; il publiera bientôt *Vérités Pour,* bulletin clandestin à peu près mensuel justifiant ses positions devant l'opinion publique française.

Francis Jeanson appartenait suprêmement à la catégorie humaine avec laquelle Curiel avait le plus grand mal à communiquer. Intellectuel parisien de haut vol, directeur de collection aux éditions du Seuil, ancien gérant de la revue *Les Temps Modernes,* ami de Sartre, exégète de son œuvre, pourfendeur d'Albert Camus, Jeanson n'avait point cru nécessaire de changer de plumage, fût-ce pour endosser une cape couleur de muraille, sous prétexte qu'il mettait sa vie au bout de ses principes, et son ramage restait dans le ton du bar du *Pont-Royal,* rendez-vous favori de la haute intelligentsia. En présence de ces chatoyants oiseaux, Curiel s'éprouvait tristement corbeau. Mais ils se plurent parce qu'ils se reconnurent hommes d'action. Rosette, Joyce et Didar furent à des degrés divers choquées par l'allégresse sexuelle de Jeanson et de ses camarades. Didar mesurait l'énergie perdue à des frivolités. Rosette découvrit avec étonnement que la fidélité conjugale n'était pas toujours respectée par les militants. Joyce fut franchement scandalisée. Francis Jeanson, qui l'aimait bien, l'avait surnommée « Alice au pays des merveilles ». Elle avait plutôt l'impression de s'être fourvoyée dans une moderne Babylone. Ce fut l'occasion d'une violente dispute avec Henri. Après une période de dures tensions, il lui avait conseillé d'accepter une invitation de Jeanson à passer quelques jours de vacances dans une villa de Saint-Jean-de-Luz. Elle revint horrifiée : « Ces gens sont impossibles ! » Il paraît qu'Henri se sentit coupable. En revanche, Robert Barrat trouva à Joyce un travail à temps partiel chez un employeur dont la moralité défiait le soupçon : François Mauriac. Il cherchait une étudiante qui l'aidât à répondre à son courrier. L'écrivain demanda à Joyce : « Qu'avez-vous lu de moi ? » Elle n'avait rien lu de lui mais s'était renseignée sur les titres : « *Thérèse Desqueyroux,* répondit-elle au hasard. — Ah ! fit le maître en agitant l'index, attention ! ce n'est pas tout à fait un livre pour une jeune fille. » Joyce se sentit en confiance.

Elle servait de chauffeur à Henri, assurait les liaisons, remplaçait au pied levé tel militant indisponible. Didar eut la surprise de se retrouver occupée à compter du matin au soir des billets de banque, comme elle faisait au Caire du temps qu'elle travaillait à la Banque nationale. Son expérience lui permit de répandre parmi ses compagnons de labeur l'usage du dé en caoutchouc, facteur de productivité. Elle garde un puissant souvenir olfactif de la manipulation des billets imprégnés de misère et ne croit plus que l'argent n'a pas d'odeur.

La première contribution importante d'Henri Curiel fut elle aussi d'ordre bancaire. C'était bien la peine de débarquer dans un réseau d'amateurs avec quinze ans de pratique révolutionnaire derrière soi pour épater les nouveaux camarades avec deux ou trois trucs appris chez le papa banquier...

« J'avais rencontré Francis Jeanson en 1956, raconte le père dominicain Kaelin, à l'occasion d'une conférence organisée en Allemagne par l'association chrétienne des étudiants. Nous avons noué des liens assez étroits. Quelques mois plus tard, il a repris contact avec moi. J'habitais à Annemasse mais j'avais des ministères à Genève où je me rendais très fréquemment. Jeanson m'a demandé si j'accepterais de faire passer la frontière à quelqu'un chaque fois qu'il en aurait besoin. J'ai accepté. Il s'agissait d'Henri Curiel. La première fois, il était accompagné de Rosette. Nous nous sommes rencontrés dans un restaurant végétarien très simple, tout près de la gare de Genève. Nous avons éprouvé une grande sympathie réciproque qui n'a fait que s'affirmer avec le temps — je lui ai fait passer la frontière suisse pendant trois ans. J'étais fasciné par sa personnalité. C'était un dialecticien remarquable absolument convaincu de la cause qu'il défendait. Staline ? C'était pour lui " un mauvais communiste ". Il se voulait orthodoxe mais c'était au fond un marginal. Il avait une trop forte personnalité pour se couler dans un moule, même s'il défendait par principe les partis communistes. Il reconnaissait d'ailleurs qu'il était bien difficile de justifier la ligne du PCF. Il me disait : " Partons chez les Pygmées. Vous prêcherez et vous me laisserez organiser la société. Quand j'aurai fini, vous verrez que vous n'aurez plus besoin de prêcher. " C'était un homme foncièrement bon, délicat, généreux. Il me disait souvent : " Vous feriez un excellent communiste. " Je lui répondais : " ... et vous un excellent chrétien ! " Je garde le souvenir d'un missionnaire, d'un apôtre. Il vivait pour les autres. Rosette, que je voyais encore plus souvent, m'a fait aussi une très forte impression. Nous avons l'un pour l'autre une profonde affection. C'est un être en recherche. Nous parlions de Dieu, de vie spirituelle. Il y a en elle un désir de foi. J'ai évoqué devant elle mon ami Jacques Maritain, qui vivait très isolé à Princeton. Et un jour, j'ai vu arriver Rosette avec un billet d'avion pour New York. Elle me l'offrait pour que j'aille voir Maritain... »

Les amitiés du père Kaelin ne se limitaient pas aux philosophes chrétiens : il était lié avec le directeur d'une des principales banques genevoises. Il lui présenta Rosette, qui se fit ouvrir un compte en laissant prévoir des versements substantiels tirés de l'héritage de son beau-père. Le directeur feignit de la croire avec une calme hypocrisie suisse dont Rosette resta impressionnée. Deux ans plus tard, aux accusations précises lancées par un sénateur français de droite sur le rôle des banques helvétiques dans le maniement des fonds du FLN, l'imperturbable directeur préciserait par communiqué officiel : « Nous n'avons pu trouver aucune trace d'une opération qui justifierait de pareilles insinuations. »

L'épineux problème du transfert des fonds se résuma à un simple jeu d'écritures mis au point par Henri Curiel.

Chaque mois, une puissante automobile conduite par un chauffeur de maître s'arrête devant le domicile d'un correspondant parisien de la banque genevoise. Le chauffeur — un militant déguisé — aide sa patronne — le plus souvent Rosette — à sortir de la voiture les grands cartons de Dior contenant la manne mensuelle du FLN. Quelques minutes plus tard, un télex parvient à la banque genevoise et le compte de Rosette est crédité du contenu des cartons. Ainsi l'argent volumineux et odorant devient-il par un tour de passe-passe bancaire incolore et inodore tout en conservant sa saveur. Il lui arrive même de prendre une valeur supplémentaire car Henri Curiel, attentif au marché des changes, retarde l'opération lorsque le franc français est à la hausse. Il est au sens propre insaisissable puisqu'il franchit désormais la frontière par télex.

La phase la plus dangereuse de l'opération échoit à Rosette.

Chaque mois, elle prend le train à la gare de Lyon, arrive au matin à Genève, loue une chambre à l'hôtel *Cornavin*, téléphone à Henri pour qu'il sache la frontière passée sans encombre (« Jamais le moindre problème, constate Rosette : j'ai une tête qui inspire confiance »), attend la visite de l'émissaire du FLN qui lui indiquera le jour et l'heure. Ces précisions reçues, elle se rend à la banque genevoise et retire le montant du dernier virement. Un employé impassible bourre une valise de billets de mille francs suisses. Le directeur ne manque jamais de soupirer : « Faites très attention... » en la raccompagnant à la porte. C'est le moment critique. Seule, sans protection, Rosette sort dans la rue, sa valise à la main, et cherche des yeux le militant algérien préposé à la réception. Il change à chaque remise de fonds mais Rosette garde le souvenir de garçons uniformisés par la peur évidente de trimballer un demi-milliard de francs dans une ville grouillante de services secrets et où la fameuse Main rouge, émanation officieuse du SDECE français, a déjà frappé plusieurs fois. L'émissaire organisateur du rendez-vous surveille la transmission qui s'effectue dans le plus complet mutisme. Rosette, habituée à la tendresse égyptienne, trouve les Algériens très froids, très réservés. Elle se détend en discutant avec le père Kaelin de l'existence de Dieu. Une bonne personne pourvue en effet d'une tête rassurante et un père dominicain dont Sylvie Braibant écrit : « J'ai rarement rencontré un homme dont le visage exprime une telle douceur, une telle bonté. » La Main rouge n'en reviendrait pas.

*
* *

Préparé par les ultras d'Alger, perpétré par l'armée, coiffé par de Gaulle, entériné par une énorme majorité de Français de tous bords lassés de l'impuissance rédhibitoire de la Quatrième république à en finir avec l'interminable cauchemar algérien, le coup d'Etat de mai 1958 inspira à quelques dirigeants politiques la pensée romanesque de l'imminence d'une dictature fasciste. Curiel en profita pour faire se rencontrer Francis Jeanson et le responsable communiste Laurent Casanova.

C'était un événement. Le PCF, s'agissant de l'Algérie, avait depuis toujours un train de retard. En 1939, Maurice Thorez déclare à Alger : « Il y a une nation algérienne qui se constitue dans un mélange de vingt races. » La formule, ambiguë à souhait, invitait le peuple algérien à réussir sa mayonnaise de « vingt races » avant de poser sa candidature à l'indépendance. Le 12 mai 1945, après les émeutes du 8, jour de la victoire sur le nazisme, qui ont fait une centaine de morts européens, le comité central du PCF déclare : « Il faut châtier rapidement et impitoyablement les instigateurs de la révolte et les hommes de main qui ont dirigé l'émeute. » Les représailles, sauvages, coucheront au sol des dizaines de milliers d'Arabes. (Trente-trois ans plus tard, André Billoux admettra : « Je crois qu'il faut dire très carrément qu'à ce moment-là, il y a eu un certain nombre de déclarations du parti, en tout cas de représentants du parti communiste français en Algérie, qui méritent d'être critiquées, pour ne pas dire condamnées. ») En 1946, Jacques Duclos prône l'Union française rassemblant « sous le signe de la liberté » la métropole et ses anciennes colonies. A la Toussaint 1954, quand tombent les premières victimes d'une guerre qui va durer huit ans, le bureau politique proclame le droit du peuple algérien à disposer de lui-même mais « ne saurait approuver le recours à des actes individuels susceptibles de faire le jeu des pires colonialistes ». Les Algériens ont droit à la liberté mais défense de se battre pour elle. En 1956, alors que le Front républicain est sorti vainqueur des urnes sur la promesse de faire la paix en Algérie, Guy Mollet plie sous la tomate et s'engage dans une politique de force : les députés communistes lui votent les pouvoirs spéciaux. (Vingt ans plus tard, Etienne Fajon écrira de cette décision : « Je pense personnellement aujourd'hui qu'elle était très contestable. ») Des jeunes communistes refusent de porter les armes dans une guerre injuste où la torture est devenue quotidienne : le parti fait silence sur eux et condamne hautement insoumission et désertion. (Trois ans plus tard, il publiera une brochure à la gloire de ses condamnés, tout en continuant à réprouver désertion et insoumission, sous le titre médiocre : *Des jeunes qui servent l'intérêt de la France.*) Tout militant communiste français convaincu d'apporter une aide matérielle aux Algériens est exclu ; les « porteurs de valises » sont taxés dans la presse du parti d'aventurisme irresponsable. (Dix-neuf ans plus tard, Roland Leroy reconnaîtra : « Je crois — c'est là une chose facile à dire rétrospectivement — que nous avons eu des expressions trop sévères pour ceux qui, selon la formule d'alors, " portaient les valises du FLN ". Il était indispensable de gagner ceux qui disaient au contraire n'être pas prêts à porter les valises. Mais cela n'aurait sans doute pas dû nous amener à traiter simplement tous les intellectuels tentés par la coopération directe avec le FLN de gens irresponsables. »)

Ce n'est pas un parcours sans faute.

Mais Francis Jeanson est trop politique pour s'attarder à un examen critique du passé : seul l'avenir l'intéresse. Si le PCF bouge, le paysage politique français s'en trouvera bouleversé. Il espère un engagement communiste résolu aux côtés du FLN sous le double mot d'ordre : « Lutte contre le fascisme et indépendance de l'Algérie. » Il évoquera un éventuel soutien aux patriotes algériens. Il compte à tout le moins que le Parti autorisera désormais l'engagement individuel de ses membres dans le réseau. De nombreux militants communistes rejoindraient Jeanson et ses camarades si la menace de l'exclusion ne les en dissuadait.

La rencontre avec Casanova, organisée dans des conditions de sécurité parfaites par Curiel, se déroule le 30 mai 1958 dans un appartement proche du bois de Boulogne. Elle est positive. Un deuxième rendez-vous est pris pour le 5 juin. Cette fois, c'est Waldeck-Rochet que Jeanson rencontre dans l'arrière-salle d'un café de Montparnasse. Interlocuteur difficile, le dirigeant communiste déçoit d'abord Jeanson qui le trouve très en retrait sur Casanova, mais il termine l'entretien par une proposition inattendue : une rencontre entre un représentant du PCF et un dirigeant du FLN. Jeanson n'en espérait pas tant. Le lendemain, nouvel entretien avec Casanova. Il est convenu que la rencontre historique se déroulera dans les huit jours à venir ; les interlocuteurs seront Waldeck-Rochet lui-même et le responsable algérien de la Fédération de France du FLN.

Elle n'aura jamais lieu. Le PCF rompt le contact sans explication. Selon toute vraisemblance, il avait accepté la proposition d'Henri Curiel, transmise par Leibovici, sous le coup de la grande frousse née du coup d'Etat. Convaincu de l'imminence d'une dictature fasciste, la plupart des dirigeants du Parti avaient quitté leur domicile tandis que Louis Aragon demandait un lit à l'ambassade soviétique. Le Parti tout entier se tenait prêt à passer dans la clandestinité après sa probable interdiction. Dans une conjoncture aussi grave, la direction communiste, isolée par le ralliement quasi-unanime de la classe politique à de Gaulle, ne pouvait négliger le formidable potentiel combatif représenté par les quatre cent mille Algériens immigrés en France. Lorsqu'il apparut que l'ancien chef de la France libre n'était pas revenu aux affaires pour chausser les bottes de Mussolini ou se coiffer du bonnet à pompon de Franco, l'alliance avec le FLN perdit son urgence.

Francis Jeanson avait reçu avec enthousiasme l'opportunité offerte par Curiel d'un contact politique avec un dirigeant communiste. Ils étaient en parfaite concordance d'esprit, avaient entretenu les mêmes espérances, partagèrent la même déception. Mais on sut dans le réseau que l'initiative était venue d'Henri Curiel et celui-ci apparut à beaucoup pour ce qu'il n'était pas : l'homme du Parti.

Deux années et demie d'activités clandestines frénétiques. L'écume de la controverse sur le principe de l'aide au FLN continue aujourd'hui encore d'occulter la réalité et l'efficacité du réseau. Les anciens dirigeants algériens, moins sensibles aux déchirements de l'intelligentsia parisienne, s'en tiennent à un bilan pratique : diffamé, discuté ou approuvé, le réseau n'a pas cessé d'agir. « Jeanson était un homme de réflexion qui a su s'entourer d'hommes d'action, nous dit M. Chergui. J'ai rencontré Henri Curiel très vite après son engagement dans le réseau. Il dégageait un calme et une souveraineté extraordinaires. C'était l'homme d'action par excellence et un organisateur de grande envergure. Il a rendu d'immenses services. »

Son expérience est son atout-maître. Dénicher un imprimeur, trouver des appartements discrets à issues multiples, mettre en place des systèmes de liaison souples et sûrs, recruter là où il faut des informateurs dignes de foi : c'est son lot quotidien depuis tantôt quinze ans. Il amène au réseau un imprimeur, ancien résistant communiste, qui prend en charge la publication de *Vérités Pour*. Lorsque l'appartement des Jeanson, à Meudon, sent le roussi, il leur trouve un point de chute rue des Acacias. Quand l'abbé Davezies est pourchassé par toutes les polices de France pour avoir fait franchir la frontière espagnole au commando algérien venu abattre Jacques Soustelle, ancien responsable de la répression en Algérie et ministre de l'Information de De Gaulle (il s'en est tiré de justesse et, il faut le dire, grâce à un beau sang-froid), c'est Henri Curiel qui trouve pour le prêtre une planque sûre : la maison jurassienne de son vieil ami Roger Vailland. Et lorsque les chefs de l'ALN demandent à la Fédération de France de leur procurer les cartes d'état-major françaises du territoire algérien, Francis Jeanson confie à Curiel le soin de dégotter des documents classés « diffusion restreinte » et placés sous bonne garde par les militaires. Contrairement à ce que croient aujourd'hui encore les amis de Jeanson, les cartes ne furent pas soustraites au ministère de la Défense nationale par un jeune appelé sympathisant : Henri les demanda au professeur Jean Dresch, qui les emprunta tout bonnement au service de documentation géographique de la Sorbonne, où elles retournèrent après avoir été photographiées. (Selon le militant du réseau qui fit passer les photos en Allemagne dans le réservoir à essence truqué de sa voiture, elles ne furent jamais utilisées. C'est la vie.)

« Les activités étaient débordantes, écrit Didar Rossano dans un récit encore inédit. Transport des fonds, comptage des billets, étude de nouvelles filières, impression et distribution de *Vérités Pour.* Combien d'heures et de courses pour récupérer, revoir, taper, tirer, diffuser les textes ? Nous avions un fichier à faire pâlir un ordinateur. Il fallait poster le journal dans tous les quartiers de Paris. J'aimais bien ces balades en auto à travers la ville, le soir, avec cette douce chaleur que procure le travail en équipe et le sentiment de servir une cause juste. Nous étions plus tendus lorsqu'il s'agissait de faire franchir la frontière, dans un sens ou dans l'autre, à des cadres du FLN. Parfois, c'étaient des condamnés à mort qu'il fallait évacuer d'urgence. Les routes étaient sillonnées de patrouilles de motards armés et les CRS tendaient des barrages. Nous préparions le voyage minutieusement, cartes en main. Une voiture ouvreuse précédait la voiture transporteuse. A la moindre alerte, elle devait faire demi-tour pour donner l'alarme. L'angoisse d'avoir pu louper la préparation d'un barrage ! Et dans la voiture transporteuse, il fallait faire gaffe, scruter la route, se tenir prêt à bifurquer sur une route secondaire. Et rester calme pour que le condamné à mort vous fasse confiance. Jamais de pépin. Des disputes parce que le chauffeur allait trop vite ou trop lentement, mais rien de grave.

« Et les faux papiers d'identité, le camouflage, les planques pour les militants recherchés, les détours innombrables pour casser les filatures, l'obligation de mémoriser une masse d'adresses et de numéros de téléphone. Le lot de tout militant clandestin.

« Henri et moi, avions-nous jamais connu autre chose ? »

« Nous savions que nous ne risquions ni la mort ni la torture. C'était pour les Algériens. Nous nous sentions d'autant plus responsables de leur sécurité face à une police fasciste disposant de moyens considérables. Une vraie hantise. Il ne fallait pas que les flics, par nous, puissent remonter jusqu'à eux. »

L'éditorial du numéro onze de *Vérités Pour,* imprimé le 12 octobre 1959, débute par cette phrase sagace : « Il paraît que la police s'intéresse à nous de plus en plus. » C'est exact. Jeanson et ses amis perçoivent la menace à de multiples signes. A la fin novembre, Hélène Cuenat, compagne de Jeanson et pilier du réseau, sent la surveillance s'épaissir. Le couple quitte la rue des Acacias, change de voiture et s'installe dans une nouvelle planque. Quelques jours plus tard, accompagnée de Didar, Hélène transporte en voiture deux cents millions entassés dans des valises. Devant l'immeuble où elles doivent livrer les fonds, un homme fait les cent pas. Un flic, c'est sûr. Les deux femmes redémarrent. Un peu plus tard, effectuant une mission avec la même voiture, Hélène Cuenat doit stopper : une roue crevée. On lui montrera à la DST la photo prise tandis qu'elle réparait : sa roue avait été crevée par un policier armé d'un pistolet à plombs.

Plusieurs militants connaissant de semblables alertes, l'accumulation des indices déclenche, comme toujours, une psychose collective. Francis Jeanson décide de rassembler ses amis pour définir en commun la conduite à tenir en cas d'arrestation. La dangereuse assemblée générale se déroule dans l'arrière-salle d'un café d'Enghien, dans la banlieue parisienne. Elle est houleuse. Henri Curiel n'en est pas. Présent, il eût revécu avec un sourire triste un phénomène bien connu en Egypte : le déchirement d'une communauté militante travaillée par l'angoisse de la répression imminente. Comme lui jadis, Francis Jeanson est pris à partie, accusé d'exercer un « pouvoir personnel ». Des orateurs véhéments dénoncent l'inconscience générale, le non-respect des règles de sécurité élémentaires. Plusieurs militants annoncent leur décision de tout planter là. Henri ne cessait de répéter à ses jeunes camarades enthousiastes : « La clandestinité use vite. » Il était payé pour savoir qu'elle tire sur les nerfs.

Le 27 janvier 1960, la DST lance son coup de filet. Une vingtaine de militants du réseau sont pris. Haddad Hamada, coordonateur de la Fédération de France, est arrêté avec plusieurs cadres importants du FLN.

Francis Jeanson, rescapé, n'avait pas cru à la menace d'une offensive policière, estimant que le gouvernement gaulliste se soucierait peu d'offrir au réseau l'incomparable tribune qu'est une enceinte de justice (le procès, dans huit mois, sera en effet une bien mauvaise affaire pour le pouvoir). Sans attendre, Jeanson réagit au coup dur par un coup d'éclat. Le 15 avril, l'homme le plus recherché de France tient en plein Paris une conférence de presse devant une quinzaine de journalistes étrangers et plusieurs photographes ; seuls Français : Georges Arnaud, qui écopera d'un procès spectaculaire après publication de son article, et Paul-Marie de la Gorce, alors et encore l'un des hommes les mieux renseignés de France même s'il ne publie pas toujours ses informations. Henri Curiel, chargé par Jeanson d'organiser cette délicate affaire, a eu recours à Didar. Elle a trouvé un appartement sûr, 1, rue du Chêne, et pilote elle-même plusieurs journalistes étrangers.

Le retentissement est énorme. Jeanson n'a pas seulement tiré un savoureux pied de nez à toutes les polices lancées à ses trousses : il s'est longuement exprimé sur les raisons de son engagement et a justifié les activités de ses amis. Même si une presse misérable continue d'expliquer le réseau par les fureurs utérines de ses femmes et par la vénalité des hommes, le problème politique du soutien au FLN est posé devant l'opinion.

Mais Jeanson est désormais grillé. Henri Curiel lui succède à la tête du réseau.

*
* *

Il s'y préparait depuis plus d'un an, à la demande des Algériens, non point dans l'état d'esprit d'un ambitieux guettant dans la coulisse l'instant propice pour se saisir du pouvoir, mais en fonction d'une expérience égyptienne qui lui avait fait mesurer la nuisance d'une répression policière subie sans préparation. Grâce à une capacité de lecture hors du commun (il assimilait un livre en une soirée ; Rosette l'a vu souvent en lire deux ou trois en une nuit), il avait étudié la quasi-totalité des ouvrages concernant la Résistance et, de façon générale, les organisations et mouvements clandestins. Les fiches de lecture qu'il a laissées témoignent de son intérêt pour les recettes pratiques. La capture ou la neutralisation d'une direction clandestine étant d'évidence particulièrement grave, il avait trouvé ingénieuse la méthode consistant à désigner à l'avance une « direction dormante », mise au fait des rouages du réseau sans être mêlée à rien, donc indétectable et apte à monter en ligne après élimination de la direction active. Son implication dans le réseau en faisait le contraire d'un « dormant » mais enfin il lui restait suffisamment extérieur pour espérer échapper à l'offensive policière qui lui paraissait inévitable. De fait, son petit groupe égyptien n'avait même pas été effleuré par la répression. Ainsi était-il prêt, au printemps 1960, à prendre la relève de Francis Jeanson.

Il la prit mal.

Leurs relations étaient excellentes. Ils étaient d'accord sur presque tout. Comme Jeanson, et au contraire de certains militants, notamment chrétiens, qui n'auraient point vu d'inconvénient à être placés sous la direction directe des « frères algériens », l'apatride Curiel tenait pour essentielle l'autonomie vis-à-vis du Front. La justification politique principale du réseau était de préserver les chances d'une amitié franco-algérienne en démontrant par l'action que toute la France n'était pas dans la France officielle, répressive et tortionnaire. Jeanson et Curiel partageaient d'autre part l'intime conviction que de

298

Gaulle avait pris son parti de l'indépendance de l'Algérie et ferait la paix. Rares étaient les militants du réseau à penser de même. Francis Jeanson affirme que la révélation lui vint en entendant le fameux « Je vous ai compris ! » lancé par le Général à la foule algéroise. Il fallait avoir l'oreille fine. « Il y avait tant d'ironie dans sa voix, on sentait tellement qu'il allait rouler ceux qui l'acclamaient sur le Forum d'Alger, ce 4 juin 1958, que j'en suis arrivé à cette conclusion. » Des renseignements sûrs confirment son intuition ; Paul-Marie de la Gorce, parfaitement informé, ne laisse aucun doute sur ce point à Jeanson. Henri Curiel, de son côté, ne manque pas d'antennes dans les milieux gaullistes où il conserve de solides amitiés nouées au temps de la Délégation de la France libre au Caire. Son cousin André Weil-Curiel, gaulliste de gauche, lui répète que le Général est l'homme providentiel, seul capable d'imposer l'indépendance à l'armée française. Chaque dimanche, Henri rencontre Albert-Paul Lentin, compagnon de route du PCF depuis la Libération, vétéran de la presse de gauche, introduit dans tous les milieux. (Aussi différent que possible d'un moine dominicain, il dépeint curieusement Henri avec les mêmes mots que le père Kaelin : « C'était vraiment un apôtre. Il faisait avancer les choses par la conviction et la douceur. Il escamotait les divergences et tirait les convergences. Et il écoutait l'autre attentivement, avec gentillesse. C'est comme ça qu'il en a convaincu plus d'un. ») « A partir de 1958, raconte Lentin, j'ai assuré une liaison entre l'Elysée et le FLN. Je faisais sans cesse le circuit Paris-Alger-Tunis-Rabat. Henri était tenu au courant. Je lui donnais la température politique française en lui expliquant, par exemple, les deux tendances du pouvoir : celle, ultra-répressive de Debré et de la DST — il y avait là un contentieux qui l'a suivi jusqu'à sa mort — ; l'autre, libérale, de Michelet et de Tricot. J'avais à l'époque toutes les informations sur la politique de l'Elysée. Henri a su qu'il fallait jouer de Gaulle. »

Politiquement d'accord, Jeanson et Curiel travaillent ensemble depuis bientôt deux ans et demi sans avoir connu les antagonismes et les crises dont la clandestinité est fertile. Jeanson, dès 1957, a apprécié à sa juste valeur l'efficacité d'Henri. En janvier 1959, Didar, retour d'Egypte, apporte une grande nouvelle : les fidèles de Curiel souhaitent son retour au pays. Le clan des Egyptiens est plus que réticent. Henri, convaincu que son rôle en Egypte est terminé, ne veut pourtant pas donner l'impression de se dérober. Il lui faut un passeport de meilleure facture que ceux bricolés par Rosette. Le réseau dispose d'un expert en la matière : Adolfo Kaminski, alias M. Joseph, ancien de l'Irgoun sioniste. Didar rencontre Jeanson pour lui demander l'aide de M. Joseph : « Francis a été théâtral. Pendant plus d'une heure, il m'a expliqué quelle perte irréparable représenterait pour le réseau le départ d'Henri. A la fin, j'en avais les larmes aux yeux. Mais il m'a promis de fournir le passeport. » Promesse sans suite car le chimérique projet de retour tombe à l'eau. L'épisode indique en tout cas l'estime et l'attachement de Jeanson, dont le registre favori n'est vraiment pas la théâtralité dramatique.

Ses amis lui reprocheraient plutôt un certain ton badin. Il agit sérieusement sans se prendre au sérieux. A Robert Davezies qui lui demande : « Au fond, Francis, pourquoi fais-tu cela ? » il répond tout à trac : « Parce que cela me fait plaisir. » Davezies, pourtant peu enclin à la componction, en reste héberlué. Hamon et Rotman, qui rapportent l'anecdote, commentent : « Jeanson n'oublie jamais la dimension ludique de son action même dans les phases critiques. En bon existentialiste, lui qui a écrit *La signification humaine du rire*, il estime que les actes pèsent et que le reste est commentaire. D'où une distanciation, un sens de l'humour et parfois de la dérision qui n'est pas sans choquer ses amis. »

Les amis de Curiel sont de ce point de vue à l'abri du risque. « Moine de la révolution qui a épousé l'Histoire, écrivent Hamon et Rotman, Henri Curiel offre toute garantie de rigueur aux jeunes militants un peu agacés par le parisianisme de l'entourage de Jeanson. » Ils sont nombreux à préférer le drapé néo-kominternien de l'un aux froufrous existentialo-chrétiens de l'autre. Affaire de goût qui concerne la forme, non le fond. Car rien ne serait plus faux que d'imaginer un réseau Jeanson composé d'aimables amateurs auxquels le messie révolutionnaire Curiel serait venu apporter l'esprit de sérieux. Aussi précieux qu'ait été le concours d'Henri, Jeanson ne l'avait pas attendu pour organiser admirablement son affaire (le réseau est aujourd'hui au programme des écoles du KGB ; c'est comme, pour un pilote de formule 1, d'être engagé chez Ferrari). Injustes vont être les militants eux-mêmes qui attribueront à la nouvelle direction curiélienne un plus strict respect des règles de sécurité. Jeanson consacrait les trois quarts de son temps aux problèmes de sécurité mais c'est toujours la croix et la bannière pour imposer la vigilance à des clandestins, fussent-ils formés à la meilleure école : il faut un premier coup dur pour que les rescapés, ayant senti le vent du boulet, consentent à serrer leur garde. Vieille histoire. La sécurité eût été automatiquement renforcée si Jeanson avait conservé la direction du réseau.

Il la perd. C'est normal. De mauvais gré — c'est humain. Il a sans doute la compréhensible faiblesse de se juger irremplaçable et

300

l'illusion de se croire invulnérable. Mais les dirigeants algériens, qui ont applaudi au coup de culot de la conférence de presse, tirent la conclusion évidente de la situation : Jeanson et archi-grillé. Verdict sans appel. C'est donc un écorché vif qui rentre à Paris, contre le souhait des Algériens, au mois de mai 1960 après s'être mis au vert en Suisse. Il constate que le réseau est contrôlé par Curiel, qui a installé à tous les postes de commande des hommes à lui, et que l'opération était entamée dès avant les arrestations de janvier-février. Devenu indésirable de par la décision des Algériens, Jeanson est considéré comme superflu dans son propre réseau. Il exige une explication. Henri Curiel accepte de le rencontrer.

Il n'était que de verser un peu de baume sur le cœur d'un homme malheureux. Un apôtre eut été un luxe superflu. Henri ne fut qu'abouna, comme disaient ses amis égyptiens pour moquer une certaine componction jésuitique (certains, dans le réseau Jeanson, le surnommaient « l'Evêque »). Faux-jeton comme il n'est pas possible, le sourire rayonnant mais la parole creuse, il élude les vraies questions et enrobe ses fausses réponses d'une onctuosité horripilante. Aucune explication raisonnable à son attitude. La rencontre n'a pas d'enjeu puisque la décision des Algériens est prise. Et la sottise est d'autant plus forte que Christiane Philip assiste à l'entretien. Elle travaille avec Curiel, connaît donc les réponses à toutes les questions posées par Jeanson, et se trouve être la nouvelle compagne de ce dernier, qu'elle épousera par la suite...

Didar engueula Henri toute une nuit.

L'épisode, très subalterne alors que le drame algérien fait chaque jour des dizaines de victimes, ne sera pas sans conséquence sur l'avenir du réseau ; surtout, il donne un coup de projecteur singulièrement éclairant sur la personnalité de l'homme que nous nous efforçons de comprendre tout en sachant l'irréfragable énigme qui est au cœur de tout être. S'il s'est mérité tant d'affection et même d'amour, c'est par une chaleur humaine exceptionnelle, une attention rare à ceux qui l'entouraient. S'il a suscité tant de haine dans son propre camp, depuis l'Egypte jusqu'à sa mort, c'est que le conflit politique le dépouillait de son charme, glaçait sa sève, tel un arbre pétrifié au printemps par un coup de chien hivernal. Il aurait peut-être répondu qu'il mettait toute la générosité possible dans son particulier mais que l'action politique a ses exigences et qu'il s'en faisait une idée trop haute pour l'engluer dans le miel de ses inclinations personnelles. Hillel Schwartz ou Marcel Israël devaient être politiquement neutralisés parce qu'ils défendaient une ligne erronée ; cela n'empêchait pas les sentiments ; de même Francis

Jeanson eût-il reçu un accueil affectueux s'il était venu — hypothèse hardie — confier à Curiel un douloureux problème intime. Les exemples abondent dans le passé et l'avenir n'en sera pas avare. Il n'empêche que pour un Jeanson d'abord amertumé mais surmontant à la fin sa rancœur, beaucoup ne se remettront pas d'avoir, au détour d'un conflit, découvert derrière l'ami, l'aîné, le camarade ruisselant du lait de la tendresse humaine, un manœuvrier n'hésitant pas à les passer froidement par profits et pertes. Ils avaient fondu devant son sourire rayonnant : tout soudain, ils ne lui voyaient plus que les dents. Et ce qu'ils eussent trouvé chez un autre admissible, sachant l'implacable dureté des luttes politiques intestines, ne l'était pas chez celui-ci, qui avait semblé mettre dans le politique un peu plus que de la politique.

C'est si vrai que des militants perspicaces, avertis du danger pour avoir observé quelques drames, se refuseront à l'intimité. Pendant dix ans, parfois quinze, ils travailleront au contact immédiat d'Henri, investis de toute sa confiance, lui vouant une loyauté absolue, mais en confinant leurs rapports au champ politique. De l'amitié, certes, comme il est normal entre camarades militant pour la même cause, mais point de ces effusions auxquelles s'abandonnaient avec délices la plupart — pas même l'affection déclarée que Francis Jeanson portait à Henri Curiel.

Goût du pouvoir ? Il l'avait comme tout le monde. Machiavélisme ? Il n'en était sans doute pas indemne. Mais on se tromperait en attribuant à ceci ou cela la volte-face apôtre-abouna, la métamorphose apparente du révolutionnaire romantique et chaleureux en un apparatchik faisant cyniquement passer à la trappe les camarades de la veille. Dans le cas précis de Jeanson, la question du pouvoir est réglée dès l'instant que les Algériens ont décidé avec bon sens que le fondateur du réseau leur ferait désormais courir des risques inacceptables, de sorte que le machiavélisme devenait superflu. Il suffisait à Curiel de s'expliquer clairement. Au lieu de quoi il se conduit de la manière la mieux faite pour persuader Jeanson qu'on le roule dans la farine. Didar n'a pas traité Henri de salaud, mais d'idiot. Si l'on interroge ses amis les plus intimes sur son principal défaut, à part Joyce qui ne lui en trouve aucun, la réponse fuse, unanime : « Le manque de psychologie. » Cela se manifestait le plus souvent par une flambée d'enthousiasme pour un nouveau venu. Dix fois, vingt fois, il va s'emballer pour un néophyte, lui trouver toutes les vertus et lui confier des tâches dépassant ses capacités ; souvent, cela finira mal. C'est encore le ratage lamentable d'occasions importantes, telle la rencontre avec Jeanson. Noué peut-être par la timidité, muré en lui-même, borné à tous les sens du terme, il avance, bulldozer aveugle et sourd, et s'étonne lorsqu'on lui montre la porcelaine brisée. Il sera très surpris des reproches de ses amis sur sa conduite avec Jeanson ; il avait eu le sentiment d'être limpide et fraternel. C'est ainsi. Et si le lecteur nous demande comment nous concilions la balourdise bête et méchante, préjudiciable à ses intérêts propres, blessante pour autrui, avec l'ouverture habituelle à Henri et l'intuition qui lui permet d'intervenir heureusement dans tant de vies, nous lui répondrons que nous ne les concilions pas. Jean Paulhan écrit : « Les gens gagnent à être connus. Ils gagnent en mystère. »

Avant même le pas de clerc avec Jeanson, il y avait du tirage avec l'équipe des jeunes insoumis ou déserteurs installés en Suisse et bientôt regroupés sous la dénomination Jeune résistance. Elle se divise sur Curiel. Il est pour certains l'homme du Parti, sinon l'homme de Moscou. « A cette époque-là, constate aujourd'hui Robert Davezies, vous étiez pour un oui, pour un non, dénoncé comme l'agent de Moscou. »

Jacques Berthelet est le plus réticent. Ancien séminariste, il a rencontré Henri à la fin de 1958 : « Nous avons eu de longues conversations. Il aimait ça ; il en avait l'habitude. Très paternel. Une fois, nous avons passé toute une journée à discuter dans un chalet et il m'a invité au restaurant à deux ou trois reprises. Il devait penser que j'étais encore récupérable. C'était un animal politique. Tant qu'il avait l'espoir de convaincre le partenaire, il avait une attitude charmante et séduisante. Il était paternel avec les jeunes. Il était gentil avec les femmes, leur offrant des manteaux. Vraiment gentil, pas agressif sexuellement. Quant à sa soi-disant austérité de mœurs, elle plaisait beaucoup aux chrétiens. Physiquement, l'aspect d'un professeur chahuté. Mais pour éliminer les gêneurs, toutes les méthodes staliniennes étaient bonnes. Des méthodes " gentilles " qui allaient jusqu'à la calomnie. Beaucoup plus tard, après la fin de la guerre, j'ai su par une amie commune qu'il pensait que je le haïssais. C'est vrai que la lutte politique était dure, mais c'était normal. Lui aussi savait être dur et mordant. »

Berthelet, doyen du groupe des insoumis, s'insurge contre ce qu'il perçoit comme une tentative de mainmise communiste : « Curiel poussait les siens. » C'est évident et naturel. Patron du réseau, il place aux postes de commande ses « maréchaux » : Georges Mattéi est responsable du vital secteur financier, Jehan de Wangen s'occupe des filières, Martin Verlet est détaché à Jeune résistance. Robert Davezies et Jean-Louis Hurst, hors de France, sont ses antennes extérieures. Tous, d'une manière ou d'une autre, accompagneront Curiel bien au-delà de la guerre d'Algérie.

Communistes ?

Georges Mattéi se définirait plutôt comme anarchiste lorsqu'il est rappelé en Algérie au mois de juin 1956. A son retour, il est reçu par Jean-Paul Sartre, à qui il a envoyé une pièce de théâtre sur la désertion. Sartre le convainc de témoigner sur la guerre ; ce sera *Jours kabyles* narration sans fard d'une guerre atroce publiée dans *Les Temps Modernes*. Le courrier reçu donne à Mattéi l'idée de regrouper les anciens rappelés et maintenus d'Algérie dans une association militante. Il fait ensuite l'unité avec une organisation dépendant du parti communiste et une autre fondée par Jean-Jacques Servan-Schreiber. Nommé secrétaire général-adjoint de la Fédération, il voudrait lancer des manifestations d'anciens à travers la France. La composante communiste freine des quatre fers et donne sa préférence à des campagnes pour l'octroi d'une pension aux démobilisés atteints de paludisme. Puis Servan-Schreiber, président de la Fédération, réclame son exclusion après qu'il a témoigné au procès des agresseurs de Soustelle en déclarant sous les huées de l'assistance : « Je comprends l'acte de ces hommes. » Désavoué par les communistes, Mattéi quitte ses fonctions. Il est convaincu de l'inutilité d'une action légale. C'est alors la rencontre avec l'inévitable Robert Barrat, la présentation à Jeanson, l'entrée dans le réseau. « Des types très sympathiques, certains très efficaces, mais une certaine frivolité, beaucoup d'imprudences, un ton mondain qui hérissait mon purita-nisme de l'époque. » Il marche avec Curiel. Non seulement Georges Mattéi n'est pas communiste mais il réagirait très mal, hier comme aujourd'hui, à l'insinuation qu'il serait tenté de prendre sa carte.

Jehan de Wangen, rejeton colossal et tabagique d'une grande famille alsacienne, a été recruté à travers lui. Mattéi avait envoyé le manuscrit de sa pièce au metteur en scène Jean-Marie Serreau. Enrôlé dans le réseau, Serreau amène Wangen, administrateur de son théâtre. Wangen a milité dans les organisations de la gauche non communiste, jamais au Parti.

Martin Verlet, ancien élève des jésuites, sortait d'une famille de chrétiens jansénistes. Son père était conservateur au Louvre. Sa mère, chartiste, s'était précipitée au Vél d'hiv', le 16 juillet 1942, en apprenant que la police française y parquait les juifs pour le compte des nazis. Une mère lui avait tendu son enfant à travers les grilles. Les

Verlet l'avaient élevé comme leur propre fils. Martin avait perdu la foi dans sa quinzième année. Il perdit beaucoup de ses illusions à vingt ans, quand l'armée l'expédia pour vingt-sept mois au Maroc et en Algérie. A son retour, il mena de front de brillantes études d'africaniste et un militantisme modeste dans le réseau Jeanson ; il agrafait des textes de propagande. Puis il rencontra Henri : « C'était au moment où il avait la charge de reconstituer le réseau. Il m'a pourtant consacré des heures et des heures, comme à beaucoup d'autres. Ce n'était pas exactement de la pédagogie, plutôt une maïeutique. Il vous révélait à vous-même. Moi, il m'a fait découvrir que j'étais communiste. Je devais partir pour le Niger et travailler avec Jean Rouch. J'y ai renoncé pour devenir permanent du réseau. » Un communiste, au moins d'intention.

Jean-Louis Hurst vient d'une respectable famille alsacienne. Il est membre du PCF. Instituteur, il choisit de résilier son sursis, décide de servir chez les parachutistes et suit les EOR : le voilà sous-lieutenant. La guerre d'Algérie le révulse. Affecté à une unité stationnée en Allemagne, il offre ses services au professeur André Mandouze, proche du FLN. Mandouze met cette recrue de choix en contact avec Davezies. Hurst, revêtu de son uniforme d'officier, fera franchir dans sa voiture la frontière franco-allemande à des dirigeants algériens traqués par la police. En août 1958, désigné pour partir en Algérie, il choisit de déserter et passe en Suisse. Un communiste déserteur, c'est-à-dire un communiste renié par les siens.

Robert Davezies est prêtre. Il parle du parti comme de l'église d'à côté et le trouve aussi incommode que la sienne.

Pour eux, pour tous, Curiel est « le Vieux ». C'est affaire d'âge (en 1960, il a quarante-six ans ; Francis Jeanson en a trente-huit et la moyenne d'âge du réseau tourne autour de la trentaine) mais les jeunes militants disent « le Vieux » comme le disaient de Trotski ses fidèles : avec un respect affectueux.

Ils ne savent rien de lui, apprendront peu de chose. Curiel n'est pas homme à se raconter. Ils découvrent au hasard d'une conversation que le Vieux a milité en Egypte. L'Egypte se résume pour presque tous à deux noms : Farouk, Nasser. L'archétype du potentat oriental vautré dans ses Mille et une nuits graveleuses et le maigre colonel devenu figure de proue d'un tiers-monde revendiquant sa dignité. C'est sommaire mais l'imaginaire y trouve son compte. Henri Curiel aurait donc joué un rôle quelque part entre ces deux-là. Des initiés prétendent qu'il a fondé le parti communiste égyptien. Cela frappe, même si l'on apprend du même coup l'existence d'un parti communiste égyptien. Il y a du mystère. « Personnage étrange et fascinant, écrira le sous-lieutenant déserteur Hurst. Ni Français ni Algérien, que pouvait-il être ? Il avait la noblesse et la fragilité d'un prince exotique, mais le mystère et la fermeté d'un agent du Komintern. Son discours n'était que politique. Pourtant, souvent, derrière ses lunettes d'écaille, un regard attentif aux problèmes de chacun. » Tout est dit dans ces lignes fulgurantes d'intuition.

Pour les jeunes gens qu'il séduit en ce temps, et dont beaucoup accompagneront vingt ans plus tard sa dépouille mortelle au Père-Lachaise, il vient de chez Malraux ou Koestler. Il est pour toute une génération orpheline de l'espoir révolutionnaire l'ultime incarnation de l'épopée kominternienne, un « commis-voyageur de la révolution » à l'image des Borodine, Wollweber, Munzenberg ; un être venu de nulle part pour allumer partout les brasiers de l'Internationale. Sa figure mythique tire un relief supplémentaire de l'ombre enveloppant ses origines. Le clan des Egyptiens n'oublie pas la villa de Zamalek, les filles du *Kit-Kat,* le short calamiteux — le lilas foudroyé. Hurst et les autres découvrent un moine de la révolution, comme écrivent justement Hamon et Rotman, et l'entendent évoquer au détour d'une conversation des séjours en camp et en prison, les actions syndicales brisées à coups de mitrailleuse, ses grèves de la faim, la difficile genèse d'un mouvement communiste clandestin. Il fait passer la houle de l'Histoire sur des jeunes gens grandis dans le clapot misérable de la Quatrième république. Martin Verlet l'entend dire chez son frère : « Etre révolutionnaire, c'est transformer le monde » ; il lâche son agrafeuse, tel Pierre son filet, et le suit. « Bon, c'est vrai que j'ai été séduit, reconnaît Georges Mattéi, et je me sentais pourtant loin de ses convictions politiques. J'avais été élevé par un vieil oncle, membre du Komintern, ancien des Brigades internationales, et je me croyais revenu de tout ça. Mais j'avais quand même gardé une certaine nostalgie du bolchevik. Henri correspondait tout à fait à cette image du révolutionnaire professionnel. C'est pour ça que j'ai accroché immédiatement avec lui. »

Ils sont fascinés par son passé mystérieux et l'admirent pour sa compétence. Ils l'aiment pour son écoute de l'autre, si rare en politique. L'adhésion au réseau entraînait pour la plupart une rupture difficile, des problèmes d'ordre professionnel ou familial. Le Vieux écoutait, conseillait, répétait inlassablement que la militance doit être élargissement et épanouissement de la personnalité, non pas sa mutilation. Robert Davezies : « C'était quelqu'un qui ne pouvait pas être heureux tout seul. Il a été heureux à plusieurs. » Ils sont enfin enthousiasmés par la confiance qu'il leur accorde. « Il avait le talent rare, dit Mattéi, d'inscrire le politique dans l'action. Et il avait ce don extraordinaire : confier des responsabilités énormes sans tenir compte de l'âge, de l'expérience. Il s'est quelquefois planté. Mais il a donné à des jeunes la chance inouïe de se réaliser. Moi, je m'occupais de *Vérités Pour* et je m'y sentais à l'étroit. A notre première rencontre au café *Villars,* près des Invalides, il m'a dit : " Le réseau Jeanson, c'est bientôt fini. Les Algériens m'ont chargé de monter un nouveau réseau. J'ai besoin de filières pour le passage des frontières. As-tu déjà fait cela ? Non ? Tu vas t'y mettre. " Et je m'y suis mis. Quelques mois plus tard, il me confiait la responsabilité du secteur financier, qui était vraiment fondamental. »

Tels sont les « communistes » dont Berthelet et beaucoup d'autres (Jeanson lui-même...) redoutent l'emprise tentaculaire. Inutile de dire que ces communistes-là n'encombrent pas les couloirs du comité central et qu'un Maurice Thorez ou un Elie Mignot leur trouverait une suffocante odeur de soufre. Au vrai, c'est leur association avec le méphistophélique Curiel qui les fait diaboliques pour Jeune résistance et la vieille garde du réseau Jeanson.

La grande affaire du Mouvement anticolonialiste français (MAF) n'allait rien arranger.

Ce qui rend assommant le retour sur ces péripéties, l'affaire du MAF en particulier, c'est la lancinante et quasi générale obsession du péril fasciste. Non point le fascisme — si l'on choisit de donner ce nom à une répression sauvage — qui s'exerce depuis des années sur le sol algérien, ni même le fascisme quotidien qui frappe les patriotes algériens en France et dont les militants du réseau Jeanson sont bien placés pour mesurer l'épouvantable violence (rafles, exécutions sommaires, torture banalisée), mais le fascisme d'Etat dont le général de Gaulle serait soit le promoteur conscient et organisé, soit le vecteur involontaire — vieille ganache manœuvré par ses ultras. On pourrait multiplier les citations étonnantes. Vercors déclare à *Vérités Pour* : « Quand les libertés sont mortes (ou mourantes, ce n'est qu'une question de mois), il n'est qu'une liberté qui subsiste, c'est celle que donne la vie clandestine. Il n'est jamais trop tôt pour s'organiser en vue de l'action secrète, la seule qui restera possible, selon toute apparence, d'ici peu. » Et il en appelle à la résistance, comme au temps de l'occupation nazie. Jean-François Revel écrit dans *Le 14 Juillet* : « Nous risquons d'assister, nous assistons déjà au passage d'un semi-fascisme, masqué en République, au fascisme ouvert de la dictature militaire... Désormais, la droite a engagé la lutte contre les institutions elles-mêmes. De Gaulle est déjà débordé par les partisans du fascisme totalitaire. » C'est le ton ordinaire à gauche. A vingt ans de distance, et pour nous qui savons la fin de l'histoire, ces égarements ont le charme exotique d'une république bananière.

Henri Curiel, bien renseigné sur la politique élyséenne, ne se fait pas un souci excessif sur l'avenir de la démocratie en France. Il sacrifiera cependant au rituel antifasciste, ne serait-ce que pour exacerber les contradictions internes du gouvernement Debré et insuffler une salutaire mauvaise conscience à des hommes tels que Malraux ou Michelet dont le bureau ministériel est à quelques hectomètres des chambres de torture de la DST. Mais si le MAF luttera « pour le rétablissement intégral de la démocratie en France », sa justification fondamentale est d'être, comme son nom l'indique, une organisation anticolonialiste.

Francis Jeanson avait créé un réseau. L'objectif de son successeur est d'élargir le soutien aux dimensions d'un véritable mouvement.

Notre lecteur n'est pas surpris. Pour lui, et au contraire des jeunes militants du réseau, Henri Curiel n'émerge pas d'un néant ténébreux ni ne sort par une porte dérobée du mausolée des héros légendaires de la révolution mondiale. Le Vieux n'est point si vieux et le lecteur sait qu'il contestait la virginité de la Sainte Vierge devant les jésuites de Fagallah quand les militants chinois de Borodine brûlaient dans les locomotives de Shanghaï, qu'il récitait des vers au téléphone tandis que Munzenberg mobilisait l'opinion mondiale sur le procès de l'incendie du Reichstag, qu'il débattait doctement de la plus-value dans le salon paternel lorsque Léopold Trepper arrivait à Bruxelles, sa baguette invisible de chef d'orchestre sous le bras. Nous qui le suivons depuis les bords du Nil, c'est presque machinalement que nous le voyons une fois de plus obéir à sa pensée constante, tendre vers l'objectif qu'il s'est toujours assigné : briser la coquille groupusculaire pour déboucher sur l'action de masse. (Ce en quoi il est par nature le contraire d'un homme de services. Il possédait sans doute bon nombre des qualités qui font les agents de grande classe mais il présentait le handicap rédhibitoire d'être un politique. L'agent peut être animé par une théorie politique : il a horreur de la pratique. Il est hors de la clandestinité comme un poisson dans l'air. Pour Curiel, la clandestinité est une contrainte imposée par les circonstances, jamais un choix. L'agent est singulier ; le politique, pluriel. La jouissance de l'agent est d'être pris pour un autre ; celle du politique, d'être compris par les autres. On n'en finirait pas d'énumérer les incompatibilités. Mais les connaisseurs savent bien que pour Sorge, Philby, Abel — tous agents à motivation idéologique — vivre la vie d'un Curiel eût été pur cauchemar.)

« Il devient urgent, proclamera le manifeste du MAF, de procéder à une réorganisation générale de toutes les forces anticolonialistes, à un regroupement sur une plate-forme commune de tous les Français décidés à intensifier le combat pour en terminer avec la guerre d'Algérie et le régime colonialiste, et à instaurer la collaboration du peuple français avec tous les peuples libérés de la domination coloniale. » Le MAF sera une organisation clandestine « parce que son action est illégale ». Il n'est pas un parti politique et n'entend pas se substituer aux partis. Enfin, le MAF, qui « ne prétend pas au monopole de l'action anticolonialiste, se propose donc de soutenir et d'intensifier toutes les actions de masse qui pourraient être décidées contre la guerre d'Algérie par les partis, les syndicats, les groupes et organisations quelconques, et de les provoquer toutes les fois que ce sera possible ». Nous retrouvons l'inspiration et le ton du programme du MELN ou du MDLN, avec, toujours, cette idée-force : rassembler le plus de monde possible sur l'objectif le plus mobilisateur. En

Egypte, la libération nationale. Ici : « Le MAF regroupe des hommes et des femmes venant d'horizons politiques, philosophiques et religieux divers qui ont comme dénominateur commun l'anticolonialisme. »

Lu aujourd'hui, rien que de très raisonnable. En 1960, cela déchaîne la tempête.

*

Il est aisé de critiquer les lenteurs communistes sur le problème algérien. Si le PCF avait un train de retard, c'est que l'opinion publique française en avait trois ou quatre. Waldeck-Rochet dira à Francis Jeanson : « Nous agissons selon nos moyens. La classe ouvrière comprend des éléments avancés — le PCF regroupe l'avant-garde — mais il faut tenir compte des éléments retardataires, nationalistes, voire racistes. » Et Jean Daniel, attaché à réfuter les schémas simplificateurs, rappellera justement que la classe ouvrière française pouvait concevoir de la perplexité au spectacle de la guerre fratricide qui, pendant des années, opposa dans les usines et les banlieues les messalistes, d'abord largement majoritaires et incontestables patriotes, même si les survivants devaient finir en auxiliaires de la répression, aux tenants du FLN — lutte sans merci qui fit plus de victimes algériennes en France que les balles de la police.

Mais si le parti communiste fut longtemps à la remorque d'une opinion publique apathique, la gauche non communiste et l'intelligentsia dont sortait le réseau Jeanson ne furent pas toujours à l'arrière-garde des pourfendeurs des « porteurs de valises ». Le florilège composé par Hamon et Rotman réserve de belles surprises au lecteur dont la mémoire flanche. C'est Maurice Clavel écrivant de la « petite gauche » : « Elle s'est comportée avec le FLN d'une façon que j'appellerais femelle, sourdement conquise par la violence, le sang, le primitif dans la cruauté. » Usant d'un registre qui n'est plus celui de la basse insulte, c'est Maurice Duverger affirmant dans *Le Monde* : « Aider ou approuver Francis Jeanson et ses amis, c'est un crime. » Jacques Fauvet, rédacteur en chef, opine lui aussi : « Ces deux crimes, la désertion et la torture, sont le sous-produit d'une guerre qui n'en est pas une », amalgame pour le moins frivole. C'est Claude Bourdet lui-même, militant de la première heure de l'indépendance algérienne, qui, en 1960, six ans après le déclenchement de l'insurrection, écrit du réseau : « Le combat de ces hommes et de ces femmes n'est pas le nôtre », et qui, rejoignant au fond et quoi qu'il en ait la position du PCF, affirme : « On voit bien, étant donné la mentalité du grand public, que les hommes et les femmes qui aident le FLN perdent toute autorité en ce qui concerne la lutte pour la paix. » Jean-Marie Domenach, François Mauriac, Françoise Giroud : leur condamnation du réseau est sans équivoque, même si les attendus l'enrobent de sympathie. Mauriac, qui fut tout au long de la guerre aux avant-postes du combat contre la torture, et dont la plume acérée dégonfla plus d'un rodomont de la politique de force, Mauriac entre dans une violente agitation lorsque Joyce lui demande de recevoir Henri Curiel : « Je travaillais chez lui depuis deux ans et nous étions devenus bons copains, mais là il s'est mis très en colère : " Vous n'avez pas à intervenir dans ce genre d'affaire ! me criait-il. Ce n'est pas votre rôle ! " Il a refusé de voir Henri et il m'a mise à la porte... »

L'Eglise catholique observe la même prudence. Ce sont ses francs-tireurs qui s'engagent dans le soutien au FLN, et particulièrement les prêtres-ouvriers de la Mission de France, d'où vient Robert Davezies, qui ont été sommés par le Vatican, en 1954, de choisir entre l'usine et l'église ; la majorité a choisi l'usine. Sans doute plus d'un curé de campagne ouvrira-t-il la porte de son presbytère à un fugitif tandis que des prélats multiplieront les prises de positions courageuses, comme les admirables cardinaux Liénart et Gerlier, mais ces exceptions spectaculaires ne sont pas plus représentatives du peuple chrétien que les aumôniers parachutistes cherchant dans l'Evangile une justification à la torture. Les ouailles participent de l'atonie générale de l'opinion publique et la hiérarchie s'efforce de contrôler les dérapages. Le Vatican a condamné dès 1955 l'équipe de chrétiens progressistes publiant *La Quinzaine ;* avec Robert Barrat et André Mandouze, elle a pris position contre la guerre et dénonce avec virulence la répression.

De sorte que tous les militants du soutien sont en rupture par rapport à leur église, parti, famille spirituelle ou milieu politico-culturel d'origine. Pourchassés par le pouvoir d'Etat, ce qui était la moindre des choses, ils sont reniés par les leurs — c'est bien pis. Certains allaient jusqu'à se désolidariser d'une nation française globalement complice du crime colonial. Les chrétiens éprouvaient plus que les autres ce sentiment de culpabilité collective et voulaient chercher l'expiation dans une identification totale à la cause algérienne, se voulant plus Algériens que les Algériens eux-mêmes, refusant a priori de porter un jugement sur les initiatives les plus discutables du FLN. Francis Jeanson, habité par la volonté de faire inscrire au crédit de la France l'activité du réseau — tel de Gaulle, en d'autres temps, pour les actions des résistants et des Français libres —, avait réussi à redresser les égarements masochistes. Mais la rancœur, sinon la haine, demeurait largement répandue chez les réprouvés à l'égard des institutions établies. Le parti communiste polarise l'hostilité. Curieusement, le ressentiment est moins fort chez ses anciens militants, qui ont pour la plupart déchiré leur carte ou appris leur exclusion avec fatalisme, qu'à sa périphérie. C'est une constante : la gauche non communiste exige et attend infiniment plus du Parti que ses membres eux-mêmes. Ainsi l'ancien séminariste Berthelet, chrétien militant, trouve-t-il apparemment superfétatoire de contester le cardinal Feltin, archevêque de Paris, qui arguera de sa dignité d'aumônier général des armées pour s'abstenir d'émettre la moindre réserve sur la répression et les tortures : toute sa hargne se concentre sur Maurice Thorez et son parti. « J'avais évolué vers le PCF, comme beaucoup de chrétiens progressistes, et, en 55-56, je me sentais très proche de ses positions. J'ai été complètement révolté par le vote des pouvoirs spéciaux. Ce fut la rupture définitive. » Les pouvoirs spéciaux : tournant décisif, pierre noire jalonnant la ligne molle du parti. Ils sont très nombreux à refuser d'oublier.

Et voilà le paria Curiel qui propose bravement aux réprouvés, dans la corbeille de mariage de son MAF, « les partis, les syndicats » — grosses et tristes choses qui leur font horreur — tout de même qu'il avait offusqué en Égypte les tenants d'un marxisme-léninisme pur et dur en les invitant à marcher avec les bataillons massifs de la petite bourgeoisie patriote. Certes, le manifeste du MAF critiquera sans ambages l'atonie de ce qu'on nommait dans le réseau « la gauche respectueuse » (le qualificatif avait fait florès parce qu'il renvoyait à la fameuse pièce de Sartre *La putain respectueuse*). Il stigmatisera les reculades de ses chefs : « Ce que l'on nommait l'impuissance de la gauche n'était en réalité que la carence de ses dirigeants... Par un processus complexe, l'indécision des dirigeants de la gauche, en dépit de la volonté d'action de bien des militants, a engendré l'apathie des masses pour la refléter ensuite. L'habitude se prenait d'un verbalisme vague, de motions inefficaces ou d'une polémique stérile. » Mais il notera aussi que « certains partis ou organisations donnent quelques signes d'un réveil tardif » et louera l'UNEF, principal syndicat étudiant, de « braver le pouvoir en renouant des relations avec l'association hors-la-loi des étudiants algériens » : « Centrales syndicales, suivez l'exemple de l'UNEF : établissez des liens avec l'Association générale des travailleurs algériens. »

« L'erreur de Curiel, analyse avec finesse Georges Mattéi, est d'avoir voulu capitaliser politiquement quelque chose — le soutien au FLN — qui n'était pas capitalisable. Car l'engagement de la plupart d'entre nous s'était fait en réaction aux organisations politiques, malgré elles et contre elles. Les uns trimballaient leur mauvaise conscience de chrétiens, les autres leur romantisme : chacun son truc. Et là-dessus arrive un révolutionnaire professionnel — type peu commun à l'époque dans les rues de Paris — qui explique que le soutien doit être l'expression politique d'un anticolonialisme, d'où la nécessité de construire une force politique. L'organisation était la hantise du marxiste Curiel. Or, il s'adressait à des gens qui s'étaient engagés individuellement. Pour Berthelet et les autres, c'est l'épouvante. L'horreur politicienne vient souiller la pureté de l'aide. Et qui propage la contamination ? Curiel, " l'homme du Parti, l'homme de Moscou, le manipulateur venu du froid… " »

L'homme du Parti, l'homme de Moscou… Pour faire un tabac auprès de ces jeunes gens, il eût suffi à Henri Curiel de raconter l'histoire de ses relations avec le PCF. Le mépris permanent du « grand parti frère », l'affaire Marty, sa dénonciation comme « élément douteux », la suspicion jetée sur tous ses amis, leur exclusion finale du mouvement communiste égyptien entérinée sinon téléguidée par le Bureau colonial : on lui eût ouvert les bras, il serait devenu le martyr de la crasseuse bureaucratie stalinienne, le héros d'une jeunesse révulsée par les apparatchiki.

Pas un mot. Personne n'en saura rien. Force d'âme à la Vigny ? Plutôt une énorme capacité à encaisser, comme on dit des boxeurs (et comment ne pas voir, la part faite à une indéniable maladresse psychologique, que cet homme recru d'épreuves, abreuvé d'injustices dont il est sorti le cœur brisé, ne peut pas bien comprendre les froissements d'âme d'un Jeanson refusant d'admettre l'évidence que la sécurité du réseau exige sa mise sur la touche, les émois d'un jeune Berthelet qui, déclarant que « la lutte politique est dure », n'a pas payé trop cher pour le savoir…) C'est encore et surtout réflexe d'un politique. Le passé est à chaque instant aboli : seuls comptent présent et avenir. Il pourrait aussi bien qu'un autre faire le procès du PCF, en particulier de sa piteuse politique algérienne. Mais on est en 1960 et le Parti est toujours là, rassemblant le quart de l'électorat français, capable de mobiliser des centaines de milliers de militants. « Etre révolutionnaire, c'est transformer le monde. » Encore faut-il le voir tel qu'il est et discerner les leviers propres à le faire bouger. Pour Henri Curiel, le PCF recèle un potentiel révolutionnaire sans aucun doute bridé, voire dévoyé, mais dont il faut inlassablement tenter de découpler les forces.

Non seulement il ne se gagnera pas les sympathies en exhibant ses blessures politiques mais c'est à cette époque qu'il prend l'habitude, lui qu'on taxe de machiavélisme et qu'on soupçonne d'être « un manipulateur venu du froid » (ô Egypte !), de se présenter ainsi à tout interlocuteur inconnu : « Je suis un communiste orthodoxe. » Et si l'autre lui semblait hésiter sur l'interprétation, il précisait avec son plus beau sourire : « Je suis ce qu'on appelle en général un stalinien. » Staline eût trouvé cette candeur soupçonnable ; Berthelet la reçoit comme un aveu.

Mais il y a, dans le conflit engendré par le MAF, autre chose, et qui va plus loin.

*
* *

« L'anticolonialisme ? C'était limiter beaucoup nos ambitions ! Nous nous voulions révolutionnaires. Il ne s'agissait pas seulement de lutter contre le colonialisme : il s'agissait de faire la révolution avec les frères algériens, puis de l'importer en France. » Georges Mattéi exprime parfaitement les certitudes qui habitaient alors bon nombre de ses camarades, et Jeanson lui-même.

Francis Jeanson savait trop bien son PCF pour s'abandonner au fantasme d'un Curiel lui servant de cheval de Troie au sein du réseau. Les rendez-vous avec Casanova et Waldeck-Rochet devaient tout à des circonstances d'exception. Depuis, Henri Curiel n'avait de relations qu'avec des communistes en dissidence officieuse : Jean Pronteau, bientôt exclu ; Pierrard, en désaccord avec la direction ; Victor Leduc, animateur d'une fraction contestatrice. Pour Jeanson, le problème n'est pas Curiel, mais, plus sérieusement, le Parti lui-même. Dans une lettre très éclairante publiée pour la première fois par Hamon et Rotman, il écrit alors à son successeur : « Sans doute nos analyses ne diffèrent-elles qu'à partir du moment où il s'agit de désigner le véritable moteur de la lutte : car il me semble que pour toi c'est le parti communiste, et si je suis théoriquement d'accord sur ce point de vue, je crois, quant à moi, que le Parti n'est pas encore en mesure de jouer ce rôle (qui en effet lui reviendrait de droit) et qu'il faut bien qu'une avant-garde le joue, assurant en quelque sorte une fonction intérimaire et s'efforçant de rappeler sans cesse aux militants du socialisme leur véritable rôle. » Curiel, selon ceux qui partageaient alors sa pensée, ne voyait aucune contradiction entre cette position et la sienne. Il ne se faisait pas d'illusion sur les capacités motrices du PCF : il voulait seulement faire servir le moteur avant-gardiste à l'allumage de la lourde machinerie communiste.

Le vrai clivage se situe à propos de ce que les deux hommes appellent « la révolution algérienne ». Jeanson, comme Mattéi et beaucoup d'autres, épouse les thèses de Frantz Fanon et croit que la victoire du FLN signifiera davantage que l'indépendance de l'Algérie : elle inaugurera un mouvement authentiquement révolutionnaire dont l'onde de choc, se propageant à travers la Méditerranée, donnera à l'avant-garde française une impulsion décisive. Robert Davezies : « Henri ne voyait de révolution possible en France que par la conversion du PCF. Francis, au contraire, considérait que la révolution algérienne était capable de provoquer l'éclatement de la Ve République et du capitalisme français. » Et Jeanson supporte mal que Curiel mette en doute le potentiel révolutionnaire du FLN : « On ne me pardonnait pas, écrit-il à un ami, de croire à la révolution algérienne. Or je n'y " croyais " pas, je n'avais pas besoin d'y croire : je la voyais prendre forme et se développer de jour en jour, je suivais pas à pas cette prodigieuse fermentation à la base qui est beaucoup plus que l'application (déjà fort rare à notre époque) des " théories " marxistes, car elle est la réinvention même du marxisme... »

Jean Daniel, né en Algérie, bon connaisseur des réalités maghrébines, s'interroge au même moment dans *Esprit* : « Je crains que nos philosophes n'en soient arrivés à " sacraliser " le FLN comme les intellectuels staliniens sacralisaient il y a quelques années le parti communiste. C'est la recherche angoissée de l'absolu disparu. C'est la considération du FLN comme seule force organisée de la gauche. »

Recherche de l'absolu : toute une génération s'y jettera, cherchant dans les brasiers du tiers-monde le brandon qui ranimerait les cendres refroidies de l'Europe. C'est l'Algérie ; ce sera Cuba, la Chine, le Viêt-Nam. Tant de foi et tant d'espoir ont été investis dans cette quête sans cesse recommencée, toujours déçue, que nous ne sommes pas tenté de rire en visitant vingt ans après les cimetières de l'illusion lyrique.

Son passé préservait Curiel. Car Francis Jeanson se trompe évidemment lorsqu'il écrit en janvier 1962 ces phrases grinçantes qui, sous le pluriel de circonstance, visent son successeur : « J'ai compris, à force de torpillages et d'embûches de tous ordres, comment certains pouvaient soutenir la lutte algérienne tout en méprisant le peuple algérien, c'est-à-dire en lui déniant toute aptitude révolutionnaire ; j'ai entendu traiter de " paysans frustrés " les responsables de la Fédération de France ; j'ai vu des hommes qui semblaient avoir le vrai communisme dans la peau et qui se refusaient à admettre qu'une révolution puisse avoir lieu dans un pays sous-développé, aussi longtemps que le parti communiste de la métropole n'y jouerait pas un rôle prépondérant. » Le dernier reproche est infondé : Curiel avait trop souffert sous le Bureau colonial pour reprendre la thèse éculée, partout démentie et abandonnée même par le PCF, que le cadet colonisé devait attendre son salut du grand parti frère. Quant au reste, pur contresens ! Henri Curiel ne dénie pas « toute aptitude révolutionnaire » au peuple algérien : il le croit capable de faire sa propre révolution mais ne voit ni comment ni pourquoi il ferait celle des autres. Autrement dit, la mission historique du FLN est, comme son nom l'indique, de réaliser la libération nationale de l'Algérie — c'est en soi une révolution —, non de raviver la flamme révolutionnaire française. Où est le mépris ? Chez un Curiel qui prend l'exacte mesure des problèmes affrontés par les patriotes algériens et des moyens dont ils disposent pour les résoudre, ou chez ceux qui, si l'on ose dire, continuent de faire suer idéologiquement le burnous en lui demandant de produire de la révolution utilisable par le consommateur français ? « Paysan frustré » ? L'expression fait le tour du réseau, suscitant la plus violente indignation. Robert Davezies : « Il est clair que pour Henri, la lutte des Algériens n'était pas une révolution au sens strict du mot puisqu'elle n'était pas dirigée par la classe ouvrière. Cette lutte ne cadrait pas avec l'histoire de la révolution telle qu'il l'avait apprise. Henri l'analysait comme la révolte de paysans frustrés de leur terre. » Mais non ! Curiel n'est pas un examinateur marxiste recalant les candidats dont la copie révolutionnaire n'est pas conforme au programme. Il n'avait pas appris « l'histoire de la révolution » dans les manuels. Il avait milité dans un pays où la classe ouvrière était infiniment minoritaire. Il avait vécu une période révolutionnaire au milieu de « fellahs frustrés » qu'il avait vu marcher sus aux mitrailleuses pour obtenir par le sang l'évacuation de l'occupant anglais. Il s'était battu pendant dix ans contre ceux qui, au sein du mouvement communiste égyptien, ne reconnaissaient pour révolutionnaire que le modèle breveté Marx, révisé Lénine, et refusaient de prendre en compte la situation originale d'un pays sous-développé occupé et exploité par l'étranger. Passé au banc d'épreuve égyptien, il avait compris qu'une révolution tiers-mondiste n'a guère à emprunter aux sociétés industrielles occidentales, rien à leur proposer. Il en avait surtout retiré la certitude de l'inéluctabilité des étapes. Didar Rossano, formée à la même école du réel : « Notre décision d'aider le FLN ne reposait pas sur l'avenir de la révolution algérienne. Il faut beaucoup de temps et de travail pour qu'un peuple colonisé et maintenu dans l'arriération se mobilise pour construire le socialisme. » Curiel et ses amis avaient tout de suite compris que Nasser, c'était mieux que Farouk — évidence pour le peuple égyptien, qui y voyait une révolution alors que les gauches européennes concluaient au remplacement d'un autocrate par un dictateur. Mais Nasser n'était pas Lénine. Les masses algériennes, à leur stade d'évolution historique, se reconnaissaient dans la direction petite-bourgeoise du FLN comme les masses égyptiennes s'étaient identifiées à une poignée de colonels. Mais Ben Bella ne serait pas Lénine. Henri Curiel n'acceptait pas le FLN faute de mieux : il l'appréciait d'être une étape décisive vers le mieux.

« On était vraiment déconnants, constate aujourd'hui Georges Mattéi lorsqu'il évoque l'espoir défunt d'une réaction révolutionnaire en chaîne. Le problème, c'est qu'on ne connaissait pas les camarades algériens. Lui les connaissait : à travers les Egyptiens. Même erreur lorsque nous avons créé *Partisans*. Nous étions complètement sous l'influence de Fanon, tombé depuis aux oubliettes de l'Histoire. Cela ne s'est passé nulle part comme il avait dit. La vérité, c'est qu'aucun de nous, ou presque, n'avait une connaissance réelle des pays colonisés. »

Le congrès de Saint-Cergue reste pour tous un triste souvenir.

Henri Curiel avait voulu marquer de solennité la fondation du MAF. Grâce à ses amitiés suisses, Jehan de Wangen obtint une salle à la mairie de Saint-Cergue. Trente délégués vinrent de toutes les régions de France, représentant les « porteurs de valises », les diffuseurs de *Vérités Pour,* les déserteurs et insoumis de Jeune résistance, les sympathisants du réseau ; l'un d'eux représentait aussi les Renseignements généraux mais on ne l'apprit qu'avec retard.

Bien loin de se dérouler dans l'ambiance adorable d'une naissance, la réunion s'enveloppe d'une lumière crépusculaire. Elle a été précédée de manœuvres dignes d'un congrès radical où Henri Curiel a fait preuve de la virtuosité acquise tout au long des luttes de factions du mouvement communiste égyptien. Ainsi avait-il démontré aux membres de Jeune résistance, avec les meilleurs arguments du monde, l'intérêt qu'ils avaient à rester à l'écart du réseau : c'était du temps que Jeanson le dirigeait. Il leur a depuis expliqué, avec les meilleures raisons du monde, que la place de Jeune résistance ne saurait être qu'au sein de son MAF. Ce 20 juillet 1960, Jeanson est à Saint-Cergue, mais isolé. Curiel, maître du congrès, se montre sous son plus mauvais jour : dur, cassant, systématique. Un Robert

Davezies, pourtant son partisan résolu, doit se tenir à quatre pour ne pas éclater. Les débats, empoisonnés par la rancœur des uns, la méfiance des autres, tournent au règlement de comptes. Georges Mattéi, navré : « C'était un vrai rassemblement de mafiosi. » (Et pour les adversaires d'Henri, les membres du MAF, au lieu d'être appelés mafistes, deviendraient les mafiosi...) « Il faut dire, constate Davezies avec un soupir, que Francis et Henri avaient un côté diva qui n'arrangeait rien. Henri n'avait aucun humour. Un poignard n'a pas d'humour. Et puis nous étions tous si fatigués, nerveusement épuisés... A distance, c'est l'impression dominante qui me reste de Saint-Cergue, de toute cette période odieuse et bête : des types au bout du rouleau qui n'ont plus que la force de s'engueuler... » Martin Verlet garde un même souvenir d'épuisement nerveux absolu, propice à tous les psychodrames. « La clandestinité use. » Cela fait deux ans, trois ans, parfois plus, qu'ils trimballent leurs valises, impriment des tracts, distribuent *Vérités Pour,* comptent des montagnes de billets, font passer les frontières aux clandestins, cherchent des planques, déjouent des filatures, vivent dans la crainte de se faire prendre et l'angoisse de faire prendre les frères promis à la torture, peut-être à la mort...

Triste Saint-Cergue ! Curiel excepté, tous ceux qui se déchirent là, et leurs mandants, ont en commun d'avoir pris la décision la plus difficile, la plus courageuse et en l'occurrence la plus juste : celle de se mettre au ban de la communauté nationale pour aider son adversaire déclaré. Certains la paieront de longues années de prison. Berthelet et sa poignée de pèlerins ne savent même pas s'ils pourront rentrer un jour en France car la désertion n'est en principe jamais amnistiée. Tous ont accepté d'être diffamés par l'autre camp, reniés par le leur. Depuis la Résistance, c'est la première fois qu'est posé un acte collectif impliquant autant de courage politique et humain. Car nous savons bien aujourd'hui qu'ils ont été l'honneur de la France occupante comme les autres l'avaient été de la France occupée. Et les voilà qui se bouffent le nez. (Comme les autres, d'ailleurs. Prenez la monumentale *Histoire de la Résistance* d'Henri Noguères. Les premiers tomes : des êtres admirables accomplissent des prouesses qui nous enflamment le cœur ; les derniers : des organisations, mouvements, réseaux s'opposent si durement que le lecteur est en danger d'oublier leur adversaire commun. Vous me direz : c'est la politique. D'accord, mais entre toutes les illusions lyriques, on a bien le droit de choisir celle de la fraternité.)

Bref, Henri Curiel triomphe sur toute la ligne. Ephémère victoire. Le FLN, peu soucieux d'avoir à traiter avec une organisation politique bien plus autonome qu'un réseau, va redistribuer les cartes. Jeune résistance gardera son indépendance. Le réseau continuera l'aide technique. Le MAF se consacrera à la propagande.

Et puis Curiel est arrêté.

Rosette tomba la première.

Francis Jeanson était en Suisse avec une camarade, Cécile Marion, suspendu au déroulement de ce qu'on nommait le « procès Jeanson », qui était en vérité celui des membres du réseau arrêtés en janvier-février. Les péripéties judiciaires tinrent l'opinion en haleine du 5 septembre au 1er octobre 1960. La publication du Manifeste des 121 ponctua spectaculairement le procès en révélant au public que des personnalités des arts et des lettres soutenaient désormais le droit à l'insoumission dans la guerre d'Algérie. Une lettre de Sartre fit sensation : le philosophe s'y déclarait prêt à porter les valises du FLN. Incontestablement, quelque chose bougeait. Lassitude générale de la guerre, exaspération devant les manœuvres des ultras de l'Algérie française, certitude grandissante que de Gaulle avait décidé d'en finir : tout concourait à un glissement de l'opinion publique.

Jeanson avait besoin de dix millions de centimes pour ses filières. Rosette les retira de la banque et les lui remit dans un café proche. Il était filé. La police suisse l'arrête en compagnie de Cécile Marion. Il a une fausse carte d'identité belge. Les autorités suisses la lui restituent et l'expulsent aussitôt vers l'Allemagne avec son amie. Jeanson leur avait fait observer avec bon sens qu'il risquait d'être « un hôte encombrant ».

Le lendemain matin, 7 octobre, Rosette est cueillie dans le petit studio mis à sa disposition par le père Kaelin. Les policiers, d'une grande correction, trouvent dans son sac un jeu de faux papiers, dont un faux passeport. Soit que Rosette fût trouvée moins « encombrante » que Jeanson, soit que la possession d'un faux passeport fût plus grave que celle d'une fausse carte d'identité, soit pour une autre raison dont le secret repose toujours dans un dossier helvétique, le fait est qu'on l'écroua à la prison Saint-André au lieu de l'expulser. Reçue comme une criminelle par les gardiennes, une pancarte « Dépend de la Fédération helvétique » accrochée à sa porte, Rosette allait passer deux mois en cellule dans l'isolement le plus complet. Elle n'eut pour la réconforter que la visite du cousin André Weil-Curiel, accouru de Paris, et celle du père Kaelin. Elle trouva odieux son vieux juge d'instruction, qui marqua un réel scepticisme lorsqu'elle lui raconta que son compte en banque était alimenté par l'héritage de son beau-père.

« En réalité, dit-elle, j'étais écrasée par les responsabilités. Tout l'argent du FLN était à mon nom. J'avais bien donné une procuration à une amie suisse mais j'ai su qu'elle avait peur et ne voulait pas bouger. L'argent est resté bloqué pendant deux mois. Pour les Algériens, c'était dramatique. Il fallait que je sorte. »

Son avocat suisse lui proposa une transaction : « Renoncez à votre demande de résidence et l'on vous oublie. » Sur le conseil d'Henri, elle avait en effet demandé le droit à résidence ; le père Kaelin était sur le point de le lui obtenir grâce aux bons offices d'un notaire de Martini. Elle accepta et reçut avis de son imminente expulsion vers l'Allemagne. Elle ne voulait pas aller en Allemagne, terre d'élection des services spéciaux français officiels et officieux. Le père Kaelin fut appelé à la rescousse : « Je connaissais le conseiller fédéral de la Justice à Berne. J'ai obtenu un rendez-vous le jour même. Nous avons discuté deux heures. C'était un chrétien traditionnel et il était très surpris de voir un prêtre intervenir pour une criminelle. En Suisse, la possession d'un faux passeport est un crime abominable. Mais il a fini par donner un coup de fil ordonnant de surseoir à l'expulsion. »

Munie d'un laissez-passer pour la Tunisie délivré par les dirigeants du FLN, Rosette atterrit finalement à Tunis. Personne ne l'y attendait. La police tunisienne l'interrogea sèchement et elle découvrit avec surprise qu'un laissez-passer algérien n'était pas un sésame à Tunis. Croyant arranger les choses, elle déclara naïvement avoir été expulsée de Suisse parce qu'elle était communiste. Le policier fronça les sourcils, dégaina son revolver et le posa sur la table. L'interrogatoire prit un ton franchement hostile. La Tunisie n'était décidément pas ce que Rosette avait cru. La décision de la fourrer en prison resta en suspens plusieurs heures, puis on la mit dans un taxi. Elle se fit conduire au *Grand Hôtel*. Dans le hall, elle tomba dans les bras de Sarah Blau, la sœur de Joyce. Sortie d'Egypte mal en point, Sarah s'était refait une santé en France avant d'être expulsée. Elle avait désormais la nationalité tunisienne. En contact avec tous les dirigeants du FLN installés à Tunis, elle ouvrit à Rosette les portes nécessaires. Rosette fut déconcertée : « Les Tunisiens détestaient les Algériens. Les Algériens méprisaient les Tunisiens et se comportaient comme en pays conquis. » Mais la surprise le céda à l'écœurement quand elle découvrit les féroces luttes de clans se déroulant au sein du FLN : « Je croyais m'être battue pour une belle cause et je découvrais que les frères algériens se déchiraient à belles dents. Cela n'a pas remis en cause mon engagement mais j'ai décidé de ne plus faire de politique. » Son illusion lyrique avait reçu un coup mortel. Munie d'un passeport tunisien en bonne et due forme, elle s'envola pour Bruxelles, où elle retrouva Joyce Blau. Puis elle s'effondra nerveusement. Une cure de sommeil de quinze jours la tira du marasme mais sa dépression allait durer six mois. Les illusions lyriques ont parfois l'agonie longuette.

⋆

Joyce avait échappé de justesse à la prison. Ce même mois d'octobre 1960, à Paris, roulant avec Henri dans une voiture pleine de documents, elle repère dans son rétroviseur trois voitures obstinées. Quelques rues plus tard, le doute n'est plus possible : ils sont pris en filature. Ils arrivent à Vanves et entrent dans l'allée du petit pavillon du camarade chargé d'entreposer les tracts. Les policiers se garent dans la rue. La voiture est prestement vidée. Le camarade évacue Henri, accroupi sur le plancher de la voiture, en sortant par l'arrière de la maison. Joyce reste ostensiblement pour fixer les policiers. A minuit, ceux-ci font irruption, l'arrêtent et la conduisent au siège de la DST, rue des Saussaies.

Il est pratiquement impossible de faire comprendre au lecteur comment des policiers coriaces et expérimentés, vouant, après six ans d'une guerre où ils étaient en première ligne et avaient essuyé des pertes cruelles, une haine farouche à tout ce qui était FLN ou pro-FLN, ont pu se faire rouler au point de laisser filer une prise exceptionnelle. Joyce est un phénomène dont la description et l'interprétation excèdent les limites de notre art. Arrivée aux Saussaies, elle se présenta comme l'institutrice des enfants de Vanves. Elle tremblait si fort qu'un policier compatissant lui apporta une chaufferette, croyant qu'elle avait froid. C'était la peur. « Où est Guillaume ? » lui demanda-t-on. C'était le pseudonyme d'Henri. Les mélopées lamentables qu'elle produisit en réponse créèrent une grande tension. Les trois policiers qui l'interrogeaient perdirent de leur sang-froid : « Attention ! Ne nous obligez pas à vous frapper ! On va vous gifler ! » Elle devint comme une folle. D'une voix hystérique, elle appela sa mère. Elle l'appela des heures durant dans un registre suraigu. A quatre heures du matin, la DST craqua. On fourra Joyce dans une voiture et on la ramena à Vanves.

Elle se rendit aussitôt à pied dans la petite chambre de la rue de Tournon où se cachait Henri. Elle trouva son ami dormant tout habillé sur le lit, enveloppé dans son manteau. Connaissant Joyce, Henri ne s'étonna pas outre-mesure de sa remise en liberté ; mais il ne fallait pas tenter le diable : la DST, ses tympans pacifiés, risquait de réaliser sa bévue. De fait, elle retourna dans la journée à Vanves et fit rageusement chou blanc. Joyce, grimée et déguisée, passa en Allemagne. Elle s'installa à Bruxelles après l'arrestation d'Henri : « Ce fut la pire période de ma vie. Je croyais qu'on torturait et tuait en prison. Je suis tombée malade. Une jaunisse. Tout était sombre et triste. J'ai continué à rendre des services au FLN mais ce n'était plus pareil. Je n'aimais pas ces types qui essayaient toujours de me draguer. Moi, j'agissais par devoir. Ma seule joie était la lettre quotidienne d'Henri, écrite à l'encre sympathique. Il me demandait de les détruire après lecture. Je n'ai jamais pu le faire. Il dirigeait ma vie de sa prison. » Elle obtint un travail de chercheur à l'Université de Bruxelles et entama le parcours universitaire qui ferait de la petite dactylo cairote un professeur de l'Ecole des langues orientales.

Henri et les siens se savaient sur le gril. L'été avait été démentiel. Juillet et août étaient traditionnellement des mois noirs pour le réseau car les militants non permanents et les sympathisants partaient en vacances. Les tentatives d'étalement avaient échoué là comme ailleurs. On acceptait volontiers le risque d'une villégiature de quelques années à Fresnes ou à la Santé mais pas question de renoncer aux quatre semaines estivales à Palavas-les-Flots. L'été 1960 fut pire que les autres, obligeant à des cadences folles les rares militants disponibles. Etienne Bolo : « En août, j'ai parcouru vingt-trois mille kilomètres. Je me souviens qu'une fois, en sept jours, j'ai fait Paris-Cologne-Paris puis Paris-Coblence-Paris, et qu'au retour Curiel m'a demandé de filer à Marseille chercher trente briques. Je suis resté trois nuits sans dormir ; je marchais à coups d'amphétamines. » On conçoit l'épuisement nerveux des congressistes de Saint-Cergue, réunis le 20 juillet.

Didar Rossano constate que la raréfaction militante obligea à enfreindre la règle du cloisonnement : « Mon rôle à ce moment-là n'était pas d'assumer physiquement les passages de frontière, seulement de les organiser. Mais il y a eu des trous et j'ai été obligée de les boucher, voiture ouvreuse ou voiture transporteuse selon les nécessités. Une fois, j'ai dû partir en catastrophe pour faire passer un jeune Algérien — double passage : France-Luxembourg, Luxembourg-Allemagne. A pied. Je tenais le garçon par la main pour le rassurer. Henri était furieux mais comment faire ? Je travaillais beaucoup avec Jehan de Wangen mais il m'est arrivé aussi de servir de chauffeur à Omar Boudaoud, le chef de la Fédération de France du FLN. Autant dire que le cloisonnement a été souvent bafoué, cet été-là… Il n'y a pas eu de pépins mais nous avons certainement été repérés. »

En septembre, Jehan de Wangen, qui fume trois paquets et demi de cigarettes par jour, s'éclipse d'une réunion pour refaire son plein de tabac. Un piéton photographe, surpris par sa sortie inopinée, braque son appareil sur lui, puis se met à mitrailler la rue avec une conviction peu convaincante. Plusieurs militants repèrent dans leur sillage des silhouettes suspectes. Il est établi que des téléphones sont sur table d'écoute. De nouveau, la psychose de l'arrestation s'empare du réseau. Puis l'alerte avec Joyce. Pour couronner le tout, un avocat algérien, défenseur habituel des militants FLN, passe à Etienne Bolo une information sûre : la DST prépare une quinzaine d'arrestations.

Henri exhortait au calme mais il était trop vieux clandestin pour ne pas sentir venir l'hallali. L'étau se resserrait autour de lui au point d'entraver l'efficacité du réseau. Bien qu'il lui en coûtât, son départ s'imposait. Une équipe moins repérée prendrait la relève. Il décida de rejoindre Rosette à Tunis. Là-bas, il continuerait son action sous une autre forme, avec d'autres moyens. Il était cependant sans illusions, son expulsion d'Egypte lui ayant fait mesurer les handicaps de l'exil. Or, en dépit des réticences du FLN et des zizanies intestines, il croyait au MAF. Il prit le risque de retarder son départ jusqu'à la publication du programme ; une équipe à dominante communiste achevait sa rédaction ; Georges Mattéi s'était chargé de l'impression. Le programme diffusé, le MAF aurait son assise. C'était une question de jours.

Il se cachait chez un couple de sympathisants habitant en banlieue. La jeune femme, sans expérience militante, supportait mal la tension ambiante et vivait du matin au soir au bord de l'évanouissement. Henri décida d'abréger l'épreuve et fixa son départ pour l'Allemagne au 22 octobre. Le matin du 20, Jehan de Wangen et Georges Mattéi vinrent le chercher pour une ultime réunion de mise au point. Où la tenir ? La pression policière avait raréfié les planques sûres. Ils choisirent un appartement du 176, rue de Grenelle, dont la locataire en titre était au cinéma la doublure de Michèle Morgan ; elle hébergeait en connaissance de cause Christian Mottier, membre du réseau, et son amie Marie-Claude Bouchoux. L'appartement était utilisé comme relais téléphonique mais la ligne souffrait depuis quelques temps d'un grésillement suspect, de sorte que consigne avait été donnée de ne l'utiliser qu'en cas d'urgence et sans jamais préciser l'heure ou le lieu d'un rendez-vous. Mais l'endroit pouvait être tenu pour relativement sûr dans la mesure où il n'avait servi ni de planque ni de lieu de réunion. Curiel et ses amis n'y resteraient que quelques heures — le temps de se passer les ultimes consignes et de vérifier la nouvelle répartition des tâches.

Henri monte dans la voiture de Jehan de Wangen. Georges Mattéi ouvre la voie dans la sienne. A la moindre alerte, il provoquera un accident permettant au second véhicule de prendre la tangente. Le trajet s'effectue sans problème.

Ce matin-là, Didar Rossano avait rendez-vous avec Wangen à neuf heures trente dans un square de la rue Monge. Elle l'attendit en tournant autour du square. Elle était épuisée comme tout le monde, et réfrigérée ; l'automne parisien lui semblait sibérien. Elle logeait dans un atelier délabré proche de l'Hôtel de Ville, sans eau courante ni chauffage ; la nuit, l'air froid pénétrait par la lucarne brisée ; il lui avait fallu acheter une couverture électrique pour retrouver un peu de sommeil. Rentrée chez elle, son grand bonheur était de se blottir sous sa couverture et d'écouter pendant des heures les chœurs de l'Armée rouge dont elle empilait les disques sur son pick-up. La fatigue et le froid restaient cependant peu de chose auprès du cas de conscience qu'elle venait de trancher dans la douleur mais qui continuait de la tarauder. Osmane, remarié, poursuivant à travers le monde sa carrière diplomatique, elle avait la garde de leurs deux filles. Les enfants avaient passé plusieurs années à Vence, en pension chez deux excellentes femmes spécialisées auparavant dans l'élevage des chiens, dont l'une était assez agressive lorsqu'elle avait bu. L'aînée des filles s'en tira à merveille ; la cadette eut des problèmes. Didar les reprit avec elle et toutes trois vécurent une année matériellement difficile mais de bohème exquise dans deux chambres d'un petit hôtel de la rue Victor-Cousin, près du Panthéon. Henri Curiel venait souvent passer la soirée avec elles et des militants du réseau, pédagogues ou pédiatres de profession, s'occupèrent efficacement des enfants. Pour les vacances d'été 1960, Didar avait trouvé à Argelès-Gazost un home d'enfants tenu par un couple de juifs autrichiens qui avaient fui jadis le nazisme. Mais en septembre, que faire ? Il n'était plus question de faire partager aux petites les aléas d'une vie clandestine. Didar inclinait à les laisser à Argelès. Rosette lui conseilla de passer en Suisse avec elles : une vie de famille serait là-bas possible tout en laissant à Didar maintes opportunités d'action. Henri la laissa libre de son choix. « Conscience politique ? se demande-t-elle aujourd'hui encore. Sûrement. Goût de l'action ? Sans aucun doute. Tout ce que je sais, c'est que je ne pouvais pas faire un autre choix, que je ne pourrais toujours pas en faire un autre. » Mais son récent voyage à Argelès la laissait bouleversée : « Cela avait été très pénible. Nous avions beaucoup parlé, toutes les trois. Comment leur faire comprendre qu'il fallait que je les laisse, que je ne pouvais pas agir autrement ? »

A onze heures, Wangen n'était toujours pas là. Elle se demanda s'il n'avait pas été arrêté. L'un de ses contacts téléphoniques avec lui passait par Christian Mottier. Elle appela la rue de Grenelle. Mottier lui dit : « Viens au début de l'après-midi : ils seront tous là. » C'était enfreindre l'interdiction de mentionner l'heure ou le lieu d'un rendez-vous mais Didar ne se souvient pas d'avoir bronché. La fatigue, peut-être, et la multiplication des alertes depuis quelques jours. Le fait aussi que les écoutes téléphoniques de routine se pratiquaient par enregistrement magnétique ; on savait que les policiers n'écoutaient les bandes qu'en fin de journée : la réunion serait terminée.

Elle déposa chez un militant des passeports à transformer et se rendit rue de Grenelle. Henri Curiel et Jehan de Wangen étaient au travail. Henri lui demanda d'aller à un rendez-vous avec Martin Verlet ; Christian Mottier l'y conduirait en voiture. En accompagnant Didar à la porte, il lui annonça qu'elle devrait quitter la France, elle aussi, et se replier avec Rosette et lui sur la Tunisie. Ils étaient trop brûlés pour envisager de continuer, au risque de mettre le réseau en péril. Didar voulait protester mais la profonde tristesse d'Henri et son ton suppliant l'en détournèrent. Elle se borna à lui dire qu'ils en reparleraient à son retour du rendez-vous avec Verlet.

Peu après son départ, Jehan de Wangen quitte l'appartement pour téléphoner d'une cabine publique. Au bas de l'escalier, il distingue plusieurs silhouettes dans le couloir d'entrée de l'immeuble. Il fait demi-tour, remonte quatre à quatre et ferme la porte à double tour. Henri et lui vident leurs poches. On sonne à la porte. Ils brûlent leurs papiers. Le seul document volumineux est un rapport de synthèse sur des entretiens diplomatiques franco-allemands établi à partir des informations fournies par des journalistes amis. Henri ouvre la fenêtre et déchire les feuillets. Las ! il pleut à verse : les bouts de papier, plaqués par la pluie, tombent dans la rue. En bas, les policiers s'agitent. Des passants obligeants font la cueillette des confettis ; quelques commerçants quittent même leur boutique et donnent un coup de main (Didar s'en étonnera naïvement : « Cela ne serait jamais arrivé à Londres. Londres m'a toujours fait l'effet d'une ville prolétarienne tandis que Paris n'est qu'une ville petite-bourgeoise. » Pourquoi pas ? Cela dit, la rue de Grenelle n'est pas à Ménilmontant).

Quatorze policiers de la DST font irruption dans l'appartement, mitraillette au poing. Une partie de l'équipe conduit ses prises rue des Saussaies, le reste s'installe en souricière.

Le téléphone de l'appartement était placé sur écoute permanente, c'est-à-dire qu'un policier, et non un magnétophone enregistreur, entendait en direct les conversations. La phrase de Christian Mottier : « Ils seront tous là » a déclenché la descente en force de la DST.

Didar revenait avec une décision ferme : elle ne partirait pas pour la Tunisie. Henri avait des responsabilités politiques et se situait à un niveau tel qu'il resterait utile à l'extérieur. Quant à elle, sa seule justification était de pouvoir remplir des tâches ponctuelles exigeant une certaine expérience. Et le réseau, si l'offensive policière se déclenchait, aurait plus que jamais besoin de militants entraînés.

Elle devait longtemps se reprocher son manque de vigilance. Christian Mottier garait la voiture à proximité de l'immeuble. Sans l'attendre, elle court vers la porte sous la pluie battante. Peut-être se fiait-elle trop à sa toute récente transformation physique. Selon son habitude, elle s'était rajeunie : cheveux teints en roux, coupés « à la chien », coiffés d'un paradoxal béret de parachutiste, lunettes escamotées. Ses amis la jugeaient méconnaissable. Mais elle n'allait jamais à un rendez-vous forain ni n'entrait dans un immeuble sans inspection préalable des alentours. Cette fois, elle se jette à l'étourdie dans la gueule du loup. Deux policiers l'interceptent : ils l'avaient vue descendre de la voiture de Mottier, identifié comme l'un des occupants de l'appartement du troisième étage. Didar s'en voulut de n'avoir pas même esquissé une tentative de résistance ou de fuite ; elle suivit par la suite un entraînement de judoka pour se mieux conduire en pareille éventualité. Christian Mottier, arrivé sur ses talons, se retrouva lui aussi menottes aux poignets.

Quelques heures plus tard, Georges Mattéi, inquiet d'être sans nouvelles, se fait conduire rue de Grenelle par un ami. Blotti au fond de la voiture, il constate l'envahissement policier. Le soir même, l'alerte est donnée. Avec les captures de Curiel, Didar et Wangen, le réseau est décapité. Etienne Bolo — militant essentiel — et Robert Davezies vont bientôt tomber. Georges Mattéi et Jacques Vignes — un vieux de la vieille de chez Jeanson — assurent la relève, bouchent les trous, recrutent une nouvelle génération de militants. De l'automne 1957 au 18 mars 1962, date du cessez-le-feu, le réseau de soutien aura, à travers répression policière et soubresauts internes, assuré ses services sans interruption.

Fondateur et directeur de la DST, Roger Wybot avait dit des Curiel : « S'ils entrent en France, je les fais interner au Sahara. » C'était en 1951. Ils étaient aussitôt entrés en France et la DST avait mis neuf ans à s'emparer d'Henri Curiel. Neuf années représentent une belle longévité clandestine.

Il n'était plus guère envisageable de les déporter au Sahara et, à dire vrai, le premier sentiment d'Henri fut qu'on ne savait pas trop quoi faire de lui. Quant à Didar, qui s'attendait au pire, elle eut l'impression bizarre de se trouver en face de fonctionnaires complétant paisiblement les imprimés nécessaires à une banale procédure d'expulsion. Les policiers avaient trouvé sur elle des tracts émanant du parti démocrate kurde : elle s'était liée aux Langues orientales avec des patriotes kurdes et facilitait l'impression de leur matériel de propagande. C'était un terrain sûr. Elle ne fut pas avare de révélations sur l'histoire de ce peuple attachant, sa culture d'une richesse injustement méconnue en Occident (quels poètes épiques ! Je ne les ai pas lus mais Joyce, autre kurdophile ardente, m'en a parlé pendant des heures, je me sentais devenir flicophile-kurdophobe), la nécessité enfin de réparer l'iniquité séculaire en permettant la création d'un Etat kurde. L'inspecteur dactylographe, affolé, l'interrompait sans cesse pour lui demander d'épeler les noms propres. Cela, qui dura à peu près une heure, se termina par le hurlement d'un autre inspecteur : « Mais on s'en fout, nous, de la question kurde ! » Et l'on passa aux choses sérieuses.

Même retournement, au même moment, pour Curiel et Wangen. Henri devait l'attribuer par la suite à une intervention des services américains. L'hypothèse est fragile. D'une part, le délai eût été bien bref pour une telle invention ; d'autre part, la DST disposait depuis longtemps d'informations précises sur son passé, sinon le veto de Wybot ne s'expliquerait pas. Les deux hommes refusèrent de répondre aux questions. Elles leur apprirent qu'ils étaient parfaitement identifiés mais que les policiers étaient bien loin de se former une représentation précise du réseau et du partage des responsabilités. C'était de bon augure pour les rescapés.

Didar tremblait car un inspecteur feuilletait son carnet. Il ne comportait naturellement aucun nom, aucune adresse, aucun numéro de téléphone, et les rares indications de rendez-vous étaient codées (jours et heures décalés, lieux non identifiables) mais le matin même, après avoir remis au militant les passeports à falsifier, elle avait noté en clair sur la dernière page du carnet le rendez-vous qu'il lui avait fixé pour la restitution des documents : « 19 h. métro LM ». L'heure était proche. Le repérage du militant serait aisé si la DST possédait déjà sa photo ; les passeports le trahiraient en tout cas. Et l'inspecteur approchait de la dernière page...

Un autre policier examinait la carte grise de la 2 CV de location de

Didar. Elle se tourna vers lui en mettant toute l'anxiété possible dans son regard. Il lui posa des questions. Elle répondit de manière évasive, puis lâcha que la voiture était dans un garage. « J'ai été quasiment soulevée de ma chaise et emmenée au garage par quatre policiers. Oublié, le carnet de notes ! » La fouille de la voiture dura jusqu'à vingt heures et les policiers rentrèrent bredouilles pour reprendre, mais trop tard, l'examen du carnet. La découverte du rendez-vous périmé suscita de rudes interjections.

Didar avait abandonné depuis longtemps sa 2 CV, trop repérée. Elle l'avait louée, avec son consentement, au nom de Sam Bardell, ce sous-officier anglais qui avait fréquenté jadis le Rond-Point, facilité le passage en Palestine de Rosette et de son amie Henriette, cousine d'Albert Arié, qu'il avait fini par épouser, coopéré enfin au sauvetage des démocrates grecs persécutés par ses compatriotes. Vingt ans déjà ! Mais Sam est toujours là, solide au poste, prêt à donner un coup de main. Amours anciennes, amitiés d'enfance, vieilles fraternités : invisibles passerelles jetées à travers le temps et l'espace, et qui forment leur vrai réseau à l'intérieur des réseaux. Oiseaux rares dans la couvée jeansonienne, Henri et Didar apporteront au grand public le frisson romanesque d'un couple exotique relevant de l'imagerie de l'agent international. Mais quand ils se croiseront dans un couloir de la DST, le regard qu'ils échangeront renverra à cet autre regard complice de l'aîné à l'adolescente fugueuse, jadis, dans la calèche poussiéreuse du Caire, et lorsque Didar apercevra, par une fenêtre ouverte, Henri assis mains jointes devant un aéropage policier, de l'autre côté de la cour, elle sera rassurée : « Il avait son air abouna. » Les tribulations peu ordinaires qui font aller Joyce d'une geôle égyptienne à une université bruxelloise en passant par le salon des Mauriac, Rosette d'une villa cairote à une prison suisse, Didar du Ghezireh Sporting Club à l'ambassade d'Egypte à Moscou, puis à la prison de la Petite-Roquette, Henri de Zamalek à Fresnes, de Khaled Mohieddine à Francis Jeanson, ils les traversent sans trop de turbulences parce que la permanence des acteurs assure la continuité de l'histoire. Ils bougent prodigieusement, mais ensemble. Ils ne sont point tel « un vol de gerfauts hors du charnier natal » mais comme une escadrille de canards sauvages volant d'un continent l'autre, d'une tempête l'autre, dans la paix supérieure d'une formation impeccable et d'un mouvement d'aile bien rythmé. Ils ne tombent malades que séparés. Le tonnerre des grandes catastrophes scande sans jamais l'assoupir la chronique bavarde de leur communauté — belles amours croisées (Joyce a bonne mine avec ses pruderies sur les promiscuités jeansoniennes !), brouilles répétitives où ils ressassent les griefs accumulés depuis leur préhistoire égyptienne, problèmes personnels à solution collective. Ils collectionnent les pseudonymes de clandestinité mais usent entre eux des sobriquets cocasses qui leur sont échus, à la mode du Caire, dans leur adolescence : « Soussou a vu Titi. Ils vont régler l'affaire de Mayou. » (« Joseph Hazan a vu Albert Arié. Ils vont régler l'affaire de Sarah Blau. ») On est loin de l'ambiance KGB. Le clan : cocon nourricier et bulle protectrice, car c'est une grande force que d'exister ensemble depuis si longtemps.

La DST pensa peut-être qu'il y aurait profit à jouer du passé car Didar se retrouva seule dans un bureau avec un inspecteur d'origine égyptienne censé savoir par quel bout la prendre. Il commença sur le ton tonitruant (« à la Youssef Wahbi » précise Didar pour les initiés) et avec les gestes tranchants de l'homme à qui on ne la fait pas. Il y avait de l'intimidation dans l'air. Las ! Didar eut tôt fait de le situer : un juif de toute petite extrace qui serait entré chez ses parents par la porte de service. Mettant dialectiquement l'esprit de caste au service de la lutte de classes, elle prit si bien ses distances que l'homme finit en gémissant : « Si c'est pas malheureux, sortir d'une famille comme la vôtre et se mettre au service des Arabes... » Ses collègues l'évacuèrent prestement.

Elle eut droit naturellement au bon père de famille compatissant à la douleur de ses deux filles lorsqu'elles apprendraient, là-bas à Argelès, que leur maman était en prison ; au troisième couteau à l'œil torve glissant à l'oreille de ses collègues dans un soupir sonore : « Il va falloir employer les grands moyens » ; à l'intellectuel heureux d'échanger des idées sur la querelle sino-soviétique ; à l'ancien résistant qui avouait son sincère désarroi mais le terrorisme musulman, on ne pouvait quand même pas confondre...

De temps en temps, un pick-up diffusait une samba endiablée pour couvrir les hurlements des Algériens qu'on torturait aux étages supérieurs.

Drôle d'oiseau quand même, ce Curiel. On croit le connaître et il surprend encore. D'ordinaire, c'est en changeant que les gens étonnent ; lui, c'est par son inaltérabilité. Il a un côté Fenouillard : immuable sous toutes les latitudes, imperturbable dans toutes les circonstances. Une capacité sidérante à reproduire des conduites identiques quand bien même l'expérience a montré qu'il lui en cuira. « Quel militant ! » s'exclament les uns, qui ne l'aiment pas toujours. « Quel emmerdeur ! » soupirent les autres, qui souvent l'affectionnent.

Bref, reçu à Fresnes sur un tapis rouge par les prisonniers algériens, Henri Curiel se retrouve bientôt avec, à la porte de sa cellule, une sentinelle FLN chargée de le surveiller.

Mis au dépôt avec Wangen à l'issue de leur garde à vue, il avait créé une certaine stupeur parmi les clochards algériens ramassés sur les grilles du métro en leur disant : « Ne perdez pas espoir. Votre pays est virtuellement indépendant. » Après quoi il se lança dans une série d'exercices de yoga qui portèrent l'étonnement à son comble.

A Fresnes, son formulaire d'écrou avait été vite rempli : nationalité : sans ; religion : sans ; profession : sans ; domicile : sans. On l'enferma avec Jehan de Wangen dans une cellule où croupissaient des détenus de droit commun. Quelques heures plus tard, la porte s'était entrouverte et une main leur avait tendu deux paquets de cigarettes « de la part du FLN ». Le lendemain, ils étaient transférés dans la détention algérienne.

La deuxième division de Fresnes regroupait sur ses cinq étages un millier et demi de militants algériens. Au terme d'une grève de la faim qui avait conduit plusieurs dizaines d'entre eux aux approches de la mort, ils avaient obtenu un statut très voisin du régime politique. La vie interne de la deuxième division était régie par le Front de l'aube à l'extinction des feux. Chaque journée commençait par le chant de l'hymne national suivi d'une minute de silence en hommage aux morts. Le culte, les études, les promenades et les corvées occupaient les heures selon un programme mis au point par la hiérarchie algérienne. Elle faisait régner la discipline avec des sanctions allant de la privation de tabac à la mise en quarantaine. Les détenus français du réseau, traités en hôtes d'honneur par les frères algériens, étaient parfaitement intégrés. Ils participaient aux activités les plus secrètes, comme la préparation des évasions, ou, plus tard, la constitution d'un groupe armé pour résister à un éventuel coup de main de l'OAS. Une harmonie sans ombre.

Henri Curiel, accueilli avec la déférente fraternité que lui avait méritée son rôle à la tête du réseau, commença par suggérer un regroupement à part des détenus français afin qu'ils puissent se doter d'une organisation autonome. Cela jeta un froid. Il rappela que le réseau aidait le FLN sans se confondre avec lui et que le MAF faisait de l'autonomie un principe fondamental : la captivité n'avait pas pouvoir d'abolir les principes. La direction algérienne, abasourdie, refusa de transiger sur la création d'une deuxième structure organisationnelle mais concéda volontiers ce qui n'avait jamais fait problème : les Français pouvaient bien entendu se regrouper à leur convenance. L'incident fut clos. Mais les responsables algériens gardèrent sur le frère Curiel un œil rêveur.

Ses compagnons français le considérèrent d'un œil rond. Ils étaient jeunes, dynamiques, supportaient mal la privation de liberté et rêvaient d'évasion. Or, le Vieux s'installait à Fresnes avec la béatitude d'un voyageur de commerce retrouvant ses pantoufles. « Il était en prison comme si c'était normal, s'étonne encore Simon Blumenthal. Il faut dire qu'il n'avait pas de besoins, c'était un type très austère. Sa cellule était l'une des plus vides. Simplement des bouquins. Beaucoup de bouquins, de tous genres. Ce qui m'a énormément surpris, c'est qu'il avait la collection complète des signes du Zodiaque. Et il s'en servait. Après coup, j'ai pensé que c'était un moyen de correspondre avec l'extérieur. Un système de codage. » (Mais non, Simon ! Il étudiait les signes du Zodiaque parce qu'il y croyait ! Drôle d'oiseau, on vous le dit...) Etienne Bolo : « Rencontrer Henri Curiel sous les verrous, c'était tout un poème. Il vous recevait dans sa cellule comme dans un salon, vous offrait le café, aussi souriant, aussi courtois que si rien ne s'était passé. Henri s'était appliqué à supprimer tout ce qu'il y a de traumatisant dans cet univers. Tout était organisé, les tâches réparties. On voyait Curiel cheminer dans les coursives, un volume à la main, un peu voûté, fragile, avec son éternel sourire. Il allait donner son enseignement dans une cellule comme il l'aurait fait à la Sorbonne. »

Il commença par enseigner l'histoire aux détenus algériens. Brûlant peut-être quelques étapes, il arriva assez vite à 1848 et mentionna la publication du *Manifeste communiste*. Surpris de constater que les élèves ignoraient son existence, il leur en analysa le contenu dans un souci pédagogique. La hiérarchie FLN, alertée, supprima l'enseignement de l'histoire.

Sa proposition d'une série de cours sur la réforme agraire fut accueillie avec faveur. La réforme agraire figurait au programme du FLN mais rares étaient les militants immigrés en France qui avaient eu loisir d'y consacrer quelque réflexion. Henri mit beaucoup de soin à la préparation de ses cours. Grâce aux avocats, il put réunir une sérieuse documentation sur la réforme agraire bourgeoise réalisée avant la guerre en Roumanie et sur les expériences plus révolutionnaires tentées à Cuba et en Chine. Tout se serait bien passé si le problème des minorités en Chine n'avait inopinément surgi au cours du débat. Henri exposa la conception communiste du développement autonome des minorités. La hiérarchie FLN mit un terme au cours sur la réforme agraire : elle ne souhaitait pas ajouter à ses nombreux problèmes l'épineuse question de la minorité kabyle.

Soupçonnée d'être l'antre d'un complot kabylo-communiste, la cellule d'Henri se vit dotée d'un cerbère chargé d'enregistrer les visiteurs.

L'apaisement venu, il fut autorisé à enseigner des rudiments d'italien et le français en se cantonnant au programme du BEPC. Il trouva l'expérience passionnante. Comme premier sujet de rédaction, il demanda aux élèves de raconter le livre qui les avait le plus frappés. La classe rendit copie blanche : aucun n'avait lu de livre. Partis de loin, ses élèves arrivèrent à peu près au niveau du BEPC. En classe d'italien, il remarqua un Algérien de vingt ans, ouvrier polisseur. Avec son flair de sourcier, il devina en lui un gisement intellectuel inexploité. Avec sa force d'envoûtement de sorcier (« Tu es capable de grandes choses. Tu vas faire de grandes choses ») il le « mit aux études ». Le garçon passa son bac l'année suivante. A sa libération, Henri l'adressa au professeur Laurent Schwartz, qui lui fit poursuivre des études scientifiques.

Du 2 au 20 novembre 1961, une grève de la faim massive arracha le régime politique intégral, avec droit de réunion, parloir rapproché, permission de posséder un transistor, etc. Les activistes de l'Algérie française en avaient bénéficié dès leur arrestation.

Ses rapports avec ses camarades français étaient plus paisibles. Il avait son cercle intime. Jehan de Wangen prenait ses galons de premier lieutenant. Les plus jeunes, embarqués souvent dans le soutien au FLN par révolte contre une guerre inhumaine, trouvaient chez lui l'argumentation théorique de leur engagement et sa mise en perspective historique. Certains sortirent de sa cellule communistes. D'autres, tel Simon Blumenthal, s'agaçaient de ce qu'ils nommaient sa cour, à l'instar de quelques militants égyptiens, vingt ans plus tôt... Avec Etienne Bolo, plus âgé, l'amitié n'était pas à l'abri d'un coup de torchon ; il faut dire que Bolo n'a pas le genre abouna (Didar, conquise par son audace, sa résistance physique, son style de vie à fond la caisse, s'engueulait souvent avec lui) et qu'il utilisait la machine à écrire procurée par Henri à dactylographier une traduction du *Trotski* d'Isaac Deutcher. Robert Davezies, œcuméniste par vocation sinon par tempérament, assoupissait les différends. Il y avait aussi un agent polonais, Lewandowski, de loin le plus ancien pensionnaire de la division : condamné pour espionnage, il tirait sa neuvième année de captivité. Vétéran de l'Internationale, il faisait un peu figure d'ambassadeur officieux du camp socialiste et la deuxième division lui envoya une délégation pour le féliciter du vol du Spoutnik. Davezies se lierait avec lui d'une amitié profonde qui durerait jusqu'à la mort du Polonais, en 1982.

Naturellement, Henri leur fit le coup du ramadan.

La détention algérienne avait obtenu pour la première fois le droit d'observer le ramadan. Henri demanda à ses camarades de se joindre aux frères pour marquer leur solidarité. Ils jeûneraient jusqu'au coucher du soleil et se priveraient de tabac et de boisson comme les Algériens. Etienne Bolo, marxiste athée, piquant une colère pourpre, se déchaîna contre la cucuterie hypocrite (« Un franciscain doublé d'un jésuite », dira-t-il de Curiel, ce qui n'est pas mal trouvé). Henri rallia cependant une majorité sur sa proposition mais, lâché progressivement par ses ouailles, se retrouva seul à jeûner au dixième jour d'un ramadan qui en comporte quarante. Déconfit, il entra en grand arroi dans la cellule de Bolo : « Etienne, tu es peut-être un bon intellectuel révolutionnaire, mais tu es un jouisseur, avant tout un jouisseur ! — Moi, j'aime la vie sous toutes ses formes. — Tu es un Danton ! — Et toi Robespierre ? Veux-tu que je t'adresse le même testament que Danton ! » Ils éclatèrent de rire. Danton avait dit avant de monter sur l'échafaud : « Je lègue mes couilles à Robespierre. »

Didar aurait sans aucun doute observé le ramadan avec ses compagnes musulmanes mais le jeûne fut suspendu pour les six prisonnières, dont elle était, qui devaient tenter la belle.

Elle n'avait pas envie de s'évader. Ecrouée à la Petite-Roquette après une année d'activités frénétiques, elle aspirait au repos. Quarante ans ; moult stries blanches dans sa chevelure de jais. Et s'évader pour qui, pour quoi ? Osmane, nommé premier conseiller à l'ambassade de Tokyo, était allé récupérer les filles à Argelès. Sherif

Hetata en avait encore pour trois ans à rissoler au bagne de Hargua. Henri était à Fresnes.

Elle aimait cette vieille prison bâtie au XIXᵉ siècle dans un style néo-médiéval. Sa chambre (elle la trouvait si confortable qu'elle n'osait l'appeler cellule. « Mais tu es au *Plazza-Athénée !* » lui avait écrit son frère après description épistolaire) s'ouvrait sur une cour par une vraie fenêtre. Elle avait eu permission de la retapisser en rouge vif, sa couleur préférée. Les journées passaient vite entre les séances de yoga, les parties de volley-ball, les cours donnés par l'une ou l'autre. Elle apprenait l'arabe à Christiane Zuber, qui lui enseignait le latin. Le soir, Véra Herold préparait sa spécialité, les œufs frits dans l'huile d'olive, après qu'on eut bu l'apéritif — une noisette de confiture d'orange au fond d'un verre de vin — offert par Jackie Carré (ou bien était-ce Hélène Cuenat ?).

La surveillance était assurée par des religieuses sulpiciennes. L'anticléricalisme virulent de certaines prisonnières s'en accommodait mal. Didar les aimait bien. Elles lui rappelaient les sœurs infirmières de l'hôpital français du Caire où étaient nées ses deux filles. Infiniment sensible à la beauté des êtres, elle trouvait trop rares les apparitions de la surveillante principale, sœur Andrea, une Irlandaise grande et belle dont les yeux viraient sans cesse du bleu au gris. Sœur Hermance, chargée de la division politique, était une bonne vieille dure d'oreille, ce qui est une grande qualité du point de vue du prisonnier, qui appelait tout le monde « mon petit », menait guerre ouverte à la poussière et n'aimait rien tant qu'entendre ses taulardes chanter en chœur. Elles n'étaient pas plus de vingt détenues politiques. Une harmonie rarement troublée par les petites zizanies ordinaires. Les discussions politiques les plus âpres concernaient l'avenir de la révolution algérienne : les Françaises reprochaient aux Algériennes leur nationalisme petit-bourgeois. Didar servait d'arbitre. Tout cela ne la passionnait pas. Elle préférait se livrer aux joies de la correspondance officielle et clandestine, lire les conseils que lui envoyait le pauvre Sherif du fond de son bagne et du haut d'une expérience carcérale de dix ans (manger beaucoup de beurre, inclure le saut dans la gymnastique pour renforcer le cœur, etc.), écouter de la musique sur son transistor, et surtout dévorer des livres. Elle avait une boulimie de lecture. Un an de prison aurait fait son affaire.

Eh bien, non ! A peine débarquée, même pas le temps de souffler, elle se retrouvait à percer des trous avec des ciseaux dans les minces plaquettes de fer arrachées à son lit... Le projet d'évasion était né quatre mois plus tôt chez ses compagnes, arrêtées en janvier-février 1960, tout juste jugées. Cinq d'entre elles — les plus lourdement condamnées — tenteraient la belle. Didar était encore loin du procès mais il ne faisait aucun doute qu'elle écoperait d'au moins cinq ans, sans doute de dix, et son expérience ne serait pas superflue dans une entreprise audacieuse : les annales de la Petite-Roquette n'avaient jamais enregistré d'évasion collective.

Piégée par son personnage — « comment refuser de participer à une action militante quand on est communiste ? » — Didar n'osa pas refuser de prendre le train en marche. Mais elle se fit promettre par les Algériennes d'être envoyée dans un maquis si le coup réussissait. Elle croyait au succès : « Une équipe de militantes, c'est forcément génial. »

Jackie Carré, ouvrière spécialisée, un mètre cinquante de haut, vive, passionnée, toujours amoureuse (elle le fut un peu de Didar), perturbée par le décalage entre son milieu d'origine et l'ambiance intellocratique du réseau Jeanson, mais surmontant ses contradictions par l'action, Jackie s'était procuré deux lames de scie à métaux.

Hélène Cuenat, professeur de lettres, pilier du réseau, surnommée « la tigresse » par la presse pour sa pugnacité face aux flics venus l'arrêter, confectionne à partir d'un cintre une clé permettant d'ouvrir les portes des cellules — mais de l'extérieur...

Micheline Pouteau, agrégée d'anglais, un physique de basketteuse avec des bras qui n'en finissent pas, lima la grille de son judas pour la rendre amovible, de sorte qu'au bout de son long bras, sa main atteignait la serrure, lui permettant d'ouvrir sa porte avec la clé d'Hélène et de libérer ensuite ses compagnes.

Zina Haraigue, brune aux yeux verts, prise avec neuf valises contenant cent vingt-sept mitraillettes, sœur d'Omar Haraigue, longtemps chef de l'Organisation spéciale du FLN en France, trois fois condamné à mort par contumace, Zina confectionna avec les autres les cordages destinés à devenir échelles. Fatima Hamoud, sixième et dernière équipière, tressait elle aussi les bas dont les torsades gainées de fils en nylon supporteraient le poids des évadées. Les barreaux de la future échelle furent empruntées aux tables des cellules ; la barre transversale, raccourcie, semblait prédisposée à cet usage.

Tout cela accompli dans les transes d'être découvertes, avec dix idées avortées pour une qui fleurit et cent problèmes subsidiaires à régler. Par exemple, évacuer définitivement de la division les détenues de droit commun préposées au nettoyage des sols en démontrant à sœur Hermance que le carrelage brille mieux sous une poigne politique ; « c'est bien, mon petit, c'est bien ! » hurlait Hermance de sa voix de stentor. Commencés en octobre 1960, les préparatifs occupèrent quatre mois. Février 1961 ouvrit la phase finale.

L'échelle de corde permettrait de descendre les cinq mètres séparant les fenêtres du premier étage de la cour. Mais le mur d'enceinte, haut de six mètres cinquante, ne pouvait être franchi qu'avec une aide extérieure. Un premier contact est rompu par l'arrestation des militants concernés. C'est finalement l'équipe de Roger Rey qui interviendra. Les hommes balanceront par-dessus le mur d'enceinte une corde à nœuds.

Il reste à scier au moins l'un des barreaux défendant les ouvertures du premier étage. Le plus simple serait de choisir l'une des fenêtres du couloir mais la scieuse — les scieuses : ce sera long — risqueraient d'être aperçues de l'immeuble d'en face, dont la plupart des appartements abritent le personnel administratif de la prison. Force est de se rabattre sur la petite ouverture éclairant les toilettes installées dans une tour. Elle a l'inconvénient d'être protégée par une persienne fixe à jalousie qui obligera à scier de biais. Or, les barreaux sont systématiquement vérifiés par un garde du service de sécurité le mardi et le vendredi. L'opération devra donc être accomplie en trois jours au plus. Des tests effectués sur un pied de lit sont rassurants.

Le sciage fut un vrai cauchemar. L'opératrice devait passer le bras entre deux lattes de la persienne — le bras gauche, étant donné la disposition des lieux — et manier une lame nue qui mordait mal puisqu'elle mordait de biais. Des alertes continuelles interrompaient le travail ; c'était sœur Hermance signalée dans la division, un gardien faisant sa ronde dans la cour, des détenues de droit commun allant aux toilettes de l'étage supérieur ou inférieur et qui auraient pu être alertées par les grincements. Les six candidates à l'évasion travaillent par équipes de deux tant les crampes viennent vite aux mains. L'une surveille, l'autre scie.

Rendez-vous a été donné à l'équipe de Rey dans la nuit du mercredi 22 février. Trois voitures et une camionnette prennent position autour de la prison. Les militants chargés de lancer la corde à nœuds attendent vainement le signal : une poignée de pièces de monnaie jetée par-dessus le mur. Le dispositif d'accueil est levé. Le barreau résiste.

La journée du mercredi met les doigts et les nerfs à vif. On progresse, mais trop lentement. Par bonheur, le ramadan repousse l'extinction des feux à une heure du matin. Pour meubler la soirée et couvrir le grincement de la scie, Micheline Pouteau et Véra Herold organisent un spectacle de marionnettes avec scènes de Molière et danses algériennes, le tout accompagné d'une musique puissante.

Sœur Hermance somnole, sa tisane du soir ayant été gratifiée d'une pincée de soporifique. L'intérêt du spectacle n'est pas seulement de couvrir le bruit : il tient éloignées des toilettes les détenues de la division qui ne sont pas au courant du projet.

A une heure du matin, la première coupure du barreau n'est pas terminée ; il faudra deux coupures pour pouvoir l'ôter. Micheline Pouteau sort de sa cellule dans la nuit et achève seule le travail. Dans le silence nocturne, le grincement de la scie est d'une sonorité redoutable. Dehors, l'équipe de Rey fait chou blanc pour la deuxième fois.

Le jeudi matin, conseil de guerre. C'est le dernier jour. Demain, la ronde de sécurité détectera l'entaille. Les affidées décident de mettre toute la division dans le secret, seul moyen d'obtenir libre disposition des toilettes toute la journée. Christiane Zuber et Didar se lancent dans un lessivage à grande eau des sols et s'attaquent même aux vitres des fenêtres du couloir, ce remue-ménage justifiant un transistor tonitruant ; sœur Hermance est aux anges.

Dans la journée, alors que Didar est au poste d'observation près de la scieuse, elle voit deux hommes aller et venir dans la cour, transporter diverses choses, dont une échelle, qu'ils rangent dans une remise. « Tous ces détails s'enregistrèrent automatiquement dans ma mémoire. Sans raison, puisque notre projet ne prévoyait pas une échelle qui, de toute façon, serait trop courte pour escalader un mur de près de sept mètres. Je suppose que je les enregistrai parce qu'à cette période de ma vie, j'avais pris l'habitude de tout enregistrer. »

La deuxième coupure du barreau est terminée en fin d'après-midi. Il ne tient plus que par un fil d'acier.

Les « partantes » sont reçues dans la cellule de Hafida, militante du Front, pour une soirée d'adieu. On s'embrasse, quelques-unes pleurent. A une heure trente, dernière ronde de sœur Hermance. A deux heures trente, le commando se met en tenue : survêtement et chaussures légères ; Didar a pris soin de teindre ses cheveux blancs. Un traversin sous les draps en cas de ronde inopinée. Deux ou trois crochets-clés fabriqués par Hélène Cuénat sont laissés en évidence sur les tables pour que les enquêteurs ne croient pas à une complicité interne (mais la pauvre Hermance, soupçonnée, sera rudement questionnée par la DST).

Les six sont dans les toilettes, piaffantes d'impatience. Jackie Carré procède à l'ultime opération : l'arrachage de la persienne. Elle a préparé le travail en la découpant en pointillé avec le bout d'un tisonnier chauffé à blanc dans le grand poêle du couloir. Malgré cela, la persienne résiste. Le boucan est épouvantable. Si Hermance, qui dort dans sa chambre toute proche, n'était pas affligée d'une bienheureuse surdité, la tentative finirait là.

Le barreau est ôté ; l'échelle de corde, déroulée.

Une inquiétude : un gros fil électrique passe au ras de la paroi extérieure. Ignorant s'il était sous tension ou relié à un système d'alarme, les prisonnières avaient décidé de l'isoler sous un rouleau de couvertures ficelées autour d'un balai. Le paquet, trop gros, ne passe pas. On s'efforcera d'éviter le fil.

Jackie Carré plonge la première. Bruit métallique : elle a atterri dans un tas de vieilles ferrailles déposées au pied de la tour. Didar est l'avant-dernière. Au bas de l'échelle, elle trouve Jackie cherchant quelque chose à tâtons : « J'ai perdu ma ballerine. » (« Dans ce type d'action, enregistre Didar, qui a aux pieds des chaussures de tennis, il faut toujours avoir des chaussures souples, mais à lacets. C'est simple : toutes celles qui avaient des ballerines les perdirent à un moment ou à un autre. Les chaussures de tennis, par contre, tout aussi légères, tinrent bon jusqu'à la fin. » Réaction typiquement curiélienne qui, au fil des expériences, finit par constituer un solide bagage technique. L'équipe de Rey, pourtant pas les deux pieds dans le même sabot, a sué sang et eau et vécu mille morts avant de dégotter une corde à nœuds. Après avoir écumé en vain les magasins spécialisés dans la spéléologie — on y travaille à la commande et les délais sont longs —, une fille a l'idée toute bête de tenter sa chance au *Bazar de l'Hôtel-de-Ville,* qui débite de la corde à nœuds en-veux-tu-en-voilà. Ouf ! Un curiéliste sait toujours où trouver une corde à nœuds et il dispose, d'autre part, d'une analyse théorique de la corde à nœuds situant celle-ci à sa juste place dans la lutte de classes. Lorsque les détenues de droit commun sont mises à l'écart de la division politique dans un évident souci de sécurité, Didar note : « Plus question d'enquête sur les conditions de détention de cette prison où, le soir, on peut entendre des hurlements hystériques qui indiquent bien que le système pénitentiaire de leur pays intéresse moins les intellectuels français dits de gauche que celui qui existe ailleurs, dans les pays socialistes par exemple... » Quant à la règle selon laquelle deux détenues ne peuvent partager une même cellule — il faut être seule ou à trois — pour éviter la formation de couples, Didar trouve qu'elle relève « d'une morale pour le moins périmée dans une société où la torture est implicitement admise et où les fortunes sont bâties sur l'exploitation des autres ». Ingéniosité pratique et inexorabilité idéologique sont les deux mamelles de la *gens* curiélienne.)

Jackie a perdu sa ballerine. Tant pis. Au bruit cristallin des pièces lancées par les femmes répond la divine musique des pièces lancées en retour par les hommes de Rey. Groupées au pied du haut mur, elles attendent la corde à nœuds. La voici ! A son extrémité est noué un filin se terminant par un crochet enfoncé dans un savon de Marseille. Le savon est destiné à assourdir le choc. Les prisonnières devront l'ôter et il ne leur restera plus qu'à relancer la corde de manière à bloquer le crochet sur le rebord extérieur du mur. Catastrophe ! la corde s'est coincée dans une anfractuosité au sommet de la muraille fissurée et écaillée par l'âge. Le lanceur, Denis Berger, tire tant qu'il peut pour la décoincer : elle ne bouge pas. Il se décide à grimper lorsqu'un bruit de moteur lui fait tourner la tête. Une voiture de police tourne le coin de la rue. La camionnette s'esbigne. Les flics la prennent en chasse. Berger disparaît à son tour.

Le morceau de savon se balance insolemment à plusieurs mètres au-dessus des têtes du sextuor hébété. Pyramide humaine. Au sol, Micheline Pouteau et Fatima Hamoud, les plus costaudes. Sur leurs épaules, Didar et Zina Haraigue. Au sommet, Hélène Cuénat. Le savon est à cinquante centimètres du bout de ses doigts. Sans espoir. Et puis la pyramide s'écroule.

Il faut trouver autre chose. Les six s'éparpillent. « Attention, pas à droite ! » se répète Didar. Le poste de garde est à droite. Elle se rappelle en un éclair sa fugue à quatorze ans : elle avait donné droit dans un commissariat pour éviter un flic en faction sur un trottoir...

Un chien aboie. La première ronde est à cinq heures. Les projecteurs fixes de la prison sculptent les vieilles murailles, éclaboussant de lumière les espaces découverts.

Sur la gauche, une baraque est adossée au mur d'enceinte. Il suffirait d'atteindre son toit pour pouvoir se hisser sur la muraille. « On ne va quand même pas sauter de cette hauteur ! » s'inquiète la minuscule Jackie. « Je vais me gêner ! » répond Hélène Cuénat, farouche. Mais comment monter sur le toit ? Le banc de la mère supérieure ! Elles l'ont repéré au passage. Aussitôt dit, aussitôt fait. Hélène et Didar plaquent le banc contre la baraque. Il comporte sous la planche deux barres croisées qui devraient faire échelle. L'échelle ! Didar, illuminée, souffle à Hélène : « Il y a une échelle dans cette baraque ! Je l'ai vue. » Ouvrir la porte serait un jeu d'enfant pour une technicienne de la force de Jackie. Hélène ne l'écoute pas. Elle tente l'escalade du banc, tombe, recommence, mais ce sacré banc ne cesse de glisser... « L'échelle ! » halète Didar. Personne ne l'entend. Jackie répète mécaniquement : « Ma ballerine ! J'ai perdu ma ballerine ! » Les autres s'agitent. « Ce n'était pas l'affolement, affirme Didar, mais le désordre. » On veut bien. Finalement, sans concertation préalable, elle se retrouve en train de faire la courte échelle aux cinq autres, qui disparaissent sur le toit.

Elle est seule. « Accroupie dans le recoin de la cabane, je pouvais voir mes camarades progresser sur le mur à quatre pattes, comme des chattes. Spectacle grandiose avec des lumières et des ombres à la Hamlet, moment exceptionnel dont vous savez qu'il vous appartiendra à jamais. Encore aujourd'hui, le réflexe de retenir mon souffle. »

Seule. Elle s'interrogera longtemps sur les raisons qui l'ont poussée, en un acte réflexe, à s'oublier pour sauver les autres. Conscience politique ? Besoin d'être exemplaire ? Ou bien, parce qu'elle est la plus âgée, transfert sur ses compagnes des sentiments maternels qu'elle aurait voulu mieux dispenser à ses filles ?

Elle roule un tonneau vide jusqu'à la cabane. Il n'est pas assez haut.

Des bruits de pas. Un gardien, sans doute. Elle se prépare à faire diversion. Surprise : c'est Zina Haraigue revenue la chercher. Jackie l'accompagne. Sang-froid recouvré, elles trouvent la solution au problème : Jackie fait la courte échelle aux deux autres, puis est hissée par elles sur le toit de la cabane — elle est légère.

Hélène Cuénat aurait sauté si Micheline Pouteau n'avait eu idée de progresser sur le mur jusqu'à la corde coincée. Les trois retardataires entament le même parcours : deux cents mètres sur un ciment incrusté de pierres tranchantes et de tessons de bouteilles. Les cloches de la chappelle sonnent, appelant les sœurs à la prière. La rue s'éveille. Elles parviennent à la corde, se laissent glisser. Didar : « Le sentiment de légèreté qui s'empara de moi lorsque mes pieds touchèrent terre est inoubliable. Aujourd'hui encore, vingt ans après, je suis prise d'une envie de me lever de ma chaise, et de danser, de tourner, de voler... »

Hélène, Micheline et Fatima ont déjà filé. Après quelques tribulations, elles atteindront le point de chute indiqué par Rey. Le problème est que Micheline est la seule à connaître l'adresse dudit point de chute. « Mesure de sécurité inepte, dogmatique », constate à juste titre Didar, qui se retrouve sur le trottoir avec Zina et Jackie, et vingt francs en poche. Un taxi. « Métro Blanche », indique Didar. Elle voulait dire : « Maison-Blanche », dans le treizième arrondissement (le treizième sera pendant vingt ans l'arrondissement curiéliste par excellence). Finalement, Pigalle est un bon choix : elles ont l'air de touristes en goguette. Jackie est pieds nus. Didar s'est blessée à la main gauche. Elle tonitrue en anglais sous l'œil torve des portiers de boîtes de nuit. Où aller ? Zina Haraigue se souvient tout à coup de l'adresse d'une Algérienne récemment libérée sous caution. Second taxi. Didar donne évidemment un faux numéro de rue au chauffeur.

Le numéro n'existe pas. Le chauffeur, perplexe, stoppe devant le mur du cimetière du Père-Lachaise. Il y a du flottement. « C'est parfait », tranche Didar. L'homme reçoit le prix de la course avec un long regard sur la main gonflée, tuméfiée, virant au violet. Il ne soufflera mot à la police (« les travailleurs, c'est quand même autre chose que les commerçants ! » note Didar).

L'amie de Zina les conduit dans un hôtel algérien tout proche. L'accueil est réservé. Qu'est-ce que c'est que cette histoire ? On les enferme dans une chambre. Mais la radio ne tarde pas à diffuser la nouvelle de l'évasion, que la presse écrite annoncera sur cinq colonnes à la une. Explosion de joie, congratulations, embrassades. Un couscous arrive des cuisines. Dans l'escalier s'installent des militants armés de mitraillettes : on ne reprendra pas sans casse les sœurs évadées.

Cette fois, Didar a réussi sa fugue.

Henri attendit la fin de la guerre dans sa cellule, ne prêtant qu'une oreille distraite aux multiples projets d'évasion qui enfiévraient ses amis. Quelques Algériens réussiront ; Bolo manquera la belle d'un cheveu ; Roger Rey, extraordinaire d'activité, était à l'extérieur la cheville ouvrière de presque toutes les tentatives.

L'évasion lui eût infligé les inconvénients d'une clandestinité hasardeuse sans lui rendre une réelle possibilité d'action. Il était grillé pour le soutien. Et le MAF n'avait pas pris. Georges Mattéi, réquisitionné par les tâches pratiques, avait bien imprimé le programme « par fidélité au Vieux » mais avait borné là son effort. Il n'était pas d'accord avec la volonté affirmée par Curiel de diriger le mouvement depuis Fresnes. Certes, les moyens de communication de toutes sortes ne manquaient pas mais un prisonnier ne pouvait vivre la réalité comme les hommes de terrain. Et le terrain changeait. Le FLN continuait d'être l'objet d'une répression impitoyable (la police parisienne, placée sous les ordres du détestable Papon, écrirait la page la plus noire de son histoire depuis la rafle du Vel' d'hiv en massacrant, le 17 octobre 1961, plusieurs centaines d'Algériens manifestant pacifiquement), mais il était désormais évident que l'adversaire prioritaire du pouvoir serait la fraction la plus dure de l'armée et les tenants irréductibles de l'Algérie française, bientôt rassemblés au sein de l'OAS. Les organisations politiques et l'opinion publique, si réticentes à se mobiliser en faveur des patriotes algériens, allaient s'engager contre les extrémistes français. Le MAF, dans ce paysage revivifié, perdait de ses couleurs. Il devait drainer vers le soutien au FLN les masses militantes découragées par l'inertie de la gauche ; la gauche va les engager dans la lutte contre l'OAS ; le résultat pratique est le même, si les motivations sont différentes. Un Front de soutien à la révolution algérienne créé en septembre 1961 échouera lui aussi à prendre racine. Les Français ne s'intéressent pas à l'avenir de l'Algérie. Ils veulent la paix en Algérie pour avoir la paix en France.

D'octobre 1960 à juin 1962, vingt mois d'étude, de lecture, d'écriture. Les photos de sa cellule pourraient avoir été prises dans une turne de normalien. Le bureau et les étagères sont surchargés de livres, de dossiers. La corbeille à papier déborde de brouillons chiffonnés. Un bouquet de roses dans un vase et un énorme transistor sur la table de chevet. Le fameux sourire. On ne lui donnerait vraiment pas ses quarante-huit ans. Il est en pleine forme, comme toujours en captivité, remplumé, détendu. Les repas sont pris en commun. Voici une tablée de cinq convives. Lui, Lewandowski, Robert Davezies, Jean-Claude Paupert, Gérard Meier. Un bouquet de muguet dans un pot de confiture ; bière, vin, cigarettes. Visages paisibles, souriants. Ce n'est pas cette fois-ci qu'Henri, très excité, s'est assis à table en réclamant le silence : « J'ai une grande nouvelle à vous annoncer. Les Soviétiques viennent de publier un livre où l'inexistence de Dieu est démontrée scientifiquement. » Alors Davezies : « Arrête tes conneries, tu veux ? » Mais Curiel : « Que ça te plaise ou non, le fait est que les Soviétiques... » Davezies se lève et se retire dans sa cellule, où une délégation composée d'athées vient le convaincre de rejoindre leurs frugales agapes. Brouilles sans lendemain. Davezies n'oublie pas cette conversation à Genève, c'était en 1959 ou 1960 au café *Candole* jadis fréquenté par Lénine, ils étaient absolument crevés, Henri et lui, et soudain, après un long silence, Henri qui murmure : « Tu sais ce qu'on devrait faire, Robert, quand la guerre sera finie ? On devrait s'occuper des vieux. Ils ont trop de problèmes et personne ne s'en occupe. » Une émotion nue sur son visage creusé par la fatigue. Alors, les démonstrations scientifiques des camarades moscovites... Il agace mais on fait avec. Même chose pour Blumenthal, qui l'écoute chanter la gloire de l'Union soviétique en se demandant : « Il fait semblant ou il se fout de moi ? » Souvent, Henri conférencie pendant ses séances de yoga. Un type qui vous vante le système kolkhozien dans la position du lotus a droit aux circonstances atténuantes.

Jehan de Wangen quitta Fresnes un an avant les autres. Sa famille avait des relations.

Les visites abondaient. L'avocate Michèle Beauvillard allait à Fresnes deux fois par jour. Elle arrivait légère, repartait alourdie. Jacques Mercier parlait politique plutôt que procédure car il savait de source bien informée que le procès Curiel n'aurait jamais lieu : le procès Jeanson avait suffi au bonheur du gouvernement. Le père Kaelin, venu en robe de dominicain, trouva Henri « parfaitement en forme, presque heureux ». André Weil-Curiel était un visiteur assidu.

Raoul vint chaque semaine. Il était rentré en France en 1960 après des années de travaux archéologiques en Afghanistan avec son ami Daniel Schlumberger, qu'il avait quitté en 1954 pour prendre la direction des services archéologiques du Pakistan. Il avait passé à Islamabad les cinq années « les plus heureuses de sa vie », connu une réussite professionnelle éclatante, décliné avec sa courtoisie habituelle une offre de recrutement des services de renseignements soviétiques. A Paris, il avait renoué avec Henri Seyrig, père de la comédienne Delphine Seyrig, qu'il connaissait de longue date. Seyrig, nommé par André Malraux directeur des musées de France, lui avait proposé de travailler avec lui. Directeur adjoint, Raoul avait offert sa démission à Malraux après l'arrestation de son frère mais le ministre avait balayé la proposition d'un grand geste du bras. Henri Seyrig, de son côté, ne faisait pas mystère de ses sympathies pour les Algériens. La DST n'en gardait pas moins Raoul sous surveillance étroite.

Henri écrivait inlassablement. L'essentiel de sa correspondance sortait de Fresnes par des voies officieuses et beaucoup de missives étaient rédigées à l'encre sympathique. Lettres politiques aux militants du soutien qui l'avaient suivi au MAF ; à ses innombrables correspondants, contacts, informateurs ; au clan des Egyptiens. Lettres personnelles à Joyce, engagée dans son marathon universitaire ; à Rosette, pour laquelle il se faisait un souci noir. Emergeant lentement de sa dépression, Rosette avait quitté la Belgique « comme on sort d'une tombe » et s'était installée en Italie, d'abord chez les Nahum, à Milan, puis chez un ami syndicaliste à Rome. Elle y resterait jusqu'en 1963, menant la vie d'une touriste, sans aucune activité politique.

Didar, au contraire, n'aspirait qu'à l'action. Henri lui avait écrit sa fierté et sa joie du bel exploit accompli avec ses cinq compagnes, et lui avait conseillé de reprendre le travail à Bruxelles, où le réseau l'avait évacuée avec Zina Haraigue après que la comédienne Catherine Sauvage les eut faites méconnaissables par un savant grimage. Mais le groupe de soutien bruxellois la tenait pour brûlée et préférait se passer de ses services. Juste retour des choses : il était d'obédience jeansonienne... Didar notait, mélancolique : « Si c'était pour rester

344

planquée à ne rien faire, à quoi bon s'être évadée d'une prison très acceptable ? » C'était le raisonnement d'Henri. Ses filles étaient à Tokyo avec leur père. A la fin, elle obtint du FLN d'être envoyée « aux frontières », première étape vers le maquis. Hélène Cuénat et Jackie Carré décidèrent de l'accompagner. Comme Rosette Curiel leur avait fait une peinture épouvantable de la « corruption » et de la « dissolution des mœurs » en Tunisie, elles optèrent pour le Maroc : « Nous voulions une atmosphère rigoureuse. » Train de Bruxelles à Rome, puis avion jusqu'à Casablanca. Les trois évadées furent présentées aux soldats de l'ALN, qui acclamèrent leur prouesse déjà fort célébrée en France, mais leur candidature à un service d'infirmière dans un maquis fut repoussée : l'ALN ne voulait plus d'infirmières, qu'elles fussent Algériennes ou Européennes, « il y avait eu des histoires », les soins médicaux étaient dispensés exclusivement par des hommes.

Didar et Hélène Cuénat travaillèrent au service de presse de la Mission algérienne de Rabat, ambassade officieuse. Didar préparait des dossiers de documentation ; Hélène, dotée d'une belle voix, parlait à la radio algérienne. C'était servir mais Didar avait espéré mieux. Une blessure intime l'atteignit si grièvement qu'elle dut pour un temps abandonner son travail. Elle avait proposé à Osmane de lui envoyer les filles, dont les études à Tokyo se révélaient problématiques alors que Rabat disposait d'un excellent lycée français. Il lui opposa un refus sec « à cause de ses idées ». Osmane ! le compagnon de militance de ses vingt ans...

A la fin de la guerre, établie à Oujda, elle enseignait des enfants algériens réfugiés au Maroc.

Le 18 mars 1962, à cinq heures de l'après-midi, les transistors de Fresnes annoncèrent la signature des accords d'Evian. La deuxième division se vida de ses Algériens. Henri Curiel quitta sa cellule le 14 juin. Ses compagnons de détention Gérard Meier et Jean-Claude Paupert restèrent dans la leur dix-huit mois de plus, tout comme Véra Herold à la Petite-Roquette. Beaucoup de déserteurs ou d'insoumis ne furent autorisés à rentrer en France qu'en 1966.

Un arrêté d'expulsion avait été pris contre Curiel le 9 novembre 1960, trois semaines après son arrestation. Il lui fut signifié. Un fonctionnaire de police, même libéral, chargé d'appliquer les lois et règlements, ne pouvait que trouver naturelle l'expulsion d'un apatride entré illégalement en France onze ans plus tôt et incarcéré pour des actités subversives justifiant le maintien en détention de jeunes citoyens français dix-huit mois après le cessez-le-feu. Dans le cas de Curiel, l'expulsion n'eût même pas été contrariée par la difficulté coutumière avec les apatrides, qui est de trouver un pays disposé à les accueillir : l'Algérie indépendante ne pouvait qu'ouvrir les bras à un homme qui l'avait si bien servie.

Henri Curiel obtint l'autorisation de rester en France avec permis de séjour renouvelable tous les trois mois. Les services de police français, où les libéraux ne sont pas légion, ne comprirent pas cette faveur pour eux exorbitante. Ils en conçurent un dépit durable.

Les hommes qu'Henri Curiel avait aidés en Egypte au début des années quarante retrouvaient chaque mercredi au conseil des ministres ceux qui avaient pu, grâce à lui, renouer avec Le Caire, à la fin des années cinquante, les liens sottement rompus par l'expédition de Suez. La décision de ne pas expulser fut prise au sommet de l'Etat. En 1962, il culminait à très haute altitude.

Mais la page algérienne tournée resterait maculée de taches de haine plus corrosive que la rancœur policière, et qui ne sécheraient pas.

On dut bientôt en prendre son parti : le soleil rouge de la révolution ne se levait pas sur Alger et ses rayons n'embraseraient pas Paris. Une fois de plus, le décolonisé décevait cruellement l'ex-colonisateur. Ben Bella, Boumedienne, Chadli — et puis quoi ? Un Edgar Faure de Tizi-Ouzou ?...

Certains ne pardonnèrent pas à Curiel d'avoir eu raison. Sur sa personne si apte à susciter des réactions en tout sens se cristallisa le ressentiment né de la frustration. Des jeunes gens confits dans l'aigreur se prirent de haine pour le briseur de rêve. La haine : le mot n'est pas trop fort. Il est celui par qui l'avenir a manqué, l'avorteur de la révolution. « Je ne lui pardonne pas, continue de clamer aujourd'hui tel d'entre eux, d'avoir cassé en 1960 l'ébauche d'un Mai 68. » Défense de rire. Quinze ans durant, ils vont distiller le doute, répandre la rumeur, multiplier l'allusion. Les futurs détracteurs d'Henri n'auront qu'à se baisser pour ramasser ces misères.

Il n'est pas sûr qu'Henri Curiel ait été assassiné par des mots avant de l'être par des balles. Si c'est le cas, les balles venaient de l'autre camp ; les mots, souvent du sien.

Ceci encore :

Le lecteur a pu légitimement s'agacer d'un certain côté gnangnan du personnage, ou de sa représentation : le petit saint Martin de Zamalek toujours prêt à donner son manteau à un nécessiteux (il l'a fait, nous avions oublié l'anecdote), le leader prestigieux bassinant les pieds meurtris de ses militants, le chef de réseau que ses responsabilités n'empêchent pas de verser une larme sur les petits vieux délaissés, l'ascète faisant fi des douceurs matérielles, l'apôtre possédé par sa foi et ne possédant qu'elle...

Or donc, ceci qui nous saisit peut-être parce qu'une modeste pratique militante nous a appris que tel qui marcherait bravement au poteau en chantant l'*Internationale* ou *la Marseillaise* déploiera des ruses infernales pour éviter le trésorier de sa cellule ou de sa section.

Le 27 octobre 1964, Henri et Raoul Curiel se retrouvèrent devant

Mᵉ Jean Thion de la Chaume, notaire à Paris, en son étude du boulevard de Sébastopol. L'acte notarié avait été préparé par un clerc, comme c'est l'habitude, de sorte que le notaire le découvrait en même temps qu'il en donnait lecture aux deux frères. Lorsqu'il en fut à la vingt-troisième ligne, le visage de Mᵉ Thion de la Chaume commença de s'empourprer, phénomène rare chez un notaire, surtout de la stature de celui-ci, car un notaire a tout vu et tout entendu, et l'excellent homme, s'étranglant au milieu de la deuxième page, leva les yeux vers ses deux clients et proféra : « Ce n'est pas possible ! Vous savez ce que vous faites ? » Je suis sûr qu'Henri avait son air abouna ; Raoul devait se retrancher derrière un sourire d'exquise urbanité. Mᵉ Thion de la Chaume, expédia sa lecture, comme pressé d'en finir avec une polissonnerie peu compatible avec sa dignité. On se sépara. Raoul s'en retourna à son logement de fonction de la rue du Pré-aux-Clercs ; Henri réintégra les trois pièces mises à sa disposition par la mère de Michèle Beauvillard. L'acte prévoyait la donation à la République algérienne démocratique et populaire, qui en ferait son ambassade, de la propriété de Zamalek, deux hectares et demi dans le quartier le plus recherché du Caire, les pièces de réception et de service, les dix-sept chambres... L'idée, venue d'Henri, avait été accueillie avec enthousiasme par Raoul, jamais en reste pour tenir l'argent à distance.

Un Cairote averti, dodelinant du chef, me disait en janvier 1981 que, compte tenu du marasme des affaires, la propriété pouvait valoir un milliard et demi d'anciens francs.

Cet hiver-là, elle était vide. Des soldats égyptiens en uniforme noir montaient la garde devant le portail, fusil d'assaut à la hanche. L'Algérie avait rompu ses relations diplomatiques avec l'Egypte à la suite des accords de Camp David. Un panneau brinqueballant indiquait que la légation d'Inde était chargée du règlement des affaires courantes. Situation typiquement curiélienne.

TROISIÈME PARTIE

LE MONDE

Il a compris.

La marginalité est son lot. Il y est assigné à résidence. Expulsé d'Egypte et d'Italie, clandestin en France, puis résident sursitaire. C'est peu de chose. La marginalité est son destin politique. Rejeté par les partis communistes, y compris celui qu'il a contribué à créer, refusé par la gauche française. Apatride et paria. Il ne le ressent pas comme un échec. L'échec n'existe pas en politique. Toute action laisse sa trace, enfouit ses graines. Et il n'est pas homme à ruminer le passé. Mais dans sa cellule de Fresnes, il lui faut bien, pour penser l'avenir, tirer les leçons du passé. Il s'est investi deux fois dans le champ politique classique. Le mouvement communiste égyptien l'a exclu parce qu'il était l'Europe. La gauche française du soutien, au-delà des bonnes ou mauvaises raisons circonstancielles, a récusé en lui une image trop peu exaltante du tiers-monde. Métis de deux sociétés, il a trop pris de chacune pour être acceptable à aucune. Contradiction apparemment insoluble. Il va la résoudre en fabriquant du plus avec du moins, en transformant ses handicaps en atouts. Opération possible à condition de se situer à un niveau d'extraordinaire modestie. Car s'il a rêvé jadis — nous n'en savons rien — d'être le Lénine de l'Egypte, ou plus récemment de s'insérer dans le jeu politique français à un niveau de direction — c'est peu probable —, ces ambitions sont désormais obsolètes. Il sera homme charnière.

Il sait ce qu'est le tiers-monde : il y est né. Il n'a pas appris sa détresse à travers des chiffres mais dans la puanteur de la maladie et de la mort. (Hazan : « Ne jamais oublier que c'est la misère du peuple égyptien qui l'a conduit à la politique. ») Il a découvert la violence du sentiment national dans une prison où d'honorables patriotes égyptiens souhaitaient la victoire de Hitler sur Churchill. Il sait les pesanteurs et les lenteurs de l'Histoire, et ses détours. Il a éprouvé la difficulté de construire une organisation politique illégale à partir du néant, avec des militants riches d'enthousiasme, démunis d'expérience. La part faite aux spécificités exotiques, son vécu lui ouvre le dialogue avec n'importe quel militant du tiers-monde ; sa pratique l'introduit de plain-pied dans la difficulté d'être d'un mouvement de libération nationale d'Afrique ou d'Amérique latine.

Il est aussi, par formation intellectuelle et grâce à ses immenses lectures, le dépositaire de l'expérience révolutionnaire accumulée en

Europe, singulièrement en France. Il côtoie depuis dix ans des hommes et des femmes qui ont appris la clandestinité sous l'occupation nazie. Il est à Fresnes avec des jeunes gens rôdés à la militance illégale. Il a pu apprécier à quel point l'aide technique du réseau avait multiplié l'efficacité du FLN.

De là l'idée de créer une organisation procurant aux mouvements de libération du tiers-monde les moyens et techniques accumulés en Europe. Un MAF nouvelle manière ? Le MAF aurait eu la même vocation mais son programme prévoyait d'actionner partis et syndicats de gauche ; il serait allé au tiers-monde en s'efforçant de tirer avec lui les mastodontes politiques, en mobilisant en tout cas leurs militants les plus dynamiques. Même s'il déclarait expressément ne pas être un parti politique, le MAF eût fait entendre sa voix dans le concert général. Le MAF avait au moins un nom. Très significativement, la nouvelle organisation n'en aura pas pendant près de deux ans : elle sera pour les adhérents eux-mêmes « la chose ».

Faute d'être nommée, elle peut se définir comme une centrale de prestation de services. Un confluent d'expériences, un dispositif de rediffusion des techniques apprises les uns des autres, repassées des uns aux autres. Régis Debray, qui est allé sur le terrain, évoquera les camarades qui se font fort « de prendre la tête d'une vaste guerre de libération nationale et de libérer de surcroît, en passant, deux ou trois pays voisins » mais ne savent pas « mettre leurs archives en lieu sûr, acheminer une lettre de l'autre côté de la frontière, se procurer un passeport convenable ou préserver pendant un mois un lieu sûr dans la capitale ». « La chose » enseignera ces choses. Debray toujours : « Des auteurs de plans admirables, de manœuvres à grande échelle où sont mises échec et mat divisions blindées brésiliennes et cavalerie aéroportée yankie, sont arrêtés un mois plus tard, en rentrant chez eux, au premier contrôle policier, sur la route, parce qu'ils s'étaient trompés de tampons sur leur fausse carte d'identité (1). » « La chose » aura ses spécialistes du tampon. Nous sommes vraiment dans la modestie. Les chaussures de tennis plutôt que les ballerines.

Avec qui ?

Le clan des Egyptiens décroche. Il avait fait plus qu'approuver l'aide au FLN ; la fondation du MAF l'avait déconcerté ; la création de « la chose » acheva de l'éloigner. Joseph Hazan avait écrit une longue lettre à Henri, à Fresnes, pour lui expliquer ses réticences. Elargir le soutien à l'ensemble du monde lui paraissait relever de l'utopie, sinon de l'aventurisme : avec quels moyens atteindre un tel

(1) Régis Debray, *La Critique des armes,* Editions du Seuil, p. 101.

352

objectif ? Ses amis et lui préféraient s'obstiner sur l'Egypte en espérant que l'ostracisme finirait par être levé. Mais tous comprenaient le nouvel engagement d'Henri, et il pouvait compter sur eux en cas de coup dur.

Avec l'indéfectible Didar, avec Jehan de Wangen et son frère Gerold, Robert Davezies et Martin Verlet, avec le noyau de militants qui avaient cru au MAF, avec ceux que la paix en Algérie ne renvoie pas dans leurs foyers...

Avec la plus ahurissante collection d'hommes et de femmes qui se peut imaginer, un invraisemblable cocktail d'êtres que tout sépare — l'origine sociale, la foi religieuse, les croyances politiques, le style de vie —, cour des miracles parcourue d'éclopés, communauté effervescente se décomposant sans cesse pour reformer de nouvelles figures, organisation clandestine aussi fréquentée qu'un hall de gare, rassemblement hétéroclite sans précédent connu dans le genre.

Ils sont tous à contre-courant. La révolution à l'ordre du jour est électroménagère. La France de 1962, en paix pour la première fois depuis un quart de siècle, s'embarque pour la décennie la plus prospère de son histoire. On dit « les trente glorieuses ». 1962-1972 : « les dix prodigieuses ». On n'a jamais vu cela ; on ne le reverra probablement jamais. Un bond fantastique vers le mieux-être. Une boulimie insatiable dont les petites conséquences gastriques seront vite dissipées par Mai 68, révolution délicieuse. Le monde développé se met au diapason. La crise des fusées russes à Cuba, en octobre 1962, donne la dernière grande frousse de la guerre froide : l'Est et l'Ouest décident de coexister pacifiquement, enterrent le spectre de la guerre atomique et transportent leur compétition dans l'espace — on respire. Des rondeurs rassurantes tiennent le devant de la scène : Krouchtchev à Moscou, Jean XXIII au Vatican ; Johnson, succédant au regretté *wonderboy* Kennedy, fait des débuts plutôt sympathiques. Le moment où jamais d'être heureux. Et pourquoi pas ?

Ce n'est pas que le tiers-monde ne soit pas à la mode : il l'est. L'intelligentsia lui a délégué l'ardente obligation révolutionnaire et investit dans le maquis comme d'autres dans l'immobilier. Une aide ininterrompue est acheminée vers les points chauds de la lutte anti-impérialiste sous forme d'analyses idéologiques, plans stratégiques, conseils politiques, critiques d'une rigueur fraternelle. Tout cela se situe à une altitude faisant bien dérisoires les recettes de cuisine de « la chose ». Sur le terrain, les voyageurs seront rares. Pour une Michèle Firk, qui y laissera la vie, ou un Régis Debray, trois ans et demi de prison, combien de guérilleros empêchés par les bouchons du dimanche soir ?

Marginal, Henri Curiel avait toujours milité avec des marginaux : juifs communistes d'Egypte, réfractaires français du réseau de soutien. Les uns et les autres étaient tombés le nez dans le réel : insupportable misère égyptienne, horreur inadmissible de la guerre coloniale. Ils pouvaient dater leur engagement, lui dessiner un visage, le nommer. Enfant égyptien mis à l'égreneuse et lacéré par le fouet du contremaître. Adolescent algérien mis à la question et déchiré par la schlague du tortionnaire. Le scandale réquisitionnait.

Pour « la chose », rien de tel. La plupart ne connaissent du tiers-monde que ses statistiques. Dix millions d'enfants morts de faim chaque année dans le journal mobilisent moins qu'un seul visage décharné par la bilharziose ou déformé par la peur des coups. Le réel se fait moins contraignant d'être si lointain. Rallier « la chose » ne résultait donc pas d'une réaction à une insupportable agression extérieure mais correspondait à une démarche complexe, toujours originale, souvent énigmatique. L'adhésion au MDLN ou au réseau Jeanson se faisait en connaissance de cause réciproque. « La chose », auberge espagnole, ne sait pas trop ce qu'elle va découvrir dans la besace du passant venu parfois par d'étranges chemins et qui pousse à la fin sa porte. Si elle procède du romanesque à un point rarement atteint dans l'histoire de la militance, c'est qu'elle est une addition de destins.

Elle s'appellera Solidarité.

« Ma famille est ancienne. L'une des nôtres a épousé Charlemagne en quatrièmes noces et nous avions quelqu'un dans la première croisade de Godefroi de Bouillon.

« Mon arrière-grand-père a choisi la France après 1870 et a quitté l'Alsace en abandonnant tous ses domaines. Il y a là-bas un château en ruines qui porte notre nom — plusieurs châteaux en ruines, de fait. Mon grand-père a épousé Alice Solvay, fille de l'inventeur du procédé Solvay grâce auquel cette famille belge a fait fortune. Mon père s'est marié avec une Vezy de Beaufort, d'une famille ardennaise.

« Je suis né en 1927. Mon enfance parisienne a été très dorée : nous avions un argent considérable. Nurses anglaises. J'ai su l'anglais avant le français, je ne pouvais même pas parler avec mes cousins. Nous avions une préceptrice à domicile. Je circulais dans une voiture avec chauffeur ; jamais mis les pieds dans le métro, bien entendu.

« En 1937, nous nous sommes installés à Bruxelles où mon père devait s'occuper des affaires Solvay. Nous allions skier à Megève ou à Gstaad et nous passions les vacances d'été dans la propriété paternelle, deux mille cinq cents hectares de forêts, d'étangs et de terres en Lorraine.

« Je voulais être pape ou maréchal de France.

« Quand la guerre a éclaté, nous nous sommes réfugiés à Lourdes pour nous mettre sous la protection de la Vierge, très vénérée dans la famille. Chacun des cinq enfants a Marie parmi ses prénoms. Nous formions une troupe imposante : ma grand-mère maternelle, ses trois filles, onze petits-enfants, plus la smala des domestiques. Nous sommes d'abord descendus à l'*hôtel de l'Ostensoir et du Saint-Sacrement réunis,* tenu par deux vieilles filles, puis nous avons loué un ensemble de trois villas. Nous avons passé deux années à Lourdes. J'allais au cours Daumas, replié de Paris. J'étais scout après avoir été louveteau. Les Boches n'étaient pas appréciés dans la famille mais Pétain, c'était " le Maréchal "...

« De Lourdes, nous sommes allés nous installer dans le Cher. Toute la tribu. Une grande propriété isolée. J'avais des bagarres terribles avec mon frère cadet. Surtout après le départ de mon père. Mon père a décidé un retour à la terre et il s'est retiré dans sa propriété de Lorraine, où il a mené une existence de gentleman-farmer. Nous avions toujours des précepteurs, souvent bizarres. Je me souviens d'un curé peloteur, d'un autre qui courait les filles. Nous avons eu aussi une demoiselle qui est tombée amoureuse de ma mère et qui a tenté de se suicider.

« C'est dans le Cher que j'ai eu la vocation religieuse — j'avais donc treize ou quatorze ans. L'influence de ma mère a sûrement beaucoup compté. Elle en était très heureuse. C'est aussi à cette époque que j'ai eu une maladie nerveuse avec des crises qui se sont répétées tout au long de ma vie. C'est une grande sujétion. Cela amène un certain type de comportement. Il faut ne pas s'écouter, marcher à coups de botte dans le cul, d'où finalement un comportement assez tendu, assez crispé, et une usure très forte.

« En 42-43, la tribu s'est installée à Megève à cause du bon air. Ma mère faisait des miracles pour le ravitaillement. J'étais en classe de seconde dans un petit collège. J'ai retrouvé un professeur de ski que j'avais connu à Gstaad ; c'était un Autrichien naturalisé. Il était dans la Résistance. Nous faisions ensemble de longues courses en montagne. Et j'étais toujours scout, chef de patrouille ou assistant, je ne sais plus. C'est au cours d'un camp scout que je suis tombé sur un garçon de dix-sept ans que j'avais souvent croisé dans la montagne. Les Boches l'avaient cloué sur la porte d'une église. Cela a dû remuer beaucoup de choses, ce jeune mort crucifié... J'ai dit à mon professeur de ski que j'étais d'accord pour travailler avec lui. Nous faisions passer des fugitifs en Suisse. C'était facile. Il fallait simplement aider les gens qui ne savaient pas skier ou qui skiaient mal. Une fois, nous avons été pris en chasse par une patrouille italienne et nous avons essuyé son feu, mais sans dommage. Ma mère n'était pas au courant. Elle n'aurait sans doute pas accepté. Pour moi, c'était un réflexe patriotique sans engagement politique. Il y avait quand même rejet du pétainisme.

« La tribu a éclaté à la fin 1943 et nous nous sommes installés dans une des propriétés familiales de la Meuse, au bord d'un étang de trois cent cinquante hectares (mon père vient justement d'en faire don aux Paralysés de France). J'étais pensionnaire dans un collège religieux de Nancy mais j'avais pris contact avec les FTP et je consacrais mes petites et grandes vacances à faire des liaisons pour eux. Je m'engageais comme bûcheron — on fabriquait du charbon de bois — et j'assurais le contact avec les maquis. Maquis très primitifs : aucune personnalité, aucun officier. Peu de Français. Il y avait surtout des Espagnols, des Yougoslaves, des Polonais et des déserteurs allemands.

« En juillet 44, j'ai été incorporé à un groupe local de FFI. J'avais donc dix-sept ans — pas tout à fait. A la fin de l'été, on m'a envoyé porter un message au responsable d'un bourg voisin. A l'entrée du bourg, j'ai demandé à des gens s'il y avait des Allemands — non, pas d'Allemands. Mais si. J'ai été ramassé par des SS à trente mètres de la maison du responsable avec le message sur moi. Ils m'ont placé devant un mur où étaient déjà alignés des Français, jeunes et moins jeunes. Le peloton était en face, l'arme au pied. Un garçon qui comprenait l'allemand m'a expliqué que nous allions être fusillés en représailles de la blessure d'un SS qui avait eu l'oreille arrachée par une balle.

« Il était cinq heures et demie du matin. Nous sommes restés adossés à ce mur jusqu'à six heures et demie du soir, avec toujours le peloton en face. Les plus âgés parmi nous n'ont pas tenu le coup. Ils finissaient par s'écrouler en pleurant. Je me souviens d'un boucher rentré depuis peu d'un camp de prisonniers. Pauvre diable. Je ne sais pas pourquoi mais ce sont les plus jeunes qui ont le mieux résisté. A six heures et demie, on nous a tous enfermés dans une soue à cochons. J'ai pu enfin avaler mon message. Mais ce n'était pas fini. Les SS reviennent et demandent trois volontaires. Personne ne bouge. Ils insistent. Je me suis levé avec deux autres garçons. Trois SS nous ont escortés dans une maison du bourg où ils nous ont fait remettre une brouette, des pelles et des pioches. Et en route. Là, vraiment... Les gens du pays nous regardaient passer en pleurant. Il s'agissait d'enterrer deux gendarmes abattus par les SS. Les malheureux avaient été littéralement sciés en deux à la mitraillette. On les a mis dans la brouette et on les a transportés au cimetière. Un Allemand m'a ordonné d'aller chercher le curé. Il s'est fait tirer l'oreille pour venir et il nous a fait un sermon sur la Grande Allemagne... De retour à la soue, je me suis endormi comme une masse. Le lendemain, à mon réveil, les Américains étaient là.

« J'ai passé mon bac à la session spéciale d'octobre et je me suis engagé dans un bataillon de marche, formé de FFI. J'étais caporal. Nous sommes montés en ligne en Alsace. Les Américains avaient refusé de nous habiller — venant du maquis, nous n'étions pas en odeur de sainteté — et nous avions hérité d'uniformes de la guerre de 14-18, capotes bleues et bandes molletières. On nous avait collé des adjudants de carrière très secs pour nous inculquer une saine discipline. Nous avons eu des moments très difficiles pendant l'offensive allemande des Ardennes. Les Américains avaient renoncé à défendre l'Alsace. On se battait par des températures de moins vingt-sept. Un de nos postes, douze hommes, s'est fait exterminer par un coup de main allemand. Les sentinelles n'avaient pas donné l'alarme. On les a retrouvées gelées debout.

« Je me suis bousillé un genou en tombant dans un trou au cours d'une patrouille. Convalescence à Nancy. Le bataillon ayant été dissous, je rejoins le 3e régiment de hussards de la Première armée. J'ai fait la campagne d'Allemagne comme maréchal des logis. Du nettoyage plus qu'autre chose. Ensuite, Coëtquidan. Mais mon genou se bloque. J'avais refusé d'être opéré à Nancy pour remonter plus vite au front. J'ai dû quitter. Si j'étais resté à Coët, j'aurais été le plus jeune officier de l'armée française. Le plus jeune après moi était le fils de De Lattre de Tassigny.

« J'ai passé la deuxième partie du bac en février 1946. J'avais toujours la vocation mais je ne me décidais pas. Pendant deux ans, j'ai milité chez les étudiants catholiques, dirigé des colonies de vacances, des camps de jeunes, et je suis devenu dirigeant national du Mouvement chrétien de l'enfance. J'ai fait une mission de neuf mois en Afrique française, sous l'égide de l'Education nationale, et j'en suis revenu avec du paludisme et un rhumatisme articulaire aigu avec atteinte cardiaque. J'avais vingt ans. Un an et demi de soins mais j'ai pu continuer à militer dans des organisations s'occupant de jeunes délinquants et aussi à Ad Lucem, qui envoyait en Afrique des équipes missionnaires pour les problèmes sanitaires et le développement.

« En 1948, je suis entré au séminaire d'Issy-les-Moulineaux. Cela ne s'est pas bien passé. Il y avait la hantise des amitiés particulières. Jamais être à deux. Les promenades se faisaient à six, trois qui avancent, trois qui marchent à reculons. Moi qui allais depuis cinq ans de chambrée en chambrée, je trouvais tout ça un peu gamin. Le supérieur, un type remarquable, m'a conseillé de faire autre chose. J'ai travaillé dans des organisations s'occupant de jeunes délinquants mais j'avais l'impression de tourner en rond. Je suis parti pour la Suisse et j'ai passé un an à l'Institut des sciences de l'éducation de Piaget. Mon frère y était. Avec cinq ou six jeunes, nous avons formé une communauté dont l'objectif était une action médico-sociale. C'est dans ce cadre que j'ai commencé des études de médecine. Il avait été décidé que je serais le médecin de l'équipe.

« Avant cela, il y a eu un deuxième épisode de séminaire. C'était à Voiron, spécialisé dans les vocations tardives. J'y suis resté six mois, en 50-51 et cela s'est encore moins bien passé que la première fois. J'ai souvenir de l'ordination d'un ouvrier. Sa famille était venue pour y assister. Nous avons discuté toute la nuit précédant la cérémonie. Il me disait : " Je ne suis pas fait pour ça. " Mais trop tard : toute sa famille était là, il était piégé. Il a prononcé ses vœux.

« Notre communauté médico-sociale a éclaté et j'ai décidé de travailler en usine. Je voulais aller à ceux qui ne possèdent pas. J'avais une conscience aiguë de tous les privilèges que me valait ma naissance. Pas seulement l'argent : la culture... J'ai été embauché comme manœuvre dans une usine de charpente de Montreuil mais j'ai été renvoyé après une engueulade avec le patron. Ensuite, j'ai travaillé dans le tranchage et le déroulage du bois, puis, toujours dans la même entreprise, comme pontonnier. Je vivais dans la communauté des Amis des enfants de Paris, qui s'occupe de cas sociaux.

« J'ai rencontré ma première femme. Elle était fille d'immigrés espagnols et travaillait comme femme de ménage. Elle avait un gosse de dix mois et en attendait un autre. Je les ai reconnus tous les deux, ce qui a entraîné pour longtemps une rupture avec presque toute ma famille.

« Et puis j'ai repris mes études de médecine sous l'influence de mon frère. Il me répétait que je perdais mon temps. C'était en 1952. J'ai fait une vingtaine de métiers pour vivre : livreur, vendeur sur les marchés, débardeur aux Halles, surveillant médical, gérant d'une société d'imprimerie... A la fin de mes études de médecine, je suis devenu interne suppléant à la Maison départementale de Nanterre. Comme elle dépendait de la préfecture de police, j'avais droit à une carte barrée de tricolore bien utile pour franchir les barrages.

« Mon frère m'a amené au réseau de soutien. J'ai soigné des militants blessés ou malades et il a dû m'arriver de faucher le matériel médical indispensable. J'assurais aussi des passages de frontière quand il y avait une implication médicale. J'ai comme ça le souvenir d'avoir roulé douze cents kilomètres avec un Algérien qui venait de faire un infarctus. Mais c'est la rencontre avec Henri qui a été pour moi décisive. Mon frère me tannait pour que je le connaisse. Je ne me suis pas senti d'atomes crochus avec sa personnalité. Trop mystique. Je sortais d'en prendre. Mais avec sa personne, oui. Il insistait sur l'importance de l'organisation et il répétait : " L'organisation, c'est le choix des hommes. " Moi, la vie m'avait appris à attacher de l'importance à l'action organisée des hommes. J'ai décidé de m'engager avec lui.

[Pendant douze ans, de 1962 à 1974, il sera l'un des deux piliers de Solidarité, l'un des deux bras droits, si l'on ose dire, d'Henri Curiel.]

« J'ai été d'accord pour le MAF, d'accord pour ce qui est devenu Solidarité. Je me sentais personnellement *obligé* par les conditions sociales dans lesquelles je vivais. J'avais le devoir de mettre au service des autres les moyens qui m'avaient été donnés.

« Nous avons eu des demandes d'aide pendant la détention d'Henri à Fresnes. Des militants martiniquais qui avaient eux-mêmes aidé le FLN et souhaitaient que nous leur apportions le même soutien. Des militants angolais sous colonisation portugaise. Nous étions en contact avec le Maroc. Il se passait là-bas beaucoup de choses. C'est du Maroc que nous est venue la confirmation à propos de Ben Bella... »

★ ★

« Je suis né au Maroc en 1940 dans une famille de la bourgeoisie juive. Mon père faisait de l'import-export. Ma mère a participé à la lutte pour l'indépendance ; elle était proche de Bouabid. En 1950, mes parents ont divorcé et je suis parti avec ma mère pour la France. Nous habitions Neuilly. Elle gardait ses contacts politiques. C'est chez elle que Mendès-France a rencontré Ben Barka. Elle trouvait Ben Barka un peu trop comploteur mais quand il m'a proposé un rendez-vous, je n'ai pas hésité. C'était en 1959. J'avais été très marqué par l'affaire de l'aspirant Maillot, communiste déserteur de l'armée française, abattu par elle en Algérie. La lutte anticolonialiste était pour moi la priorité des priorités. Ben Barka m'a suggéré d'aller au Maroc et de découvrir le pays sous un jour nouveau grâce à ses amis politiques. J'avais déjà appris un certain nombre de choses sur la réalité coloniale quand j'allais en vacances chez mon père. Une fois, nous roulions en voiture, l'associé de mon père était au volant, mon père à côté de lui et moi derrière. On a écrasé un Arabe. Ils n'ont même pas ralenti : " On ne va pas s'arrêter pour un bicot. Eux, c'est comme les mouches : ça repousse. " Mais ce séjour avec un responsable juif marocain de l'UNFP [Union nationale des forces populaires] a été une prise de conscience politique. J'ai compris beaucoup de choses. De retour à Paris, j'ai revu plusieurs fois Mehdi Ben Barka. Il voulait que je m'engage avec les forces populaires et me promettait la nationalité marocaine. A l'époque, je voulais faire du cinéma. Il me disait : " La lumière du Maroc est la même qu'à Hollywood. Tu feras du cinéma mais il faut d'abord faire la révolution. "

« En attendant, il y avait la guerre d'Algérie. La révolution, d'accord, mais le stade de l'indépendance formelle ne me paraissait pas si négligeable. J'étais rongé par cette guerre, je voulais faire quelque chose. Ben Barka a fini par me donner son accord à condition que je le rejoigne après l'indépendance algérienne. Il devait me faciliter le contact avec le FLN. Rien n'est venu. En désespoir de cause, je suis allé au procès Jeanson, j'ai repéré dans l'assistance des femmes algériennes et après trois jours d'observation attentive, j'ai donné à l'une d'elles mon nom et mon adresse en me recommandant de Ben Barka. Très rapidement, un type est venu me voir. Il m'a dit : " On est un peu en difficulté. Tu vas faire tout de suite des choses importantes. Pour commencer, on t'envoie en Belgique avec un grand chef. " Un transport de propagande imprimée. Le grand chef, c'était Martin Verlet. Il m'a bien plu. Sérieux, efficace, le contraire de l'intellectuel de café. Evidemment, il y a de la perte affective, mais ça vaut mieux que l'inverse. C'est Martin qui m'a dit un jour : " Il y a deux grands révolutionnaires : Lénine et Curiel. " Il a organisé l'évasion de Boudia, qui a été quelque chose d'extraordinaire.

« J'ai travaillé sous sa responsabilité et sous celle de Gerold de Wangen. Lui aussi m'a fait une forte impression. Un type de très grande classe et un vrai talent d'organisateur. J'avais beaucoup de contacts avec des Algériens à travers Bernard Noël, qui était une plaque tournante. Parmi eux, Alain — un pseudonyme — qui demandait à être relevé : il était à bout de nerfs, sur le point de craquer, et il nous disait : " Si je suis pris, je parlerai. " Il a été arrêté, torturé à mort à la DST, et il a parlé.

« J'étais en réunion avec Gerold de Wangen et d'autres, et Bernard Noël n'était pas là, ce qui n'était pas normal. J'ai appelé chez lui. Un type m'a répondu. Un flic, j'en étais sûr. Il m'a passé Bernard Noël. Je lui ai demandé : " C'est ça ? " Il m'a répondu " oui " et il a raccroché. Mais Gerold a voulu en avoir le cœur net et il s'est rendu chez Bernard, rue du Dragon. Une bêtise. Un flic l'a pris en chasse et lui a presque cassé une jambe d'un coup de matraque. Gerold a réussi à se jeter dans un taxi et à filer mais nous devions tous nous considérer comme brûlés. En plus, j'étais appelé au service militaire et il n'était pas question pour moi de partir en Algérie. Le réseau a décidé de m'envoyer au Maroc. J'ai fait étape à Lille, chez des curés ; je suis passé par Bruxelles, où j'ai croisé Joyce Blau, et j'ai atterri à Rabat.

« Juste avant mon départ, j'avais fait une interview de Mehdi Ben Barka pour *Vérités anticolonialistes*, le journal du MAF qui avait succédé à *Vérités Pour*. C'est une interview d'un intérêt exceptionnel parce que Ben Barka développait exactement les mêmes idées qu'Henri Curiel était en train de mettre au point dans sa cellule. Sans se connaître, ils étaient sur la même longueur d'ondes : la lutte algérienne était une chose mais il fallait élargir et embrayer sur le soutien à tous les mouvements de libération nationale.

« Mehdi Ben Barka m'avait donné une ouverture sur les gens du CONCP [Comité de coordination des organisations nationalistes des colonies portugaises]. J'ai rencontré à Rabat Marcelino do Santos, son président, et Aquilo de Braganza. Ils animaient à l'étranger l'ensemble de la lutte contre le colonialisme portugais. Do Santos a d'abord été très réservé : " Qu'est-ce que c'est que ces Blancs qui viennent se mêler de nos affaires ? " Braganza a été plus chaleureux. Il m'a ouvert toutes les portes du mouvement anticolonialiste. Je les ai mis en contact avec Pitera Santos, dirigeant du Front de libération du Portugal, qui arrivait de Lisbonne. Après, ils m'ont présenté à des gens de l'ANC [African National Congress] d'Afrique du Sud, de l'UPC [Union des Populations Camerounaises] et de la Sawaba, organisation du Niger. C'était toute la contradiction du Maroc : malgré la pourriture interne, il était une plaque tournante anticolonialiste.

« Un peu débordé, j'ai éprouvé le besoin de faire le point et je suis allé voir Didar à Oujda. Je voulais me confronter à quelqu'un qui était un peu le dépositaire de la pensée d'Henri Curiel. Elle m'a parlé de lui pendant deux jours et m'a dit : " Vas-y ! Fonce ! " Elle-même, à Oujda, était coupée de tout. J'étais en correspondance par lettres sympathiques avec Gerold de Wangen et Martin Verlet. Ils m'ont encouragé à poursuivre. J'ai même fait un voyage à Genève pour rencontrer Jehan de Wangen. Les contacts avec les colonies portugaises l'ont beaucoup intéressé. Il m'a donné des directives.

« Mehdi Ben Barka était rentré au Maroc. Je le voyais tous les jours, d'autant plus qu'il avait engagé comme secrétaire ma compagne, Julie. Il me facilitait beaucoup les choses. Moi, je lui servais de chauffeur, j'étais son homme à tout faire. C'était quelqu'un d'extraordinaire. Une énergie, une vitalité comme je n'en ai vu chez personne d'autre. Il n'arrêtait jamais de travailler. Une vraie mitrailleuse. Il recevait dix personnes à la fois, menait quatre conversations en même temps... Pour aller plus vite, il organisait des rendez-vous dans sa voiture. Un phénomène. Après, quand j'ai connu Henri, je n'ai eu de cesse de les faire se rencontrer. Je me disais qu'il n'était pas possible que deux êtres comme ça ne se connaissent pas. La rencontre a eu lieu et tous deux m'ont dit ensuite : " Quel type extraordinaire ! Comment ne l'ai-je pas rencontré plus tôt ? " Je ne saurais dire lequel avait le plus d'envergure. Pour moi, ils étaient sur le même plan. Mais je me sentais beaucoup plus proche d'Henri. Mehdi, c'était une boule de feu, une intelligence hors de pair, mais il pouvait être très dur à l'occasion. Henri avait un rayonnement politique et humain exceptionnel. Il a compris que je cherchais un père. Il m'a fait comprendre qu'il se cherchait un fils. Il est devenu mon père politique avant de devenir mon père tout court.

« Pour vous dire le côté ahurissant de Ben Barka : un jour, il donne un texte à Julie en lui demandant de le dactylographier sans le lire, et de tout oublier. Sans le lire, vous vous rendez compte ? C'était un rapport pour l'URSS. Mais cela, il ne faut peut-être pas l'écrire, c'est de la dynamite ! [Exemple symptomatique de la force d'intimidation de l'idéologie dominante. Quand cette phrase est prononcée, Ben Barka est mort depuis quinze ans et l'interviewé estime, comme tous ses amis, que le rôle des services américains dans son assassinat a été déterminant. Lorsque le dirigeant marocain donne ces instructions incontestablement pittoresques à sa secrétaire, il anime les forces d'opposition populaires dans une monarchie pourrie bénéficiant du soutien inconditionnel de Washington. Et il n'aurait pas le droit de chercher un appui politique du côté de l'URSS sans s'attirer le soupçon d'être un agent ? Il lui serait interdit de rééquilibrer le rapport de forces, tout de même que de Gaulle allant chercher à Moscou, en 1945, un contrepoids à la tutelle écrasante des Anglo-Saxons, sous peine de disqualification ? On ne voit ni pourquoi ni comment les peuples tenus en sujétion par l'une ou l'autre des deux superpuissances se priveraient de jouer l'une contre l'autre afin de s'ouvrir une mince marge de manœuvre...]

« Au moment de l'indépendance de l'Algérie, Ben Barka m'a fait venir et m'a dit : " Préviens tes amis de Paris qu'il leur faut prendre contact avec Ben Bella. Qu'ils ne se trompent pas d'Algérie ! Qu'ils ne jouent surtout pas la carte du GPRA. [Gouvernement provisoire de la république algérienne !] Ben Bella va gagner, et c'est tant mieux pour eux et pour nous car je suis sûr qu'il nous aidera. Fais vite ! "

« J'ai prévenu Paris. »

Paris avait un problème. Les sommes énormes collectées en France par le FLN se trouvaient sur un compte bancaire suisse dont Jehan de Wangen avait seul la signature. A qui les remettre ? Trois groupes étaient en compétition pour le pouvoir. Le gouvernement français misait sur Ben Khedda, président du GPRA. La gauche croyait à la victoire de Boudiaf, soutenu par la puissante Fédération de France. Ben Bella avait pour lui sa légende et son charisme mais paraissait bien isolé.

Ben Bella ?

Il avait à Fresnes un partisan résolu, Bachir Boumaza, avec lequel Henri Curiel et ses amis entretenaient des relations chaleureuses. Boumaza organisa un rendez-vous à Tlemcen, où Ben Bella s'était établi au milieu des unités algériennes venues du Maroc, ce qui le faisait tout à coup moins solitaire. Gerold de Wangen, désigné comme émissaire, accepta les risques du voyage. C'était en vérité une folle équipée. En cet été 1962, l'Algérie tout juste indépendante paraissait au bord de la guerre civile. Avec sa belle prestance, ses yeux clairs et son profil de médaille, Wangen avait une allure d'officier para d'affiche de propagande à se faire couper en petits morceaux. Mais il avait essuyé quelques péripéties propres à tremper les nerfs. Il traversa un nombre incalculable de barrages, fut enlevé et séquestré par divers chefs de maquis ou d'unités militaires en dissidence, crut dix fois sa dernière heure venue, parvint enfin à Tlemcen.

Il n'y resta qu'un jour mais rencontra Ben Bella à deux reprises. Il le trouva dans les dispositions annoncées par Ben Barka : ouvert à la perspective d'une aide élargie au plus grand nombre possible de mouvements de libération nationale, disposé à y participer. « La meilleure façon, dit-il, de vous remercier de ce que vous avez fait pour nous, c'est de vous donner les moyens d'en faire autant pour les autres. » Gerold accomplit en sens inverse sa traversée des barrages d'obédiences rivales. Parvenu sain et sauf à Paris, il rendit compte. Il avait été fort impressionné par l'envergure de Ben Bella, son aptitude à concevoir la politique à l'échelle mondiale, sa rapidité de jugement. Curiel et ses amis décidèrent de marcher avec lui. L'argent du compte suisse lui fut versé, par l'intermédiaire de Mohamed Khider, après son entrée à Alger.

Après son installation au pouvoir, l'interlocuteur habituel de Solidarité serait Bachir Boumaza mais le bureau du président algérien resterait toujours ouvert à Henri, à Didar, ou à tel émissaire dépêché en catastrophe à Alger pour régler une urgence ponctuelle, en général d'ordre financier. Ainsi Robert Davezies, arrivé en décembre 1963 pour obtenir sans délai les fonds nécessaires à un mouvement espagnol antifranquiste et aux organisations angolaises, vécut-il une scène déjà familière aux autres mais dont le caractère bon enfant ne laissa pas de l'étonner : « On entrait dans le palais de la présidence comme dans un moulin. J'ai été tout de suite reçu par un Ben Bella très accueillant, très sympathique. Il m'a dit en soupirant : " Vous avez de la chance de faire ce que vous faites. Moi, je suis coincé. Combien vous faut-il ? " Il a pris douze millions anciens dans son tiroir de droite, les a enveloppés dans un numéro du *Moudjahid* et m'a tendu le paquet : " Voilà. Envoyez mon salut aux frères. " Je lui ai fait un reçu. J'étais quand même interloqué et je lui ai demandé : " Mais comment je vais passer à l'aéroport avec ça ? " — " Voilà ma carte de visite. Si vous vous faites pincer, vous ne dites rien et vous me téléphonez. " Je n'ai pas eu de pépin, j'ai pris l'avion de Genève, je suis rentré en France par une filière et j'ai donné le fric à Henri. »

D'août 1962, date de la prise du pouvoir par Ben Bella, jusqu'à son renversement par Boumedienne en juin 1965, les activités de Solidarité seront financées par l'Algérie.

Le premier congrès de Solidarité eut lieu les 1er et 2 décembre 1962 dans la banlieue parisienne. Il avait été précédé de deux réunions préparatoires informelles. Trente participants dont la majorité venait du réseau de soutien au FLN. Trois membres du PCF, deux pasteurs, un prêtre, un Belge et un Suisse délégués par leurs groupes respectifs.

Les empoignades furent rudes. Les uns tenaient pour la formule du strict réseau clandestin. Les autres ne voyaient pas pourquoi l'organisation devrait s'infliger les contraintes de la clandestinité plutôt que de travailler au grand jour. Henri Curiel exalta les vertus du « travail organisé », rappelant que sa faiblesse structurelle avait été le grand handicap du réseau Jeanson. Il obtint l'adoption du principe d'une direction élue, responsable devant ses mandants — encore quelques orateurs demandèrent-ils qu'elle ne se réunisse qu'une fois par trimestre. Quant au choix de la clandestinité, il ne trahissait pas une coupable inclination romanesque mais était imposé par la nature même du travail. Une organisation fabriquant des faux passeports pouvait difficilement avoir pignon sur rue. Surtout, la clandestinité n'avait pas pour objet principal de protéger les adhérents français, dont les risques étaient minimes : elle était faite pour assurer la sécurité des militants des MLN (mouvements de libération nationale) menacés dans leur liberté ou même leur vie. On savait bien que des services étrangers opéraient à leur aise en France, souvent en relation fructueuse avec les polices françaises, pour détecter les opposants en exil plus ou moins provisoire. Seules des règles de sécurité rigoureuses empêcheraient le repérage de ces militants. C'était le bon sens.

L'Algérie fit problème. Si l'on aidait au Cameroun, pays formellement indépendant, les forces d'opposition au président Ahidjo, pourquoi ne pas aider en Algérie les organisations hostiles au président Ben Bella, qui venait d'interdire le parti communiste algérien ? Au nom de quoi refuser le concours de l'organisation au parti socialiste révolutionnaire de Boudiaf, favori de la gauche française ? Une motion fut mise aux voix : « Considérant le rôle capital que remplit actuellement le pouvoir algérien au sein de la lutte contre l'impérialisme, l'organisation décide de refuser toute aide politique, soit collective, soit individuelle, aux groupes ou fractions qui s'y opposent. » Vingt voix pour, huit contre, deux abstentions.

Un consensus s'établit sur une déclaration riche d'ambiguïté : « Nous sommes fermement décidés à mener notre action sur la base des principes du mouvement ouvrier international. » Quelques intervenants déclarèrent ignorer ce qu'était le mouvement ouvrier international. Certains firent observer que la récente rupture entre l'URSS et la Chine ôtait beaucoup de sens à la formule.

Tout le monde fut d'accord pour ajouter le combat antifasciste à la lutte anticolonialiste. C'était entériner un constat vécu quotidiennement sur le terrain. L'aide aux colonies portugaises renvoyait au régime portugais lui-même et à l'alliance avec des forces démocratiques combattant la dictature de Salazar. L'Espagne était trop présente dans la sensibilité collective pour qu'on pût refuser assistance à une organisation antifranquiste.

Ainsi l'action allait-elle, au fil des mois, définir principes et règles bien mieux qu'une assemblée composite. Solidarité ne se voulait exportatrice d'aucune idéologie, d'aucun modèle politique. Sa seule justification était d'être au service des MLN. Ce seraient en fin de compte les MLN qui la façonneraient à leur meilleur usage.

Grâce à la dynamique antenne marocaine, le travail avait démarré sur les chapeaux de roue avec une quinzaine de mouvements africains. Leur premier problème était de se faire connaître en Europe. Solidarité assurait l'impression de leur matériel de propagande (journaux, périodiques, brochures, tracts ponctuels) et sa diffusion dans les milieux les plus réceptifs. Au réseau de relations personnelles d'Henri Curiel s'ajoutaient les ouvertures propres à chacune des composantes de Solidarité : la trentaine de militants fondateurs ouvrait les portes des Eglises, syndicats, partis de gauche, organisations humanitaires... Il y avait là une caisse de résonance peu ordinaire. Ainsi le représentant de MPLA angolais en Europe était-il financièrement pris en charge par Solidarité, qui organisait pour lui une tournée en Belgique, Hollande, Italie et Suisse, avec dans chaque capitale des rencontres avec les journalistes spécialisés et les hommes politiques adéquats. Dix jeunes militants angolais, mozambicains et guinéens étaient envoyés au festival d'Helsinki. Robert Davezies préparait un long séjour dans les maquis angolais ; il en rapporterait deux livres, *Les Angolais* et *La guerre d'Angola* qui populariseraient largement la lutte d'indépendance. En sens inverse, expédition en Afrique, par des filières clandestines, de la documentation souhaitée par les MLN.

Les demandes débordèrent rapidement ce cadre relativement classique. La Sawaba nigérienne voulait un stage de formation pour un opérateur radio. L'ANC sud-africain avait besoin de passeports. Le FLP espagnol réclamait des filières de passage à travers les Pyrénées. Un réseau de boîtes à lettres devait être organisé rapidement pour disposer de liaisons sûres et régulières.

L'urgence contraignit parfois à improviser. Jean-Paul Ribes racontera avec verve dans l'almanach d'*Actuel* un voyage clandestin qu'il fit cet été-là avec un ami au Mozambique, via l'Afrique du Sud, pour tenter d'y prendre contact avec des résistants. « C'est Henri Curiel qui nous a aidés à préparer cette mission. Pour la dernière fois, il nous fait réciter les adresses, puis nous brûlons les papiers compromettants. » Il s'agit de proposer aux militants des stages de guérilla en Algérie. Mais Ribes essuie de sérieuses déconvenues. Ses quatre contacts sont des Blancs. Le premier renâcle et suggère l'envoi de livres de chez Maspero. Le second est grillé. Le troisième est absent. Le quatrième veut bien aller à Alger, mais pour étudier l'économie. Aucun d'eux ne connaît le FRELIMO, organisation clandestine qui parviendra au pouvoir quinze ans plus tard après avoir reçu de Solidarité un soutien constant dont le voyage de Ribes et de son ami n'a été que l'aventureux prologue.

Ce même été 1962, Martin Verlet débarqua en catastrophe à La Corogne, port espagnol proche de la frontière portugaise, pour prendre en charge une demi-douzaine de militants noirs angolais à faire passer en France. Les filières pyrénéennes du réseau Jeanson s'étaient défaites avec l'indépendance de l'Algérie. Verlet n'avait bénéficié que d'un contact aléatoire avec le curé du village de Biriatou, en pays basque français. L'homme avait été mêlé à l'affaire Finaly, sombre histoire d'enfants juifs cachés sous l'Occupation chez des catholiques un peu exaltés qui les avaient escamotés après la guerre plutôt que de les restituer au judaïsme. Fâcheux antécédent. Mais nécessité faisait loi. Verlet avait reconnu à pied le parcours, soit six heures de marche en montagne. Il trouva ses Angolais exacts au rendez-vous, qui était fixé au stade de La Corogne où se déroulait une rencontre d'athlétisme entre le Portugal et l'Espagne. Plusieurs voitures participaient à l'opération. Le convoi fut à la frontière à la nuit et la longue marche commença. L'obscurité la rendait ardue. Martin Verlet tomba. Il ressentit une vive douleur à la cuisse mais décida de poursuivre, soutenu par les camarades. La souffrance était pourtant trop forte. Au bord de l'évanouissement, il dut s'arrêter. Il s'était fracturé l'humérus. Il dit aux Angolais de continuer sans lui, se reposa deux ou trois heures et repartit en clopinant. La police l'attendait au débouché du sentier. Le curé l'avait dénoncé. Nul délit ne lui étant reprochable, il gagna Saint-Jean-de-Luz où un médecin le soigna avec un zèle particulier, l'ayant pris pour un membre de l'OAS en cavale. Il monta vaille que vaille dans le train de nuit de Paris et se fit hospitaliser à son arrivée. Deux policiers munis d'une commission rogatoire vinrent l'interroger sur son lit de souffrance : pour faire bonne mesure, le curé de Biriatou l'accusait de lui avoir volé ses économies... Quant aux militants angolais, arrivés sans encombre, trois d'entre eux furent inquiétés car ils avaient eu la naïveté de décliner leur véritable identité à l'hôtel où ils étaient descendus...

L'ahurissante inexpérience des militants des MLN stupéfia tous les membres de Solidarité, à la seule exception d'Henri Curiel. Le plus jeune adhérent était Alain Bréjac (1), dix-sept ans, préposé pour ses débuts à la diffusion du matériel de propagande des mouvements auprès des agences de presse et des journalistes. Sa mère avait collecté des fonds pour la guerre d'Espagne. Ses deux oncles, militants des Jeunesses communistes, avaient fait partie du fameux groupe Fabien, auteur d'attentats meurtriers contre les nazis ; le premier, arrêté par la police française, avait été remis par elle à la Gestapo et fusillé à vingt-deux ans ; l'autre, déporté à Mauthausen à dix-neuf ans, n'en était pas revenu. Le grand-père avait été toute sa vie typographe à *L'Humanité,* y compris la clandestine. Ainsi Alain avait-il grandi parmi les ombres toujours invoquées de combattants de l'ombre exposés à tous les pièges de la répression, aux embûches de la trahison. Il avait pour ainsi dire la clandestinité dans le sang. Elle était en tout cas inscrite en lettres sympathiques au fond de sa mémoire. A dix-sept ans, un certain comportement lui était aussi naturel qu'à tel vieux briscard de la Résistance rengagé dans le réseau Jeanson. Un militant angolais n'avait pas derrière lui cette précieuse tradition.

Mais c'était précisément l'inexpérience des MLN qui justifiait l'existence de Solidarité. Henri Curiel ne cessait de répéter : « Si peu que nous leur apportions, vous verrez que ce sera déjà énorme. » Presque tous ses gens en firent le constat. Le responsable du stage consacré à la répression sera bientôt un militant français rescapé des prisons d'Algérie : « J'étais membre du parti communiste algérien et j'ai milité au FLN à partir de 1955. Je m'occupais du ravitaillement des maquis. La police m'a arrêté et torturé en juin 1956. J'avais vingt-deux ans. J'ai passé trois ans en prison avant d'aller dans un camp d'internement. Quand Henri m'a demandé de faire un cours sur l'attitude à avoir face à la répression, j'ai été très sceptique. Mon

(1) Pseudonyme choisi par l'auteur.

expérience était limitée et je ne voyais pas l'intérêt qu'elle pouvait présenter pour des militants agissant ailleurs, dans des conditions différentes. Il m'a dit : " Moi, j'ai commencé en Egypte. Tu ne peux pas savoir comme c'est dur de débuter à zéro, d'avoir tout à apprendre. On perd du temps, on fait des fautes. Pourquoi ne pas faire profiter les autres de l'expérience acquise ? Tu verras que tu leur en apprendras beaucoup. " Il avait raison. Non pas tellement grâce aux recettes : il n'y a pas de recettes. Mais on faisait le tour des problèmes et cela leur faisait prendre conscience de ces problèmes. Je leur parlais du procès Dimitrov et de la possibilité de retourner contre le régime le plus dur sa propre légalité. Je leur disais qu'il faut prendre même l'avocat bidon, l'avocat mouchard envoyé par la police parce qu'il donne au moins accès au dossier. L'arrestation, aussi. Il faut absolument faire savoir aux camarades qu'on est arrêté. Donc crier le plus fort possible, à l'intention des voisins : " Je suis Untel, on me connaît bien ici, pourquoi vous m'arrêtez ? " Alors que beaucoup de militants, par respect humain, se laissent arrêter en silence. Ensuite, torturés, ils crachent le morceau et personne n'est au courant. Encore une technique que j'avais apprise en Algérie : quand un militant est capturé, la famille et les voisins vont pleurer devant le poste militaire ou le commissariat : " On sait qu'il est là ! " Ça empêche le pire, la liquidation anonyme. Remarquez que quand j'ai parlé de ça aux stagiaires haïtiens, ils ont été effarés, ils m'ont dit : " Mais c'est pas possible ! Chez nous, les tontons macoutes seraient trop heureux : ça leur permettrait de liquider toute la famille d'un coup ! " »

Les faux papiers ne souffrent pas l'improvisation. « Je suis venu à Solidarité plus par attache personnelle que par opinion. Je connaissais un vieux militant italien qui avait beaucoup lutté et beaucoup souffert (les fascistes lui avaient coupé la langue). Un jour, j'ai appris son décès et quelqu'un m'a dit qu'il avait demandé, juste avant de mourir, qu'on me présente au réseau Curiel. Un intermédiaire m'a fait rencontrer Gerold de Wangen. Je me demandais un peu qui étaient ces gens. Il m'a expliqué les choses très progressivement. A l'époque, j'étais chef de publicité dans une grosse boîte. J'étais très au fait des problèmes graphiques. On m'a parlé de faux papiers. Ma première réaction a été : " Je ne veux pas faire des faux papiers comme ça. Je veux savoir pour qui je travaille. " On me l'a toujours dit. J'ai toujours su à qui allaient mes passeports ou mes fausses pièces d'identité. Il ne faut pas croire qu'on était des imbéciles manipulables comme l'ont insinué certains au moment des attaques contre Henri. J'étais bien entendu d'accord avec les objectifs de Solidarité mais je voulais savoir.

« On m'a envoyé chez deux anciens résistants, l'un en Belgique, l'autre en Hollande, pour apprendre la technique. Je suis resté chaque fois enfermé pendant plusieurs jours dans un appartement. Le Hollandais travaillait à la peinture. C'était très bon mais il fallait être peintre. Ce qui m'a séduit chez le Belge, c'est la légèreté du matériel. Voilà mes instruments de travail : des petites baguettes de bois et un compte-fils [petite lentille]. Très planquable. On peut perquisitionner chez moi : rien de compromettant. Des baguettes de bois et un compte-fils. N'importe qui peut avoir ça chez lui. Autre intérêt : ça se trouve partout. Henri tenait beaucoup à ce que nous utilisions des procédés faciles à transmettre aux militants — parce que j'enseignais aussi la fabrication des faux papiers. Je peux vous dire qu'avec ma technique, des militants emprisonnés ont réussi à faire des faux papiers dans leur cellule.

« Je n'oublierai jamais mon premier passeport. Un soir, je rentre chez moi fatigué et je trouve les camarades. Il y avait un passeport à faire d'urgence, cette nuit même, pour un Iranien traqué par la police du Shah. Il fallait le faire sortir du pays. J'étais affolé. Je leur ai dit : " Mais non, je ne suis pas capable. " Ils m'ont répondu : " C'est une question de vie ou de mort. " J'ai même dit bêtement : " Mais je n'ai pas dîné ! " — " Mets-toi au travail. On va s'occuper de toi. " Et ils m'ont entouré, choyé, pendant toute cette nuit qui a été pour moi une terrible épreuve. J'étais rongé par le doute. Je me répétais sans cesse : " La vie d'un homme dépend de la qualité de ton travail. " A l'aube, le passeport était terminé. Et il était beau. Très beau. L'Iranien s'en est tiré.

« Après, on prend les choses plus calmement. Regardez votre passeport ou votre carte d'identité et voyez comme c'est mal foutu. Les cachets sont tremblés, flanqués de travers, les écritures bavent : il n'y a que les parties imprimées qui sont impeccables (1). Un bon faux passeport, ce n'est pas tellement un passeport techniquement parfait qu'un passeport qui colle à votre personnalité. Il faut bien entendu un minimum de technique mais c'est sur le reste qu'on risque le plus de se faire coincer. Combien de militants m'apportaient leur photo en col ouvert et bras de chemise alors qu'ils étaient censés

(1) En 1944, des agents américains de l'OSS parachutés en Allemagne furent arrêtés à cause de la trop grande perfection de leurs papiers. Les Feldgendarmes, habitués à examiner des papiers où manquaient toujours deux ou trois des très nombreux tampons et cachets exigés par la bureaucratie nazie, avaient eu leur suspicion éveillée par une impeccabilité trop rare pour être honnête.

être cadres supérieurs. Il faut toujours avoir l'air d'un voyageur de commerce, porter un attaché-case, et si possible passer le contrôle de police avec un bouquet de fleurs, un paquet — la grosse poupée-cadeau, par exemple, c'est excellent.

« Une fois, on m'apporte un passeport américain à travailler. Je n'ai pas besoin de vous dire que le passeport américain pose de très gros problèmes. Et celui-là était dans un état épouvantable : déjà raturé, trafiqué presque troué par endroits — une horreur ! A première vue, travail impossible. La seule solution était de le saloper encore davantage. Je me suis dit : " Allez, je tente le tout pour le tout... " J'ai fait comme si le gars se servait de son passeport comme portefeuille. Je l'ai truffé de cartes de visite, de tickets, de photos, toutes sortes de bricoles. Et à côté de timbres-poste en bon état, j'en ai collé d'autres sur les parties abîmées de telle façon qu'on pouvait les croire collées par la sueur. Pourquoi ? Le type à qui était destiné le passeport buvait beaucoup, allait au bordel — vous voyez le genre. Son passeport a été contrôlé plusieurs fois sans problème : il collait à sa personnalité.

« Il y a les règles de base à respecter. Ne jamais utiliser le papier falsifié dans son pays d'origine. Pas de faux passeports argentins en Argentine, par exemple. Un détail peut vous avoir échappé. Les polices ont parfois un code à elles : position du cachet, etc. Et si vous êtes pris, la condamnation est plus lourde. J'ai fait je ne sais pas combien de faux papiers pour je ne sais plus combien de militants. Mon seul pépin est venu d'une infraction à cette règle : un jeune militant s'est rendu en Allemagne avec un faux passeport allemand. Une encre ne convenait pas. Il a payé une amende et il a été relâché.

« Si vous allez en Suisse, ne passez pas par Bâle ou Genève : les passeports y sont examinés aux infrarouges.

Et cætera.

Transférée à Alger, l'antenne marocaine était devenue une véritable base. Trente-huit militants travaillaient sous la direction bicéphale de Jean Tabet et de Didar. Tabet aurait préféré rejoindre Henri Curiel à Paris : « Je voulais être un révolutionnaire professionnel selon la définition de Lénine. A l'époque, j'étais très marqué par Trotski et ses thèses sur la révolution permanente. Pour Staline, la haine, et une grande fureur contre le PCF. Henri a insisté pour que j'aille à Alger : " Tu connais les mouvements, des liens se sont tissés... " Et puis la phrase sacramentelle qu'il vous ressortait toujours : " L'organisation, c'est le choix des gens. " Après, j'ai découvert que c'était une phrase de Staline. Mais Staline ajoutait : " ... et le contrôle des gens ". De toute façon, je ne pouvais rien refuser à Henri. »

Didar était l'œil d'Henri, mais un œil baladeur. Elle travaillait au ministère algérien de la Jeunesse, dirigeant le service de presse, créant un centre de documentation, et organisant avec Jean-Louis Hurst des chantiers de travail volontaire. Dans son roman *la Blanche et la Rouge,* Ania Francos, qui l'a bien connue à Alger, trace d'elle ce portrait : « Petite, très fine, son visage, d'un ovale très pur, était éclairé par des yeux bleus presque mauves. Meriem ne se lassait pas de la regarder. Elle parlait un arabe très beau, presque littéraire, et lorsqu'elle disait à Meriem en la croisant dans les couloirs *naharek tayeb* (Que ta journée soit belle), c'était comme un poème. Elle s'occupait de presque tout dans le ministère. La première arrivée, la dernière partie, on voyait souvent la nuit la lumière briller dans son bureau au sixième étage. Meriem se demandait si elle avait une vie personnelle, si elle aimait quelqu'un, si quelqu'un l'aimait, et surtout, pourquoi était-elle toujours aussi gaie, aussi sereine ? (1) »

La joie est consubstantielle à Didar mais ses nouvelles activités lui procuraient un bonheur encore jamais éprouvé : « Ce furent les années les plus intenses de ma vie militante. Participer à la construction nationale d'un pays qui vient d'accéder à l'indépendance par la lutte armée est autrement plus exaltant que d'agir pour la destruction d'un régime corrompu comme celui de Farouk ou du système colonialiste français. » Son premier chantier la mit en sympathie, au sens étymologique du terme, avec le malheureux Sherif qui rôtissait toujours à Kharga : au lieu de la région « fraîche en été, balayée par une brise » annoncée par le rapport arrivé au ministère, le chantier était ancré au flanc d'une montagne de roc nu dans l'une des zones les plus torrides d'Algérie.

Jean Tabet, instituteur à mi-temps à la Casbah, organisait les activités de la base algéroise. Sa tâche principale consistait à assurer le contact avec les MLN d'Afrique, d'Amérique du Sud et d'Asie du Sud-Est qui avaient ouvert un bureau à Alger. Il centralisait leurs demandes et les transmettait à Paris. Un certain nombre de services étaient assurés sur place. Avec sa compagne Julie et Didar, lorsqu'elle n'était pas sur ses chantiers, il dirigeait des stages de formation technique élémentaire (liaisons secrètes par encre sympathique, système de boîtes à lettres, etc.). Il faisait traduire et imprimer la

(1) Ania Francos, *La Blanche et la Rouge,* Editions Julliard, p. 171.

documentation des mouvements. Les membres de Solidarité servaient encore d'interprètes pour des groupes de futurs combattants venus s'initier à la guérilla auprès des anciens maquisards algériens.

L'une des consignes inlassablement répétées par Curiel visait à faire sortir chaque mouvement de son isolement. Jean Tabet : « Il me disait : " Même si tu ne vois pas a priori de rapport entre eux, tu dois mettre les mouvements en relation les uns avec les autres. " Je l'ai fait selon sa méthode : organisation de la rencontre dans un endroit discret, présentation des interlocuteurs, et je m'en vais, je les laisse seuls. Ils appréciaient beaucoup cette discrétion. Elle leur prouvait notre volonté de non-ingérence. »

Henri Curiel venait en moyenne une fois par mois, un peu pour les affaires, beaucoup pour la révolution. Sa métamorphose de porteur de valise en porteur d'attaché-case s'était faite dès l'été 1962, alors que les nouveaux responsables de l'Education nationale algérienne s'arrachaient les cheveux face à un problème quasi insoluble : faire surgir du néant pour la rentrée d'octobre les manuels scolaires de l'Algérie nouvelle. Le puissant groupe Hachette ne pouvait livrer qu'en février. Joseph Hazan, associé de la maison Nathan, se fit fort d'imprimer dans les délais. Le contrat fut signé le 10 juillet. Pas un professionnel du livre n'aurait parié un centime sur son exécution. Le 15 septembre, Nathan livrait à Alger les trois millions et demi d'exemplaires du cycle primaire. Hazan avait fait imprimer les manuels sur les rotatives de *L'Humanité.* Techniquement, c'était un tour de force. Henri Curiel fut engagé par Pierre Nathan avec un salaire fixe symbolique et des primes proportionnelles aux contrats décrochés. Ils furent rares. Une autre opération consista à arranger les affaires de la Compagnie métallurgique et minière, un peu embrouillées depuis l'indépendance, et dont son cousin André Weil-Curiel était l'avocat. Henri réussit à régler les difficultés. Il ne demanda aucun honoraire pour ses démarches. Le directeur de la société était aveugle.

A ses camarades étonnés, il disait : « Défendons les positions françaises en Algérie : si elles sont emportées, les Américains prendront la place. »

Mais l'attaché-case restait le plus souvent dans sa chambre d'hôtel. Il faisait le point avec Didar et Tabet, rencontrait Boumaza, était reçu par Ben Bella — on a dit plus haut l'épreuve que représentaient pour lui ses entretiens avec un Ben Bella pourtant bon garçon —, avait enfin des rendez-vous réguliers avec l'ambassadeur de Cuba à Alger, personnage flamboyant proche de Che Guevara.

Quelques alertes donnèrent à penser sur la fragilité du pouvoir benbelliste.

Un jour, Jean Tabet va prendre l'avion pour Paris. Il est porteur de lettres de Ben Barka. Sous le texte apparent (déclarations d'amour enflammées), des messages écrits à l'encre sympathique.. Tabet est arrêté à l'aéroport, conduit à la Sûreté, interrogé toute la nuit. Le ton est brutal. On l'accuse d'être un agent de la DST. « Et qu'est-ce qu'on fait d'un type de la DST qui vient traîner chez nous ? On le supprime. » Tabet commence à y croire. Cependant Julie, aux quatre cents coups, court alerter Boudia, directeur d'*Alger Ce Soir*. Boudia se renseigne auprès du bureau politique du FLN. Personne n'est au courant de l'affaire. A dire vrai, personne ne semble bien au fait de ce qui se passe dans les services de police algériens. C'est toujours mauvais signe. Boudia n'est pas un ingrat : il n'a pas oublié que les amis de Curiel ont organisé son évasion en France. Il rassure Julie : « Ne t'en fais pas. Au pire, je rassemble les copains de la Fédération de France et on le sort de force. » Et il continue à donner des coups de fils. Au matin, Tabet reçoit des excuses et des croissants pour son petit déjeuner. Il repart pour l'aéroport. Il est cueilli dans l'avion, juste avant le décollage, par deux géants qui éclatent d'un rire rabelaisien lorsqu'il leur demande leur carte de police. On l'enfourne dans une voiture. Elle sort d'Alger, roule dans la campagne. Sueurs froides. Tabet, convaincu de sa liquidation imminente, est trop furieux pour s'apitoyer sur son sort. Finalement, les deux malabars le ramènent à Alger et il passe la nuit dans une cellule sans lumière. Libéré au matin, il va demander des explications au directeur de cabinet de Ben Bella. On l'apaise, on témoigne de la plus vive irritation contre les extravagances policières, mais Jean Tabet retire de l'entrevue une impression de fragilité. Le pouvoir ne contrôle pas ses flics.

L'affaire du « maquis » de Draa-al-Mizan est d'une autre sorte. Grosse pour Henri Curiel de haines solides que sa mort n'assoupirait pas, elle conclut sur le terrain, en travaux pratiques, le débat théorique qui avait agité le réseau de soutien sur le devoir pour l'Algérie indépendante de nourrir et de propager la flamme révolutionnaire.

L'un des personnages les plus pittoresques d'Alger était Abd el-Kader Rassak. Agé d'une cinquantaine d'années, petit-fils du fameux émir Abd el-Kader qui avait jadis incarné et animé la résistance de l'Algérie au corps expéditionnaire français, il tenait l'aïeul prestigieux pour un traître à la cause et racontait volontiers comment lui-même avait tué son père, coupable d'avoir trompé sa mère. Grand et fort, courageux, passionné, il n'avait mis les pieds dans son pays qu'après l'indépendance. La politique du pouvoir le décevait amèrement. Il rêvait de déclencher une révolution maoïste en couvrant le pays de « communes chinoises ». Didar, toujours friande de riches natures, le trouvait fascinant et peu sérieux. Elle l'avait présenté à Henri mais le courant n'était pas vraiment passé. Il passait en revanche très bien avec un certain nombre de jeunes coopérants français dont certains avaient courageusement aidé le FLN mais qui trouvaient que l'Algérie indépendante ne répondait pas aux espoirs qu'ils avaient mis en elle. On les appelait les Pieds-Rouges. La quarantaine de militants travaillant pour Solidarité étaient eux aussi des Pieds-Rouges mais de l'espèce « non déconnante », selon l'expression de Tabet. Didar, quant à elle, avait une fois pour toutes réglé le problème : « La direction du mouvement national algérien était typiquement bourgeoise. Mais elle était évidemment révolutionnaire puisqu'elle s'assignait pour tâches la transformation des structures coloniales de l'Etat et l'édification d'une nation. Le reste, c'est-à-dire la lutte entre clans dirigé par des éléments à vocation plébéienne ou non, est une question de détail. »

Cette sage disposition d'esprit ne l'empêcha pas d'être arrêtée à son bureau du ministère, un jour de l'été 1963, et d'être conduite au commissariat général, près de la prison Barberousse. A sa profonde surprise, elle s'entendit accuser de complot sioniste. Elle avait l'impression de se retrouver en Egypte dix ans plus tôt. Elle s'inquiéta aussitôt pour Henri, de passage à Alger, mais il avait sauté dans le premier avion pour Paris en apprenant son arrestation. « Dans ces cas-là, fait observer Didar, il ne sert à rien de jouer les héros. »

Tout était de la faute d'Abd el-Kader. Il avait rassemblé dans une ferme de Draa-al-Mizan des armes et une petite troupe de jeunes Pieds-Rouges qu'il commençait d'entraîner à la dure vie du maquis. Les autochtones étaient rares. Le maquis de Draa-al-Mizan avait été repéré avant même d'avoir ouvert les hostilités. Les jeunes gens avaient attiré l'attention des représentants de l'ordre en allant faire furtivement leurs courses au village voisin. La jeune fille placée en sentinelle devant la ferme fut si émue de voir arriver les policiers qu'elle tomba de l'arbre où elle s'était perchée et se cassa le bras.

Cette flatulence fit en Algérie un bruit de tonnerre car elle libéra d'un seul coup l'exaspération accumulée contre certains Pieds-Rouges. Ceux-ci, intégristes de l'internationalisme, professaient qu' « un militant vaut partout un militant », en conséquence de quoi un garçon natif de Romorantin pouvait très bien, en vertu de son autodéfinition révolutionnaire, enseigner la juste ligne à un natif de

Tizi-Ouzou qui sortait de se battre huit ans contre les Français. Les populations en concevaient un vif agacement ; Ben Bella l'exprima en fustigeant dans un violent discours les « insupportables donneurs de leçons ».

Complot sioniste ? On avait trouvé sur Abd el-Kader une carte d'identité française datant de sa militance au sein de la Fédération de France du FLN. Elle lui conférait le prénom David et un patronyme juif. Beaucoup de ses Pieds-Rouges étaient juifs. Il n'en fallut pas plus pour que la police accusât le pauvre diable d'œuvrer pour le Mossad, service secret israélien. Tout cela sans conséquence dramatique : les « maquisards » furent relâchés, y compris Abd el-Kader qui, toujours magnifique, avait refusé de recevoir dans sa cellule un Ben Bella désireux de s'entretenir avec lui de l'avenir de l'Algérie. Henri Curiel était personnellement intervenu auprès du président algérien en faveur des malheureux.

Sotte et vieille histoire. Sauf pour Serge Thion, sociologue. Il écrivit après l'assassinat de Curiel un petit factum débordant de fiel intitulé *Du bon usage des momies en politique,* la momie était en l'occurrence, si l'on a bien compris, le cadavre de l'assassiné. Il y pousse la perfidie jusqu'à insinuer, sans avoir le courage de l'écrire franchement, qu'Henri Curiel aurait eu un rôle peu clair dans l'arrestation de certains militants du tiers-monde. Et il évoque Draa-al-Mizan à propos de « l'affaire de la pétition ». Soixante et un coopérants, soucieux de ne point voir compromettre par les « égarements » de quelques-uns l'œuvre entreprise en Algérie, avaient signé une pétition assurant le peuple algérien de leur solidarité et le gouvernement de leur confiance. On y trouve la signature d'hommes qui n'ont point la réputation de se précipiter, pour les cirer, aux bottes d'un pouvoir quelconque, tels Etienne Bolo, Jean-Paul Ribes ou Tienno Grumbach. Pour Thion, qui se dit d'extrême gauche, c'est l'occasion de tracer d'Henri un portrait que ne récuseraient pas ses détracteurs d'extrême droite : « Elle [« la pétition »] dessine bien en filigrane le portrait politique de Curiel. D'abord, il est masqué, il ne signe pas lui-même et la plupart de ses proches s'en abstiennent également. La main reste cachée. » Signer lui-même ? Comment Henri l'aurait-il pu puisqu'il n'était pas lui-même coopérant ? La plupart des proches s'abstiennent ? Nous relevons les signatures de Claude Belmas, membre fondateur de Solidarité, Jean-Louis Hurst, Nathan Blau, frère de Joyce, Didar Rossano et Jean Tabet, tous deux responsables de la base algéroise de Solidarité...

Ayant ainsi planté son croc dans le corps encore tiède d'Henri Curiel, Thion s'en fut trottinant vers six millions de momies pour lui problématiques : il mit sa plume au service du célèbre Faurisson, l'homme qui nie les chambres à gaz.

Si par aventure je suis un jour tué, prière aux amis de tenir Serge Thion à l'écart de mon cadavre.

FRANÇOIS

« Je suis né en 1921 à Saïgon. Ma mère était d'origine bourgeoise. Mon père avait fait fortune dans l'import-export. Il était milliardaire. Ils se sont séparés très vite et je suis rentré en France avec ma mère ; j'avais deux ans. Elle m'a donné une éducation très bourgeoise. Quand je voulais inviter un copain de classe, elle ne me demandait jamais " Comment est-il ? " mais " Que fait son père ? " Il y avait d'un côté les gens bien, les bourgeois ; de l'autre, la populace. Je ne me sentais à l'aise qu'à l'office, avec la femme de chambre et la bonne. J'ai fait mes études à Bossuet et à Montaigne. Il y a eu la guerre après ma première partie du bac.

« Nous étions repliés à Royan. Un officier allemand nous a poussés dans le caniveau, mon grand-père et moi, parce que nous ne nous effacions pas assez vite. C'est drôle comme une chose comme ça peut vous marquer.

« Nous sommes rentrés à Paris en 1942. Je voulais faire quelque chose contre les nazis. J'ai cherché le contact avec la Résistance. Ma mère a compris que j'étais prêt à toutes les bêtises. Elle a parlé de moi à ma marraine, la femme du professeur Aubin. Il m'a fait entrer dans le réseau Centurie. J'ai été un simple agent de liaison. Je n'arrêtais pas de circuler.

« J'ai été arrêté le long de la Seine. Je ne peux pas vous dire la date parce que depuis le camp, j'ai beaucoup de mal à dater les événements. Mais ma femme vous dira ça tout à l'heure [1943]. J'attendais quelqu'un et, subitement, mes pieds ne touchent plus terre. Deux géants me soulevaient. Je suis jeté dans une traction avant. " Bouge pas ou on te crève ! " C'était la Gestapo française. J'avais une serviette pleine de choses que j'ignorais.

« Ils m'ont conduit rue des Saussaies. J'ai été passé à tabac. Ensuite, Fresnes.

« En entrant à Fresnes, j'ai eu une impression formidable de liberté. Jusque-là, j'avais été le fils à sa maman et j'avais vécu avec elle, ma sœur aînée, la bonne, la femme de chambre. Dans ma cellule, je me suis dit : " Mon petit père, te voilà seul. Il faut être à la hauteur. " Je savais que je ne tiendrais pas le coup pour rester sans rien dire, et ils savaient que j'étais agent de liaison. Mais entre qui et qui ? J'ai inventé une histoire avec deux hommes : mon cousin Pierre, qui était en Indochine, et mon cousin Jacques, le pétainiste. Il ne me restait plus qu'à être un grand comédien.

« Pour mon premier interrogatoire, on m'a d'abord enfermé dans un sous-sol des Saussaies avec d'autres résistants. A un moment, on nous a amené une jeune femme nue, avec le sang qui coulait de son sein dont le bout avait été tranché. Ils nous l'ont balancée dans les jambes en disant : " Regardez comme elle est belle, la juive... "

« On m'a conduit au colonel. Il commençait à interroger un gars. Le gars l'a regardé dans les yeux. Le colonel lui a flanqué une râclée à coups de chaise. Il en est mort, le malheureux. Moi, j'ai fait attention de regarder à droite et à gauche, jamais en face. Il ne m'a pas frappé. J'ai dit : " Je n'ai rien fait, mais même si j'avais fait quelque chose, je ne vous le dirais pas. " C'était prémédité. Il m'a dit : " Viens à côté " On m'a fait mettre à genoux, les mains en l'air. Je me suis dit : " Maintenant il faut trembler. " Mais c'est venu tout seul. Je tremblais et je claquais des dents. J'ai raconté mon histoire. On m'a ramené à Fresnes. J'ai dansé la gigue dans ma cellule : j'avais roulé la Gestapo.

« Une semaine après, deuxième round aux Saussaies. Le colonel m'a dit : " Tu nous a raconté des histoires. " Je m'en suis tenu à mon histoire malgré les coups. C'était dur. Vraiment dur. On m'a ramené à Fresnes. J'étais heureux. J'avais prouvé que j'étais un homme.

« Le camp de Compiègne ensuite, et le train pour Buchenwald. Le dernier convoi [15 juillet 44]. La Croix-Rouge distribuait des colis : pain d'épice, saucisson, des choses salées. J'ai eu une intuition. Je me suis dit : " Je ne mange rien tant qu'on ne boit pas. " Le voyage a duré je ne sais plus combien de jours. Pas une goutte d'eau. Beaucoup sont morts. Je suis arrivé les lèvres crevassées, la langue triplée de volume. Des copains se sont gargarisés avec de l'urine. Certains sont devenus fous. Moi, j'étais pratiquement dans le coma. On m'a extirpé du wagon par les bras et par les jambes et on m'a jeté dans un camion plein de corps. J'ai eu la chance d'être sur le dessus. A un moment, le camion s'arrête devant les douches (j'ai su après que c'était les douches). J'entends parler français. J'avais un bras libre. J'ai tendu la main. Je l'ai agitée. Quelqu'un a dit : " Regardez, celui-là a l'air d'être vivant. " Ils m'ont sorti du camion, qui est reparti vers le four crématoire. Ils m'ont mis sous la douche sans me donner à boire. Quelqu'un avait dit : " Il ne faut surtout pas lui donner à boire. Humecter seulement. " Quand j'ai pu parler, sous la douche, et qu'ils se sont rendu compte que j'étais français, ils m'ont dit : " Ne t'inquiète pas : tu es sauvé. "

« On m'a montré un type à qui il manquait un doigt. Les copains m'ont dit : " Il y en a qui disent qu'il est de la Gestapo. Est-ce que tu le reconnais ? " Je l'avais vu rue des Saussaies. Il était avec le colonel. Il est mort étouffé le lendemain.

« Je suis entré dans l'organisation de résistance du camp. Je n'ai pas fait des choses extraordinaires mais j'ai fait mon boulot et je trouvais ça très intéressant.

« Dans mon bloc, il y avait deux prêtres, le frère d'un grand industriel, des officiers, des types du peuple. Un prêtre nous volait le pain, le frère de l'industriel gardait pour lui seul ses colis, un officier aurait fait n'importe quoi pour un mégot. A côté de ça, un ouvrier qui donnait tous ses colis à plus malheureux que lui. Je me suis dit : " Il y a bien une hiérarchie mais ce n'est pas forcément celle qu'on m'a apprise. " J'étais très religieux. A Buchenwald, j'ai perdu la foi.

« Après notre libération, on nous a amenés à l'hôtel Lutétia, boulevard Raspail. J'ai téléphoné à ma mère. Nous habitions rue Bréa. J'entends : " Allô, allô, allô. " Je n'ai pas pu parler. Aucun son ne sortait de ma gorge. Ma mère était tout pour moi. J'ai pris un taxi et je suis rentré à la maison. Ma mère m'a fait un accueil délirant. Un dîner merveilleux. Je voulais lui raconter. Elle m'a dit : " Non, ne parle pas de ça, maintenant tu vas être heureux. " — " D'accord, je ne raconterai pas, mais il faut au moins que tu saches quelles leçons j'ai tirées de cette expérience. " Mais ses lèvres se pincent quand je commence à raconter, son regard se durcit. J'ai vu que je ne l'intéressais pas. J'ai parlé de la famille, de la pluie et du beau temps.

« Le lendemain matin, j'ai envoyé la bonne acheter *L'Humanité*. Ma mère n'a pas compris. Je lui ai dit que j'avais découvert les communistes à Buchenwald, que j'avais eu l'intention d'adhérer au camp et que j'allais le faire maintenant.

« Le surlendemain, le chauffeur de mon grand-père m'a conduit dans une maison de repos trouvée par ma mère. Elle voulait que je me retape. On m'a fait une piqûre. Bon. Mais je n'aime pas trop. Je regarde par la fenêtre, je vois une voiture s'arrêter et des infirmiers en sortir quelqu'un qui avait la camisole de force. J'ai eu plus peur que je n'avais jamais eu peur à Buchenwald. J'étais depuis trois jours en France et ma mère m'envoyait dans un asile de fous. Je me suis habillé à toute allure, je me suis jeté dans l'escalier et j'ai cherché la sortie. Je suis tombé sur une femme qui m'a dit : " Vous partez ? Je vous en supplie, dénoncez mon mari qui m'a fait enfermer pour une histoire d'argent ! " J'ai noté son nom et son adresse. J'ai réussi à filer et j'ai téléphoné à mon grand-père du café du village. Il m'a dit : " Ne bouge pas. Je viens te chercher. On arrive. "

« Ma mère a fait celle qui s'est trompée, qui ne savait pas que c'était un asile de fous. Et moi, j'ai fait semblant de la croire. Mais j'ai filé. Je suis allé chez un copain de déportation, puis chez un autre, encore un autre. Je me suis planqué comme ça pendant un an. Avec eux, je me sentais sécurisé.

« Mon père m'a proposé de venir le rejoindre en Indochine : " Tu auras tout ce que tu veux. " Il n'a pas compris mon refus. Je m'étais inscrit au Parti et je voulais retrouver les gens que j'avais découverts à Buchenwald. Je suis entré chez Renault comme OS et je suis devenu fraiseur. J'ai travaillé plusieurs années chez Renault [trois ans].

« Pendant des vacances [1948], j'ai rencontré ma femme à Vézelay. Nous remettions les remparts en état dans le cadre du service civil international. J'étais chef de chantier ; elle s'occupait de la cantine. Ma mère me disait : " Fais-en ta maîtresse, tu en auras vite fait le tour. " Nous nous sommes mariés. Mon père, très chiquement, nous a donné de quoi acheter un appartement et le meubler très confortablement. J'ai travaillé un an avec lui, et puis nous avons revendu l'appartement et acheté une papeterie à Aix-en-Provence. Nous y sommes restés plusieurs années [1951-1958].

« A Aix, j'étais secrétaire de cellule, membre du comité de section. Dès le début de la guerre d'Algérie, je suis contre. J'ai organisé un comité de soutien aux familles de détenus algériens. Ensuite, un ami m'a demandé d'héberger un responsable du FLN. Nous habitions un mas à la campagne. Je me disais que ma femme ne serait peut-être pas trop d'accord. Un jour, je lui en parle. Elle me dit : " Pas question ! Les voisins le verront, on sera dénoncés, ce n'est pas possible... " — " Et si je te disais qu'il est dans la maison depuis une semaine... " — " Tu es fou ou quoi ? " Mais c'était vrai. J'avais planqué le type pour démontrer à ma femme que c'était possible. Du coup, elle a été d'accord. Après celui-là, nous avons caché un autre responsable qui était un peu exalté. Aux repas, il posait un énorme Colt à côté de son assiette et il nous disait toujours : " Tout va bien, aucune inquiétude, l'armée algérienne ne vas pas tarder à débarquer en France. " Nous l'écoutions avec une certaine surprise.

« Le Parti ignorait les hébergements mais on m'a donné l'ordre de cesser même l'aide aux familles des détenus. Un camarade est venu me voir, un type merveilleux qui avait participé à la révolte de la centrale d'Eysses. Je lui demande : " Et si un responsable algérien frappe à ma porte en me demandant de le cacher ? " — " Tu refuses parce que tu engagerais le Parti " — " Et si je ne suis pas au Parti ? " — " Ce serait différent. " — " Alors je quitte le Parti " — " Ne plaisante pas, tu ne peux pas le faire. " Je sors ma carte et je lui dis : " Regarde. " Et je l'ai déchirée sous ses yeux. Il était fou de rage. Il m'a crié : " Tu sais que ça ne se passera pas comme ça ! Tu seras exclu ! Tu es commerçant. Tu perdras toute ta clientèle communiste. Les camarades changeront de trottoir. Et les autres, les non-communistes, ils sauront que tu l'étais et ils te plaqueront aussi. Ce sera ta ruine ! " Pierre Doize, le secrétaire fédéral, est venu me voir. Je lui ai calmement expliqué les choses. Il a essayé calmement de me convaincre. J'ai finalement été exclu, mais sans tapage. Nous avons vendu le commerce et nous sommes montés à Paris. Nous avons travaillé dans un magasin de matériel de dessin dans le quartier Latin.

« C'est à ce moment-là [1958] que j'ai rencontré Henri Curiel. Il était dans sa voiture. Tout de suite, le coup de foudre. Pour moi, cet homme-là était un saint, quelqu'un d'une intégrité absolue. Je lui ai raconté mes problèmes avec le Parti. Il m'a dit : " Moi, je suis un communiste orthodoxe. "

« J'ai travaillé à *Vérités Pour.* J'ai aussi compté l'argent et porté les valises. Avec ma femme, nous avons fait des passages de frontière, la Belgique, la Suisse. J'avais le contact direct avec Henri mais je travaillais aussi avec Mattéi. Je connaissais Joyce, Didar...

« Et puis Henri est arrêté. Un jour, je vais chercher ma femme à son travail et j'ai l'impression que des flics attendent. Aujourd'hui, j'en suis moins sûr. Mais enfin j'ai cru préférable de filer. Mattéi m'a fait partir pour Saint-Tropez, où il avait un contact. Je me suis occupé des déserteurs. Ensuite, on me fait passer en Allemagne, dans une planque. Je n'avais presque plus d'argent quand un Algérien arrive et me dit : " Voilà ton passeport, tu es Bachir el-Halami, de Tanger. Tu pars pour Tunis. Je t'accompagne à l'aéroport. " A Tunis, j'ai été reçu au bureau de Boussouf. On me traite royalement. On me dit : " Tu te reposes, nous te prenons en charge. " Mais je voulais être utile. Je suis parti comme instituteur dans un camp de réfugiés algériens à Gafsa. J'y ai passé un an. Une année merveilleuse. Les gosses étaient extraordinaires. Ils voulaient tellement apprendre le français qu'ils refusaient de quitter l'école à la fin des heures normales. Quand le camp a été fermé, à l'indépendance, nous nous sommes séparés en pleurant. Une année merveilleuse.

« J'avais reçu la nationalité algérienne. Je suis allé à Alger, où ma femme m'a rejoint. Notre premier boulot a été de récolter dans les casernes le matériel médical et les médicaments que l'armée française n'emportait pas. Les débuts ont été un peu crispés mais les officiers se sont montrés ensuite très coopératifs, je dirai même très sympathiques. Ensuite, j'ai travaillé avec l'Organisation mondiale de la santé. Le coup d'Etat de Boumedienne [1965] nous a forcés à partir, comme presque tous les autres. Nous avons même été perquisitionnés.

« A Paris, nous avons acheté une papeterie dans le quartier Latin. Henri est venu nous voir et nous a parlé de Solidarité. J'ai immédiatement accepté de travailler. Je donnais des cours de serrurerie aux militants des MLN, surtout des Noirs d'Afrique du Sud ou de Rhodésie, et des Sud-Américains. Je leur apprenais à fabriquer des clés avec des moyens de fortune, à ouvrir les serrures les plus sophistiquées, etc. Bien sûr, j'avais été fraiseur mais je ne connaissais rien à la serrurerie. Avant d'enseigner, j'ai dû tout apprendre. C'était la grande théorie d'Henri. Il disait que les spécialistes sont les moins aptes à transmettre leurs connaissances parce qu'ils dominent trop leur sujet. Ils ne voient même plus les difficultés. Tandis que lorsqu'on a appris par soi-même, on sait où ça risque d'accrocher.

« J'ai fait ça plusieurs années [1965-1972]. »

Si Mehdi Ben Barka avait puissamment aidé au démarrage de Solidarité en patronnant à Rabat les premières prises de contact avec les MLN, Curiel et ses amis furent vite en mesure de lui rembourser leur dette.

Réchappé par miracle d'un attentat fomenté par le palais royal en 1962 (le coup avait été maquillé en accident de la route), condamné à mort par contumace en 1964, le dirigeant marocain vivait en exil entre l'Algérie et la Suisse. Henri lui rendait fréquemment visite dans son petit studio algérois de la rue du Premier-Novembre. Leur entente était parfaite. Didar, qui assista à de nombreux entretiens, ne ressentit jamais chez Henri la tension qui le paralysait devant Ben Bella : « Ils étaient deux militants traitant de problèmes concrets et ils allaient tout de suite au cœur du sujet. Ils n'étaient pourtant pas au même niveau. Ben Barka avait une stature internationale et il aurait pu être chef d'Etat. Henri n'avait pas de rôle politique. Ben Barka représentait un beaucoup plus grand danger pour l'impérialisme. Et il était irremplaçable. »

Aux échanges de vues sur l'expérience autogestionnaire algérienne et la situation des forces d'opposition au Maroc s'était ajoutée, à partir de 1964, la préparation de la conférence tricontinentale prévue pour 1965 à Cuba. Elle allait, au fil des mois, former l'essentiel de leur travail commun. Aujourd'hui que les espoirs mis dans la Tricontinentale ont avorté, en partie à cause de l'assassinat de Ben Barka, et que son nom même ne signifie rien pour le plus grand nombre, il est difficile de se représenter l'espérance investie dans l'évènement. Bandoung avait été la révélation du tiers-monde. La Tricontinentale marquerait la mobilisation de sa partie militante.

Président désigné de la conférence, Ben Barka savait à peu près son Afrique mais ignorait tout de l'Amérique latine. Grâce aux liens déjà tissés avec les MLN sud-américains, Solidarité fut en mesure de lui fournir des dossiers documentés ; le choix des invitations s'en trouva facilité. L'ambassadeur de Cuba à Alger participait souvent aux entretiens. On savait que le grand débat opposerait les tenants du guévarisme à ses adversaires. Ben Barka et Curiel avaient de la question une vue identique : le passage à la lutte armée étant affaire de lieux et de circonstances, une décision dogmatique dans un sens ou dans l'autre serait politiquement absurde.

Il était prévu que Jehan de Wangen accompagnerait Ben Barka à Cuba en qualité de secrétaire. De tous les membres de Solidarité, il était celui qui connaissait le mieux l'ensemble des MLN. Proche d'Henri, il serait un porte-parole autorisé.

A Genève, où le dirigeant marocain faisait de longs séjours, le groupe local de Solidarité avait été chargé d'assurer sa sécurité. C'était de moins en moins simple. Ben Barka n'était plus ce militant sur ses gardes dont Didar se rappelle qu'il n'omettait jamais d'ouvrir la radio, dans son studio algérois, quand elle entrait avec Henri, pour brouiller un possible dispositif d'écoute. Sans doute cédait-il à ce sentiment d'invulnérabilité qui s'empare si souvent du clandestin, aussi dangereux que l'ivresse des grandes profondeurs pour un plongeur, et qui le conduit à dangereusement provoquer le sort. « La clandestinité use vite. » Le futur président de la Tricontinentale était en 1965 un clandestin usé.

A Paris, Solidarité s'employait à lui ouvrir des portes, y compris celle de l'Elysée. Henri Curiel, refusant par principe de porter le moindre jugement sur la politique intérieure française — ce n'était pas son affaire —, trouvait éminemment positive la politique de De Gaulle en direction du tiers-monde. Il regrettait cependant qu'au Maroc, la France misât tout sur Hassan II. Ben Barka pourrait faire entendre la voix de l'opposition marocaine, ce qui serait fort apprécié d'un gouvernement algérien en mauvais rapports avec Rabat (une courte guerre avait opposé en 1964 les deux pays). Mais au-delà des problèmes maghrébins, la Tricontinentale ouvrait des perspectives auxquelles la France ne pouvait rester indifférente. De Gaulle devait savoir l'importance historique de la conférence. Ben Barka était le plus qualifié pour lui en exposer les prémices et les éventuels prolongements.

Un premier pas fut accompli avec la levée de l'interdiction de séjour en France de Ben Barka. Elle ne l'avait pas empêché de faire de nombreux séjours clandestins à Paris. Il y viendrait désormais sous son vrai nom. Ce succès, résultat de nombreuses démarches, eut pour revers un sentiment de sécurité accru du Marocain.

Il s'était ouvert à Henri Curiel d'un projet de film sur le tiers-monde. Curiel avait trouvé l'idée excellente et lui avait conseillé d'en confier la mise en scène à Joris Ivens : « C'est l'homme qu'il te faut. » Ivens n'étant pas disponible, Ben Barka avait prospecté ailleurs. Solidarité, qui ne manquait pas d'antennes dans les milieux cinémato-graphiques et journalistiques, s'était livrée à une discrète enquête sur l'équipe rassemblée autour du projet. Ses résultats avaient conduit Henri Curiel à mettre en garde son ami. L'équipe réunissait le meilleur et le pire, des personnages au-dessus de tout soupçon et des individus pour le moins suspects. Ben Barka avait paru convaincu.

Solidarité lui obtint une entrevue avec l'un des plus proches collaborateurs du général de Gaulle. Il serait reçu le 30 octobre 1965 à l'Elysée.

Jehan de Wangen mit au point avec lui les modalités du voyage — son premier à Paris depuis la levée de l'interdiction de séjour. Il eut le plus grand mal à le convaincre de ne pas descendre à l'hôtel. Ben Barka ne parvenait pas à concevoir que sa sécurité pût être en danger dans un pays dont le président était disposé à le recevoir. Il refusa d'être pris en charge à Orly par des militants de Solidarité, prétextant que la présidence de la République voudrait peut-être s'assurer de son arrivée à bon port et que la présence d'un comité d'accueil officieux ferait fâcheux effet. On transigea : il débarquerait seul à Orly mais logerait chez un membre de Solidarité. Rendez-vous fut fixé à dix-sept heures dans un café. Gerold de Wangen le conduirait à l'appartement.

On sut ensuite que le malheureux Ben Barka avait trompé son monde. S'il avait refusé une protection dès Orly, c'est qu'il avait décidé d'arriver par un vol du matin au lieu de prendre l'avion de l'après-midi, comme il l'avait indiqué à Wangen. Un déjeuner était organisé à la brasserie Lipp à propos du projet de film. Jehan de Wangen : « Il ne nous en a pas parlé parce qu'il savait très bien que si nous avions été au courant, nous ne l'aurions jamais laissé faire. »

A son arrivée en taxi devant la brasserie, boulevard Saint-Germain, le 29 octobre 1965 à douze heures trente, Mehdi Ben Barka est courtoisement abordé par deux hommes qui lui montrent leur carte de police, parfaitement authentique, et l'invitent à monter avec eux dans une Peugeot 403 officielle de la préfecture de police. Ben Barka suit les inspecteurs Voitot et Souchon sans poser la moindre question. Pourquoi le ferait-il ? Il est en France officiellement et sera reçu le lendemain à l'Elysée. Pourquoi se méfierait-il de policiers français ? Selon toute probabilité, il a pensé que le rendez-vous élyséen était avancé.

On sait ce qu'il en advint.

La violence de la réaction de De Gaulle surprit beaucoup d'observateurs. Elle n'étonna pas Henri Curiel et ses amis. Le Général s'estimait personnellement offensé. On avait escamoté sur le seuil de son bureau un homme qu'il devait considérer comme son hôte.

Solidarité se livra à des investigations en France et hors de France. Les conclusions, non étayées par des preuves matérielles à la vérité difficiles à obtenir, furent que l'enlèvement avait été organisé par les services américains de concert avec la police marocaine et avec la complicité active de certains éléments du SDECE français. Rabat se débarrassait du seul opposant capable de mettre le trône en péril. Washington privait la Tricontinentale du seul dirigeant en mesure de surmonter, par son prestige et son intelligence, les contradictions internes qui, sans lui, feraient en effet éclater le grand rassemblement tiers-mondiste.

Henri Curiel, apatride soumis au régime du sursis renouvelable, fut reçu par Roger Frey, ministre de l'Intérieur pour lui faire part des résultats de l'enquête.

Chaque année, le congrès.

Ce qui est fou. On n'a jamais vu une organisation clandestine tenir
congrès annuel. Des amis sérieux, avertis des choses de la vie, avaient
haussé les épaules en entendant évoquer le projet de Solidarité :
« Vous ne tiendrez pas six mois avant d'être découverts et démantelés
par la police... » S'ils avaient su qu'il y aurait congrès !...

On ignore où se tient le congrès. On a rendez-vous un samedi matin
d'hiver dans un café situé près d'une porte de Paris. On y repère
quatre ou cinq personnes, connues ou inconnues, porteuses elles aussi
du petit sac pour le pyjama et la brosse à dents. A l'heure dite, une
voiture vient charger son monde. Le chauffeur est seul à connaître la
destination, et il ne l'apprend qu'au dernier moment. L'opération se
répète à la même heure dans d'autres cafés, à d'autres portes de Paris.
Soixante-dix à cent vingt adhérents se retrouvent ainsi vers midi dans
un lieu point trop éloigné de Paris. Les premières années, ce n'est pas
le rêve. Une grande salle chauffée par un poêle à bois qui tire mal, de
sorte qu'on a le choix entre suffoquer dans un nuage de fumée ou
grelotter fenêtres ouvertes. Nous ne sommes pas surpris d'apprendre
qu'Henri Curiel est toujours volontaire pour la corvée de bois et qu'il
donne généreusement sa couverture à tel camarade frigorifié sur son
lit de camp. A partir de 1966, cela s'arrange. Les congrès ont pour
cadre des lieux alliant la beauté naturelle et l'élévation spirituelle. Ils
sont peuplés mais leurs hôtes permanents ont visiblement la tête
ailleurs, très au-dessus des nuages. Par mesure de précaution, le
congrès est censé être un séminaire sur, par exemple, l'avenir des
cultures céréalières en Tanzanie. Chaque congressiste a devant lui un
dossier consacré à la question. La consigne est de ne pas réagir en cas
d'intervention extérieure inopinée. L'usage du pseudonyme est
obligatoire. Aucune communication avec l'extérieur jusqu'au dimanche soir. Le groupe de sécurité règle les cas d'urgence.

Tout Solidarité n'est pas au congrès : les locaux, même spacieux,
ont leurs limites. Un certain nombre de membres sont d'ailleurs
indisponibles au jour fixé. Une liste d'invitations est établie par les
organes de direction, qui s'efforcent d'assurer une représentation
équilibrée des différents secteurs d'activité. Mais chaque membre de
Solidarité peut assister au congrès s'il en exprime la volonté. On
invite aussi des sympathisants susceptibles d'adhérer ainsi qu'un

certain nombre de personnalités du monde syndical, religieux et associatif.

Le congrès est la grand-messe de Solidarité, sa fête, sa respiration. Un travail clandestin est par essence fractionné et cloisonné. Travail de fourmi obstinée sur sa brindille. Travail monotone, souvent ingrat. Vous êtes par exemple dans l'hébergement, c'est-à-dire que vous accueillez chez vous, pendant un temps plus ou moins long, un militant venu d'au-delà des océans pour suivre les stages de Solidarité. Tous les militants, vous en savez quelque chose, ne sont pas des Guevara. Pire que le buveur ou le cavaleur est celui qui, assistant à la table familiale à l'important débat sur le point de savoir si l'on retournera skier à Val-d'Isère ou si l'on essaiera Courchevel, ricane qu'en ce qui le concerne, ce sera probablement la prison ou le cimetière. Le congrès vous fait du bien. Ou encore vous vous occupez des résistants grecs luttant contre la dictature des colonels. Vous agissez grec, vous rêvez grec, vous vous obsédez grec, vous en venez à croire que la scandaleuse inertie de Solidarité à l'égard des Grecs résulte d'une volonté délibérée de saboter la résistance grecque : le congrès vous fait du bien, qui vous révèle les Haïtiens, Sud-Africains, Iraniens, Angolais, etc. A longueur d'année, vous recevez des instructions tombées des lèvres augustes de grands chefs invisibles : « Paul a décidé que... Marthe est furieuse contre toi... Blaise t'ordonne de... » Ils sont là : Paul vous assène son sourire rayonnant ; Marthe dissipe les quiproquos sous des rafales de « parole d'honneur ! » ; Blaise, personnage intimidant, vous invite à boire un coup de cognac dans sa chambre après dîner (chaque année, on se dit que Blaise oubliera le cognac : il ne l'oublie jamais).

Si Henri Curiel maintint contre vents et marées le principe du congrès annuel, souvent dénoncé par la jeune classe de Solidarité comme une perte de temps et un risque inacceptable pour la sécurité, c'est qu'il savait par expérience que la clandestinité et son cloisonnement débouchent aisément, si l'on n'y prend garde, sur une redoutable paranoïa. Le brassage du congrès balayait les miasmes méphitiques engendrés par le confinement. Il était aussi un efficace antidote au « romanesque de réseau », déviation à laquelle Solidarité était exposée. La plate-forme de l'organisation précisait : « Nous ne sommes pas un groupe d'activistes sans principes. » Et si les critères de recrutement étaient conçus pour ratisser large, le romantisme constituait une tare rédhibitoire.

La plus grande partie du congrès est consacrée aux rapports d'activité. Si nous prenons 1966 pour année de référence, le rapport « liens » constate que Solidarité est en contact avec une quarantaine de MLN répartis entre l'Afrique et l'Amérique latine. Longue et ennuyeuse énumération. On se perd un peu dans la jungle des sigles. Quelquefois, un spécialiste intervient pour analyser en détail la situation d'un pays. En 1966, Saint-Domingue et l'Afrique du Sud. C'est déjà plus passionnant. Le rapport « services » fait monter l'intérêt de plusieurs crans. Il justifie le principe fondamental d'Henri Curiel repris dans la plate-forme : « La forme supérieure du travail est celle du travail organisé. » Chacun milite petitement dans son petit secteur, mais voici que l'addition des mosaïques aboutit à une fresque impressionnante. Impressionnante ? Curiel ne cesse de rappeler l'ampleur des moyens mis en œuvre par l'impérialisme contre les MLN. Qu'est-ce que Solidarité auprès de la fameuse école de Los Americas installée par Washington à Panama et qui forme chaque année des milliers de policiers latino-américains à la lutte antirévolutionnaire ? Que pèsent les stages de Solidarité auprès de ceux qu'organisent le FBI ou la CIA pour les chiens de garde des dictatures-gorilles ? Eternel combat de David contre Goliath... Mais chaque année, David éprouve que sa fronde gagne en efficacité.

En 1966, Solidarité a offert cinq cents jours d'hébergement à des militants venus de sept pays ; mis à la disposition des MLN vingt-trois lieux de réunion, tant à Paris qu'en banlieue ; installé quinze boîte à lettres assurant les liaisons des mouvements et neuf centraux téléphoniques, c'est-à-dire neuf téléphones sûrs autorisant des conversations un peu confidentielles. Cinq traducteurs d'espagnol et six d'anglais ont traduit trois cents pages de documents fournis par les mouvements ; l'organisation dispose de traducteurs en allemand, russe, arabe et hébreu ; on cherche un spécialiste du portugais. Six dactylos ont tapé cinq cents pages de textes, dont deux cents stencils. Le service ronéo a fonctionné pour treize pays. Cinquante faux passeports ont été fournis, ainsi qu'un grand nombre de pièces d'identité diverses, mais le rapporteur constate que le manque de matière première se fait cruellement sentir : Solidarité a dû acheter cinq passeports pour la somme de 2 060 F ; il faut absolument que les membres incitent leurs amis sympathisants à « perdre » leur passeport. Pour les cachets et tampons, situation améliorée : soixante-cinq en stock et les spécialistes sont en mesure de reproduire les autres. Un exploit : la fourniture de deux mille laissez-passer au ZAPU rhodésien. Six spécialistes sont affectés aux faux papiers. Deux visagistes-maquilleuses, un dentiste-prothésiste et un opticien ont « transformé » quatorze militants recherchés par leurs polices nationales. Deux postes émetteurs-récepteurs ont été fournis, ainsi que des boussoles, jumelles, appareils photo, cartes. Un spécialiste de la télécommande a fabriqué lui-même des appareillages ad hoc. Le problème posé par les fournitures volumineuses est celui de l'acheminement. On y réfléchit. (Exemple typique du fonctionnement artisanal et inventif de Solidarité : un adhérent remettra l'année suivante un rapport débutant ainsi : « Ayant effectué cet été une croisière où, partis de Bénodet, nous avons finalement rallié Toulon, j'ai longé et pratiqué pendant deux mois les côtes espagnole et portugaise. J'ai été frappé, m'attendant à subir les contrôle et surveillance d'un appareil policier rigide et visible, par l'absence totale de ce contrôle et de cette surveillance. Nous aurions pu faire absolument ce que nous aurions voulu, débarquer ou embarquer ce que nous aurions voulu, sans que personne s'en aperçoive. » Suit une description des ports ibériques et un mode d'emploi.)

En quatre ans, les stages de formation se sont multipliés et diversifiés. Soixante-trois stages pour 1966, soit en internat, soit en externat. Leur durée est variable, ainsi que le nombre des stagiaires. Un militant d'Amérique latine a suivi un stage de cinq semaines. Quinze militants d'un même mouvement ont suivi un stage de trois semaines en internat. Au total, quatorze mouvements ont bénéficié d'une formation. Solidarité est à cette époque en mesure de procurer des cours dans les domaines suivants :

— Organisation, sécurité, renseignement.
— Attitude face à la répression.
— Ecriture invisible, codage.
— Photographie.
— Cartographie, topographie.
— Faux papiers.
— Maniement d'armes, fabrication et utilisation d'explosifs, sabotage, piégeage.
— Radio et télécommande.
— Guérilla.
— Soins médicaux, premiers secours.

Quinze moniteurs sont affectés à ce secteur « formation ». Le rapporteur rend hommage à leur dévouement et souhaite que les traces d'amateurisme entachant encore quelques cours soient rapidement éliminées. Un problème difficile, qui ne trouvera d'ailleurs jamais de solution : les travaux pratiques pour le cours de maniement d'armes et d'explosifs. Les militants ressentent une véritable frustration de ne pouvoir tirer au fusil et faire péter leur plastic, et il faut bien avouer qu'un cours sur les explosifs sans passage à l'acte n'est pas tout à fait complet. Il eût été facile de disposer d'une propriété isolée mais la pétarade aurait tôt ou tard attiré l'attention des pandores locaux, de sorte qu'on renonça à de véritables travaux pratiques, avec cette consolation que le moniteur, hautement qualifié, se débrouillait pour faire de son cours l'un des plus passionnants et les mieux suivis de la panoplie. Même difficulté pour les fournitures d'armement. Dès la première année, des mouvements sans complexe avaient réclamé « un cargo d'armes ». Sans aller jusqu'au cargo, on pouvait envisager des fournitures d'armes en quantités raisonnables — le principe ne posait pas problème — mais c'eût été s'engager dans un domaine étroitement surveillé par les services et polices de tout poil : la sécurité de l'organisation aurait été sacrifiée à un secteur d'activité limité. Solidarité se bornera à fournir des armes de poing à des militants menacés et, pour les besoins plus massifs, tient à disposition la collection des catalogues spécialisés.

Le secteur « études », fort de cinq membres, a enfin fourni des dossiers de documentation politique et économique à vingt mouvements. Ce sont, puisées à bonne source, des informations sur la pénétration économique étrangère dans le pays concerné, le montant des investissements, le rôle des réseaux bancaires. Des dossiers sont également constitués sur des organismes d'intérêt général, comme la CIA, l'OEA, l'OCAM, etc.

Le rapport financier est aussi ennuyeux qu'au comité des fêtes de mon village.

Ben Bella avait été renversé par Boumedienne au mois de juin 1965. Solidarité en fut profondément ébranlée. L'Histoire dira si le style de gouvernement du premier président de la République algérienne était adéquat à la situation : le fait est qu'il séduisait la majorité des coopérants étrangers, y compris ceux de Solidarité. Il y avait une espérance, un souffle, l'impression peut-être fallacieuse que tout restait possible. Les liens tissés pendant la guerre avec son entourage formaient une trame solide. Pour les camarades de Curiel, l'appui décisif apporté à l'organisation par la présidence et ses services achevait de faire d'Ahmed Ben Bella un personnage irremplaçable.

Il était remplacé par un colonel moins sensible aux ferveurs tiers-mondistes, et dont le putsch déclencha à travers le pays une vague de rafles et d'arrestations. Les benbellistes étaient pourchassés. La gauche européenne prenait fait et cause pour eux. Il parut évident à tous les membres de Solidarité résidant en Algérie que l'organisation serait au premier rang du combat contre le coup de force militaire.

La consigne tomba : « Affaire interne à l'Algérie : on ne bouge pas. » Henri Curiel n'avait convaincu les instances dirigeantes de Solidarité qu'au terme de discussions passionnées. Sa thèse était politiquement peu contestable : le coup d'Etat se déroulait dans un pays indépendant sans intervention d'une quelconque puissance étrangère. Un clan chassait l'autre. Au nom de quoi Solidarité interviendrait-elle dans cette lutte intestine ? Les MLN ne seraient-ils pas justifiés à la soupçonner d'ingérence s'ils la voyaient intervenir dans la politique intérieure d'une nation libre ? La chute de Ben Bella allait poser à l'organisation des problèmes peut-être insurmontables, notamment au plan financier. Mais une prise de position en faveur de Ben Bella violerait le principe fondateur de Solidarité : être au service des MLN sans ingérence d'aucune sorte.

Passionnés pour le président déchu, certains refusèrent la froideur du raisonnement politique. L'avocate Michèle Beauvillard, si proche de Curiel, cessa de le voir pour plusieurs années. Il y eut des démissions. Sur place, en Algérie, c'était la franche indignation. Didar elle-même vint à Paris et fit à Henri une scène violente sur le thème : « Tu n'as pas de cœur. » Elle était si affectée par la chute de Ben Bella qu'elle en fit une dépression. Le jeune Alain Bréjac, dépêché à Alger pour expliquer la décision de non-intervention, reçut un accueil glacial de la part des adhérents. Presque tous, malgré la surveillance policière dont ils étaient l'objet, s'employaient à cacher et à évacuer les benbellistes. On savait que les prisonniers étaient torturés. Curiel approuva ces gestes de solidarité à la condition qu'ils n'engageassent point Solidarité.

Jean Tabet, qui s'était déjà éloigné de l'organisation, fut chargé par Boudia d'intervenir auprès de Curiel pour obtenir un engagement auprès des benbellistes. Boudia était un ami très proche des dirigeants de Solidarité. Tabet se heurta à un ferme refus. Il fit savoir à Henri Curiel qu'il le tenait pour un salaud et que la simple honnêteté consisterait pour Solidarité à restituer à Ben Bella les millions qu'il avait versés.

Boumaza, ancien ministre de l'Industrie, interlocuteur privilégié de l'organisation à Alger, partit à son tour en exil et rencontra Curiel pour demander une aide politique contre Boumedienne. Jehan de Wangen : « Le ton fut courtois, la discussion très emberlificotée, dans une atmosphère d'incompréhension totale. On s'est quittés en se disant qu'on se reverrait, on ne s'est plus jamais revus. » Boumaza avait eu droit au même traitement que Jeanson, à cette différence près que l'enjeu politique impliquait ici un comportement décevant.

Au congrès suivant la chute de Ben Bella — celui de 1966 —, la plate-forme de Solidarité s'enrichit d'un paragraphe supplémentaire : « Nous considérons que nos activités d'aide concrète à un mouvement de libération nationale déterminé, prennent fin avec l'accession de son pays à une véritable indépendance. A cette étape, nous nous abstenons soigneusement de tout ce qui pourrait être une intervention dans les affaires intérieures d'un Etat indépendant. C'est qu'en effet nous trouvons la justification de notre action aux côtés des mouvements de libération nationale dans le fait que ceux-ci luttent contre une domination étrangère ou contre un régime instrument de l'étranger. Avec la fin de l'intrusion étrangère s'arrête notre intervention. »

Les grands principes étant respectés, il restait à trouver des sous. La solution fut à la fois hardie et simple.

Solidarité, fondée sur le bénévolat, avait des frais de fonctionnement limités. Les seuls militants rémunérés étaient les quatre ou cinq permanents consacrant la totalité de leur temps à l'organisation ; ils percevaient un salaire équivalent au SMIC. Il fut décidé que les cotisations des adhérents couvriraient les frais de fonctionnement. Ce ne fut pas le cas en 1966 : 38 140 F de recettes pour des dépenses s'élevant à 48 370 F. L'équilibre est atteint l'année suivante et il sera vaille que vaille obtenu jusqu'à la fin au prix d'exhortations vibrantes du trésorier (c'est à peu près le seul moment où le grand souffle de l'éloquence passe sur le congrès car les rapports sont en général lus d'une voix monocorde). Les vacances scolaires sont particulièrement néfastes aux finances : les enseignants, nombreux à Solidarité, négligent couramment de régler leur cotisation. En 1966, la cotisation mensuelle minimale est de 10 F. Un quart des cotisants versent plus de 100 F. Deux d'entre eux, disposant de revenus considérables, donneront bientôt 2 500 F par mois, ce qui assurera de manière décisive l'équilibre du poste « fonctionnement ».

Le budget des services posait un problème autrement grave : il engloutissait la quasi-totalité des subventions algériennes. Voyages des militants des MLN, frais de reprographie, organisation des stages, achat du matériel indispensable, fournitures diverses... Où trouver l'argent ? Personne ne se rappelle qui eut l'idée toute bête de répondre : les mouvements. Cela choqua. Il y avait de l'obscénité, de la part d'une organisation composée de gens à leur aise, et qui ne risquaient guère, à faire payer le service rendu à des militants généralement fort dépourvus et engagés dans un combat meurtrier.

Mais le moyen de faire autrement ? Nécessité faisant loi, on décida, la mort dans l'âme, que chaque service serait facturé au prix coûtant. Or, le congrès de 1966 fit entrevoir une bonne surprise que les exercices suivants allaient confirmer : la facturation, si déplaisante dans son principe, se révélait politiquement positive. Il n'y eut que les mouvements fantaisistes pour caler devant l'obstacle, de sorte que le critère financier permit de gagner un temps considérable dans l'évaluation toujours indispensable de la qualité d'une organisation militante. En quinze ans, les mouvements sérieux, représentatifs, trouvèrent toujours les ressources nécessaires au financement. D'autre part, le nouveau système conduisit à plus de réalisme dans des demandes qui avaient souvent tendance à verser dans l'extravagance. Un mouvement donnant un texte à imprimer ne se privait pas d'en demander dix mille exemplaires alors que ses possibilités réelles de diffusion n'excédaient pas le millier : la facturation apprit à mieux ajuster le tir. Les stages furent choisis en fonction des besoins réels et non plus selon la curiosité ou l'engouement pour une spécialité attrayante (à quoi bon un stage radio, long et complexe, si le mouvement ne peut en aucun cas utiliser un émetteur-récepteur sur le terrain ?) La facturation eut enfin la conséquence fort inattendue de simplifier les relations avec les mouvements. Echaudés ailleurs, beaucoup de militants redoutaient l'ingérence, au moins le paternalisme, et leur suspicion ne tombait qu'après de longs délais, expérience faite. Le paiement des services affirma leur indépendance.

Tous les groupes suivirent dès lors le processus décrit par Sébastien Vessiroglou, Grec résistant à la dictature des colonels, arrivé à Paris en compagnie de plusieurs camarades : « Avec Solidarité, il n'y a jamais eu de discussion politique ou théorique. Solidarité n'était pas un endroit où tu discutais sans cesse. C'était comme un magasin de chemises : tu entres, tu choisis ce que tu veux, ce que tu peux acheter. Le premier problème a été la question d'argent. Ce n'était pas gratuit. Pour un groupe comme le nôtre, six militants, le stage complet coûtait entre 4 000 et 5 000 F [1970]. Pour nous, c'était un peu dur. Mais c'était normal. Ça ne servait pas à payer des salaires mais à couvrir des frais — la bouffe, le transport, etc. Tous les services étaient payants. Sauf l'hébergement, qui était gratuit. De toute façon, on a obtenu des délais de paiement et on a réglé petit à petit. On s'est réunis entre nous, on a discuté et on a demandé à faire, pendant une ou deux semaines, le tour de toutes les spécialités pour voir celles qui conviendraient le mieux. Les plus intéressantes pour nous ont été la sécurité, les armes et explosifs, le cours radio, le comportement en cas d'arrestation, le maquillage, les faux papiers. Je me souviens surtout du cours sur les faux papiers qui m'a été donné par un camarade espagnol. Pour moi, c'était presque l'équivalent d'un doctorat de troisième cycle. Tous les groupes grecs qui sont venus après nous ont fonctionné comme ça. »

Délais de paiement mais aussi péréquation : un mouvement riche se verra facturer les services au prix fort, ce qui permettra de travailler à perte pour des groupes moins fortunés. Les annales de Solidarité ne comportent pas d'exemple d'un service utile refusé pour une question d'argent. Il arriva même plus d'une fois que l'exception-nel potentiel de relations dont disposait l'organisation apportât aux mouvements des ressources inattendues. Ainsi Solidarité écoula-t-elle des émeraudes de contrebande pour le compte de maquis colombiens. Des militants brésiliens en exil, utilement conseillés, ouvrirent à Paris un restaurant qui se révéla très rentable.

En 1966, le poste « services » comporte 48 370 F en dépenses pour une recette de 44 933 F, soit un déficit très acceptable de 3 457 F. Les années suivantes, l'équilibre sera d'autant plus facilement obtenu qu'il suffit de ne rien oublier dans la facture présentée à chaque mouvement. Le seul problème viendra des inévitables liens d'amitié tissés entre les membres de Solidarité et les militants étrangers dont ils ont la charge : les premiers, insoucieux des affres du trésorier, avaient tendance à facturer au plus bas les services rendus à leurs amis. A chaque congrès, rappel lancinant du trésorier : « Facturez au juste prix ! » En 1970, sûr de faire grincer des dents son auditoire, il ajoute cyniquement : « Nous ne sommes pas des seigneurs, à Solidarité. »

Le troisième et dernier poste du budget de Solidarité était intitulé « dons ». Il se montait en 1966 à 10 375 F. Mais le rapporteur indique que les dépenses humanitaires, auxquelles est affecté le budget « dons », ont représenté à peu près un million, soit cent millions de centimes. Il ajoute ce commentaire énigmatique pour le profane : « Ceci dépasse même les critères financiers normaux puisqu'en bonne logique financière, on dit qu'un capital peut tourner neuf fois, et que nos 10 375 F ont tourné à peu près cent fois. » Voilà qui mérite une explication.

Solidarité avait été contactée par trois mouvements dominicains : le Mouvement du 14 juin, prochinois ; le parti communiste domini-cain, prosoviétique, et le Mouvement populaire dominicain. Dix-neuf militants du 14 juin et un militant du Mouvement populaire vinrent à Paris, furent hébergés et suivirent un cycle complet de stages. Puis Solidarité organisa leur retour au pays. La chose n'était pas simple. Le président Bosch, démocratiquement élu après l'exécution du dictateur Trujillo, avait été renversé en septembre 1963 par un coup d'Etat militaire soutenu par Washington. Les services américains veillaient au grain et contrôlaient entrées et sorties pour le compte de leurs hommes de paille. Les spécialistes de Solidarité firent un travail exceptionnel, tant pour l'établissement des faux papiers que pour la transformation physique des vingt militants. Puis des itinéraires complexes furent élaborés, qui évitaient aux voyageurs les points de passage les plus dangereux. Tous arrivèrent à bon port. Les militaires au pouvoir assassinèrent le docteur Manuel Tavarez Justo, chef du Mouvement du 14 juin, et plusieurs de ses adjoints. Une insurrection populaire éclata le 24 avril 1965 avec l'objectif de rétablir la Constitution démocratique de 1963. Elle fut victorieuse. Le président Johnson envoya ses Marines, qui la noyèrent dans le sang. Quinze des vingt militants formés par Solidarité moururent au combat. Les blessés se comptaient par centaines. Solidarité prit l'initiative d'une aide humanitaire et mit sur pied une opération consistant à amener en Europe une trentaine de mutilés. Ils y seraient appareillés et rééduqués. Le docteur Jean-Michel Krivine fut la cheville ouvrière de l'affaire. Elle nécessitait des appuis nombreux, des interventions au plus haut niveau. Solidarité mobilisa le Quai d'Orsay, la Cimade, organisation protestante, le Mouvement de la paix, la Fédération syndicale mondiale. Le gouvernement français prit à sa charge les billets d'avion et accueillit trois mutilés. Le reste fut réparti entre la Hongrie, l'Algérie et la Yougoslavie. Ils furent tous soignés, appareillés, rééduqués ; plusieurs apprirent un nouveau métier. Puis ils retournèrent à Saint-Domingue. L'opération, dans son ensemble, avait coûté un million de nouveaux francs mais le trésorier de Solidarité pouvait à bon droit déclarer que ce million avait été engendré par le petit capital de 10 375 F investi au départ.

Chaque année, des organisations humanitaires versent à Solidarité des sommes variables mais souvent considérables. Les associations catholiques et protestantes démontrèrent une disponibilité et une générosité remarquables. Toutes les opérations n'impliquaient pas la mise en œuvre de moyens aussi importants que pour les mutilés de Saint-Domingue. En 1966, Solidarité assura la prise en charge médicale des deux militants iraniens, l'un cardiaque, l'autre atteint d'une dermatose ; d'un militant des FAR guatémaltèques et d'un autre du PCML haïtien. Toujours en 1966, l'organisation intervint pour sauver dix-huit Camerounais arrêtés au Ghana à la suite d'un coup d'Etat, et sur le point d'être livrés à l'impitoyable Ahidjo : voyages en Suisse, en Grande-Bretagne et en Belgique afin d'alerter les instances internationales chargées de faire respecter les droits des réfugiés politiques, garantis par la Convention de Genève ; voyages au Ghana et au Cameroun — les dix-huit militants furent expulsés vers les pays de leur choix. Les déplacements non financés par des organismes humanitaires ont été assurés par des membres de Solidarité disposant de facilités personnelles.

Bien entendu, l'humanitaire est souvent étroitement imbriqué avec le politique. Faire sortir du Chili des dizaines d'hommes et de femmes traqués par Pinochet, c'est sauver des vies mais aussi récupérer des militants décidés à poursuivre le combat. Il arriva plus d'une fois qu'avec l'accord des donateurs, le budget « dons » alimenta le budget « services ». Ainsi le Conseil œcuménique des Eglises, installé à Genève, est-il engagé dans la lutte contre l'apartheid. Les membres de cette éminente assemblée ne sont point des naïfs. Interrogé par *Le Monde* le 14 août 1974 sur le distinguo entre aide humanitaire et aide militaire, l'un de ses membres répond : « C'est une fiction. L'argent, c'est toujours de l'argent. Si vous me donnez un dollar pour acheter des pansements et rien d'autre, je pourrais toujours utiliser ce dollar, que j'aurais mis de côté à cet effet, pour m'acheter des munitions. » Solidarité ne fournit pas de munitions mais des centaines de faux laissez-passer. Le laissez-passer intérieur imposé aux Noirs d'Afrique du Sud limite leurs déplacements et constitue une très efficace entrave à la mise en place de structures militantes à l'échelle du pays. Pourquoi le Conseil œcuménique s'abstiendrait-il de contribuer à cette forme de lutte contre l'apartheid ? Après chaque congrès, un membre de la direction de Solidarité fait le voyage de Genève pour présenter le programme de l'année suivante. Il est rare qu'aucune action envisagée ne reçoive l'approbation du Conseil.

Le rapport d'orientation d'Henri Curiel intervenait le dimanche après-midi. Le samedi avait été consacré aux rapports d'activité et au travail en commissions, lesdites commissions se réunissant après le dîner pour ne se séparer qu'aux alentours de minuit. Une pause d'une demi-heure coupait l'après-midi. « Goûter » spécifiait le programme remis aux congressistes. C'était peut-être en souvenir de la sacro-sainte tasse de thé de cinq heures chez *Groppi,* jadis au Caire, mais le mot énervait prodigieusement les jeunes membres de Solidarité : on avait beau avoir renoncé au romanesque, à ses pompes et à ses œuvres, ce « goûter » fleurant le patronage était dur à avaler.

Réveil le dimanche à sept heures quinze, suite et fin des bilans d'activité, déjeuner puis le rapport d'orientation. Henri s'installe, ses feuillets à la main. On l'a vu, affable et souriant, accueillir les congressistes, parler à l'un ou à l'autre, régler les petits problèmes d'organisation sans trop intervenir dans les débats. Seuls ses intimes savent sa nervosité. Son rapport n'est jamais fini. Il a le plus grand mal à rédiger et il a passé la nuit de samedi à dimanche à le terminer. Ce n'est pas un orateur. Brillant dans la conversation privée, souvent étincelant, il lit ses feuillets d'une voix sourde, un peu enrouée, sans jamais chercher l'effet oratoire.

Mais il subjugue l'assistance. Que ses auditeurs soient restés ses amis ou qu'ils se soient éloignés de lui, tous les témoignages concordent : le rapport d'Henri Curiel était le grand moment du congrès. Ses dons pour l'analyse politique s'y déployaient souverainement. Clarifiant le présent, il annonçait l'avenir. Il montrait les faiblesses du mouvement mondial de libération nationale, sa capacité à survivre aux pires défaites. Il coupait les ailes à l'illusion lyrique en rappelant sans cesse que l'accession à l'indépendance, étape nécessaire, ouvrait toujours pour les peuples concernés une période de secousses et de difficultés redoutables. En 1967, quand tous les siens croient avec Guevara à la possibilité de créer « deux, trois, dix Viêt-nam », il leur répond sans ambages : « Il n'y aura qu'un seul Viêt-nam, et c'est déjà bien beau. » Nous possédons une dizaine de ses rapports. Il ne s'est guère trompé que sur l'évolution intérieure des Etats-Unis, en surestimant les conséquences politiques du mouvement d'insoumission et les possibilités de la révolte des Noirs. Pour le reste, lumineuse analyse des faits, prospective mesurée, alliance d'une foi irréfragable dans le progrès humain, d'une certitude totale de la victoire finale, et d'un réalisme permettant l'économie des désillusions : Henri Curiel était un révolutionnaire alliant, comme le voulait Gramsci, le pessimisme de l'intelligence à l'optimisme de la volonté.

Plus tard, lorsque la calomnie déferlera sur lui en tentant d'imposer l'image méphistophélique d'un manipulateur agissant dans l'ombre, ourdissant des complots à double ou triple détente, les centaines d'anciens congressistes de Solidarité se souviendront de la longue silhouette voûtée s'installant à la tribune et de la voix enrouée qui leur proposait chaque hiver un programme d'action pour l'année à venir.

Les élections clôturent le congrès.

*
* *

La théorie des cercles sera utilisée par les détracteurs de Curiel pour décrire le fonctionnement de Solidarité. Au centre, le premier cercle des initiés : Henri et ses intimes. Ils détiennent tous les secrets, connaissent le pourquoi et le comment des choses. Puis un deuxième cercle auquel la vérité est dispensée à doses soigneusement mesurées. A l'extérieur, le troisième cercle formé du *vulgum pecus,* vaste troupeau de braves gens manipulés que les initiés conduisent par le bout du nez. Solidarité fonctionnerait en somme sur un plan horizontal, peu propice à la démocratie puisque la périphérie ignore ce qui se mijote au centre.

Solidarité avait une structure verticale, comme n'importe quel parti politique ou syndicat d'initiative communal.

A la base, le congrès. Il ratifie le bilan présenté et définit la ligne à suivre. Les congressistes élisent un comité directeur de quinze membres, lequel désigne en son sein un secrétariat de cinq ou huit membres selon les périodes.

Le secrétariat est sur le terrain. Il assure les liens avec les mouvements, organise les stages, fait tourner la boutique. Il se réunit trois à quatre fois par semaine, quotidiennement dans les moments de chauffe. Un élément permanent : Henri. Les premières années, les frères Wangen sont les deux piliers du secrétariat. Lorsqu'une opération importante implique particulièrement tel membre de l'organisation, il est intégré pour le temps nécessaire à l'équipe. Les qualités exigées du secrétariat sont la rapidité dans l'efficacité. Il doit trouver sans délai une solution aux multiples problèmes soulevés par l'action quotidienne.

Le comité directeur se réunit au moins une fois par mois, souvent deux fois. Sa fonction théorique est de veiller à la bonne application des décisions du congrès. Pratiquement, il joue un rôle essentiel de décantation et de pondération. Sa moyenne d'âge est nettement supérieure à celle de l'organisation. Composé d'hommes de poids — de sénateurs, dirait plus noblement la classe politique —, il est la chambre de réflexion de Solidarité. Les liens avec les mouvements sont pris par le secrétariat mais c'est le comité directeur qui décide du principe de l'aide et de ses modalités. Il peut à tout moment interrompre une opération. Entre deux congrès, il dit la loi de Solidarité.

Le comité directeur est un garde-fou et un bouclier. Garde-fou contre les dérapages auxquels est exposée une organisation clandestine marginale travaillant par force dans un flou périlleux. Bouclier contre une éventuelle répression. Il y a là du beau monde. Un service de police y regardera à deux fois avant d'envoyer ses paniers à salade.

Sa composition varie au fil des ans. Trois composantes dominantes : les communistes, les protestants, les catholiques. Voici deux pasteurs, un prêtre, deux dirigeants d'associations, un ancien membre du comité central du PCF, un ancien secrétaire fédéral de la CGT. Les majorités se forment parfois bizarrement. Il est des circonstances où les divergences entre catholiques et protestants sont plus fortes qu'entre chrétiens et communistes. Le plus souvent, le vote reflète une position personnelle, non une réaction de groupe.

Tout les sépare : foi, idéologie, allégeance politique. Une prise de position sur une affaire européenne quelconque ferait voler en éclats le comité directeur. Une discussion sur l'intervention soviétique en Tchécoslovaquie déclencherait la tempête. La politique gaulliste a des partisans et des adversaires également farouches. Il y a des prosoviétiques, comme Henri, en nombre à peu près égal aux opposants décidés ; la majorité est pour le moins réservée. Ils ne se retrouvent que sur l'aide aux mouvements de libération nationale. C'est leur ciment unique mais suffisant. Ils sont là pour ça.

Bien entendu, agacement réciproque entre hommes de terrain et sages du comité. Les jeunes gens les appellent volontiers « les potiches », s'énervent de leurs prudences et se vantent de les rouler gentiment dans la farine. Alain Bréjac (il a pris du galon et s'occupe à présent des liens) avec un clin d'œil : « Il y avait un art de présenter les choses. A force, je savais ce qu'il fallait dire pour qu'on aide un mouvement et aussi ce qu'il fallait ne pas dire. » En écho, le pasteur Rognon, membre du comité directeur, plissant sa paupière sexagénaire : « Evidemment, tout dépendait de la façon dont on nous présentait un mouvement. Mais même si l'on nous l'enveloppait dans du papier de soie avec de beaux rubans, le moment venait vite où nous savions de quoi il retournait. Le mode de fonctionnement aurait empêché que nous ignorions la vraie nature d'un mouvement : entre les filières d'entrée ou de sortie, l'hébergement, les stages, chaque groupe de militants rencontrait de très nombreux membres de Solidarité. »

Les copieux comptes rendus de séances du comité directeur conservés aux archives témoignent d'une belle vivacité. Nous ne sommes pas dans une chambre d'enregistrement. Les discussions sont parfois très âpres. Robert Davezies se souvient avec un sourire carnassier d'avoir « mis Henri sévèrement en minorité à plusieurs reprises ». Le pasteur Rognon : « Il régnait une franchise absolue. Certains débats ont été passionnés. Et il m'est arrivé d'attaquer Henri avec beaucoup de violence. » Le père Barth, dominicain : « Nous avions au comité directeur des discussions souvent très vives. Le secrétariat avait une tendance naturelle à engager les actions et à nous informer ensuite. Nous n'acceptions pas. Nous exigions une information immédiate et complète. Cela déclenchait de grosses bagarres. Mais nous n'avons pas eu une seule fois le sentiment d'être doublés. C'était dans la logique du fonctionnement. »

Une certaine presse présentera ces deux ecclésiastiques — Barth et Rognon — comme de sympathiques imbéciles, belles âmes infiniment cocufiables que le roué Curiel, armé de son imparable sourire, venait arracher à leurs dévotions en leur demandant d'héberger un ami de passage qui pouvait être l'effroyable Carlos. Rien de tel. Avec leurs collègues du comité directeur, Barth et Rognon ont, des années durant, supervisé l'ensemble et le détail des activités de Solidarité.

L'un, René Rognon : études de théologie à Genève de 1934 à 1938, aumônier protestant en stalag pendant cinq ans, convaincu à son retour de la nécessité de témoigner en milieu ouvrier, tourneur à Ivry de 1946 à 1954, puis chez Panhard jusqu'en 1962, secrétaire du comité d'établissement et de la section d'entreprise (sa femme travaille comme lui en usine), dépanneur et programmateur d'ordinateurs jusqu'à sa retraite en 1979 — il aura été rétribué par l'Eglise réformée onze mois dans sa vie —, responsable CGT, vice-président du Mouvement de la paix.

L'autre, Maurice Barth : cadet de Saumur en 1940, études à la faculté de théologie des dominicains à Etioles, ordonné prêtre en 1949, envoyé aussitôt à Berlin, « lieu clos et absurde » où deux mondes s'entrechoquent. Problème des réfugiés. Complexité des rapports internationaux. Il crée le cercle Saint-Bernard, centre d'échanges où se rencontrent chrétiens de l'Est et de l'Ouest. Contacts avec les Russes, les Polonais, les Allemands de l'Est. « La chrétienté française avait alors un visage extraordinaire. Le prestige de la Mission de France ! Toutes les portes s'ouvraient pour un prêtre français. Je suis parti au bout d'un an et quand je suis arrivé à Paris avec mes valises, on m'a dit : " Tu repars. " Les étudiants allemands avaient envoyé une pétition pour demander mon retour. Je suis resté six ans. » Puis une pleurésie, le besoin de souffler. Longs séjours en Italie, en Finlande. Il prend en 1966 la direction de la résidence Maydieu, rue de la Glacière, foyer dominicain pour étudiants du tiers-monde. Son deuxième choc. Des étudiants mexicains lui envoient un billet d'avion pour qu'il visite leur pays. Dénuement, misère. « J'ai découvert des choses que j'ignorais. » Rencontrant Curiel après avoir accepté de cacher un déserteur américain du Viêt-nam, il lui dit : « Il n'y a pas que les victimes des régimes fascistes. Il y a les victimes des régimes staliniens. » Curiel : « Dans un cas, l'opression est le parcours. Dans l'autre, l'incident de parcours. De toute façon, on ne peut pas tout faire à la fois. Nous sommes engagés dans la lutte pour le tiers-monde. » Barth accepta : « Je me sentais très loin de lui sur bien des points. Mais chaque fois qu'il proposait une action concrète, on ne pouvait pas ne pas être d'accord. »

Le génie d'Henri fut d'inventer le comité directeur, grâce à quoi Solidarité évita pendant quinze ans les Charybde et Scylla de l'aventurisme. Son talent fut de le peupler d'êtres de la qualité d'un Barth ou d'un Rognon, qui avaient roulé leur bosse, s'étaient frottés à tous les milieux, possédaient enfin une expérience du monde que pourraient leur envier leurs contempteurs sonores et creux. René Rognon sur Curiel : « Un homme complexe et déroutant. Mais l'homme politique était cohérent, limpide, imprégné d'une magnifique humanité. »

Maurice Barth : « Une sorte de mystique laïc, avec une pureté d'engagement totale. Un homme dépouillé, désintéressé. »

Le congrès est fini.

On rentre chez soi.

Demain, la routine.

JENNY

« Je suis américaine. Ma vie a été assez bizarre. C'est probablement cela qui a fait de moi une militante. Ma grand-mère, d'origine irlandaise, était socialiste. Elle a fait plusieurs années de prison à cause de ses opinions et elle a été la première Américaine à être " nominée " pour la vice-présidence des Etats-Unis. Elle était sur le " ticket " de Debbs, lui-même en prison au moment de l'élection.

« Ma mère était ce qu'on appelle une mère indigne. Je lui ai été retirée quand j'avais huit ans et j'ai été placée dans une institution spécialisée. C'était une véritable prison, avec des gardes armés. On était des numéros. On n'avait même pas le droit de s'appeler entre nous par nos prénoms. J'en ai été sortie à dix ans par un médecin et j'ai ensuite été confiée à diverses familles. Mon père n'était pas au courant. Je ne l'ai retrouvé que beaucoup plus tard.

« Je suis venue en France en 1951 — j'avais vingt et un ans. Je faisais des études supérieures de maths et j'étudiais le français à la Sorbonne et à l'Alliance française. J'allais prendre mes repas au *Petit Paname,* près des Invalides. J'y ai rencontré un habitué qui était un homme absolument délicieux et qui m'a beaucoup aidée à me débrouiller : Raoul Curiel. Quand il a su que j'envisageais de faire un voyage en Italie, il m'a dit : " Mon frère est à Rome. Vous devriez faire sa connaissance. "

« J'ai découvert là-bas un être extraordinaire, d'une générosité inouïe, d'une intelligence exceptionnelle. Je connaissais des communistes mais je n'en avais jamais rencontré de la qualité d'Henri : ouvert, rayonnant. Moi, j'ai eu l'impression d'être en face d'un premier chrétien, un chrétien des catacombes. On s'est vu très souvent pendant mon séjour à Rome.

« Je suis rentrée aux Etats-Unis en 1952 pour étudier à l'Université Columbia, j'ai épousé un archéologue français, nous nous sommes installés au Canada, où j'étais professeur à l'Université de Montréal, et puis nous avons divorcé. J'ai décidé de retourner en France après mon divorce, en 1969.

« A Paris, j'ai retrouvé Raoul et il m'a invitée à dîner avec Henri. Je leur ai parlé de mes activités militantes au Canada. Je m'occupais d'une filière faisant sortir des Etats-Unis les insoumis qui refusaient la guerre du Viêt-nam. Henri m'a proposé de travailler avec lui. Les choses se sont faites progressivement. Au début, je traduisais des

405

textes en anglais, surtout des cours destinés à des militants anglophones. Un jour, Henri m'a chargée de donner moi-même un cours, le cours " écoutes ", qui consistait à apprendre aux militants comment se protéger de l'espionnage électronique. J'ai aussi fait des cours de formation générale, par exemple sur la structure politique des Etats-Unis. Les Africains du Sud étaient passionnés. Mais ma spécialité était le cours " écoutes ". Pourquoi ? Je suis biomathématicienne (j'ai fait des études de biologie après les mathématiques) et je travaille dans un institut de recherches. Disons que j'ai une formation scientifique mais rien ne me désignait pour les problèmes d'écoute. C'était la méthode d'Henri ; apprendre soi-même pour apprendre aux autres.

« Il y a des tas de gadgets. Tout n'est pas vrai dans les James Bond, mais beaucoup de choses sont vraies, hélas... Heureusement, beaucoup de polices du tiers-monde n'ont ni les moyens ni la technique suffisante pour utiliser des appareillages supersophistiqués. Je me tenais au courant de ce qui s'inventait dans le domaine. Un militant de Solidarité que sa profession amenait à se rendre fréquemment aux Etats-Unis nous rapportait les catalogues spécialisés. Là-bas, tout est en vente libre. Henri raffolait des gadgets. Chaque fois qu'il tombait sur un truc nouveau, il m'en parlait, tout excité. Moi, je préférais les choses les plus simples. Nous ne devions pas oublier que nous avions affaire à des militants incapables de se procurer des matériels sophistiqués. Et il y a le problème de la sécurité, des perquisitions. J'ai beaucoup travaillé sur les utilisations possibles d'un poste radio normal, un transistor. Pour prendre le plus élémentaire : si vous soupçonnez la police d'avoir posé des micros chez vous, vous prenez votre transistor, vous cherchez la bonne fréquence — en général, autour de 104 — et vous le passez devant les murs. S'il couine, c'est qu'il y a un micro. Il faut que le micro soit micro-émetteur, bien sûr, mais c'est le cas le plus fréquent. Avantage : en cas de perquisition, personne ne peut vous reprocher de posséder un transistor.

« J'enseignais comme ça des petits trucs très simples mais qui peuvent être utiles. Encore un exemple avec les micros : ils se déclenchent au son, quand il y a du bruit dans l'appartement. On laisse couler l'eau pendant des heures ou, mieux encore, on laisse la radio allumée. Ça épuise les piles du micro et les flics doivent venir les changer, ce qui les oblige à prendre le risque d'entrer dans l'appartement. Même chose pour les écoutes téléphoniques. L'écoute directe est rare, faute de personnel. La plupart du temps, les conversations sont enregistrées sur bande magnétique. Alors, vous appelez un ami, vous posez le combiné sur une table à côté d'un transistor ouvert et vous le laissez comme ça. Au bout de trois à quatre heures, la bande magnétique arrive en fin de course et vous pouvez en principe passer un coup de fil sans être enregistré. En principe ! Je disais toujours à mes stagiaires : " Il n'y a pas de sécurité absolue. " »

[Le cours « écoutes », rédigé en anglais, précise : « Les compagnies les plus riches et les ambassades les plus puissantes sont incapables de se prémunir totalement contre la surveillance électronique. Même si vous repérez deux ou trois dispositifs, il peut toujours en exister un quatrième que vous ne trouverez pas. Ordinairement, les dispositifs multiples ne sont pas utilisés, mais c'est une probabilité, non une certitude. Les méthodes de défense de la section III vous assureront une bonne protection dans la plupart des circonstances, mais une foi mystique dans la technologie électronique — que son pouvoir soit utilisé contre vous ou que ses possibilités soient à votre service — vous conduirait à des erreurs sérieuses. La technologie ne peut pas vous battre, pas plus qu'elle ne peut vous défendre totalement. » Le cours, illustré de schémas d'appareillages de surveillance, rédigé dans une langue scientifique à la fois précise et claire, va beaucoup plus loin que les quelques recettes pratiques décrites plus haut. Il traite également des détecteurs de chaleur, sensibles au rayonnement calorifique du corps humain, employés pour repérer les militants dissimulés dans une cache, et des caméras aux infrarouges capables de filmer la nuit comme en plein jour. Ces deux techniques, très utilisées par les spécialistes américains au Viêt-nam, étaient rediffusées par eux dans les polices sud-américaines.]

« Je crois que nos cours, à Solidarité, étaient sérieux et utiles. Ils se déroulaient dans une ambiance extraordinaire de chaleur, d'amitié. Les militants étaient avides des connaissances que nous leur transmettions mais ils étaient aussi très sensibles au fait que d'autres militants, en France, si loin de chez eux, se dévouaient pour les aider. Solidarité, c'était d'abord cette fraternité qui nous liait les uns aux autres. »

Une vie de pilier de café.

Tôt levé, Jehan de Wangen va de rendez-vous en rendez-vous dans des arrière-salles tristounettes, plonge dans les sous-sols malodorants pour passer ses coups de fil. Il affirme avoir utilisé en dix ans toutes les cabines publiques de Paris. Il est chargé des liens avec les mouvements. Henri, par mesure de sécurité, ne rencontre qu'exceptionnellement les militants étrangers. Jehan lui téléphone au moins deux fois par jour à un central téléphonique (les deux hommes n'utilisent jamais leurs postes personnels). Il le rencontre trois ou quatre fois par semaine au secrétariat et, selon les urgences, lui demande un rendez-vous. Ils se rencontrent bien entendu dans un café. L'un boit de la bière, l'autre des jus de fruits. Noir regard d'Henri sur les épais nuages de fumée expectorés par Jehan. Wangen lui-même n'intervient qu'après les contacts exploratoires de ses adjoints. Alain Bréjac, à cheval sur son Solex, sillonne Paris pour tester les émissaires des mouvements. La prudence s'impose car l'opération la plus payante pour les services français ou étrangers consisterait à infiltrer un faux militant qui découvrirait en voyage guidé les arcanes de l'organisation. Il y aura des tentatives. Bréjac et ses homologues sondent le candidat, examinent ses références, laissent entendre qu'ils ont avec eux quelques amis aptes à rendre de petits services. Il n'est jamais question d'une organisation. Démarrage en douceur. Seule la pratique permettant de séparer le bon grain de l'ivraie, plusieurs rencontres assorties de tests ont eu lieu lorsque la candidature du mouvement est présentée à Curiel. C'est ensuite au comité directeur de prendre sa décision.

La meilleure preuve du succès de Solidarité n'est pas dans les bilans forcément un peu triomphalistes des congrès mais dans l'afflux constant de demandes d'aide. Au hasard des rencontres internationales, dans les prisons surpeuplées d'Amérique latine et dans les ghettos noirs d'Afrique du Sud, parmi les groupes d'exilés politiques rongeant leur frein dans les capitales européennes, il se chuchote qu'un groupe français aide les militants des MLN. Un émissaire est envoyé, aussi circonspect que son interlocuteur français. Connaissance faite, le travail commence. Quinze mouvements en 1963, quarante-trois en 1970.

La nébuleuse référence au « mouvement ouvrier international » avait disparu de la plate-forme, remplacée par l'affirmation que Solidarité inscrivait ses activités « dans la perspective du socialisme », ce qui ne mangeait pas de pain et permettait d'aider indistinctement mouvements prochinois et prosoviétiques.

La plate-forme spécifiait aussi que l'aide cessait avec l'accession du pays concerné à « une véritable indépendance ». Plusieurs Etats africains, théoriquement indépendants, restaient soumis à un néo-colonialisme économico-politique organisé pour le plus grand profit d'une oligarchie autochtone. Il fut décidé, pour éviter de graves complications, de ne pas intervenir en principe dans les pays ayant adhéré à l'Organisation de l'unité africaine (OUA) ; on avait assez à faire avec les colonies portugaises, la Namibie, la Rhodésie et l'Afrique du Sud. Les deux exceptions à la règle avaient leur justification sentimentale dans l'ancienneté des liens. Le contact fut maintenu avec l'opposition marocaine : c'était dans son sein que Solidarité avait, dès 1961-1962, trouvé ses premiers appuis. Une aide multiforme lui fut apportée. Guère de congrès où ne fût évoquée la mémoire de Ben Barka, l'ami assassiné. L'Union des peuples camerounais d'Ernest Ouandié avait été l'une des premières organisations à nouer des relations avec l'antenne marocaine de Solidarité, en 1962. Elle ne fut pas abandonnée. Ouandié tint le maquis pendant des années avec des fortunes diverses, puis la répression eut raison de lui et il fut capturé en 1969, alors qu'un émissaire de Solidarité faisait ses valises pour le Cameroun afin de l'évacuer en lieu sûr. Henri Curiel et ses amis déployèrent des efforts considérables pour lui obtenir la vie sauve, mobilisant des dizaines de personnalités à travers le monde au prix de nombreux voyages. Leurs démarches, interventions, rapports, suppliques forment un épais dossier. Tout fut vain. Le 15 janvier 1970, sur la place centrale de Bafoussan, Ernest Ouandié, cinquante ans, exténué par les tortures, fut fusillé par un peloton camerounais devant un parterre d'officiers français ; ce fut l'un de ces derniers qui lui donna le coup de grâce. Le fondateur de l'UPC, Ruben Nyobé, avait été assassiné en 1955 par les services secrets français. Son successeur, Félix-Roland Moumié avait été empoisonné à Genève en 1960 par William Bechtel, officier du SDECE. La mort d'Ernest Ouandié, troisième dirigeant de l'UPC à recevoir du plomb ou du poison français, définissait bien le Cameroun comme l'un des plus dépendants des Etats indépendants d'Afrique.

Chronologiquement, les Antillais avaient l'antériorité des liens avec Solidarité, qui n'était même pas encore la « chose » puisque les contacts avaient été pris dès 1961 au sein du réseau de soutien au FLN. La même année était créé le Front antillo-guyanais réunissant pour la première fois la Martinique, la Guadeloupe et la Guyane française. Il fut dissous par le gouvernement après un mois d'existence. Parallèlement, de Gaulle, soucieux de ne pas avoir une affaire antillaise sur les bras au sortir de l'affaire algérienne, voulait prendre langue avec les militants indépendantistes. Le président du Sénégal, Léopold Senghor, vieil ami du député martiniquais Césaire, s'efforça vainement de nouer la négociation : le Front opposa un refus catégorique. « Erreur historique » constate aujourd'hui l'un des principaux animateurs du mouvement. Cinq dirigeants du Front avaient été assignés à résidence en France avec interdiction de sortir de la métropole. Solidarité organisa leurs déplacements en leur fournissant faux papiers et filières de passage. Ils se rendirent notamment en Tunisie et au Maroc, où des déserteurs antillais s'entraînaient à la guérilla avec l'ALN algérienne. Mais le Front antillo-guyanais allait rapidement éclater et Solidarité n'apporterait plus qu'une aide ponctuelle à quelques militants faisant pour ainsi dire partie des meubles de l'organisation tant les liens amicaux tissés avec eux étaient anciens. La cessation du combat faute de combattants fut accueillie avec un grand soupir de soulagement par le comité directeur de l'époque. Un soutien aux Angolais ou aux Mozambicains n'était pas de nature à consterner le pouvoir gaulliste. L'aide au Cameroun faisait problème avec le SDECE, mais le SDECE n'était pas un problème insurmontable. Un appui à des militants luttant pour l'indépendance de départements français plaçait Solidarité dans la ligne de mire de polices beaucoup plus redoutables — les Renseignements généraux et la DST. Des voix s'étaient élevées pour demander qu'on ne sacrifiât point à un secteur si limité la sécurité d'une organisation intervenant dans l'ensemble du tiers-monde. La disparition du Front réglait la question.

Dans l'euphorie des premiers temps, des liens candides avaient été noués avec d'autres indépendantistes francophones : ceux du canton de Vaud, en Suisse. Le comité directeur avait disjoint leur cause, assurément respectable, du mouvement mondial de libération nationale, et refusé l'aide. Puis l'île de Nassau, aux Bahamas, s'était manifestée par un émissaire représentant les forces de libération locales. Cela avait surpris. La condition des habitants de Nassau ne hantait point les consciences. Un ecclésiastique, agacé de ce qu'on perdît du temps à ces fariboles, finit par exploser : « Alors quoi, s'il y a un Esquimau nationaliste, il faudra l'aider ? » — « Pourquoi pas ? » avait répondu Henri avec son air abouna. L'ecclésiastique n'était plus revenu.

C'étaient péchés de jeunesse.

***

Il n'était demandé à un mouvement que d'être sérieux et représentatif. Le succès à l'examen de passage n'empêchait pas toujours les accès de perplexité. « Il y a des tracts, soupirait le pasteur Rognon, mieux vaut ne pas les lire pour garder envie de les imprimer... » (Nous trouvons dans les archives des textes du mouvement haïtien prochinois qui en font un parti marxiste de la tendance Groucho.) La règle absolue était de ne pas s'immiscer dans les débats internes du mouvement. La définition de sa stratégie et de sa tactique lui appartenait en propre. C'était à lui et à nul autre de décider, par exemple, le passage à l'action armée. La plate-forme spécifiait : « Nos activités sont totalement désintéressées. Cela signifie d'abord que nous ne les menons pas dans le but de faire partager aux militants et aux organisations que nous aidons nos vues sur les problèmes qu'ils affrontent : pour employer un terme usité, nous rejetons tout « paternalisme ». Cela signifie ensuite que nous n'aidons pas tel mouvement de libération nationale plutôt que tel autre, parce que ses conceptions seraient plus proches des nôtres, mais que nous apportons une aide de principe à l'ensemble des mouvements de libération nationale. »

Certains choix furent imposés par les mouvements eux-mêmes ; l'un ou l'autre refusait qu'une aide fût apportée à telle organisation rivale. L'antériorité des rapports pouvait ici jouer son rôle. Ordinairement, en pareil cas, Solidarité choisit l'organisation qui n'impose point d'exclusive.

Mais les choix ne vont pas sans drame. Jean Tabet : « Nous marchions à fond avec le MPLA angolais. Ma femme était même devenue la secrétaire de leur bureau algérois. Nous recevions des volontaires algériens pour l'Angola. Et voilà qu'Henri m'annonce un jour que Solidarité va soutenir l'Unita de Holden, le mouvement rival du MPLA ! Je lui ai dit : " Mais ce n'est pas possible ! Est-ce que tu sais que les Américains aident Holden ? " Il m'a répondu : " Et après ? Il faut obtenir l'indépendance, même avec l'appui des Américains. " — " Mais s'ils ont les Américains, ils n'ont pas besoin de nous ! " Il a fini par caler et on n'a pas aidé l'Unita. Mon premier désaccord avec Henri. Pas le dernier. »

Une scission maoïste, conduite par un certain Viriato, déchire ensuite le MPLA. Solidarité décide de la soutenir malgré les réticences d'une minorité du comité directeur. Du coup, on laisse tomber le vieux Camara, représentant du MPLA orthodoxe en France, vieil homme remarquable, un peu porté sur la boisson.

Solidarité lui avait organisé des tournées de conférences de presse à travers l'Europe, des rendez-vous importants, et assurait l'essentiel de sa subsistance par un versement mensuel. Indignation véhémente des militants de l'organisation qui, depuis des années, s'occupaient de Camara. Monique Burke, ancienne du réseau de soutien au FLN et l'un des contacts de Solidarité avec Ben Barka : « Camara était un vieux grand bonhomme respecté même par ses ennemis. Il était d'une générosité totale. Tout militant arrivant d'Angola était sûr de trouver l'hospitalité chez lui. J'ai vu jusqu'à dix-sept personnes coucher dans son logement. Un type merveilleux. Et du jour au lendemain le voilà abandonné et sans un sou. J'ai fait un esclandre au comité directeur. Cela n'a rien donné. Je leur ai dit : " J'en ai marre. Je viens ici comme on va à la messe pour recevoir une hostie. " Et j'ai claqué la porte. J'ai quitté Solidarité. [Elle reviendra en 1968.] Avec quelques copains, nous avons créé une sorte de sous-réseau officieux à l'intérieur du réseau et nous avons aidé Camara jusqu'à la fin, jusqu'à sa mort. » Conséquence classique des relations de réelle affection qui se nouent entre membres de Solidarité et militants des mouvements. Il y aura, comme cela, des ruptures aussi passionnelles que politiques.

L'affaire espagnole fut de plus lourde conséquence.

Solidarité aidait en Espagne le Front de libération populaire de Carlos Semprun, frère de l'écrivain et scénariste Jorge Semprun, lui-même l'un des dirigeants du parti communiste espagnol. (Le FLP de Carlos, assez proche du PSU français, devait être perçu comme gauchiste par des communistes orthodoxes. Conformément à sa méthode habituelle, qui visait à faire parvenir à la compréhension mutuelle par l'action commune, Curiel affecta au travail avec le FLP un couple de communistes français exerçant au sein du PCF des responsabilités relativement importantes. Lorsque ce couple militait dans le réseau de soutien au FLN, il lui avait confié l'hébergement d'un dirigeant algérien de la Fédération de France d'un anticommunisme virulent.) Le soutien consistait surtout à faire passer en Espagne du matériel de propagande imprimé en France. Robert Davezies, grand spécialiste des filières pyrénéennes, avait organisé l'affaire.

Le second mouvement espagnol à solliciter un soutien fut le PCML, né d'une scission prochinoise du parti communiste espagnol. Il avait fait la preuve d'une vitalité certaine en organisant plusieurs grèves. Quelques membres du comité directeur firent observer que ces grèves, lancées dans des conditions aventureuses, n'avaient eu pour seul résultat qu'une répression très dure. Solidarité lui apporta néanmoins son soutien. A Alger, Jean Tabet rua dans les brancards.

Il se rapprochait lui-même du PCF, après l'avoir beaucoup vilipendé, et ne comprenait pas qu'on aidât une fraction prochinoise peu représentative au lieu du parti communiste espagnol. Solidarité eût bien entendu aidé le PCE si celui-ci en avait fait la demande, mais ce n'était pas le cas. Les mouvements communistes se situant dans l'orthodoxie soviétique n'avaient guère besoin d'une organisation française artisanale, affligée d'une inquiétante odeur de soufre, pour résoudre leurs problèmes, de sorte que Curiel et ses gens étaient sollicités de préférence par les mouvements maoïstes (la mère-parti idéologique était bien lointaine et bien démunie) ou les organisations sans parrainage. Définition de Solidarité par l'une de ses plus brillantes militantes : « Une structure de paumés pour accueillir des paumés. »

Robert Davezies était furieux : « Mes passeurs pyrénéens étaient des gens sérieux, tout à fait bénévoles, des maires, des curés. Nous leur disions ce qu'ils passaient. Il y avait un risque réel. Nous avions eu un pépin avec le FLP de Semprun. Une militante de chez nous, fille d'un magistrat toulousain, s'était fait piquer. Rien de trop grave mais quand même. Je rentre des maquis angolais et j'apprends qu'Henri s'est mis en tête de passer le matériel maoïste du PCML. Il fallait voir ce que c'était. Un antisoviétisme délirant. J'ai dit à Henri : " Ce n'est pas possible. On ne va quand même pas faire prendre des risques à des braves gens pour passer des textes où l'on explique à longueur de pages que l'Union soviétique est de la merde liquide. Et tout ça dans une Espagne franquiste où il y a quand même autre chose à faire ! " Il n'en a pas démordu. Ce n'était pas notre premier désaccord. Je le sentais très réticent vis-à-vis du MPLA, qui était pourtant prosoviétique. Je n'ai jamais compris pourquoi mais le fait est qu'on a mis du temps à lui faire comprendre que Holden n'était pas le bon cheval avec son Unita. Le PCML espagnol a fait déborder le vase. Je suis parti sans faire d'histoires. »

Jean Tabet prit la même décision : « Je m'étais beaucoup bagarré sur l'aide aux maos espagnols. Il m'a dit : " Le congrès tranchera. " Je suis venu en France pour le congrès mais je n'ai obtenu que le tiers des voix contre Henri. A l'un de ses voyages à Alger, je lui ai annoncé ma décision de rentrer en France pour militer au PCF. D'habitude il incitait les gens à le faire. J'ai eu droit à une vraie scène : " Tu ne peux pas me faire ça ! Qui es-tu, à vingt-trois ans ? Ici, à Alger, tu es essentiel. A Paris, tu iras vendre l'Huma-Dimanche sur les marchés ! " Et il a eu une idée géniale : il m'a emmené faire le tour des bureaux des MLN en leur annonçant mon projet de départ. Evidemment, ils m'ont tous demandé de rester. Il n'y a eu que le représentant camerounais pour me dire à l'oreille : " C'est vrai qu'on a besoin de toi mais je comprends que tu veuilles rentrer. " J'étais secoué — un bel hommage pour moi, cette tournée des mouvements — mais je lui ai dit que je persistais à vouloir rentrer. Alors là, la grande scène du quatre, il s'assied sur des marches, en pleine rue, se passe la main sur le front, il est au bord de l'évanouissement, il réclame Joyce, la sœur de Joyce, des sels : le drame ! J'ai vécu ça comme une comédie. Ça ne l'était peut-être pas. »

Une grande partie du travail avec le PCML espagnol s'effectuait à partir de son antenne suisse, dirigée par une certaine Marina. Son contact était Bernard Riguet. Né dans une famille de notables d'Annecy — son père était adjoint au maire MRP —, Riguet, vingt-huit ans en 1960, avait beaucoup milité dans le réseau de soutien au FLN. Installé à Annecy, où il dirigeait un florissant cabinet de promotion immobilière, il était membre du PCF. Elu au comité directeur de Solidarité, il avait été de ceux qui, avec Henri, avaient voté pour l'aide aux maoïstes espagnols. En avril 1965, désobéissant aux règles de fonctionnement, il se met au volant de sa voiture et prend la route d'Espagne : « Au poste-frontière de Béhobie, mes valises sont très minutieusement fouillées. Pas de problème. Je les replace dans le coffre et je m'apprête à redémarrer quand le flic espagnol me dit : " Non ! Vous vous garez là... " Une bascule. Ils ont découvert que la voiture pesait cent soixante kilos de trop et ils ont trouvé sous le plancher des centaines d'exemplaires du journal du PCML. On m'a mis les menottes. Je trouvais que les choses n'étaient pas si terribles que ça. Mais au commissariat de San-Sebastian arrive un capitaine Rodriguez qui fonce sur moi en hurlant et me colle un coup de poing dans la figure. Je me suis dit : " Très bien, puisque c'est comme ça... " J'étais dans un état de rage absolue. Ils m'ont frappé sans interruption pendant quarante-huit heures, j'ai eu l'épaule démise, bloquée pendant plus d'un mois, les pieds si gonflés que je ne pouvais plus enfiler de chaussures, mais le pire a été quand ils m'ont pendu à un clou. Je me suis évanoui deux fois. Ensuite, la prison. J'avais été formé par Henri, pour qui une arrestation n'était jamais une catastrophe, seulement l'obligation de militer ailleurs et autrement. Le tribunal de l'ordre public m'a condamné à deux ans de prison. C'était une bonne période. A un autre moment, j'aurais pris cinq ans. J'ai milité à la prison de Carabanchel avec les communistes espagnols orthodoxes. La sortie n'a pas été très facile. Le PCF m'avait exclu. Mon cabinet immobilier d'Annecy était en liquidation. Je suis devenu permanent à Solidarité.

« J'avais été donné par Marina. Elle travaillait pour la police franquiste et avait indiqué aux flics de Béhobie le numéro d'immatriculation de ma voiture. »

Fin du soutien au PCML.

Ceci encore, qui illustre parfaitement le processus de maintes ruptures avec Solidarité : vécues dans l'instant comme la conséquence d'un désaccord politique insupportable ; replacées avec le temps dans une perspective où les motivations personnelles (lassitude, ambitions nouvelles) tiennent leur large part. Jean Tabet, quinze ans après son départ : « Je voulais rentrer en France et faire des choses au parti communiste. C'était la période Khrouchtchev, on sentait venir Waldeck-Rochet. Vendeur de *l'Huma-Dimanche ?* J'avais de grandes illusions. Je me voyais devenir le Dubcek français ! Mais c'est Henri qui avait raison : j'ai vendu *l'Huma,* je ne suis pas devenu permanent. " L'organisation, c'est le choix des gens "... J'ai eu l'impression qu'ils ne savaient pas vraiment choisir. Et quand j'ai voulu mettre mon expérience de l'étranger au service du Parti, je me suis heurté à ce crétin de Mignot. Il a suffi que je prononce le nom de Curiel pour qu'il entre en transes... »

Robert Davezies, quinze ans après : « La raison décisive de mon départ, c'est qu'il me devenait chaque année plus difficile de " faire la révolution " par personnes interposées. Dès l'automne 1965, après la sortie de mon premier livre sur l'Angola, j'avais entrepris une longue enquête sur les paysans d'un village des Bouches-du-Rhône, Ensuès... En 1967, j'étais déjà pour l'essentiel rentré dans la société française et dans l'Eglise, décidé à porter dans l'une et dans l'autre, selon mes modestes forces, la révolution. »

Ainsi vont « les liens », cahin-caha, au hasard des rencontres, sans cadre politique déterminé, même si une partie des membres s'offusque à l'occasion de l'aide apportée aux prosoviétiques tandis que l'autre trouve qu'on en fait trop pour les prochinois, avec toujours quelques voix isolées pour regretter que les mouvements anarchistes n'aient pas la cote à Solidarité...

Trois bureaux se partagent le travail : bureau Afrique, bureau Amérique latine, bureau antifasciste (Espagne de Franco, Portugal de Salazar, Grèce des colonels). On pourra se tromper sur la représentativité ou le sérieux de tel mouvement, éprouver des déceptions avec tel autre : l'erreur restera vénielle et ne mettra jamais l'organisation dans une promiscuité compromettante.

Lorsqu'un soutien est accordé en 1965 à l'ETA basque, le

rapporteur annonce au congrès : « Son poids dans la lutte antifasciste en Espagne est reconnu par tous les progressistes espagnols. C'est à ce titre et non en tant que mouvement autonomiste que la décision de fournir notre aide à l'ETA a été prise. » Elle sera supprimée le jour même de la création de l'ETA politico-militaire.

Des relations avaient été nouées avec le Front de libération du Québec car ses militants étaient en mesure de jouer un rôle dans le soutien aux milliers de déserteurs américains passés au Canada pour ne pas servir au Viêt-nam. Lorsque le FLQ s'abandonne à des débordements violents que l'environnement canadien ne justifie pas, le comité directeur ordonne la rupture immédiate des contacts.

L'IRA irlandaise est le seul mouvement dont une demande d'aide eût posé, de l'aveu même des sages du comité directeur, un épineux problème. Elle se battait pour une minorité nationale et religieuse subissant une indéniable domination. Sa survivance aux pires répressions — elles-mêmes consécutives à ses excès — attestait son implantation dans les masses et sa représentativité d'un mouvement populaire. Les sacrifices consentis par ses militants lui valaient enfin la sympathie d'un grand nombre de membres de Solidarité. Mais il n'y eut jamais la moindre demande d'aide de l'IRA. Avec son expérience clandestine d'un demi-siècle et ses puissantes bases arrière dans la communauté irlandaise des Etats-Unis, l'IRA n'avait rien à apprendre ni à attendre de Solidarité.

Le projet fondateur de l'organisation était l'aide au tiers-monde. La lutte antifasciste fit déroger au principe mais les dirigeants de Solidarité, dont beaucoup avaient participé à la Résistance, se faisaient du fascisme une idée précise. Aussi bien les seuls pays européens où ils intervinrent — Espagne, Portugal, Grèce — subissaient-ils une dictature indiscutablement fasciste. Après 1968, les membres de Solidarité accueilleraient avec un haussement d'épaules les analyses furibondes de la Gauche prolétarienne selon lesquelles la France était occupée par sa bourgeoisie comme elle l'avait été par les nazis. Quant aux thèses de Baader en Allemagne ou à celles des Brigades rouges en Italie, elles leur paraîtraient relever du fantasme le plus délirant et le plus dangereux.

Dans son existence de près de vingt ans, Solidarité ne mettra pas une seule fois sa mise sur un mouvement dont elle ne puisse aujourd'hui avouer — proclamer ! — l'aide qu'elle lui a apportée.

FRÉDÉRIC

« Je suis né dans l'Ain en 1925. Mes parents étaient communistes.
La famille était communiste. Le village était communiste. Communiste et anticlérical. Anticlérical primaire. Encore aujourd'hui j'ai des
discussions avec ma mère. Elle n'accepte pas mes amis curés. Il faut
dire que ma famille a été ruinée au début du siècle par un curé.

« Mon père était douanier. En 31, il a attrapé une pneumonie très
grave et demandé sa mutation en Algérie. J'ai fait toutes mes études à
Oran mais c'était comme si j'avais été à Nice ou à Marseille, sans
aucun contact avec le monde algérien. Pendant ma scolarité, j'ai
rencontré en tout et pour tout deux élèves algériens.

« Mon père a été révoqué par Vichy en 41 : SFIO, militant CGT,
franc-maçon. Il a été réintégré en 42 et s'est inscrit au parti
communiste algérien. Moi, j'ai passé mon deuxième bac en 43 et, sur
instruction du PCA, j'ai préparé Saint-Cyr. Quatre cents candidats en
juin 44, on s'est retrouvés huit reçus. Je suis arrivé en Indochine en
octobre 45. Une situation très trouble. En décembre 46, mon unité
est engagée à Lang Son, je participe à la prise de l'aérodrome de
Mai-Pha. Ensuite, dix-huit mois en brousse contre les Viets. Il y avait
bien des problèmes. Mon bataillon était composé d'anciens FTP de la
Haute-Marne, avec beaucoup d'anciens des Brigades internationales... A la fin de mon séjour, en mai 48, j'ai vingt-trois ans, je suis
lieutenant, j'ai la Légion d'honneur, la croix de guerre 39-45, la TOE
avec palmes, je ne suis pas du tout communiste et je me prépare à
faire une très brillante carrière dans l'armée. Et quand je retrouve ma
femme (on s'était rencontrés à la bibliothèque d'Alger en 43), elle a
adhéré au parti communiste et on a une grosse bagarre...

[Elle : son père, fils d'un industriel juif d'Odessa, militant
marxiste, est arrêté par la police tsariste en 1905, à dix-sept ans. La
police avertit la famille : « On le pend demain si vous ne lui faites pas
quitter la Russie. » Au lieu de Zurich, où la famille a des intérêts, il
choisit de faire ses études de médecine à Montpellier en souvenir de
Rabelais. Il y est accueilli et aidé par des francs-maçons. Engagé
volontaire en 1914, chirurgien dans un hôpital de campagne, il
trépane à tour de bras à Verdun. Victime d'une infection, il est
évacué à Bar-sur-Aube, où il rencontre sa future femme, institutrice,
originaire d'une vieille famille de vignerons ruinés par le mildiou. Ils
s'installent à Tunis. Le père fait un brevet d'arabe, ce qui est rare à

417

l'époque. Il est responsable franc-maçon pour l'Afrique du Nord. Déporté à Oranienburg, il ne reviendra pas. « Le 8 mai 1945, jour de la victoire, j'étais heureuse parce que j'espérais encore voir rentrer mon père. Mais j'ai vu ce jour-là décoller les avions français qui allaient bombarder Sétif. Je me suis juré de quitter l'Algérie et de n'y revenir qu'après l'indépendance. J'ai tenu parole. »]

« J'ai été affecté pendant deux ans à Maisons-Laffite. En 50, plutôt que de retourner en Indochine, je me suis fait affecter à Madagascar. Sur le bateau, j'ai parlé avec un professeur d'histoire qui m'a signalé à l'arrivée à la Sécurité militaire. Ma femme n'a pas pu obtenir de poste alors qu'elle est agrégée d'histoire. Après quinze mois à Madagascar, j'ai été muté disciplinairement parce que j'avais été vu au restaurant avec un conseiller communiste de l'Union française qui était un ami d'enfance d'Oran. Je me suis retrouvé à Versailles dans l'unité bidon où l'on avait regroupé tous les officiers cocos. On n'avait strictement rien à faire. Ensuite, je me suis fait piquer par les flics avec ma femme et une équipe de copains en train de peindre " Ridgway-la-Peste " sur les murs. Soixante jours d'arrêts de rigueur pour insultes à un général allié. J'ai été mis en disponibilité à partir de juillet 1952. J'avais le droit de travailler à condition de ne faire ni avocat ni éboueur, je n'ai jamais compris pourquoi. Je suis entré dans l'industrie sucrière, chez Lebaudy. En 56, j'ai été élu au secrétariat de la Fédération CGT de l'alimentation. Sur les douze cents ouvriers de l'usine Lebaudy, mille étaient algériens. C'est comme ça que je suis venu au soutien au FLN. Il a fallu rompre avec la CGT. Ma femme, qui était au PCF, s'est fait traiter d'agent provocateur par son responsable lorsque la DST est venue perquisitionner chez nous. Elle a rompu.

« J'ai milité à fond avec le FLN [son bilan d'activité, superflu ici, est des plus impressionnants]. Sans me poser aucune question, sans aucun problème de conscience. Le soldat français était l'ennemi. J'ai été partisan des attentats contre les installations industrielles françaises. Le terrorisme, c'est l'artillerie du pauvre. Je continue à penser avec Guevara qu'il faut être du côté des humiliés.

« Cela dit, si nous n'avons pas eu en France les Brigades rouges et la bande à Baader, je suis sûr que c'est grâce à des gens comme moi qui ont fait leur devoir dans les guerres coloniales. Je dirais que nous sommes une trentaine à avoir empêché ça. Parce que nous avions l'autorité morale suffisante pour stopper les conneries. Les jeunes sont venus nous trouver, après 68. Ils voulaient faire péter les voies de chemins de fer, des trucs sévères. Ils savaient que ce n'était pas la peur qui pouvait nous retenir. On avait des références. On les a calmés.

« J'ai rencontré pour la première fois Henri Curiel le 5 juillet 62 à la fête de la Fédération de France du FLN, à La Courneuve. Il sortait de prison. J'ai été surpris par son aspect clergyman. Je ne l'imaginais pas comme ça. On a parlé pendant un spectacle de danses du ventre qui ne nous passionnait pas. Nous avions déjà eu des acrochages par personnes interposées pendant la guerre, et là, nous étions encore en désaccord. Il voulait marcher avec l'ALN ; moi, je me rangeais avec Boudiaf et le GPRA. Au fond, j'ai presque toujours été en désaccord politique avec Henri. Ce n'était pas son prosoviétisme. Bien sûr, il croyait un peu trop au petit jésus soviétique mais c'était lié à sa vie, à sa jeunesse en Egypte. C'était une fidélité sentimentale. S'il l'avait remise en cause, il ne lui restait plus qu'à se flinguer. Il se raccrochait au mythe : " Ne me casse pas mon jouet ! " Il était complexé par son origine bourgeoise, alors il fallait être plus pur, plus intransigeant, plus discipliné que les autres. Mais je l'ai souvent entendu critiquer l'URSS. Il le faisait avec moi, pas avec d'autres. Il savait parfaitement s'adapter à son interlocuteur. Mais on s'entendait bien. On avait des rapports fraternels. Je le bousculais un peu, je lui sortais des trucs énormes pour le choquer. Je lui disais aussi : " Arrête ton cinéma d'homme de l'ombre. " Il rigolait. C'est pourtant vrai qu'il a contribué à créer son mythe d'œil de Moscou, d'agent du KGB...

« Il faut n'avoir jamais travaillé avec lui pour croire à l'agent du KGB. Moi, le soupçon ne m'a jamais effleuré. Je ne me suis jamais considéré comme membre à part entière de Solidarité. Les désaccords politiques, le côté chrétien qui ne me plaisait pas trop et le sacré paquet de cons dont il s'était entouré. Je leur ai amené des mouvements et j'assistais aux réunions quand il était question de ces mouvements. Henri n'a jamais refusé une aide, jamais fait la moindre réserve d'ordre politique. Il a même porté le plus grand tort à l'URSS et aux Cubains en aidant des mouvements qui ont pu conserver leur indépendance idéologique grâce au soutien de Solidarité. Je pense aux maos du Vénézuela, aux Erythréens, à la Ligue du 18 février du Salvador. Au point que les Cubains le considéraient comme un agent du SDECE. Je sais de source très sûre qu'ils le croient encore aujourd'hui. Ce sont des cons bénis.

« J'ai été surtout utile comme instructeur. Je donnais des cours d'armement, sabotage, explosifs, tout ça. Très suivis. Je prenais les stagiaires par groupes de trois. Six était un maximum. Il fallait compter cinq ou six séances pour un stage complet. J'ai eu des Sud-Africains, des Erythréens, des gens d'Amérique du Sud, des Grecs. Aux Grecs, on a envoyé aussi trente kilos de plastic qui n'ont pas servi à tuer des mouches. Je leur apprenais des choses simples. Utilisation des armes. Comment se défendre face à une arme de poing. J'avais ma petite panoplie. Je leur apprenais surtout à se débrouiller avec ce qu'ils avaient sous la main. Comment se fabriquer des explosifs dans sa cuisine avec des produits de jardinage — chlorate de potassium, par exemple. On ne pouvait faire que des exercices très limités. Quelques incidents quand même. Une fois, mon adjoint a fait sauter une table pendant un cours aux Portugais. Un obsédé de l'explosif, cet adjoint. A onze ans, il faisait sauter la poubelle de ses parents.

« J'avais le contact avec l'entourage pour les questions pratiques mais Henri venait souvent me voir. On s'aimait bien, même si on s'engueulait souvent. Un homme parfaitement intègre, d'une probité politique complète. Si je devais le définir, je dirais " un militant du tiers-monde ". Il nous manque. En tout cas, il a réussi sa mort. Moi, c'est la mort que je souhaite aussi. Que nous souhaitons tous. Debout, comme ça. »

Une fois le lien noué sous les auspices de Jehan de Wangen, son frère Gerold prenait en charge les militants du MLN auxquels le comité directeur avait décidé d'accorder soutien. Excellent organisateur, autoritaire sans verser dans le caporalisme, Gerold dirigeait l'ensemble des services. La fonction de secrétaire général de Solidarité serait créée pour lui. Sa responsabilité première était d'assurer la sécurité de l'organisation et celle des militants. L'apport d'Henri Curiel fut essentiel dans la définition toujours délicate du niveau de sécurité nécessaire et suffisant. Trop sacrifier à la sécurité, c'est renoncer à une efficacité possible au profit d'un souci de protection excessif. Mépriser la sécurité conduit aux catastrophes.

La plupart des membres de Solidarité estimaient insuffisantes les précautions prises ; beaucoup s'effaraient des risques inacceptables qu'impliquait, par exemple, le congrès annuel. Comment revendiquer la clandestinité lorsque cent personnes se réunissent pendant deux jours à cinquante kilomètres de Paris ? Par quel miracle un tel rassemblement ne serait-il pas fliqué ? A tout le moins, comment espérer que la police ne soit pas informée de l'existence et d'une grande partie des activités de Solidarité ? C'est au point que des membres peu portés à la suspicion systématique en déduisirent de bonne foi que Curiel devait pratiquer un double jeu, telle cette adhérente qui avait longtemps travaillé à l'antenne algéroise : « Ces énormes congrès, ce n'était pas possible. On était clandestin ou pas ? Je me disais que les services français étaient forcément au courant, que Curiel, lui-même très surveillé, devait leur donner des choses. Il était probablement assez intelligent pour savoir quels renseignements donner sans nuire aux militants et aux mouvements, mais comment être sûr du choix ? Je lui en ai parlé. Il m'a répondu : " Tout est transparent. Solidarité est une maison de verre. " Je ne l'ai pas cru. Il devait quand même exister une petite monnaie d'échange. »

Henri Curiel avait posé le principe que Solidarité ne courrait aucun risque sérieux tant que le général de Gaulle serait au pouvoir. L'expérience vérifia la justesse de l'analyse politique.

Quant à prétendre dissimuler l'existence de l'organisation à la police, il n'en était évidemment pas question. L'intelligentsia parisienne de gauche était au courant. Si l'on n'y appelait pas Solidarité par son nom, c'était « le groupe Curiel », « le réseau Curiel »,

« Curiel et ses gens ». Des partis politiques de la gauche non communiste adressaient les camarades étrangers en difficulté à tel ami. dont on savait qu'il travaillait avec Curiel. Les anciens de Solidarité bavardaient souvent plus qu'ils n'auraient dû. Rien de tout cela ne gênait Henri. Le moindre défaut d'étanchéité est mortel pour un réseau de renseignement ; une trop grande étanchéité condamne au chômage une centrale de prestations de services. Si l'organisation avait été immergée dans la clandestinité, elle eût été assurément bien protégée mais n'aurait rendu aucun service faute d'être détectable et approchable par les mouvements. Il était contradictoire de vouloir être connu d'un mouvement salvadorien ou mozambicain, et ignoré de la DST ou des RG parisiens. Les militants eux-mêmes devaient assurer, contraints et forcés, une certaine publicité à Solidarité. La percée technologique foudroyante accomplie depuis la fin de la deuxième guerre mondiale dans le domaine de la torture fait que le mutisme absolu, encore concevable pour quelques héros devant la Gestapo, est aujourd'hui hors de question. Le héros est celui qui ne dit pas tout. Il était bien normal que des militants soumis à d'effroyables sévices dans des pays lointains choisissent de se montrer diserts sur l'aide qu'ils avaient reçue à Paris — sur une autre planète — de la part de braves gens hors de portée de leurs tortionnaires. La presse a beaucoup glosé sur une phrase attribuée à Henri Curiel selon laquelle son dossier était « le plus gros de la DST ». Il est gros. Son volume tient aux multiples rapports envoyés par d'exotiques polices sur le soutien apporté par une organisation secrète française aux révolutionnaires du pays concerné. Il existe aussi une Internationale des flics. Solidarité sut en 1964 que des militants vénézuéliens avaient parlé. En 1969, des résistants grecs torturés avouèrent d'où leur venaient leurs faux papiers et l'organisation fut évoquée au procès. Puis un message arriva des prisons brésiliennes annonçant qu'un militant avait révélé beaucoup de choses. L'affaire de Saint-Domingue eut enfin un épilogue malheureux. On évoque toujours les désastres éprouvés par la CIA. L'un de ses plus tristes succès fut, après l'intervention des Marines, l'infiltration et la manipulation des mouvements dominicains de gauche, lancés par elle dans une guerre fratricide aussi exterminatrice que celle qu'organiserait plus tard le FBI au sein des Panthères noires. Il en résulta d'affreux règlements de comptes. En 1971, à Bruxelles, Maximiliano Gomez, nouveau dirigeant du Mouvement populaire dominicain, meurt empoisonné par la veuve de son prédécesseur, Miriam Pinedo, dont on découvre sept mois plus tard le cadavre dépecé. Un magazine bruxellois signale que les exilés dominicains circulent grâce à des faux papiers fournis par l'organisation d'un Monsieur X assez précisément défini pour que les initiés reconnaissent Curiel.

Il fallait en prendre son parti : avec ou sans congrès, Solidarité ne risquait pas de passer inaperçue. Le romanesque dût-il en pâtir, Henri Curiel l'acceptait d'un cœur assez léger.

Les adhérents couraient des risques.

Dans sa première version, la plate-forme avertissait : « Clandestinité et illégalité (il ne faut pas avoir peur des mots et il faut être pleinement conscient des risques encourus) sont les caractéristiques fondamentales de cette organisation. Cette orientation a été lucidement choisie. Ce choix ne résulte pas d'un goût prétendu : nous nous efforçons, au contraire, de déceler et d'écarter les personnes désireuses de se joindre à nous qui seraient poussées par le goût de l'aventure et du complot. » Une nouvelle formulation adoptée par le congrès de 1970 indique : « Un trait majeur et inévitable du travail de Solidarité est qu'il comporte des risques... Il est indispensable que [ses membres] en prennent conscience le plus clairement possible. »

Le plus grand risque eût consisté à se battre sur le terrain. Il était formellement exclu : « Les activités de Solidarité ne sont pas une participation directe aux luttes de libération, mais une aide à ceux qui mènent ces luttes comme ils l'entendent. Cette distinction est capitale. Elle exprime un refus catégorique de toute forme d' " exportation de la révolution " qui ne s'identifie pas, mais s'oppose, à l'obligation d'aider concrètement les luttes de libération. » Et plus loin : « Cette évaluation des risques encourus a amené Solidarité à s'abstenir de toute activité de soutien sur les terrains mêmes où se mènent des luttes de libération. Les exceptions à cette règle, non seulement ne peuvent être que rarissimes, mais ne peuvent être faites, dans des conditions rigoureusement fixées, qu'à travers des membres acceptant en connaissance de cause les risques particuliers qu'ils assument. »

Michèle Firk sera plus tard évoquée par les détracteurs d'Henri Curiel. Il répondra qu'il ne la connaissait pas. Leurs chemins s'étaient pourtant souvent croisés. Michèle, jeune communiste, cinéaste, avait participé à l'une des opérations les plus risquées du réseau de soutien au FLN : l'envoi en France de deux tonnes d'armes achetées en Belgique, dont une partie fut clandestinement introduite à Fresnes où l'on craignait une attaque de l'OAS contre la détention algérienne. Elle avait ensuite séjourné à Alger parmi les Pieds-Rouges puis était partie pour Cuba, où elle avait tourné un film. C'est dire qu'elle relevait typiquement de la mouvance où Solidarité recrutait ses adhérents — une mouvance pour laquelle l'existence de l'organisation n'était pas un secret. Mais elle n'entra jamais à Solidarité. Si elle y avait adhéré, son ultime aventure n'aurait pas eu lieu. Elle s'envola en 1968 pour le Guatemala, milita avec les FAR et participa à une opération de représailles où l'ambassadeur des Etats-Unis perdit la vie. Le 8 septembre, la police frappa à la porte de son appartement. Elle se tira une balle dans la bouche. L'affirmation de Curiel selon laquelle il ne la connaissait pas ne valait pas reniement d'une camarade tombée face à l'ennemi, mais le fait est que son engagement poussé jusqu'au sacrifice suprême suscitait chez Henri autant de consternation que d'admiration. Régis Debray, plusieurs fois évoqué aux congrès de Solidarité, était désigné comme l'exemple à ne pas suivre. Sans doute Henri Curiel appréciait-il en l'occurrence la valeur symbolique d'une aventure sensibilisant l'opinion publique aux luttes du tiers-monde (et il eût été heureux d'apprendre que Régis ne s'était pas précipité en Bolivie pour apporter au Che le concours salvateur de sa dialectique, mais des petites choses triviales comme un lot de chaussures pataugas difficiles à trouver sur place) : la condamnation demeurait. Elle ne résultait pas d'on ne sait quels principes mais d'une pratique éprouvée. Né en Egypte d'une famille installée dans le pays depuis un siècle, frappée cependant du sceau de l'extranéité, Henri portait en lui, inscrite en douloureuses cicatrices, la certitude qu'un philosophe parisien égaré parmi les Indiens de Bolivie finirait par écrire *L'Indésirable.* (Mais le lecteur a-t-il besoin de ces rappels ? Il voit bien sans qu'on le lui dise à quel point Solidarité est issue, dans ses fins comme dans ses moyens, de l'expérience maintenant longue d'Henri Curiel. Il fallait avoir été rejeté comme il l'avait été pour borner son rôle à être au service des autres sans jamais céder au puissant attrait d'être avec eux dans l'action, pour le meilleur ou pour le pire. Il fallait avoir éprouvé soi-même les affres de la création d'un mouvement de libération nationale pour accepter de situer son soutien à un niveau que tant d'autres eussent trouvé médiocre et peu gratifiant : celui des mille et un problèmes qu'affrontent les mouvements, problèmes en effet médiocres mais dont la solution conditionne leur survie. Il fallait avoir vécu comme il l'avait fait en Egypte les imprévisibles détours qu'emprunte la volonté de libération nationale pour savoir que l'allégeance idéologique formelle d'un mouvement à une mère-parti pesait peu auprès de son implantation réelle et de la capacité de ses dirigeants à se lier avec le peuple —

lorsqu'un débat s'éternisait au comité directeur sur prochinois ou prosoviétiques, il concluait : « Les masses reconnaîtront les leurs. »)

On ne va pas sur le terrain, sauf exceptions « rarissimes » concernant des membres « acceptant en connaissance de cause les risques particuliers qu'ils assument ». Un adhérent très expérimenté, d'un sang-froid absolu, grand voyageur par profession, s'apprêtait à évacuer Ernest Ouandié lorsque le chef de l'UPC fut arrêté. Le même militant se rendit ensuite en Afrique du Sud, prit maints contacts, organisa à grand risque des filières de passage. Une adhérente fit un voyage en Amérique du Sud pour donner des cours de faux papiers, mais c'était une Argentine exilée. Quelques voyageurs assurèrent des liaisons, portèrent des messages, assurèrent des cours de clandestinité. Le Chili fut ainsi souvent visité. Jamais, nulle part, un membre de Solidarité ne s'intégra, fût-ce pour un temps limité, à un mouvement étranger, ni ne participa à une action locale.

Tant et si bien que le seul risque encouru par l'ensemble des adhérents était de subir les foudres peu calcinantes de la justice française pour fabrication de faux papiers, passages clandestins de frontières et autres activités indubitablement illégales. Ils furent moins d'une demi-douzaine à se faire prendre.

Les militants des mouvements couraient des risques mortels. C'était pour les en protéger que l'organisation imposait à ses membres des règles de sécurité minutieuses. Henri Curiel avait expérimenté dans l'Egypte de Nasser et dans l'Algérie de Ben Bella qu'un Gulliver charismatique peut se retrouver emberlificoté par les Lilliputiens de ses services de police. L'Elysée avait son discours mais la rue des Saussaies, à cent mètres, ne vibrait pas tout à fait sur la même longueur d'ondes. Il était notoire que la police politique portugaise avait ses grandes entrées dans les divers services français. Le célèbre commissaire Fleury, responsable de la répression au Brésil, était reçu à Paris en collègue estimé. Certains policiers français arrondissaient leurs fins de mois en « pigeant » pour des correspondants étrangers. Plusieurs pays entretenaient en France une structure permanente chargée de détecter et d'identifier les militants exilés.

La première précaution résidait dans le recrutement. Il s'opérait par cooptation. Un membre de Solidarité signalait que telle de ses connaissances lui paraissait susceptible d'adhérer. Il lui parlait à mots couverts d'un « groupe d'amis » s'efforçant de rendre des services aux mouvements du tiers-monde. Le candidat potentiel était alors mis en observation. S'il répandait autour de lui la bonne nouvelle que sa vie allait prendre un virage romanesque, il perdait tout soudain le contact avec son ami. S'il observait au contraire la discrétion convenable, un autre membre de Solidarité se manifestait pour le sonder plus avant. Une étape importante était la lecture de la plate-forme. Elle ne suscitait en général aucune réserve, si ce n'est des critiques gauchistes. Le candidat se voyait ensuite soumettre un document intitulé « règles de travail » expliquant les structures et le fonctionnement de Solidarité. La troisième étape pouvait être une invitation au congrès à titre d'observateur. Le candidat était le plus souvent conquis par l'ambiance chaleureuse de la réunion et découvrait l'importance et la diversité des activités de Solidarité. Mais les bilans présentés étaient à la fois précis et flous. Le rapporteur indiquait à l'unité près le nombre d'hébergements assurés par l'organisation ; il s'abstenait bien entendu de préciser nominalement qui était hébergé. Il mentionnait le nombre et la nationalité des stagiaires sans livrer leur identité. S'il donnait des éclaircissements complets sur le soutien apporté dans l'année à un mouvement, c'est que l'opération était terminée. Chacun des congressistes pouvait mettre quelques visages sous les chiffres annoncés — ceux des militants dont il s'était occupé : le candidat invité, le flic infiltré ou le micro subreptice se bornaient à enregistrer un bilan abstrait.

Le nouvel adhérent était confié à un membre chargé de lui apprendre les rudiments du travail clandestin. Cette phase du recrutement a conduit le principal détracteur d'Henri Curiel à de sinistres interprétations : « Pendant que se déroulent ces jeux [il s'agit des congrès], des professionnels qui entourent Curiel et s'occupent de Solidarité ont le temps de repérer les éléments qui peuvent franchir une étape supplémentaire. A ceux-là, on propose alors de participer à un stage de huit jours, toujours dans la banlieue de Paris, etc. (1) » Et de décrire ensuite le stage qui était en réalité proposé aux militants des mouvements, non aux membres de Solidarité (description parfaitement vicieuse : on aurait enseigné aux stagiaires « la situation de l'opposition en Allemagne, les méthodes de la police allemande, les milieux hostiles au gouvernement de Bonn, etc. »! Quel intérêt pouvait avoir un militant guatémaltèque ou haïtien à disposer d'informations sur « les milieux hostiles au gouvernement de Bonn » ? Cette invention grotesque n'avait d'autre but que de relier Solidarité aux sanglantes activités de la bande à Baader...)

(1) Georges Suffert dans *Le Point* du 21 juin 1976.

Les séances d'initiation au travail clandestin n'étaient pas réservées aux « éléments qui peuvent franchir une étape supplémentaire » : chaque candidat les subissait avec bonne humeur. Elles n'étaient pas dispensées par des professionnels venus tout exprès de Tripoli ou de Moscou mais, le plus souvent, par une alerte et merveilleuse demoiselle de soixante-dix ans, Elia Perroy. (« Ma foi chrétienne ? Mais non ! Je suis venue à Solidarité parce que je suis un être humain, une femme. Je suis toujours agacée quand on croit nécessaire d'aller chercher une foi pour expliquer des attitudes élémentaires. Mais bon, oui, au départ il y a la foi qui m'a mise dans un certain axe. ») Or donc, Elia Perroy, ancienne éducatrice d'enfants à hérédité alcoolique et de gamines prostituées, secrétaire du mensuel catholique *La Lettre,* cofondatrice en 1952, deux ans avant la guerre d'Algérie, du groupe Coopération dans le treizième arrondissement — « Pour faire quelque chose, non pas pour les Algériens, mais avec eux » —, présentée à Henri Curiel par le journaliste Georges Baguet, porteuse de quelques valises, expédiée par Henri à Oujda pour y créer un foyer d'accueil à l'intention des enfants algériens réfugiés au Maroc — Elia apprend aux impétrants comment repérer une filature et comment s'en débarrasser, le fonctionnement d'une boîte à lettres et d'un central téléphonique, l'usage de l'écriture sympathique, les précautions à prendre avec le voisinage. Elle aurait pu se citer en exemple si elle n'avait été trop modeste : non contente de ne jamais téléphoner de chez elle, conformément à la règle, elle allait passer ses coups de fil dans un autre quartier pour le cas où la police se serait branchée sur les cabines publiques voisines. En revanche, chère Elia, vous avez jeté le trouble chez des stagiaires grecs qui devaient ignorer votre identité : un matin, tandis qu'ils planchaient sur le cours de sécurité, vous avez ouvert devant eux votre courrier personnel et les enveloppes sont bavardes...)

Le nouvel adhérent recevait enfin un pseudonyme à usage interne. Pour ses contacts avec des militants étrangers, il devait user d'un autre pseudonyme, et même d'un pseudonyme différent pour chaque mouvement. Si l'on travaillait aux liens avec une dizaine de mouvements, une bonne mémoire n'était pas superflue.

Chaque adhérent était employé selon ses capacités mais surtout en fonction de son choix. Les « règles de travail » spécifiaient : « Si l'adhésion d'un membre est subordonnée à l'acceptation de la plateforme, elle ne saurait impliquer son assentiment à chacune des activités de Solidarité. Aucune activité ne saurait être imposée. Si un membre, pour des raisons qu'il indiquerait, n'est pas d'accord pour participer à une activité déterminée, sa position sera respectée.

Aucune pression d'aucune sorte ne sera exercée pour qu'il modifie ses sentiments. En sens inverse, on s'efforcera, dans la mesure du possible, de satisfaire le désir d'un membre de participer à une activité qui lui tiendrait particulièrement à cœur. » Cette possibilité de travail à la carte, en rupture complète avec les usages de tant d'organisations où la valeur militante se jauge à l'acceptation de contraintes vite lassantes, était l'une des originalités de Solidarité ; elle assura pour une part son exceptionnelle longévité. Il n'était demandé à chacun que ce qu'il voulait donner. Un adhérent pouvait à tout moment être déchargé de ses responsabilités ou en assumer de nouvelles.

Quel que fût le secteur choisi, fractionnement et cloisonnement prévalaient à tous les niveaux. Si l'adhérent chargé du lien avec un mouvement recevait une demande d'hébergement, il alertait le préposé par téléphone et spécifiait en langage codé les caractéristiques de la demande (nombre de militants, durée du séjour, etc.) Le préposé aux hébergements, faisant office de coupe-circuit, prévenait les futurs hôtes, toujours en langage codé, de l'arrivée de militants que lui-même ne verrait jamais. Les militants étaient pris en charge à un rendez-vous forain. Un quatrième adhérent s'assurait éventuellement qu'aucune filature ne risquait de faire découvrir l'appartement d'accueil. Une demande d'impression de textes passait par plusieurs coupe-circuit et les documents étaient réceptionnés dans un dépôt géographiquement et humainement éloigné. Le service des faux papiers bénéficiait d'une protection particulière.

L'organisation des stages était le plus difficile. Un stage complet nécessitait l'intervention de dix à douze moniteurs dont chacun avait ses occupations professionnelles. S'il se déroulait en externat, il fallait trouver un nombre considérable de locaux, mobiliser des adhérents pour conduire les stagiaires de l'un à l'autre, combiner un horaire satisfaisant. Gerold de Wangen, coordonnateur des services, consacrait beaucoup de temps à résoudre ces casse-tête.

Les stages en internat étaient plus simples : on installait les stagiaires dans un lieu paisible, à la campagne, et les moniteurs venaient à leur convenance donner leur enseignement. Un stage en internat durait de huit jours à trois semaines. Il était placé sous la souriante autorité d'Elia Perroy : « Je recevais les moniteurs, je faisais les courses, je m'occupais du courrier. Comme les stagiaires n'avaient absolument pas le droit de sortir, condamnés qu'ils étaient à la claustration, il fallait s'occuper de tout. Je veillais au bien-être et à la sécurité. Le programme prévoyait au moins deux cours par jour. Je n'ai jamais été très chaude pour les cours d'armement et d'explosifs.

C'est comme la cuisine : donner des recettes sans se mettre aux casseroles, ce n'est pas sérieux. En plus, même sans travaux pratiques, ils se débrouillaient pour faire un boucan épouvantable qui gênait les autres. J'ai un souvenir formidable des cours d'Henri. Surtout celui sur l'attitude à avoir en prison. Le cours d'Yvon sur l'organisation était lumineux. Il y a eu des tire-au-flanc parmi les militants mais dans l'ensemble ils étaient merveilleux. Un désir d'apprendre ! Une gentillesse ! Le travail commençait à neuf heures jusque tard dans la soirée parce qu'il y avait les exercices pratiques : fabriquer une valise à double fond, prendre l'empreinte d'une serrure, changer une photo sur une carte d'identité.

« Le dernier soir, il y avait un apéritif avec " les gens de la maison ", nos hôtes. Gerold venait souvent pour faire la synthèse du stage, dresser le bilan. Il demandait aux stagiaires s'ils étaient satisfaits. Ils étaient presque toujours très satisfaits mais nous profitions des critiques pour améliorer encore le fonctionnement.

« Et puis c'était la séparation. Un arrachement très dur. De grandes amitiés se nouaient pendant ces stages. C'est normal lorsqu'on reste enfermés ensemble pendant quinze jours, trois semaines. C'était un déchirement de ne pas pouvoir donner son nom et son adresse, de devoir couper totalement les ponts. Souvent, les militants me disaient : " Vous, à votre âge, vous pourriez bien donner votre adresse... " Il fallait refuser. Les Sud-Africains m'appelaient Maracoco. C'est comme ça qu'on appelle les vieilles femmes dans leur pays. Une fois, à la fin d'un stage, un Sud-Africain m'a supplié de lui faire voir la tour Eiffel. J'ai hésité et puis je me suis dit : " Ah ! tant pis, il va repartir là-bas... ", et je l'ai emmené à la tour Eiffel. Je dirai que c'était ça le plus dur. Les voir repartir sans même savoir leur nom, leur prénom. Quand je lis qu'un garçon a été pendu là-bas, je me demande toujours si c'est l'un de ceux qui m'appelaient si gentiment Maracoco... »

« En politique, disait François Mauriac, tout va toujours mal. » Ainsi de Solidarité. Dix ans de bilans ne mentent pas. L'organisation devait être efficace puisque des mouvements toujours plus nombreux venaient à elle sur la foi d'un bouche à oreille laudatif ; et pas un pépin sérieux en une décennie. Mais le quotidien était traversé de contrariétés, bousculé par la péripétie. Plutôt que d'appartenir à l'organisation intelligemment conçue et bien huilée qu'on vient de décrire, le membre de Solidarité avait le sentiment de vivre dans un désordre décourageant où dix choses allaient de travers pour une qui marchait droit.

Le préposé aux hébergements reçoit l'appel fatidique : « Il y a un manuscrit passionnant à traduire mais c'est très pressé. » Autrement dit : « Un militant important doit être logé d'urgence. » Le préposé demande : « Il faut sans doute venir le chercher ? » — « Ah oui ! Il ne saura jamais se débrouiller dans le métro ! » Tête du préposé qui imagine la tête du flic possiblement à l'écoute.

Les logeurs ne résistent pas à l'amitié et restent en relations avec les logés ; c'est interdit. Les logés amènent des copains ou répandent la bonne adresse parmi leurs camarades, de sorte que les logeurs, trois ou six mois plus tard, trouvent sur leur palier de parfaits inconnus. Les Sud-Américains sont de ce point de vue terribles (les pauvres diables sont en train de faire leurs classes). Les Grecs, au contraire, observent rigoureusement les règles : même jeunes, ils bénéficient de la tradition culturelle de la résistance au nazisme.

Les logeurs mettent les petits plats dans les grands et attendent vainement leur invité. Il y a eu empêchement ou embrouille quelque part. Les logeurs finissent par râler. Un membre du secrétariat déclare au préposé : « C'est qu'ils ont un niveau de conscience politique insuffisant. » Insurrection des logeurs. Henri les affronte, sourire au poing : « Vous faites un travail remarquable. Vous êtes des gens vraiment bien. Pardonnez-nous d'être si mal organisés. » On a eu chaud.

Les spécialistes des faux papiers grognent. On leur apporte toujours les documents à la dernière minute. Nuits blanches, jours noirs.

Henri, délectable dans le tête-à-tête, lumineux au congrès, fait de chaque comité directeur une redoutable épreuve. Une jeune femme : « Il avait le génie de fabriquer des réunions emmerdantes. » Elia Perroy : « Une pagaille ! C'était son côté oriental, égyptien. Un bazar sans queue ni tête... » Heureusement que le rigoureux Gerold de Wangen est là pour ramener à l'essentiel et mettre un peu d'ordre. Tensions perceptibles avec Henri. Mais Gerold ne lâche pas. Que ferait-on sans lui ?

Les Vénézuéliens ont fourni des passeports à transformer. On les leur a promis sous huitaine. La semaine écoulée, plus de passeports : ils ont été « détournés » pour une opération urgentissime. « Abus de confiance ! » protestent les Vénézuéliens. « Escroquerie morale ! » renchérissent leurs amis de Solidarité. Le secrétariat fait le dos rond sous l'orage.

Les militants maos prennent contact avec les maos français ; les trotskistes avec les trotskistes ; les prosoviétiques vont traîner leurs guêtres du côté du comité central du PCF : et la sécurité ?

Jehan de Wangen a perdu son porte-documents dans le métro. Ainsi de suite.

Mais le pire : cette déchirure toujours recommencée évoquée par Elia Perroy, ces femmes et ces hommes qu'on a aidés, qu'on a aimés, et qui disparaissent dans l'opacité clandestine — la vraie, celle qui mène à la torture, à la potence, au peloton. On ne saura plus rien d'eux, on n'a pas le droit de savoir. Plusieurs anciens ont un mot fort pour nommer l'épreuve : une ascèse. Elle eût été assumée d'un cœur plus léger si les risques avaient été partagés. Ils ne l'étaient pas. Peine des amitiés tranchées. Sentiment désolant de faire répéter inlassablement les acteurs d'une pièce qu'on ne verra jamais. Un désir d'Histoire toujours frustré.

D'avoir assumé cela restera la grandeur des gens de Solidarité.

Quelquefois, un geste inattendu ensoleillait les cœurs. Cette lettre rédigée par des stagiaires sud-africains à l'instant de repartir pour le pays où la mort tenait comité d'accueil :

« Nous avons été frappés par la force de votre esprit de camaraderie. Vous avez été patients. Vous avez recommencé sans cesse quand nous ne comprenions pas.

« Grâce à vous et à votre groupe, nous sommes des privilégiés. Si dans les autres pays, il existait cette même camaraderie, ce même dévouement, beaucoup de problèmes seraient résolus.

« Nous insistons sur votre travail. Nous chargeons les camarades ici présents de transmettre toute notre gratitude et nous vous rappelons à quel point votre travail est important.

« Même demain, ne vous lassez pas, continuez à travailler.

« Nous partons déjà. Comme tous les départs, ce n'est pas facile. Nous ne quittons pas seulement la France mais des camarades de combat.

« C'est la première fois que nous avons des contacts pareils avec l'Europe de l'Ouest.

« Nous sommes heureux de voir dans un pays qui vend officiellement des armes contre nous des camarades qui luttent avec nous, de voir dans un pays qui nous est hostile des camarades qui nous aident à gagner notre combat. C'est très important pour nous.

« Lorsque notre président nous a dit de venir vous voir, les instructions n'étaient pas claires. Nous ne savions pas qui nous allions rencontrer, à quelles positions nous allions nous confronter.

« Nous comprenons maintenant pourquoi nous avons été envoyés ici.

« Nous comprenons maintenant pourquoi vous nous avez imposé tous ces cours de sécurité.

« Nous comprenons maintenant pourquoi tout ce travail, et combien ç'aurait été mieux si nous avions eu plus de temps.

« Ce n'est pas seulement les cours qui nous ont beaucoup appris, c'est aussi le brassage de contacts humains, cette possibilité de se frotter à un ensemble de camarades nombreux et divers.

« Vous laisserez une empreinte profonde dans notre esprit, dans notre cœur, dans notre lutte. Nous aurons grâce à vous des camarades qui pensent à nous et qui nous aiment. Ce sera important dans notre combat.

« Notre lutte n'est pas facile. Il n'y aura pas de victoire demain. Mais notre gouvernement peut être vaincu. Nous ne pouvons pas garantir ce que nous ferons ici ou là mais sachez que notre lutte sera empreinte des leçons que nous avons reçues de vous. »

Il menait une vie réglée comme papier à musique. Quittant l'appartement de la rue Rollin le matin vers huit heures, il rentrait déjeuner vers midi et demi s'il n'avait pas d'autre obligation et lisait religieusement le *Herald Tribune,* qu'il considérait comme le meilleur quotidien disponible en France. Il repartait à deux heures pour rentrer vers sept heures et demi, ayant déjà absorbé *Le Monde* entre deux rendez-vous. Sa rapidité de lecture ne cessait d'épater ses amis. Alain Saillens : « Je n'avais pas terminé la première page qu'il repliait déjà son exemplaire en me disant : " Le troisième paragraphe du Fontaine est très intéressant. " » Les soirées étaient consacrées à la lecture et à la télévision, souvent simultanément. Il posait cependant son livre lorsqu'un western était au programme. Il avait conservé l'habitude égyptienne de ne soustraire à la militance que le dimanche après-midi. Aux beaux jours, les deux époux consacraient cet après-midi de congé hebdomadaire à des promenades au Luxembourg ou sur les quais de la Seine ; sinon, télévision et lecture. Ils recevaient très peu ; sortaient rarement. Chaque année, ils allaient passer deux semaines de vacances dans l'appartement que Joseph Hazan mettait à leur disposition à Deauville.

Les petits fonctionnaires de tempérament casanier ont des vies plus mouvementées.

Pas un dossier à la maison et aucune conversation compromettante avec les rares amis franchissant le seuil : Henri se défiait des micros. En entrant rue Rollin, en 1972, il avait posé le principe que toute phrase prononcée chez lui devait être considérée comme écoutée. Mais cette prudence obligée n'était pour rien dans le mutisme conjugal sur ses activités. Rosette n'en voulait rien connaître : « Solidarité ? Je savais en gros de quoi il s'agissait mais nous n'en parlions pas. J'étais d'accord, bien sûr. J'ai toujours été d'accord. Mais je voulais rester complètement en dehors. Je crois qu'il en était heureux. Il me disait : " La maison est mon oasis. " C'était l'endroit où il pouvait cesser de penser à son travail. »

Si Rosette s'abstenait de toute récrimination, Henri n'en était pas moins profondément culpabilisé par l'existence dépourvue d'attrait à laquelle il la condamnait. Plusieurs fois, il dit à ses amis du clan des Egyptiens : « Elle aurait dû épouser Seyrig. Il l'aurait rendue beaucoup plus heureuse. » L'archéologue Henri Seyrig avait eu au Caire une passion pour Rosette : elle lui avait préféré l'autre Henri...

Comment accepter les austères servitudes de la militance lorsque l'espoir n'est plus ?

Rosette, le temps passant, avait compris que la brisure opérée en elle lors de son séjour en Tunisie résultait d'une fêlure plus ancienne. Elle avait trop cru en l'URSS et en Staline (« lorsqu'il est mort, j'ai pleuré comme si j'avais perdu mon père ») pour surmonter le choc du XXᵉ Congrès et l'avalanche de révélations sur les horreurs du stalinisme. L'Union soviétique, statue immarcescible pour Henri, pourrissoir de ses illusions lyriques pour Rosette, était entre eux le seul sujet de discorde. Elle ne déclenchait pas des scènes de ménage qui n'étaient pas dans leur tempérament mais entretenait la même aigreur que, chez d'autres, un adultère jamais amnistié. « Ne me parle pas du goulag, gémissait Henri, ça me fait souffrir, tu sais bien que tu me fais du mal. » Les dissidents soviétiques, très présents à la télévision, envenimaient les soirées. Au harcèlement de Rosette répondait la surenchère provocatrice d'Henri. Rosette : « Quand je l'entendais me parler de l'Union soviétique, je me disais : " Ce n'est pas possible, il joue la comédie... " »

Henri Curiel fut toute sa vie un partisan passionné de l'Union soviétique. S'il se définissait comme un « communiste orthodoxe », c'était par rapport à elle et non point à quelque dogme ou doctrine. Il répétait à ses contradicteurs : « C'est en URSS qu'existe la plus forte concentration de marxistes compétents », formulation qu'on peut trouver malheureuse. Il concédait à l'occasion que des problèmes sérieux subsistaient mais faisait confiance à l'avenir pour les résoudre. L'Union soviétique incarnait sa foi dans le progrès humain.

Au sein du clan des Egyptiens, Rosette était à peu près la seule à penser autrement.

Qu'une jeunesse en Egypte fît de Curiel un homme charnière très apte à être en sympathie avec le tiers-monde, voilà qui n'a rien de surprenant. L'étonnement commence avec la découverte que cette naissance extra-européenne modifie radicalement la perception d'un pays d'Europe — la Russie — par des esprits pourtant formés à la culture européenne comme l'étaient Henri et ses amis d'Egypte.

Pour nous-même comme pour notre lecteur français, l'Union soviétique, avatar de la Russie, s'inscrit dans une continuité historique dont le point de départ est l'entrée de l'empire des Tsars dans le

434

concert européen, voilà trois siècles au moins. La tendance naturelle est de la juger par rapport au peloton des nations européennes avec lesquelles son histoire est intriquée depuis si longtemps. Et même si d'excellentes raisons expliquent ses retards, force est de constater qu'elle se situe en queue de peloton. Tant sur la liberté que sur le niveau de vie, tant sur l'avoir que sur l'être, l'Union soviétique est la lanterne rouge de l'Europe.

La perception d'Henri Curiel ne se situait pas dans le temps mais dans l'espace. L'Union soviétique, au lieu de s'inscrire dans l'histoire européenne, s'insérait dans la géographie tiers-mondiste. Il ne lui serait pas venu à l'esprit de la comparer à la France ou à l'Allemagne : c'est à l'aune égyptienne ou indienne qu'il la mesurait. De même, lorsque Didar suit Osmane à Moscou, où il est nommé attaché militaire en 1953, elle ne s'étonne point de voir les femmes soviétiques balayer les rues de Moscou par des températures sibériennes — tableau toujours consternant pour le voyageur européen — car elle vient d'un pays où les femmes travaillent dans le bâtiment par des températures sahariennes. Son étonnement est de voir les frustes travailleuses moscovites entrer dans le premier grand magasin Goum le jour même de son inauguration et acheter ce dont leurs homologues égyptiennes n'auraient pas osé rêver. « Ils étaient en avance sur tout le monde », affirme Didar. Elle veut dire : sur le tiers-monde. Pour elle comme pour Henri, l'Union soviétique est un pays du tiers-monde qui a réussi à résoudre les trois problèmes fondamentaux : nourrir, éduquer, soigner. Parcourant les banlieues, elle s'étonne des masses de bonnes choses proposées dans les magasins d'alimentation. L'effort d'éducation l'ébahit. Sa concierge a toujours un livre à la main ; sa femme de ménage prépare une licence d'ingénieur. Si l'on conteste l'Union soviétique devant Joyce, elle s'enflamme : « Allez voir les Kurdes en URSS et comparez avec les Kurdes de Turquie et d'Irak ! Et les Tadjiks ! Ils sont deux millions en URSS. Ce sont des Persans, ils parlent persan. Pas un analphabète. Ils ont une Université, une académie — tout ! Alors qu'en Iran, vous avez soixante-dix pour cent d'analphabètes. » Le vol de Gagarine les comble d'orgueil : c'est l'un des leurs qui est allé le premier dans l'espace. Lorsque Khrouchtchev donne sa démission et se retire paisiblement dans son isba au lieu de descendre à la cave de la Loubianka pour y recevoir une balle dans la nuque, nous soupirons de soulagement : l'Union soviétique rentre dans le rang — le rang européen. Henri, exultant, fait le tour de ses amis également ravis et leur dit : « Ça y est ! On ne tue plus ! » : l'Union soviétique sort du rang des nations violentes où le pouvoir se prend et se perd dans le sang.

Ils mesurent les progrès quand nous ne cessons de vitupérer les retards, déplorent les violations des droits de l'homme en faisant observer que le pire est révolu et vous répondent Tadjiks, peuple qui vous est déplorablement inconnu, si vous leur parlez Sakharov.

On peut assurément discuter le bien-fondé de cette mise en perspective tiers-mondiste de la deuxième superpuissance mondiale : le fait est qu'Henri la voyait ainsi, tout comme ses amis égyptiens, et, pour autant qu'on ait pu en juger, maints militants des MLN.

Henri la savait aussi superpuissance et l'aurait voulue plus forte encore pour un succès encore plus rapide des luttes de libération nationale. Jehan de Wangen : « Sa pensée constante était le tiers-monde — l'Afrique, l'Amérique latine — non pas l'Union soviétique. Mais agissant dans le tiers-monde et pour le tiers-monde, il était bien obligé de constater, comme nous tous, que seule l'existence de l'Union soviétique offrait une chance de succès aux peuples luttant pour leur indépendance en interdisant à l'impérialisme de déchaîner contre eux les moyens extrêmes. L'Union soviétique était aussi leur base arrière. En cas de reflux, les militants en exil y trouvaient un asile et une aide. C'était déjà vrai des Angolais. Ce l'est encore des Chiliens. Les hôpitaux psychiatriques et la répression contre les dissidents n'étaient pas le problème d'Henri. Je ne veux pas dire qu'il considérait que ce n'était pas un problème, mais que son engagement personnel se situait sur un autre terrain. Et sur ce terrain-là, l'Union soviétique jouait et continue de jouer un rôle positif. »

Mais tout ne relevait pas de la pure rationalité.

« Un jour, raconte Joseph Hazan, il passe me voir alors que je lisais une revue économique soviétique où l'on racontait d'énormes bêtises sur la culture du coton en URSS. Je lui ai dit : " Les camarades devraient éviter ces foutaises qui les déconsidèrent auprès des spécialistes. " Je suis ingénieur agronome et j'ai cultivé le coton en Egypte : les taux de rendement imprimés dans la revue étaient ridiculement gonflés. Henri s'est mis dans une fureur incroyable, m'accusant d'antisoviétisme et donnant raison au rédacteur de la revue contre moi : " S'il l'a écrit, c'est que c'est vrai ! " Il était tellement en colère qu'il a pris un livre dans ma bibliothèque et me l'a jeté à la tête. Il était comme fou. Heureusement, il m'a raté. »

Le père Barth : « A une réunion du comité directeur, il s'est fâché tout rouge parce que quelqu'un avait dit que l'URSS n'échappait pas à la crise économique. Une colère d'enfant ! On n'a pas insisté pour ne pas lui faire de peine. Il était si candide ! On préférait en rire... »

Nous pourrions multiplier les anecdotes.

Les plus âgés prenaient la chose avec l'indulgence qu'on doit à une maniaquerie inoffensive. Les jeunes évoquaient un « gâtisme idéologique » ne tirant pas à conséquence. Tous écoutaient les tirades prosoviétiques d'Henri avec un ennui résigné en attendant le retour à l'ordre du jour qui le verrait soutenir aussi souvent les hérétiques que les orthodoxes. Le sentiment général à Solidarité est bien exprimé par cette jeune femme de la génération soixante-huitarde : « Je ne supportais certains propos d'Henri que parce que toute sa pratique était en contradiction avec son orthodoxie affichée. »

Il n'empêche que son attitude en étonnait plus d'un. On ne lui demandait rien. On ne venait pas à Solidarité pour discuter du goulag ou de la culture cotonnière en Ouzbékistan mais pour aider les MLN. Quant au reste, chacun son truc. Pourquoi cet exhibitionnisme prosoviétique ? Pourquoi ces outrances idolâtres qui consternaient ses plus anciens amis, pourtant peu suspects d'antisoviétisme, et risquaient de le faire passer pour un crétin auprès des plus jeunes ?

Le pasteur Rognon a probablement la réponse : « Il s'était enté sur l'URSS. C'était sa seule patrie. Une patrie imaginaire, certes, mais la seule qui ne pouvait pas le renier, comme l'avaient fait toutes les autres, puisqu'elle était imaginaire. Le fait est qu'il n'y a jamais mis les pieds, ni dans aucun pays socialiste. Il l'aurait pu à l'époque où il voyageait en Algérie. Mais elle aurait cessé d'être la patrie idéale. Il m'avait parlé avec un frisson rétrospectif de la proposition de Marty d'aller vivre là-bas — je crois que c'était en Tchécoslovaquie. Pas seulement parce qu'on l'aurait sans doute pendu — il en était convaincu — mais parce que sa vie aurait été gâchée. En même temps, il tenait ce discours d'une ferveur bouleversante ou atterrante, comme on voudra. C'était incompréhensible pour celui qui écoutait d'une oreille politique un discours affectif. Henri, qui était l'internationaliste par excellence, l'homme du monde entier, m'a fait comprendre que chacun de nous a besoin d'une patrie. Il avait élu l'Union soviétique. »

Explications, interprétations... Henri, lisant ces lignes, trépignerait peut-être de rage en cherchant un livre à jeter à la tête de l'auteur. Et comme celui-ci, en des temps d'hystérie anticommuniste qui lui rappellent la guerre froide de sa jeunesse, n'est point trop sûr de ne pas céder à la pression idéologique dominante en rassemblant fiévreusement ce qui peut expliquer-excuser l'inclination de son héros, il souhaite finir comme il avait commencé, c'est-à-dire en

437

énonçant la seule certitude en la matière : Henri Curiel fut toute sa vie un partisan passionné de l'Union soviétique.

**

Il mourut égyptien.

« En Egypte, écrivent les Lacouture, un appel forcené se fait entendre vers les puissances rétives de l'au-delà... Découvrant la Vallée des Rois ou pénétrant dans une pyramide, le moindre voyageur est frappé par le recours perpétuel à la magie que dénoncent motifs décoratifs, dispositions des lieux, artifices de construction. L'hypogée de Sethi Ier, c'est le salon de la voyante, l'antichambre du grand sorcier. S'il est un art qui n'a pas dégénéré en Egypte, c'est bien celui-là, et les astrologues y font encore meilleure carrière que les psychiatres (1). »

Henri croyait en l'astrologie. Il n'y voyait pas le moyen de déchiffrer l'avenir mais la possibilité d'appréhender un caractère. Selon Jehan de Wangen, c'était pour lui façon de pallier un manque de psychologie dont il était cruellement conscient. Au comité directeur, lorsque la conversation venait sur la mésentente entre deux membres qu'on avait cru bon d'accoupler pour une tâche, il laissait tomber avec la force de l'évidence : « Qu'espériez-vous ? Un Taureau et une Balance... », observation généralement accueillie dans un silence de mort. Si quelqu'un lui reprochait une dispute avec Gerold, il levait les bras au ciel : « Qu'est-ce que j'y peux ? Un Sagittaire... » Il avait des problèmes avec les Sagittaires. Il déployait des ruses de Sioux pour découvrir mine de rien le jour et l'heure de la naissance d'un nouveau camarade pour dresser son thème astral. Lorsqu'il était en prison, ses intimes lui adressaient les précieux renseignements concernant toute personne entrée dans leur vie privée afin qu'il demandât aux astres un feu vert ou rouge. Raoul, cédant à son insistance, accepta de se faire tirer un astro-flash mais objecta qu'il ignorait l'heure exacte de sa naissance. « Aucune importance, lui rétorqua son frère. Fais-en plusieurs et choisis celui qui te conviendra le mieux. » « Etrange, songea Raoul : c'est le thème astral qui donne l'heure de la naissance, et non l'inverse. » Il fut très étonné par l'acuité des révélations astrologiques mais demeure néanmoins sceptique. L'une des vraies joies d'Henri fut d'apprendre on ne sait où que des spécialistes soviétiques dressaient une carte astrologique sans précédent : il transmit la bonne nouvelle à ses amis comme une

(1) *Op. cit.*, p. 22.

438

preuve supplémentaire que l'URSS était sur la bonne voie. « L'astrologie n'en est qu'à ses balbutiements, disait-il, elle recèle des possibilités inimaginables. »

Le révolutionnaire Curiel : « L'organisation, c'est le choix des hommes. » Et Henri l'Egyptien scrutant en douce les thèmes astraux.

Un autre paradoxe voulut que cet homme maintes fois emprisonné et souvent inculpé ne fut jamais condamné que pour usage du bakchich. Le renouvellement du permis de séjour était son cauchemar trimestriel. Un fonctionnaire montra de la bienveillance au point de se déplacer rue Rollin pour les formalités. Henri lui donna un livre dans lequel étaient glissés trois mille francs. Après une réflexion de plusieurs mois, le fonctionnaire porta plainte pour tentative de corruption. Sombre histoire. Henri écopa d'une condamnation légère en première instance et se désista de son appel au grand dam du cousin Weil-Curiel, convaincu d'obtenir l'acquittement.

Il récidiva. En juin 1976, au lendemain de l'article retentissant le dénonçant comme un suppôt du terrorisme international, Renaud Vincent, de *France-Soir,* obtient de lui une rencontre. Vincent, excellent journaliste, repart avec le sentiment que l'homme qu'il avait abordé avec prévention ne correspond pas au portrait sulfureux qu'on en a tracé. Le surlendemain, nouvelle rencontre dans un café. Navré, il explique à Henri que son article n'est pas passé pour une quelconque raison. Puis il descend téléphoner au sous-sol. Lorsqu'il remonte, Henri poussotte une enveloppe dans sa direction et, d'une voix affreusement abouna, murmure : « Vous avez travaillé : il est normal que vous receviez quelque chose... » Quand on connaît Renaud ! Il part sans proférer un seul mot mais avec l'envie furibonde d'en écrire une avalanche. Henri l'Egyptien a encore frappé.

L'Afrique était son continent d'élection. Les luttes africaines de libération nationale avaient la simplicité élémentaire de celle qu'il avait menée en Egypte : Algériens, Angolais ou Mozambicains se battaient pour mettre à la porte le colonisateur européen. Il se passionnait moins pour l'Amérique latine, au vif regret des jeunes membres de Solidarité sensibles au charisme guévarien. Là-bas, les choses étaient plus complexes. Des dictatures-gorilles soumises à l'impérialisme étranger pouvaient à l'occasion faire jouer en leur faveur le sentiment national. Il analysait mieux que personne le phénomène mais l'Afrique gardait sa préférence.

La vie lui avait appris les contingences corporelles. Suractivité militante, tensions inséparables de la clandestinité, enfermement carcéral : seul un être physiquement et nerveusement trempé pouvait y résister. Il prêchait à ses gens l'obligation d'être en bonne forme pour être un bon militant. L'une de ses tristesses indignées fut qu'un médecin membre de Solidarité mourût d'un cancer qui eût peut-être été guérissable s'il avait été soigné à temps. L'alcool des uns et le tabac des autres lui étaient des fautes politiques. Lui-même se surveillait avec vigilance. Chaque année, il consacrait trois jours à un check-up dans une clinique spécialisée. Son seul vrai problème fut une surdité apparue vers 1968 dont les progrès rapides lui firent craindre le pire. Au cinéma, il n'allait plus voir que les films sous-titrés. Il fut sauvé par un appareil miraculeux, retombée scientifique de la conquête de la lune par les Américains. Tant pis pour Gagarine. Ce problème réglé, une sciatique à éclipses et une grippe tous les quatre ou cinq ans. Mais il ne lui suffisait pas d'être en bonne santé : il voulait atteindre à une mobilisation totale de son potentiel physique et psychique. Dès l'Egypte, il s'était initié à la méthode Vitoz avec le célèbre docteur Katz. Elle vise à une « prise de conscience de soi psychosensorielle ». Henri lui attribua sa bonne résistance à ses deux ans de camp. De la méthode Vitoz au yoga, le pas n'est pas large. Il le franchit en 1957 avec Joyce. « Nous avons été, affirme celle-ci, parmi les premiers adeptes du yoga en France avec Robert Barrat. » Ils se rallièrent aussi à l'acupuncture, à la digitalopuncture et à l'homéo-pathie. Henri annonça un jour avec fierté à ses amis qu'un institut homéopathique venait d'être inauguré à Moscou ; il l'avait lu dans *Etudes soviétiques*.) Obsédé par le vieillissement, il envoya Joyce suivre en Roumanie le traitement de la fameuse doctoresse Aslan ; elle lui rapporta des implants de cellules qui, à défaut d'éternelle jouvence, lui donnèrent une fièvre de cheval pendant deux jours. Joyce servit ainsi de cobaye à divers traitements d'une douce extravagance.

Végétarien en Egypte, où il avait englouti des quantités prodigieu-ses de jus de carotte, il finit carnivore à Paris, mettant sa foi dans les protéines.

En somme, il était drôle.

Il fallait le connaître un peu pour s'en apercevoir. Son extérieur de moine de la révolution masquait le pittoresque. Clergyman plutôt que moine, avec son sous-pull à col roulé et son costume gris foncé. Beaucoup de jeunes le soupçonnaient de s'être composé cet uniforme austère mais les sous-pulls ecclésiastiques étaient une idée de Rosette : elle les trouvait plus faciles à laver que les chemises. A quoi tient une image... Certains vous disent : « Quand il passait à la maison à l'heure du repas, on l'invitait à s'asseoir mais il refusait toujours. C'était à croire qu'il ne se nourrissait jamais. » Mais Elia Perroy : « Un ascète, Henri ? C'est vrai qu'il était austère mais il connaissait les bons glaciers et savait où trouver la meilleure tarte aux prunes. Moi, c'est le café liégeois qui est ma folie. Il m'a dit où je trouverais le meilleur café liégeois de Paris. » Expédiant ses repas en quelques minutes, ayant oublié au dessert ce qu'était le hors-d'œuvre (« Si je te donnais de l'avoine, lui disait Rosette, tu mangerais de l'avoine. »), il pouvait débattre une heure avec un cordon bleu de la meilleure façon d'accommoder la tête de veau. Un jour, l'une de ses anciennes belles amies égyptiennes lui présenta son grand fils de vingt-trois ans ; elle eut la stupeur d'entendre Henri discuter avec lui des punks, de leur essoufflement déjà perceptible, des sous-groupes aptes à prendre la relève ; le mieux informé des deux était le sexagénaire. Il avait son opinion sur l'emploi du travelling par Pasolini, suivait avec attention l'évolution de Jean-Luc Godard, s'enchantait des comédies musicales américaines.

Il se levait au milieu d'un rendez-vous et, avec un naturel écrasant, prenait la position yoga du poirier, en équilibre sur la tête, sans appui, et la tenait une minute ou deux. « Excellente promenade pour le sang », constatait-il en reprenant place face à son interlocuteur médusé.

Il adorait marier, démarier, remarier. Ménie Grégoire autant que Mᵐᵉ Soleil. Un côté pipelette abouna qui lui restait du Caire. Les détails lui étaient friandises. Certains s'en exaspéraient. La plupart l'aimaient pour sa disponibilité chaleureuse — son côté apôtre. Il ne résistait pas à la tentation d'aider une âme en peine. En 1960, il rentre épuisé d'un voyage à Genève. La direction du réseau de soutien au FLN accapare ses forces, réquisitionne son temps. Joyce le voit s'asseoir à sa table· et rédiger comme d'habitude brouillon sur brouillon — il avait la plume nouée. Elle s'approche et découvre, au lieu du texte politique qu'elle prévoyait, une lettre commençant par : « Cher Hugo, je ne vous connais pas, etc. » Une jeune femme éplorée, dans le train, avait raconté à Henri sa vie tout juste brisée par une rupture avec son ami Hugo. Touché par ses larmes, il avait promis d'intervenir. Une copieuse correspondance s'ensuivit malgré les reproches de Joyce, furieuse du temps gaspillé. Elle se conclut par un mariage.

De même les Baker furent-ils affaire de cœur plus que de politique. Baker était le pseudonyme collectif donné par Solidarité à cinq jeunes Noirs américains échoués en France au terme d'une folle aventure. En juillet 1972, ils avaient détourné un avion américain dans lequel ils avaient pris place avec femmes et enfants, obtenu de Washington une rançon d'un million de dollars contre la libération des autres passagers, et contraint le pilote à mettre le cap sur Alger. Ils sortaient tous les cinq du ghetto, avec des biographies tissées de malheur et de misère. Le détournement se voulait protestation spectaculaire contre la condition faite à leur race. Le million de dollars était destiné à Elridge Cleaver, dirigeant des Black Panthers en exil à Alger. Le gouvernement algérien restitua avion et rançon aux Etats-Unis mais accorda le droit d'asile aux desperados. Ils échouèrent à s'insérer. Vite insupportables aux Algériens, ils furent bientôt en conflit aigu avec la farouche cohorte entourant Cleaver. Ils n'avaient pas la tête politique. Leur acte avait été un geste de révolte primaire, instinctive. Craignant pour leur sécurité, ils renvoyèrent les enfants aux Etats-Unis et passèrent clandestinement en Europe. L'un d'eux, établi en Allemagne, se lia avec l'ultra-gauche et manqua de justesse d'être exécuté comme rebut du *Lumpenproletariat*. Il rejoignit ses camarades en France. Une organisation humanitaire, ne sachant que faire de ces clandestins en cavale, signala leur cas à Solidarité. Henri plaida au comité directeur pour qu'une aide leur fût apportée. Il rencontra une réticence quasi unanime. La justification de Solidarité était d'aider les MLN, non pas d'intervenir pour les individus sujets à caution qui feraient courir des risques superflus à l'organisation. Henri remontra que les pauvres diables étaient eux-mêmes en grand danger de tomber par désespoir dans les pires dévoiements s'ils étaient abandonnés à leur sort. Il enleva le morceau dans le ronchonnement général. Les ronchonneurs étaient bons prophètes. Sans vouloir désobliger les Baker, qui vivent aujourd'hui à Paris après avoir apuré leurs comptes judiciaires (le verdict de la cour d'assises fut clément), leur prise en charge mit les nerfs à rude épreuve. Trois ans durant, de 1973 à 1976, on s'évertua à leur trouver hébergements et moyens de subsistance. Il fut décidé que l'un d'eux apprendrait le métier d'électricien. Il était fait pour être électricien comme Raoul Curiel pour être banquier. Ce fut pur miracle si l'on n'enregistra pas plusieurs morts par électrocution.

« Je ne regrette pas l'investissement, dit aujourd'hui un prêtre, membre du secrétariat. On ne peut pas être sans arrêt un militant pur et dur. On ne peut pas vivre sans tendresse. J'en ai logé un qui sortait de Harlem. Un soir, il m'a montré son corps. Il était littéralement creusé de cicatrices. Les bagarres, les flics... Comment juger ? Henri a eu raison. Nous l'aimions pour cela. Et c'est aussi pourquoi nous avons accueilli avec un haussement d'épaules les articles l'accusant d'être un agent du KGB. Imagine-t-on un agent du KGB perdant autant de temps avec de tels paumés ? »

En écho, le pasteur Rognon : « Oui, ce fut très difficile. Henri se dévouait pour eux à un point extraordinaire. Personne d'autre n'aurait fait ce qu'il a fait — personne ! Mais quels drames épouvantables avec les logeurs, que d'histoires ! Ils sortaient tout droit du ghetto. Moi, j'ai trouvé cela très beau, j'ai beaucoup aimé cette action d'Henri Curiel. Et on l'a accusé d'être un agent !... Je vous jure qu'un agent n'aurait pas perdu tant de temps avec ces gens-là. Pour Henri, les hommes comptaient. »

SAMAYA

« Je suis née en 1933. Ce n'est qu'à trente-cinq ans que j'ai su qui était mon père. Un Roumain, d'une famille très pauvre de Bessarabie. A quatorze ans, il s'est loué sur une péniche avec son frère cadet. Ils étaient laveurs de matelas. Les gens apportaient leurs matelas aux péniches pour les faire nettoyer. Partis du Danube, ils sont arrivés à Lyon par les fleuves et les canaux, lavant les matelas.

« Ma mère a un nom de famille dont personne ne sait d'où il vient. Mon prénom a été refusé par l'état-civil mais j'ai réussi petit à petit à le faire inscrire sur mes papiers. Ma mère n'a jamais voulu me dire pourquoi elle m'avait prénommée ainsi.

« Elle avait un frère qui travaillait sur les péniches à Lyon. Il est mort de delirium tremens. C'est probablement par lui qu'elle a rencontré mon père mais je n'en suis pas sûre. Nous avons beaucoup questionné notre mère, ma sœur et moi. Elle nous répond que nous ne saurons rien avant sa mort. Elle ne parle presque jamais de mon père, et toujours en termes péjoratifs. Mais je sais par des témoins qu'ils se sont beaucoup aimés.

« J'ignore comment elle s'était retrouvée bonne à tout faire à Lyon, à quatorze ans.

« A cinq ans, après avoir été en nourrice, j'ai été mise à l'orphelinat Favre de Lyon comme pupille de l'Etat. Il y avait aussi des pupilles de la nation. C'était la guerre entre nous. Nous, les pupilles de l'Etat, nous étions pour la plupart des filles de prostituées ou de filles-mères. Maman n'était pas prostituée mais j'étais traitée de fille de pute comme les autres. Il y avait aussi parmi nous des filles qui avaient été violées par leur père. Elles m'écœuraient. Je trouvais qu'elles sentaient mauvais. Je préférais les filles de putains. Un dimanche par mois, leurs mères venaient les chercher avec leurs clients boches et le soir, au dortoir, elles se mettaient à deux pour nous mimer ce qu'elles avaient vu. A douze ans, j'ai décidé que jamais un homme ne prendrait mon corps.

« Chaque matin, nous assistions au lever des couleurs.

« A onze ans, j'ai voulu que ma petite sœur vienne avec moi. Maman a fini par céder. Elle avait sept ans. Elle était placée dans une famille où elle était adorée. Je ne la connaissais pas. Je ne me suis pas rendu compte de ce que je faisais. L'orphelinat a été pour elle une épouvante dont elle ne s'est jamais remise. Elle était pourtant sage,

444

jamais punie. Moi, j'étais infernale. Je me battais avec le personnel. Une fois, j'ai lancé un couteau sur une surveillante. Les surveillantes étaient des filles qui sortaient de l'orphelinat. J'ai été souvent mise au cachot.

« Le jeudi, les dames de la Charité venaient avec des petits colis réservés aux pupilles de la nation. Une fois, je me suis mise dans leurs rangs. On ne m'a remarquée qu'au moment de la remise du colis. Cela a fait un scandale énorme. Nous les pupilles de l'Etat, nous étions les bâtardes, les sans-honneur. J'ai été fouettée, bien sûr, mais j'ai surtout eu droit à l'organisation de la honte. On m'a isolée pendant très longtemps. J'avais fait quelque chose d'impensable, d'abominable.

« Pourtant, je n'étais pas malheureuse. Nous étions en dehors de tout, même pas une radio, la guerre n'existait pas pour nous. Je vivais dans un monde imaginaire. Je m'inventais des pères selon les pays que j'aimais. J'ai eu comme ça un père brésilien avec de grandes moustaches. J'en parlais aux autres et j'avais du mal à me retrouver dans tous mes mensonges. J'avais adopté une petite fille qui nous était arrivée à quatre ans, petite grenouille tellement maigre. Son père avait été fusillé sous ses yeux. Je disais que c'était ma fille. Elle a été finalement adoptée par un couple de collègues de ma mère. A ce moment-là, ma mère avait réussi à entrer comme employée de bureau à la Sécurité sociale. Elle en était très fière.

« Il y avait tout le temps des fugues. J'aidais à leur préparation. Mais je n'avais pas envie de partir. Là, j'ai appris la solidarité. Je n'ai pas vu une seule dénonciation.

« On nous appelait par nos numéros. De 1938 à 1947, j'ai été 70. Ma soeur était 75.

« J'ai passé mon certificat d'études. Après, pour beaucoup d'entre nous, la perspective était le trottoir ou le placement comme filles de ferme. J'ai voulu continuer mes études. On m'a mise dans un centre d'apprentissage où j'ai étudié la comptabilité et la sténodactylo. Pour moi, c'était le sommet des sommets. Je vivais avec ma mère dans le quartier des Canuts. Une pièce unique sous les toits. J'ai eu ensuite un lit dans un cagibi. Il pleuvait sur mes couvertures. Tout l'étage était habité par des prostituées. Ma mère avait la hantise des maladies vénériennes. Elle m'obligeait à aller aux toilettes sur un seau. Pendant la guerre, quand elle venait me chercher pour la sortie mensuelle, elle m'envoyait demander de la nourriture à ces prostituées qui en recevaient des soldats allemands. Elles étaient très gentilles. Je revenais toujours avec quelque chose. Ma mère lavait cette nourriture, même le jambon, et elle me désinfectait la bouche après le repas.

J'en ai vu, sur ce palier, et je pourrais raconter les drames, les avortements, des choses incroyables, et je pourrais dire que c'était l'enfer. Mais ce n'était pas l'enfer. J'avais seulement une grande nostalgie de l'orphelinat. Là-bas, c'était mon monde, ma jungle.

« J'ai eu la grande chance d'attraper une maladie pulmonaire. On m'a envoyée dans un sana où un docteur très chouette s'est intéressé à moi. Il m'a mise avec des étudiants. Je me sentais le canard boiteux. J'essayais de comprendre des cours d'algèbre de quatrième. Ma mère me disait : " Tu veux péter plus haut que ton cul. Tu renies ta classe. " Mais ces deux ans de sana ont été pour moi l'éveil, l'éveil à l'amitié. Je n'étais plus la bâtarde.

« A la sortie du sana, j'ai demandé à être monitrice dans une maison d'enfants. Je crois que c'était pour retrouver ma jungle. J'ai été envoyée dans une maison pour déficients pulmonaires. J'y suis restée neuf ans, et ensuite deux ans avec des prédélinquants caractériels en Provence. Je n'avais pas l'impression de changer. J'étais toujours dans mon rêve. Un jour, je retrouverais mon père et je vivrais ce que tout enfant a vécu. Un été, j'ai fait l'amour avec une monitrice. J'avais vingt-six ans. C'était la première fois qu'on m'embrassait. J'avais toujours eu honte de mon corps. Mais ce fut sans lendemain. Il n'y a plus rien eu pendant douze ans. »

[Elle a aujourd'hui cinquante ans. On dit machinalement de certaines personnes qu'elles ne paraissent pas leur âge. Elle, c'est autre chose : on lui donnerait trente ans. Un phénomène. Longue et mince, avec une chevelure magnifique et un sourire encore plus jeune que son corps. Elle parle d'une voix très douce.]

« Au centre pour prédélinquants travaillaient deux garçons fantastiques. Je n'avais jamais connu de garçon ni de près ni de loin. L'un était artiste-peintre ; l'autre, professeur de maths. Je n'ai compris que longtemps après qu'ils étaient homosexuels. C'est peut-être pour cela que je suis allée vers eux. Leur amitié était vivifiante et je suis devenue un peu leur mascotte. Nous avons décidé de vivre ensemble. C'était juste avant la fin de la guerre d'Algérie. Nous avons connu une jeune femme suisse qui travaillait avec Henri Curiel. Que pouvions-nous faire, dans notre coin de Provence ? Nous sommes montés à Paris.

« Alors a commencé une vie passionnante et infernale. Nous avions soif de culture, de connaissance ; nous allions au concert, au théâtre ; nous lisions énormément. Le peintre faisait la cuisine et le ménage. L'autre était professeur. Moi, j'étais institutrice — enfin, moins que ça. En même temps, c'était une existence folle. Le peintre assumait mal son homosexualité. Les nuits étaient démentielles. Les garçons défilaient. Des paumés, des drogués, des délinquants. Il y en avait tout le temps qui se tuaient en voiture. Nous avons déménagé je ne sais combien de fois à cause des voisins. La police intervenait. Moi, je draguais pour eux. J'allais chercher des garçons comme j'allais acheter un kilo de pommes de terre. J'étais dans une amoralité complète. Je volais aussi. C'était plus fort que moi. Je volais pour rien ; souvent j'allais le lendemain remettre dans le magasin ce que j'avais piqué. Il m'est arrivé de me faire prendre et j'ai été condamnée.

« Les deux garçons travaillaient à Solidarité. Ils travaillaient sérieusement. Le peintre passait des heures à préparer ses cours. La nuit, nous avions le défilé des paumés. Le jour, c'étaient les gens cravatés de Solidarité. La maison prenait alors des allures très mystérieuses. Mon rêve était d'entrer à Solidarité mais je n'osais pas.

« La première fois que j'ai rencontré Henri, je n'ai vu que son sourire. Un sourire... Il est devenu très vite l'image de mon père. Il refusait ce rôle mais je n'en étais pas consciente. Il écoutait. Il avait une intelligence fulgurante. Il vivait en moi comme un père et un amant. Je ne pouvais plus me passer de lui. Cette image du père, que de bagarres entre nous ! Je ne voulais pas comprendre.

« Pendant trois ans, il y a eu cette sorte d'amour extraordinaire, ce regard l'un vers l'autre, sans que ce soit jamais révélé. C'était un amoureux de la vie, un avaleur de vie. Tout son corps l'exprimait. C'était un être enflammé.

« Il m'a poussée à reprendre mes études. Il me disait : " Rêver, non ! Il faut faire. " J'ai passé mon bac en 1970, à trente-six ans. Je lui ai téléphoné. Il est arrivé, les bras ouverts. C'était sa victoire.

« Avec beaucoup de délicatesse, il avait abordé les problèmes de ma vie sexuelle. Quand il a su que j'étais vierge, il m'a envoyée chez un gynécologue qui a confirmé que j'étais constituée tout à fait normalement. Henri voulait me prouver que mon blocage était psychologique. Il me disait que je devrais quitter les deux garçons pour vivre ma plénitude de femme avec un autre. Les garçons ont très mal réagi. Ils ne voulaient pas qu'Henri se mêle de nos affaires.

« Et puis est venu l'été 1971. Nous nous sommes retrouvés seuls à Paris. J'ai vécu un rêve de trois semaines. Il m'a semblé qu'Henri avait voulu tenir le rôle que je refusais qu'un autre tienne. Sans lui, je suis sûre que je n'aurais jamais découvert cela. J'avais vécu dans une sorte d'anorexie sexuelle. A la fin de l'été, il m'a dit : " Maintenant, tu vas rencontrer des hommes. Nous resterons amis. Je serai leur ami. " C'était de nouveau le père. J'ai vécu une année très difficile, très douloureuse.

« Il y avait l'homme politique et le poète. C'était un poète. Il me parlait de la France comme personne ne m'en avait jamais parlé. Il était amoureux de la France. Elle était pour lui le havre des libertés. Les promenades dans Paris... Il connaissait chaque monument, chaque statue... Il m'a fait prendre un bateau-mouche. Notre-Dame ! Il était merveilleux quand il parlait de Notre-Dame, de ses bâtisseurs, de la foi qui les soulevait... Lui, Henri, était un bâtisseur d'âmes. Il m'a fait découvrir Proust, la valeur et la résonance des mots chez Proust. Et du Balbec de Proust, il passait au Baalbek du Liban et à l'Egypte. Chaque fois qu'il me parlait de l'Egypte, c'était avec tant d'amour que j'en étais bouleversée. J'étais avec lui quand il a appris la pendaison au Soudan d'Abdel Khalek Mahjoub, qui était son disciple. Il ne disait rien, il ne pleurait pas mais les larmes étaient au fond de ses yeux. Cette douleur rentrée était pire que tout.

« Il m'a fait quitter les garçons. Cela a été très difficile, surtout avec le peintre. Nous étions comme frère et sœur, amant-amante sans avoir jamais fait l'amour. La séparation a été douloureuse, presque insupportable. Il nous a fallu quatre heures pour nous quitter. J'ai appelé Henri en pleurant. Il est venu me chercher. Une fois dehors, il m'a dit : " C'est bien, tu l'as fait. "

« C'est grâce à lui que j'ai continué mes études, grâce à sa force. J'ai passé une licence d'art et de lettres, une maîtrise d'arts plastiques à la Sorbonne et un diplôme d'études approfondies qui me permet de préparer mon doctorat. J'enseigne l'histoire de l'art dans un institut français.

« J'ai fait beaucoup de choses à Solidarité. Au départ, on m'a chargée de rassembler une documentation sur la reprographie. Le problème était de se débrouiller avec les moyens du bord : comment monter une imprimerie clandestine, fabriquer des faux papiers avec pas grand-chose, diffuser un matériel de propagande dans un pays analphabète. Les Vietnamiens avaient trouvé pas mal de trucs. J'ai passé des journées dans les bibliothèques à étudier certaines techniques pour pouvoir les adapter. Les techniques de l'école Freinet, par exemple, peuvent rendre des services fantastiques aux mouvements. On fabrique l'instrument de reproduction à partir d'un bout de bois et d'un chiffon. Je crois être allée assez loin dans ce travail, je peux même dire que c'était très au point, mais je sais que la fille qui m'a succédé dans ce secteur a fait encore beaucoup mieux. C'était cela, Solidarité : on rassemblait l'expérience des mouvements et on essayait d'aller plus loin.

« Si je peux parler de mon enfance, c'est grâce à Henri. Avant lui, je ne l'avais jamais fait. Sans lui, je ne l'aurais jamais fait. Il a beaucoup insisté pour que je lui en parle, et il m'écoutait avec une attention extrême. Au fait, c'est ma sœur qui a découvert qui était notre père. Elle a fait des recherches. Sa péniche avait coulé et il s'est établi sur les berges de la Saône. Ma sœur m'a dit son nom. Je croyais que c'était très précieux et pourtant le nom est parti. Je l'ai oublié. A l'Université, je me suis inscrite au cours de roumain. Je n'y suis restée que trois mois. J'étais incapable de mémoriser le moindre mot de roumain.

« Henri a été la rencontre de ma vie.

« Et Solidarité. A Solidarité, on aidait et on s'aidait. »

Le chargé du cours d'organisation générale et de renseignement aurait-il un côté abouna ? Nous disposons de l'enregistrement du cours dispensé à un groupe de stagiaires le 10 décembre 1968. Ils sont ensemble pour cinq heures. Blaise commence benoîtement : « Sans doute ai-je participé à la résistance française au nazisme — trois ans de clandestinité — et eu une certaine activité également clandestine pendant la guerre d'Algérie, mais cela ne m'autorise nullement à vous infliger des leçons ni même à vous donner des conseils. Ce que j'aimerais, c'est que vous me parliez, vous, de la sécurité telle que vous la concevez dans les conditions de travail qui sont les vôtres, parce que vous en savez certainement sur ce point beaucoup plus que moi... »

Blaise est alors aux approches de la cinquantaine. Haute silhouette distinguée, le cheveu plaqué en arrière, le vêtement d'une sobre élégance, la parole précise, l'air pas commode, il ressemble à un grand patron. C'est un grand patron. Un ingrédient de plus au cocktail Solidarité. Mais il n'est pas un grand patron tout à fait comme les autres : doctorat en droit et CAP de menuisier.

Il a le goût et l'expérience du renseignement. Chargé d'assurer la sécurité de son maquis, il a posé le principe que le meilleur moyen de neutraliser les plans de l'adversaire était de les connaître à l'avance, et il a infiltré des hommes dans les unités voisines de la Milice. Deux de ses agents ont été découverts et exécutés mais, dans l'ensemble, le système a parfaitement fonctionné. Toutes les opérations pratiquées par son maquis sur les banques ont été réalisées en deux minutes et sans problème parce qu'il s'était chaque fois débrouillé pour avoir quelqu'un dans la place. Officier du Deuxième bureau après la Libération, il a participé à la traque aux SS dans le Vorarlberg. Il croit au renseignement, qu'il définit comme « la façon la plus pacifique et la plus efficace de se battre ». Membre du PCF en 1947, il a vacillé au moment de l'intervention en Hongrie et rompu sur l'Algérie. Engagé à fond dans le réseau de soutien au FLN, il a participé aux besognes ordinaires — filières de passage, finances, *Vérités Pour* — mais a fait bénéficier de ses compétences certains secteurs particuliers : formation des Algériens à la clandestinité, préparation des évasions.

Le 10 décembre 1968, un expert s'adresse à des néophytes. La modestie dont use Blaise avec ses stagiaires n'est pourtant jésuitique qu'en apparence. Elle procède de la technique d'enseignement en faveur à Solidarité : éviter autant que faire se peut le cours didactique et pratiquer la maïeutique (« Dans la philosophie socratique, art de faire découvrir à l'interlocuteur, par une série de questions, les vérités qu'il porte en lui. » *Petit Larousse illustré*.) Le long entretien en est l'illustration parfaite. Les stagiaires sont haïtiens. Chaque question aventurée par le moniteur amène des réponses prouvant à quel point un cours magistral eût mis à côté de la plaque. En Haïti, tout est différent d'ailleurs (ailleurs est toujours différent d'ailleurs). Les tontons macoutes ne se peuvent comparer à aucune autre police. Un militant sait la mort inévitable à l'instant même de sa capture. La propagande écrite est sans effet sur une population largement analphabète. Mais le jeu dialectique des questions-réponses finit par dégager une Haïti où peut s'investir, judicieusement adaptée, une bonne part de la science clandestine détenue par le moniteur.

Au départ, l'expérience des hommes. Le cours sur les filatures, par exemple, est dans un premier temps fondé sur le vécu des moniteurs du type Blaise : ancien résistant, ancien membre du réseau de soutien au FLN. Dans un deuxième temps, le service de documentation de Solidarité dépouille des dizaines de récits d'histoire contemporaine et en extrait ce qui concerne les filatures. Les acquis du groupe juif Stern, de l'Orchestre rouge, etc., sont ainsi intégrés au cours. Puis les expériences rapportées par les stagiaires de chaque mouvement sont à leur tour engrangées, tout de même que la reprographie puisait à la fois dans les techniques Freinet et dans les trouvailles vietnamiennes. Parallèlement, Solidarité se procure les textes spécialisés. Nous trouvons dans les archives le *Manuel de technique policière de la police française, Les règles de filatures* de la police de New York, les *Méthodes de surveillance* du FBI et du Bureau des narcotiques. Solidarité est ferrée à glace sur la théorie de la filature. N'importe quel membre, après quelques dizaines d'heures d'étude du dossier, pourra faire fonction de moniteur et confiera au service de documentation un texte enrichissant la masse commune de ce qu'il aura appris au contact des militants. Mais les travaux pratiques sont ici essentiels. Le cours théorique est suivi d'au moins cinq exercices. Un : le stagiaire, lâché en ville et sachant qu'il va être suivi, doit repérer les suiveurs. Deux : coupure d'une filature sans donner l'éveil ou en catastrophe. Trois : modifier son apparence dans un lieu public (grand magasin) en quelques secondes avec les moyens du bord. Quatre : visite d'un quartier sous la conduite du moniteur pour repérer les lieux permettant la coupure (immeuble à double issue, gare, etc.). Cinq : filature d'un moniteur par deux stagiaires.

Solidarité : centralisation, accumulation et rediffusion de l'expérience.

C'est d'une plume résignée que nous avons évoqué le cours sur les armes et explosifs, sachant bien que le spectaculaire de la chose occulterait le reste. Il faut rappeler que le principe ne soulevait aucune réserve de la part de l'organisation. Aujourd'hui encore, lequel d'entre nous (je veux dire : parmi les nôtres) hésiterait, s'il en avait les moyens, à procurer un cargo d'armes aux Noirs sud-africains de l'ANC, à la résistance chilienne, aux Haïtiens souffrant sous Bébé Doc ? Mais les conditions pratiques restaient si contraignantes que le cours était une sorte de récréation dans l'enchaînement plutôt austère du stage, un moment de détente égayé par le caractère enjoué du moniteur (lui-même grand spécialiste de la filature). Pourquoi s'en désoler ? N'importe quel petit Libanais de dix ans vous dira, hélas, qu'une maîtrise complète de la Kalachnikov s'acquiert en trois heures, et l'explosif se trouve si généreusement réparti sur la surface du globe qu'il était improbable qu'un militant en fût réduit à bricoler des produits de jardinage dans sa cuisine. Blaise raconte à ses stagiaires haïtiens : « Pendant la guerre, Londres nous parachutait des brochures expliquant comment fabriquer de l'explosif. J'aime autant vous dire qu'on n'a jamais perdu notre temps à ça : on le fauchait. Fauchez le vôtre ! » Les trente kilos d'explosif envoyés aux résistants grecs ne sortaient pas des cuisines de Solidarité mais avaient été tout bonnement barbotés quelque part en Suisse. (Emotions pour le transport, organisé classiquement avec une voiture ouvreuse et une voiture porteuse. Deux des membres de l'équipe de Solidarité craquent nerveusement. Il faut improviser en catastrophe une opération de sauvetage. L'explosif passera la frontière par le train...)

La justification de Solidarité ne résidait pas dans une conférence sur le maniement du fusil d'assaut mais dans la diffusion de techniques de défense forgées au fil d'une expérience accumulée. « Il s'agissait, résume l'un de ses dirigeants, d'apprendre aux militants à s'organiser, à communiquer, à circuler, à s'exprimer, à se protéger. » Aussi bien un stage se composait-il en fin de compte d'une série de cours sur la sécurité.

Rien de comparable, certes, à ce qui s'enseigne dans les écoles de renseignement ; on s'adresse à des militants, non à des agents. La vocation des uns est la recherche du renseignement alors que le militant est voué à l'action politique. Il était déjà bien difficile de faire admettre aux stagiaires que leur sécurité dépendait d'une information au moins élémentaire sur l'adversaire. Lorsque Blaise s'aventure à prononcer le mot « espionnage » devant ses Haïtiens, lourd silence. Un stagiaire : « L'espionnage n'est pas noble. Il y a un problème psychologique... » Blaise se lance sur son sujet favori, évoque au passage la nécessité de ne pas traîner dans le règlement du sort des agents doubles, ce qui semble accroître le malaise, et conclut avec force : « Un réseau de renseignement se fait avec des gens qui ont des contacts avec l'ennemi. Mais cela, un militant politique, il lui faut deux ans pour se le foutre dans la tête ! »

A feuilleter les dossiers d'archives, impossible de n'être pas touché par la somme de travail investie, et surtout par la modestie qu'elle suppose de la part d'hommes et de femmes dont on doit commencer à entrevoir le niveau intellectuel mais qui s'ingénient à mettre leurs facultés au service de militants inexpérimentés affrontant des problèmes élémentaires. Dix feuillets à simple interligne pour décrire un contact clandestin entre deux militants : fixation de l'heure et du lieu, annulation, couverture, attente, reconnaissance, etc. Une partie du cours de bricolage a été rédigée par un moniteur davantage prédestiné à enseigner la théologie que l'aménagement de caches dans des objets divers : valises, livres, épaulettes. La transformation d'une valise normale en valise à double fond est expliquée dans le moindre détail mais le moniteur a pris soin d'indiquer à ses successeurs que les meilleurs fournisseurs de carton et de colle au néoprène sont Relma, 6, rue Danton, et Rougie & Plé, 13, boulevard des Filles-du-Calvaire. Pour les livres, il est précisé qu'on en trouve à bon marché au 32, rue de Provence.

Grand effort aussi pour adapter l'enseignement aux conditions locales particulières. Le cours de bricolage note que les chaussures les plus propices au recel de petits objets sont les chaussures en mousse des judokas mais il évoque aussi la cachette aménageable dans une tige de canne à sucre ou une racine de manioc. Le cours de secourisme valable pour tous climats se double d'un cours de survie en zone tropicale. Nous apprenons sans véritable appétence que « même les grillons, les œufs de fourmi, les chenilles dépourvues de duvet, les larves et les termites sont bons après cuisson. Oter la tête, la peau et les intestins des serpents, rats, mulots, grenouilles, lézards avant la cuisson ». Le festin terminé : « En l'absence de papier hygiénique, se servir d'herbes et de feuilles. Prendre soin d'examiner ces dernières pour s'assurer qu'il n'y a pas d'insectes. N'utilisez pas les feuilles à surface rugueuse ou pelucheuse, ou qui proviennent d'arbres ou plantes à suc laiteux, non plus que l'herbe à bords

453

coupants. N'utilisez pas de matériaux traînant sur le sol. » Solidarité est d'ailleurs particulièrement bien armée dans le domaine médical. Voici une demande de sérum antivenimeux présentée par un mouvement dont les militants affrontent les araignées casampulga, les serpents cascabel (*crotalus terrificus*) et botrops. L'Institut Malbian de Buenos Aires, consulté, peut fournir les sérums nécessaires mais suggère, pour les serpents botrops, de s'adresser à l'Institut Botentan de Sao Paulo, dont la production est mieux adaptée. L'organisation dépouille les publications américaines spécialisées et diffuse parmi les mouvements les caractéristiques du matériel répressif mis au point aux Etats-Unis pour être généreusement distribué aux dictatures sud-américaines. Tous les types de grenades lacrymogènes sont décrits et analysés, y compris la DA-DC, inconnue en Europe, qui déclenche une défécation instantanée. Les mesures de protection, souvent tirées de rapports officieux américains, sont indiquées aux mouvements ainsi que les soins à donner aux blessés.

Nous trouvons de moindre intérêt, mais c'est peut-être à cause de notre niveau de conscience politique insuffisant, la propagation des règles du combattant révolutionnaire chinois (« Etre toujours doux envers le peuple mais avoir le plus vif ressentiment envers l'ennemi — Ne prendre aucune nourriture, aucune boisson, ne fumer rien qui soit contre-révolutionnaire — Respecter, aimer et servir la masse ouvrière et agricole — Etre prêt à servir avec la plus grande joie sur le front le plus difficile, etc. »)

La prison étant une étape presque obligatoire de la militance en même temps que la hantise du militant, rien d'étonnant à ce que le cours d'Henri Curiel fût l'un des plus appréciés du stage. Il avait une façon bien à lui d'évoquer la prison comme un lieu non dépourvu d'incommodités mais propice à l'épanouissement culturel et politique du prisonnier, et surtout très apte à la continuation de la lutte par d'autres moyens. Riche d'une expérience carcérale qui lui avait fait connaître prisons sous-développées et développées, il pouvait donner des conseils utiles en toutes situations. Il insistait beaucoup sur la nécessité de rester en bonne forme physique et conseillait vivement le yoga. Les militants peu tentés par la position du poirier disposaient de solutions de rechange, y compris les mouvements de gymnastique mis au point pour les cosmonautes américains. L'évasion faisait l'objet d'un cours spécial. Elle est souvent facilitée par un transfèrement à l'infirmerie de la prison ou dans un hôpital. Solidarité avait commencé par diffuser les trucs de potache (un verre d'eau additionné de savon de Marseille fait monter la température) puis, conformément à son génie propre, avait creusé la question en allant aux meilleures sources. De même que des comédiens professionnels venaient donner des cours de maquillage, d'éminents professeurs de médecine avaient rédigé à l'usage des militants des listes de symptômes propres à faire poser le diagnostic souhaité. Le stagiaire apprenait ainsi à simuler la crise d'appendicite ou de coliques néphrétiques, le syndrome pulmonaire, l'angine de poitrine, l'hémorragie digestive ou la méningite. Henri Curiel avait testé la technique en se présentant devant un médecin choisi au hasard auquel il avait récité les symptômes d'une crise cardiaque. L'homme de l'art, très alarmé, avait insisté pour le conduire sur-le-champ à l'hôpital. Une étude particulièrement attentive avait été consacrée aux maladies psychiques, longues et diffuses, qui ont le mérite de dévaloriser l'interrogatoire. Le cours démontre au profane à quel point la simulation est aisément décelable car les extravagances spectaculaires auxquelles on est tenté d'avoir recours ne trompent point le spécialiste. Il commence par cet avertissement : « Bien voir la différence entre le banal état dépressif-névrotique (névrose d'angoisse) et la mélancolie. Montrer qu'on a été toute sa vie un névrosé angoissé, mais faire craindre qu'on " devient " un psychotique. Il faut que le psychiatre se demande si le sujet n'est pas en train d'évoluer vers la mélancolie, s'il ne se trouve pas devant un tournant de la maladie, avec apparition de signes d'aggravation (douleur morale, idées délirantes particulières, fatigue considérable, volonté de mourir). C'est là que la notion d'antécédents familiaux et personnels pourra prendre de la valeur, etc. »

Quinze moniteurs en 1966 ; quarante en 1970. Un stage complet représentait alors plus de deux cents heures de cours (en 1970, un stage en internat donné à des militants de l'ANC dura un mois et demi. Les stagiaires étant anglophones, des interprètes devaient assister les moniteurs ne parlant pas anglais). Cette même année 1970, dix-sept cents pages ont été dactylographiées, dont neuf cents sur stencils ; soixante-treize voyages professionnels ou touristiques de membres de Solidarité ont été mis à profit pour établir des liaisons avec les mouvements ; huit passages de frontières clandestins ont été réalisés ; vingt faux passeports ont été fournis, ainsi qu'une dizaine de valises et une vingtaine d'attaché-cases à double fond ; une documentation a été remise à l'ANC sur les fournitures d'armes à l'Afrique du Sud et à la Rhodésie ; traductions nombreuses ; impression et diffusion de bulletins, dossiers, tracts ; organisation de conférences de presse. Le poste « fonctionnement » du budget est équilibré malgré une baisse des cotisations (c'est la première fois que le niveau des cotisations diminue : mauvais signe). Le poste « services » est également équilibré mais le trésorier demande que les devis présentés soient mieux étudiés : les mouvements s'irritent d'une facture finale plus élevée que prévu. Le poste « dons » est cette année misérable : 2 212 F. « Problème tragique et urgent à résoudre », lance le trésorier, seul membre de Solidarité à donner dans le pathétique. Il propose, pour parer à toute éventualité, de constituer une dotation de cinquante mille francs « bloqués et même placés »...

Comment dire la durée ?

1962-1972 : dix ans.

10 congrès, 200 séances du comité directeur, 2 880 réunions du secrétariat. Pour chacun des quinze à vingt membres de Solidarité engagés à fond dans les activités, entre 15 000 et 30 000 appels téléphoniques donnés à partir des cabines publiques, et des milliers de rendez-vous forains. Pour tous, la multiplicité répétitive des tâches.

Un mouvement bougeait, évoluait, traversait victoires et défaites, parvenait éventuellement au pouvoir.

Solidarité assurait ses services et enseignait immuablement l'abécédaire de la clandestinité.

Dix ans : 1962-1972.

Jehan de Wangen lâcha en 1971. Cela faisait treize ans qu'il était le militant le plus proche d'Henri. Il avait pour lui une profonde affection tout en le maintenant à l'écart des heurs et malheurs de sa vie privée. Leur accord politique était total. Les rares divergences avaient toujours été résolues par une discussion. En treize ans, pas un mouvement d'humeur, pas une de ces brouilles, même légères, presque inévitables dans le frotti-frotta quotidien. Jehan partait à cause d'une conjonction de problèmes personnels. Il partait surtout par besoin irrépressible d'une nouvelle respiration. Treize ans à vérifier si l'on est suivi ou non, à attendre devant des cabines téléphoniques occupées, à faire trois fois le tour du pâté de maisons, conformément aux règles, avant de pénétrer dans l'immeuble où se tient une réunion ou un rendez-vous (Elia Perroy : « C'est fou ce qu'on a pu trottiner pour respecter la sécurité. ») Jehan était entré en clandestinité avec le réseau de soutien au FLN. Les risques étaient réels, même s'il n'y allait pas de la vie. Enfin c'était la guerre. Elle justifiait les mille et une contraintes de la clandestinité. Il est plus difficile de s'astreindre à pareille discipline quand les risques sont pratiquement inexistants et que le contexte social invite au contraire à la libération de toute entrave.

Il ne trouva pas la force d'annoncer lui-même son départ à Henri ; ce fut son frère qui s'en chargea. Jehan sut qu'Henri avait été éprouvé. C'est au-dessous de la vérité. Mais au comité directeur suivant, quand il fit officiellement part de sa décision, Henri ne broncha pas, ne souffla mot. C'était sa manière. Jehan l'avait vu cent fois réagir avec une dureté d'apparatchik dont il se recouvrait comme d'une cuirasse. Il partit pour les Cévennes sans avoir eu un mot d'explication avec lui.

L'un des deux piliers de Solidarité s'effondrait. Jehan de Wangen, responsable des liens avec les mouvements, alliait une vaste expérience à une intelligence rapide, précise, concrète. Grâce à lui, hurluberlus et émissaires suspects étaient écartés avant que d'encombrer l'ordre du jour du comité directeur. Les militants appréciaient son ouverture et son réalisme. Il ne promettait rien qui ne pût être tenu. Il eut des successeurs mais ne fut pas remplacé. Avec lui, Henri pouvait s'abstenir de rencontrer les mouvements ; il n'avait de contact qu'en cas de problème grave, et au plus haut niveau. Après lui, il dut aller au charbon, tester les émissaires. Ce n'était pas son fort. Il avait ses engouements.

Si Jehan de Wangen partait après treize ans de travail acharné, un nombre considérable de membres lâchaient après une ou deux années d'activité, voire quelques mois : le « turn over », comme on disait au congrès au risque d'irriter les mânes d'André Marty, était la plaie de Solidarité. Dix à quinze pour cent de membres perdus chaque année. Gerold de Wangen : « Solidarité a été une mangeuse d'hommes. » Le rapport d'Henri Curiel au congrès de 1968 analysait le phénomène : « Ces personnes nous ont quittés pour les raisons les plus variées. Parce que nous en faisions trop, parce que nous n'en faisions pas assez, parce que nous les négligions, parce que nous les accablions, parce qu'elles changeaient, parce que nous changions, parce que nous allions à leur gré trop lentement ou trop vite — surtout parce que la vie les éloignait... » Avec son habituel optimisme, il concluait : « Nous sommes convaincus que tous ceux qui ont travaillé avec nous n'ont pas, une fois les liens défaits, renié leur engagement d'aider les mouvements de libération nationale, et que beaucoup d'entre eux doivent continuer à le faire... Nul doute que d'avoir participé à nos activités les a enrichis. » C'était vrai. Les centaines d'adhérents passés par Solidarité avaient acquis une connaissance sensible des problèmes du tiers-monde dont l'emploi se retrouverait tôt ou tard. L'organisation contribuait à créer un vivier où beaucoup d'actions publiques en faveur de tel ou tel mouvement gagneraient leur plus ferme soutien. Mais c'était faire contre mauvaise fortune bon cœur. L'hémorragie incessante d'adhérents était en soi une malédiction. Si les effectifs restaient à peu près constants (une centaine de membres actifs) l'arrivée annuelle d'une nouvelle fournée d'adhérents obligeait à les tester et à leur apprendre ce qu'ils devraient à leur tour enseigner.

Beaucoup partaient parce qu'ils n'avaient rien à faire, ou trop peu. Dans l'enthousiasme des débuts, plusieurs antennes provinciales avaient été mises sur pied. Celle de Toulouse avait eu ses malheurs. Les autres s'étaient dissoutes après qu'on eut vainement cherché à quoi les employer. Paris, centre de tout, monopolisait les liaisons, les moyens techniques, les stages. Un groupe très actif, fort d'une quarantaine de membres, subsistait à Genève ; un autre à Bruxelles.

Puis des militants se lassaient d'être utilisés à des tâches pontuelles dont les tenants et aboutissants leur restaient obscurs. La cohérence des décisions n'apparaissait que si l'on faisait partie du secrétariat ou du comité directeur. Le congrès éclairait, mais on pouvait avoir manqué le congrès. La succession d'ordres et de contrordres finissait par déconcerter. Certains avaient le sentiment d'être manipulés ;

d'autres, l'impression d'agir en enfants perdus. Une adhérente remarquable, fille d'ancien ministre, sœur de futur ministre, est envoyée seule en Espagne pour récupérer une Portugaise dont le mari écrivain croupit dans les geôles de Salazar et qui va franchir clandestinement la frontière espagnole ; elle doit la présenter à l'ambassadeur d'Algérie à Madrid, qui la mettra dans un avion pour l'Italie. L'ambassadeur propose une promenade en attendant la réfugiée, gare sa voiture dans un bois et tente de violer un peu la jeune femme. Il la punit de sa résistance en la laissant rentrer à pied à Madrid. Lorsque la réfugiée arrive, l'émissaire de Solidarité doit se transformer en duègne pour lui épargner pareille mésaventure. On a beau y croire, cela refroidit. Une mission à Londres pour rencontrer des Sud-Africains. Solidarité imprime leur journal sur papier bible. Elle cerne mal ces militants. D'autres se plaignent de fournitures promises et non assurées. Elle a l'impression que les mouvements prosoviétiques sont favorisés, ce qui lui déplaît. Elle aime bien Curiel mais ne le voit qu'au congrès. Elle redoute qu'on se serve de son nom. Elle s'esquive sur la pointe des pieds.

Les deux membres du parti communiste engagés dans le soutien aux maos espagnols perdent le contact après l'arrestation du passeur de Solidarité. On ne leur demande plus rien. Ils ignorent encore pourquoi.

Certains sont débordés par l'avalanche des besognes ; d'autres ont l'impression démobilisatrice de travailler dans le vide. Les filières de passage héritées du réseau de soutien fonctionnent à dix pour cent de leurs capacités. Un jeune militant, influencé peut-être par la lecture de Jan Valtin et la découverte de ce qu'avaient fait pour le Komintern le génial Wollweber et son Internationale des gens de mer, se consacre à l'organisation de liaisons maritimes. Des sympathisants syndicalistes de haut niveau fournissent le tableau des mouvements de navires et donnent de précieuses introductions auprès des officiers de bord. Les accords nécessaires sont obtenus. Cela pourrait marcher. Cela ne marche pas faute de matériel à enfourner dans cette belle machine. L'ANC l'utilise quelque peu. Un an de travail pour rien, ou presque.

Un malaise chronique tenait à la hiérarchie involontaire mais bien réelle des tâches. Les adhérents chargés des liens avaient la meilleure part. Ils rencontraient de nombreux militants, souvent des responsables importants, connaissaient les mouvements, vibraient à leurs espoirs, partageaient leurs déceptions. Ils avaient l'impression justifiée de vivre à l'unisson d'une lutte mondiale. L'adhérente qui expédiait le dîner de ses enfants pour aller donner dans une lointaine banlieue un cours d'écriture sympathique à des étrangers anonymes

460

était exposée à des pannes de militance. Les logeurs étaient souvent à la peine, rarement à l'honneur, tandis que les spécialistes des faux papiers travaillaient dans l'angoisse exaltante de savoir que des vies étaient suspendues à la qualité de leurs fournitures. Les membres désignés pour abriter un central téléphonique ou une boîte à lettres servant aux liaisons avec l'outre-mer avaient le sentiment déprimant que leur téléphone ou leur boîte militaient à leur place. Le cloisonnement obligé enfermait chacun dans la monotonie répétitive des tâches : c'était à la longue asphyxiant.

Le malaise fut tel que le secrétariat décida d'y remédier par la création de groupes polyvalents, le sacro-saint cloisonnement dût-il en souffrir. Un bureau de coordination se réunissait chaque semaine pour répartir le travail entre les groupes ; ceux-ci l'exécutaient en s'efforçant de varier les responsabilités de chacun. Grogne des spécialistes des faux papiers : ils ne veulent pas sortir de leur tour d'ivoire pour perdre leur temps avec des polyvalents incapables de produire un passeport convenable ; on les laisse à part. Le système fonctionne malgré un certain cafouillage au niveau du bureau de coordination. Il dure trois ans, quatre ans, puis l'on revient insensiblement à la spécialisation si commode mais qui ressuscite l'ennui mortel de la monotonie...

L'événement extérieur avait enfin ses répercussions.

Mai 68 fit des dégâts. Henri en fut le spectateur passionné. Il avait trop d'expérience pour croire un seul instant que c'était la révolution. Il était assez sensible au fond de l'air pour pressentir que c'était une révolution. La société française ne serait plus la même.

Solidarité ne fut plus tout à fait la même. Les jeunes adhéraient souvent faute de trouver en France une espérance et un champ d'action. La gauche au bois dormant regardait régner de Gaulle. Tout semblait établi. Alain Peyrefitte déclarait : « Si nous ne faisons pas de bêtises, nous sommes au pouvoir pour cinquante ans. » Pourquoi pas ? L'éclat de rire de mai fissura la muraille, dissipa les certitudes. L'avenir redevenait d'actualité. Du coup, la perspective de rédiger des adresses pour les textes d'un mouvement exotique perdait de ses couleurs (c'était l'une des tâches ennuyeuses dont écopaient les nouveaux membres). Le renouveau de militantisme dans les organisations gauchistes comme dans les partis de gauche traditionnels écorna le recrutement de Solidarité. La vieille garde fatiguait ; la jeune classe venait moins. L'hystérie policière du nouveau ministre de l'Intérieur,

461

Raymond Marcellin, contraignit d'ailleurs l'organisation à revenir sur l'une de ses constantes. La double ou triple appartenance était non seulement tolérée mais souhaitée ; rares étaient les membres qui ne militaient pas dans un parti, un syndicat ou une association quelconque. Avec un Marcellin déchaîné contre le gauchisme, invoquant à chaque instant le complot international et les chefs d'orchestre clandestins, la fréquentation de la mouvance gauchiste devenait périlleuse pour Solidarité et pour cette mouvance même. On prit ses distances.

Les distances étaient déjà prises avec le groupe Liberté mais le printemps 68 régla le problème en délivrant au groupe son acte de décès. L'une des grandes frustrations de Solidarité était le Viêt-nam. Le mouvement que les membres de l'organisation eussent souhaité d'appuyer à l'unanimité était assurément le FLN vietnamien. Mais il s'aidait fort bien tout seul et disposait au besoin de protecteurs plus proches et autrement plus puissants que la lointaine et petiote Solidarité. Les désertions de soldats américains cantonnés en Allemagne furent l'occasion d'une aide indirecte. Ils arrivaient en France démunis de tout ; beaucoup de leurs camarades hésitaient à partir faute d'avoir l'assurance de franchir la frontière franco-allemande. Solidarité suscita un groupe autonome pour les prendre en charge. Son dirigeant, Antoine Griset, jeune homme très doué, était un ancien du réseau de soutien et du MAF. Sollicité par Henri Curiel, qui l'estimait fort, d'entrer à Solidarité, il avait refusé, préférant militer dans les organisations d'étudiants. Sa situation et ses qualités en faisaient l'homme adéquat pour trouver parmi les étudiants, très sensibilisés au Viêt-nam, des forces qui épargneraient d'autant celles de Solidarité. Liberté était un iceberg. La partie visible s'occupait d'obtenir permis de séjour et de travail, hébergements, emplois ; elle inspirait des campagnes de soutien et diffusait un matériel justifiant les désertions. La partie officieuse assurait le passage de la frontière et réglait les problèmes de sécurité. Des contacts permanents existaient avec les groupes homologues d'Allemagne, de Suède et du Canada, ainsi qu'avec le SDS américain. Groupe autonome, Liberté était cependant représentée au comité directeur de Solidarité par Antoine Griset. Il en prit une impression favorable : « On y traitait à la fois de problèmes d'orientation et de problèmes très concrets. Il n'y avait aucune mégalomanie. Personne ne jouait à faire la révolution. Et une très grande transparence. La manipulation était exclue. »

Liberté assuma si bien ses responsabilités que son autonomie de principe vira à l'indépendance de fait. Elle avait à sa tête, outre Griset, quelques jeunes gens dont les carrières ultérieures démontreraient la capacité à dominer des situations complexes. Ils pouvaient se passer de chaperon. Le chaperon Curiel prit très mal la chose. Son comité directeur exigeait un contrôle rigoureux d'une activité grosse de provocations policières et d'incidents diplomatiques. Tous les déserteurs n'étaient point des idéalistes. Le pasteur Rognon garde un souvenir horrifié de quelques cow-boys désinvoltes arrivant à Paris au volant de leur camion militaire pour échapper à une sanction disciplinaire. Lors d'une réunion tumultueuse, les jeunes gens de Liberté refusèrent de communiquer aux sages de Solidarité la liste de leurs adhérents. Cette liste leur fut alors récitée à peu près dans sa totalité, ce qui les irrita beaucoup. La rupture fut consommée. Puis Liberté se liquéfia au soleil de Mai 68, ses militants s'engageant à fond dans l'action politique, dont certains émergeraient dix ans plus tard pour donner à la presse française quelques-unes de ses plus brillantes signatures.

Liberté ne relevait pas exactement de ce qu'on nommait à Solidarité le « travail démocratique » ou le « travail extérieur ». L'idée était née de l'expérience dominicaine. L'opération consistant à amener en Europe plusieurs dizaines de mutilés avait exigé l'intervention d'organismes officiels et d'associations humanitaires puissantes. Pourquoi ne pas épargner les forces de Solidarité en ayant recours à de pareils relais chaque fois qu'il était possible ? Avec ses pasteurs protestants, ses prêtres catholiques, ses syndicalistes et autres membres d'associations diverses, l'organisation disposait d'un incomparable clavier humain. Elle n'en joua que pour des causes « ouvertes » excluant un dérapage incontrôlé. Ainsi les militants arrivés malades en France trouvaient-ils un réseau médical susceptible de les prendre en charge. Plusieurs dizaines en profitèrent, dont certains souffraient d'affections graves. Le cas échéant, une équipe de médecins pouvait partir dans les meilleurs délais pour n'importe quelle région du monde. Les médicaments les plus divers étaient acheminés vers les mouvements. Un résistant grec reçut de la sorte, des années durant, un remède très rare qu'il ne pouvait se procurer dans son pays pour des raisons de sécurité. Pour les réfugiés, un autre groupe résolvait les problèmes administratifs et s'occupait de trouver des emplois. Les associations de juristes étaient sollicitées d'intervenir dans les cas litigieux. Plus proches du politique, l'impulsion de comités de soutien aux prisonniers, le lancement de campagnes de signatures, la mobilisation de l'opinion publique pour sauver des militants menacés. L'aide à l'UPC camerounaise relevait de la seule Solidarité : la campagne pour sauver la vie de son chef, Ernest Ouandié, ressortissait au « travail extérieur », c'est-à-dire à un large éventail de personnalités, d'organismes et d'associations. Toujours à mi-chemin entre le politique et l'humanitaire, l'initiation des mouvements aux grandes machines internationales et leur affiliation à des organismes tels que la Croix-Rouge ou le Croissant-Rouge. Tout à fait politique mais aussi « ouvert » : la présentation de dirigeants de mouvements aux partis de la gauche non communiste et aux syndicats, CGT incluse.

Si nous prenons pour référence l'année 1970, nous constatons que Solidarité a impulsé deux comités de soutien à des prisonniers politiques, accueilli et pris en charge onze réfugiés haïtiens chassés des Bahamas, soigné deux militants séjournant à Paris, régularisé la situation administrative de trois autres, obtenu divers certificats indispensables, envoyé une tonne de médicaments à la ZAPU rhodésienne, des remèdes et des vêtements au FDK du Kurdistan, des sérums et vaccins aux FAR guatémaltèques, aidé à la création du Zimbabwe Welfare Trustee en liaison avec la Croix-Rouge internationale, rédigé six études destinées à éclairer l'opinion publique sur la situation de pays où se déroulait une lutte de libération nationale, composé trois revues de presse dans le même but, fait publier dans des journaux sympathisants mais non politiques une quinzaine d'articles rédigés à partir d'informations fournies par les mouvements. C'était, s'agissant du « travail extérieur », une année moyenne.

Travail délicat mais autrement plus passionnant que la prestation de services routiniers ou les stages de formation. Supervisé par Henri Curiel, coordonné par Gerold de Wangen, il nécessitait du doigté. Solidarité devait rester dans l'ombre, non point par volonté manipulatrice, mais pour préserver ses propres activités clandestines. Le choix de l'interlocuteur était essentiel. Il devait être assez intelligent pour comprendre à demi-mot ce qui devait l'être, suffisamment discret pour ne pas poser les questions superflues. Si la référence à « un groupe d'amis » ne bornait pas sa curiosité, les contacts étaient rompus sans tambours ni trompettes. La réussite s'accompagnait du plaisir délicieux de voir s'épanouir dans l'opinion publique, répercutée par de puissants relais, une campagne décidée dans l'intimité du comité directeur. Petits dividendes de la clandestinité. Mais on peut faire l'inventaire des initiatives ainsi impulsées par Solidarité : on n'en trouvera pas une dont les protagonistes extérieurs, peut-être surpris d'apprendre qu'elle était née du côté de Curiel, eussent remis en question leur participation. Si le point de départ restait nébuleux, la cause ne comportait aucune ambiguïté.

Henri Curiel le répétait à ses gens et aux militants : la clandestinité est une contrainte dont il faut faire l'économie autant qu'il est possible. L'Association médicale franco-vietnamienne fut en partie créée par les anciens de l'opération Saint-Domingue. Avec la Cimade, la Ligue des droits de l'homme, le Mouvement de la paix et autres organisations humanitaires, elle envoya des tonnes de médicaments aux hôpitaux vietnamiens. L'Appel fut fondé par un membre de Solidarité pour porter secours aux enfants vietnamiens victimes de la guerre ; ils étaient évacués sur la France et pris en charge par des familles françaises. France-Terre d'asile naquit de Solidarité et se consacra à l'accueil des réfugiés sans distinction d'aucune sorte, consacrant autant d'efforts aux Chiliens fuyant Pinochet qu'aux boat-people vietnamiens.

Cette floraison exprimait la vitalité de Solidarité. Elle trahissait aussi une certaine asphyxie, le besoin pour ses membres de trouver, comme Jehan de Wangen, une autre respiration. Lorsque Jehan reviendra d'une retraite de deux ans dans les Cévennes, il ne reprendra pas sa place dans l'organisation mais travaillera à France-Terre d'asile : la clandestinité, c'est fini. Son frère Gerold finira lui aussi par se consacrer à la direction de France-Terre d'asile. « Dix ans ça suffit ! » hurlait la jeunesse soixante-huitarde. « Dix ans c'est bien long... », soupire-t-on à Solidarité. En 1972, l'essoufflement est manifeste. Ça traîne les pieds.

Dix ans à se frotter le lard, comme disait un grand éditeur dont ce n'était pas le vocabulaire habituel, mais l'expression colle à la triviale réalité. Oppositions et antagonismes de caractère finissent par s'exaspérer. On se supporte moins bien, ou plus du tout. La vie en vase clos secrète du délétère.

On s'en voudrait de faire le cuistre en jouant les Clausewitz de la guerre clandestine mais il faudra bien un jour analyser cette proposition apparemment déraisonnable : que la répression est peut-être indispensable à une organisation opérant dans la clandestinité (non pas à un réseau de renseignement, dont les agents n'ont que des contacts rares et fugitifs : à une organisation assez nombreuse pour former une micro-société). Trop de répression écrase. Un peu de répression purge les humeurs peccantes, assoupit les querelles, rétablit l'harmonie. Ça repart du bon pied. Cent exemples dans l'histoire de la Résistance. Le réseau Jeanson est traversé de zizanies à la veille des arrestations ; son chef est taxé par certains de mégaloma-nie ; on déballe le linge sale. La rafle de la DST creuse quelques vides mais les rescapés oublient comme par miracle leurs fortes raisons de n'en pouvoir plus et se remettent si bien au travail que le réseau redémarre avec une efficacité inégalée. A l'inverse, pendant la Résistance, quelques organisations se développant quiètement hors du regard de l'ennemi, atteignant une honorable vitesse de croisière, traçant une route paisible : on se dit que ces gens-là vont atteindre la Libération sans encombres... Pas du tout. L'organisation, qui eût peut-être encaissé sans trop broncher un méchant coup de Trafalgar, se paralyse par auto-intoxication. Combat des chefs ou taupinières caractérielles prises pour des montagnes : l'air confiné devient irrespirable. Désintégration par implosion. C'est bizarre.

Toujours est-il que lorsque Alain Bréjac, membre du comité directeur, découvre en 1972 la lettre adressée par le secrétariat à Moscou, Solidarité était mûre pour une crise majeure.

ANDRÉ

« Je suis né à Paris, dans le onzième, en 1934. Mon père est un juif polonais arrivé en France vers 1920. Il était casquettier. Son frère aîné était allé aux Etats-Unis, où il a fait fortune, et mon père l'aurait rejoint s'il n'avait pas rencontré et épousé ma mère. Elle était bonne à tout faire.

« J'ai donc vécu dans un milieu très humble jusqu'à la guerre de 39. A ce moment-là, mes parents se sont séparés. Mon père est parti dans le Midi. Je ne l'ai revu que longtemps après, et ce n'était plus pareil. Il y avait eu une rupture affective. C'est un homme qui parle avec un très fort accent et qui passe son temps à écouter la radio allemande. Il est fasciné par l'Allemagne.

« Ma mère et moi avons rejoint ma grand-mère maternelle en Sologne. Ma grand-mère était la servante-maîtresse d'un notable local, un gros marchand de bois. Il m'a pris en amitié. Je crois même qu'il m'a bien aimé. Grâce à lui, j'ai changé du jour au lendemain de statut. J'étais un notable. Il m'a fait beaucoup lire, comme lui ; il m'a initié au bricolage, comme lui. Mais j'étais dans le malaise à cause du changement de milieu. C'est devenu un malaise permanent. Je n'ai jamais très bien su quel était mon statut social.

« Nous sommes rentrés à Paris en 1944. Ma mère est devenue femme de ménage. Elle m'a fait apprendre le métier d'ajusteur. A l'école professionnelle, j'étais " le juif " de l'atelier alors que j'étais pourtant catholique. Et j'avais compris que les classes sociales existaient. J'ai été un mauvais ajusteur. A quinze ans, muni de mon CAP, j'ai cherché à entrer à la SNECMA : on débauchait. J'ai décidé d'entrer dans l'armée. Trois ans à l'Ecole des apprentis mécaniciens de Rochefort — ce n'était pas très gai — et ensuite Villacoublay, où j'étais sergent-chef instructeur de mécanique.

« A dix-huit ans, j'ai rencontré ma future femme dans le train de Besançon, où j'allais passer trois jours de perme chez un copain. Elle avait vingt-deux ans. Son père était un général de l'armée de l'Air très bourgeois, très réactionnaire. Et moi : à moitié juif, ouvrier, parents divorcés... Je revois encore ma pauvre mère assise chez eux du bout des fesses... Nous sommes restés fiancés trois ans avant de nous marier.

« En 1955, j'ai été envoyé en Algérie, à Maison-Blanche. Je ne peux pas dire que j'aie éprouvé un choc — je n'étais pas politisé — mais j'étais quand même perplexe. On ne menait pas une guerre juste. Ça n'allait pas. J'ai quitté l'armée sans histoire, d'un commun accord. J'ai travaillé dans une société vendant du matériel de photocopie et de photographie avant de m'installer comme artisan dans une arrière-cour de dix mètres carrés. Je faisais du tirage de plans mais j'ai surtout été l'un des premiers à Paris à me lancer dans le microfilm. Mon affaire a démarré avec le microfilm.

« J'ai compris Mai 68. Je me suis mis à lire beaucoup, avec pour la première fois une vision politique des choses. En 70, j'ai divorcé. Nous avions deux enfants. Et ma mère meurt. Elle ne trouvait plus de travail, elle perdait un peu la tête. Mon père continuait à bien s'en occuper malgré leur séparation si ancienne. Un jour, je vais la voir. Elle venait de donner ses oiseaux et ses plantes. Je n'ai pas compris. Je suis parti en week-end avec des amis. Quand je suis revenu, elle s'était suicidée. J'ai beaucoup culpabilisé. Je me suis dit aussi qu'elle était morte à cause des conditions faites aux vieux travailleurs.

« C'est à ce moment-là que j'ai décidé de militer. J'ai cherché ce qui se faisait dans mon quartier, et je suis tombé par hasard sur la Gauche prolétarienne. On a utilisé mes compétences pour la ronéo. Un copain très politisé a fait mon éducation politique en me parlant de Marx et de Mao. J'étais très intéressé par la révolution chinoise. D'un autre côté, j'étais affolé par le sectarisme de la Gauche prolétarienne, l'autoritarisme. J'ai fait partie quelques mois des NRP (Noyaux de résistance populaire) où se préparaient des choses qui m'ont effrayé. J'ai préféré décrocher. Il était tout juste temps…

« J'avais une liaison avec une femme qui me dit : " Tu fais des faux papiers pour les NRP : je connais des gens que ça intéresse. " — " Mais je ne suis qu'un débutant. J'ai tout à apprendre. " — " Tu pourrais sauver des vies de militants. " — " Laisse-moi réfléchir. " Je n'avais pas plaqué les NRP pour me balancer dans n'importe quoi. Mais elle revient à la charge quand je lui dis que je vais partir au Pérou et en Bolivie pour un reportage photo. C'était une commande d'agence à destination du *Nouvel Observateur*. C'est finalement tombé à l'eau mais j'avais reçu une avance. Elle me dit : " Nous connaissons une femme à La Paz qui est sans nouvelles de son mari parce qu'il s'est évadé de prison. Acceptes-tu de lui porter une lettre ? " J'ai voulu en savoir plus sur cette mystérieuse organisation. Je redoutais l'activisme. Je lui ai demandé : " Est-ce toi qui décides ? " Elle m'a répondu : " Tu devrais rencontrer un vieux monsieur. "

« Le rendez-vous était chez des bonnes sœurs ; dans une banlieue. Il est arrivé pile à l'heure. Je me suis dit : " C'est un militant. " Un vieux monsieur habillé d'un complet gris élimé avec des yeux très pétillants, malicieux. Une grande courtoisie. J'ai senti l'homme de classe, l'homme d'une certaine naissance, même si ces expressions ne sont pas vraiment dans mon langage. Tout de suite, ça va marcher, nous deux. Au premier regard, une chaleur de contact. Une amitié profonde. Il m'a dit plus tard : " Je t'ai tout de suite beaucoup aimé. " Il a eu des amitiés très fortes avec des personnages un peu bizarres comme moi. Je l'ai tutoyé. J'étais habillé négligé, vieux jean crasseux, le côté prolo de la Gauche prolétarienne ; à l'époque, j'y croyais vachement. Il m'a dit : " Tu es gauchiste, maoïste. Moi, je suis un communiste orthodoxe, un stalinien. On ne va pas commencer à discuter parce qu'on n'aboutira à rien. Voilà ce que nous faisons : l'aide aux mouvements du tiers-monde, petits ou grands, sans aucune distinction idéologique. Tu pourras donner tes opinions aux militants. Je n'y vois aucun inconvénient. C'est toujours mieux que rien — en tout cas mieux que ce qu'ils ont dans la tête. " Je dois dire que j'ai été soufflé par cette franchise. Il m'a plu aussi quand il a parlé de l'activisme, des dangers de l'activisme. Je sortais d'en prendre. Il vomissait littéralement le terrorisme. Il ne croyait qu'au mouvement de masse. Il m'a expliqué longuement Solidarité et il est passé au concret : " On me dit que tu es un spécialiste des faux papiers. — Oh ! tu sais, c'est un grand mot. J'apprends... " Il m'a demandé de m'y mettre sérieusement. En attendant, on a cherché quels services je pouvais rendre et on s'est mis d'accord sur un cours de photographie. Je suis mauvais photographe mais je possède bien la technique.

« Mon premier cours, je n'étais pas trop fier. C'était au fond d'une banlieue. J'avais six Grecs en face de moi. J'ai expliqué ce qu'est un appareil photo, un film, comment photographier au télé objectif, comment dissimuler un appareil dans une cache, dans un ventilateur — des idées nouvelles me venaient pendant que je parlais. Quelques jours plus tard, un type vient me voir, très gentleman, très vieille France, qui me dit que le cours a beaucoup plu aux Grecs. Henri aussi a téléphoné pour me féliciter. J'ai donné un cours d'électricité et, par la suite, j'ai dirigé le groupe " bâtiment " qui s'occupait des serrures et des caches. J'ai rencontré beaucoup d'architectes et de maçons pour étudier avec eux comment aménager des caches dans une maison.

« Quatre mois plus tard, quand le moment est venu de partir en Amérique du Sud, j'avais fait de gros progrès dans le domaine des faux papiers. Mon métier m'y prédisposait. Henri m'a demandé de passer la technique aux Péruviens. C'est comme ça que je me suis retrouvé en route via les Etats-Unis avec des tas de bouteilles d'acide dans mon sac. Les bagagistes m'en ont cassé pas mal mais je n'ai eu aucun problème avec la douane. A Lima, j'avais un contact avec un certain Roberto, Argentin replié au Pérou. C'était le beau-frère de Che Guevara. Je lui téléphone. Il me donne rendez-vous dans un quartier. J'y vais, parfaitement détendu. Je venais de France. Je ne me rendais pas compte. Au café, Roberto me dit très vite : " Attendez-moi à l'arrêt du bus de la calle... " — j'ai oublié le nom. J'y vais, toujours tranquille. Une voiture s'arrête, deux types en bondissent, me poussent à l'intérieur et me bandent les yeux. Là, j'ai commencé à avoir le cœur battant. On a tourné un bon bout de temps avant de retrouver Roberto au quatrième étage d'un immeuble. J'ai donné mon premier cours de faux papiers. C'était extraordinaire. Il y avait cinq types très gentils, des métis, mineurs syndicalistes. Ils ne parlaient pas français, ni moi espagnol, c'est Roberto qui traduisait. Ils écoutaient, ils regardaient... j'avais l'impression d'être le messie. J'ai compris Solidarité dans cet appartement. Avec du matériel sophistiqué, il est très facile de fabriquer des faux papiers. L'important, c'est d'apprendre à en faire à des gens sachant à peine lire et écrire, et démunis de moyens techniques.

« Roberto m'a mis en garde à propos de la Bolivie, où je devais remettre la lettre à cette femme de militant. Il m'a conseillé d'être très prudent parce que la répression était féroce. C'est à La Paz que j'ai découvert ce qu'est le tiers-monde. J'avais visité un bidonville à Lima, j'avais vu vendre l'eau potable, j'avais trouvé une misère terrible, avec une mortalité infantile tuant plus d'un enfant sur deux, mais à La Paz, j'ai vu dans la rue des gosses mourir de faim devant moi. A l'ambassade de France, on m'a conseillé la prudence : " Ici, la vie ne compte pas. " Je suis allé dans le quartier où habitait cette femme, le quartier Miraflores, très chic. Il me semblait que tout le monde me regardait. Je n'ai pas osé remettre la lettre. Henri m'a dit que j'avais eu raison.

« Je suis rentré à Paris décidé à faire quelque chose pour le tiers-monde. Je ne savais pas qu'une telle misère pouvait exister. J'ai raconté à Henri le choc que j'avais reçu. Il m'a écouté avec plus que de l'attention : de la passion. L'entente entre nous est devenue complète. Et moi, je me suis lancé dans le travail à corps perdu.

« J'étais responsable des faux papiers. En arrivant, j'ai trouvé un mode de fonctionnement artisanal. Il fallait une nuit entière pour faire l'empreinte d'un tampon. J'ai introduit la fabrication à Solidarité. Simple question de moyens techniques. Je les avais. Nous avons pu passer du maquillage artistique d'un passeport à la fabrication des faux papiers par dizaines à la fois. Une demande de cinq cents passeports intérieurs pour les militants de l'ANC ne posait plus de problème.

« C'est après la crise de la fameuse lettre à Moscou que je me suis beaucoup rapproché d'Henri et que je suis entré au comité directeur. »

Agé de vingt-sept ans en 1972, Alain Bréjac est un ancien de Solidarité où il milite depuis dix ans. Membre du parti communiste, responsable à l'Union des étudiants communistes, il a, certaine nuit de mai 68, fait la navette entre une réunion du comité directeur et les barricades du quartier Latin. Il travaille aux liens avec Jehan de Wangen, continue après son départ, et s'occupe du « travail extérieur » sous la direction de Gerold. Un garçon très actif. Vif, sympathique, efficace, il est l'un des hommes clés de l'organisation. Sur Curiel : « Je l'ai rencontré des centaines de fois. Mais justement : je le voyais trop fonctionner, manipuler. Il avait un don pour s'immiscer dans la vie des gens et la modifier. Il pensait que son contact devait modifier les gens. Moi, je ne me cherchais pas un papa. Il avait deviné que j'avais compris son truc et que je n'étais pas preneur. On s'est côtoyés, observés mais aucun désir de liens profonds de sa part ni de la mienne. Or, il n'y avait pas d'autre type de relation possible avec lui. Il fallait l'aimer. Et il fallait que cet amour place dans une situation de dépendance. Les frères Wangen l'ont compris et ont servi d'écran. Pas seulement pour moi. Cela dit, ses relations avec les autres me fascinaient. J'ai été fasciné par lui pendant dix ans. Mon plaisir le plus grand, c'était de le voir discuter avec un chrétien. Je l'ai compris, admiré. Aimé ? Je ne crois pas. C'est difficile. »

Henri Curiel a de son côté des réticences envers Bréjac. Il a mis Gerold en garde contre lui. D'ordinaire, ce sont les frères Wangen qui retiennent Henri par les basques.

Alain est en charge depuis 1971 de la gestion des archives et du service de documentation. En octobre 1972, compulsant le dossier des liens avec les gouvernements étrangers, il tombe sur la copie d'une lettre envoyée à Moscou par porteur (un ami égyptien d'Henri Curiel faisait là-bas un voyage). Datée de 1969, elle commence par un « Très chers et très honorés camarades » qui fleure bon sa Troisième Internationale. En quinze lignes, elle assure les camarades du parti communiste d'Union soviétique des sentiments de fidélité de Solidarité, indique que ses activités s'inscrivent dans la ligne glorieuse du PCUS et suggère une collaboration. Elle est signée « le secrétariat ». Alain Bréjac s'étonne car Gerold de Wangen et sa femme Sylviane, membres du secrétariat, ne passent pas pour des partisans résolus de l'Union soviétique. Sur la forme, il trouve ridicule le ton pompeux, carrément démodé de la missive. Sur le fond, il est époustouflé. Le comité directeur n'a pas été informé. Pourquoi ? C'est d'autant plus ahurissant que Bréjac, qui en est membre, se rappelle fort bien que des prises de contact beaucoup plus délicates lui ont été soumises, et qu'il les a approuvées.

Engagée dans un combat à l'échelle mondiale, Solidarité devait forcément croiser sur son chemin les services secrets et agents plus ou moins officieux de divers Etats. Aucune timidité n'existait à cet égard. Si Henri Curiel ne voyait qu'avantages à ce qu'un mouvement angolais bénéficiât de l'aide américaine dans sa lutte de libération nationale, ce n'était pas pour récuser avec horreur des appuis venant de l'autre bord.

Il s'était rendu avec Gerold de Wangen à l'ambassade chinoise en Suisse pour évoquer la possibilité d'un soutien aux nombreux mouvements maos aidés par Solidarité. Les camarades chinois n'avaient pas donné suite.

A chacun de ses voyages en Algérie, Henri ne manquait pas de rencontrer l'ambassadeur de Cuba, personnage séduisant avec lequel il avait établi des relations de réelle amitié. L'homme était proche de Guevara. Les liens avec Cuba s'étaient approfondis en 1965 lors de la préparation de la Tricontinentale. L'échec de l'entreprise ne les avait pas interrompus. Il était du reste impossible d'agir en Amérique du Sud sans croiser les Cubains. Une fructueuse collaboration semblait devoir s'instaurer, même si Henri Curiel ne croyait guère à l'avenir des entreprises guévaristes. Mais les services cubains agirent avec Solidarité comme Solidarité devait agir par la suite avec Liberté : ils exigèrent un strict contrôle et commencèrent par demander la liste complète de ses membres. N'importe quel service eût agi de la sorte. Un service engageant par ses actions la responsabilité de son gouvernement ne peut en aucun cas entrer dans une collaboration régulière avec une organisation qu'il ne contrôle pas. Les risques sont trop grands. Solidarité, canard sauvage égaré dans la basse-cour des services orthodoxes, justifiait des précautions exceptionnelles. Elle soutenait des mouvements sentant le soufre. A l'œil froid d'un technicien, elle devait être infiltrée (ces congrès ! ce comité direc-teur !) Première démarche avant la mise au pas : la liste des membres.

Le comité directeur, désarçonné, approuva la solution proposée par Henri Curiel. Blaise et quelques autres conservent un souvenir pittoresque de la longue nuit au cours de laquelle on fit apprendre par cœur à un volontaire la liste de patronymes qu'il irait réciter à La

473

Havane. Ils étaient tous inventés. Les camarades cubains ne furent pas dupes puisqu'un long silence s'ensuivit. Henri Curiel s'efforça de renouer. Avec l'accord du comité directeur, il confia à un membre de Solidarité invité à un congrès culturel à La Havane une lettre pour les services cubains. L'émissaire, jeune et brillante mathématicienne, déposa la missive chez le concierge du ministère de l'Intérieur. Elle reçut à son hôtel plusieurs coups de téléphone lui fixant des rendez-vous. Personne ne vint. Elle rencontra finalement un interlocuteur réticent. Il semblait très au fait des activités de Solidarité mais déclara que son service ne pouvait accorder aucune confiance à des gens qu'il ne contrôlait pas. Le seul résultat fut qu'un agent cubain rencontra Curiel à Paris. L'un et l'autre prirent acte de l'impossibilité de travailler ensemble.

Les Cubains n'en restèrent pas là. Selon la logique primaire d'un service, il n'est que des alliés et des adversaires. Solidarité aggravait son cas en soutenant en Amérique du Sud des mouvements hérétiques. Pendant dix ans, La Havane répandit les pires rumeurs sur l'organisation. Par exemple : Henri Curiel, agent des services français, communiquait aux polices locales les caractéristiques des faux papiers fournis aux militants. Le Tout-Paris procubain multipliait les mises en garde. La campagne ne fut pas sans effet sur les mouvements. Certains membres de Solidarité en furent eux-mêmes ébranlés. La DGR cubaine (Direction générale des renseignements) inscrivit Solidarité parmi ses objectifs prioritaires. Nous disposons de la déposition faite le 16 octobre 1969 par un transfuge des services cubains, Orlando Castro Hidalgo, devant une commission du Sénat américain. Le transfuge livre à la commission un document du quartier général de la DGR en date du 2 novembre 1967. Il s'agit d'un document de travail. Le sixième paragraphe dispose : « Organisation Curiel : A) Coordonner les actions contre cette organisation avec nos différentes sections et le service de surveillance du territoire (DSE). B) Tracer le plan de travail et effectuer les arrangements nécessaires pour ces opérations. C) Tirer au maximum avantage de toutes les possibilités d'obtention de renseignements sur cette organisation et le travail de ses agents à Cuba. »

Une annexe pour la section II-1 précise : « Organisation Curiel : A) Connaître et contrôler chaque fois qu'il est possible les relations des MLN avec Curiel. B) Analyser et coordonner les possibilités de pénétration de Curiel par l'intermédiaire des MLN. C) Maintenir et développer les opérations s'appuyant sur le premier point. »

Une seconde annexe pour la section II-2 ajoute : « Organisation Curiel : A) Coordonner avec la section II-3 pour avoir connaissance de la présence à Cuba des personnes appartenant à cette organisation. B) Appliquer contre Curiel les points prévus dans le plan de travail en effectuant, suivant chaque cas, les mises en place opérationnelles nécessaires. Concernant ces points, nous tiendrons compte des informations pouvant être obtenues par l'intermédiaire des responsables de l'organisation, des voyageurs en visite à Cuba, des colonies latino-américaine, espagnole et française à Cuba, en même temps que de l'exposition d'un plan de travail efficace pour tirer avantage des bourses que nous offre la France. »

Dernière annexe, à l'intention du MI : « Organisation Curiel : A) Coordonner avec la section L de façon à avoir un contrôle toujours plus grand des mouvements de cette organisation à Cuba. B) Coordonner avec le section L et procéder suivant le plan de travail contre cette organisation et ses activités à Cuba. C) Parvenir à un consensus sur notre travail contre l'organisation Curiel et coordonner les activités suivant le plan de travail. D) Coordonner avec la section K le travail de surveillance de la correspondance, des appels téléphoniques et autres contacts, suivant le plan de travail et l'action opérationnelle qui s'y rapportent. »

Dans ce plan de campagne résolument hostile, un détail étonnera le lecteur ignorant la paranoïa des services de sécurité : que la DGR ait pu croire à l'existence d' « agents » de Solidarité à Cuba. Inutile de dire que l'intention n'effleura même pas Curiel et ses amis. Le soupçon naquit sans doute de quelques voyages à Cuba d'anciens adhérents ou de membres encore actifs de Solidarité à l'occasion de festivals ou de congrès culturels. Puis la jeune et brillante mathématicienne qui avait servi d'émissaire était sympathisante de la révolution castriste : elle retourna à Cuba en 1969 et enseigna pendant deux ans à l'Université de La Havane. C'était témoigner d'une candeur propre à désarmer les soupçons. Mais la candeur n'existe pas pour un service secret. Elle n'est que le masque trompeur dont s'affublent les agents les plus redoutables. Nul doute que les équations de la belle Marianne furent étroitement surveillées.

Les camarades cubains, six ans après la mort d'Henri Curiel, persistent à croire qu'il était un agent du SDECE.

Quant aux camarades soviétiques, la lettre découverte par Alain Bréjac n'était certes pas la première tentative de prendre langue avec eux. Le camp socialiste, comme disait Curiel, pouvait apporter à un mouvement une aide si décisive qu'il eût été condamnable de ne pas la solliciter. Henri et ses amis tenaient en piètre estime la formation technique dispensée à l'Est. Les dirigeants de mouvements orthodoxes leur avaient parlé des stages organisés en Corée du Nord et en

Tchécoslovaquie, voire en Chine. Les militants y recevaient une formation exclusivement militaire se situant au niveau de chef de bataillon. Les blindés et l'artillerie n'étaient malheureusement pas fournis avec le billet de retour. Mais la simple reconnaissance par Moscou valait introduction sur la scène diplomatique et facilitait la prise en compte par les grandes institutions internationales disposant d'importants moyens (en 1976-1977, la SWAPO namibienne reçut cinq millions de nouveaux francs de l'ONU et de ses organisations satellites — Unesco, FAO, etc.).

Moscou observa un silence marmoréen. Henri nommait sans ambages l'étouffoir : Elie Mignot. Un contact fragile fut cependant établi par l'intermédiaire d'un membre de Solidarité installé hors de France. Il fut approché par un Soviétique qui eut la naïveté de lui demander de taire sa démarche à Henri Curiel. Le membre de Solidarité, fort d'une longue expérience militante, traça nettement les limites de l'épure : « Pas question d'un travail de renseignement au profit de l'URSS. Nous sommes en relation avec des mouvements que vous pourriez beaucoup aider. Le cas échéant, je vous dirai ce que sont ces mouvements, ce qu'ils représentent et, si vous le souhaitez et s'ils le souhaitent, je vous les présenterai. » Ainsi fut fait en quelques occasions. Mais le contact resta fugace, limité de par la position géographiquement excentrée du membre de l'organisation, d'un rendement bien inférieur à ce qu'attendait Henri Curiel de relations établies avec l'Union soviétique.

La lettre aux « très chers et très honorés camarades » resta sans réponse, à moins d'appeler réponse l'article signé du camarade Ivisiev et diffusé par la très officielle agence de presse Novosti le 7 avril 1981, trois ans après l'assassinat d'Henri, dont nous extrayons cet éclairant paragraphe : « Qui est Curiel ? C'est un grand commerçant juif, né en Egypte, qui s'est épanoui à l'époque de Farouk... Après la révolution de juillet 52 et le renversement de la royauté, Curiel s'est enfui d'Egypte de peur d'être interné à cause de ses activités prosionistes et hostiles à l'Egypte. Il s'est présenté ensuite comme un allié de la lutte de libération en Afrique et s'est introduit dans les milieux intéressés. Les renseignements qu'il recueillait étaient adressés aux services secrets israéliens et à la section de renseignement de l'Organisation sioniste mondiale qui, depuis le début, attachaient la plus grande importance aux questions africaines. »

A Alger, la rumeur publique faisait aussi d'Henri Curiel un agent sioniste. Mais les camarades des services algériens en savaient davantage que le petit peuple des ministères. Un soir, le chef de la Sécurité déclara devant un groupe d'amis que Curiel était un agent américain. « Je ne comprends pas ! s'exclama quelqu'un : l'un de tes adjoints m'a affirmé qu'il était un agent soviétique ! » — « C'est la même chose », trancha avec placidité le chef de la Sécurité.

Alain Bréjac, très ému, requiert une explication de Gerold de Wangen. Gerold, d'abord pris de court (la lettre date de trois ans), soupire : « Oui, je m'en souviens. On s'est dit : " On la signe : ça fera tellement plaisir à Henri... " » Bréjac ne l'entend pas de cette oreille : « Je lui ai répondu que la lettre posait une série de problèmes et que je voulais en discuter avec Henri. » Wangen n'y comprend rien. Quelle mouche pique Alain ? Pourquoi un vieux de la vieille de Solidarité, au fait de tous les liens noués depuis dix ans, prend-t-il feu et flamme à propos d'une lettre plus bête que méchante ? Et c'est un membre actif du parti communiste qui s'indigne (feint de s'indigner ?) alors que Gerold et sa femme, critiques envers l'URSS, ont signé une missive tirant si peu à conséquence qu'elle ne devait même pas recevoir de réponse... Lorsque Bréjac menace de quitter Solidarité — en précisant qu'il ne sera pas seul — s'il n'obtient pas une explication en tête à tête avec Henri Curiel, Gerold, n'apercevant aucune explication raisonnable, commence à penser qu'il y a là-dessous une conjuration...

Le mécanisme de la crise est en place.

« Le fond de la lettre me gênait moins que la forme, affirme Alain Bréjac. La forme était inacceptable. Ça ne passait pas. » On le comprend. Jeune homme d'action, il a approuvé les contacts les plus épineux s'ils pouvaient faciliter l'action. Le ton de dévotion sirupeuse de la lettre l'exaspère au plus haut point par ce qu'il exprime d'allégeance de principe. Si le climat n'était à la crise, l'affaire se réglerait en une brève et brutale séance d'explication comme le secrétariat ou le comité directeur en ont vu cinquante depuis dix ans, et la taupinière n'accoucherait pas d'un éléphant. Mais l'ambiance est délétère. « Le problème le plus grave était politique, continue Bréjac. Nous étions en octobre 1972, quelques mois après l'union de la gauche. Si cette lettre était découverte, elle pouvait être utilisée pour porter un coup aux forces de gauche, elle pouvait servir à discréditer les communistes. »

On voit mal comment Solidarité, petite organisation marginale, aurait pu compromettre l'union de la gauche française. Un scandale public l'eût fait ranger dans l'extrême gauche et Raymond Marcellin, ministre de l'Intérieur, aurait fait ses choux gras de très réels contacts avec les services cubains plutôt que d'une lettre assez tarte rédigée dans un style propre à faire sourire même un ancien du Komintern.

Sans doute l'organisation comptait-elle des membres du parti. Ils n'étaient pas plus nombreux au comité directeur que les pasteurs ou les prêtres. Leur présence à Solidarité restera inexplicable pour le lecteur se formant du parti communiste l'image d'un bloc monolithique. Il ne l'était certainement pas à la fin des années soixante. Elie Mignot — les témoignages sont unanimes — entrait en transes au seul énoncé du nom de Curiel. « Cet agent du Deuxième Bureau ! » criait-il dans un style aussi rétro que la lettre d'Henri. Fournial, qui suivait les affaires d'Amérique du Sud, marquait de compréhensibles réserves : il recevait les plaintes des mouvements orthodoxes sur l'aide apportée par Solidarité aux mouvements non alignés. A *L'Humanité,* l'organisation était évoquée avec des moues sceptiques. On se demandait d'où venait l'argent et les initiés murmuraient que pour disposer de si nombreux passeports, Curiel devait avoir un bon fournisseur. La cote de Solidarité était donc assez basse mais le fait est qu'aucune consigne formelle ne tomba jamais du sommet de la hiérarchie pour interdire aux communistes d'y adhérer. Volonté d'avoir un œil et une oreille dans l'organisation ? C'est évident. Leçon tirée des erreurs commises envers les « porteurs de valises » ? C'est plausible. Circonspection dans un moment où le parti faisait peau neuve et recrutait massivement dans une jeunesse soixante-huitarde proche de la sensibilité des gens de Curiel ? C'est à notre avis le plus vraisemblable. Toujours est-il qu'un ancien membre du comité central fit partie du comité directeur, ainsi qu'un ancien dirigeant de la CGT, et que plusieurs jeunes communistes appelés par la suite à d'importantes responsabilités dans le Parti travaillèrent avec Henri Curiel. Mais ils étaient l'objet d'une méfiance vigilante. Tant qu'ils étaient à Solidarité, leur ascension dans l'appareil restait bloquée. Si la proposition d'une responsabilité intéressante leur était faite, elle s'accompagnait d'une formule sibylline telle que : « Bien entendu, il faudra mettre tes affaires en ordre. » Cela signifiait le départ de Solidarité. Plusieurs membres furent sommés de choisir entre Curiel et le Parti. Une adhérente affligée d'un casier judiciaire pour cause de kleptomanie (elle proposa de donner un cours de fauche aux militants, suggestion que le comité directeur, emmené par ses ecclésiastiques toutes tendances confondues, repoussa avec fermeté) avait été néanmoins acceptée sans problème au Parti ; lorsque son responsable de cellule connut son appartenance à Solidarité, il lui déclara qu'elle ne recevrait de responsabilités qu' « à la condition de jurer de ne plus jamais rencontrer un seul membre de Solidarité »...

Alain Bréjac obtint son rendez-vous avec Curiel. Il proposa de s'y rendre en compagnie de l'ancien dirigeant de la CGT : « Ainsi, dit-il, nous nous expliquerons entre communistes. » Ils retrouvèrent au lieu dit Henri, Gerold et Sylviane de Wangen. Les Wangen restèrent absolument silencieux. Bréjac et l'ancien syndicaliste ouvrirent le feu en soulignant les problèmes de sécurité soulevés par la lettre. « C'est de l'inconscience ! On te tient avec ça ! s'exclama Bréjac. Si cette lettre était découverte, quel moyen de pression et de chantage sur toi... » Il eut le tort d'ajouter ceci, qui ressortissait précisément au chantage : « Si je balançais cette lettre au comité directeur, ce serait la désunion et l'éclatement de Solidarité. »

Henri Curiel parla pendant cinq heures.

Si l'on songe aux difficultés qu'il se fût épargnées et aux blessures qu'il eût épargnées à autrui en s'expliquant à cœur ouvert, à de certaines occasions, au lieu de se caparaçonner dès qu'il se sentait contesté, comment ne pas déplorer de le voir se dévoiler devant ses deux camarades comme il ne l'avait peut-être jamais fait, et n'être pas compris ?

Il raconta sa vie. Vie d'éternel paria. Sa patrie charnelle — l'Egypte — l'avait renié. Sa patrie d'élection — la France — ne le tolérait qu'en sursis. Il ne lui restait que la patrie rêvée — l'Union soviétique — où il avait ancré l'espérance de sa jeunesse. Il dit au vieux et au jeune militants communistes qu'ils avaient, eux, un pays, un parti ; que leurs réactions étaient sans doute justifiées mais qu'ils devaient essayer de comprendre pourquoi il avait écrit cette lettre.

Cinq heures.

Il s'engagea pour finir à rédiger un seconde missive qui annulerait la première. Bréjac et le syndicaliste en prirent acte sans illusion. Ils sortirent de l'entretien décontenancés. « Ce fut mon seul vrai contact avec Henri en dix ans » constate Bréjac, qui l'avait rencontré « des centaines de fois ». Le courant n'est pas passé. « Avec le copain de la CGT, on s'est dit que le personnage était un peu maboul et que la lettre devait effectivement s'expliquer par sa vie... Mais nous persistions à penser qu'elle pouvait être utilisée pour porter un coup aux forces de gauche. »

Henri est déçu, amer, humilié. Bréjac en est conscient : « Il avait comparu. C'était la première fois que cela lui arrivait. Pénible épreuve ! A un moment, je lui ai demandé : " Que diraient les autres s'ils connaissaient cette lettre ? " Il m'a répondu : " Ils n'ont rien à dire. Ils doivent se considérer comme très heureux de m'approcher et de pouvoir travailler à Solidarité. " C'était tout lui. » Bréjac, qu'Henri appelait « le jeune coq » n'a peut-être pas compris que le mot, de toute manière inadmissible, s'appliquait surtout à lui.

Le congrès est imminent. L'épisode de la lettre ne devrait pas compromettre sa sérénité puisque Bréjac et son camarade se sont spontanément engagés à ne point en faire état. Même sans cela, le congrès 1972 s'ouvrait sous de noirs auspices.

Henri Curiel n'avait jamais cessé de se préoccuper du Proche-Orient. C'était son affaire. Mais il tentait depuis quelques mois d'investir Solidarité dans la recherche d'une paix équitable entre Israéliens et Palestiniens. Le comité directeur freinait des quatre fers et venait justement de le mettre en minorité sur cette question. Les sages du comité estimaient qu'engager l'organisation sur un terrain idéologiquement, politiquement et sentimentalement miné conduirait à son explosion à brève échéance. « Nous nous enrichissons de nos différences », déclarait-on à chaque congrès. Encore fallait-il qu'un consensus existât pour imposer sa force centripète. Toutes les composantes de Solidarité se retrouvaient sur Haïti ou sur l'Afrique du Sud. Israël et la Palestine déchaînaient d'irrésistibles forces centrifuges. La seule tentative d'Henri d'approcher le problème avait entraîné des démissions, notamment d'adhérents communistes. Plusieurs membres étaient décidés à porter l'affaire devant le congrès.

L'école de cadres avait créé une sombre pagaille et un profond malaise. Le projet était né d'une demande de l'ANC sud-africain. Certains, tel Alain Bréjac, lui trouvaient du bon sens : « Nos stages forment des militants, expliquaient-ils. Il faut maintenant passer à un degré supérieur d'organisation et former des cadres qui repartiront dans leur pays enseigner les techniques. D'une part, nous éviterons d'être noyés sous le nombre des stagiaires ; d'autre part, nous élargirons la diffusion des techniques. » Au vrai, Solidarité ne faisait pas autre chose que former des moniteurs car il est évident que chaque stagiaire, rentré au pays, transmettait à ses camarades ce qu'il avait appris à Paris. L'école de cadres, comme son nom l'indique, et comme le voulait Henri, visait à former des cadres politiques. Un cours de filature faisait le bonheur d'un stagiaire banal. Pour un stagiaire cadre, Henri concoctait par exemple un cours sur la relation entre parti révolutionnaire et mouvements de masse. C'était une autre paire de manches.

Le moins qu'on puisse dire est que le flou du projet créa une certaine confusion. Blaise, que bien des partis souhaiteraient avoir à la tête de leur école de cadres, en reste encore perplexe : « C'était devenu l'idée fixe d'Henri. Une absurdité totale. Je ne voyais même pas exactement ce qu'il avait en tête. Enfin quoi, son école de cadres, c'était ce qu'on faisait depuis dix ans plus une sauce idéologique impossible ! »

L'ensemble de l'organisation eut une réaction admirable de modestie : « Nous ne sommes pas capables. » Une véritable consternation s'empara de ces moniteurs qui avaient consacré des nuits de veille à améliorer leurs cours et qui les avaient souvent portés, à force de travail minutieux, à un point de perfection rare. Ils s'éprouvaient dépassés.

L'usure générale poussait aussi à traîner les pieds. Un effort considérable était demandé à une organisation fatiguée. Le cours sur l'encre sympathique, l'un des classiques du stage, avait été rendu assimilable en une heure par n'importe quel nouveau membre. On ne deviendrait pas aussi aisément moniteur à l'école de cadres. Les adhérents les mieux équipés pour y parvenir ne trouvaient plus en eux l'enthousiasme nécessaire.

Mais les partisans du projet, qui imputeraient son échec à la mobilisation insuffisante de leurs camarades, étaient-ils eux-mêmes — Henri le premier — indemnes de tout soupçon de lassitude ? L'école de cadres peut s'analyser comme l'accession de Solidarité à des responsabilités nouvelles. Elle était aussi une échappatoire par le haut à la routine des tâches. La singularité de Solidarité consistait à faire travailler des esprits déliés sur des problèmes simples. Rude ascèse ! Plus d'un s'en trouvait bridé. Nul doute que l'école de cadres traduisait à sa façon, après une décennie de labeur modeste, le besoin pour certains de trouver une respiration intellectuelle plus ample. L'un de ses promoteurs entreprit de mettre la clandestinité en formules algébriques. Exercice à peu près aussi utile à un militant haïtien que des informations détaillées sur « l'opposition au gouvernement de Bonn » mais plus gratifiant pour son brillant auteur que la description en deux feuillets de l'aménagement d'une cachette dans une semelle de cuir…

Outre ces réserves diverses, contradictoires, la crainte de voir l'affaire déboucher sur le politique arrêtait la plupart des adhérents. Un cours sur les relations entre parti révolutionnaire et mouvements de masse n'était pas innocent. Solidarité n'allait-elle pas conduire les mouvements à se donner des types d'organisation les mettant dans la mouvance soviétique ?

Les mouvements le redoutaient. Les plus vives réticences vinrent curieusement de l'ANC, dont deux dirigeants avaient été à l'origine du projet. Ils durent s'expliquer devant leurs pairs. Leurs justifications parurent insuffisantes. L'ANC posa ouvertement la question : « Où veut en venir Henri Curiel ? Son école de cadres sera-t-elle une école marxiste-léniniste ? Prétend-on nous endoctriner ? » Comme l'une des fonctions de Solidarité consistait à mettre les mouvements en contact les uns avec les autres, la réticence se répandit vite.

Tout cela fit que l'école de cadres ne fonctionna jamais, même si certains moniteurs ont cru le contraire sous prétexte que leur cours était assaisonné de cette « sauce idéologique » évoquée par Blaise. Il ne faut sans doute pas le regretter. Le génie de Solidarité était d'être résolument ancrée dans le réel quotidien, de se situer avec abnégation sur le terrain pratique délaissé par les théoriciens tiers-mondistes, d'entretenir avec les militants un dialogue réciproquement enrichissant (le projet d'école de cadres excluait par principe le dialogue). Autant les cours classiques conservés aux archives sont merveilleux d'invention, d'astuce, d'opportunité, d'utilité, autant les cours prévus pour l'école de cadres sont empesés, agaçants d'abstraction, exprimés dans une assommante langue de bois. Les premiers sont l'œuvre de camarades dégourdis ; les seconds, dont les auteurs sont parfois les mêmes, paraissent sortir de la plume d'un pion bureaucratique. Les uns enseignent modestement comment faire pour circuler, communiquer, se protéger, en adaptant les techniques aux circonstances ; les autres prétendaient répondre à l'immense question « Que faire ? » mais dissertaient à propos d'une organisation abstraite, dans une région indécise et selon des théories qui se voulaient polyvalentes.

La clandestinité en équations resta donc dans les tiroirs et les militants sud-africains ou guatémaltèques échappèrent au cours d'idéologie (*sic*) dont les premières phrases sont difficilement réfutables : « Un mouvement a avant tout besoin d'une idéologie. Il n'y a pas de cadre qui ne soit idéologiquement trempé. Un mouvement ne peut être fort s'il est idéologiquement désuni. Il ne peut y avoir de militants trempés s'ils sont faibles idéologiquement. Donc, il faut former idéologiquement les militants de votre mouvement. Il faut aussi que les militants qui ont été formés idéologiquement soient constamment tenus éveillés idéologiquement. Si la formation idéologique est d'entrée un préalable, elle implique une action continue dans ce sens, etc. » Les militants pouvaient probablement faire l'économie du cours au profit d'une lecture idéologique de Molière...

Le Proche-Orient inquiète ; l'école de cadres crée des tensions et introduit le doute sur la fonction même de l'organisation. Dans les deux cas, l'initiative est venue d'Henri et il l'a soutenue contre vents et marées avec cette obstination pour laquelle on l'admirait avant d'en être exaspéré. A la veille du congrès de 1972, le fondateur de Solidarité est un homme contesté — plus contesté qu'il ne l'a jamais été depuis dix ans —, et c'est un homme affaibli.

Il a vieilli, même s'il n'a encore que cinquante-huit ans. Les jeunes posent sur lui un œil impitoyable mais un Gerold, son compagnon de combat depuis bientôt quinze ans, est lui aussi sensible à son usure nerveuse : « Il avait pris un coup de vieux. Les rapports devenaient difficiles. » Il rabâche. Il pontifie. Il s'énerve. Il en a marre, comme les autres. « La clandestinité use. » Un quart de siècle de militance sans aucune des compensations psychologiques qu'apporte une carrière politique normale ; les dix dernières années consacrées à enseigner l'abécédaire du militant clandestin. Il patine. Il ne s'est pas remis du départ de Jehan, qui comprenait au quart de tour. Chaque trimestre, le renouvellement de son sursis et l'angoisse de voir le fonctionnaire de la préfecture de police secouer la tête : c'est fini. Pire que cela : son exclusion persistante du mouvement communiste international. Le PCF sourd et muet. Cette année 1972 marque même une recrudescence d'hostilité sous prétexte que le parti communiste sud-africain, composante de l'ANC, s'est déchaîné contre le projet d'école de cadres (de là une certaine suspicion quant à la bonne foi de Bréjac et de ses amis communistes : ne s'agirait-il pas d'une tentative de torpillage télécommandée par le Parti ?). Bientôt soixante ans et toujours suspect dans son propre camp. Il s'exaspère. Même les militants en pâtissent. Il use avec eux d'un ton paternaliste qui eût été inconcevable quelques années plus tôt, s'irrite de devoir répéter cent fois la même chose à des stagiaires dont il oublie qu'ils sont chaque fois différents. Rumeur énorme, stupéfiante : il se murmure qu'Henri deviendrait un petit peu raciste. Manquait plus que ça. C'est dire la dégradation du climat. On l'a entendu ronchonner : « Que veux-tu, ces nègres, etc. » La chère Elia, très choquée mais toujours charitable, se souvient de l'Egypte et observe que c'est le mépris ancestral de l'Arabe envers le Noir. Daniel Curiel doit se retourner dans sa tombe. Quelle mélasse !

L'Egypte. Il nous émeut dans ce moment où tant des siens le vitupèrent parce que nous voyons bien, nous qui le suivons depuis le berceau de Zamalek, qu'arrivé au terme d'un long cheminement, il fait retour à ses sources. Ils ne sont pas plus de deux à Solidarité —

Didar, Joyce — à pouvoir deviner que le projet d'école de cadres renvoie à ce qui fut l'éblouissement de sa jeunesse militante : l'école de cadres tenue en 1943 dans la ezba paternelle de Mansourieh, *L'Internationale* chantée pour la première fois en arabe, la sensation enivrante que quelque chose commençait là qui allait changer l'Egypte. De même sa préoccupation croissante pour le Proche-Orient était-elle retour à ses racines et aux problèmes qui avaient hanté sa jeunesse. Le temps va vite. Solidarité, l'incessant renouvellement aidant, ignore son passé égyptien. On sait vaguement qu'il a porté les valises du FLN mais les jeunes se désintéressent de cette histoire ancienne. Ils ne voient qu'un déjà vieux monsieur dont le magistère leur paraît pesant.

En 1960, les jeunes du réseau de soutien, avec un respect affectueux, appelaient Henri « le Vieux ». En 1972, pour les jeunes frondeurs de Solidarité, il est « le vieux mégalo ».

Le congrès s'annonce difficile.

Alain Bréjac : « Le jour du congrès, j'avais rendez-vous avec un copain dans un café de Montparnasse où une voiture devait passer nous prendre. Le copain n'est pas là et je trouve Barth à sa place. Il me dit : " La police est sur les lieux du congrès. On annule tout. " Je n'ai pas du tout apprécié le procédé : être prévenu par lui et au dernier moment. Pas un coup de téléphone — rien ! Je lui ai répondu : " C'est la version qu'on t'a dit de me donner. " Après, j'ai regretté de lui avoir parlé de cette façon. Barth est un brave type. Mais je n'ai pas cru un instant à cette histoire. C'était trop facile ! »

Même scénario dans une quinzaine de cafés de la ceinture parisienne : un messager annonce aux membres ahuris l'annulation in extremis du congrès. Une seule voiture n'est pas touchée par le contre-ordre. En arrivant à F., ses quatre occupants ne s'inquiètent pas de voir trois voitures remplies d'hommes garées à proximité : « Ce sont les nôtres. » Mais l'hôte se précipite sur les arrivants : « On a été vendus ! Filez vite ! » La conductrice démarre en trombe tandis que les hommes des voitures prennent des photos. Elle roule jusqu'au soir et se débarrasse de sa voiture dans la semaine.

Les hôtes du congrès venaient d'engager un jardinier yougoslave dont la spécialité était de faire pousser des micros dans les bacs à fleurs. Les lieux abritaient souvent des stages en internat.

La suspicion ravage aussitôt l'organisation. Non pas la psychose policière habituelle en période de répression mais le doute sur la bonne foi des dirigeants. Beaucoup refusent de croire à la version officielle des faits. Par un renversement révélateur de la dégradation des relations internes, les plus prompts à la méfiance sont ceux-là mêmes qui dénonçaient l'insuffisance des mesures de sécurité et les risques insupportables impliqués par la réunion annuelle d'une centaine de membres. Ils criaient au loup ; on leur montre le loup ; ils se tapotent le menton avec un sourire sceptique. La clandestinité a décidément le don de déranger les meilleures têtes. Une ancienne du réseau de soutien blanchie sous le harnois comme Elia Perroy s'aligne sur les jeunes coqs : « Je veux bien admettre qu'on était infiltrés mais de là à croire que des micros et des caméras étaient installés dans la maison où devait se tenir le congrès… J'ai l'impression qu'Henri a un peu fabulé. » Incroyable incrédulité ! Car l'extraordinaire n'est pas que le congrès de 1972 ait été fliqué : c'est que la police ait attendu si

485

longtemps pour placer ses micros, ou que l'organisation ait mis dix ans à les détecter !... On barbote dans l'irrationnel.

Bréjac et ses amis vont répétant que si la version officielle était exacte, les dirigeants de Solidarité devraient plonger dans une clandestinité rigoureuse pour échapper à la répression. S'ils ne le font pas, c'est que l'annulation du congrès n'avait d'autre objectif que d'épargner à Curiel une sévère offensive. (« Je ne crois pas qu'il aurait été mis en minorité, estime Elia Perroy, mais il n'aimait pas la contestation. ») Le raisonnement manque de cohérence. Ce n'est pas parce qu'un lieu est fliqué que l'organisation doit rentrer dans sa coquille. C'est une alerte comme on en a connu d'autres. Un soir, rentrant chez lui, Henri repère un couple d'amoureux dont les baisers claquent faux. Une heure plus tard, un correspondant anonyme lui demande au téléphone d'aller chercher des Brésiliens à la gare de Lyon. Blaise reçoit au même moment un appel identique. L'un et l'autre font mine de ne rien comprendre. Provocation. Une autre fois, c'est Joseph Hazan qui reçoit à son bureau un coup de fil : « Apporte vite le contrat ! » Un contrat est un passeport. Hazan, qui ne fait pas partie de Solidarité, répond qu'il y a erreur. L'interlocuteur anonyme rappelle trois fois en se réclamant de Marc. Marc est le pseudonyme d'un membre important de Solidarité. Hazan prévient Curiel, qui donne sa langue au chat. La pire alerte sans doute : un soir, Henri débarque chez des amis hors d'haleine, blanc comme un linge, en état de choc ; il lâche d'une voix entrecoupée : « Cette fois, j'ai vu la mort en face. » Il n'en dira pas plus. Sa règle était d'accueillir avec sérénité l'évocation d'une possible mort violente. Les micros du jardinier yougoslave n'allaient pas si loin.

Il suffirait bien entendu au secrétariat de produire le témoignage des hôtes du congrès — personnes éminemment respectables — ou des quatre occupants de la voiture aventurée jusqu'au lieu de la réunion, pour réduire à néant les accusations rampantes. Personne n'y songe. Dix ans après, la plupart des sceptiques ignoreront encore que quatre de leurs camarades ont vu de leurs yeux les policiers embusqués. Le secrétariat n'admet point de devoir prouver sa bonne foi. Il refuse de s'abaisser à réfuter une accusation infamante. Blaise assure depuis toujours la sécurité des congrès. La parole de Blaise ne se discute pas. Et l'équipe dirigeante est convaincue de la mauvaise foi de Bréjac et de ses amis.

Faut-il déplorer la noire malchance qui veut que le premier accroc conduisant à l'annulation d'un congrès se produise précisément l'année où l'exaspération des tensions rendait indispensable l'exorcisme collectif ? Regret sans doute superflu : la crise venait de trop loin et tenait à trop de causes pour que deux jours de convivialité pussent la réduire. Le congrès manqué ne fut qu'une étape dans un processus inexorable.

On le vit bien lors de la séance extraordinaire du comité directeur élargi, ultime tentative pour enrayer la crise. Aux quinze titulaires du comité s'ajoutait une demi-douzaine de membres parmi les plus actifs. Didar était venue d'Alger. Bernard Riguet, le rescapé de l'opération espagnole Marina, était en déplacement professionnel à Tunis mais avait fait savoir son désir d'être présent. Sensible au vieillissement d'Henri, il attribuait à son désir de jouer enfin un rôle politique la nouvelle orientation proposée à Solidarité. Il était contre et entendait bien le faire savoir. « Je savais qu'il voulait venir, raconte Alain Bréjac, et je pensais qu'un minimum de loyauté existait encore : j'avais donc demandé à Gerold, dont c'était le rôle, de le prévenir de la date et du lieu. Mais comme je n'étais quand même pas si naïf, j'ai mis un mot dans sa boîte à lettres parisienne. Son avion atterrissait à Orly trois heures avant le rendez-vous. Gerold ne l'a pas prévenu et l'avion a eu du retard. Il a raté la réunion. Il était furieux. Moi, j'y suis allé décidé à éviter la rupture. Comment pouvait-on penser que je voulais faire éclater Solidarité ? J'y étais entré à dix-sept ans et j'en avais vingt-sept. J'avais investi ma jeunesse dans Solidarité. Par prudence, je suis venu sans la photocopie de la lettre de Moscou. Je ne voulais pas être amené à la sortir au cas où j'aurais été mis hors de moi. De cette façon, je refusais toute provocation. »

Dès l'ouverture de la séance, le secrétariat demande que la réunion reste confidentielle et que les propos tenus ne soient pas répétés aux membres non présents. Bréjac suggère que la décision demeure suspendue jusqu'à la fin du débat. Il attaque bille en tête sur l'annulation du congrès en exprimant ses doutes sur l'authenticité de la version officielle. Tollé dans la salle. Henri Curiel se lève, déclare qu'il ne supporte pas de voir son honnêteté mise en doute, et prend la porte. Joyce court le rattraper mais échoue à le convaincre de revenir. Le calme rétabli, Gerold se lève et lit un rapport. C'est un long exposé des relations entre le parti communiste et Solidarité. Il constate qu'on est passé au Parti d'une « neutralité bienveillante » à une « hostilité sourde », puis à la volonté délibérée de détruire l'organisation. Bréjac est dénoncé comme l'agent exécuteur de l'opération, et avec lui quelques membres communistes du comité directeur.

Bréjac et ses amis sont abasourdis. Ils ne croient pas plus à la bonne foi de Curiel et de Wangen que ceux-ci n'ont cru à la leur. Pour Bréjac (« c'était la première fois que j'entendais faire de l'anticommunisme à Solidarité »), l'opération vise à éliminer la composante communiste.

Pour Curiel et Gerold, l'organisation est victime d'une agression délibérée du parti.

Dix ans après, un ancien de Solidarité occupant auprès du comité central des fonctions importantes nous dira sa quasi-certitude qu'il y avait bien eu volonté de torpiller Solidarité, Alain Bréjac n'étant que l'exécuteur inconscient d'une entreprise téléguidée par d'autres.

La réunion s'achève par des réquisitoires. Blaise et le pasteur Rognon, tous deux informés de l'affaire de la lettre, à laquelle ils n'attribuent aucune espèce d'importance, attaquent sévèrement Bréjac. « J'étais très choqué, explique René Rognon. Comment pouvait-il accuser d'une chose aussi scandaleuse que l'invention d'un faux problème de sécurité ? C'était indigne ! » Blaise, dans un style Robespierre, parachève la démolition. A la fin de la séance, Gerold s'approche de Bréjac et lui lance : « Tu m'as trahi ! » Le pauvre Alain essuie pour finir les reproches de ses propres amis : il aurait dû soulever les problèmes de fond et parler de la lettre. Le calice jusqu'à la lie.

De cette bataille ne sortent que des vaincus.

Alain Bréjac quitte l'organisation. (« Ce fut difficile. A vingt-sept ans, j'avais l'impression d'être à la retraite. La vie me semblait un peu triste, un peu morne. Sans compter la rupture brutale avec tous ces gens qui m'étaient si proches. Je ressentais un grand vide. ») Bernard Riguet part, et aussi le vieux syndicaliste CGT. Mais le mouvement de démission déborde largement le cercle des protagonistes — preuve supplémentaire, s'il en était besoin, de la préexistence de la crise aux incidents qui l'ont révélée. L'affaire de la lettre à Moscou fait le tour de l'organisation. Comme on compte sur les doigts de la main ceux qui l'ont lue, la rumeur lui fait subir de sérieuses distorsions. Ainsi l'enquêteur découvre-t-il dix ans plus tard que pour la plupart des adhérents, le lièvre avait été levé « par un catho de gauche venu du PSU ». Cette invention est évidemment plus rationnelle que la réalité, qui vit un membre du parti communiste élevé dans l'anticléricalisme (Bréjac : « C'est à Solidarité que j'ai rencontré pour la première fois de ma vie un curé : Robert Davezies. Il a complètement modifié mon optique. ») se heurter dans une bataille à front renversé à des prêtres et pasteurs pleins de réticences à l'égard de l'Union soviétique. Le contenu de la missive est l'objet d'interprétations hasardeuses. Une adhérente, ancienne de la base algéroise du temps de Ben Bella : « J'ai su que la lettre proposait les services de Solidarité au KGB. C'était tout de même très choquant. » Elle part. Elia Perroy, plus chanceuse, a eu en main la photocopie de la lettre (mais elle ignore qu'elle a été signée par le secrétariat et croit que Curiel, auteur unique, l'a fait subrepticement dactylographier par Joyce) : « Qu'une chose comme ça ait put partir en notre nom alors qu'il y avait eu Prague en 68... Merde ! Je suis partie. Je n'avais plus confiance. J'ai donné ma démission du comité directeur en disant que je voulais retourner à la base. Je voulais bien encore rendre de petits services mais on s'est empressé de ne plus m'en demander. »

1962-1972. C'est long.

A partir de là commence une autre histoire. Car l'affaire de la lettre et de l'annulation du congrès ne fut pas la cause de la crise mais sa conséquence, le symptôme d'une dégradation organique. « Il y a un moment où il faut savoir s'arrêter, estime le père Barth. Ou alors faire autre chose. Nous tournions en rond, nous perdions des forces. Solidarité continuait sur sa lancée mais machinalement. Les congrès ne m'intéressaient plus. On se répétait. Moi, j'ai continué par amitié pour Henri, parce que j'aimais cet homme. Mais je ne voyais plus très bien mon rôle là-dedans. Mon idée était que je serais plus utile dans un truc avec pignon sur rue. J'étais du reste à France-Terre d'asile. » Solidarité va cependant continuer. Elle perdurera au-delà de l'assassinat d'Henri. Les adhésions ne manqueront pas et les nouveaux membres ne le céderont en rien aux anciens quant à la richesse humaine et à la générosité militante. Les services continueront d'être rendus aux mouvements ; leurs militants bénéficieront des mêmes stages. Le coup d'Etat de Pinochet au Chili donnera au « travail extérieur » une importance inégalée. Mais si « l'organisation, c'est le choix des hommes », force est de constater que les hommes sont désormais moins organisés. Un subtil équilibre est rompu, qui avait fait le secret de l'efficacité de Solidarité et lui avait permis de fonctionner sans accroc sérieux pendant dix ans — probable record de longévité pour une organisation clandestine de ce type.

En 1974, Gerold et Sylviane de Wangen partent pour prendre la direction de France-Terre d'asile. Ils étaient essentiels au secrétariat. Le départ de Gerold, consécutif de quelques mois à celui de sa femme, effectif dès 1973, avait les mêmes motivations que celui de Jehan, à quoi s'ajoutaient l'amertume de la crise de 1972 et un épisode douloureux — hélas symbolique. L'un des membres les plus brillants de Solidarité était un jeune peintre accablé de problèmes personnels. Henri s'était passionné pour lui. Il l'avait encouragé à

489

chercher dans le militantisme un apaisement, sinon une solution, à ses tensions intimes. Le garçon était devenu permanent. Mais les excès de sa vie privée le faisaient régulièrement ramasser par la police. Il représentait ce qu'on appelle dans les services secrets un risque de sécurité. Gerold, secrétaire général de l'organisation, avait la responsabilité d'assurer la sécurité. Il posa plusieurs fois la question devant le comité directeur. Henri faisait le sourd. A la fin, Gerold mit sa démission dans la balance. Le garçon quitta Solidarité. Gerold, sachant qu'il aurait un problème de subsistance, s'était engagé à lui payer sur ses fonds personnels un an de salaire, ce qui l'exposa à se faire traiter de grand bourgeois paternaliste. Il versa la somme. En 1973, le garçon se suicida. On ne sait jamais les raisons d'un suicide (celui-ci avait été précédé de plusieurs tentatives) mais les familiers ne lui voient aucun lien plausible avec son exclusion de Solidarité.

Henri et Gerold s'aimaient profondément et communiquaient mal parce qu'ils étaient de tempéraments opposés. Henri abouna — pour aller vite ; Gerold le cavalier. Leurs différences profitaient à l'organisation : ils se complétaient à merveille. Le départ de Jehan avait été un coup dur pour Curiel ; celui de Gerold le fut pour Solidarité. Il était facteur d'équilibre et de bon sens. Surtout, il tenait la bride courte aux emballements d'Henri pour tel nouvel adhérent et colmatait tant bien que mal les brèches creusées par ses erreurs de psychologie. Henri ouvrait les cieux à la recrue toute fraîche avec sa formule magique : « Tu es capable de grandes choses... » ; puis Gerold la ramenait sur terre, sans trop de miel dans la voix, en lui demandant de préciser ses heures de disponibilité.

Solidarité assista après son départ à des carrières prodigieuses. Telle recrue qui eût fait auparavant ses classes avant d'accéder aux tâches délicates, se voyait confier des responsabilités importantes quand elle n'était pas catapultée dare-dare au secrétariat. Nous croyons sans en posséder la preuve formelle qu'un indicateur de police parvint ainsi à l'échelon supérieur de l'organisation. La volonté de surmonter la crise conduisit les néophytes à une activité débordante, au mépris de la prudence dont leurs aînés s'étaient fait une règle. L'une des forces de Solidarité avait toujours été de mesurer exactement sa marge de manœuvre. Elle avait été immense avec de Gaulle. La présidence de Pompidou l'avait quelque peu contrainte. L'arrivée au pouvoir de Giscard d'Estaing allait la rétrécir comme peau de chagrin. L'avenir serait malaisé.

MARIA

« Je suis née le 25 décembre 1950 à Buenos Aires.

« Nous sommes originaires des îles Canaries. Mes aïeux étaient des Guanches, une race à part qui peuplait les Canaries avant l'arrivée des Espagnols au xvie siècle. Elle a été pratiquement exterminée.

« Mon père faisait partie d'un groupe républicain clandestin. Il avait cru en 1945 que la France attaquerait Franco. Il était ingénieur en télécommunications et inspecteur des ports. En 1950, un centre de transmissions a sauté. C'était une provocation des flics de Franco. Mon père a réussi à s'enfuir avec mon frère et ma mère, qui était enceinte de moi. Il a été condamné à mort par contumace.

« Nous sommes allés en Argentine, où mon grand-père paternel était déjà parti, passager clandestin. Mon père a travaillé comme réparateur de radios avant de devenir ingénieur frigoriste. Il a fait ensuite des études pour devenir pasteur — ma mère et lui étaient protestants. Il dépendait de l'Eglise des disciples du Christ, dont la maison mère est aux Etats-Unis. Nous étions dans un quartier populaire et nous menions une vie très modeste alors que nous avions été presque riches lorsque mon père était ingénieur frigoriste.

« Moi, après l'école primaire, j'ai fait des études commerciales. J'étais très mauvaise élève. Jusqu'à l'âge de seize ans, j'ai été en conflit aigu avec mon père. J'étais complètement révoltée. Je passais mon temps à traîner dans les bas quartiers. J'aurais pu très facilement finir dans la délinquance.

« Mon père était très préoccupé par la délinquance. Il est allé voir le rabbin et le curé du quartier pour leur proposer de faire quelque chose ensemble. Ils ont commencé par un service commun dans l'église protestante. C'était la première manifestation œcuménique en Argentine. Elle a fait sensation. La télévision est venue. Mais ça n'a pas plu du tout à la maison mère. Ils ont envoyé un pasteur pour remplacer mon père. Les fidèles ont occupé l'église pour l'empêcher de prendre ses fonctions. Le combat a duré près d'un an et je suis sûre que mon père aurait gagné si les autorités n'étaient pas intervenues. Mon père avait créé une école primaire, où ma mère était institutrice, et un centre culturel. A l'époque, c'était révolutionnaire. Les autorités voyaient d'un très mauvais œil ce lieu de rencontre où l'on discutait. Il n'y avait pas de vie politique normale. L'Eglise était le refuge de la vie politique.

« Il a fallu partir. Nous avons choisi la France. C'était pour nous le pays de la liberté. Nous sommes arrivés à la fin de 1966.

« La famille s'est installée à Strasbourg grâce à des amis protestants. Je suis entrée à l'Ecole des arts décoratifs. Mon père avait découvert en Argentine que j'avais des dons artistiques. Ma mère m'avait conduite chez des psychologues qui avaient confirmé. Elle a laissé traîner des pinceaux dans la maison et je m'y suis mise. Le directeur de l'Ecole était un type d'extrême droite. Je me suis constituée contre lui, même si ça m'a valu beaucoup de problèmes — conseil de discipline, etc. C'était en même temps un excellent professeur.

« Mon père était ouvrier, manœuvre dans une usine frigorifique. Ma mère faisait des ménages. Mon père rentrait si fatigué qu'il était incapable de lire. C'est à ce moment-là que je me suis réconciliée avec lui. Nous menions une vie très dure. Pour moi aussi, c'était difficile. J'apprenais le français aux Arts Déco mais dans la rue, on me répondait en alsacien. Je me sentais complètement déracinée. Je le suis toujours. L'Argentine est mon pays mais je me sens française par la culture. A mon arrivée, la découverte de Sartre, de Camus, a été quelque chose d'important.

« Quand le patron de mon père s'est rendu compte de ses connaissances dans le frigorifique, il l'a employé au-dessus de sa catégorie sans le payer un sou de plus. Et quand il a su qu'il avait une proposition de travail à Paris, il lui a offert un pont d'or pour rester. Mon père a refusé. Il est entré à la Cimade, à Paris, où il s'est occupé des immigrés.

« J'ai suivi mes parents à Paris et je suis entrée aux Beaux-Arts. C'était en 1970. Je travaillais en usine pour payer mes études. Travail posté. C'était si crevant que je tenais trois mois et que je m'arrêtais un mois. Nous habitions Nanterre. Je militais dans les trois bidonvilles avec Gilbert Mury, le dirigeant maoïste, un type très attachant. Nous faisions de l'alphabétisation et des choses avec les femmes et les enfants. J'ai fait là-bas beaucoup de peintures murales. J'ai même fait la première maison peinte à partir de maquettes d'enfants. J'étais devenue une sorte de personnage, à Nanterre. Je militais aussi au Comité de solidarité avec les prisonniers en Argentine. En passant, j'ai failli être expulsée en 1972 pour participation à une manif politique au Sacré-Cœur. En 1973, j'ai obtenu mon diplôme supérieur des Arts plastiques.

« C'est en 1973 que j'ai été recrutée à Solidarité par une fille formidable, sous-directrice de la Maison de la culture où j'étais animatrice. Elle me parle et je suis très méfiante parce que je me dis qu'il s'agit d'aller aider les mouvements sur place. Et moi, je ne crois pas à l'exportation de la révolution, surtout par des gens qui ne connaissent pas les conditions locales.

« J'ai eu un rendez-vous avec Henri au café *Mistral*, au Châtelet. Pour moi, il était Luc. Je n'ai appris son nom que beaucoup plus tard. J'ai écouté avec méfiance ce personnage très mystérieux. Il m'a fait un topo complet sur Solidarité. J'avais l'impression de subir un examen de passage. Il était intéressé par mes talents de dessinatrice, en vue des faux papiers, et par ma connaissance des langues étrangères.

« On a commencé par me faire suivre tous les cours. Ils m'ont paru plutôt bien, sauf les faux papiers. Il y avait mieux à faire. J'ai rencontré l'un des spécialistes — le plus ancien de l'organisation. Je n'en revenais pas. Pour effacer une lettre sur un passeport, il donnait six mille coups de grattoir. Six mille ! Il le faisait : je l'ai vu ! Moi, j'ai acheté une machine à effacer fonctionnant sur piles. En utilisant des piles usées, elle effaçait sans laisser de marque.

« J'ai pris en main le secteur des faux papiers. Un copain avait les moyens techniques (machines, etc.) mais cela ne réglait pas tous les problèmes. Les cinq cents passes sud-africains, par exemple, qui sont exactement comme des passeports classiques, il a fallu les coudre à la main parce que nous n'avions pas la machine spéciale. Et il y avait tout l'habillage : cachets, visas, etc. Pour les papiers sud-américains à transformer, le plus difficile était la reconstitution des empreintes. En Amérique latine, les flics comparent le pouce du client avec l'empreinte digitale de son passeport...

« A mon arrivée, le travail était démultiplié. Pour un même passeport, l'un s'occupait de la photo, l'autre du tampon sec, etc. Il y avait le spécialiste des fonds (quand on a gratté, il faut reconstituer le fond), celui du passeport américain, celui du tampon humide... Ce n'était pas très heureux techniquement mais chacun avait l'impression de faire quelque chose. Moi, j'ai décidé de tout faire toute seule sans me soucier de faire plaisir aux uns et aux autres. Je suis devenue une professionnelle des faux papiers. On m'avait dit qu'avant 1972, Solidarité avait eu des moyens humains et matériels considérables. C'était terminé. Il fallait regrouper les tâches au maximum, viser à la meilleure efficacité. Je disais souvent à Henri : " Devenons carrément un réseau. " Je ne voyais pas l'intérêt de perdre du temps à des conneries comme le comité directeur ou le congrès.

« J'ai formé des centaines de militants aux faux papiers. Je commençais par leur dire : " Ce n'est pas si grave si l'on vous prend avec des faux papiers : vous serez expulsés. " Ils me répondaient : " Non, chez nous, on fusille. " J'enchaînais : " Alors, il faut que vos papiers soient impeccables. " L'ambiance était créée. L'expérience m'a appris que le plus important, c'est de croire en ses papiers. J'ai vu des passeports troués passer les contrôles. Une fois, j'ai fait un échange de passeports avec une amie très blonde [elle-même est noire comme jais] : aucun problème. Personne n'a jamais eu le moindre problème avec mes faux papiers.

« Le coup d'Etat de Pinochet, en 1973, nous a mobilisés. Solidarité a créé un groupe spécial, le groupe Jacques, pour s'occuper de faire sortir les militants traqués et soutenir la résistance intérieure. Il était dirigé par Apolhino de Carvalho, maoïste brésilien, qui a d'ailleurs fini par se fâcher avec Henri. L'un des premiers problèmes a été de fabriquer une fausse carte d'identité chilienne. C'est un document très spécial, en six volets. Mon père hébergeait justement un réfugié chilien. Je lui ai emprunté sa carte d'identité. Là, un truc drôle : mon père la lui demande juste après. Le gars s'étonne et répond qu'il me l'a filée. On s'est expliqués en marchant sur des œufs, mon père et moi : " Mais pourquoi as-tu... — Ça ne te regarde pas ! " Bref, mon père venait d'être recruté de son côté par Solidarité ! Il a fait beaucoup de voyages au Chili.

« J'ai eu un gros boulot avec la carte d'identité chilienne. Quand j'ai pu montrer mon produit à Henri, il m'a embrassée pour la première et dernière fois. Nous avons eu beaucoup de mal à trouver un plastique correct — les cartes chiliennes sont en plastique. On en a fabriqué pas mal.

« Henri m'a envoyée en Argentine dans le cadre du groupe Jacques. Solidarité avait réussi à faire sortir une masse de militants chiliens qui restaient le long de la frontière, côté argentin. Pour les faire vivre, nous avions créé des ateliers. C'est une opération qui a exigé un fric considérable et qui a bien marché. Je suis allée prendre contact avec eux à Mendoza, au pied de la cordillère des Andes. Mon voyage avait aussi pour but de donner des cours à ces Chiliens et à des Uruguayens exilés. Je donnais des cours de liaisons, de transformation de la personne, de faux papiers naturellement, et de " propagande armée ". Pour balancer des tracts, par exemple, ils en étaient encore à mettre les paquets de tracts sur un balcon avec un ventilateur devant pour les disperser, et ils se faisaient piquer parce que la police était dans l'escalier avant qu'ils soient sortis. Je leur ai appris la boîte explosive, qui disperse les tracts sans les endommager, et le ballon explosif, qui est encore mieux. On appelait ça " la propagande armée ". A Mendoza, pendant mes cours, il y avait des types qui s'entraînaient au maniement d'armes dans la pièce à côté et je trouvais que les conditions de sécurité n'étaient pas terribles. C'était l'époque où les groupes fascistes de l'AAA commençaient leurs ravages.

« J'ai sillonné l'Argentine avec ma petite mallette couverte d'auto-collants, avec à l'intérieur plein de jolis crayons et mes produits pour les faux papiers. Un produit corrosif pour sensibiliser s'est répandu et m'a tout salopé... J'avais un peu peur en passant la frontière péruvienne mais le flic a regardé mes crayons et m'a dit avec un grand sourire : " Ah ! petite Picasso ! " A Lima, deux militants venaient de se faire arrêter. On m'a envoyée passer trois jours à Cuzco. Ensuite, j'ai donné mes cours. On me baladait en voiture à travers Lima en m'obligeant à baisser la tête. Trois jours de formation complète à des filles et à des garçons. Pour les papiers, je préfère les filles. Ils étaient très bien, très attentifs. J'avais l'impression d'apporter quelque chose de vital. Un papier c'est une vie. Tous les militants n'étaient pas comme ça. Les Kurdes, je leur disais : " Appuyer sur la gâchette, c'est facile, mais pour les tampons secs, vous n'êtes pas extraordinai-res. " Ces Péruviens étaient parfaits. Comme les Salvadoriens. Aujourd'hui, quand je vois à la télé les dirigeants de la guérilla salvadorienne et que je reconnais mes anciens élèves qui ont fait leur chemin, ça me fait quelque chose. Une femme, surtout, qui accomplit des missions diplomatiques pour la guérilla.

« Je suis rentrée à Paris au bout d'un mois et demi. »

Le Chili mobilise et remobilise. Exemplaire d'un certain type de militance à Solidarité est le parcours de cette femme, ancienne de la base algéroise, qui s'était éloignée après que l'organisation eut accueilli sans broncher la chute de Ben Bella, puis avait repris du service avant de rompre une nouvelle fois sur l'affaire de la lettre à Moscou (c'est elle qui trouvait choquant que Curiel eût proposé, comme elle le croyait, le concours de Solidarité au KGB). Deux ans plus tard, rencontrant par hasard un membre du secrétariat à une réunion de parents d'élèves, elle se porte volontaire pour le Chili.

Henri venait d'avoir l'une de ces idées folles qui s'abattait comme la foudre sur l'organisation et le faisait aimer des plus réticents. Rajeuni de trente ans, l'œil étincelant, le sourire radieux, il suscitait chez les jeunes gens un regard attendri et leur donnait envie de le protéger. Impossible de comprendre qu'il se soit gagné tant d'amour et tant d'affection au milieu des aigreurs ordinaires de l'action clandestine, si l'on oublie ces jaillissements de générosité qui lui raflaient les cœurs.

Un membre du secrétariat qui pourrait être son fils : « Un jour, il m'annonce : " On va faire évader les prisonniers politiques chiliens détenus à l'île Dawson. " Bon, très bien. Par curiosité, je prends un atlas pour voir où était cette île et je découvre qu'elle est tout en bas du Chili mais surtout au fond d'un bras de mer pénétrant sur cent kilomètres à l'intérieur des terres. J'ai revu Henri et je lui ai dit : " Ecoute, je ne veux pas te contredire mais je ne vois pas une vedette remonter par le cap Horn et s'enfoncer au bout de ce bras de mer sans être repérée. Comment espères-tu t'en sortir ? " Il m'a répondu : " On trouvera des complicités parmi les gardiens. On se débrouillera. " La plupart des dirigeants de la gauche chilienne étaient détenus à Dawson... »

La militante rengagée hérite le projet : « Il m'a dit : " Ce serait fantastique d'envoyer un bateau suédois pour faire évader en masse les Chiliens de l'île Dawson... " Faire sortir quelqu'un de prison était son obsession. Il aurait fait n'importe quoi pour ça. Il considérait que c'était le devoir de base d'un militant.

« Je suis partie pour le Chili en 1974. J'étais censée étudier la spiritualité des Indiens Araucans. Heureusement, il n'y avait pas que le projet Dawson parce qu'il s'est tout de suite révélé complètement impraticable. Ma seconde mission consistait à donner des cours de clandestinité aux ecclésiastiques chiliens — encre sympathique, liaisons, etc. Je suis arrivée directement à Santiago, je me suis installée à l'hôtel indiqué par Paris, et je suis ressortie aussitôt me promener dans le parc en face. A mon retour, vingt minutes plus tard, mes bagages avaient été fouillés. Un très beau travail de professionnel.

« Je me suis promenée deux jours à Santiago. Quand j'ai été sûre de ne pas être filée, j'ai pris mes contacts. On m'a envoyée au vicariat de la solidarité. Là, dans les bureaux, malgré ma réticence, on me parle à tort et à travers. L'inexpérience de ces gens, leur naïveté, était quelque chose d'effarant.

« Une fois, un pasteur m'emmène dans sa voiture et je lui fais mon cours. Au retour, il me largue devant la cathédrale. Deux flics en civil convergent sur moi. La voiture avait été filée. J'ai été championne de course dans ma jeunesse et je m'entraîne toujours : j'ai sprinté dans la foule, j'ai semé les flics. Le pasteur s'en est tiré mais il a été arrêté un mois plus tard.

« On m'a envoyée à Concepción, le fief du MIR — les gauchistes. Tout s'est très bien passé. J'ai donné mes cours. Je n'avais pas peur pour moi mais j'avais la hantise de faire arrêter quelqu'un.

« Je suis rentrée par l'Argentine, où commençaient les éliminations physiques. Je me suis arrêtée à Mendoza. Le groupe Jacques y avait

496

créé des petites entreprises pour les exilés chiliens. Nous avions collecté pour cela des sommes considérables auprès des syndicats hollandais et scandinaves. Ils ont été très généreux, mais que de voyages, que de rapports pour mener l'affaire à bien ! J'ai dû régler à Mendoza quelques petits problèmes et je suis repartie pour Paris avec une escale à Rio. C'était le carnaval. Sortir du Chili de Pinochet pour tomber dans le carnaval de Rio, c'était fou ! »

Une petite dame très digne, vêtue volontiers de laine violette, qui paraît sortir d'un roman d'Agatha Christie bien qu'élevée en son jeune âge dans l'entourage immédiat de Charles Tillon et se souvenant avec émotion du temps où l' « on chantait rouge » dans la Bretagne d'avant-guerre, membre elle-même du parti communiste, porta aux résistants chiliens les trois cents premières cartes d'identité fabriquées par Solidarité. Elle les passa en une seule fois, dissimulées dans des paquets cadeaux. Voyageuse intrépide, son statut social lui permettait de prendre l'avion pour le prix d'une course en taxi, de sorte qu'Henri l'utilisait pour les liaisons à longue distance. Elle avait assuré les contacts avec la résistance grecque tout au long de la dictature des colonels, effectuant jusqu'à trois voyages par mois ; grâce aux relations ménagées avec le personnel au sol de la compagnie d'aviation qui avait sa préférence, elle n'avait même pas besoin de sortir de l'avion pour délivrer son courrier. Elle assura des liaisons avec le Brésil, l'Uruguay, le Pérou, l'Argentine. Un voyage en Zambie pour proposer aux maquisards mozambicains le renfort de cadres brésiliens exilés, ce qui fut fait pour six d'entre eux. Un voyage en Bolivie pour acheter à La Paz les grandes flûtes taillées dans les roseaux géants du lac Titicaca que les artistes boliviens en exil ne pouvaient se procurer à Paris. [Le jour de notre rencontre, elle rentrait du Salvador où elle avait transmis dix mille dollars à la guérilla.] Nombreuses missions au Chili : « J'y étais allée avant de connaître Henri mais c'est lui qui m'a fait comprendre ce pays où il n'avait jamais mis les pieds. Quand je rentrais, il me demandait : " Et alors ? " En lui racontant, je percevais des choses dont je n'avais pas pris conscience et il m'aidait à aller au bout de mes intuitions. Il faisait un travail d'accoucheur. On arrivait avec une vague idée, un vague projet, et, grâce à ses questions, cela prenait forme. C'est l'homme qui m'a fait le plus confiance. Il m'a permis de me réaliser dans toutes mes possibilités. Sans lui, je n'aurais pas eu l'idée des *arpilleras*. Les *arpilleras* sont des tapisseries populaires chiliennes, un patchwork avec des personnages cousus en relief. Normalement, la matière première est la feutrine. Une militante emprisonnée s'est servie d'un sac à farine pour raconter en broderie les tortures qu'elle avait subies. L'aumônier a fait sortir son œuvre de la prison. Ils ont été dénoncés par le *Mercurio,* le grand journal chilien, et tous deux ont été tués. Les femmes libérées se sont mises à broder des *arpilleras* sur des sacs à farine. Elles racontaient ce qu'elles avaient subi aux mains de la police, la misère dans les *poblaciones,* les enfants affamés. C'était bouleversant. J'ai dit à mes amis de Santiago que je voulais en rapporter quelques-unes à Paris. Les femmes se sont réunies et m'ont dit : " Prends-les toutes et fais au mieux. " Le lot pesait plus de trois cents kilos. Pour les sortir du pays, il fallait remplir neuf formulaires et présenter un garant solide. Je suis allée voir le vicaire général de Santiago. Pour que tout soit bien clair, je lui ai dit : " Dans ma ville, en France, je suis une élue communiste. " Il m'a répondu : " Moi, je sers mon Eglise. " Nous avons fait ensemble du bon travail.

« A Paris, j'ai montré les *arpilleras* à Henri et nous avons décidé de faire une exposition. Nous avons tenté le coup à l'Unesco. Ils ont accepté. On a fait de magnifiques affiches sur papier glacé avec le minimum d'indications. Le moindre mot de trop pouvait entraîner un veto du représentant chilien à l'Unesco. Il n'y a vu que du feu. L'exposition a été un grand succès. On l'a refaite en Angleterre, en Suède et en Hollande. La Cimade a publié un livre. Henri m'aidait pour les contacts : il connaissait tout le monde. Les *arpilleras* ont été le point de départ de la grande campagne pour les cantines populaires. Avec l'argent collecté, nous avons pu donner, sous couvert des églises, un repas par jour à cinq mille gosses pendant cinq ans.

« C'est à Santiago que j'ai appris la mort d'Henri. Un titre barrait la une du *Mercurio :* " Un espion juif égyptien à la solde des Russes abattu. " Il y avait une photo de lui en première page et une autre en troisième. Le texte reprenait l'article du *Point.* »

Le 26 juillet 1974, un voyageur japonais arrivant de Beyrouth est requis par un douanier d'Orly d'ouvrir son attaché-case. L'homme, âgé d'une trentaine d'années, est de physionomie peu amène. Il a exhibé un passeport au nom de Furuya Yutaka.

Le douanier découvre dix mille dollars qui paraissent authentiques mais se révéleront faux, trois passeports à des noms différents portant des photographies ne correspondant pas à celle du voyageur, et quelques lettres dont la traduction laissera les policiers perplexes. L'une d'elles, rédigée sur papier de riz parfumé, est trop belle pour être vraie : « Petite Miss Pleine Lune, je suis malade de désir pour vous. Laissez-moi enlacer encore une fois votre merveilleux corps. Votre esclave d'amour : Suzuki. » Voilà qui fleure bon le message codé.

Furuya Yutaka, aussitôt arrêté, est pris en charge par la DST. Il ne démontrera pas un flegme de samouraï. Les policiers savent rapidement qu'il est membre de l'Armée rouge japonaise, redoutable organisation extrémiste dont la particularité est d'agir à l'échelle mondiale pour des fins souvent énigmatiques mais sans jamais hésiter sur les moyens. C'est cependant l'un de ses compatriotes japonais, milliardaire installé en Allemagne, que Furuya Yutaka s'apprêtait à kidnapper avec d'autres membres de l'ARJ et le concours de la RAF allemande, plus connue sous le nom de « bande à Baader ».

La DST trouve sur lui le nom de Taketomo Takahashi. Prénom et nom étant d'une élocution difficile, les gens de Solidarité avaient pris l'habitude de réduire le tout aux deux premières syllabes : Tak-tak. Lorsque les policiers lui mettent la main au collet, Tak-tak s'efforce d'avaler quelques bouts de papier. On les lui fait dégorger. Sur l'un est inscrit « Achème ». Sur l'autre, « Jean-Baptiste ».

Les services français n'identifieront Achème que beaucoup plus tard. Il s'agit du Brésilien Pereira Carvalho, tenant boutique d'antiquaire rue de Verneuil à Paris. Ce Pereira Carvalho, inconnu de Solidarité, n'a rien de commun avec Apolhino de Carvalho, alias Pierre, responsable du groupe d'aide aux résistants chiliens (Carvalho est au Brésil ce que Dupont est en France). Sous couvert d'antiquaille, il se livre au commerce des armes et fournira notamment le sinistre Carlos. Il prendra la fuite après l'arrestation manquée de

Carlos, rue Toullier (deux inspecteurs de la DST assassinés, un indicateur abattu, un commissaire grièvement blessé).

Jean-Baptiste est à Solidarité le pseudonyme d'André Haberman, membre du comité directeur, spécialiste des faux papiers avant que les fâcheux événements imminents ne mettent un terme à ses activités. En résumé : un terroriste japonais de l'ARJ est en relation avec Tak-tak, bien connu de Solidarité, et Tak-tak mène à Haberman, l'un des jeunes gens qui ont assuré la relève après la crise de 1972.

Cette fois, c'est la tuile.

* *
*

Tak-tak avait été amené à Solidarité par le pasteur Rognon, très engagé dans l'aide aux déserteurs américains. Affable, souriant, le Japonais était professeur de sciences humaines. Féru de littérature française, il était venu suivre les cours de la Sorbonne. René Rognon l'avait rencontré à une réunion contre la guerre du Viêt-Nam. Causant avec lui, il avait découvert avec surprise que ce sympathique garçon était membre d'une organisation clandestine accomplissant au Japon exactement le même travail que le groupe Liberté impulsé par Solidarité. Tak-tak et ses camarades faisaient de la propagande dans les bases américaines pour inciter les GI's à refuser la guerre du Viêt-Nam, recueillaient les déserteurs et les évacuaient par des filières sûres hors du Japon.

Henri Curiel, intéressé par cette coïncidence, avait souhaité rencontrer Tak-tak, qui lui avait fait la meilleure impression. Et comme Solidarité, hormis son travail humanitaire pour le Viêt-Nam, n'avait aucun lien avec l'Asie, il avait conçu le projet de donner à Tak-tak une formation lui permettant, à son retour au pays, de mettre sur pied une Solidarité asiatique. Au congrès, le rapporteur des liens avec les mouvements évoquera à propos de Tak-tak « le travail de formation et d'élaboration qui a pour objet de lui faire assimiler le maximum des expériences de Solidarité en vue de la transformation du groupe japonais d'aide aux déserteurs américains en groupe d'aide aux MLN asiatiques ».

Tak-tak n'avait pas fait mystère de sa sympathie pour l'extrême gauche japonaise. Il y entretenait des amitiés nées à l'Université. Henri l'avait mis en garde contre le danger de telles fréquentations, l'extrême gauche et les milieux radicaux étant, à Tokyo comme à Paris, soumis à une étroite surveillance policière. Tak-tak avait promis de prendre ses distances.

500

Il semblait du reste aussi peu préoccupé de politique intérieure japonaise que ne l'étaient de politique intérieure française la plupart des membres de Solidarité. Il avait formulé dès les premières rencontres une demande indicatrice d'un état d'esprit adéquat. Il avait séjourné en Indonésie. Un million de morts achevaient d'y pourrir dans les charniers ouverts par le général Suharto en 1966. Ce considérable massacre, perpétré avec la complicité avouée des services secrets américains, avait fort peu dérangé les consciences occidentales ; les victimes étaient communistes. Toujours est-il qu'il avait ému Tak-tak, comme encore le supplice de centaines de milliers de prisonniers détenus dans des conditions parfaitement abominables. Le professeur avait noué un contact avec un groupe de rescapés réfugiés sur une île indonésienne. Leur plus grand problème était l'absence de liaisons avec leurs camarades cachés sur l'île principale. Il leur fallait un poste émetteur.

Un ingénieur des Télécom sorti de Centrale fabriqua un émetteur et expliqua son fonctionnement à Tak-tak. Les cours radio spécifiques étaient assurés à Solidarité par un Anglais de très grande classe qui traversait la Manche sans rechigner à chaque appel de l'organisation. Parallèlement, Tak-tak suivit un stage complet. Un soin particulier fut apporté à l'étude des valises à double fond puisque l'émetteur devrait être transporté en pièces détachées jusqu'en Indonésie. Par bonheur, Tak-tak s'était fait à Paris trois amis japonais qui l'aideraient dans cette tâche.

André Haberman suivait de près l'opération. A cette époque, il suivait de près toutes les opérations. Mais une coïncidence le désignait particulièrement pour celle-ci : son amie Catherine, membre de Solidarité, étudiait le japonais aux Langues orientales, ce qui apportait un surcroît d'intimité non superflu avec le petit groupe. « Nous avions du mal à les intégrer, se rappelle Haberman. Aucune difficulté avec Tak-tak, très ouvert, très sympathique, mais ses copains... Il y avait une fille qu'on avait surnommée " le frigo ". Elle était vendeuse dans une parfumerie. Ils n'accrochaient pas du tout à notre style de vie. Eux, ce n'était vraiment pas le genre marginal. Ils nous reprochaient de ne pas être assez politisés. »

Puis Tak-tak disparut pendant quelque temps. A son retour, il reprit contact avec l'organisation. Alain Bréjac : « On l'a vu débarquer au comité directeur. Il a été la seule exception à la règle selon laquelle aucun militant ne devait assister à nos réunions. Il nous apprend qu'il rentre du Liban, où il a séjourné dans un camp d'entraînement palestinien du Fath, et il nous transmet avec son grand sourire une invitation des Palestiniens à venir les voir là-bas.

On n'en croyait pas nos oreilles. On s'est tous regardés. C'était vraiment la grande surprise. On n'avait pas besoin de lui pour avoir un contact avec le Fath. Personne ne l'avait chargé de quoi que ce soit. Et qu'avait-il bien pu leur raconter sur nous ? C'était le plus grave. Nous n'avions aucun moyen de le savoir. On a évidemment décliné l'invitation. C'était grotesque. Et nous avons aussitôt distendu les relations avec Tak-tak. Le contact n'a pas été rompu mais on se méfiait de ses initiatives. » Maurice Barth confirme : « Il y a eu un halte-là très net avec Tak-tak. Un halte-là d'Henri lui-même. »

★[★]★

Furuya Yutaka avait été arrêté sans esclandre à Orly le 26 juillet. *Le Monde* donna l'information une dizaine de jours plus tard. Henri Curiel n'avait aucune raison de croire que Tak-tak avait le moindre contact avec l'ARJ. Plus de deux années s'étaient écoulées depuis la promesse du Japonais de rompre avec l'extrême gauche, et son discours politique le situait loin des débordements terroristes. Mais l'épisode du Liban incitait à la prudence. Un matériel spécialisé et quelques documents d'archives étaient entreposés chez Catherine, l'amie d'Haberman, dont l'appartement était fréquenté par Tak-tak et ses camarades. Henri demanda à Haberman d'évacuer le dépôt.

« Catherine était en voyage à l'étranger — au Japon justement ! Elle habitait tout en haut d'un immeuble bourgeois du quinzième arrondissement. J'y suis allé un vendredi soir. La soirée était très chaude. Un type faisait pisser son chien devant l'immeuble. J'ai traîné dans le quartier pendant un quart d'heure. Rien de suspect. A onze heures et demie, je monte. Je ferme les volets, j'allume la lumière et je commence à rassembler les papiers. On frappe à la porte : " Police ! " Je suis allé ouvrir. Il y avait trois types et une femme sur le palier. Plutôt jeunes, dans les trente-cinq ans. La femme était très chic. J'ai su après qu'elle était juive. L'un des types a joué les cow-boys en pointant son revolver dans l'embrasure de la porte. Comme il y avait une chaîne, j'ai dû lui expliquer patiemment que s'il ne retirait pas son arme, je ne pourrais pas ouvrir. Il a fini par comprendre. J'ai ouvert. Ils n'ont eu qu'à ramasser les papiers que j'étais en train de réunir. C'était la DST.

« Ils ont fouillé pendant une heure. Ils n'étaient pas agressifs. J'avais eu un manque de pot terrible. Ils planquaient depuis trois jours devant l'immeuble. Leurs chefs venaient de leur donner l'ordre de lever la surveillance et ils étaient allés dîner. En sortant du restaurant, l'un d'eux a dit : " Si on allait faire un tour ? " Et ils ont vu de la lumière.

« Ils m'ont emmené rue des Saussaies. En franchissant le porche, j'ai pensé à la mère de ma femme qui avait été torturée là par la Gestapo.

« J'ai subi l'interrogatoire d'identité classique. Deux flics, deux gros bras menaçants. Ils n'arrêtaient pas de me dire : " Vous faites partie de l'ARJ ! " A trois heures du matin, ils m'ont ramené chez Catherine pour une nouvelle perquisition. Ils ont trouvé des faux tampons, des faux papiers, des vieux cours de faux papiers et de filature archivés depuis longtemps, et ce que nous appelions " les textes " : plate-forme, règles de sécurité. Mais ils n'ont pas trouvé le matériel de fabrication. On est revenus aux Saussaies et j'ai pu me reposer dans une cellule. A neuf heures du matin, nouvel interrogatoire et nouvelle perquisition chez Catherine. Elle n'a rien donné. Rien de ce qui a été trouvé ne compromettait un seul membre de Solidarité ni un seul militant.

« Retour aux Saussaies. Pour mes deux flics, j'étais un petit mec de l'ARJ. Ils n'étaient pas vraiment méchants mais j'avais l'impression d'avoir affaire à des petits flics.

« Après le déjeuner, tout a changé.

« J'ai vu arriver le commissaire Herranz. Un homme d'une cinquantaine d'années, très intelligent, très courtois. Il a un fils qui avait à l'époque une douzaine d'années et dont il m'a montré les photos [les vieilles ficelles sont décidément inusables !]. Ce n'était plus un flic, c'était un commissaire. Il m'a fait de grands compliments sur les faux tampons et les faux papiers. Je me suis rendu compte très vite qu'il n'avait pas envie d'approfondir. Il m'a confronté avec Yamamoto, la fille qu'on appelait " le frigo ". Elle m'avait reconnu sur la photo de mon permis de conduire prise quand j'avais dix-huit ans [il en a quarante]. J'ai dit immédiatement : " Je ne vous connais pas. " Du coup, elle a dit la même chose : " Non, je ne le connais pas. " L'adjoint de Herranz a soupiré : " Bon. Il va falloir tout retaper et vous ne pourrez pas prendre votre train pour la Belgique... " Elle se ravise et me reconnaît. Elle admet même être venue chez moi. Je lui demande de décrire mon appartement. Elle en a été incapable. Elle n'était jamais venue chez moi. Paniquée, la pauvre " frigo "... Quant à Tak-tak, il s'est complètement dégonflé, liquéfié — Herranz n'en revenait pas.

« La seconde nuit, j'ai obtenu que la lumière soit coupée dans ma cellule. Pendant ma garde à vue, je n'ai jamais eu peur. J'avais confiance dans la démocratie. Je me disais qu'ils ne pouvaient pas aller bien loin. Je n'ai d'ailleurs jamais senti quelque chose de répressif. Les repas étaient excellents. Je n'ai même pas eu à les payer. J'ai été très, très bien traité.

« Le lendemain, dimanche, j'ai été interrogé sur les faux tampons et les faux papiers. J'ai dit qu'une femme avait déposé tout cela. Ils m'ont questionné aussi sur la plate-forme et les règles de sécurité. Je me suis déclaré solidaire du tiers-monde. [La consigne en cas d'arrestation était de nier ce qui pouvait l'être et de s'en tenir à une déclaration de sympathie pour le tiers-monde.]

« Le lundi matin a été consacré à la rédaction de ma déposition. Herranz était toujours aussi courtois. A un moment, je dicte : " Je fais partie d'un mouvement de solidarité au tiers-monde. " Il me coupe : " Non. Vous devriez dire : d'aide au tiers-monde. " Il me fait passer dans un autre bureau et me dit en tête à tête : " Le mot *solidarité*, ça me gêne. — Qu'est-ce qui vous gêne ? De toute façon, je ne suis qu'un petit militant. — Non, vous n'êtes pas un petit militant. Vous êtes Thomas. " C'était mon dernier pseudonyme. Il ajoute : " Croyez-moi, il vaut mieux utiliser l'expression *aide au tiers-monde* que *solidarité au tiers-monde*. " J'ai été soufflé.

« Ensuite, nous avons bu le pastis. Il était très détendu. Il m'a dit : " Vous vous êtes fait avoir par ces Japonais. " Il m'a aussi parlé de lui : " Je suis du pays basque. Ne me classez ni à droite ni à l'extrême droite. Je suis assez progressiste. J'aide beaucoup d'Espagnols à obtenir leurs papiers. " Et il a ajouté : " Pourquoi cette clandestinité ? Pourquoi pas une organisation avec pignon sur rue ? Ce que vous faites ne gêne en rien le gouvernement français... Ça l'arrangerait plutôt dans la mesure où nous savons ce que vous faites. " Cela m'a beaucoup frappé. Plus tard, en y réfléchissant, je me suis dit : " Pourquoi pas ? On fait une organisation tout ce qu'il y a de plus officiel, quitte à ne pas crier sur les toits tout ce qu'on fait... "

« Ce qui est sûr, c'est qu'ils en savaient long sur Solidarité. Quand Henri disait que son dossier était le plus gros de la DST, il avait sûrement raison : ils le connaissaient parfaitement. Et ils étaient persuadés qu'il n'était pas un terroriste.

« Dans l'après-midi, le sous-directeur de la DST est entré dans le bureau. Il a été très paternaliste : " Vous êtes irresponsables. Vous avez été bernés par les Japonais et vous auriez pu aider n'importe qui, des malfrats ! " Ensuite, un discours branquignolesque : " La France est un pays d'asile et la DST n'est pas une police répressive. Si vous voulez aider des militants du tiers-monde, parlez-nous-en ! Collaborons ! "

504

« Herranz m'a fait ses adieux. La cour de sûreté s'était entre-temps dessaisie du dossier et je devais être présenté au Parquet. Il m'a donné son numéro de téléphone pour que je l'appelle au retour de Catherine : il voulait l'interroger. Elle n'a jamais été inquiétée. Il m'a dit : " Je vous confie à mon adjoint. Ne vous faites pas de souci : ce soir, vous dormirez dans votre lit. Vous serez condamné à quinze jours avec sursis. Cela n'ira pas plus loin. "

« J'ai été conduit au Parquet sans menottes. Depuis l'entrée en scène de Herranz, je n'avais plus les menottes. Son adjoint est resté en tête à tête avec le substitut pendant trois bons quarts d'heure. Quand je suis entré à mon tour, le substitut, un assez vieux monsieur, m'a dit avec beaucoup de gentillesse : " Il est tard et je n'ai pas de magistrat instructeur à ma disposition. Je suis donc obligé de vous faire passer par la désagréable expérience du Dépôt. Mais je vais faire diligence pour que vous soyez chez vous ce soir. Au revoir, Monsieur. " Et il me tend la main. J'imagine que c'est quand même assez rare...

« J'ai été inculpé le soir même par un juge d'instruction des plus sympathiques qui m'a aussitôt mis en liberté provisoire. On ne voulait pas me coller en prison. »

André Haberman sera condamné en 1977 à trois ans de prison avec sursis et cinq mille francs d'amende. Aucune allusion ne sera faite pendant les débats aux Japonais. La presse n'avait pas été informée de son arrestation ; elle ne mentionnera pas sa condamnation.

***

La DST avait vu clair.

Tak-tak avait été la dupe de l'ARJ. Remis aussitôt en liberté, l'hurluberlu passa en Suède après avoir subi la fureur d'Henri. La Suède l'extrada vers le Japon. Emprisonné, jugé, il fut acquitté par une justice japonaise peu suspecte de complaisance envers les terroristes.

Et Solidarité avait été la dupe de Tak-tak, au moins la victime de ses relations imprudentes.

Si l'on songe au flot de terroristes de tout poil que charriaient ces années soixante-dix, le plus étonnant est encore que l'organisation n'ait effleuré ce monde du militantisme perverti qu'à travers le seul Tak-tak, dont la naïveté faisait une proie rêvée pour ses compatriotes japonais en même temps qu'elle rendait inimaginable pour ses camarades français sa fréquentation des cercles terroristes. La crise de

1972 ne peut être ici invoquée pour expliquer le défaut de vigilance :
les relations avec Tak-tak étaient établies avant la crise, avant le
départ de Gerold de Wangen. Sans doute eût-il fallu rompre après son
voyage au Liban au lieu de se borner à distendre les liens. Sa franchise
désarmante lui avait épargné d'être rejeté dans les ténèbres extérieures.

Si la DST est un service de police démocratique respectueux des
lois, son attitude est normale. Sachant le vrai des choses, elle ne
pouvait pas incriminer Tak-tak et Haberman dans une affaire de
terrorisme.

Si la DST est disciple de Machiavel, comme il arrive parfois aux
services de police, et considère que la fin justifie les moyens, son
attitude est sidérante. Solidarité a la corde au cou et il suffit de serrer
pour l'étrangler. L'opinion publique est traumatisée par l'inflation
terroriste. La DST ne manque pas de porte-plume dans la presse
pour déclencher un raz de marée journalistique. La seule révélation
de la conjonction Furuya-Tak-tak-Haberman suffisait à justifier le
coup de filet liquidant Solidarité. Que le dossier soit en vérité vide, on
ne s'en apercevrait que des années plus tard, devant la cour de sûreté
de l'Etat, encore que cette juridiction ait une répugnance invincible à
trouver vides les dossiers vides. On serait débarrassé en tout cas d'une
organisation importune. Quelle économie d'hommes et de moyens si
Solidarité n'existait plus !...

La DST a refusé l'occasion.

C'est d'autant plus méritoire que l'affaire ne s'arrête pas là. Les
terroristes japonais décidèrent de récupérer Furuya Yutaka. Armés
grâce aux bons offices de Carlos, ils firent irruption dans l'ambassade
de France à La Haye et prirent en otage cinq diplomates dont ils
marchandèrent la vie contre la remise en liberté de Yutaka et le
versement d'une rançon d'un million de dollars. Carlos contribua à
assouplir Paris en jetant une grenade dans le drugstore Saint-Germain
et en menaçant de faire sauter un cinéma si le gouvernement ne cédait
pas. M. Poniatowski, ministre de l'Intérieur, qui devait faire par la
suite si grande carrière de matamore, capitula devant l'ultimatum.
Furuya Yutaka fut mis dans un avion pour Damas avec un viatique de
trois cent mille dollars. C'était une grande humiliation pour la place
Beauvau, où débouche la rue des Saussaies. Il était tentant de la
compenser par une opération spectaculaire sur une organisation
offerte à portée de main et pour laquelle aucun Carlos ne se
mobiliserait.

La DST sut résister à la tentation.

Une considération l'a peut-être encouragée à ne pas se servir du prétexte Yutaka pour frapper Solidarité : le fait qu'elle avait enfin réussi à infiltrer convenablement l'organisation. Aucun coup de filet n'est définitif. Quelque chose se serait reconstitué, avec une structure plus hermétique, une vigilance accrue, et tout eût été à recommencer. L'efficacité coïncidait avec l'équité.

Le pasteur Rognon l'avait bien compris : « Après l'affaire Haberman, j'ai dit à Henri : " Il faut continuer, mais en sachant que nous le faisons parce que la DST le veut bien, avec sa bénédiction, et que ça finira quand elle le voudra. " Je n'avais pas été étonné par la mansuétude dont avait bénéficié Haberman. Il n'a pas intéressé la DST parce que la DST s'intéressait au terrorisme, et elle savait bien que nous n'avions rien à voir avec lui. »

Le congrès fut cependant le théâtre de débats passionnés. Un membre du secrétariat lança une violente offensive pour que Solidarité (rebaptisée Aide et Amitié) s'enfonçât dans une clandestinité rigoureuse, avec suppression des congrès, réduction du comité directeur à un rôle de poste de commandement, et strict cloisonnement.

« J'étais contre, indique le pasteur Rognon. On se serait coupés du pays. C'est la voie du réseau, qui mène au communisme. » Henri Curiel se rallia une majorité en faisant prévaloir ce qu'il répétait depuis toujours : la seule sécurité vitale était celle des militants, et aucune infiltration policière ne pouvait la mettre sérieusement en péril. En quatorze ans, pas un seul des militants passés par l'organisation n'avait été pris à cause d'elle. Pour les membres français, et le romanesque dût-il en souffrir, les règles de sécurité spécifiaient : « Il faut garder à l'esprit que Solidarité n'est pas une organisation révolutionnaire qui viserait à transformer le régime social en France. Il serait donc erroné de se conduire à l'image des militants qui, dans leur pays, mènent une lutte révolutionnaire. Le devoir des membres de Solidarité dans ce domaine réside avant tout dans l'application des principes énoncés plus haut et non dans une sorte de " lutte contre la police ". »

André Haberman fut cependant mis sur la touche. Henri le revit malgré la réticence générale. Haberman fit un rapport sur son arrestation et se présenta devant le comité directeur. Cela ne se passa pas bien. Il souhaitait recommencer à militer. Le comité directeur l'admit à condition qu'il rompe toute relation avec les membres de l'organisation, sauf avec le courrier spécial désigné pour lui porter les documents à transformer. Il refusa. « A Solidarité, dit-il aujourd'hui, j'ai commencé par être Jean-Pierre. Puis est venue la belle époque de Thomas. Et j'ai fini par être Judas. » Il exagère un peu.

Nathalie prit peur. Non pas pour elle — sa famille avait fait ses preuves dans la résistance antinazie — mais pour les militants.

Le poète sud-africain Breyten Breytenbach, dont elle était très proche, l'avait fait entrer à Solidarité. A sa demande, elle était partie pour Santiago, juste après le coup d'Etat de Pinochet, pour nouer le premier contact avec la résistance chilienne. Toute jeune, très belle, elle était devenue semi-permanente, se consacrait essentiellement aux liaisons et couvrait pour Solidarité les activités du groupe Jacques, à la tête duquel elle avait eu la surprise de retrouver Apolhino de Carvalho, ancien des Brigades internationales, qui avait combattu avec son père dans les rangs des FTP français.

La clandestinité est une infatigable accoucheuse de rumeurs. La nouvelle de l'arrestation d'André Haberman plongea l'organisation dans la paranoïa ordinaire. Il se murmura que l'ensemble des archives était tombé entre les mains de la police. C'était faux. Certains affirmèrent que des fichiers avaient été pris. Rien de tel. Les documents trouvés chez l'amie d'Haberman, que la justice lui restituera, ne mettaient en péril aucun militant. Même infondée, la rumeur existait. Henri, mithridatisé par une longue expérience, eut le tort de ne pas prendre au sérieux les alarmes de ses jeunes camarades. Pressé de questions par Nathalie, il se borna à lui répondre que rien ne justifiait son inquiétude. C'était un peu court. Il eût mieux valu vider l'abcès. La jeune femme tira de ce quasi-mutisme l'impression qu'Henri voulait dissimuler une réalité encore plus désagréable qu'elle n'avait imaginé. Elle s'ouvrit de ses doutes à Carvalho. Haberman n'arrangea pas les choses en débarquant inopinément dans une réunion du groupe Jacques où il n'avait que faire. Apolhino de Carvalho décida de prendre ses distances avec Solidarité.

Averti par son amie Nathalie, Breytenbach accentua l'autonomie du groupe Okhela.

Tout Solidarité avait eu le coup de foudre pour Breyten Breytenbach. On l'aimait d'amour. Les pires vicissitudes n'éteindraient pas cette passion.

Il était né le 16 septembre 1939 dans une famille afrikaner installée près du Cap. Doué pour l'écriture et la peinture, il étudia les beaux-arts à l'Université du Cap, publiant ses premiers poèmes dans des revues littéraires. Paris le fascinait : « Cette métropole internationale des arts, devait-il déclarer à son procès, dont mes amis artistes et écrivains m'avaient parlé si souvent et avec tant de chaleur. » En 1960, à vingt et un ans, il prit un billet de quatrième classe et débarqua à Lisbonne avec vingt livres en poche. Installé à Paris, il y rencontra dans l'année une ravissante Vietnamienne de nationalité française, Yolande, qui allait devenir sa femme. Ce mariage le mettait au ban de son pays, où les relations entre partenaires de races différentes sont punies par la loi.

Son existence devint quelque peu étrange. Il fréquentait à Paris l'intelligentsia progressiste, se liait à Londres et à Amsterdam avec les groupes anti-apartheid, nouait de fortes amitiés dans l'immigration sud-africaine antiraciste, tandis que ses poèmes sulfureux étaient publiés dans son pays avec un succès grandissant. Mouton noir il était, si l'on ose dire, mais le troupeau continuait de le tenir pour sien. Cette faveur insolite tenait à son origine afrikaner. Les Afrikaners, en qui s'incarne le pouvoir blanc d'Afrique du Sud, sont les descendants des premiers colons hollandais du XVIIᵉ siècle, les héritiers des Boers légendaires. Majoritaires parmi la population blanche, ils souffrent d'un complexe culturel vis-à-vis des habitants d'origine anglaise. Leur langue, l'afrikaans, dérivée du néerlandais, tendait à n'être plus qu'un véhicule utilitaire et leur littérature s'anémiait dans le conformisme le plus étriqué, lorsque des jeunes gens à l'image de Breyten bach — le mouvement des Sestigers — entreprirent de les revivifier. Sa communauté d'origine ne pouvait que vomir l'homme Breytenbach : le poète l'émouvait et son début de renommée internationale la flattait. Ainsi vit-on l'ambassade d'Afrique du Sud à Paris organiser de brillantes réceptions pour remettre à Breytenbach des prix littéraires qu'il avait obtenus au pays pour des poèmes hérétiques publiés par l'Afrikaane Pers, groupe d'édition du parti nationaliste. Rien n'est simple. On en aurait confirmation au procès Breytenbach.

En 1964, sa femme Yolande sollicita un visa. Il fut refusé. Un voyage au Ngwane, ex-Swaziland, limitrophe de l'Afrique du Sud, permit à Breyten de la présenter à ses parents.

En décembre 1972, elle reçoit un visa de touriste valable trois mois. Le couple s'envole pour l'Afrique du Sud. Il y fait sensation. Un Afrikaner marié à une « non-blanche » ! Au-delà de cet engouement équivoque, Breytenbach est surpris de l'audience rencontrée par son œuvre — l'intelligentsia le fête — et par l'intérêt que suscite sa marginalité d'enfant du pays : des inconnus l'abordent dans la rue, engagent le dialogue... La presse, surtout l'anglophone, lui est favorable. En février 1973, prenant la parole à l'Université du Cap devant un parterre d'intellectuels et d'hommes politiques, il attaque bellement le principe fondateur de l'apartheid en déclarant que les Afrikaners, nés des noces de l'Europe et de l'Afrique, sont des bâtards condamnés à disparaître s'ils n'assument pas leur bâtardise. La salle applaudit le poète.

Il rentre à Paris convaincu de la nécessité d'agir, assuré d'en posséder les moyens.

*_**

Johnny Makatini, représentant de l'ANC en Algérie et en France, parla de lui à Solidarité : « Il est bien, il a un projet, mais nous ne savons pas quoi en faire. Voyez avec lui. S'il réussit son coup, tant mieux. »

Le projet, auquel Makatini avait pris plus de part qu'il ne disait, consistait à rassembler les Sud-Africains de race blanche hostiles à l'apartheid dans une organisation clandestine apportant un « soutien invisible » à l'ANC.

Le parti communiste sud-africain, l'une des composantes principales de l'ANC, fut d'entrée de jeu hostile. Il condamnait le principe du regroupement des Blancs dans une organisation séparée et jugeait Breytenbach inapte à en assumer la direction.

Henri Curiel accueillit l'idée avec enthousiasme. C'était recommencer le réseau d'aide au FLN : des militants blancs, moins surveillés par la police, disposant de facilités de déplacement et de moyens d'action sans commune mesure avec ceux des militants noirs, pourraient rendre à la lutte contre le pouvoir raciste autant de services que, naguère, les militants français au combat contre le pouvoir colonial.

Une différence ne lui sauta pas aux yeux : le réseau d'aide avait recruté parmi les Français métropolitains, non parmi les pieds-noirs. Breyten Breytenbach créant le groupe Okhela, c'était Albert Camus fondant le réseau Jeanson. On sait que le célèbre philosophe, né en Algérie, resta fort éloigné d'un tel engagement, ce dont la postérité ne semble pas lui tenir rigueur. L'irresponsable Sartre est voué aux gémonies pour n'avoir pas dénoncé comme il aurait dû les horreurs staliniennes, auxquelles sa condamnation n'eût rien changé, mais Camus le Juste est tout à fait absous de n'avoir pas pris position dans une guerre coloniale qui coucha au sol cinq cent mille Algériens et à propos de laquelle son jugement eût pesé lourd pour des milliers de jeunes gens, dont nous fûmes.

« Entre la justice et ma mère, avait dit Camus, je choisis ma mère. » Non seulement Breytenbach choisissait la justice : il décidait de lutter pour elle.

Henri aima profondément Breyten. Pendant plus de deux ans, il le rencontra au moins une fois par semaine — le samedi de préférence — et il sortait de leurs rendez-vous rajeuni, ragaillardi, lavé des soucis routiniers. Comme tout le monde, il était sous le charme. Plus que d'autres, il était sensible à la brillante intelligence de Breyten. Et il était à peu près le seul à pouvoir comprendre un homme qui, après dix ans d'exil, veuf de sa langue originelle, retranché des siens, restait enté sur sa terre natale. Breyten, soulevé par un souffle de vision-naire, évoquait l'Afrique du Sud comme Henri ne le faisait plus de l'Egypte que dans le secret de son cœur. « Mon fils spirituel », disait-il de lui.

Il fut un père abusif. Adoptant le militant Breytenbach, il nia le poète et le peintre. On le tira par la manche pour les lui signaler : il détourna obstinément la tête. Si « l'organisation, c'est le choix des hommes », encore faut-il connaître les hommes pour les bien choisir.

Judith s'en inquiéta. Membre du comité directeur, elle assurait la liaison avec Breytenbach, fils spirituel de celui dont elle-même avoue : « Il était le père que j'aurais souhaité avoir. » Elle tenta de lui ouvrir les yeux : « J'ai demandé dix fois à Henri de venir regarder les tableaux de Breyten. Il a toujours refusé. La peinture de Breyten rappelle un peu celle de Francis Bacon. Ce n'est que torture, sang, viscères... Une obsession de la mort... Breyten est un homme écartelé, tourmenté. Quelqu'un qui doute. Henri a refusé d'en prendre conscience. Il voulait un Breyten monolithique, un militant bien carré. » André Haberman éprouva la même inquiétude : « J'ai vu souvent Breyten jusqu'en 1974 et je m'entendais très bien avec lui. Henri était persuadé que Breyten était un politique : c'était un poète. J'ai vu des peintures où il se représentait en Christ. Ça donne à réfléchir. Henri était un être de feu qui croyait tellement aux autres qu'il les idéalisait. Moi aussi, j'ai fini par y croire. Et nous avons fini par en convaincre Breyten lui-même. C'est notre responsabilité. Elle n'est pas mince. Nous lui avons donné, à Solidarité, une confiance en lui qui n'était pas fondée. »

Mais le temps des autocritiques était à venir. Breyten organisait bien son affaire. Son groupe, d'abord nommé Atlas, prit le nom d'Okhela, qui veut dire « étincelle » en zoulou. Il recruta des membres français, anglais, hollandais, américains, et naturellement sud-africains — tous de race blanche. Un manifeste fut rédigé, assorti de règles de sécurité. Il déclarait que le rôle des progressistes blancs ne consistait pas « à se confondre avec les organisations exprimant la conscience et les aspirations noires » mais plutôt « à rechercher la meilleure façon d'aider la lutte de la majorité pour la libération nationale ».

Okhela travaillait en contact étroit avec les puissantes organisations anti-apartheid d'Angleterre et de Hollande. Breyten trouva à Amsterdam celui qui allait devenir son adjoint, Barend Schuitema, Afrikaner comme lui. Il avait commis le crime d'aimer une femme noire. Dynamique, bardé de certitudes, Schuitema fut néanmoins perçu avec malaise par Solidarité. « Il était aussi déchiré que Breyten, constate Judith, avec un côté aventurier assez inquiétant. Ça sortait par tous les pores de sa peau. » Il remuait beaucoup d'air, annonçait de grandes choses. Mais bon : le recrutement était l'affaire de Breyten. Les liaisons entre Okhela, groupe autonome, et Solidarité se faisaient par le seul canal du peintre-écrivain.

Breytenbach suivit le cycle complet des stages de l'organisation. Quatre étudiants blancs venus d'Afrique du Sud reçurent une formation. Deux d'entre eux avaient été recrutés en 1974 par Schuitema au cours d'un voyage clandestin que la police de sécurité avait suivi de bout en bout. Le troisième avait brièvement rencontré Breytenbach au Cap lors de son voyage triomphal de 1973 et s'était rendu à Paris, où il avait été recruté. Le quatrième, en voyage en Europe, s'était présenté au bureau du mouvement anti-apartheid d'Amsterdam ; Schuitema, l'y rencontrant, l'avait enrôlé sur la foi de ses déclarations sympathiques. Les quatre stagiaires seraient témoins à charge au procès de Breytenbach.

Au mois de mai 1975, l'ANC commanda à Solidarité cinq cents passeports intérieurs. Cent cinquante furent entreposés chez Breytenbach.

Il se préparait à partir pour le Mozambique, dont l'accession à l'indépendance était fixée au 25 juin. Solidarité, qui s'était dépensée sans compter pendant treize ans pour le mouvement de libération mozambicain, avait de solides appuis dans la nouvelle équipe dirigeante. Le pays, limitrophe de l'Afrique du Sud, contigu du Ngwane, offrait une base arrière idéale à l'ANC. Ainsi Breytenbach pourrait-il entamer une étape importante du programme d'Okhela : la création en Afrique du Sud d'un syndicat clandestin regroupant les Blancs hostiles au pouvoir raciste. Un itinéraire avait été établi par le secrétariat de Solidarité et le voyageur connaissait ses points de chute. Aucune date précise n'avait été fixée pour son départ.

Aux derniers jours de juillet, les Curiel étant en vacances à Deauville, un membre du secrétariat rencontra Breytenbach à la cafétéria du Grand Palais et lui remit un passeport français préparé par la spécialiste de l'organisation. Il était au nom de Christian Galaska. Breytenbach était accompagné de Schuitema. Les deux Sud-Africains examinèrent le passeport et le trouvèrent excellent.

Le 1er août, à Rome, Breytenbach, son passeport muni du visa d'entrée qui venait de lui être délivré par le consulat d'Afrique du Sud, prit l'avion pour Johannesburg.

*

C'était pure folie. Il était connu comme le loup blanc en Afrique du Sud depuis son voyage de 1973. Des milliers de personnes l'avaient vu, entendu ; la radio avait diffusé des interviews et sa voix, douce et grave, est inoubliable ; ses photos s'étaient étalées à la première page des journaux. Le Boss, service secret sud-africain, savait évidemment son activité à la tête d'Okhela. Bouclier d'un Etat qui se bat le dos au mur, comme Israël, et dont la première défaite risquerait d'être la dernière, le Boss est tenu par les spécialistes pour l'un des trois services occidentaux les plus efficaces ; l'un des deux pour lesquels la liquidation physique est procédure ordinaire. Solidarité était depuis treize ans l'une de ses cibles prioritaires. Okhela l'était au moins depuis cette année 1975, et par la faute de ce va-de-la-gueule de Schuitema. Un groupe antinucléaire allemand avait volé à l'ambassade d'Afrique du Sud à Bonn des documents prouvant qu'une collaboration clandestine s'était établie entre les gouvernements allemand et sud-africain en matière de technologie nucléaire militaire. Affaire gravissime ! Les auteurs du vol avaient transmis les documents à l'ANC mais Schuitema allait répétant entre Londres, Paris et Amsterdam que le mérite de l'opération revenait à Okhela...

Breyten se jetait dans la gueule du loup.

Le 1er août, ce fut le poète qui monta dans l'avion.

Une hôtesse de l'air était ravissante. Il la suivit dans son appartement de Johannesburg et passa trois jours avec elle. Le personnel naviguant des compagnies israélienne et sud-africaine doit être considéré comme lié aux services secrets, les rares exceptions confirmant la règle. Le poète eut l'ingénuité de confier des lettres à l'hôtesse pour qu'elle les postât d'endroits sûrs. Les lettres se retrouvèrent au dossier de l'accusation.

Il avait dans sa valise deux passeports intérieurs pris sur la fourniture destinée à l'ANC.

Schuitema avait précédé Breytenbach en Afrique du Sud. Il annonça par téléphone l'arrivée de son ami : deux communications au moins furent écoutées. Mieux encore : Schuitema, en correspondance avec un pasteur sud-africain travaillant à New York, lui avait écrit de Hollande à propos du voyage décidé par Breytenbach ; le Boss ouvrait toutes les lettres reçues par le pasteur...

Breyten fut arrêté le 19 août après avoir pris quelques contacts, notamment avec deux anciens dirigeants du syndicat des étudiants qui furent jetés en prison avec lui. Schuitema échappa au coup de filet et parvint à sortir du pays. De retour en Europe, accusé d'avoir vendu Breyten, il fut traité comme un pestiféré par l'ensemble du mouvement anti-apartheid.

Allons au bout de l'histoire :

Le 7 octobre 1979, Barend Schuitema, dont il avait été dit au procès Breytenbach qu'il était le véritable inspirateur et l'homme fort d'Okhela, atterrit à Johannesburg. Son avocat, conformément à ses instructions, avait prévenu la police de sécurité. Il fut mis au secret pour cent jours, délai de garde à vue prévu par la loi, mais précisa à sa sortie qu'il avait été traité comme un hôte personnel du ministre de la Justice. Le *Sunday Times* publia une interview de lui dans laquelle il avouait avoir été un agent des services sud-africains, mais seulement à partir de 1978, et sans être payé ; le journal affirmait néanmoins avoir obtenu des services confirmation qu'il avait reçu plusieurs milliers de rands. Schuitema démentit formellement les propos qui lui avaient été prêtés. Il déclara être revenu dans son pays pour y faire la preuve de l'innocence de son ami Breytenbach. Son vœu était d'être jugé par la cour suprême. Aucune poursuite ne fut engagée contre lui. Il vit aujourd'hui librement en Afrique du Sud.

De l'avis de ceux qui l'ont connu et souvent détesté, Barend Schuitema n'a point trahi Breytenbach, sinon par imprudence, et il n'a été un véritable indicateur ni avant ni après 1978. C'est simplement un homme déchiré, partagé, un peu fou, qui n'avait pas les moyens psychiques de sa volonté politique et dont les manipulateurs à sang-froid de Johannesburg s'amusèrent comme d'une marionnette.

Choisir la justice est beau. Agir contre sa mère est peut-être trop difficile.

L'arrestation de Breyten frappa Solidarité comme la foudre. Judith, si proche de lui, le croyait comme tout le monde au Mozambique. Personne ne comprit sa décision suicidaire de retourner dans son pays. L'anxiété pour le sort du prisonnier se complétait d'un délicat problème politique. L'ANC avait confié Breyten à

Solidarité : comment ses chefs admettraient-ils qu'une décision de si lourde conséquence eût été prise sans qu'ils en fussent informés ?

Henri calma les esprits. Il choqua même Judith en lui assurant : « Cette arrestation, ce n'est pas si grave. » Breyten était trop célèbre pour être torturé ou pendu. Grâce à son intelligence supérieure, à son pouvoir de séduction, son procès deviendrait celui de l'apartheid. Retournant l'arme judiciaire contre ses juges, comme avait fait Dimitrov au procès du Reichstag, transformant le box des accusés en tribune, son réquisitoire antiraciste retentirait dans le monde entier.

Judith reçut mission d'organiser la campagne en sa faveur, en liaison avec le MRAP qui avait aussitôt créé un comité de soutien. Breyten, dans sa cellule, raisonnait autrement. Des hommes arrêtés à cause de lui seraient jugés avec lui. Il s'estimait responsable de leur sort présent et futur.

Solidarité figurait dans l'acte d'accusation en tant qu'organisation ayant enfreint la loi sur le terrorisme de 1967. Cette loi taxe de terrorisme ce qui relève dans un pays démocratique de la liberté d'opinion. C'était la première fois depuis sa création que Solidarité était officiellement et publiquement citée en justice.

Le procès s'ouvrit devant la cour suprême le 21 novembre 1975. Accusé lui aussi d'avoir violé la loi sur le terrorisme, Breytenbach plaida coupable. Outre un inspecteur de police, les seuls témoins à charge étaient les quatre jeunes gens venus à Paris s'initier à la lutte clandestine. Charles-Albert Morand, professeur à la faculté de droit de Genève, délégué comme observateur par la Commission internationale des juristes, précise à propos des témoins, eux-mêmes inculpés : « Ils ont tous été informés que le procureur général renoncerait à la poursuite des informations en rapport avec les charges retenues contre l'accusé, s'ils voulaient bien répondre de façon satisfaisante aux questions posées. » Les quatre jeunes gens furent libérés à l'issue du procès.

La défense produisit deux témoins. Le premier était une candidate au doctorat en littérature africaine qui récita à la barre quelques poèmes de Breytenbach. Le second, plus surprenant, était le chef de la police de sécurité, le colonel Broodryk. Il attesta que l'accusé « avait collaboré pleinement dans le cadre de l'instruction » et manifestait son repentir. Son portrait de Breytenbach fut celui d'un rêveur idéaliste peu dangereux pour l'ordre établi.

Breytenbach lut une longue déclaration. Après avoir évoqué les circonstances qui l'avaient conduit à s'engager dans le combat politique, il admit avoir agi stupidement et en demanda pardon. Il présenta ses excuses au Premier ministre Vorster pour un poème dans lequel il l'avait qualifié de boucher et adressa ses remerciements « ici, en public » au colonel Broodryk et à son équipe pour la manière « correcte et humaine » dont ils l'avaient traité.

Le procureur prononça un plaidoyer insistant sur l'idéalisme inoffensif de l'accusé, et requit la peine minimale : cinq ans de prison. L'avocat fit chorus avec lui. Le juge fut d'un autre avis et condamna Breytenbach à neuf ans de prison. Ses coaccusés furent acquittés et libérés.

Charles-Albert Morand nota dans son rapport la « surprise générale » créée par l'attitude de l'accusé et, d'une manière générale, par « l'entente parfaite » entre l'accusation et la défense. Concluant que « le procès Breytenbach constitue un succès remarquable pour le gouvernement », il indiquait : « Les conséquences sont difficiles à évaluer. On peut cependant se risquer à dire qu'elles sont très défavorables à la lutte contre l'apartheid... La collaboration entre la frange libérale blanche et la communauté noire dans la lutte contre l'apartheid semble sérieusement compromise. L'accusé et les autres personnes impliquées dans le procès sont perçus, à tort ou à raison, comme des rêveurs et des romantiques mal préparés à la lutte politique et peu aptes à supporter les rigueurs de la détention préventive. »

Les comités de soutien créés en Europe fermèrent boutique sans tambours ni trompettes. Judith s'obstinant à militer pour son ami, Henri Curiel trouva qu'elle lui consacrait trop de temps et lui demanda de quitter le comité directeur. Il était profondément déçu. Pour lui, Breytenbach avait trahi alors que les circonstances lui offraient le rôle dont rêve chaque militant : incarner la cause à la face du monde entier, le temps d'un procès sans conséquence vitale, et lui donner une audience universelle. Il ne comprenait pas. Mais avait-il cherché à comprendre Breyten ? La phrase la plus raisonnable de la troublante déclaration de l'accusé était sans doute celle-ci : « Nous apportons tous une contribution, bonne ou mauvaise, à la société. En ce qui me concerne, il m'est à présent tout à fait clair que ma contribution ne peut être politique. » Et ce cri : « Je sens, je *sais* que j'ai encore beaucoup de poèmes dans mes doigts et de tableaux dans mon œil ! » Cri incongru pour Henri Curiel. Il n'aurait vraisemblablement pas admis qu'un livre sur lui fût plus important que lui.

Mais sa rigueur, qui choqua ou peina beaucoup de ses camarades, n'était pas seulement une réaction personnelle. L'ANC avait donné consigne de laisser tomber Breytenbach. Engagé dans une lutte impitoyable où plusieurs dizaines de ses militants étaient pendus chaque année dans les geôles racistes, le mouvement de libération sud-africain n'avait pas de temps à perdre avec les états d'âme d'un poète afrikaner. Son hommage aux policiers avait glacé les cœurs. Makatini, compromis dans l'affaire, fut tenu à l'écart pendant plus d'un an. Comme l'avait bien prévu Charles-Albert Morand, l'affaire avait creusé un fossé de défiance entre militants noirs et libéraux blancs.

*
* *

Le deuxième procès Breytenbach vida le calice jusqu'à la lie.

Le prisonnier, isolé dans sa cellule, insomniaque, privé de visites, réduit à deux lettres de cinq cents mots par mois, s'était naïvement confié à son jeune gardien de vingt ans, Pieter Groenewald. Il lui confia des lettres qui aboutirent à la police. Il lui parla pendant des centaines d'heures sans se douter que leurs conversations étaient enregistrées. Au mois d'août 1977, Breytenbach comparut de nouveau devant la justice sud-africaine sous la double inculpation de tentative d'évasion et de poursuite d'activités terroristes.

C'était grotesque. Comment un détenu soumis à un régime relevant du quartier de haute sécurité aurait-il pu avoir des activités terroristes ? Mais la lecture des lettres et la transcription des bandes magnétiques expliquaient la hargne policière. Breytenbach, bien loin de persévérer dans le repentir affiché à son premier procès, témoignait d'une pugnacité intacte et s'efforçait de passer à ses amis d'outre-mer les informations qu'il avait pu glaner. Il pensait avoir été trahi : « Le monsieur Galaska, écrivit-il à un membre de Solidarité, qui était connu pour un certain contrat, était attendu ici. Mais c'est seulement au bout de cinq heures très dures qu'ils ont compris que c'était moi. » Galaska était le nom porté sur son faux passeport. Il demande à un autre ami de prévenir Makatini à propos « des passeports en stock » : « Les flics en ont deux, et du coup tous les autres sont mis en question. C'est certain que chez nous, à Paris, les flics surveillent. Dis-lui aussi que l'organisation avec laquelle il est en contact à Paris est très bien connue du Boss... La façon dont ils connaissent S. montre beaucoup de coopération entre eux et la France. » Il dénonçait un mouchard à Londres et révélait que deux journalistes sud-africains voyageant souvent à l'étranger travaillaient pour le Boss. Mais la sensation du procès fut la production par la police d'une très longue lettre de Breytenbach qu'elle n'avait pas obtenue par des voies détournées : le prisonnier l'avait adressée directement au général Geldenhuys, chef de la police de sécurité. Il lui faisait des offres de service : en échange de sa liberté, il proposait d'infiltrer le parti communiste sud-africain pour le compte du Boss. Ses contacts au sein de l'ANC et parmi le mouvement anti-apartheid international lui permettraient de faire bonne besogne. La justification de sa démarche était sa conviction que ses ennemis d'hier étaient en vérité « des gens qui, dans des conditions très difficiles, essayaient de trouver une solution honnête et sincère à nos problèmes, et cela précisément pour éviter à l'Afrique du Sud tout entière de sombrer dans un bain de sang ». Il ajoutait : « La prison est un mauvais endroit. » Il ne voulait pas devenir une sorte de légume invertébré (« *a spineless sort of vegetable* »).

L'accusé révéla que le Boss avait tenté de le recruter lors de son triomphal voyage de 1973. Il affirma que sa proposition au général Geldenhuys n'était pas sincère. Sorti de prison, il ne serait pas devenu un agent du Boss.

Mais il avait dû, pâle et tendu, lire l'intégralité de la lettre devant la cour, les journalistes, les observateurs internationaux et une assistance composée de ses amis.

Le juge l'acquitta des chefs de tentative d'évasion et d'activités terroristes. Il le condamna à une petite amende pour avoir enfreint le règlement pénitentiaire.

La justice pouvait se donner les gants de l'équité : l'accusé s'était lui-même infligé condamnation.

Trois mois plus tard, un Martin Welz, auteur à la déontologie indécise, publiait en afrikaans, aux éditions Mac Graw-Hill de Johannesburg, sous le titre *Breyten en prison,* des morceaux choisis des lettres et des bandes magnétiques confisquées par la police de sécurité.

Ainsi le pouvoir raciste, jouant avec son prisonnier comme le chat avec la souris, l'humiliant, le disqualifiant auprès de ses camarades, donnait-il la preuve de son sinistre savoir-faire. On a déjà vu, on reverra ailleurs les autocritiques désolantes et le pardon demandé aux bourreaux. Mais qui perd gagne à ce jeu inhumain. Car les manipulateurs de l'âme ne voient pas que leurs triomphes indolores nous font encore plus horreur que les succès des tortionnaires du corps. A tel militant physiquement torturé, notre compassion machinale. Mais aux deux procès de Pretoria, avec la dignité humaine dans le box, nous sommes tous Breytenbach.

518

Au-delà des revers politiques d'occasion et des déceptions provisoires, ce sont les sacrifices consentis par les hommes qui font la grandeur d'une cause, et lui donnent à la fin la victoire.

Breyten Breytenbach a sacrifié sept ans de liberté à la lutte contre l'apartheid.

MARC

« Je suis né en 1935. Mon père était un paysan suisse qui faisait les
saisons à Chamonix. Il y a rencontré ma mère, dont la famille tenait
un hôtel. Tous mes frères sont devenus hôteliers à Chamonix.

« Nous avons passé la guerre en Suisse. Mon père travaillait en
usine. A la Libération, je suis allé chez mes grands-parents à
Chamonix. J'y ai vécu de onze à dix-sept ans. J'ai fait un peu de
montagne et beaucoup de patinage artistique. La famille était très
sportive. Ma mère était une excellente hockeyeuse, mes frères ont été
internationaux de hockey et l'un de mes oncles est devenu le coach de
l'équipe de France après avoir été lui-même international.

« Après le BEPC, il fallait quitter le pays pour préparer le bac. J'ai
préféré choisir le métier d'imprimeur et j'ai été mis en apprentissage à
Sallanches. C'était bien fastidieux. Je souffrais de l'éloignement des
miens. Et puis mon père est mort à quarante-deux ans ; j'en avais
quatorze. Ce fut une crise très dure. J'avais soif d'amour, de vie. Je
redoutais une existence médiocre sans me sentir pour autant de
l'ambition. J'ai commencé à beaucoup lire. Les *Pensées* de Pascal, des
livres mystiques. Ma famille n'était pas spécialement religieuse.

« Un jour, je me baladais entre midi et une heure avant de
reprendre le boulot, j'arrive devant une petite église. J'ai eu la
brusque sensation d'une présence universelle, d'un Dieu qui me
regardait. Une impression de foudroiement. Une présence. Mais sans
rien voir. C'était une présence intérieure. Comme si vous aviez été
observé et aimé à chaque pas de votre vie depuis votre naissance sans
le savoir, et tout à coup vous vous en rendez compte. J'ai ressenti un
grand choc physique accompagné d'un sentiment de crainte et
d'amour. J'ai décidé sur-le-champ de devenir prêtre. J'avais dix-sept
ans et demi.

« Ma mère a pleuré, mes oncles m'ont dit que j'étais complètement
fou. D'être l'aîné de cinq enfants me donnait un sentiment de
responsabilité.

« Je suis entré au séminaire des vocations tardives, près de Lyon,
parce que je n'avais pas appris le latin. Je l'ai étudié de façon intensive
pendant deux ans, puis je suis tombé tuberculeux. On m'a envoyé au
sanatorium de Bas-Thorens, au-dessus de Grasse. J'y suis resté un an
et demi. Il était réservé au clergé. J'ai rencontré des jésuites, des

dominicains, des trappistes — de tout. Les malades atteints depuis longtemps continuaient à mourir. C'était atroce.

« J'ai passé ensuite trois ans au grand séminaire d'Aix-en-Provence. L'armée m'a réformé, ce qui m'a évité de me poser le problème de la guerre d'Algérie. Avant d'être ordonné (il fallait six ans) j'ai quitté le séminaire. J'avais un sens de l'absolu très fort. J'hésitais entre devenir prêtre-ouvrier et entrer à la Trappe. Finalement, j'ai décidé d'être purement et simplement ouvrier, mais en lien avec l'Eglise. Un témoin du Christ.

« J'ai été embauché comme manœuvre dans une entreprise d'électrification des voies ferrées. Nous travaillions sur la ligne Tarascon-Marseille. Tout le personnel était arabe, sauf les contremaîtres. J'ai découvert les Arabes. Nous creusions les trous pour placer les caténaires. Des trous carrés de quatre-vingt-dix centimètres de côté sur deux mètres de profondeur. Il fallait utiliser des pelles avec des manches de plus en plus courts à mesure qu'on s'enfonçait. Et boiser, parce que le terrain était marécageux. Au bout de six mois, je suis devenu boiseur. Rétrospectivement, je crois que ce fut la plus belle époque de ma vie. C'était très dur. On dormait sur les voies tellement on était fatigués, au risque de se faire écraser par les trains. Mais j'aimais les gens avec qui je travaillais.

« En 1959, j'ai entendu parler du père Gauthier de Nazareth. Il avait enseigné la théologie à Dijon avant de suivre le même cheminement que je voulais mien : communiquer sa foi à travers le vécu et en saisissant l'humanité par le bas. Il s'est construit une petite baraque sur une colline de Nazareth et a travaillé dans un chantier. Au bout d'un certain temps, il a créé avec des copains arabes une coopérative de bâtiment. Il y a eu un mouvement de solidarité en France, des fonds ont été envoyés, les choses ont bien démarré. Ils ont construit plus de mille logements.

« Quand je suis arrivé, la communauté comptait Gauthier, trois filles et un Belge. J'ai passé six mois dans un kibboutz à travailler la vigne pour apprendre l'hébreu et je suis entré ensuite dans le bâtiment.

« Gauthier avait christianisé le marxisme. C'était un homme à l'image d'Henri : la même foi, le même côté prophétique. Il a eu une grosse influence sur le Concile où il a créé avec Camara et Mercier le mouvement de l'Église des pauvres.

« Les Israéliens étaient très intéressés par ce que nous faisions et nous aidaient de toutes les façons. De notre côté, nous favorisions l'intégration des Arabes au mouvement ouvrier israélien et leur entrée dans la centrale syndicale Histadrout. Mais nous nous sommes rendus compte que nous faisions un peu de la collaboration alors que la plus grande partie du peuple palestinien se trouvait rejetée au-delà de ses frontières. C'était parmi les réfugiés qu'il fallait témoigner. Je suis parti en Jordanie, dans le secteur jordanien de Jérusalem, avec deux filles. Une démarche politique. Gauthier faisait la liaison.

« Je logeais dans un bidonville, une bicoque sur une grotte dans laquelle vivait toute une famille. L'eau servait d'abord à laver les légumes, puis à se laver, puis à la vaisselle, puis à arroser le jardin. Je travaillais toujours dans le bâtiment, coffrage et peinture.

« Sur le conseil de Gauthier, j'ai refait trois ans de séminaire chez les pères blancs de Jérusalem. J'étais externe — le seul cas connu ! Ils étaient au service de l'Eglise melkite, une Eglise catholique grecque de rite byzantin mais rattachée à Rome. Elle a toujours protégé Gauthier, qui a été trois fois condamné par Rome. J'ai été ordonné prêtre.

« La guerre de 1967 a tout bouleversé.

« Les Israéliens ont immédiatement encerclé le secteur oriental de Jérusalem. Les Palestiniens n'étaient pas armés. Le premier jour, tout le monde se terre. Moi, j'étais dans la grotte sous ma bicoque. Le soir, je suis allé au Lythostratos, le couvent des sœurs de Sion. J'y ai retrouvé, bloqués, Gauthier et l'une des filles. Gauthier a pris les choses en main. Il a transformé le couvent en hôpital de secours. C'était important car les installations hospitalières étaient très pauvres à Jérusalem. Je suis parti avec une équipe de secours. C'était l'horreur. Les bombardements étaient terrifiants. On mourait partout. Nous ramassions les blessés sous les obus. Nous en avons sauvé des centaines, aidés par les Arabes. Le napalm faisait des brûlures horribles. Pendant six jours, Jérusalem a été un charnier. Quand le général Dayan est entré triomphalement par la porte Dorée, nous étions là, transportant des morts sur des brancards. Nous avons rejeté les draps pour qu'il voie bien qu'il entrait dans la ville sur un tapis de cadavres.

« Nous avons raconté cela dans un livre, *Jérusalem et le sang des pauvres,* qui a été publié par *Témoignage chrétien.* Gauthier a eu un tel choc émotionnel qu'il a fait une thrombose cérébrale dont il ne s'est jamais complètement remis. Personnellement, j'ai été scandalisé par l'explosion de religiosité primaire en Israël. C'était " Dieu nous a donné la victoire ! " C'était " le peuple de Dieu entre à Jérusalem ! " Si ma foi n'était pas remise en cause, l'institution religieuse l'était. Le chauvinisme religieux, le racisme spirituel me faisaient horreur. J'ai vu ensuite les Israéliens chasser les Arabes par la terreur.

« J'aurais souhaité rester à Jérusalem, où j'avais tissé des liens très forts, mais Gauthier craignait une situation équivoque. Si nous nous opposions aux Israéliens, nous aurions des problèmes. En marchant avec eux, nous deviendrions des collabos. Nous sommes partis par le pont Allenby, au milieu du flot des réfugiés. Je me suis retrouvé à Bordeaux, où j'ai fait pendant un an une formation professionnelle accélérée de tôlier-chaudronnier. Je voulais retourner là-bas et exercer ce métier.

« J'ai commencé par un séjour à Bikfaya, au Liban, pour apprendre l'arabe classique. C'est la grande école des jésuites. J'y étais avec une fille de l'équipe, Bernadette. Pendant ce temps, Gauthier voyageait et essaimait ses communautés à travers le monde, surtout en Amérique du Sud. Il a pris contact avec des Palestiniens à Paris et nous avons eu leur accord pour retourner parmi eux.

« Nous nous sommes installés à six dans le camp de Husson, près d'Irbid, en Jordanie. Nous avons monté un atelier de tissage employant quarante personnes, hommes et femmes. Il y avait vingt mille réfugiés à Husson. Des parias sans terre et sans travail depuis 1948. Un désespoir total. Le Fath était majoritaire. Il avait de grands moyens et distribuait beaucoup d'armes sans enseigner leur maniement ; les accidents étaient fréquents. Le FDLP, marxiste, était plus sérieux. J'ai suivi un stage d'entraînement avec eux. Par solidarité. On était dans un camp qui pouvait être attaqué à tout instant. L'entraînement était excessivement dur. On partait clandestinement dans le désert pendant un mois, couchant dans des grottes, mangeant du chien. Il y avait des cours politiques et des exercices de tir et d'explosifs. J'étais prêt à partir dans une base, c'est-à-dire à devenir vraiment un fedayin, mais Gauthier et les autres m'en ont empêché.

« Nous avons passé deux ans à Husson, de 68 à 70.

« Le septembre noir est arrivé [le massacre des Palestiniens par les Bédouins du roi Hussein]. Les chars jordaniens se sont présentés devant le camp, mais des blindés syriens les ont bloqués à coups de canon. Puis les Syriens se sont retirés, nous laissant face à quarante chars de Hussein. Personne n'y comprenait rien. La milice populaire du camp, dont je faisais partie, était sous les armes, mais comment résister à des chars d'assaut ? Beaucoup se sont remis en civil. Il n'est resté qu'un groupe de combat du Fath et vingt-quatre du FDLP. Nous nous sommes dits que si nous ouvrions le feu, les représailles sur la population seraient sanglantes. Il faut savoir que les Bédouins ont coupé les mains d'enfants qui avaient porté les armes. Nous avons décidé d'essayer de briser l'encerclement pour rejoindre Irbid, où se trouvaient les bases de commandos.

« Nous sommes partis à trois groupes de huit hommes bien armés.

Des enfants volontaires allaient devant pour sonder les passages. La nuit était illuminée par les fusées éclairantes jordaniennes. Deux groupes ont été interceptés par les Bédouins et exterminés. J'y ai perdu des amis très chers. Mon groupe a essuyé des tirs nourris mais nous avons réussi à passer. A Irbid, c'était la désorganisation totale. Les dirigeants étaient partis en Syrie. Nous avons déposé les armes et nous sommes partis à pied pour la Syrie. Une marche de cauchemar avec la menace des avions israéliens tournant dans le ciel. J'aidais à porter une lourde valise que nous nous repassions à deux ou trois. On m'avait dit : " C'est très important. " J'ai fini par l'ouvrir. Elle était pleine de bouteilles de whisky. On est arrivés complètement bourrés en Syrie.

« Bernadette était avec nous. Au camp de Husson, elle avait rencontré un dirigeant du FDLP mais ils ne s'étaient pas avoués qu'ils s'aimaient. Ils ont fait un enfant pendant cette débâcle.

« En Syrie, le désespoir. Tant de mes amis étaient morts que je trouvais injuste de vivre. J'en voulais à tout le monde, je pensais que nous avions été trahis, qu'il aurait fallu se battre jusqu'à la mort. Aujourd'hui, je me rends compte que la partie n'était sans doute pas jouable.

« J'ai tenté de retourner en Jordanie. On m'a expulsé, mis dans un avion pour la France.

« J'ai hésité à m'engager dans les commandos suicides. Je l'aurais fait si j'avais été palestinien. Je ne l'étais pas. Je me suis dit que je n'étais pas assez désespéré pour cela. Il y avait peut-être pour moi d'autres solutions. A Paris, je suis entré chez Alsthom, puis chez Chausson, comme tôlier-chaudronnier. Je militais avec le groupe mao Ligne rouge. Je me suis lancé dans la théorie politique. J'ai lu tout Lénine. Je ne me considérais plus comme prêtre et je suis même devenu athée. Cela s'est fait tout naturellement mais, comme toujours, après une longue maturation. Il m'est soudain apparu d'une évidence folle que Dieu n'existait pas. Moi qui avais toujours voulu l'absolu, j'ai accepté le relatif.

« J'ai rencontré Henri Curiel en 1974 par l'intermédiaire d'un membre de l'équipe Gauthier, Gabriel. Il était entré au séminaire à Rome après un séjour en Inde qui lui avait révélé une misère insondable. Gauthier l'avait débauché et emmené à Jérusalem. Il est ensuite allé au Brésil. Henri m'a fixé rendez-vous au café *Ruc*, à la gare Saint-Lazare. Il m'a écouté avec beaucoup d'attention. Lui-même n'a presque pas parlé. A la fin, il m'a demandé si je pouvais rendre quelques services. J'ai été affecté aux faux papiers. On m'a convoqué à une réunion où il y avait pas mal de monde. A la fin, j'ai dit à Henri que j'allais être beaucoup plus disponible car j'avais décidé de quitter l'usine où je travaillais depuis quatre ans. Rien ne bougeait. Il m'a dit : " J'ai besoin d'un permanent pour le secrétariat. Il y a pour l'instant un dominicain et moi. A nous trois, on va essayer de relancer les choses. "

« C'était au moment du départ de Gerold. Je le rencontrais tous les jours pour qu'il nous passe le relais. Il était déchiré par son départ. Un type très bien, Gerold, très organisé. Avec lui, les réunions étaient parfaitement au point.

« Je m'occupais de la formation — les stages, les cours. Cela marchait bien. Mieux qu'avant, même. Le " travail extérieur " a beaucoup souffert du départ de Gerold parce qu'il avait une surface sociale exceptionnelle, mais sur le plan des services techniques, nous avions atteint une remarquable efficacité.

« Pendant quatre ans, j'ai vu Henri pratiquement chaque jour, j'ai vécu de sa force et de sa certitude. Il répétait : " L'homme peut tout. " Il avait une foi sans limite dans la générosité des gens. Lui-même se remettait sans cesse en question. Il était humble, d'une humilité et d'une simplicité accablantes. Il ne s'appartenait pas. Il vivait pour les autres, toujours dépouillé, toujours sur la brèche.

« Il m'a tenu complètement à l'écart de tout ce qui concernait le Proche-Orient. »

Car l'homme du monde entier revenait au soir de sa vie vers les rivages de sa naissance, au berceau de la plus ancienne Histoire, dans ce cul-de-sac méditerranéen ravagé par les passions.

Il recevait à Paris les dirigeants et militants des mouvements les plus exotiques, du cap de Bonne-Espérance à la Terre de Feu, de la corne de l'Afrique à la cordillère des Andes, mais agissant partout, il restait rivé à la montagne Sainte-Geneviève, cinquième arrondissement. Son palmarès de voyageur eût fait sourire n'importe quel cadre moyen français.

Son intelligence allait sans passeport. Il avait l'intuition des peuples et des situations. Des voyageurs chevronnés, familiers d'un pays, d'une nation, s'étonnaient de la connaissance qu'il en avait pris sans les avoir jamais physiquement fréquentés. Connaissance intellectuelle et sensible, mais abstraite.

Peut-être les senteurs et les couleurs lui manquèrent-elles à la fin, la familiarité d'un paysage humain, les petits riens qui font la patrie.

L'évolution est perceptible dès 1972. Elle s'accélère à partir de 1974. Il ne délaissera jamais Solidarité ni ne manquera de réchauffer à sa flamme les nouveaux venus assurant la relève de la vieille garde. Mais ses pensées le ramènent au Proche-Orient et il lui consacre désormais le meilleur de sa militance.

La cause était belle : la paix.

QUATRIÈME PARTIE

LE PROCHE-ORIENT

De 1947 à 1978, Henri Curiel n'a jamais varié sur le Proche-Orient. Dans le même laps de temps — trois décennies — les Palestiniens passèrent de la négation pure et simple de la présence juive à la proposition d'un « Etat laïc et démocratique » où vivraient en paix les deux communautés arabe et juive, pour en arriver finalement à la suggestion d'un Etat palestinien à créer sur les territoires occupés par Israël en 1967. De leur côté, les Israéliens oscillaient entre la revendication de leur droit à l'existence dans la sécurité et leur rêve pseudo-biblique d'un Grand Israël s'étendant du Nil à l'Euphrate...

L'approbation en 1947 du plan de partage de l'ONU par les communistes égyptiens du MDLN résultait pour une large part de leur obédience vis-à-vis de l'Union soviétique. Si le plan n'avait pas été présenté par Andrei Gromyko, Henri Curiel et ses amis ne l'auraient sans doute pas approuvé. Par la suite, la réflexion personnelle prit le relais de la discipline internationaliste. Tandis que le Kremlin suivait dans la région une ligne sinueuse au gré de ses intérêts supposés, favorisant selon l'époque des politiques arabes différentes sinon contradictoires, Henri Curiel s'en tenait inflexiblement à la position adoptée en 1947. Cette permanence ne fut pas pour rien dans la confiance que lui gardèrent ses camarades au milieu des pires campagnes de calomnie. Ils ont été au moins trente membres de Solidarité à nous dire en substance (les uns sympathisants d'Israël, les autres acquis à la cause palestinienne) : « J'ai entendu pendant dix ans — ou quinze — Henri dire la même chose sur le Proche-Orient. Ce n'est pas le fait d'un agent. Un homme manipulé aurait forcément varié. Il n'a jamais bougé. » Plusieurs le quittèrent, d'une crise à l'autre, parce que la passion leur faisait trouver insupportable son équanimité. Il fut jugé intolérablement propalestinien lorsque les pires débordements terroristes, qu'il condamnait, ne l'empêchèrent pas de continuer à revendiquer une patrie pour les Palestiniens. On le trouva excessivement pro-israélien lorsque les pires aventures expansionnistes, qu'il condamnait, ne changèrent rien à son discours sur le droit d'Israël à l'existence dans la sécurité. Il préféra perdre des amitiés chères plutôt que d'infléchir ses principes.

En trente ans, il écrivit sur le problème des centaines de pages. Ses amis en réunirent un choix après son assassinat. Publié sous le titre *Pour une paix juste au Proche-Orient,* le livre est largement répandu en

Israël et a été traduit en arabe par les Palestiniens. Mais le génie simplificateur de Curiel permet à l'analyse politique de tenir en un feuillet dactylographié intitulé « Considérations sur le problème palestinien » qu'il faisait approuver massivement à chaque congrès de Solidarité :

« Nous partons du droit sacré et imprescriptible des collectivités nationales à l'existence nationale. Nous reconnaissons donc le droit des juifs d'Israël à l'existence nationale, mais ce droit doit a fortiori être reconnu aux Arabes de Palestine (...) Il est vrai que chacune des communautés dénie à l'autre ses droits légitimes. Mais, dans cette situation, nous partons du principe que c'est seulement en aidant ceux dont les droits sont effectivement violés qu'on peut obtenir que soient reconnus les droits légitimes de la partie adverse. Ainsi, en défendant le droit des Arabes palestiniens, nous luttons d'abord pour une cause juste, mais nous créons aussi les conditions les plus favorables pour une reconnaissance par les Arabes des droits légitimes des juifs israéliens. »

Le but est clair : deux Etats garantissant à chaque communauté son existence nationale.

Les moyens sont, comme toujours chez cet homme rompu à la difficulté des choses, simples et modestes : « Aucun affrontement purement national ne peut aboutir à une solution qui tienne compte des droits légitimes des parties en conflit. Pour aboutir à une telle solution, il faut que s'établisse une alliance entre les forces de progrès qui doivent conjuguer leurs efforts contre les forces réactionnaires des deux collectivités et leur allié commun, l'impérialisme américain. » Autrement dit : tant que le nationalisme chauvin tiendra l'estrade, la voie vers la paix restera fermée. La seule démarche utile consiste en attendant à faire se rencontrer ceux qui, dans chaque camp, sont disposés au dialogue.

Trente ans durant, Henri Curiel fut à la recherche des hommes de paix.

Sa réflexion ne fut pas solitaire, ni son action. Il avait avec lui le clan des Egyptiens. Leur refus de s'engager dans Solidarité, organisation à vocation mondiale, ne signifiait pas désertion du champ politique proche-oriental. Joseph Hazan, Raymond Stambouli, Alfred Cohen, quelques autres, militèrent sans désemparer pour la paix ; Joyce Blau, membre de Solidarité, consacrait l'essentiel de sa formidable énergie au problème du Proche-Orient. Si la stratégie ne soulevait pas de discussion, l'événement brutal remettait sans cesse la tactique en question. On en délibérait ardemment et la notion d' « intellectuel collectif » pourrait trouver ici son application. A force de réfléchir ensemble depuis si longtemps, les membres du clan réagissaient à l'identique. Lorsqu'un flash radiophonique apprend à Joseph Hazan l'envol de Sadate pour Jérusalem — geste bouleversant toutes les données du jeu politique —, il décroche son téléphone et appelle Henri, en résidence forcée à des centaines de kilomètres ; dès la première phrase, les deux hommes constatent leur accord : « C'est bien. Pourvu que les communistes égyptiens aient l'intelligence de monter dans l'avion ! » (En revanche, ils jugeront Camp David néfaste.)

Sachant le terrain miné par les partis pris, dévasté par les passions, Henri décida de n'y engager que des hommes libres de tout préjugé, même si leur ignorance du problème devait, dans un premier temps, garantir leur virginité. Il suffisait qu'un nouvel adhérent de Solidarité se fût frotté au Proche-Orient pour en être par la suite systématiquement écarté. En revanche, des néophytes plongèrent dans le chaudron de sorcières, armés de leur seule bonne volonté et, il faut le dire, d'une intelligence politique propre à leur faire trouver un fil d'Ariane dans les pires labyrinthes. Ce fut le cas, entre autres, de l'avocat martiniquais Marcel Manville, qu'Henri fit inviter au premier symposium sur la Palestine tenu au Caire en avril 1965 : « J'ignorais complètement le problème. Avouons-le : je ne savais même pas que les Palestiniens existaient !... C'est après la guerre des Six Jours, en 1967, qu'ils ont fait leur entrée sur la scène politique mondiale. Henri m'avait expliqué que ce symposium traduisait un virage stratégique de la part de Nasser. Nasser ne croyait plus à la possibilité d'éliminer Israël par la force, d'où sa décision d'une action de propagande en faveur des Palestiniens. Henri m'a demandé de rencontrer au Caire Chehata Haroun et Albert Arié en me prévenant qu'ils voulaient que j'intervienne contre le fatras antisémite véhiculé par les Palestiniens. Le patron de l'OLP était à l'époque Choukeiry, de sinistre mémoire. J'ai donc rencontré Chehata, Titi Arié et une vingtaine de camarades. Ils m'ont fait de la situation un tableau effarant. Une nouvelle édition du *Protocole des Sages de Sion* circulait au Caire, ainsi qu'une pétition pour faire libérer Eichmann. Un grand hebdomadaire avait entrepris de relever les méfaits commis par les juifs depuis la nuit des temps. Au symposium, j'ai entendu des interventions incroyables. Les délégués sud-américains étaient tout simplement des nazis. Une déléguée hollandaise a déclaré à la tribune : " Les juifs, il ne faut même pas les jeter à la mer : les poissons crèveraient ! " J'ai parlé devant deux mille personnes. A la fin de mon intervention, pas un applaudissement, un silence de mort. Mehdi Ben Barka a eu le courage de se lever et de venir me serrer la main. Pendant les dix jours restants du symposium, j'ai été complètement ignoré par les antisionistes délirants. Chehata et ses camarades m'ont bien entendu beaucoup félicité mais, plus significatif, j'ai reçu les compliments du colonel Ahmed Hamrouche, un autre ami d'Henri, " au nom du gouvernement égyptien ". On voulait se débarrasser de Choukeiry. »

L'Egypte avait été, comme il était normal, le lieu des premières tentatives en faveur du dialogue.

Dès 1953, dans les froideurs de l'exil, Henri met en garde ses camarades du MDLN contre la tentation du chauvinisme et de l'antisémitisme. « Nous luttons, leur écrit-il, pour la solution du conflit entre Israël, d'une part, et les pays arabes et en particulier l'Egypte, d'autre part. » Evoquant la présence d'éléments pacifistes en Israël, il écrit : « Si les peuples arabes, et le peuple égyptien en particulier, connaissaient l'existence et l'action de ces forces, ce serait un coup décisif contre l'influence nocive du chauvinisme que les classes dirigeantes développent de toutes leurs forces dans leur intérêt et contre l'intérêt national. »

Lorsque l'avocat Youssef Helmy, proche du MDLN, secrétaire général du Mouvement de la paix égyptien, le rejoint dans l'exil, il rédige avec lui deux messages diffusés en 1956 sous la signature de Helmy. L'un, destiné à Israël, se concluait par cette exhortation : « Nous voulons la paix, et vous autres Israéliens la voulez aussi. Opposez donc aux fauteurs de guerre les slogans de la paix ! Opposez-leur, comme nous le faisons nous-même, les mots d'ordre de Bandoung qui ont été repris par les peuples du monde entier... » C'était la première fois depuis la guerre de 1948 qu'une personnalité arabe s'adressait directement aux Israéliens. Le second message, envoyé à Gamal Abdel Nasser, l'exhortait à reconnaître « les droits du peuple d'Israël dans son Etat » et lui suggérait de demander « la convocation d'une conférence internationale semblable à celle de Genève [1954] qui a amené la paix au Viêt-Nam. Cette conférence devrait regrouper les pays arabes et Israël, des Etats de la conférence de Bandoung ainsi que les autres grandes puissances ».

L'agression franco-anglo-israélienne de 1956 éparpille aux quatre vents du Sinaï le message de paix.

*_**

L'année noire n'était cependant pas finie que Curiel et ses amis exilés lançaient un nouvel « appel international aux gouvernements et aux peuples des Etats arabes du Moyen-Orient et d'Israël ». Dénonçant l'impasse où conduisait toute guerre, fût-elle dans un premier temps favorable à l'un des camps, l'appel suggérait la réunion d'une conférence internationale et spécifiait : « Les soussignés se déclarent en outre prêts à favoriser des rencontres internationales avec la participation de personnalités arabes et israéliennes, rencontres qui auraient pour objet l'étude des conditions et des bases d'un règlement pacifique du conflit arabo-israélien. » Approuvé par de nombreuses personnalités européennes, l'appel recueillit en France maintes signatures, dont celles de Robert Barrat, Claude Bourdet, Pierre Cot, Jean-Marie Domenach, François Mitterrand et Jean-Paul Sartre.

L'année précédente, Curiel avait présenté à Youssef Helmy l'écrivain israélien Amos Kenan, ancien du groupe terroriste Stern, jeune vétéran de la guerre de 1948, qu'il avait connu par son amie Christiane Rochefort. Kenan ne quitterait plus l'avant-garde des pionniers de la paix.

En 1957, Kenan présenta Uri Avnery à Curiel. Avnery, ancien de l'Irgoun, héros de la guerre de 1948 au cours de laquelle il avait été grièvement blessé (difficile dans cette histoire de trouver un Israélien qui ne soit héros de quelque guerre...) prônait le dépassement du sionisme et l'intégration d'Israël dans le contexte proche-oriental. Cofondateur et directeur du journal *Haolam Hazeh,* futur député, il était constamment menacé, agressé physiquement, le cas échéant plastiqué, pour ses prises de position en faveur de la minorité arabe d'Israël ou ses protestations contre les sanglantes opérations de représailles de l'armée israélienne contre les villages palestiniens.

Cet homme au cœur bronzé éprouva l'une des grandes peurs de sa vie en montant dans la vieille 2 CV Citroën que conduisait Curiel à la fin de l'année 1957. L'un des risques les plus sérieux encourus par les camarades d'Henri résidait dans son pilotage des automobiles, soit qu'il conduisît à trente à l'heure sous les insultes des autres chauffeurs pour poursuivre plus à l'aise une conversation, soit qu'il se lançât le pied au plancher sans se soucier de la circulation. Ce soir-là, il évita par miracle une sévère collision dans le quartier de l'Etoile et avoua qu'un accident eût été malencontreux car l'arrière de la voiture était bourré de tracts du FLN. Avnery en fut abasourdi. Il situait mal son interlocuteur. « L'impression générale donnait l'idée d'un homme timide, effacé. Au premier regard, on ne pouvait discerner la force géante qui jaillissait de lui. Sa force était de posséder un cerveau travaillant comme un ordinateur, dirigé par une foi profonde. Celui qui le rencontrait pour la première fois, le voyant assis dans un bistrot, discutant, l'aurait pris pour un professeur, pour un intellectuel écrivant un livre. Personne n'aurait imaginé qu'il s'agissait d'un militant au caractère d'acier... »

Le jeune Avnery prit cependant très vite la mesure d'Henri : « Il me conseilla de faire une conférence de presse. Il pensait que le monde devait savoir que des forces de paix existaient en Israël, que leurs positions devaient être connues. Le monde arabe devait surtout savoir qu'il y avait en Israël des forces qui se prononçaient pour l'établissement d'un Etat palestinien à côté d'Israël. A part trois Israéliens, je ne connaissais personne à Paris. Je n'avais, bien sûr, ni argent ni contacts. Cette conférence de presse fut organisée en deux jours, comme par un coup de baguette magique. On loua une salle adéquate dans un grand hôtel. Les plus importants journalistes des grands quotidiens et hebdomadaires vinrent... Je pus rencontrer des ministres, des rédacteurs en chef, des leaders politiques. »

Toujours attentif à faire sortir le bien du mal, Henri voyait dans la guerre d'Algérie une occasion de débloquer les rapports entre Israël et les pays arabes. Il s'ouvrit à Uri Avnery d'un projet d'une séduisante audace politique pour lequel il avait déjà reçu l'accord des dirigeants du FLN : l'octroi d'une aide israélienne aux patriotes algériens. Avnery : « Si Israël apportait une telle aide aux combattants algériens, des relations d'amitié et de fraternité se développeraient entre les deux peuples. On en récolterait ensuite les fruits, après l'inévitable victoire du FLN. L'Algérie libre serait une puissance du monde arabe. Ce serait notre premier ami arabe important. L'Algérie pourrait être médiatrice entre Israël et l'Egypte. On aboutirait ainsi à la paix. Je fus persuadé qu'il avait raison. J'ai prêché sans cesse pour cela dans *Haolam Hazeh* et au cours de conversations privées. Mais en vain... Henri Curiel n'en fut pas désespéré : " Si vous n'arrivez pas pour l'instant à modifier l'attitude de votre gouvernement, agissez seul. " Suivant son conseil, je créai le Comité israélien pour l'Algérie libre avec mes camarades Nathan Yalin-Mor, Amos Kenan, Maxime Ghilan, Shalom Cohen, etc., avec pour but d'apporter une aide effective aux combattants algériens, pour établir des relations avec eux et influencer la politique israélienne, pour que le monde arabe sache qu'il existait un autre Israël.

« Henri Curiel demanda aux dirigeants algériens en quoi nous pouvions les aider. Lorsqu'ils apprirent que des membres de notre Comité étaient des anciens du groupe Stern, ils sautèrent sur l'occasion. Ils nous transmirent un message nous demandant d'envoyer un groupe d'instructeurs pour le sabotage chimique et électrique dans les camps d'entraînement du FLN en Tunisie et en Yougoslavie. A notre grand regret, nous ne pûmes répondre à cette demande. Le gouvernement israélien s'y opposait et nous n'avions pas de volontaires (1). »

Un objectif secondaire du Comité israélien pour l'Algérie libre était de convaincre les juifs pieds-noirs de se désolidariser des ultras de l'Algérie française. L'échec fut là aussi flagrant.

Toujours en 1958, Curiel participe au colloque de Florence suscité par son ami Robert Barrat sous les auspices du prince héritier marocain Hassan. Organisé de manière un peu brouillonne par le maire de la ville, l'excellent Giorgio La Pira, le colloque se propose de renouer les liens rompus par l'expédition de Suez, d'inaugurer le dialogue israélo-arabe et d'apporter une contribution au règlement du problème algérien. Vaste programme ! Les délégations arabes ont en face d'elles des représentants du parti communiste israélien et quelques colombes, dont l'inévitable Amos Kenan. Aucun résultat concret, bien sûr, mais on a malgré tout dialogué.

La guerre des Six Jours, en 1967, déchire une fois de plus la trame fragile tissée par les pionniers de la paix. L'exaltation nationaliste des vainqueurs et l'humiliation des vaincus laminent dans chaque camp les forces pacifistes. Une violente discussion oppose Uri Avnery à Curiel. L'Israélien affirme que son pays, agresseur selon les apparences, était au vrai en état de légitime défense. Curiel dénonce la volonté expansionniste des dirigeants israéliens. Ils resteront brouillés pendant plusieurs années. Henri Curiel écrit cependant à ses amis communistes égyptiens : « Les masses israéliennes ont considéré que la guerre n'était pas une agression d'Israël mais une lutte pour la survie de leur pays. Peut-on raisonnablement leur demander de retourner à une situation où elles risqueraient d'être encore une fois menacées d'extermination ; une situation où elles devraient renoncer aux fruits de leurs immenses sacrifices sans la moindre contrepartie ? Il ne faut pas se leurrer. Les masses israéliennes renonceront aux territoires occupés *uniquement* pour une paix *véritable* et une véritable sécurité. »

Puis un touriste égyptien atterrit à Paris. Le colonel Ahmed Hamrouche, ancien du MDLN, Officier libre, renoue avec son vieil ami Henri après une longue séparation. Les retrouvailles sont émouvantes : « A ton avis, que devrions-nous faire ? » demande à la fin Hamrouche. Nasser l'a envoyé en mission exploratoire. D'un

(1) *Haolam Hazeh* du 10 mai 1978.

aller-retour au Caire, il rapporte un feu vert de Nasser pour des rencontres propres à ouvrir la voie de la paix. Curiel et ses amis prennent contact avec Léo Hamon, ministre de l'Information du général de Gaulle. Proposition est faite d'une conférence réunissant à Paris, sous l'égide d'un ministre français, des délégués israéliens et égyptiens. Nasser accepte. Golda Meir, ministre israélien des Affaires étrangères, refuse. Le journaliste Eric Rouleau tente alors d'organiser une entrevue entre Nasser et Nahum Goldmann, président du Congrès juif mondial. Golda Meir bloque de nouveau l'initiative. Il arrivera que l'autre camp fasse capoter de même manière des négociations qui paraissaient sur le point d'aboutir.

« Henri Curiel ignorait le désespoir, écrit Avnery. Si quelque chose ne marchait pas, il recommençait cinq fois, dix fois... Les actes des fedayins ont torpillé des initiatives très importantes au moment décisif. Toute autre personne aurait baissé les bras, mais pas Henri Curiel. S'il fut déçu, il ne le montra pas. Je l'ai toujours vu rempli d'énergie, prêt à effectuer une nouvelle démarche. »

Ahmed Hamrouche rencontre ainsi Goldmann et reçoit l'accord de Nasser pour des contacts avec les pacifistes israéliens présentés par Henri. Hamrouche : « Pendant deux ans, je suis venu à Paris chaque mois, en tout cas tous les deux mois, pour parler avec Henri du problème de la paix. Il m'a beaucoup appris. J'ai compris grâce à lui que les Israéliens n'étaient pas tout noirs, qu'il y avait parmi eux des éléments favorables à la paix. Je rendais compte directement à Nasser, qui suivait mes contacts avec beaucoup d'intérêt. J'ai rencontré par l'intermédiaire d'Henri la plupart des progressistes israéliens. C'était toujours clandestin. Nous nous retrouvions dans des cafés. Ces conversations étaient importantes, même si elles n'ont débouché sur rien de concret, parce que des Israéliens comprenaient pour la première fois que Nasser n'était pas seulement un homme de guerre, qu'il pouvait et voulait être un homme de paix. Mon premier interlocuteur israélien a été Nathan Yalin-Mor. Il a publié une longue interview de moi dans un journal de son pays. »

Entre deux voyages à Paris de son ami Hamrouche, Henri garde le contact avec Le Caire par la délégation égyptienne à l'Unesco. Il y a fait engager comme secrétaire l'une de ses proches, Claudia. Chaque quinzaine, un rapport est expédié par la valise diplomatique.

En 1970, Nasser meurt. Une nouvelle équipe arrive au pouvoir avec Sadate. Tout est à recommencer.

**

Maurice Barth : « J'ignorais tout du Moyen-Orient. Henri m'y a fait plonger, m'apportant sa connaissance de ce monde, sa compréhension des problèmes. Il m'a complètement initié. Il y avait chez lui une volonté délibérée de faire travailler des chrétiens sur la question. D'abord parce que beaucoup de Palestiniens sont chrétiens, ce qui est assez ignoré, mais aussi parce qu'il était convaincu que l'élargissement du champ des participants faciliterait le déblocage de la situation.

« Mon rôle a surtout consisté à préparer les conférences, colloques ou réunions secrètes. Cela exigeait une activité intense. Il fallait convaincre les deux parties d'envoyer des gens bien, aussi représentatifs que possible. Et les méfiances étaient énormes... Pour la conférence de Bologne, nous avons eu des réunions préparatoires, dont deux à Rome, et j'ai fait une grande tournée au Proche-Orient : Beyrouth, Damas, Jérusalem, Le Caire. J'ai rencontré pour la première fois Yasser Arafat. Non seulement il a approuvé le principe de la conférence mais il a promis l'envoi d'une délégation palestinienne. » Le projet d'une conférence internationale venait de loin. Nasser l'avait approuvé. Avec son accord, Khaled Mohieddine était venu lui-même à Paris pour y rencontrer les personnalités israéliennes déjà approchées par Hamrouche. Mais Sadate, nouveau maître de l'Egypte, avait commencé par placer Mohieddine en résidence surveillée. Il avait cependant accueilli favorablement le projet d'une conférence. Henri et ses amis souhaitaient la réunir à Paris. Le gouvernement français déclina la proposition. Georges Pompidou avait succédé à Charles de Gaulle. Bologne, dont la municipalité était communiste, accepta d'accueillir une conférence placée sous l'égide du Mouvement de la paix.

Le travail préparatoire fut énorme. Géographiquement, les contacts pris s'étendaient sur quatre continents. Politiquement, diktats et exclusives durent être surmontés avec une patience infinie. La partie arabe, estimant que le fait d'accepter une délégation israélienne constituait une concession inouïe, exigeait que cette délégation fût exclusivement composée d'antisionistes. C'était vouloir résoudre un problème en niant son existence. A quoi bon une délégation israélienne composée de membres du parti communiste Rakah, dont l'immense majorité des militants était des arabes israéliens ? Elle n'eût représenté qu'elle-même. Or, l'annonce de la conférence avait suscité un extraordinaire intérêt en Israël. Le journaliste Nathan Yalin-Mor écrivait : « Il n'y a pas plus de deux millions et demi d'Israéliens qui veulent venir à Bologne » : la totalité de la population. Yalin-Mor était de ceux dont Henri Curiel voulait à tout prix la présence parce que leur passé était aux yeux de leurs compatriotes garant de leurs options nouvelles. Sioniste fanatique, chef politique du groupe terroriste Stern, condamné à huit ans de prison pour participation en 1948 à l'assassinat du délégué de l'ONU, le comte Bernadotte, Yalin-Mor en était arrivé, au terme d'un long cheminement, à la conviction que la paix passait par la création d'un Etat palestinien. Son passé le faisait insoupçonnable : il n'est colombe plus efficace que l'ancien faucon. Henri le voulait à Bologne avec Uri Avnery, Amos Kenan et autres héros patentés des trois guerres israélo-arabes. Il obtint à la fin l'accord de la partie arabe.

Mais la levée des préalables avait fait perdre deux ans. Prévue à l'origine pour 1971, la conférence se réunit à Bologne le 11 mai 1973.

Dès la séance inaugurale, on la sut largement ratée. Son acquis le plus spectaculaire et le plus significatif devait être la réunion dans la même salle, pour la première fois dans l'Histoire, d'une délégation palestinienne et de représentants israéliens. Les Palestiniens n'étaient pas là. Par une coïncidence bien singulière, l'aviation israélienne avait bombardé l'aéroport de Beyrouth le matin même où ils devaient s'envoler pour l'Italie. On attendait six cents délégués de tous pays ; il en vint deux cents, dont quatre-vingt-cinq Italiens. Encore eût-on pu faire l'économie des orateurs japonais qui occupèrent la tribune pour vitupérer la Corée, ou celle des Indiens qui évoquèrent longuement le problème du Bangla Desh. Quant aux délégués irakiens et syriens, ils refusèrent de saluer les Israéliens. Amos Kenan quitte la salle en hurlant : « Commedia dell'arte : on nous invite et on ne veut pas nous voir ! » Un autre délégué israélien en tombe malade. Khaled Mohieddine et ses amis progressistes sont sous la haute surveillance de fonctionnaires égyptiens. (Ahmed Hamrouche n'a pas pu se déplacer mais il recevra du délégué israélien Yossi Amitai une longue lettre qu'il fera publier dans un grand journal du Caire.) L'Algérie, la Tunisie et le Liban ne sont même pas représentés. Le patronage du Mouvement de la paix se révèle enfin plus gênant qu'utile.

Henri Curiel n'est pas venu. Son statut d'apatride lui interdit d'apparaître dans une conférence officielle. De toute façon, il se croit plus nécessaire au stade de la préparation qu'à celui des débats. Joyce Blau, Raymond Stambouli et Maurice Barth sont présents.

Avec son réalisme coutumier, Henri constate les nombreuses raisons de tenir Bologne pour un échec. Avec son inébranlable optimisme, il ajoute : « Mais il suffit d'en citer l'aspect positif pour se rendre compte qu'il l'emporte de façon décisive sur les aspects négatifs, car il a sur ceux-ci l'avantage d'être fondamental. La conférence a constitué un fait véritablement sans précédent. Elle a en effet réuni des pacifistes arabes et israéliens pour la première fois publiquement. Elle a démontré la possibilité d'un dialogue entre eux sur une attitude convergente face aux forces réactionnaires des deux camps... Et maintenant, que faire ? Il est évident qu'on ne peut en rester là. Les participants, et avant tout les Israéliens et les Arabes, souhaitent non seulement qu'on poursuive mais qu'on avance. »

Deux ans d'efforts inlassables, de négociations, de traverses, pour aboutir à un résultat dérisoire par rapport aux espérances : on continue. Il fallait vraiment avoir la foi chevillée au corps. Cinq mois après Bologne, la guerre du Kippour redistribue les cartes en mettant dans la main de Sadate, vainqueur moral, quelques atouts maîtres.

Il ne ressentait donc point cette lassitude de militer qu'avaient cru déceler certains de ses camarades de Solidarité ; et il n'aspirait pas à une consécration politique, contrairement à ce qu'avaient pensé quelques jeunes gens de l'organisation, car l'action dans laquelle il s'était investi ne pouvait en aucun cas lui valoir reconnaissance officielle.

Parvenu à la soixantaine mais loin d'éprouver l'approche des glaces de l'âge, il brûlait d'une passion renouvelée, comme si les retrouvailles avec ses vieux compagnons — Hamrouche, Mohieddine — lui restituaient, avec le retour au berceau méditerranéen, la flamme de la jeunesse.

La paix qu'il poursuivait avec obstination depuis trente ans, il sut après Bologne qu'il lui faudrait l'aller chercher au cœur de la fournaise, et qu'il risquait d'y brûler. Il ne broncha pas. Uri Avnery : « Son attitude était la suivante : " Notre démarche est capitale. Il s'agit du sort des peuples et de la vie de beaucoup de monde. Nous ne pouvons pas nous permettre de sentiments comme la déception, la colère née de l'ingratitude, l'amertume, la peur, etc. Ce qui sera, sera. Nous devons continuer pour la paix, la chose la plus importante qui soit. " »

Ce qui sera, sera.

Sa clairvoyance politique lui avait fait pressentir dès avant Bologne le virage historique que préparait Sadate. Dans un texte de 1971 — deux ans avant la guerre du Kippour, six ans avant l'envol de Sadate pour Jérusalem — il constate la nouvelle stratégie « que semblent emprunter les dirigeants égyptiens et qui consiste à essayer de s'entendre avec le groupe dirigeant israélien ». Or, poursuit-il, ce serait « porter le coup le plus sérieux aux forces israéliennes pacifiques et anti-annexionnistes » : elles se trouveraient disqualifiées. Il préconisait plus que jamais l'alliance avec les pacifistes israéliens « qui défendent de façon intransigeante une solution politique fondée sur la résolution du Conseil de sécurité et sur la reconnaissance des droits nationaux du peuple palestinien ».

L'Egypte ferait en effet sa paix avec Israël en laissant en plan les Palestiniens. Pour Curiel et ses amis, la paix au Proche-Orient passait par le règlement du problème palestinien, condition nécessaire sinon suffisante.

Le relatif échec de Bologne ayant montré par ailleurs les limites du dialogue israélo-arabe, et les Palestiniens eux-mêmes, désormais représentés par l'OLP de Yasser Arafat, se démarquant sans cesse davantage de « pays frères » dont ils avaient appris à mesurer les égoïsmes nationaux, Henri jugea le moment venu de substituer au flou politique des vastes colloques le tête-à-tête entre pacifistes palestiniens et israéliens.

L'idée n'était pas son exclusivité et d'autres avaient ouvert la voie. L'initiateur palestinien était Saïd Hammami, jeune intellectuel féru de Marx et de Kipling, boxeur amateur, ancien fedayin, représentant de l'OLP à Londres. Il avait été le premier Palestinien à rencontrer Uri Avnery, et à sa suite la plupart des colombes israéliennes. Claude Bourdet, lui aussi instigateur passionné du dialogue, maillon essentiel de la chaîne pacifiste, avait joué un rôle capital. Hammami rencontra Henri. Une confiance absolue s'établit entre eux. Saïd Hammami avait en lui une force, un optimisme, un bonheur de vivre auxquels nul interlocuteur, fût-il le plus mal disposé, ne pouvait rester insensible. Il apprécia en Curiel une expérience et une envergure politiques hors du commun.

Représentant de l'OLP à Londres, Hammami restait à peu près dans le cadre de ses fonctions en s'avançant en éclaireur sur des voies hérétiques : ce peut être le rôle d'un diplomate. Mais il devait forcément passer le relais au terme des contacts exploratoires. De son côté, la pléiade des intellectuels pacifistes israéliens devait s'organiser pour faire figure d'interlocutrice politique sérieuse : Avnery et ses amis créent en décembre 1975 le Conseil israélien pour la paix israélo-palestinienne.

Henri Curiel assuma la coordination politique et l'organisation pratique des contacts.

C'était pénétrer dans la zone de feu. Le dialogue subreptice entre représentants officieux d'Etats ennemis exposait à de rudes secousses : Kenan, Avnery et les autres avaient été dénoncés comme traîtres, voire inculpés. Mais l'entrée en jeu de l'OLP, avec son immense cortège de deuils subis et infligés, les haines qu'elle suscitait et celles qui la divisaient, introduisait la mort dans la partie. Certains appelleraient toujours trahison la quête de la paix. La sanction ne serait plus l'insulte ou l'ostracisme mais la liquidation physique.

Henri s'avance parmi des hommes qui ont perdu tant des leurs qu'une vie ne compte plus.

Le glas ne va plus cesser de sonner. Saïd Hammami, pionnier de la paix, sera abattu à Londres le 4 janvier 1978 ; Henri Curiel, à Paris, le 4 mai 1978 ; Azzedine Kalak, à Paris aussi, le 1er août 1978 ; Naim

Khader, à Bruxelles, le 1er juin 1981 ; Issam Sartaoui, à Albufeira, le 10 avril 1983.

Maurice Barth reprit son bâton de pèlerin et partit pour Israël. Le Conseil israélien pour la paix israélo-palestinienne souhaitait une rencontre officielle. A Beyrouth, Yasser Arafat était dans les mêmes dispositions : « Je suis prêt à rencontrer les Israéliens quand ils voudront. »

Une réunion préparatoire eut lieu à Athènes en mai 1976 entre Joseph Hazan, l'Egyptien Rifaat el-Saïd (vous souvenez-vous du jeune Rifaat, militant du MDLN, entré au camp de Huckstep en culottes courtes ?) et un représentant palestinien. Le principe d'une rencontre israélo-palestinienne est adopté. Elle se tiendra sous l'égide du Conseil œcuménique des Eglises avec le parrainage d'un Comité d'initiative international composé d'éminentes personnalités pour lui donner le plus grand retentissement possible. Joseph Hazan est en relation avec Abou Khalil, représentant de l'OLP à Dakar, marié à une Egyptienne. Khalil part pour Beyrouth afin d'obtenir l'accord de la centrale palestinienne sur les ultimes détails. La conférence doit se tenir à Paris du vendredi 30 juillet 1976 à quinze heures au dimanche 1er août à douze heures. Les membres du comité de parrainage ont été contactés dans le monde entier. L'ordre du jour est fixé. Tous les problèmes pratiques ont été résolus (Joyce, ouvrière inlassable !) Côté israélien, on attend l'état-major du Conseil pour la paix. Côté palestinien, c'est l'inconnue car les lignes téléphoniques de Beyrouth sont trop surveillées pour qu'on leur confie les noms des délégués. Abou Khalil rassure cependant Hazan : « Le niveau de notre délégation sera supérieur à celui des Israéliens. »

A la mi-juin arrive à Paris le docteur Issam Sartaoui flanqué de son assistant, Abou Faiçal, et d'Abou Khalil. Encore plus stupéfaits que scandalisés, Curiel et ses amis entendent Sartaoui leur annoncer avec une désinvolture impudente : « Mais non, cette conférence n'aura pas lieu, nous n'avons du reste jamais donné notre accord. » Le grand et fort Hazan se tient à quatre pour ne pas exploser. Henri s'efforce pathétiquement de rester abouna. On s'explique. Une fois de plus, l'événement guerrier a bousculé les plans pacifistes. La Syrie vient d'intervenir dans la guerre civile libanaise que les palestino-progres-sistes étaient sur le point de remporter. Contre toute attente, l'armée de Damas s'est rangée avec les phalangistes chrétiens, retournant à leur profit une situation désespérée. Elle a mis le siège autour du camp palestinien de Tell el-Zaatar. Prise à la gorge, l'OLP ne peut s'autoriser aucune initiative qui risquerait de lui aliéner les pays arabes du Front du refus.

La conférence est mort-née.

Mais Henri a ressuscité des morts politiques plus récalcitrants : « Ce qui serait bien, propose-t-il à Sartaoui, c'est de rencontrer un délégué israélien pour lui expliquer pourquoi vous ne pouvez pas les rencontrer. » On se retrouve quelques jours plus tard dans le bureau de Joseph Hazan. Sartaoui est accueilli par Henri Curiel, Joyce Blau, Raymond Stambouli et le petit chien hargneux de Hazan, cauchemar des visiteurs. L'Israélien est Daniel Amit, professeur à l'Université de Jérusalem, qui a été de toutes les initiatives pacifistes. Issam Sartaoui expose les difficultés de l'OLP au Liban. Amit exprime sa compréhension mais regrette l'occasion manquée. Sans trop y croire, il lance : « Vous ne seriez pas intéressé par une rencontre avec le président de notre Comité, le général Peled ? » Sartaoui se recueille. Les Palestiniens avaient maintes fois regretté que le recrutement des colombes israéliennes se limitât à une intelligentsia peu représentative de la société hébreue. Un général, c'est autre chose. La colombe la plus convaincante a des serres acérées et le rameau d'olivier coincé dans un bec crochu. « Et puis, nous dira Issam Sartaoui, j'avais trop envie d'en voir un de près. » Il donne son accord. Mais il ajoute : « Faites vite : je ne compte pas m'éterniser à Paris. »

Mattityahou (Matti pour les amis) Peled : « A la fin juin, j'ai été prévenu par Daniel Amit de la possibilité de rencontrer à Paris un membre de l'OLP. Le temps de mettre mes affaires en ordre, je n'ai pu partir que trois semaines plus tard et j'ai atterri à Paris le 21 juillet. Joyce Blau m'attendait à l'aéroport avec une pancarte. Je ne la connaissais pas — je ne connaissais personne. Elle m'a conduit dans un appartement de Neuilly où était déjà Henri Curiel. J'ai découvert un homme très amical, très prévenant, mais je le sentais tendu. Nous avons bavardé un moment jusqu'à l'arrivée de Sartaoui. C'était la première fois que je voyais un Palestinien de l'OLP autrement qu'au combat. [Issam Sartaoui : « C'était la première fois que je rencontrais un soldat israélien sans lui tirer dessus — et c'était un général !...] Henri Curiel nous a présentés et tous les Français ont quitté la pièce, nous laissant seuls. J'ai été surpris. C'était la règle immuable d'Henri : il n'assistait jamais aux entretiens ; les présentations faites, il s'éclipsait. »

Le face à face dura de quatre heures de l'après-midi à minuit.

Ils commencèrent par vider leur sac, comme si chacun voulait avertir l'autre qu'il n'avait pas affaire à un pacifiste bêlant. « Je ne suis pas un non-violent, annonça Peled. Je vous ai combattu sur tous les fronts. » « J'ai été ce que vous appelez un terroriste, répliqua Sartaoui. J'ai du sang israélien sur les mains. »

Ils sont physiquement semblables, le corps façonné par l'action et un visage d'une grande beauté. Issam, quarante-deux ans, la chevelure prématurément argentée, le regard sombre et intense. Matti, cinquante-trois ans, les cheveux blancs coupés court, les yeux gris acier, le geste économe, un sourire rare.

Le père de Peled, charpentier juif d'Ukraine, avait décidé de se perfectionner dans les chantiers navals écossais. Il rencontra sur le bateau une jeune sioniste dont il tomba amoureux ; il descendit avec elle à l'escale de Jaffa. Leur fils Matti entra dans la Haganah, l'armée secrète juive, à l'âge de quinze ans et, après une parenthèse consacrée à l'étude du droit, fit toute sa carrière dans l'armée israélienne, où il devait finir général de division. Son rôle dans la victoire éclair des Six Jours fut déterminant.

Cet homme carré, sioniste résolu, d'un anticommunisme virulent, commença d'évoluer après l'occupation israélienne de la bande de Gaza, en 1956. Responsable du secteur, il découvrit la réalité palestinienne. Sa première démarche fut d'apprendre l'arabe. Il se prit d'une vraie passion pour la culture du peuple qu'il combattait si durement ; elle le conduirait, après sa retraite, à une chaire de professeur de littérature arabe à l'Université de Tel-Aviv. La guerre des Six Jours et l'occupation de la Cisjordanie marquèrent pour lui le tournant décisif. Convaincu de l'impossibilité pour Israël de digérer la masse arabe des territoires occupés, confiant dans la possibilité d'une coexistence pacifique entre son pays et un Etat palestinien, il se consacra à la paix avec la calme résolution qu'il avait mise à faire la guerre.

Sartaoui, né à Saint-Jean-d'Acre, avait pris la route de l'exil après la guerre de 1948. Il avait quinze ans. Replié à Bagdad avec sa famille, il milite dans le Mouvement nationaliste arabe en même temps qu'il entreprend des études de médecine. Il est nassérien. En 1963, faisant escale au Caire sur la route des États-Unis, où il se spécialisera en cardiologie, Gamal Abdel Nasser l'honore d'une audience privée.

Il s'installe cependant aux Etats-Unis. Ses études à l'Université du Michigan ont été extrêmement brillantes. Il a inventé deux nouvelles techniques d'intervention chirurgicale. Il ouvre un cabinet dont le succès est immédiat. Richesse et notoriété lui sont assurées. La guerre des Six Jours l'arrache à son confort climatisé. La débâcle arabe est pour lui une humiliation insupportable. Au troisième jour, il s'envole pour Tripoli, gagne Le Caire, demande à s'engager. La défaite le prend de vitesse. Il retourne alors à Bagdad, fonde le Mouvement d'action pour la libération de la Palestine, mène des opérations de commando sur le territoire israélien et ne recule pas devant le terrorisme. Le 10 février 1970, ses hommes font sauter à Munich un avion d'El Al en partance pour Londres. Sartaoui croyait que le général Dayan était parmi les passagers ; il s'agissait en fait de son fils Assaf. Un mort, treize blessés, dont l'actrice israélienne Hanna Meron, amputée d'une jambe. Sartaoui offre dix mille livres sterling pour indemniser les victimes et promet de rembourser tous les frais médicaux.

Pris dans le tourbillon effréné des luttes intestines palestiniennes (ses hommes se battent pendant quinze jours à Amman contre les miliciens de Georges Habache), Issam Sartaoui finit par s'intégrer au Fath de Yasser Arafat en 1971. Comme pour Peled, son évolution commence avec la découverte d'un ennemi qu'il avait combattu sans le connaître : « J'ai lu énormément sur les juifs, sur Israël, sur les anciennes communautés juives des pays arabes. » Découvrant que les services secrets israéliens ont organisé cyniquement l'exode de leurs coreligionnaires irakiens, égyptiens et marocains par des campagnes d'attentats, il conçoit le projet de vider Israël d'une bonne partie de sa substance humaine en organisant le retour des juifs arabes dans leur pays d'origine. C'est l'occasion de premières rencontres avec les membres d'Identité et Dialogue, groupe de juifs marocains exilés en France. Ils soutiennent Israël mais souhaitent son intégration dans le monde arabe et une solution équitable au problème palestinien.

Sartaoui renoncera assez vite à son entreprise utopique. Mais il aura compris, chemin faisant, qu'Israël n'était pas l'entité monolithique unanimement hostile qu'il combattait depuis bientôt dix ans.

Ainsi le général de réserve et l'ancien terroriste ouvraient-ils un dialogue pacifique qui, de l'estime réciproque, les conduirait à une amitié fraternelle, tandis que dans la pièce voisine attendait fébrilement celui qui avait été l'instigateur de leur rencontre, et dont Paris et les grandes capitales du monde venaient d'avoir la révélation qu'il était « le patron des réseaux d'aide aux terroristes ».

L'article du *Point* était paru le 21 juin, juste après l'arrivée d'Issam Sartaoui.

Le titre — lettres blanches sur fond noir — fait la couverture de l'hebdomadaire : « Le patron des réseaux d'aide aux terroristes. » Une campagne propre à allécher le chaland couvre les murs de Paris de cette couverture agrandie aux dimensions de l'affiche. Commercialement parlant, c'est un gros coup.

Voilà donc un homme — Georges Suffert, alors directeur adjoint de la rédaction du *Point* — qui, au terme d'une enquête de trois mois, est en mesure de dénoncer en Henri Curiel le patron de réseaux fournissant une aide aux terroristes. L'accusation est gravissime. Elle n'est admissible que confortée par des preuves irréfragables, au moins par des indices précis et concordants entraînant l'intime conviction. Chaque mot, chaque phrase doivent être étayés, vérifiés. La violence de l'accusation implique l'exactitude scrupuleuse de l'accusateur.

Nous faisons la part belle à Georges Suffert en choisissant dans son article les quarante-quatre lignes consacrées aux trente-cinq premières années de la vie d'Henri Curiel. C'était la partie la plus aisée de son travail puisque Curiel menait alors une existence publique. Un stagiaire frais émoulu de l'Ecole de journalisme eût suffi à la tâche tandis qu'il fallait évidemment un as de l'investigation pour dénicher au fin fond de sa clandestinité le suppôt du terrorisme.

TEXTE DE SUFFERT	COMMENTAIRE
Il se nomme Henri Curiel. Il est né en Egypte, dans les premières années de la Première Guerre mondiale. Son père, Daniel, était banquier, rue Chawarbi, au Caire.	Exact.
Au cours des années trente, il voyage en France, en Italie, et milite vaguement dans les premiers mouvements italiens antifascistes.	Henri n'a milité ni vaguement ni précisément dans un quelconque mouvement italien antifasciste.

546

Il est brillant, parle en quelques années couramment italien, français et anglais. Plus l'arabe, bien entendu.

C'est après la mort de son père, en 1937-1938, qu'il émerge dans la vie politique égyptienne.

En 1941-1942, il fonde l'Union démocratique, un mouvement de gauche très ouvert ; on y trouve des gens à sensibilité communiste, d'autres trotskistes, etc.

Henri, dès cette époque, se déclare stalinien inconditionnel. Sa mère tient une petite librairie qui devient le lieu de rencontre de toute la bonne société cultivée du Caire.

En 1946, Farouk le fait arrêter et juger. Mais c'est lui qui impressionne le tribunal par son attitude, sa dignité, sa voix. Il fait de la prison, puis est libéré.

Le caractère de ses activités commence alors à se modifier. En 1948-1949, il est parfois à Paris, parfois à Athènes, beaucoup à Prague.

En 1950 il revient en Egypte mais n'y reste pas longtemps.

Nasser le fait expulser discrètement.

Le français, Henri l'apprit au berceau. L'anglais, à l'école. Il n'apprit l'italien qu'en 1950. Quant à l'arabe, le lecteur sait que cela n'alla pas tout seul.

Daniel Curiel ne mourut pas « en 1937-1938 » mais dix ans plus tard.

L'Union démocratique, créée en 1939, non « en 1941-1942 », rassemblait indistinctement les partisans de la cause alliée.

Pauvre Zéphira ; pauvre Rond-Point...

Henri Curiel n'a jamais impressionné quelque tribunal égyptien que ce soit, car il n'est pas une seule fois passé en jugement.

En 1948-1949, Henri n'est ni à Paris ni à Athènes ni à Prague mais au camp d'internement de Huckstep (Egypte).

En 1950, Henri ne revient pas en Egypte puisqu'il n'en est pas sorti depuis plus de dix ans.

Nasser n'arrivera au pouvoir que dans deux ans. C'est

Il s'installe en Italie pendant un an où il rencontre beaucoup de personnalités communistes italiennes, tchèques, soviétiques.

C'est probablement à cette date qu'il passe du statut d'amateur à celui de professionnel.

En 1951, il s'installe à Paris, où sa femme l'a précédé et où il réside depuis cette date, sans profession, sans ressources connues. Il n'est ni pauvre ni riche.

Farouk, roi d'Egypte, qui fait expulser Henri.

On sait l'accueil glacial réservé au proscrit par les « personnalités communistes ».

Phrase drolatique.

C'est vrai : Henri n'est ni pauvre ni riche. Mais la justesse de cette observation finale ne diminue pas notre trouble. Nous constatons que le Rouletabille du *Point*, dévoilant la première moitié de la vie d'un personnage qu'il scrute depuis trois mois, est incapable d'écrire deux phrases de suite sans commettre une erreur. Il n'est irréfutable que sur quatre points : Henri Curiel se nomme Henri Curiel ; il est né en Egypte « dans les premières années de la Première Guerre mondiale » ; son père Daniel était banquier rue Chawarbi ; il réside à Paris depuis 1951 et n'est ni pauvre ni riche. Maigre butin. Tout le reste fourmille d'erreurs d'autant plus surprenantes que le moindre effort eût permis d'en faire l'économie. Le *Petit Robert des noms propres,* qui se trouve probablement sur un rayonnage du *Point,* aurait évité la confusion entre Farouk et Nasser. Le coursier du journal, dépêché aux Editions du Seuil, aurait rapporté l'excellent ouvrage de Jean et Simonne Lacouture, *L'Egypte en mouvement,* où notre enquêteur eût trouvé maints renseignements sur un pays, accessoirement sur un homme — Curiel —, dont il ignore tout. Suffert avait enfin à Paris, sous la main, deux à trois cents exilés égyptiens capables de lui dire qu'en 1948-1949, son futur suppôt du terrorisme ne pouvait galoper de Prague à Athènes (il n'a, de sa vie, mis les pieds dans ces villes) puisqu'il était sous bonne garde au camp de Huckstep.

Biographie tronquée ; biographie truquée. Rien sur le MELN et le

MDLN. Aucune lueur sur le personnage politique d'Henri Curiel, son insertion dans le mouvement national égyptien, son rôle public à la tête de partis intimement liés à l'histoire de l'Egypte. Par ignorance crasse ou volonté réductrice, Henri n'est qu'une silhouette furtive rencontrant dans des capitales plus ou moins sulfureuses des « personnalités tchèques, soviétiques ».

Il est en somme traité par *Le Point* comme il l'a été par *L'Humanité* lors de l'affaire Marty. Un Egyptien suspect. A cette différence près que l'articulet de *L'Humanité* ne portait condamnation qu'à l'ostracisme politique. En 1976, accuser un homme de favoriser le terrorisme, c'était tenir sa liberté, peut-être sa vie au bout de la plume.

*
* *

« L'enquête qu'on va lire — qui a nécessité trois mois de travail — annonce le " chapeau " coiffant l'article, décrit pour la première fois l'une de ces organisations [d'aide au terrorisme] : probablement la plus importante. Elle fonctionne à Paris ; elle dispose de correspondants dans près de vingt organisations terroristes dont nous donnons la liste. »

Nous sommes au cœur du sujet. Georges Suffert n'a visiblement pas cherché à savoir d'où venait Curiel mais il va nous révéler où il a fini : dans le soutien au terrorisme. Nous nous reportons donc avec célérité à la liste des dix-neuf « organisations terroristes » répertoriées par Suffert dans un « encadré ».

Le choc est rude. Dans nos pires cauchemars, nous n'imaginions point tant de têtes, et si trompeuses, à l'hydre du terrorisme.

L'ETA basque est une organisation terroriste. Le défunt Front de libération du Québec a eu recours au terrorisme. Nous ne sommes donc pas étonnés de les trouver parmi les dix-neuf mais nous déplorons que Suffert omette de préciser que le « réseau Curiel » avait coupé ses liens avec l'ETA dès la création de l'ETA politico-militaire, avec le FLQ dès ses premiers débordements extrémistes. Déception vite oubliée car notre œil stupéfait découvre l'ANC en tête de liste. L'African national congress, organisation de masse des Noirs sud-africains à laquelle l'ONU a accordé statut d'observateur et qui dispose à New York d'une représentation officielle souvent entendue par le Conseil de sécurité... Voici l'Association des étudiants kurdes en Europe et le parti démocratique du Kurdistan, qui doivent en être encore à la phase préparatoire au terrorisme, car si les Kurdes se battent farouchement dans ce qu'ils considèrent être leur patrie, aucun acte terroriste ne leur a jamais été reproché. Voici en vrac les FAR argentines, le VRP brésilien, les FAR guatémaltèques, le PCUH haïtien, un MIR dont on ne nous dit pas s'il est chilien ou bolivien, toutes organisations à l'époque en lutte armée contre le terrorisme d'Etat des dictatures gorilles. Voici nos vieilles connaissances, l'UPC camerounaise et le Mouvement populaire dominicain, qui renaissent de leurs cendres froides dans l'encadré du *Point*. Et une organisation « Monima » (Madagascar) dont nous avouons ignorer les sanglants forfaits. Voici les partis communistes irakien, soudanais, marocain, que nous savions interdits mais dont la nature terroriste est une révélation. Voici — fallait-il que nous fussions naïfs ! — « les partis communistes Rakah et Maki (Israël) ». Les lecteurs israéliens du *Point*, très avertis pour leur malheur en matière de terrorisme, auront appris avec une considérable surprise que ces partis ayant pignon sur rue et députés au parlement israélien étaient rangés par notre Rouletabille parmi les organisations terroristes. Voici — l'ennemi est dans nos murs — le « rassemblement ou regroupement de l'immigration martiniquaise (REM) », association politico-culturelle dont les soirées biguines servaient donc de couverture à de coupables activités. Voici enfin, fermant le sinistre cortège, le parti communiste réunionnais. Branle-bas au ministère de l'Intérieur, qui ignorait son essence terroriste ; émotion rétrospective au Palais-Bourbon, où son secrétaire général Paul Vergès fut élu ; poussée de fièvre au parlement européen de Strasbourg, où il va bientôt siéger…

Vous me demanderez : « Pourquoi Suffert ? » Judicieuse question. *Le Point*, publication honorable généralement bien informée, dispose d'une équipe d'enquêteurs soutenant la comparaison avec celle de n'importe quel magazine. Un Jean-Marie Pontaut, par exemple, n'aurait pas eu besoin de trois mois d'investigation pour découvrir que le parti israélien Maki ne peut en aucun cas être assimilé à une organisation terroriste. L'un des meilleurs enquêteurs français, il a valu à son journal la distinction de la seule condamnation prononcée dans l'affaire des micros du *Canard enchaîné*. Alors que la justice se déconsidérait en prononçant un scandaleux non-lieu au profit des auteurs du délit, *Le Point* s'inscrivait au tableau d'honneur de la presse française en écopant d'une condamnation pour avoir identifié et publié la photo de l'un des « plombiers » de la DST, au raisonnable mépris du « secret-défense » protégeant le nom et la physionomie d'individus qui, en l'occurrence, ne bricolaient pas au nom de la défense nationale.

Pourquoi Suffert ?

C'est un chroniqueur. Il en faut. L'espèce est chez nous nombreuse. Suffert, calé dans son fauteuil, peut sans désemparer développer en cinq feuillets de douze cents signes son opinion sur la révolution culturelle chinoise, le renouveau des sectes, les statues de l'île de Pâques, la crise du marxisme, ou du roman, ou de la natalité. Voyez l'organigramme actuel du *Point* — ce qu'on nomme en argot de métier « l'ours » : détaché entre le directeur et les rédacteurs en chef, nous trouvons : « Idées : Georges Suffert. » L'économie a droit à trois journalistes ; les livres en ont sept ; la société en exige onze : les idées ont Georges Suffert. Olympien face à face.

Physiquement, il remémore François Mauriac évoquant à propos du maréchal Juin « le durcissement gras des hommes de soixante ans ». Mais Mauriac était un maigre.

C'est un chrétien qui a rencontré le pouvoir sur le chemin de Damas. La maîtresse de maison soucieuse de regrouper ses invités par affinités mettra à la même table Michel Poniatowski, Jean-Baptiste Doumeng et Georges Suffert. S'il y a quatre couverts, le père Bruckberger fera l'affaire. Ou bien ce conseiller de l'ambassade d'Union soviétique à Paris qui ne cèle guère son appartenance au KGB et dont Suffert me dit qu'il adore dîner en ville avec lui, entre hommes à qui on ne la fait pas.

Bon zigue au demeurant. Jovial, franc du collier. Le contraire du malfaisant conscient et organisé.

Certains haïssent en lui le renégat politique. Il a, c'est vrai, beaucoup évolué. On a le droit. Il se faisait courageusement matraquer au premier rang des manifestations pour l'indépendance de l'Algérie tandis que je promenais une tenue léopard au grand air du djebel. Nous n'aurons probablement jamais raison ensemble.

Les amis d'Henri Curiel le tiennent pour responsable d'une agression organisée de sang-froid avec le concours officieux d'un service secret français. Ce serait déplorable pour l'âme de Suffert mais satisfaisant pour l'esprit. Ses erreurs grotesques et ses amalgames outrageants s'en trouveraient au moins justifiés. Une enquête s'efforce à l'exactitude. Une exécution vise à l'efficacité. S'il s'agissait d'éliminer Curiel sans trop regarder aux moyens, la rafale de phrases hasardeuses lâchée par Suffert faisait bonne besogne. Les mots « terrorisme » et « terroriste » sont imprimés vingt et une fois dans l'article.

Mais l'évidence — hélas ou tant mieux — est qu'il s'est cru journaliste.

Selon lui, la révélation lui vint lors d'un dîner en ville. Il n'avait pas ce soir-là pour commensal le joyeux drille du KGB mais des ecclésiastiques atterrés. Ces gens racontèrent sur certain couvent dominicain de bien étranges histoires. Réunions secrètes, dépôt de documents, allées et venues de personnages inquiétants. Le couvent prenait des allures d'officine au service d'une mystérieuse organisation dont nul ne connaissait les tenants et aboutissants. Suffert fut d'abord réticent. Il avait du mal à y croire. On le comprend. Il n'est pas évident que l'atelier de reliure de ce couvent ou d'un autre doive servir à la fabrication de faux papiers (sauf peut-être si l'on sait qu'il s'agit de faire échapper des militants chiliens à la torture et à la mort). Un lieu consacré à la prière n'est pas de prime abord le plus adéquat pour des exercices de sécurité ou un cours d'écriture à l'encre sympathique (sauf peut-être s'il s'agit de protéger des militants de l'ANC promis à la potence en cas de capture). Alarmés par des apparences extrêmement troublantes, ignorant le fond des choses, les convives de Georges Suffert avaient les meilleures raisons d'être émus, et Suffert lui-même, sa première réaction d'incrédulité dépassée, devait normalement éprouver l'envie d'en savoir davantage.

Tout cela est des plus plausible.

Sous prétexte que les deux piliers de l'organisation s'étaient retirés, que la crise de 1972 avait entraîné des démissions et que Curiel lui-même se consacrait prioritairement au problème du Proche-Orient, nous avons peut-être donné au lecteur l'impression que Solidarité entrait en sommeil. Ce serait une erreur. D'un point de vue qualitatif, l'organisation est sans doute plus efficace que jamais. La fabrication des faux papiers est sortie du stade artisanal. Les mouvements aidés sont moitié moins nombreux que dix ans plus tôt (plusieurs nations africaines ont accédé à l'indépendance ; une répression féroce écrase l'Amérique latine) mais les services rendus sont d'excellente qualité. Les stages proposés comportent l'étude de trente-deux spécialités, chiffre jamais atteint auparavant.

La pratique n'est cependant plus la même. La machine s'est concentrée, resserrée. Au lieu de la vaste organisation répartissant au maximum efforts et moyens, fût-ce au prix d'une certaine déperdition d'énergie, tout repose désormais sur une poignée d'hommes et de femmes. Ils ne s'en plaignent pas. Leur tentation serait même d'en finir avec des structures — comité directeur, congrès — qu'ils trouvent plus gênantes qu'utiles, et de se constituer en réseau. Mais tel un moteur en sur-régime, certaines pièces chauffent. Trop de tâches sur les mêmes têtes ; trop de réunions dans les mêmes lieux. L'un des stakhanovistes de la nouvelle équipe étant un père dominicain (il ne s'agit évidemment pas de Barth, consacré au Proche-Orient), son couvent parisien est mis à contribution. Le provincial et le prieur sont d'accord. Ils savent que Solidarité est « une organisation d'aide aux militants du tiers-monde ». Mais trop c'est trop. Un parloir est réservé aux réunions de l'équipe. Un meuble « un peu traficoté » recèle les archives. La bibliothèque, riche de trois cent mille volumes, sert de cachette aux cours, documents et faux papiers, dont beaucoup sont passés par l'atelier de reliure du couvent (certains textes sont encore dans la bibliothèque, oubliés dans le déménagement consécutif à l'article du *Point,* de sorte qu'un novice ouvrant un vénérable in-folio risque de tomber sur un cours de filature). Une telle surexploitation ne pouvait pas rester inaperçue des hôtes permanents du couvent. La curiosité conduisit à l'inquiétude qui, comme toujours, fit flamber la rumeur.

Elle était parvenue à l'oreille de Suffert.

Il tira la sonnette du SDECE, puis de la DST. Les directeurs le reçurent cordialement, lui souhaitèrent bonne chance mais s'abstinrent, selon lui, d'ouvrir leurs dossiers, tenus qu'ils étaient par la règle du secret. Sans mettre carrément en doute la parole de Suffert, indiquons qu'il reçut au moins des éléments de dossier. Trois ans plus tard, *Le Monde* se ferait l'écho des doléances de certains membres du SDECE, parmi lesquelles le fait que le dossier Curiel avait été « mis sur la place publique ». A relever les erreurs et approximations dont il est farci, on serait en effet tenté d'y reconnaître la signature habituelle du SDECE. Henri, ayant lu l'article du *Point,* trancha aussitôt : « Ce n'est sûrement pas la DST. Ils me connaissent beaucoup mieux que cela et n'auraient pas écrit de telles idioties. » Que le fournisseur fût l'un ou l'autre, la fourniture était maigre.

Georges Suffert descendit donc de son fauteuil et s'en fut à la recherche de l'information.

Il commence mal. Notre déception est d'autant plus vive qu'après avoir bâclé comme on a vu la partie égyptienne de la vie d'Henri Curiel, il aborde le temps de l'aide au FLN algérien, qu'il connaît bien pour l'avoir vécu et sur lequel il dispose de toutes les sources d'information possibles.

La preuve qu'Henri Curiel est un espion résulte pour lui de ces documents déchirés, jetés par la fenêtre mais récupérés par la police au moment de son arrestation. (Bizarrement, il ignore qu'il s'agit de l'arrestation de Curiel lui-même. Il croit que l'affaire s'est produite quinze jours après la capture d'Henri au cours d'une perquisition « à l'improviste chez un ami de Curiel ». Mais au point où nous en sommes...) « C'est le tilt », écrit-il, adoptant le style familier du reporter. Et, constatant que les documents n'ont rien à voir avec la guerre d'Algérie, il enchaîne : « Du coup, les services français changent profondément d'attitude à l'égard de Curiel : militant anticolonialiste, il n'était pas très intéressant. Il y en avait des centaines de milliers en France, qui allaient même finir par devenir la majorité grâce à l'aide décisive du général de Gaulle. Mais l'existence d'un service d'espionnage diplomatique donnait une autre dimension au personnage. » Il ne nous explique pas pourquoi la DST, si elle était si convaincue de tenir un espion, s'est abstenue de le faire juger de ce chef, d'autant qu'elle était censée détenir, avec les feuillets reconstitués, la preuve patente du crime. Nous lui conseillons de téléphoner à son ami Roger Stéphane, aujourd'hui anticuriéliste notoire, ou à Albert-Paul Lentin : ils lui expliqueront qu'un groupe de journalistes, auquel il aurait lui-même probablement adhéré si la demande lui en avait été faite, fournissait au réseau d'aide des notes de synthèse sur des sujets utiles au FLN. Or, le « compte rendu de discussions entre le gouvernement français et le gouvernement allemand », thème de la note incriminée, présentait un intérêt crucial pour la direction de la Fédération de France du FLN qui, repliée en Allemagne fédérale, redoutait constamment une intervention de Paris auprès de Bonn pour obtenir son expulsion, en tout cas une entrave à ses activités.

Sur Solidarité, Suffert est bref sur les faits, profus dans le commentaire allusif.

Trois noms ; trois affaires.

Michèle Firk, la jeune militante française qui se suicida en 1968 au Guatemala au moment d'être arrêtée par la police. Pourquoi pas Régis Debray ? Pourquoi pas Conrad Detrez, ou Pierre Goldman, ou n'importe quel Européen ayant choisi de rejoindre la guérilla ? « Quelques-uns des membres du réseau, affirme Suffert, arrêtés avec elle, confièrent (sic) simplement qu'elle travaillait en France avec un homme " important " qui s'appelait Julien ou Raymond. C'est tout. » Ce n'est rien. D'où Suffert tire-t-il cette affirmation ? Nous connaissons ceux qui étaient les amis les plus intimes de Michèle au moment de son départ pour l'Amérique du Sud. Elle n'a de sa vie rencontré Curiel ni approché Solidarité. Nous tenons leurs témoignages, s'il le souhaite, à la disposition de Suffert. Nous ne les infligerons pas au lecteur parce que celui-ci sait bien qu'un membre de Solidarité ne pouvait en aucun cas s'intégrer à un mouvement et participer à ses luttes.

Breyten Breytenbach, en prison depuis trois ans dans les geôles racistes d'Afrique du Sud. « Il se demande, rapporte Suffert, s'il n'a pas été manipulé sous le couvert de la lutte anti-apartheid. » Le prisonnier se serait ouvert de ses doutes à son frère. A Paris, on lui a fait rencontrer Curiel, alias Raymond. « Devant Breytenbach, Raymond ne cachait pas ses opinions : il était, disait-il, un " communiste orthodoxe ". Mais dans les réunions auxquelles il participait ou qu'il dirigeait, il gardait ses opinions pour lui. » Des réunions rassemblant des intellectuels, essentiellement catholiques et protestants. Il s'agissait d' « utiliser leurs complexes et leur bonne foi »... Suffert fait dire à Breytenbach qu' « à son avis il existait un autre niveau d'activités pour Raymond. Un réseau franchement secret, celui-là, qui consistait à fournir une aide technique aux organisations terroristes internationales. »

La pitié de voir un homme qui fut Suffert s'abaisser à se servir d'un prisonnier au pouvoir de l'une des polices les plus répressives du monde, à la voix bâillonnée, et qui n'est en l'occurrence que le masque dont s'affublent ses gardiens. Car les propos prêtés au détenu sont tenus par le Boss. Breyten, familier d'Henri pendant trois ans, savait tout de Solidarité. Il n'a jamais fait la moindre confidence à son frère, dont les opinions sont à l'inverse des siennes. Les doutes et les soupçons impudemment prêtés à un prisonnier qui ne pouvait à l'époque démentir, correspondent en fait à l'image que le Boss souhaitait imposer d'Henri et de Solidarité. Suffert s'est fait l'obligeant porte-plume des services sud-africains. Breyten, condamné à neuf ans de prison, est sorti au bout de sept ans grâce à des pressions internationales où le gouvernement français tint sa large part. Nous suggérons à Georges Suffert de lire le livre qu'il va publier dans le même temps que celui-ci : il y verra en quels termes Breyten évoque Henri.

André Haberman et l'affaire du Japonais Furuya Yutaka. C'est pour Suffert l'épisode « qui allait fournir une série de preuves à la DST [sur la] liaison entre les réseaux de Curiel et les groupes terroristes internationaux ». Il ne se demande pas pourquoi la police et la justice, si elles ont ces « preuves décisives », relâchent aussitôt Haberman et ne l'inculpent que pour la possession de faux tampons. Extraordinaire mansuétude ! Encore moins compréhensible est l'immédiate remise en liberté de Tak-Tak, sans la moindre inculpation pour le motif le plus minime, alors qu'il serait, dans la thèse de

Suffert, le maillon reliant Solidarité aux terroristes japonais ! Georges Suffert ne pouvait deviner en 1976 que Tak-Tak serait lavé par les juges japonais de tout soupçon d'appartenance à un groupe terroriste mais l'état de l'affaire en France, au moment où il écrivait son article, ne devait-il pas le conduire à une conclusion inverse de celle qu'il adopte ?

Firk : l'allégation sans preuves. Breytenbach : l'information controuvée. Haberman : l'affirmation démentie par les faits. Le plat servi par Suffert manquait de consistance. Mais le talent du cuisinier est dans la sauce.

Le face à face hebdomadaire avec les idées n'empêche pas la roublardise. Rusé Suffert, qui égale dans l'art de slalomer entre les piquets dangereux de la diffamation les journalistes de feuilles infiniment moins distinguées que *Le Point*... Voyez-le s'avancer, vêtu de probité candide, avouant humblement ses limites, admettant volontiers que sa lanterne n'a pas complètement éclairé les arcanes du terrorisme... « Il est difficile, écrit-il, à un journaliste agissant isolément d'arriver à en savoir davantage. » (Mais qui l'obligeait à faire cavalier seul ? Pourquoi n'avoir pas découplé sur un sujet aussi grave la meute des limiers du *Point* ?) Admirez ses prudences, son hésitation à conclure prématurément, le caractère hypothétique sans cesse réaffirmé de ses allégations... Terroriste, Curiel ? Ah ! ce n'est pas lui qui lancerait pareille accusation ! « Curiel n'est pas un terroriste, écrit-il au contraire, ce genre de méthode ne correspond pas à grand-chose pour lui, ne colle pas avec son personnage. » Ce n'est pas la faute de Suffert si la DST a reçu, avec l'affaire Yutaka, « les preuves décisives » de sa liaison avec les terroristes. Et pour qui travaille-t-il donc, ce non-terroriste aidant les terroristes ? « Impossible de répondre avec une certitude totale, étayée par des preuves matérielles. Constatons simplement qu'il existe un faisceau de présomptions. » Certes, les opinions du « stalinien » Curiel sont connues. « Mais des opinions, une volonté, ne constituent en aucune manière une preuve. » Plus loin, et après avoir rappelé que des adhérents de Solidarité sont au PCF ou dans ses organisations annexes : « Ce n'est toujours pas une preuve. » Encore plus loin : « Donc nous sommes dans la mouvance communiste. » Mais attention : « Dans la mouvance seulement. » Indiquant que la société d'un membre du clan des Egyptiens a l'un de ses multiples comptes à la Banque commerciale pour l'Europe du Nord, filiale de la Banque d'Etat soviétique : « Faut-il penser, hasarde notre Suffert, que Curiel dépend directement, non pas du parti français, mais des services soviétiques ? » Il n'est pas homme à endosser sans réflexion une opinion aussi grave : « A première vue, l'hypothèse laisse perplexe. Il y a longtemps que les services soviétiques n'utilisent plus le terrorisme. »

Comment ne pas s'incliner devant tant de scrupules dans l'approche d'une question si lourde de conséquence ?

Mais à la fin de l'envoi il touche : évoquant une hypothèse des « responsables au sommet des services français » sur l'intérêt renouvelé des Soviétiques pour le terrorisme, il lâche d'une plume benoîte que pour lesdits responsables « Curiel est en liaison constante avec le KGB ». Nous ne sommes plus dans le domaine de l'hypothèse.

« Ah bon ! » s'exclame le lecteur du *Point*. Il rend hommage, ce lecteur, à la prudence de son préposé aux idées, mais le problème des employeurs de Curiel n'est-il pas réglé puisque « les responsables au sommet » des services secrets, dont c'est la fonction de connaître ces choses, affirment qu'il est « en liaison constante avec le KGB » ?

Ce n'est pas Suffert qui le dit — pas plus que pour la « liaison avec les groupes terroristes internationaux » : ce sont les services.

Quels services ? Vous plaisantez. Informations confidentielles. Et il n'est pas question pour un journaliste de dévoiler ses sources.

Citons les nôtres.

Sur la « liaison constante avec le KGB », rapport de la DST de 1974 : « Il n'est pas possible d'affirmer, en l'état actuel des connaissances acquises, que cette organisation [Solidarité] relève soit du PCF, soit du service de renseignement d'un pays de l'Est. »

Sur la « liaison avec les groupes terroristes internationaux », rapport de la DST du 29 juin 1976, dix jours après la publication de l'article du *Point* : « Certains groupes ont, sous l'influence de l'organisation de Curiel, abandonné l'aventurisme gauchiste pour adopter la philosophie marxiste orthodoxe. »

Ayant ainsi laissé les mystérieux « responsables au sommet » asséner les condamnations capitales, Suffert est libre de s'abandonner à son naturel, qui est bienveillant. Car l'homme qui a quitté un court instant son fauteuil codirectorial pour chausser les humbles godasses du reporter n'a point de goût pour la dénonciation sensationnelle : c'est un berger attentif à son troupeau dont le seul propos est d'écarter la brebis galeuse — Curiel.

On a dit plus haut l'aplatissement qu'il fait subir à Solidarité pour les besoins de sa cause. Au lieu de la structure démocratique verticale, avec un congrès élisant un comité directeur informé de tout et décidant de tout, des cercles concentriques permettant à quelques mauvais génies, Curiel en tête, de manipuler les braves gens derrière l'écran de « leaders de façade » comme le père Barth ou le pasteur Rognon. Le congrès transformé en vivier où des « professionnels » viennent repérer « les éléments qui peuvent franchir une étape supplémentaire ». Les stages de formation qui vont transformer « notre jeune militant de naïf en complice »... (Remarquez au passage comme notre Suffert échappe aisément à la naïveté. Il sait bien que ce n'est pas l' « organisation Monima, Madagascar », clouée au pilori des dix-neuf, qui mettra en émoi son lecteur, ni des partis lointains comme les FAR guatémaltèques ou le PCUH haïtien. Le terrorisme dont les Français redoutent l'irruption chez eux, en cette année 1976, c'est un terrorisme à l'image de celui qui ravage l'Allemagne et l'Italie, pays plus comparables à la France que Madagascar ou Haïti. Faute de pouvoir inclure la RAF allemande ou les Brigades rouges italiennes dans sa liste noire des organisations terroristes « reliées au réseau Curiel », Suffert avance que les stagiaires suivent des cours « sur la situation de l'opposition en Allemagne, les méthodes de la police allemande, les milieux hostiles au gouvernement de Bonn, etc. ». Nous ne savons pas où il est allé pêcher cela mais la redondance trahit le souci d'efficacité : si le lecteur ne subodore pas qu'il y a du Baader là-dessous, c'est à désespérer...)

Les militants des mouvements de libération nationale évacués du tableau alors que Solidarité n'existait que par eux et pour eux. C'est décrire l'Armée du salut en oubliant les clochards, le Club Méditerranée en omettant les touristes.

La péroraison, d'un ton superlativement abouna, révèle la mission dont Suffert s'éprouvait investi. C'est le sermon du bon pasteur aux brebis imprudentes : « Le fait qu'un certain nombre de dominicains, très particulièrement, aient, sans le vouloir, contribué au fonctionnement d'un réseau sans doute manipulé par un autre pays est en soi assez étonnant. Leur naïveté devrait avoir des limites. Nous ne sommes pas dans un univers de bons sentiments, mais dans un monde où s'affrontent des puissances que les scrupules n'embarrassent pas et qui savent comment on peut employer au mieux la générosité des enfants de Dieu. » Pour la brebis galeuse, la houlette du berger devient une baguette magique procurant sa foudroyante disparition : « J'ai la conviction qu'en expliquant l'organisation de ce genre de réseaux, on les désorganise. J'ai le sentiment qu'Henri Curiel ne sera pas arrêté, que même si on le cherche on ne le trouvera plus à son domicile, qu'il disparaîtra pendant un temps et que ses réseaux seront, comme on dit, mis en sommeil. »

Touchante outrecuidance ! Désarmante sottise ! Il y a vraiment cru. A l'instant de reprendre, mission accomplie, son commerce hebdomadaire avec les idées, il pensait voir, du haut de son fauteuil, les petits reporters se précipiter rue Rollin pour y faire chou blanc, le diabolique Curiel ayant fui, tel un cafard se réfugiant dans les ténèbres extérieures, l'éblouissante clarté prodiguée par *Le Point*.

Six ans plus tard, il me disait encore, l'œil rond et étonné : « J'étais réellement convaincu qu'il allait disparaître. » On peut m'en croire : il est sincère.

Le journaliste et l'écrivain ont droit à l'erreur, et d'autant plus que l'objet de leurs investigations, de par sa nature clandestine ou confidentielle, fait l'enquête malaisée. Ce livre comporte son inévitable lot d'erreurs alors qu'il est le résultat d'un travail de six années et que son auteur disposait de toutes facilités d'information.

On peut disputer si Georges Suffert avait le droit de commettre tant d'erreurs aisément corrigibles quand il tenait au bout de sa plume au moins l'honneur d'un homme. La justice française ne l'a pas trouvé reprochable.

Mais sa démarche présente une singularité incompréhensible pour tout reporter, une carence impardonnable pour n'importe quel professionnel de l'information. Il est extrêmement rare que le patron d'un réseau aidant le terrorisme pour le compte du KGB figure à l'annuaire du téléphone : c'était le cas d'Henri Curiel. Georges Suffert s'est abstenu de vérifier auprès de lui ses douteuses allégations. Il a préféré l'accusation à l'information. De même loge-t-il à la terrible enseigne du soutien conscient ou imprudent au terrorisme des associations humanitaires catholiques et protestantes, une société commerciale, des personnalités nommément citées. Il n'a pour aucune obéi à l'obligation élémentaire de recevoir ses explications. A tant poser de questions insidieuses dans son article, pourquoi n'être pas aller recueillir quelques réponses de la bouche même des intéressés ? Il a préféré la dénonciation à l'information.

Ce n'est pas son métier.

Sur la position d'Henri Curiel face au terrorisme, il nous faudrait vingt pages pour résumer les témoignages de ses camarades, depuis la vieille garde jusqu'à la jeune génération qui, de par son âge et sa sensibilité politique, pouvait comprendre le phénomène sans pour autant l'admettre. André Haberman : « Il vomissait réellement l'activisme, le terrorisme. » Antoine Griset : « Il avait un jugement d'une violence totale contre les terroristes d'Italie et d'Allemagne. »

Nous pourrions répéter avec ceux qui œuvraient sous son égide pour la paix au Proche-Orient ses condamnations formelles du terrorisme, même s'agissant d'un peuple qui recourait à la terreur pour survivre à la négation de son existence. La tuerie de l'aéroport de Lod, celle des Jeux Olympiques de Munich, le plongèrent dans l'accablement.

Nous pourrions aligner les déclarations de ceux qui, sans partager toutes ses opinions, répétaient publiquement jusqu'à sa mort leur estime et leur conviction qu'il était le contraire d'un suppôt du terrorisme : un homme de paix. Nous pourrions recopier les deux articles magistraux publiés dans *Le Monde* par Jean-Marie Domenach, citer Pierre Mendès-France, Jean et Simonne Lacouture, Claude Roy, Michel Foucault, Francis Jeanson, Claude Bourdet, Maxime Rodinson, Pierre Vidal-Naquet, Jacques Mercier, Georges Casalis, Jean-Michel Krivine, Jean Dresch — tant d'autres...

Nous ne le ferons pas.

Car si le lecteur nous a suivi jusqu'ici, il connaît mieux qu'aucun de ceux-ci la pensée et l'action d'Henri Curiel. Nous lui confions la mémoire de celui dont le terrorisme a tranché la vie.

Il eut mal.

Rosette Curiel : « Nous étions à Deauville chez Joseph Hazan. La lecture de l'article l'a bouleversé. Il avait été attaqué toute sa vie d'une manière ou d'une autre, et je l'avais vu réagir comme si ces attaques étaient normales, inévitables. Après son exclusion par les communistes égyptiens, son rejet par les communistes français, ses séjours en camp ou en prison, je ne l'ai jamais entendu dire : " J'ai souffert. " Il n'a jamais prononcé ces mots. Là, je l'ai vu souffrir. Il ne supportait pas d'être associé au terrorisme. Le terrorisme représentait pour lui le comble de l'idiotie politique et une horreur sur le plan humain. Il a eu honte, comme si on en avait fait un pestiféré, un lépreux. Il pensait à nos voisins de la rue Rollin. Il me répétait : " Ils vont croire cela, je n'oserai plus les rencontrer... " Je lui ai dit : " Nous allons rentrer la tête haute. " Nos plus proches voisins nous ont d'ailleurs fait savoir immédiatement qu'ils ne croyaient pas un mot de l'article du *Point*. Si Suffert a voulu faire du mal à Henri, il s'y est bien pris. Rien ne pouvait l'atteindre davantage que l'accusation d'être mêlé au terrorisme. »

Il était toujours théoriquement attaché à la maison d'édition Nathan, bien que son activité de conseiller commercial tendît vers le néant. « Va leur dire de me licencier, demanda-t-il à Hazan dès son retour à Paris. Je ne veux pas qu'ils aient des problèmes à cause de moi. » Pierre Nathan, octogénaire, sauta dans son fauteuil, tout pâle, en entendant Hazan : « Vous êtes fou ! cria-t-il. C'est ça, le fascisme ! Je ne céderai pas. Il n'en est pas question. » Henri lui envoya néanmoins sa démission.

L'attaque laissa de marbre ses amis et camarades. Seul Maurice Barth fut traversé par le doute : « J'ai eu un choc en lisant l'article. Un ami m'avait téléphoné en me disant : " Attention, on ne sait jamais, c'est l'iceberg... " J'ai eu un doute qui a peut-être duré cinq minutes. C'était à cause de ces voyages à Prague ou à Moscou évoqués par Suffert. Je me suis demandé : " Est-il possible qu'il se rende là-bas sans nous en parler ? " Mais c'était ridicule, matériellement impossible. » Un autre prêtre, membre du secrétariat : « J'ai vu Henri quotidiennement pendant quatre ans. Il ne s'absentait que pour ses trois jours de " check-up " et pour ses deux semaines de vacances annuelles chez Hazan. »

Alain Bréjac et Elia Perroy furent effarés par l'article. Elia : « C'était un tissu d'absurdités. » Bréjac : « Pour moi, c'était une opération politique. Il fallait l'apprécier comme telle. »

La réaction générale fut celle de Bréjac. Sans s'attarder à épiloguer sur le contenu d'un article dont ils pouvaient mieux que quiconque mesurer les extravagances, les camarades et amis d'Henri Curiel s'interrogèrent sur sa signification. Personne ne croyait à une initiative de Suffert. Il avait été sans aucun doute manipulé par un service. Cela signifiait-il la fin de la tolérance accordée à l'apatride Curiel et à ses activités ? René Rognon rappela son avertissement, vieux de deux ans : « Cela finira quand la DST le voudra. » Mais si l'opération était téléguidée par la DST, comment expliquer les bourdes grotesques de son porte-plume ? Les hommes de la rue des Saussaies avaient dû découvrir avec une franche hilarité que le parti communiste réunionnais était une organisation terroriste.

Une omission fâcheuse accréditait la thèse de l'opération politico-policière : l'article — six pages ! — n'était pas signé. Georges Suffert affirme qu'un incident technique à l'imprimerie est responsable de la disparition fortuite de sa signature. C'est rare mais cela arrive. Et il n'est pas homme à s'avancer masqué.

Quelques-uns virent la mort s'inscrire en filigrane. Un juif communiste qui avait aidé les Arabes du FLN et soutenait le terrorisme pour le compte du KGB représentait l'une des meilleures combinaisons imaginables pour un tueur d'extrême droite se cherchant une cible. *Rouge* évoqua le risque « d'envoyer des militants en prison ou à la mort » et conclut : « M. Suffert devrait se méfier : on commence par un article délateur antiterroriste mais qui dira où cela finit ? » Plusieurs amis d'Henri le supplièrent de réagir, faute de quoi sa vie serait en danger. « Si tu n'attaques pas *Le Point,* lui dit Hazan, tu seras assassiné. »

Henri savait le passé de Georges Suffert, ses prises de position courageuses pendant la guerre d'Algérie alors qu'il était à la direction de *Témoignage chrétien.* Le troisième jour, il stupéfia son entourage en lui annonçant sa décision de rencontrer Suffert. Il voulait croire à la bonne foi du journaliste. Une explication loyale lui démontrerait son erreur. Une heure après son coup de téléphone, il était au *Point,* accompagné de Robert Davezies. « J'ai tout de suite compris, dit ce dernier, que nous étions venus pour rien. » En face, Jacques Duquesne, cordial, souriant, et Olivier Chevrillon, président-directeur général. Et Suffert, bien sûr. Davezies le trouva nerveux. Comment ne l'eût-il pas été ? Il avait annoncé à son de trompe la disparition du coupable, foudroyé par ses révélations, et il le retrouvait tranquille en face de lui. Dure épreuve pour Sherlock Holmes. L'homme qu'il n'avait pas eu l'esprit ou le courage de chercher à rencontrer pendant ce qu'il nomme son enquête venait à lui pour s'expliquer. Rude leçon pour un donneur de leçons.

Elle venait trop tard. La brutalité du titre de couverture et la violence des accusations équivalaient pour *Le Point* à brûler ses vaisseaux. Il ne restait plus qu'à faire front. C'était avant la publication qu'il fallait rencontrer Curiel. Quel gâchis !...

On lui proposa d'exercer son droit de réponse. Il déclina l'offre en apprenant que l'hebdomadaire se réservait de commenter sa réponse. Olivier Chevrillon lui fit observer que la voie du procès en diffamation lui restait ouverte.

Sa famille et ses proches l'y poussaient ardemment. Mᵉ Matarasso lui conseilla d'intenter une action. Mᵉ Georges Kiejman, consulté, fut du même avis. L'opinion commune représentait qu'il était impossible de laisser traîner des accusations de nature à faire d'Henri la cible de n'importe quel fou furieux.

Il était conscient du danger. Mais le choix, une fois de plus, était entre la sécurité et l'efficacité. Pour s'exonérer des accusations infamantes, il était nécessaire et suffisant de dévoiler sa vie militante. En la dévoilant, il y mettait un terme et condamnait Solidarité à la dissolution. Le piège était imparable. Il y serait tombé en acceptant l'ouverture d'une interminable polémique dans les colonnes du *Point*. Un procès le ferait entrer dans le même engrenage.

Il choisit le risque.

La réaction de la presse l'y encouragea. Souvent très sévère à l'égard du *Point,* elle témoignait d'un scepticisme caractérisé. Des journaux peu disposés à éprouver de la sympathie pour Curiel se demandaient comment un homme bien connu de la police et contraint au renouvellement trimestriel de son permis de séjour aurait pu se livrer à des activités extrémistes. *France-Soir* résumait au fond le sentiment général en titrant en lettres grasses : « Le dossier Curiel est ouvert depuis vingt ans : rien ne le rattache au terrorisme international. » L'article expliquait : « A la DST, le dossier est ouvert depuis vingt ans qu'Henri Curiel et sa femme Rosette ont été " pris en charge " après leur expulsion d'Egypte... Jamais pourtant, au cours de la longue filature dont il a été l'objet, Curiel ne sera pris en défaut. Aucune preuve n'a pu être apportée que Curiel et les membres de l'association Solidarité, devenue depuis peu Aide et Amitié, soient le soutien logistique de nombreuses organisations de terrorisme en France, pas plus que Curiel ait été un membre du KGB. »

Un inconvénient plus immédiat que le péril mortel évoqué par ses amis pouvait être une réaction des autorités françaises. Elles ne réagirent pas à l'article du *Point* par les mesures administratives à leur disposition. (Suffert, coiffant sa tête à idées d'un képi de flic, n'avait pas hésité à écrire que sa disparition ferait échapper Henri à l'arrestation...) Le « patron des réseaux d'aide au terrorisme » reçut à terme échu le renouvellement de son permis de séjour.

Le choc affectif surmonté, Henri Curiel tourna les six pages du *Point* pour n'y plus penser. Il avait mieux à faire : la première conversation entre Issam Sartaoui et Matti Peled ouvrait des perspectives inespérées.

*
* *

Il lui eût suffi de révéler qu'il faisait s'asseoir à la même table un général israélien et l'un des adjoints d'Arafat pour que cette annonce sensationnelle balayât les élucubrations du *Point*. Le suppôt du terrorisme œuvrant pour la paix dans la région du monde la plus désolée par le terrorisme : voilà qui eût fait sombrer dans le ridicule le portrait qu'on tentait d'imposer de lui. Mais la révélation de la rencontre eût compromis son succès. Là encore, il se sacrifia à l'efficacité militante.

Au terme de vingt heures de dialogue à cœur ouvert réparties sur deux jours, Issam Sartaoui et Matti Peled s'étaient séparés pour rendre compte à leurs mandants respectifs. Yasser Arafat avait montré le plus vif intérêt et souhaitait la poursuite des contacts. Les colombes israéliennes ne pouvaient qu'exprimer un vœu identique. Mais Peled avait également informé le Premier ministre Rabbin et son ministre des Affaires étrangères, Yigal Allon. Rabbin refusait toujours tout contact officiel avec l'OLP mais il encouragea Peled à persévérer. Allon exprima une hostilité totale.

A la fin du mois d'août, nouvelle réunion à Paris sous les auspices d'Henri et de ses amis. Cette fois deux délégations sont en présence. Peled est accompagné de trois Israéliens. Sartaoui a avec lui deux Palestiniens. C'est la première fois que les contacts sortent du cadre individuel. Henri reçoit au préalable chaque groupe et s'efforce de créer un climat propice au dialogue. Les délégués mis en présence, il s'éclipsera comme d'habitude. Les conversations occupent vingt-cinq heures des deux jours suivants. Les délégations prennent leurs repas ensemble. L'idée vient en dînant de placer le dialogue sous la haute autorité de Pierre Mendès-France. Les Israéliens savent sa sympathie ardente pour leur pays. Les Palestiniens reconnaissent en lui l'homme de la paix en Indochine et de l'indépendance tunisienne. Mendès a été tenu informé par Joyce des résultats positifs de la première rencontre. En vacances dans son château du Gard, il invite les délégués à poursuivre leurs conversations chez lui. Ils partent à trois : Issam Sartaoui, Matti Peled et Arieh Eliav, vétéran d'El Alamein et ancien ministre travailliste. Après cette journée passée à discuter sous les frondaisons du parc, Sartaoui verra régulièrement Mendès jusqu'à sa mort.

A la mi-septembre, nouvelle réunion à Paris. La confiance instaurée entre les interlocuteurs permet de sortir des généralités bienveillantes pour entrer dans le vif du sujet. Les Palestiniens annoncent avoir mandat de proposer à Israël une déclaration de non-belligérance (c'était une suggestion de Mendès) moyennant la création d'un Etat palestinien sur les territoires occupés. L'accord ouvrirait la voie à un traité de paix réglant le problème des réfugiés et la sécurité des frontières. C'est une ouverture capitale car elle va bien au-delà de la reconnaissance d'Israël, butoir habituel pour l'OLP.

Les deux délégations se séparent pour rendre compte.

Henri n'avait cessé d'être un absent très présent. Matti Peled : « Je crois que son attitude était juste, parce que s'il avait été là, nous nous serions adressés à lui au lieu d'avoir un dialogue direct. Mais il n'était jamais bien loin : dans la pièce à côté ou dans l'immeuble d'en face. S'il y avait une difficulté, nous le faisions prévenir et il arrivait aussitôt. Et des difficultés, il y en avait... Nous venions de loin, les uns et les autres, et nous étions des novices en matière de négociation. Il y a eu des affrontements très durs. Henri était irremplaçable parce qu'il expliquait aux uns, avec une patience extraordinaire, les positions des autres. C'était vraiment un apôtre de la paix. Je pèse mes mots. Je ne l'ai vu tendu qu'à cause de cette histoire du *Point*. Il m'a avoué qu'il avait craint que l'article, qui a été repris en Israël, le disqualifie auprès de nous. Ces sottises ! Agent du KGB ? L'homme dont j'écoutais les analyses ne pouvait être un agent. Je n'ai jamais eu le moindre doute. Avnery non plus, et il a pourtant le soupçon facile. Pour moi, Henri est devenu très vite un conseiller. » Issam Sartaoui : « Henri était un intermédiaire actif. Son rôle ne se bornait pas à l'organisation pratique des rencontres. Il trouvait toujours un nouveau chemin lorsque la voie paraissait bloquée, une solution aux difficultés. C'est en cela qu'il était essentiel. Sa patience paraissait sans limites. Il avait du mérite car nous savions tous que cet été 1976 était pour lui très difficile, avec cette attaque lamentable d'un journaliste français. Moi, je voyais ce communiste orthodoxe multiplier les efforts pour que nous parlions avec des sionistes non communistes et souvent très réactionnaires, parce que c'était le seul moyen réaliste d'avancer vers la paix. Je n'ai jamais pris au sérieux les accusations portées contre lui. Je lui faisais totalement confiance. »

Les pourparlers soulevèrent une double tempête.

En Israël, la presse en eut vent très vite. La délégation, tenue à la discrétion, publia des mises au point sibyllines qui ne trompèrent personne. Plus grave : la réaction du gouvernement fut négative. Une série de « gestes symboliques » avait été envisagée de part et d'autre pour rapprocher les deux peuples. Le premier consisterait en une déclaration palestinienne condamnant les détournements d'avions. Arafat avait donné son accord et s'apprêtait à la publier lorsque la marine israélienne torpilla l'affaire en organisant le blocus des forces palestino-progressistes à Beyrouth, tandis que des conseillers militaires israéliens participaient au siège du camp palestinien de Tell el-Zaatar, dont les défenseurs furent impitoyablement massacrés.

Malgré cette traverse, une nouvelle réunion a lieu à Paris en octobre 1976 sur les diligences d'Henri et de ses amis. Uri Avnery s'est joint à la délégation israélienne. La perspective d'une négocia-tion globale s'éloignant, il est décidé de s'en tenir pour l'instant à la politique des « gestes symboliques ». La liste en est revue et précisée.

Mais les colombes sont prises à leur retour à Jérusalem dans un ouragan politique. La droite israélienne attaque. Un député du Likoud exige la mise en jugement des négociateurs. Le débat au parlement israélien dure deux jours. Les passions se déchaînent. Arieh Eliav déclare : « Ma génération porte un fusil depuis les années trente... J'ai tué mon premier Palestinien à l'âge de seize ans, parce qu'il avait tué un ami à moi... Mais la tuerie ne peut pas continuer indéfiniment (1). » Une large majorité repousse la demande du Likoud mais la secousse a été trop forte pour qu'un frein ne soit pas mis à la marche vers la paix.

La déception des Palestiniens est normale. Issam Sartaoui découvre qu'un général de réserve est en Israël un citoyen comme un autre et qu'une intelligentsia ne représente pas l'opinion publique : « Ce serait une erreur d'exagérer l'importance politique de nos conversa-tions. Elle était limitée par l'absence de représentativité des Israé-liens. C'étaient des gens individuellement remarquables, d'une bonne volonté certaine, mais ils ne représentaient finalement qu'eux-

(1) Cité par Pierre Bayle, *Les Relations secrètes israélo-palestiniennes*, Balland, p. 166.

mêmes. Ils n'avaient aucun lien avec leur gouvernement, aucun poids sur lui, contrairement à ce que nous avions espéré. Nous nous adressions donc à des Israéliens très minoritaires et très isolés. Cela dit, de notre côté aussi les choses ont été difficiles. »

Elles le devinrent pour lui dès la révélation publique des pourparlers. Accusé de trahison par les plus extrémistes, désavoué par une majorité des organisations composant l'OLP, Issam Sartaoui était en réel danger d'être mis en jugement et condamné à mort lorsque s'ouvrit au Caire, en mars 1977, le Conseil national de l'OLP, parlement palestinien. Les attaques furent d'une violence inouïe mais Yasser Arafat sauva la mise — et sans doute la tête — de celui qu'il appela « le pauvre Issam » : « Personnellement, je voudrais le remercier d'accepter d'assumer une tâche que beaucoup d'entre vous refusent d'entreprendre. » Mais la résolution finale adoptée par le Conseil exclut la reconnaissance d'Israël...

La principale difficulté était que le responsable officiel de la diplomatie palestinienne, Farouk Kaddoumi, démentait régulièrement l'existence de contacts autorisés et désavouait à l'avance ce qui pourrait être tenté dans ce sens.

Côté israélien, des délégués parlant haut et clair mais ne représentant qu'eux-mêmes. Côté palestinien, une délégation conduite par un homme de confiance d'Arafat sans cesse désavoué par les instances autorisées de l'OLP.

Entre septembre 1976 et mars 1977, huit rencontres sont organisées par Henri Curiel et ses amis.

Les élections israéliennes du 17 mai 1977 marquent un terrible coup d'arrêt en donnant la victoire au Likoud de Menahem Begin. Le nouveau parti Sheli, émanation du mouvement pacifiste, n'emporte que deux sièges. Les colombes israéliennes savent que leurs démarches seront désormais assimilées à une trahison. Sartaoui, tiré d'affaire de justesse devant le Conseil national palestinien, n'ignore pas que sa marge de manœuvre s'est rétrécie comme peau de chagrin. On convient de rester en contact mais de conserver un caractère strictement confidentiel aux rencontres. Il faudra la tragédie du Liban pour qu'on découvre à la même tribune parisienne Issam Sartaoui et Matti Peled, et que des journalistes étonnés, croyant leur réunion sans précédent, apprennent de leur propre bouche qu'ils conversaient depuis des années grâce à Henri Curiel et à quelques autres...

« Nos contacts ont été importants, disait Sartaoui, parce qu'ils ont aidé à une meilleure compréhension mutuelle. Je crois que cela a contribué à faire évoluer nos opinions publiques respectives. »

Matti Peled : « Concrètement, il est clair que nous n'avons pas obtenu beaucoup de résultats. Mais nos réunions ont fait bouger l'opinion israélienne. Nous étions des personnalités respectables, crédibles. Le fait que nous parlions avec des Palestiniens était en soi un événement aux yeux des Israéliens, pour qui l'OLP restait une mystérieuse organisation de terroristes. Nous leur avons fait prendre conscience de l'insuffisance des informations officielles sur l'OLP. En 1975, un sondage avait établi que deux pour cent seulement d'Israéliens approuvaient l'idée de contacts avec l'OLP. En 1977, après la révélation publique des rencontres organisées par Henri, ils étaient entre vingt et trente pour cent à l'accepter tout à fait. C'est un changement réellement énorme. »

Issam et Matti s'accordaient pour prévoir qu'au jour béni de la paix, Henri aurait sa rue à Jérusalem. Puissent les tueurs laisser quelques survivants pour l'inauguration...

Un an après avoir délivré le premier coup, Georges Suffert reprit sa plume pour en asséner un second. L'article, encore plus copieux que le premier, paraît dans *Le Point* du 6 juin 1977. Mais nous respirons : si l'article est signé Suffert, l'enquête est de Jean Lesieur.

Il s'agit de George Blake (« Espionnage : l'extraordinaire mystère Blake »), deuxième cousin germain d'Henri à être utilisé contre lui.

Blake était né Behar. Son père Albert, frère de Zéphira Curiel, ancien combattant de 14-18, aimait son fils Georges d'être né un 11 novembre 1922, anniversaire de l'armistice, tout de même que Daniel Curiel ne manquait pas de rappeler qu'Henri était né le jour où Le Caire avait appris la victoire de la Marne. Albert Behar avait roulé sa bosse à travers le monde avant de se marier à Amsterdam et d'y mourir prématurément dans la médiocrité, sinon dans la misère.

En 1936, le jeune George, âgé de treize ans, fut expédié en Egypte aux bons soins de sa tante Zéphira. Il s'installa dans la villa de Zamalek. Les Curiel l'inscrivirent à l'Ecole anglaise — son père était, non pas citoyen, mais sujet britannique — et il en suivit les cours avec assiduité. En 1938, il reprit le bateau pour l'Europe. On oublia vite ce petit cousin studieux, compassé, ennuyeux. Il n'avait pas caché son étonnement irrité de se découvrir des parents si peu anglophiles.

Son père était mort pendant son séjour en Egypte. Le second mari de sa mère s'appelait Blake. Il donna son nom aux trois enfants. George poursuivit ses études, entra dans la Résistance hollandaise, fut pris par la Gestapo, réussit à s'évader et à passer en Espagne, où il gagna Gibraltar. A son arrivée à Londres, en 1943, il a vingt et un ans. Une vie menée bon train.

Affecté aux Special Operations Executive, organisation créée par Churchill pour « mettre l'Europe à feu », il travaille naturellement dans sa section néerlandaise. Elle connut tant de malheurs et suscita après la guerre tant de polémiques en Hollande qu'un providentiel incendie détruisit ses archives londoniennes. En 1947, George Blake entre au Foreign Office et sert à Hambourg et à Berlin. En 1948, il est nommé vice-consul à Séoul. C'est une couverture pour ses activités de renseignement. Un an plus tard, il est le seul agent occidental à avertir de l'attaque nord-coréenne. On ne le croit pas. Capturé avec plusieurs personnalités anglaises par les troupes de Pyong Yang, il subit une rude captivité avant d'être rapatrié avec ses compagnons de misère via Pékin et Moscou. Il sert ensuite à Berlin et à Beyrouth. En 1961, rappelé à Londres, il est arrêté et avoue sans ambages qu'il travaille pour Moscou depuis 1951. Un agent double allemand l'avait donné au contre-espionnage britannique.

Son procès révèle l'ampleur de la trahison. Il a livré à Moscou une quarantaine d'agents des services occidentaux et les plans du fameux tunnel de Berlin grâce auquel les techniciens de l'Intelligence service et de la CIA enregistraient toutes les communications passées en Allemagne de l'Est. Jugé à Londres, il est condamné à une peine originale : quarante-deux ans de prison. La porte de la forteresse de Wormwood Scrubs ne s'ouvrirait donc pour lui qu'en 2006. Il sort en 1966 en escaladant le mur grâce à une corde de nylon renforcée d'aiguilles à tricoter et avec la complicité d'un ancien codétenu, membre de l'IRA, Sean Bourke. Parvenu à Moscou sans encombres, il reçoit en 1970 les distinctions honorifiques exceptionnelles de l'ordre du Drapeau rouge et de celui de Lénine.

Telle est l'enquête de Jean Lesieur, excellente compilation des articles et livres publiés en Angleterre à propos de l'affaire Blake. Elle établit sans contestation que l'un des quarante-trois cousins germains d'Henri Curiel (le grand-père Behar avait eu quatorze enfants) est devenu un remarquable agent soviétique après avoir été pendant dix ans un excellent agent britannique. Le cousinage n'étant pas en démocratie une complicité et nul ne pouvant être tenu pour responsable de sa parentèle, l'affaire devrait en rester là.

Mais c'est ici qu'intervient Suffert.

Il entre en scène avec son habituel roulement de grosse caisse. « Dieu sait, annonce-t-il dans son " chapeau ", si les services britanniques ont enquêté sur Blake. Car le ressort central du personnage leur échappait : avec lui, il ne s'agissait ni d'argent, ni de femme, ni même d'honneur. Qu'est-ce qui faisait courir Blake ? Il se trouve que *Le Point* est probablement en mesure de remplir la case manquante, de fournir l'élément clef que les services britanniques n'ont pas vu. » Et plus loin : « Il nous a fallu des mois de recherches pour y parvenir. » A quoi ? « A l'ahurissante, sensationnelle découverte : dans presque tous les services de renseignement, les dossiers Blake et Curiel sont depuis aujourd'hui placés ensemble. Et ce n'est certainement pas par respect de l'ordre alphabétique. » Il sont cousins.

L'information était disponible en France depuis la publication par Albin Michel, six mois plus tôt, le 20 décembre 1976, de la traduction du livre des Britanniques Christopher Dobson et Donald Payne, *The*

Carlos Complex. Le cousinage d'Henri Curiel et de George Blake est mentionné à la page 76.

Nous avions eu Suffert-Rouletabille : voici Suffert-Flaubert dans un exercice relevant de la grande tradition française : le roman de formation. Il s'agit de démontrer que si Blake a trahi l'Angleterre en 1951, c'est qu'il était tombé en 1936 sous le charme vénéneux de son cousin Henri. « Henri, écrit Suffert, qui reçoit dans sa belle villa du Nil des antifascistes italiens et de jeunes Egyptiens sympathisants des républicains espagnols, grands lecteurs de Marx, qui deviendront plus tard de hauts dignitaires du nassérisme. » Le jeune Georges, treize ans, n'y résiste pas : « Henri Curiel, s'il n'inquiète pas encore vraiment les services de sécurité britanniques, fascine son romantique jeune cousin venu des polders, son cadet de huit ans, qu'il entraîne partout, des salons aux tristes cafés arabes où se retrouvent les futurs groupuscules de gauche qu'il finance. Episodes qui ne figurent dans aucun des dossiers de George Blake, dont il dira pourtant plus tard à sa mère " qu'ils furent les plus importants de sa vie ". » Et Suffert de conclure avec une assurance mégalomane qui laisse pantois : « Etre l'émule d'Henri Curiel, agir dans l'ombre, devenir l'invisible héros, le deus ex machina et le martyr d'une histoire, pousser ses différences et sa marginalité jusqu'aux limites de l'acte gratuit, détenir enfin la puissance sans la gloire : ce sera, désormais, le rêve de George. »

Les dates : George séjourne au Caire de 1936 à 1938. En 1937, Henri part pour la France, victime d'une pleurésie, et passe plus d'un an entre la Savoie et la propriété des Weil-Curiel. Il ne rentrera au Caire qu'en 1938, après Munich. Les deux cousins cohabitent donc à Zamalek durant la seule année 1936. Henri est dans sa période « lilas foudroyé ». Il ne lit pas Marx mais Proust, ne discute pas du matérialisme historique mais récite des vers au téléphone, préfère le *Kit-Kat* et le *Tabarin* aux « tristes cafés arabes », entretient des danseuses et non des « groupuscules de gauche ». On le voit mal entraîner dans ce dévergondage un cousin de treize-quatorze ans ; la bonne Zéphira l'en eût bien empêché ; et si le petit George avait décidé d'être l' « émule » de cet Henri-là, il eût fini comme l'oncle Max, le débauché de la famille, et non avec la médaille du Drapeau rouge au revers de son veston.

Raoul était en France pendant le séjour cairote du jeune George mais il le rencontra à Paris entre deux séjours en Afghanistan : « Il s'apprêtait à partir pour la Corée. C'était un type assommant. Il avait le culte de l'empire britannique et se voulait plus anglais que les Anglais. Un protestant de choc. Son bateau a fait escale au Caire ; il est allé voir ma mère (Henri était à Huckstep) et lui a raconté fièrement qu'il dirigeait le service religieux sur le bateau en l'absence d'un pasteur. A quatorze ans, il paraît qu'il était déjà comme ça. Henri ne l'a jamais revu après Le Caire ni moi après cette rencontre à Paris. Nous avons été très surpris quand la presse a révélé ce qu'il était devenu. »

Tant qu'à faire du roman de formation, c'est sans doute du côté d'une marginalité mal assumée qu'il faudrait chercher. Fils d'un juif oriental et d'une Hollandaise, nommé Blake par rencontre, il est probable que George rechercha passionnément une assimilation et une admission qui ne lui furent jamais consenties. Le Foreign Office et les services, forteresses de l'Establishment, ne sont point hospitaliers aux métèques. On peut déduire les blessures qu'il reçut de l'étonnement britannique, lorsque sa carrière fut révélée, de ce qu'un homme né comme lui eût accédé à de pareilles fonctions. Aussi bien lord Racliffe, président d'une commission de sécurité créée à la suite de l'affaire, regrettera-t-il publiquement l'engagement par les services d'agents « dont les parents n'étaient pas tous les deux anglais de naissance ». On peut trahir pour une phrase pareille.

Lorsque la presse française annonça la sensationnelle évasion de Blake, Henri fit part de son cousinage à ses camarades en leur disant, comme eût fait Mᵐᵉ Michu : « On est quand même fier d'avoir un cousin comme ça ! »

Le 17 octobre 1977, au terme d'un long suspens qui a tenu l'Europe en haleine, le cadavre de Hanns-Martin Schleyer, « patron des patrons allemands » est découvert dans le coffre d'une Audi verte garée rue Charles-Péguy à Mulhouse. L'émotion en France est intense. En Allemagne, c'est l'indignation. La police est persuadée que les ravisseurs, membres du groupe Baader-Meinhof, ont négocié à partir du sol français avant d'assassiner leur otage. La presse allemande, déchaînée, accuse la France de servir de base arrière aux terroristes. Ils y trouveraient soutien logistique et complicités actives. Les relations entre les deux pays sont déjà empoisonnées par l'affaire Klaus Croissant, avocat allemand sympathisant de l'ultra-gauche, réfugié puis arrêté en France, dont Bonn réclame l'extradition avec la dernière énergie.

Le 14 octobre, trois jours avant la macabre découverte de Mulhouse, s'ouvre à Paris une « Conférence internationale pour une juste paix au Proche-Orient ». Deux cents délégués et observateurs représentant soixante pays. La plupart se situent dans la mouvance du Mouvement de la paix et dans l'orthodoxie communiste. C'est l'une de ces grandes machines dont Henri Curiel et ses amis n'attendent plus guère car elles servent de champ de manœuvre aux rivalités arabes et offrent un théâtre aux gesticulations. Ainsi voit-on la délégation libyenne distribuer un tract antisémite reprenant les thèmes du *Protocole des Sages de Sion*. A la tribune, les orateurs vitupèrent le sionisme et exigent la disparition d'Israël. Presque tous les délégués israéliens sont des antisionistes du parti communiste Rakah. Quelques pacifistes sionistes, dont Matti Peled et Arieh Eliav, sont présents à titre d'observateurs. Henri Curiel, absent-présent, tient ses assises dans le bistrot en face de la salle de réunion. Malgré son scepticisme, il a tout mis en œuvre pour faire de la conférence un succès. Le père Barth est allé en Israël et à Beyrouth, où il a été reçu une nouvelle fois par Yasser Arafat. Le président de l'OLP a fait état des pressions syriennes et de la nécessité de mettre en veilleuse le dialogue pour la paix « à cause de l'insuffisance de notre travail dans nos propres rangs », comme l'a démontré le Conseil national du Caire. Il a néanmoins promis l'envoi d'une délégation représentative. Elle est là mais se retire lorsqu'un représentant des colombes israéliennes prétend lire une déclaration à la tribune. Seule l'interven-

573

tion en catastrophe d'Henri sauve la conférence d'un naufrage spectaculaire. Sous les yeux des policiers et agents de divers services grouillant autour des lieux, il réussit à convaincre les Palestiniens de retourner en séance. La déclaration israélienne est lue dans un silence de mort. La conférence s'achève le 16 dans une pagaille navrante. Un coup pour rien. Henri ne croit plus qu'au dialogue direct entre pacifistes israéliens et palestiniens.

Le 24 octobre, une semaine après la découverte du cadavre de Schleyer, l'hebdomadaire allemand *Der Spiegel* titre : « France : un nouveau type de terreur. » L'article, largement repris par la presse française, commence par cette phrase : « Paris est aujourd'hui le centre du terrorisme international. Sous la direction d'un Egyptien, des guérilleros latino-américains, des fanatiques palestiniens et des membres de la Fraction Armée rouge allemande sont organisés. » Evoquant les grands épisodes terroristes de la décennie écoulée, livrant pêle-mêle les noms de Carlos, Régis Debray, Georges Habache et Che Guevara, le rédacteur écrit de Curiel : « Les contacts au niveau de l'organisation entre la centrale de la JCR [Junte de coordination révolutionnaire] sud-américaine et le FDLP arabe ont été établis par Henri Curiel, originaire d'Egypte, dont le pouvoir est constitué par les " cellules armées pour l'autonomie populaire " (NAPAP). Au cours des années passées, il a coordonné à Paris dix-neuf organisations clandestines différentes, de l'African national congress au parti communiste d'Irak en passant par les séparatistes basques et les cadres des mouvements terroristes allemands. »

Le lendemain à l'aube, deux policiers sonnent rue Rollin et présentent à Henri un double arrêté d'expulsion et d'assignation à résidence signé le 21 octobre par Christian Bonnet, ministre de l'Intérieur. Henri enfourne quelques affaires dans une valise et prend la route de Digne, dans les Alpes de Haute-Provence, où il est assigné à résidence. Au cours du voyage, il interroge l'un des policiers sur les motifs de la mesure prise contre lui. L'homme répond : « On vous a vu à un meeting gauchiste. » Ce doit être la conférence sur le Proche-Orient.

Il avait déjà frôlé l'assignation à résidence en 1969. Elle lui avait été signifiée en novembre, six mois après le départ de l'Elysée du général de Gaulle. Raymond Marcellin, ministre de l'Intérieur, répondit à une intervention amicale : « J'ai l'honneur de vous faire connaître que le départ en province de M. Curiel est envisagé afin de mettre un

574

obstacle à l'activité politique de l'intéressé. » Trois ministres gaullistes donnèrent de la voix et furent entendus. Marcellin écrivit le 25 novembre 1969 au plus puissant d'entre eux : « Je n'avais pas manqué, vous le savez, à la suite de votre pressante démarche, de faire procéder à un examen très attentif du dossier de l'intéressé. J'ai le plaisir de vous faire connaître qu'en raison des derniers renseignements recueillis sur le compte de cet étranger, j'ai donné à la Préfecture de police toutes instructions utiles à l'effet de maintenir M. Curiel sous le régime des permis renouvelables avec résidence à Paris. »

Mais en 1977, la voix gaulliste ne donnait plus le ton politique en France.

Eloigné de Paris, le dialogue israélo-palestinien suspendu, Henri n'avait pas à choisir, comme en 1976, entre l'efficacité militante et des poursuites judiciaires. Il attaqua le *Spiegel* en diffamation. L'affaire se conclut juste avant sa mort par des excuses de l'hebdomadaire allemand et le versement de dommages-intérêts. Le numéro du 30 mai 1978 annonça : « Le *Spiegel* regrette publiquement d'avoir porté contre Henri Curiel des accusations qui se sont, par la suite, révélées sans fondement. » Le correspondant parisien de l'hebdomadaire avait tenu à préciser par voie de presse qu'il n'était pas à l'origine de l'article, entièrement rédigé par la rédaction de Hambourg. Le directeur, Rudolf Augstein, affirma à Uri Avnery, son ami d'enfance, qu'il avait été incapable de découvrir d'où étaient venues les accusations contre Henri.

Conseillé par Me Philippe Waquet, l'assigné à résidence avait également introduit une requête en annulation de l'arrêté ministériel auprès de la commission des recours gracieux des réfugiés et apatrides, siégeant au conseil d'Etat. Le ministre Bonnet dut justifier sa décision par une note adressée le 17 novembre au président de la commission.

Elle mêlait le sérieux et le dérisoire. Découvrir en 1977 que Curiel avait aidé le FLN en 1960, c'était tardif. Invoquer, dans le contexte dramatique de cet automne, une misérable affaire de bakchich à un fonctionnaire de la préfecture de police, relevait de la frivolité.

Trois paragraphes signifiants : « En juillet-août 1974, le démantèlement à Paris d'un commando japonais de l' " Armée rouge arabe ", organisation terroriste responsable de plusieurs détournements d'avions et de l'affaire dramatique de La Haye, devait amener l'interpellation d'un des proches collaborateurs de Curiel et démontrer que son organisation participait activement à l'élaboration de faux documents utilisés par des terroristes. » Le ministre omettait d'indiquer que le « proche collaborateur » était si peu suspect de participation ou d'aide au terrorisme qu'il attendait sereinement son jugement en liberté provisoire.

« Depuis de nombreuses années, le " réseau " Curiel développe une intense activité clandestine. Cette activité s'est notablement intensifiée depuis quelques mois et est devenue intolérable tant en ce qui concerne l'organisation dirigée par Curiel que Curiel lui-même. » Le ministre a raison. Nous trouvons dans un rapport de la DST de cette même année 1977 : « Loin de s'essouffler après bientôt quinze ans d'existence, le réseau Solidarité, sous l'impulsion d'Henri Curiel, poursuit son œuvre d'assistance aux mouvements révolutionnaires du tiers-monde et prend en charge ceux qui émergent nouvellement dans les pays en voie de développement. »

Ceci enfin, d'une actualité significative : « Les divers faits qui illustrent l'intervention permanente et occulte de Curiel, soit dans des affaires françaises, soit dans des foyers de tension divers — en marge du conflit du Moyen-Orient en particulier — démontrent le caractère extrêmement dangereux des activités qu'il exerce à partir de notre territoire au risque de mettre constamment en péril la situation diplomatique de la France à l'égard de plusieurs pays et de créer des situations de nature à nuire à l'ordre public. »

Un dossier était fourni à l'appui de la lettre ministérielle.

L'automne fut rigoureux. Joyce lui envoya bien une toque de fourrure mais sans oreillettes. Il avait spécifié : avec oreillettes. Patrie de l'inventeur du moteur à quatre temps et d'un général Desmichels qui s'illustra lors de l'expédition d'Egypte et couronna sa carrière en signant un traité avec Abd el-Kader après la conquête de l'Algérie, Digne offre à l'hivernant le cadre splendide des Alpes et un air d'une salubrité suffocante.

Il s'installa d'abord dans une modeste pension de famille. Lorsqu'elle ferma pour l'hiver, il transporta ses pénates à l'hôtel du *Petit Saint-Jean,* dont il fit grands compliments.

Ses lettres se voulaient rassurantes pour ses amis. Il écrivit à Didar : « Cela m'a donné un véritable coup de fouet. J'ai trop expliqué qu'être à l'avant-garde consistait à recevoir des coups : depuis quelque temps, je me posais des questions sur la place où j'étais. On m'a donné une réponse qui me satisfait pleinement. » Son seul souci exprimé était la santé de Rosette, toujours précaire. Il suppliait ses amis de s'occuper d'elle : « Qu'on ne l'abandonne pas, qu'on l'empêche de se laisser aller, qu'on la secoue le cas échéant... »

Joyce, qui l'avait chaque jour au téléphone, entendait une autre chanson. Le premier mois fut affreux. Il était convaincu d'être à Digne pour des années. Une anorexie lui fit perdre cinq kilos ; maigre, il devint squelettique. Joyce le suppliait de se forcer à manger. Il ne pouvait pas. Il remonta la pente grâce à la mobilisation politico-amicale autour de son cas. Puis certain détail lui donnait espoir. On avait affecté à sa surveillance six inspecteurs dont aucun ne résidait dans le département. « Six indemnités journalières plus les notes de frais, c'est trop cher pour durer » estimait-il. Il devait signer chaque jour avant neuf heures au commissariat de la ville. C'était bien un peu superflu car ses cerbères collaient à ses semelles au point que les enfants s'inquiétaient pour ce vieux monsieur de physionomie amène à qui des gaillards semblaient préparer un mauvais parti ; puis l'on s'habitua.

Il s'organisa une vie réglée. Promenades minutées, comme en prison ; lectures à la bibliothèque municipale qui l'enthousiasma par sa richesse et la gentillesse des préposés ; thé de cinq heures. La chambre voisine de la sienne était occupée par un policier énigmatique ne frayant pas avec les six autres.

Il reçut des visites. Jehan de Wangen, accouru le premier de ses proches Cévennes, examina avec lui pendant deux heures les diverses mesures à prendre pour faire avancer l'annulation de l'arrêté ; puis ils restèrent face à face, ne sachant plus quoi se dire. Ils avaient fonctionné si longtemps sur le mode pragmatique qu'ils s'en étaient rouillé l'épanchement affectif. Maurice Barth et René Rognon, en visite œcuménique, bougèrent des meubles dans sa chambre pour la rendre plus agréable. Se promenant avec lui, ils furent très impressionnés par la surveillance extrêmement rapprochée de quatre policiers et rentrèrent à Paris convaincus qu'il s'agissait davantage de le protéger que de le surveiller. Cela inquiéta Rognon.

Le 14 décembre, il obtint un laissez-passer de quarante-huit heures pour assister à l'audience de la commission de recours appelée à statuer sur sa requête en annulation. Il prit le train de Paris sans escorte. Il avait préparé une déclaration pour le cas où la commission souhaiterait l'entendre. Son action au Proche-Orient, expliquait-il, se situait dans le droit fil de la diplomatie française : reconnaissance de l'État d'Israël et création d'un État palestinien sur les territoires occupés en 1967. Sa conclusion, d'une haute inspiration, était à propos de Solidarité :

« Mes activités " d'aide et assistance " apportées sans l'ombre d'une discrimination à des militants originaires de certains pays du tiers-monde qui, face à des difficultés inouïes, luttent héroïquement pour la dignité et la liberté de leurs peuples, j'affirme qu'elles sont bien connues.

« Les successifs ministres de l'Intérieur n'ont jamais cherché à les réprimer malgré l'aspect quelquefois peu orthodoxe de certaines d'entre elles.

« Des personnalités de toutes tendances, des organisations françaises et internationales, souvent religieuses, leur ont apporté un appui constant, moral et matériel.

« Loin d'être " intolérables " pour la France, comme le prétend la note [de M. Bonnet], elles ne peuvent que lui faire honneur. Elles sont d'ailleurs fondées sur ce que les traditions françaises, dont j'ai été imprégné depuis ma plus tendre enfance, ont de plus élevé.

« Il n'y a pas, à notre niveau, d'activités qui soient plus nobles, plus généreuses et à la fois plus efficaces. Car s'il en existait, ce serait celles-ci, croyez-le bien, que mes amis et moi aurions choisi de mener. »

La commission, réunie le 15 décembre sous la présidence d'André Heilbronner, conseiller d'Etat, ayant entendu Philippe Waquet et André Weil-Curiel, rendit le jour même un avis dont on sut officieusement qu'il était défavorable au maintien de l'assignation à résidence. Seul le ministre de l'Intérieur eut connaissance de la décision et de ses motivations. L'avis n'était du reste que consultatif et ne le liait d'aucune manière. L'assignation ne fut pas levée.

Le 24 décembre, à l'immense joie de ses six cerbères ravis de pouvoir passer Noël en famille, il reçut de nouveau permission de se rendre à Paris. L'escorte se dispersa comme volée de moineaux et il prit le train tout seul. Etrange laxisme envers un individu dont la note de M. Bonnet décrivait les activités comme « extrêmement dangereuses ».

Le 10 janvier, Jacques Derogy, grand reporter à *L'Express,* terminait une enquête à Nice sur l'affaire du casino. Il téléphona à son rédacteur en chef, Olivier Todd : « Curiel n'est pas très loin d'ici. Personne n'est allé le voir. J'ai envie d'y faire un saut. » Todd donna son accord.

Le photographe Jean-Régis Roustan prit le volant d'une voiture de location (Jacques Derogy et Renaud Vincent, de *France-Soir,* sont probablement les seuls reporters au monde à ne pas savoir conduire une automobile). Les routes étaient verglacées. Ils arrivèrent à l'*Hôtel du Petit Saint-Jean* en fin d'après-midi. Henri les accueillit avec sa courtoisie habituelle. On l'appela bientôt au téléphone. C'étaient les

Renseignements généraux. L'assignation à résidence venait d'être levée. Il était libre de ses mouvements.

Les deux journalistes ouvrirent une bouteille pour fêter l'événement. Henri trinqua avec eux à l'eau minérale.

Joyce insista au téléphone pour qu'il rentrât par le train de nuit. Il refusa, ne voulant pas planter là ses deux hôtes. Et il était si fatigué qu'il ne se sentait pas la force de trimballer des valises.

Le lendemain, ils redescendirent prudemment sur Nice et prirent l'avion pour Paris. Jean-Régis Roustan opéra pendant le vol. Ses photos montrent un Curiel et un Derogy se regardant en souriant jusqu'aux oreilles avec un grand air de bonheur.

Les motivations de l'avis de la commission de recours ne furent connues qu'après l'assassinat. Sur un refus de communication opposé le 14 novembre 1978 par le ministre de l'Intérieur, Me Philippe Waquet saisit la commission d'accès aux documents administratifs. Elle rendit le 12 juillet 1979 un avis favorable. M. Bonnet persista dans son refus. Me Waquet en appela au Médiateur. Celui-ci conclut à la communication. M. Bonnet s'obstina. Attaqué devant le tribunal administratif, il justifia ainsi sa position : « L'avis de la commission de recours des réfugiés et des apatrides contient, en ce qui concerne les activités clandestines de M. Curiel, des éléments dont la divulgation serait susceptible de porter atteinte à la sûreté de l'Etat et à la sécurité publique. » C'était la première fois qu'il invoquait cet argument dont la signification n'échappa à personne : le dossier Curiel était trop grave et trop ténébreux pour être mis sur la place publique. Le tribunal administratif donna néanmoins tort à M. Bonnet et ordonna la communication par jugement du 6 avril 1981. Il restait au ministre de l'Intérieur à se pourvoir devant le conseil d'Etat. Dans l'intervalle, une lettre de six personnalités au président de la République et plusieurs questions orales posées par des parlementaires étaient restées sans résultat.

Le 10-Mai leva le secret si farouchement gardé. Il était bête à pleurer : le dossier Curiel était vide.

Sur l'aide à des actions terroristes, la commission constatait que « ces accusations particulièrement graves ne sont assorties d'aucune preuve, ni même d'un commencement de preuve ». Elle notait que « les attestations émanant d'un certain nombre de personnalités israéliennes, produites à l'appui du recours, rendent d'ailleurs l'hypothèse d'une complicité avec des terroristes pro-arabes assez invraisemblable » et qu' « il résulte des attestations nombreuses qui figurent au dossier et dont l'une émane d'un ancien président du Conseil [Mendès France] que le sieur Curiel a, tout au long de sa vie, manifesté sa réprobation à l'égard des actes de terrorisme ». La commission concluait qu' « elle n'avait pas trouvé dans le dossier la confirmation du danger que l'intéressé présenterait pour l'ordre public, et encore moins de la nécessité de la procédure d'urgence qui a été suivie ».

« Aucune preuve, ni même un commencement de preuve »...

Ainsi Henri n'avait-il été qu'un commode bouc émissaire jeté en pâture à une opinion publique traumatisée par l'affaire Schleyer et à une presse allemande déchaînée contre la France.

Témoignage chrétien posa la bonne question à Christian Bonnet, qui avait confisqué l'avis et menti sur son contenu avec un insupportable aplomb : « Si cet avis avait été connu dans l'instant, Henri Curiel aurait-il été assassiné cinq mois plus tard ? Il existe des silences qui ont le goût du sang. »

Un titre de voyage, sorte de passeport pour apatride, illumina ses dernières semaines. Il ne se lassait pas de l'exhiber avec une joie d'enfant. Il n'en possédait plus depuis trente-six ans. Son passeport égyptien, confisqué lors de sa première arrestation, en 1942, ne lui avait jamais été rendu. Ses voyages en Algérie s'effectuaient grâce à des laissez-passer ponctuels qui n'avaient pas été renouvelés après la chute de Ben Bella. Le monde lui était désormais ouvert, Egypte exceptée. Il promettait à Rosette des balades au soleil.

Une amie grecque, cheville ouvrière de la lutte contre les colonels, mit à leur disposition son appartement d'Athènes. Ils y passeraient un mois du prochain été, peut-être deux. « La Grèce, répétait Henri, c'est déjà un peu l'Egypte. » Puis Issam Sartaoui lui dit : « Depuis le temps que tu t'occupes de nous, viens nous voir à Beyrouth. » Yasser Arafat souhaitait faire sa connaissance. Pourquoi pas ? L'avenir était bleu. L'administration française ridiculisait ses détracteurs en lui accordant un permis de séjour renouvelable désormais chaque année et un titre de voyage lui restituant sa liberté de mouvement.

Il rayonnait de bonheur.

Mais il dit à deux intimes, le visage grave : « C'est peut-être le moment le plus dangereux. » Les attaques dont il était l'objet depuis deux ans résultaient peut-être d'un enchaînement fortuit. Elles pouvaient aussi s'analyser comme une entreprise de neutralisation concertée. L'offensive par voie de presse ayant échoué à le détruire moralement, le ministre de la police avait pris le relais en le cloîtrant à Digne. Il en sortait blanchi et avec une liberté d'action plus grande que jamais. Si une volonté existait quelque part de le neutraliser, la liquidation physique était le dernier recours.

Il reprit ses activités, renoua le dialogue israélo-palestinien.

Le 3 mai, il assista à une réunion du secrétariat de Solidarité au cours de laquelle il fit le poirier.

Le soir, il dîna avec Nathan Yalin-Mor, l'ancien chef du groupe terroriste Stern, dans un restaurant de la rue de Courcelles. Ils se rendirent ensuite chez Raymond Stambouli, où ils retrouvèrent Alfred Cohen, Joseph Hazan, Joyce et Didar. Henri avait apporté son cher *Herald Tribune*. Yasser Arafat, dans une interview d'un ton très modéré, assurait qu'Israël n'aurait rien à craindre d'un Etat palestinien créé dans les territoires occupés. Nathan Yalin-Mor doucha un peu l'enthousiasme de ses amis : la prudence s'imposait car il ne s'agissait que d'une interview susceptible d'être démentie. « Henri m'écoutait avec beaucoup d'attention, écrivit-il par la suite, mais il ne disait rien. De temps en temps, il souriait. J'ai bien l'impression que, dans l'ensemble, il était de mon avis. Vers minuit, il s'aperçut que j'étais très fatigué et il proposa de me " libérer ". Il demanda à des amis de nous reconduire. Je sortis avec eux et entrai dans la voiture. Je vis alors Henri s'approcher pour me dire au revoir encore une fois. Je voulus sortir pour l'embrasser. " Non, non, me dit-il, vous êtes trop fatigué, nous aurons encore mille occasions de nous embrasser. " »

Le lendemain matin, après être passé chez Joyce, il retrouva Issam Sartaoui à onze heures au bureau de Joseph Hazan. Ils discutèrent pendant plus d'une heure. Les trois amis se séparèrent sur le trottoir à midi un quart et Henri partit pour la toute proche rue Rollin avec l'intention de déjeuner légèrement à cause de sa séance de yoga de l'après-midi.

Ainsi ses derniers interlocuteurs politiques seraient-ils deux anciens terroristes qu'il avait amenés à la table de paix.

Quelque part dans Paris, deux terroristes en activité chargeaient un Colt 45.

ÉPILOGUE

ЕЫГОСПЕ

Vous en savez autant que moi.

Et nous ne savons pas qui l'a tué.

Il gênait beaucoup de monde.

Parmi ceux qui tuent, il gênait depuis seize ans le Boss sud-africain. Son premier voyage après la levée de l'assignation à résidence avait été pour Genève, où résidait l'amie grecque. Il y avait rencontré Barend Schuitema en dépit des mises en garde de ses camarades avertis des soupçons pesant sur le Sud-Africain. Celui-ci sombrait dans l'extravagance. Henri le croyait en danger et voulait le raisonner. Schuitema sut que Solidarité, malgré le désastre Okhela, entendait poursuivre ses activités de soutien à l'ANC.

Le Boss l'apprit sans doute.

Il gênait le Mossad israélien, opposé à tout compromis avec les Palestiniens. Un ancien Premier ministre français qui ne parle pas pour ne rien dire a déclaré par deux fois à la famille Curiel qu'Henri était tombé sous des balles israéliennes.

Il gênait le groupe extrémiste palestinien d'Abou Nidal dont les tueurs, tranquillement acharnés à massacrer l'espérance, abattront bientôt son ami Issam.

Le Boss, le Mossad et le groupe Abou Nidal sont assurément capables de machiavélisme. Mais ces organes au savoir-faire expéditif auraient-ils pris la peine de brouiller leurs traces en assassinant, avec une arme qui servirait cinq mois plus tard à tuer Henri, le gardien de nuit, faute du président, d'une Amicale des Algériens en Europe étrangère à leurs contentieux ?

S'il faut en croire l'arme et les termes du communiqué Delta, il est mort victime de la haine politique. (Mais des tueurs d'extrême droite auraient donc eu à leur disposition, dans la France de 1978, des moyens sophistiqués d'écoute électronique ?) Haine pour l'apatride, le juif, l'ami des Arabes, le communiste. Haine née au temps de la guerre d'Algérie ; attisée, quoi qu'on en ait, par les campagnes de presse ; ravivée par les circonstances dramatiques de l'assignation à résidence ; exaspérée par la victoire finale du proscrit.

Ce livre satisfaira ses assassins. Ils y trouveront des justifications supplémentaires à leur crime. Plus encore qu'ils ne l'imaginaient en ouvrant le feu le 4 mai 1978, Henri était leur inexpiable adversaire. Non point parce qu'il était l'agent d'on ne sait qui, le suppôt d'on ne sait quoi, mais parce qu'il aimait ce qu'ils haïssent : la justice et la liberté.

S'il faut en croire l'arme et les termes du communiqué Delta, il est mort à cause de sa vie.

C'est toute sa vie qui l'accompagne au tombeau du Père-Lachaise. Les couronnes mortuaires le disent : celle, immense, portant sur sa banderole « l'Algérie », puis « ses camarades égyptiens », « Solidarité », « l'ANC »... La plus modeste, mais qui nous serre le cœur : « Issam Sartaoui ».

Car cet homme à part ne vécut jamais que lié aux autres dans une ardente communauté. Voici le clan des Egyptiens réuni pour la dernière fois autour de son inspirateur ; voici la vieille garde du réseau de soutien ; voici Solidarité rassemblant ici ses générations successives et ralliant au cortège funèbre ceux qui l'avaient quittée pour des querelles que le temps et l'événement font inexplicables.

Ils portent en terre le meilleur d'eux-mêmes. Plusieurs doivent à ce Pygmalion acharné une métamorphose prodigieuse, l'accès à une culture que leur naissance avait mise hors d'atteinte. Il a été bâtisseur d'êtres. Certains, grâce à lui, n'ont pas roulé dans les ravins de l'extrémisme. A tous, il a apporté l'éveil au monde, une cause, une militance. Les années passant, ils sauront qu'ils lui doivent le meilleur de leur vie, le temps où ils ont existé le mieux à force d'exister pour autrui.

Voici autour de son cercueil, invisibles, les milliers de militants qu'il a aidés, formés, et dont tant et tant l'ont précédé dans les sépultures légères creusées par des mains amies ou dans les massifs charniers de l'ennemi. Sa naissance lui avait épargné les tourments réservés aux militants égyptiens ou algériens ; sa résidence le mettait à des milliers de kilomètres des chambres de torture vers lesquelles repartaient ses stagiaires africains et sud-américains. Il est l'un des leurs à présent que les tueurs ont apposé sur son front l'onction sanglante du martyre.

Cortège qui n'en finit pas, qui ne finira jamais...

Ce livre : mon tardif acte de présence.

Serez-vous au Père-Lachaise le 11 mai 1978 ?

Nous ne sommes pas si nombreux, nous ne sommes plus à la mode tandis que roule sur le monde le sanglot de l'homme blanc amputé de un pour cent de son pouvoir d'achat, qu'une nouvelle glaciation fanatise les esprits et met le cal aux cœurs, que tant de déceptions ont ruiné l'illusion tiers-mondiste.

« C'est la misère du peuple égyptien qui l'a conduit à la politique. » Il n'en est jamais sorti, œuvrant à ce degré zéro de la dignité humaine où sont maintenus par dizaines de millions affamés, humiliés, exploités, opprimés, ségrégués. A ce niveau, l'impératif catégorique d'agir ne comporte aucun risque de déception. L'homme qui se noie, qui lui demandera avant de tendre la main ce qu'il compte faire de sa vie sauve ?

Henri Curiel est mort.

Il sera recommencé.

FIN

Achevé d'imprimer en mars 84
sur presse CAMERON
dans les ateliers de la S.E.P.C.
à Saint-Amand-Montrond (Cher)

N° d'Édition : 1021. N° d'Impression : 589/384
Dépôt légal : avril 84
Imprimé en France